Springer-Lehrbuch

Uwe Götze

Investitionsrechnung

Modelle und Analysen zur Beurteilung von Investitionsvorhaben

Fünfte, überarbeitete Auflage

Mit 73 Abbildungen

Professor Dr. Uwe Götze
Technische Universität Chemnitz
Professur BWL III:
Unternehmensrechnung und Controlling
Fakultät für Wirtschaftswissenschaften
Reichenhainer Straße 39
09107 Chemnitz
u.goetze@wirtschaft.tu-chemnitz.de

ISBN-10 3-540-28817-1 Springer Berlin Heidelberg New York
ISBN-13 978-3-540-28817-6 Springer Berlin Heidelberg New York
ISBN 3-540-20310-9 4. Auflage Springer Berlin Heidelberg New York

Bibliografische Information Der Deutschen Bibliothek
Die Deutsche Bibliothek verzeichnet diese Publikation in der Deutschen Nationalbibliografie; detaillierte bibliografische Daten sind im Internet über <http://dnb.ddb.de> abrufbar.

Dieses Werk ist urheberrechtlich geschützt. Die dadurch begründeten Rechte, insbesondere die der Übersetzung, des Nachdrucks, des Vortrags, der Entnahme von Abbildungen und Tabellen, der Funksendung, der Mikroverfilmung oder der Vervielfältigung auf anderen Wegen und der Speicherung in Datenverarbeitungsanlagen, bleiben, auch bei nur auszugsweiser Verwertung, vorbehalten. Eine Vervielfältigung dieses Werkes oder von Teilen dieses Werkes ist auch im Einzelfall nur in den Grenzen der gesetzlichen Bestimmungen des Urheberrechtsgesetzes der Bundesrepublik Deutschland vom 9. September 1965 in der jeweils geltenden Fassung zulässig. Sie ist grundsätzlich vergütungspflichtig. Zuwiderhandlungen unterliegen den Strafbestimmungen des Urheberrechtsgesetzes.

Springer ist ein Unternehmen von Springer Science+Business Media

springer.de

© Springer-Verlag Berlin Heidelberg 1993, 1995, 2002, 2004, 2006
Printed in Germany

Die Wiedergabe von Gebrauchsnamen, Handelsnamen, Warenbezeichnungen usw. in diesem Werk berechtigt auch ohne besondere Kennzeichnung nicht zu der Annahme, dass solche Namen im Sinne der Warenzeichen- und Markenschutz-Gesetzgebung als frei zu betrachten wären und daher von jedermann benutzt werden dürften.

Umschlaggestaltung: Design & Production, Heidelberg
SPIN 11552390   43/3153-5 4 3 2 1 0 – Gedruckt auf säurefreiem Papier

Vorwort zur 5. Auflage

Die vierte Auflage dieses Lehrbuchs ist erfreulich positiv aufgenommen worden und bereits relativ kurze Zeit nach ihrem Erscheinen vergriffen. Bei der Neuauflage wird daher das Konzept des Buches beibehalten. Änderungen ergeben sich einerseits aus der Aktualisierung von Literaturverweisen sowie der Verbesserung von Ungenauigkeiten und kleinen Fehlern. Andererseits erschien es - auch mit Blick auf den Wegfall von „Hörerscheinen" - geboten, die Kompaktheit des Buches zu erhöhen und eine Grundlage für die Senkung des Verkaufspreises zu schaffen. Den dafür erforderlichen Kürzungen sind die Abschnitte zur Nutzungsdauer- und Ersatzzeitpunktbestimmung im Rahmen des Interner Zinssatz-Modells und bei unvollkommenem Kapitalmarkt, zum Jacob-Modell sowie zu den Verfahrenskombinationen von Sensitivitätsanalyse, Risikoanalyse und Entscheidungsbaumverfahren zum Opfer gefallen. Hierzu wird nun nur noch auf entsprechende Literaturstellen verwiesen.

Eine grundlegende Änderung betrifft die Autorenschaft. Mein hoch verehrter akademischer Lehrer Jürgen Bloech hat sich im Vorfeld seiner Emeritierung aus der Betreuung des Werkes zurückgezogen und mir die alleinige Verantwortung dafür übertragen. Ich danke ihm herzlich für die vielfältige Förderung, die er mir hat zuteil werden lassen, und die sehr angenehme wissenschaftliche Kooperation.

Weiterhin gilt mein Dank einer Reihe von Lesern der ersten Auflagen für ihre Anregungen zur Verbesserung des Buches sowie den Mitarbeitern der Professur BWL III: Unternehmensrechnung und Controlling der Technischen Universität Chemnitz, die an der Entstehung dieser Auflage mitgewirkt haben. Besonders habe ich dafür Frau Dipl.-Wirt.-Inf. Susann Köhler zu danken.

Chemnitz, im August 2005
Uwe Götze

Vorwort zur 3. Auflage

Mit der dritten Auflage hat das vorliegende Lehrbuch neben einer Überarbeitung auch einige Erweiterungen in verschiedenen Bereichen erfahren. So wurden die Modelle und Verfahren zur Vorteilhaftigkeitsbeurteilung bei Einzelentscheidungen unter Sicherheit um Ausführungen zur Datenermittlung, zur Einbeziehung von Steuern bei der Methode der vollständigen Finanzpläne, zur Beurteilung von Auslandsinvestitionen und zu spezifischen Anwendungsgebieten ergänzt. Ebenfalls neu aufgenommen wurden Modelle und Verfahren zur Nutzungsdauer- und Ersatzzeitpunktbestimmung im Rahmen des Interner Zinssatz-Modells und bei unvollkommenem Kapitalmarkt. Des weiteren wird nun auch die Wahl des Zeitpunktes erstmaliger Investitionen erörtert. Schließlich galt es, aus der Kapitalmarkttheorie hervorgegangene Konzepte zur Beurteilung einzelner Investitionen unter Unsicherheit zu integrieren: insbesondere Ansätze zur risikoangepaßten Bestimmung von Kalkulationszinssätzen sowie zur Bewertung von Realoptionen.

Die Autoren danken einer Reihe von Lesern der ersten Auflagen für wertvolle Verbesserungsvorschläge. Außerdem gilt unser Dank allen Mitarbeitern der Professur BWL III: Unternehmensrechnung und Controlling, Fakultät für Wirtschaftswissenschaften der Technischen Universität Chemnitz, sowie des Instituts für Betriebswirtschaftliche Produktions- und Investitionsforschung, Abteilung für Unternehmensplanung, der Universität Göttingen, die zu dieser dritten Auflage beitrugen. Ein besonderer Dank für ebenso unermüdliche wie sorgfältige inhaltliche und redaktionelle Arbeit gebührt dabei Herrn Dipl.-Kfm. Dirk Hinkel sowie Frau Dr. Barbara Mikus.

Chemnitz und Göttingen, im Februar 2002

Uwe Götze
Jürgen Bloech

Vorwort zur 1. Auflage

Investitionen sind eine entscheidende Einflußgröße auf den Unternehmenserfolg. Für die Vorbereitung von Investitionsentscheidungen kommt der Investitionsrechnung eine zentrale Bedeutung zu.

Das vorliegende Lehrbuch soll eine grundlegende und zugleich in ausgewählten Bereichen weiterführende Darstellung und Diskussion von Modellen und Verfahren der Investitionsrechnung bieten. Dazu werden Investitionen als Gegenstand der Unternehmensführung charakterisiert und Investitionsmodelle für Einzel- und Programmentscheidungen sowohl bei Sicherheit als auch bei Unsicherheit erörtert. Das Buch richtet sich an Studenten der Wirtschaftswissenschaften sowie an Praktiker.

An dieser Stelle sei allen Mitarbeitern des Instituts für Betriebswirtschaftliche Produktions- und Investitionsforschung, Abteilung Unternehmensplanung, der Universität Göttingen gedankt, die zur Fertigstellung des Buches beitrugen. Besonderer Dank gilt Herrn Christoph Mayhaus und Herrn Christian Orth für ihre unermüdliche und umsichtige Arbeit bei der Textgestaltung sowie Frau Anja Petrak und Herrn Martin Meyer für die zeitaufwendige Bearbeitung der Übungsaufgaben. Gedankt für ihre Arbeiten bei der Textgestaltung sei auch Frau Sigrid Lange, Frau Ulrike Wilke, Herrn Michael Alde, Herrn Albrecht Hönerloh, Herrn Michael Kohl, Herrn Andreas Osenbrügge und Herrn Stefan Trappe. Die Durchsicht des Manuskript übernahmen Frau Anke Daub, Frau Susanne Höfer, Herr Markus Osburg, Herr Hans-Jürgen Prehm, Herr Friedhelm Rudolph, Herr Dr. Bernt R.A. Sierke und Herr Carsten Wilken. Für ihre kritischen Anmerkungen danken wir ebenfalls herzlich.

Göttingen, im September 1992

Uwe Götze
Jürgen Bloech

Inhaltsverzeichnis

Abbildungsverzeichnis XI

1 Zielsetzung und Aufbau des Buches 1

2 Investitionen als Gegenstand der Unternehmensführung 5
   2.1 Charakterisierung von Investitionen 5
      2.1.1 Investitionsbegriff 5
      2.1.2 Erscheinungsformen von Investitionen 7
      2.1.3 Investitionsprozeß 14
   2.2 Investitionsbezogene Aufgaben der Unternehmensführung 15
      2.2.1 Führung im Unternehmen 15
      2.2.2 Investitionsplanung 17
      2.2.3 Investitionskontrolle 28
      2.2.4 Investitionscontrolling 31
   2.3 Entscheidungsmodelle im Rahmen der investitionsbezogenen Unternehmensführung 36
      2.3.1 Grundmodell der Entscheidungstheorie 36
      2.3.2 Analyse von Entscheidungsmodellen 41
      2.3.3 Arten von Entscheidungsmodellen 45

3 Modelle für Vorteilhaftigkeitsentscheidungen bei einer Zielgröße 49
   3.1 Einführung 49
   3.2 Statische Modelle 50
      3.2.1 Einführung 50
      3.2.2 Kostenvergleichsrechnung 50
      3.2.3 Gewinnvergleichsrechnung 58
      3.2.4 Rentabilitätsvergleichsrechnung 60
      3.2.5 Statische Amortisationsrechnung 63
   3.3 Dynamische Modelle 66
      3.3.1 Einführung 66
      3.3.2 Kapitalwertmethode 71
      3.3.3 Annuitätenmethode 93
      3.3.4 Interner Zinssatz-Methode 96
      3.3.5 Dynamische Amortisationsrechnung 107
      3.3.6 Vermögensendwertmethode 110

3.3.7 Sollzinssatzmethode 116
3.3.8 Methode der vollständigen Finanzpläne 119
3.4 Spezifische Fragestellungen der Vorteilhaftigkeitsbeurteilung 130
    3.4.1 Berücksichtigung von Steuern 130
        3.4.1.1 Steuern bei der Kapitalwertmethode 131
        3.4.1.2 Steuern bei der Methode der vollständigen Finanzpläne 137
    3.4.2 Beurteilung von Auslandsinvestitionen 144
        3.4.2.1 Besonderheiten von Auslandsinvestitionen und deren Berücksichtigung bei der Datenermittlung 144
        3.4.2.2 Kapitalwertmodelle zur Beurteilung von Auslandsinvestitionen 150
        3.4.2.3 Methode der vollständigen Finanzpläne als Instrument zur Beurteilung von Auslandsinvestitionen 157
    3.4.3 Spezielle Anwendungsgebiete dynamischer Modelle zur Vorteilhaftigkeitsbeurteilung 162
Aufgaben zu Abschnitt 3 166

4 Modelle für Vorteilhaftigkeitsentscheidungen bei mehreren Zielgrößen 173
    4.1 Einführung 173
    4.2 Nutzwertanalyse 180
    4.3 Analytischer Hierarchie Prozeß 188
    4.4 Multi-Attributive Nutzentheorie 205
    4.5 PROMETHEE 217
    Aufgaben zu Abschnitt 4 230

5 Modelle für Nutzungsdauer-, Ersatzzeitpunkt- und Investitionszeitpunktentscheidungen 235
    5.1 Einführung 235
    5.2 Nutzungsdauer- und Ersatzzeitpunktentscheidungen im Kapitalwertmodell 239
        5.2.1 Optimale Nutzungsdauer einer Investition ohne Nachfolgeobjekt 239
        5.2.2 Optimale Nutzungsdauer einer Investition bei einer endlichen Anzahl identischer Nachfolgeobjekte 244
        5.2.3 Optimale Nutzungsdauer eines Objektes mit unendlich vielen identischen Nachfolgeobjekten 247

5.2.4 Optimaler Ersatzzeitpunkt bei einer unendlichen Kette
identischer Nachfolgeobjekte 252
5.2.5 Optimaler Ersatzzeitpunkt bei einer endlichen Kette
nicht-identischer Objekte 256
5.3 Nutzungsdauer- und Ersatzzeitpunktbestimmung mit einem Modell
der Kostenminimierung 259
5.4 Modelle zur Bestimmung des Investitionszeitpunktes 267
Aufgaben zu Abschnitt 5 280

6 Modelle für Programmentscheidungen bei Sicherheit 289
6.1 Einführung 289
6.2 Modell zur Bestimmung des optimalen Investitionsprogramms bei
vorgegebenem Kapitalbudget und Produktionsprogramm 290
6.3 Simultane Investitions- und Finanzierungsplanung 294
  6.3.1 Einführung 294
  6.3.2 Statisches Modell (Modell von DEAN) 295
  6.3.3 Einstufiges Modell (Modell von ALBACH) 303
  6.3.4 Mehrstufiges Modell (Modell von HAX und WEINGARTNER) 311
6.4 Simultane Investitions- und Produktionsplanung 323
  6.4.1 Einführung 323
  6.4.2 Modell mit mehreren Produktionsstufen
  (Erweitertes FÖRSTNER/HENN-Modell) 325
Aufgaben zu Abschnitt 6 333

7 Modelle für Einzelentscheidungen bei Unsicherheit 343
7.1 Einführung 343
7.2 Regeln und Kriterien der Entscheidungstheorie 345
7.3 Verfahren zur Berücksichtigung der Unsicherheit 352
  7.3.1 Methoden zur risikoangepaßten Bestimmung oder Bewertung
  von Daten 352
  7.3.2 Sensitivitätsanalyse 363
  7.3.3 Risikoanalyse 376
  7.3.4 Entscheidungsbaumverfahren 383
  7.3.5 Optionspreistheoretische Ansätze 395
Aufgaben zu Abschnitt 7 412

8 Modelle für Programmentscheidungen bei Unsicherheit 421
    8.1 Einführung 421
    8.2 Portfolio-Selection 426
    8.3 Flexible Planung 434

Lösungen zu den Übungsaufgaben 443

Literaturverzeichnis 475

Stichwortverzeichnis 497

Abbildungsverzeichnis

2-1	Investitionsarten nach dem Objektkriterium	8
2-2	Investitionsarten nach dem Kriterium des Investitionsanlasses	9
2-3	Ausschnitt des Systems "Unternehmen"	11
2-4	Investitionsarten gegliedert nach zentralen Kriterien	13
2-5	Phasen des Führungsprozesses in Unternehmen	16
2-6	Kreativitätstechniken	22
2-7	Prognoseverfahren	24
2-8	Kontrollarten	29
2-9	Struktur einer Entscheidungsmatrix	40
2-10	Merkmale von Entscheidungsmodellen	47
2-11	Aufbau des Buches	48
3-1	Kapitalbindungsverlauf bei Alternative A (ohne Liquidationserlös)	54
3-2	Kapitalbindungsverlauf bei Alternative B (mit Liquidationserlös)	55
3-3	Dynamische Verfahren zur Vorteilhaftigkeitsbeurteilung	70
3-4	Abzinsung von Nettozahlungen bei der Kapitalwertmethode	72
3-5	Kapitalwertverlauf in Abhängigkeit vom Kalkulationszinssatz bei isoliert durchführbaren Investitionen	98
3-6	Interpolation zur Bestimmung des Internen Zinssatzes	100
3-7	Kapitalwertverlauf in Abhängigkeit vom Kalkulationszinssatz bei einem isoliert durchführbaren Finanzierungsobjekt	105
3-8	VOFI-Tabelle bei Konditionenvielfalt	121
3-9	Vollständiger Finanzplan für Investitionsobjekt A	124
3-10	Vollständiger Finanzplan für Investitionsobjekt B	125
3-11	Vollständiger Finanzplan für Investitionsobjekt A unter Berücksichtigung von Steuern	141
3-12	Nebenrechnungen zur Ermittlung der Steuerwirkungen von Investitionsobjekt A	142
3-13	Vollständiger Finanzplan für das Tochterunternehmen	158
3-14	Vollständiger Finanzplan für das Mutterunternehmen	159
4-1	Einteilung von MADM-Methoden nach der Art der Informationen	178
4-2	Zielhierarchie	185
4-3	Transformationsfunktion für das Kriterium "Grundstücksgröße"	186
4-4	Neun-Punkte-Skala von SAATY	190
4-5	Durchschnittswerte von Konsistenzindizes	195

4-6	Entscheidungshierarchie	198
4-7	Paarvergleichsurteile für die Alternativen und deren Auswertung	200/201
4-8	Paarvergleichsurteile für die Zielkriterien und die Unterziele sowie deren Auswertung	201/202
4-9	Nutzenmessung mittels Attributevergleich	208
4-10	Bestimmung einer Einzelnutzenfunktion	209
4-11	Indifferenzgeraden	210
4-12	Einzelnutzenfunktion für das Attribut "Grundstücksgröße"	213
4-13	Verallgemeinerte Kriterien bei PROMETHEE	220
4-14	Verallgemeinerte Kriterien und Präferenzfunktionen im Beispiel	225
4-15	Outranking-Relation	226
4-16	Partielle Präordnung	227
4-17	Graphische Darstellung der partiellen Präordnung	227
5-1	Zahl und Art der Nachfolgeobjekte in Nutzungsdauer- und Ersatzzeitpunktmodellen	238
5-2	Zeitliche Verbundenheit der Objekte in einer zweigliedrigen Investitionskette	244
5-3	Nutzungsdauerabhängige Annuitäten bei einer Kette identischer Investitionsobjekte	248
5-4	Grenzgewinnkriterium für die optimale Nutzungsdauer	250
5-5	Ersatzkriterium bei einer unendlichen Kette identischer Ersatzobjekte	254
5-6	Kostenverläufe und optimale Nutzungsdauer	262
6-1	Graphische Optimierung im Modell von DEAN	299
6-2	Produktionsstruktur im Grundmodell der Produktionsprogrammplanung	325
7-1	Entscheidungsmatrix	345
7-2	Kapitalwertverläufe in Abhängigkeit von Veränderungen der Werte einzelner Inputgrößen	367
7-3	Kritische Werte einzelner Inputgrößen	369
7-4	Kapitalwert in Abhängigkeit von Preis und Absatzmenge	370
7-5	Kritische Absatzmengen bei zwei Investitionsobjekten	371
7-6	Kritische Produktionsmengen und Vorteilhaftigkeitsbereiche	374
7-7	Verteilungsfunktion des Kapitalwertes von Investitionsobjekt A	379
7-8	Verteilungsfunktionen der Kapitalwerte der Investitionen A und B	381
7-9	Formalstruktur eines Entscheidungsbaums	384
7-10	Entscheidungsbaum zum Fallbeispiel	387

7-11	Entscheidungsbaum zur Investitionszeitpunktentscheidung	390
7-12	Differenzierung von Erwartungen über zukünftige Umweltentwicklungen	393
7-13	Aktienkurse, Optionswerte und Werte des Duplikationsportfolios im Binomialmodell	400
7-14	Rückflüsse und Aktienkurse zu den Investitionszeitpunkten	404
8-1	Lineare Zugehörigkeitsfunktion einer Absatzrestriktion	424
8-2	Gewinnerwartungswerte und Risikomaße von Portefeuilles	426
8-3	Renditeentwicklung von Aktien	428
8-4	Verteilungen von Wertpapierrenditen	429
8-5	Isovarianzellipsen	431
8-6	Isovarianzellipsen, Renditeerwartungen und effiziente Portefeuilles	431
8-7	Effiziente Portefeuilles im Rendite-Varianz-System	432
8-8	Zustandsbaum	435
8-9	Zustandsbaum des Beispielmodells	438

1 Zielsetzung und Aufbau des Buches

Investitionen haben für Unternehmen eine existenzielle Bedeutung, da sie deren Erfolgspotentiale und Kostenstrukturen für relativ lange Zeiträume determinieren. Weil Investitionen außerdem zumeist hohe Auszahlungen erfordern und damit entsprechende finanzielle Mittel binden, ist der Erfolg von Unternehmen eng mit der Investitionstätigkeit verknüpft. Die effektive Planung und Steuerung von Investitionen stellt daher eine bedeutende, aufgrund hoher Komplexität und schnellen Wandels der Unternehmensumwelt oft aber auch eine schwierige Managementaufgabe dar.

Ein wertvolles Instrument der Unternehmensführung zur Planung und Steuerung von Investitionen ist die Investitionsrechnung. Sie wird in diesem Buch als Konstruktion und Auswertung von Entscheidungsmodellen zur Vorbereitung von Investitionsentscheidungen interpretiert. Demgemäß werden der Investitionsrechnung nicht nur Verfahren und Modelle zugerechnet, die auf der Analyse von Einzahlungen und Auszahlungen bzw. Einnahmen und Ausgaben basieren, sondern auch andere Verfahren, z. B. zur Vorbereitung von Mehrzielentscheidungen unter Einbeziehung von Nutzengrößen. Eine derartige umfassende Sichtweise der Investitionsrechnung erscheint angebracht, da Investitionen häufig auch Wirkungen aufweisen, die nicht in monetären Größen gemessen werden können.

Ansätze der Investitionsrechnung finden sich bereits seit relativ langer Zeit in der Literatur. Vor allem in den sechziger und siebziger Jahren wurden diese Ansätze intensiv diskutiert und weiterentwickelt sowie um weiterführende Konzepte ergänzt, wie beispielsweise

- die Nutzwertanalyse zur Berücksichtigung mehrerer Zielgrößen,
- Modelle zur simultanen Planung von Investition und Finanzierung sowie Investition und Produktion,
- Verfahren zur Einbeziehung der Unsicherheit in die Investitionsrechnung (Risikoanalyse und Entscheidungsbaumverfahren).[1]

Im letzten Jahrzehnt ist die Entwicklung der Investitionstheorie maßgeblich durch Erkenntnisse der Finanzierungs- und Kapitalmarkttheorie, beispielsweise zu Renditen mit Risiken verbundener Wertpapiere auf dem Kapitalmarkt oder zur Bewertung von Optionen, beeinflußt worden. Es wurde angeregt, diese Erkenntnisse auf die Investitionsrechnung zu übertragen.

In diesem Buch soll zum einen eine grundlegende Einführung in die Modelle der Investitionsrechnung gegeben werden. Es werden daher die "klassischen" Verfahren wie die Kapitalwertmethode und die Interner Zinssatz-Methode ausführlich dargestellt und diskutiert. Zum anderen sollen aber auch Kenntnisse über neuere und weiterführende Ansätze der Entscheidungsvorbereitung sowie Instrumente zur Lösung

---

[1] Eine Reihe von Beiträgen, die die Entwicklung nachhaltig beeinflußt haben, findet sich bei Lüder, K.: (Investitionsplanung).

spezieller Investitionsprobleme vermittelt werden. Diesem Ziel wird insbesondere mit der Erörterung der Investitionsrechnung unter Einbeziehung von Steuern und bei Auslandsinvestitionen, verschiedener Verfahren für Mehrzielentscheidungen sowie diverser Ansätze zur Berücksichtigung der Unsicherheit einschließlich der finanzierungstheoretisch geprägten Konzepte Rechnung getragen.

Zielgruppe des Buches sind vor allem Studenten des betriebswirtschaftlichen Grund- und Hauptstudiums. Das Buch wendet sich aber auch an Studierende an wirtschaftswissenschaftlichen Weiterbildungsinstitutionen und an Praktiker.

Das didaktische Konzept läßt sich durch die folgenden Stichworte charakterisieren:

- Vermittlung eines *Überblicks* über Investitionen als Gegenstand der Unternehmensführung sowie die Arten von Investitionsmodellen,
- ausführliche *Darstellung und Diskussion relevanter Modelle und Verfahren* unter Einbeziehung von Beispielen sowie
- *Übungsangebot* in Form von Aufgaben und Lösungen.

Im folgenden Abschnitt 2 wird eine Einordnung von Investitionen sowie der Investitionsrechnung in das System "Unternehmen" vorgenommen. Dazu werden zunächst in Abschnitt 2.1 der Begriff "Investition" erörtert und die Vielfalt der Erscheinungsformen von Investitionen aufgezeigt. Auch auf den Ablauf der Investitionstätigkeit, den Investitionsprozeß, wird eingegangen. Gegenstand von Abschnitt 2.2 sind die investitionsbezogenen Aufgaben der Unternehmensführung. Dabei werden die Investitionsplanung, die Investitionskontrolle sowie das Investitionscontrolling diskutiert. In Abschnitt 2.3 wird ein Überblick über die Analyse von Entscheidungsmodellen im Rahmen der Investitionsrechnung gegeben. Inhalt des Abschnitts sind das Grundmodell der Entscheidungstheorie, die Phasen der Analyse sowie die verschiedenen Arten von Entscheidungsmodellen. Aus der Differenzierung von Entscheidungsmodellen läßt sich auch die weitere Gliederung des Buches ableiten.

Erörtert werden Investitionsmodelle zur Vorbereitung von

- Einzelentscheidungen unter Sicherheit und zwar differenziert nach
  - Vorteilhaftigkeitsentscheidungen bei einer Zielgröße (Abschnitt 3),
  - Vorteilhaftigkeitsentscheidungen bei mehreren Zielgrößen (Abschnitt 4),
  - Nutzungsdauer-, Ersatzzeitpunkt- und Investitionszeitpunktentscheidungen (Abschnitt 5),
- Programmentscheidungen unter Sicherheit (Abschnitt 6),
- Einzelentscheidungen unter Unsicherheit (Abschnitt 7) sowie
- Programmentscheidungen unter Unsicherheit (Abschnitt 8).

Abschnitt 3 umfaßt demzufolge mit den statischen und dynamischen Modellen für Vorteilhaftigkeitsentscheidungen bei einer Zielgröße die "klassischen" Modelle der Investitionsrechnung. Inhalt von Abschnitt 4 sind Modelle und Verfahren zur Vorbereitung von Investitionsentscheidungen bei mehreren Zielgrößen. Zur Entscheidungsfindung bei derartigen Problemstellungen sind neben der Nutzwertanalyse eine

Reihe weiterer Verfahren vorgestellt und diskutiert worden, die hier Berücksichtigung finden. Abschnitt 5 enthält Modelle für Nutzungsdauer- und Ersatzzeitpunktentscheidungen, wobei auf Kapitalwertmodelle und auf Modelle der Kostenminimierung eingegangen wird. Auch die in der Literatur ebenfalls weitgehend vernachlässigte Frage des optimalen Investitionszeitpunkts wird thematisiert.

Simultanplanungsmodelle unter Sicherheit sind Gegenstand des Abschnitts 6. Nach einem kurzen Überblick werden Modelle zur Simultanplanung von Investitionen, zur simultanen Investitions- und Finanzierungsplanung sowie zur simultanen Investitions- und Produktionsprogrammplanung erörtert.

In Abschnitt 7 wird auf die Berücksichtigung der Unsicherheit bei Einzelentscheidungen eingegangen. Neben entscheidungstheoretischen Regeln und Kriterien berücksichtigt dieser Abschnitt die Sensitivitätsanalyse, die Risikoanalyse, das Entscheidungsbaumverfahren, Kombinationen dieser Verfahren, aber auch die aus der Finanzierungstheorie hervorgegangenen Ansätze zur Einbeziehung der Unsicherheit bei der Bemessung des Kalkulationszinssatzes sowie zur Bewertung von Realoptionen.

Gegenstand von Abschnitt 8 ist die Einbeziehung der Unsicherheit bei Simultanplanungsmodellen. Dabei wird vor allem auf die Portfolio-Selection sowie die Flexible Planung eingegangen.

Die Erörterung der einzelnen Modelle bzw. Verfahren erfolgt weitestgehend nach dem gleichen Schema. Das Modell wird zunächst in allgemeiner Form dargestellt, dann anhand eines Beispiels veranschaulicht und schließlich beurteilt. Auf die Einbeziehung von Beispielen wird aus didaktischen Gründen besonderer Wert gelegt.

Ebenfalls aus didaktischen Gründen werden zu den meisten Modellen und Verfahren Übungsaufgaben angeboten. Diese befinden sich jeweils am Ende der Abschnitte 3 bis 7. Am Ende des Buches werden Kurzlösungen zu den Aufgaben angegeben, um eine Kontrollmöglichkeit zu gewährleisten.[2]

Die nachfolgende Erörterung der Investitionsrechnung erfolgt aus dem Blickwinkel von privatwirtschaftlichen Unternehmen. Eine Reihe von Aussagen lassen sich aber auf die Investitionsvorbereitung in öffentlichen Unternehmen sowie auf gesamtwirtschaftliche Investitionsüberlegungen übertragen.

Abschließend sei auf eine Gefahr hingewiesen, die mit der Durchführung von Investitionsrechnungen und von Modellanalysen generell verbunden ist. Es wäre falsch, die Resultate von Investitionsrechnungen als "wahre" Aussagen über den Erfolg von Investitionsmaßnahmen zu verstehen und zu erwarten, daß diese Resultate in der Zukunft auch tatsächlich in unveränderter Form eintreten. Die Modellergebnisse gelten vielmehr jeweils nur unter den Annahmen, die einem Modell zu-

---

[2] Als ergänzendes didaktisches Mittel bieten sich Fallstudien an, bei denen für praxisnahe Investitionsprobleme Modelle zu bilden und auszuwerten sind. Vgl. dazu z. B. Altrogge, G.: (Fallstudien); Adam, D.: (Investitionscontrolling), S. 398 ff.; Bosse, C.; Götze, U.: (Fallstudie); Götze, U.: (Life).

grunde liegen. Diese Annahmen sollten daher bei der Ableitung von Handlungsempfehlungen aus den Modellresultaten sorgfältig geprüft und analysiert werden.

Diese einschränkende Bemerkung zur Aussagekraft der Modellergebnisse mindert aber den Nutzen von Investitionsrechnungen nach Ansicht der Verfasser nicht entscheidend. Über den direkten Beitrag des Modellresultats zur Entscheidungsvorbereitung hinaus fördert die Auseinandersetzung mit Investitionsmodellen das Verständnis für die Investitionsstrukturen und -probleme. Aufgrund des damit einhergehenden Lerneffektes ist zu erwarten, daß die Entscheidungsvorbereitung wesentlich verbessert wird.

2 Investitionen als Gegenstand der Unternehmensführung

2.1 Charakterisierung von Investitionen

2.1.1 Investitionsbegriff

Der betriebswirtschaftliche Investitionsbegriff[1] kann aus verschiedenen Blickwinkeln betrachtet werden. So unterscheidet LÜCKE vier Begriffsgruppen: den zahlungsbestimmten, den vermögensbestimmten, den kombinationsbestimmten und den dispositionsbestimmten Investitionsbegriff.[2]

Nach dem *zahlungsbestimmten Investitionsbegriff* läßt sich eine Investition durch einen Zahlungsstrom charakterisieren. Sie stellt einen Strom von Ein- und Auszahlungen dar, der mit einer Auszahlung beginnt.

Ausgangspunkt des *vermögensbestimmten Investitionsbegriffs* ist die Bilanz, die das Vermögen sowie das Kapital[3] eines Unternehmens abbildet. Gemäß diesem Begriff wird die Umwandlung von Kapital in Vermögen bzw. die Kapitalverwendung als Investition angesehen.

Entsprechend dem *kombinationsbestimmten Investitionsbegriff* ist eine Investition die Kombination beschaffter materieller Anlagegüter miteinander oder mit bereits vorhandenen materiellen Anlagegütern.

Dem *dispositionsbestimmten Investitionsbegriff* liegt die Überlegung zugrunde, daß sich die Dispositionsfreiheit von Unternehmen verringert, indem durch Investitionen finanzielle Mittel gebunden werden.

Im folgenden soll lediglich auf den zahlungsbestimmten und den vermögensbestimmten Investitionsbegriff eingegangen werden, da diese sich in der betriebswirtschaftlichen Literatur durchgesetzt haben.

Ein Beispiel für eine zahlungsbestimmte Interpretation des Investitionsbegriffs stellt die folgende Definition dar:

> Eine Investition ist durch einen Zahlungsstrom gekennzeichnet, der mit Auszahlungen beginnt und in späteren Zahlungszeitpunkten Einzahlungen bzw. Einzahlungen und Auszahlungen erwarten läßt.[4]

---

[1] Zur volkswirtschaftlichen Sichtweise des Investitionsbegriffs vgl. Stobbe A.: (Rechnungswesen), S. 97 f. und S. 438.

[2] Vgl. Lücke, W.: (Investitionslexikon), S. 151 f. sowie zur ausführlichen Diskussion des Investitionsbegriffs Heinen, E.: (Begriff), S. 16 ff. und S. 85 ff.; Rückle, D.: (Investition), Sp. 1924 f.

[3] Zu dem Begriff "Kapital" vgl. Deppe, H.-D.: (Grundlagen), S. 54 ff.

[4] Vgl. Schneider, D.: (Investition), S. 20. SCHNEIDER verwendet allerdings die Begriffe "Ausgaben" und "Einnahmen" anstelle von "Auszahlungen" und "Einzahlungen". Zwischen diesen Begriffspaaren ist in der Investitionsplanung und -rechnung eine Differenzierung zumeist nicht erforderlich.

Im Hinblick auf den zahlungsbestimmten Investitionsbegriff ließe sich einerseits diskutieren, ob er nicht erweitert werden sollte, um auch Vorhaben, bei denen zunächst eine Anzahlung zu einer Einzahlung führt und erst dann (größere) Auszahlungen auftreten, als Investitionen zu erfassen. Andererseits ist darauf hinzuweisen, dass Investitionen sehr häufig bedeutende Wirkungen aufweisen, die keine Zahlungen darstellen und sich auch nur schwer in Zahlungen transformieren lassen (z. B. Einsatz vorhandener Wirtschaftsgüter oder Resultate von Forschungs- und Entwicklungsvorhaben). Der zahlungsbestimmte Investitionsbegriff ist auch für eine Differenzierung zwischen "Investition" und "Finanzierung" geeignet. Finanzierung ist demnach ein Zahlungsstrom, der mit einer Einzahlung beginnt und in späteren Zeitpunkten zu Auszahlungen oder Aus- und Einzahlungen führt.[5]

Dem vermögensorientierten Investitionsbegriff ist beispielsweise die folgende Definition zuzuordnen:

> "Eine Investition ist eine für eine längere Frist beabsichtigte Bindung finanzieller Mittel in materiellen oder immateriellen Objekten, mit der Absicht, diese Objekte in Verfolgung einer individuellen Zielsetzung zu nutzen."[6]

Gemäß dieser Definition liegt eine Investition nur bei einer längerfristigen Bindung finanzieller Mittel vor; die Kapitalbindung kann sich sowohl auf materielle als auch auf immaterielle Objekte beziehen. Dies deutet auf zwei Aspekte hin, die bezüglich des vermögensbestimmten Investitionsbegriffs zu erörtern sind. Zum einen ist darauf hinzuweisen, daß auch die Kapitalverwendung für immaterielle Güter, die nicht in der Bilanz erfaßt sind, als Investition angesehen wird.[7] Zum anderen bestehen unterschiedliche Auffassungen darüber, ob die Verwendung von Kapital zur Beschaffung oder Herstellung von Vermögensgegenständen in jedem Fall eine Investition darstellt. Bei einer sehr weiten Begriffsfassung wird diese Frage bejaht; auch Gegenstände des Umlaufvermögens sind demzufolge Investitionsgüter. Bei engeren Sichtweisen hingegen wird nur die Kapitalverwendung für bestimmte Teile des Anlagevermögens, für das gesamte Anlagevermögen oder aber für das gesamte Anlagevermögen zuzüglich bestimmter Positionen des Umlaufvermögens als Investition aufgefaßt.[8] Im folgenden wird die obengenannte vermögensorientierte Definition zugrunde gelegt. Dementsprechend wird davon ausgegangen, daß eine Investition bei einer langfristigen Bindung finanzieller Mittel vorliegt.

---

[5] Zu einer ausführlichen Auseinandersetzung mit dem Finanzierungsbegriff vgl. Benner, W.: (Finanzwirtschaft), S. 242 ff.; Wöhe, G.; Bilstein, J.: (Grundzüge), S. 2 ff.

[6] Kern, W.: (Investitionsrechnung), S. 8. Zu einer ähnlichen Definition vgl. ter Horst, K.W.: (Investitionsplanung), S. 16. Zwischen den Begriffen "Investition" und "Investitionsobjekt" wird im folgenden nicht differenziert.

[7] Vgl. dazu auch die Aussagen zu unterschiedlichen Erscheinungsformen von Investitionen in Abschnitt 2.1.2.

[8] Vgl. Lücke, W.: (Investitionslexikon), S. 152 f.

Anzumerken ist schließlich, daß sich auch der vermögensbestimmte Investitionsbegriff zur Abgrenzung zwischen "Investition" und "Finanzierung" eignet. Bei der zugrunde liegenden bilanzorientierten Sichtweise ist Finanzierung die Bereitstellung von Kapital für das Unternehmen.[9]

2.1.2 Erscheinungsformen von Investitionen

Investitionen treten in Unternehmen in einer Vielzahl unterschiedlicher Erscheinungsformen auf. Diese Vielfalt verschiedener Investitionsarten, die zum Teil spezielle Anforderungen an Investitionsplanung und -rechnung stellen, soll in diesem Abschnitt aufgezeigt werden. Dies dient auch dazu, für die Investitionsbeurteilung relevante Eigenschaften bestimmter Investitionsarten darzustellen.

Im folgenden wird eine umfassende Unterscheidung von Investitionsarten aufgegriffen, die KERN anhand verschiedener Kriterien vornimmt.[10] KERN differenziert zunächst zwischen peripheren und zentralen Klassifizierungskriterien. Während sich periphere Klassifizierungskriterien auf das äußere Erscheinungsbild von Investitionen beziehen, nehmen zentrale Kriterien auf deren wirtschaftliche Merkmale Bezug. Es werden unter anderem die folgenden Klassifizierungskriterien aufgeführt:

Periphere Kriterien:[11]
- Investitionsobjekt
- Investitionsanlaß
- Investitionsbereich

Zentrale Kriterien:
- Konsequenzen von Investitionen
    - bei quantitativ orientierter Betrachtung
    - bei qualitativ orientierter Betrachtung
    - bei temporär orientierter Betrachtung
- Interdependenzweite von Investitionen
- Ausmaß an Unsicherheit

Zunächst soll auf die peripheren Klassifizierungskriterien eingegangen werden.

Wie Abbildung 2-1 zeigt, kann nach dem Kriterium *Investitionsobjekt* zwischen *Finanz-* und *Realinvestitionen* unterschieden werden. Finanzinvestitionen liegen bei einer Kapitalbindung in finanziellen Anlageformen wie beispielsweise Einlagen bei Banken, Obligationen, Investmentzertifikaten, Immobilienfondsanteilen oder Beteiligungen vor. Sie haben entweder spekulativen oder anlageorientierten Charakter. Realinvestitionen lassen sich in materielle bzw. güterwirtschaftliche und immateri-

---
[9] Vgl. Sierke, B.R.A.: (Investitions-Controlling), S. 74.
[10] Zu den nachfolgenden Ausführungen vgl. Kern, W.: (Investitionsrechnung), S. 10 ff.
[11] Als weiteres peripheres Klassifizierungskriterium nennt KERN den Investitionsumfang. Dieser stellt nach Ansicht der Verfasser jedoch eher ein zentrales Kriterium dar.

elle bzw. Potentialinvestitionen untergliedern. Bei Potentialinvestitionen werden
- beispielsweise durch Aus- und Weiterbildung, Werbung sowie Forschung und Entwicklung - immaterielle Güter erzeugt. Dabei kann es sich um Wissens- oder Mitarbeiterpotentiale im Unternehmen sowie Potentiale des Unternehmens bei externen Personen oder Institutionen handeln (z. B. Firmen-Goodwill).[12] Güterwirtschaftliche Investitionen hingegen dienen der Bereitstellung materieller Güter, zu denen insbesondere die Betriebsmittel zählen, denen aber auch erneuerbare Ressourcen wie Wälder in einem forstwirtschaftlichen Betrieb zugerechnet werden können.[13] Der Produktionsfaktor "Betriebsmittel"[14] umfaßt unter anderem Maschinen (Anlagen, Aggregate), Grundstücke, Gebäude, Fahrzeuge und EDV-Geräte.[15] Abschließend sei zu den objektbezogenen Investitionsarten erwähnt, daß Produkte (oder strategische Geschäftseinheiten) bzw. die Mittel zu deren Fertigung und Absatz ebenfalls als Investitionsobjekte interpretiert werden können.

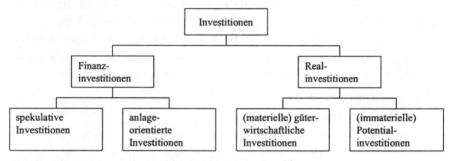

Abb. 2-1: Investitionsarten nach dem Objektkriterium[16]

Eine Differenzierung nach dem *Kriterium des Investitionsanlasses* ist vor allem für realwirtschaftliche Investitionen möglich. Sie führt zur Unterscheidung zwischen Errichtungsinvestitionen, Ergänzungsinvestitionen und laufenden Investitionen (vgl. Abbildung 2-2).[17]

Mit *Errichtungsinvestitionen* (Anfangs-, Neu-, Gründungsinvestitionen) beginnt die Tätigkeit eines Unternehmens an einem Standort. Dabei kann es sich um die Neugründung eines Unternehmens oder die Errichtung eines Zweigwerks handeln.

Zu den *laufenden Investitionen* zählen zum einen *Großreparaturen und Überholungen*, zum anderen *Ersatzinvestitionen*. Eine reine Ersatzinvestition liegt vor, wenn

---

[12] Vgl. Gas, B.: (Wirtschaftlichkeitsrechnung), S. 520 ff.
[13] Es ist bei einer vermögensorientierten Sichtweise des Investitionsbegriffs vor allem von der Begriffsweite abhängig, welche weiteren materiellen Güter durch güterwirtschaftliche Investitionen erzeugt werden. Vgl. dazu Abschnitt 2.1.1.
[14] Zu dem zugrundeliegenden Produktionsfaktorsystem vgl. Gutenberg, E.: (Grundlagen), S. 3 ff.
[15] Umstritten ist, ob auch Betriebsstoffe dem Produktionsfaktor Betriebsmittel zuzuordnen sind. Vgl. Bloech, J.; Bogaschewsky, R.; u. a.: (Einführung), S. 8.
[16] Quelle: in modifizierter Form übernommen von Kern, W.: (Investitionsrechnung), S. 12.
[17] Zu dieser Unterscheidung vgl. auch Heinen, E.: (Begriff), S. 98.

vorhandene Betriebsmittel durch identische Objekte substituiert werden. Häufig erfolgt ein Ersatz durch ein verbessertes Betriebsmittel. Ersatzinvestitionen sind dann gleichzeitig Rationalisierungs- und/oder Erweiterungsinvestitionen. Generell kann eine eindeutige Abgrenzung nach dem Anlaßkriterium Schwierigkeiten bereiten.

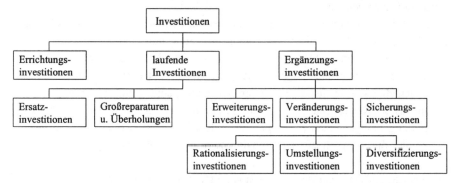

Abb. 2-2: Investitionsarten nach dem Kriterium des Investitionsanlasses[18]

Ergänzungsinvestitionen beziehen sich ebenso wie laufende Investitionen auf die Betriebsmittelausstattung an bereits existenten Standorten. Zu den Ergänzungsinvestitionen zählen Erweiterungs-, Veränderungs- und Sicherungsinvestitionen. *Erweiterungsinvestitionen* führen zur Erhöhung der Kapazität[19] bzw. des Leistungsvermögens eines Unternehmens. Charakteristische Eigenschaft von *Veränderungsinvestitionen* ist die Modifikation bestimmter Merkmale des Unternehmens, wobei diese verschiedene Motive aufweisen kann. So dienen KERN zufolge Rationalisierungsinvestitionen primär der Kostenverringerung, Umstellungsinvestitionen der Anpassung an geänderte Absatzmengen der bisherigen Produktarten und Diversifizierungsinvestitionen der Vorbereitung auf Veränderungen des Absatzprogramms, die durch die Einführung neuer Produkte oder die Versorgung neuer Märkte bewirkt werden. Eine Abgrenzung zwischen Erweiterungs- und Veränderungsinvestitionen dürfte oftmals problematisch sein, da eine Kapazitätserweiterung zumeist mit der Veränderung von Unternehmensmerkmalen einhergeht. *Sicherungsinvestitionen* schließlich stellen Maßnahmen dar, die zur Ausschaltung von Gefahrenquellen für das Unternehmen oder zur Vorbereitung auf diese geeignet sind. Beispiele sind Beteiligungen an Rohstoffbetrieben, Forschungs- und Entwicklungsaktivitäten, Werbung, Aus- und Weiterbildung sowie - bei entsprechend weiter Sicht des vermögensorientierten Investitionsbegriffs - das Halten von Vorratsbeständen.

Das dritte periphere Klassifizierungskriterium ist das des *Investitionsbereichs*. Mit diesem Kriterium erfolgt eine Unterteilung beispielsweise nach den Funktionsberei-

---

[18] Quelle: in modifizierter Form übernommen von Kern, W.: (Investitionsrechnung), S. 14.
[19] Zum Kapazitätsbegriff und zur Nutzung von Kapazitäten vgl. Lücke, W.: (Kapazität), S. 43 ff.; Kern, W.: (Messung), S. 7 ff.

chen des Unternehmens, in denen eine Investition vorgenommen wird. Demgemäß können Investitionen in den Bereichen Beschaffung, Produktion, Absatz, Verwaltung, Personal sowie Forschung und Entwicklung unterschieden werden. Die Klassifizierung nach dem Bereichskriterium ist ebenfalls vor allem für realwirtschaftliche Investitionen anwendbar.

Die Differenzierungen von Investitionsarten mit Hilfe peripherer Klassifizierungskriterien lassen sich vor allem zur Charakterisierung und eindeutigen Abgrenzung konkreter Investitionsprobleme nutzen. Im Gegensatz dazu dienen die nachfolgend beschriebenen Unterscheidungen anhand zentraler Kriterien eher zur Auswahl zweckgemäßer Vorgehensweisen bei der Investitionsplanung und -rechnung.

Die aus der Realisierung von Investitionsalternativen resultierenden und für deren Beurteilung maßgeblichen *Konsequenzen* unterscheiden sich hinsichtlich mehrerer Merkmale, die sämtlich zur Differenzierung von Investitionsarten genutzt werden können.

In bezug auf die *quantitativen Wirkungen* stellt sich zunächst die Frage, ob diese in Form von Mengen- und/oder Wertströmen eindeutig *erfaßbar* und den einzelnen Objekten *zurechenbar* sind oder nicht. Die einzelnen Investitionsobjekten zuordenbaren Mengen- oder Westströme können im Zeitablauf *schwankende* oder *konstante* Verläufe aufweisen. Die Struktur von Zahlungsströmen läßt sich unter anderem zur Unterscheidung verschiedener Investitionstypen nutzen und beeinflußt auch die Anwendbarkeit von Verfahren der Investitionsrechnung.[20] Erwähnt sei auch, daß die Höhe der Anschaffungsauszahlung ebenfalls als Differenzierungskriterium Verwendung finden kann.

Unterschiede bestehen zudem hinsichtlich der *qualitativen* Eigenschaften von Investitionsobjekten. Beispiele für derartige Eigenschaften sind *Mehrzwecknutzung*, *Spezifität*,[21] Betriebssicherheit, hohe Qualität der gefertigten Produkte, Abfallvermeidung etc.

In *zeitlicher* Hinsicht schließlich können Differenzierungen bezüglich der Länge der Nutzungsdauer oder Laufzeit vorgenommen werden. Diese kann des weiteren - beispielsweise bei Finanzinvestitionen - für das Unternehmen *bestimmt* oder *unbestimmt*, d. h. wählbar, sein. Auch in bezug auf den Zeitraum nach Ende der Nutzungsdauer bzw. Laufzeit treten Unterschiede auf. So ist es möglich, daß nach Ende der Nutzung bzw. Laufzeit auf ein Nachfolgeobjekt verzichtet wird (*einmalige Investition*). Ebenso können aber auch ein oder mehrere Nachfolger vorgesehen sein, die mit dem Ausgangsobjekt identisch sind oder sich von diesem unterscheiden (*mehrmalige Investition*).

Ein weiteres zentrales Klassifizierungskriterium für Investition ist deren *Interdependenzweite*. Investitionsobjekte werden Bestandteil des Systems "Unternehmen".

---

[20] Vgl. die Abschnitte 3.3.1 und 3.3.4.
[21] Zur Spezifität von Investitionsobjekten vgl. Abschnitt 5.4.

Ein System ist eine Menge von Elementen, zwischen denen Beziehungen bestehen.22 Als Systemelemente von Unternehmen können Betriebsmittel, Werkstoffe, Personen oder organisatorische bzw. funktionale Einheiten angesehen werden. Einen Ausschnitt des Systems "Unternehmen" zeigt Abbildung 2-3.

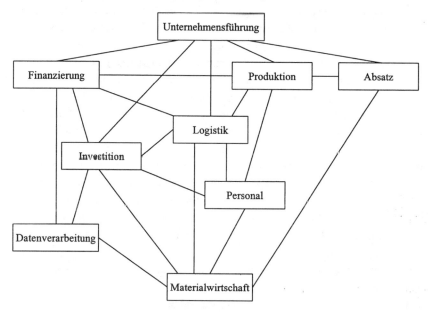

Abb. 2-3: Ausschnitt des Systems "Unternehmen"

Aus der Realisation von Investitionen resultieren einerseits mehr oder minder starke Auswirkungen auf andere Elemente des Systems. Andererseits werden die Konsequenzen von Investitionen häufig auch durch Entscheidungen bezüglich anderer Systemelemente beeinflußt. Derartige Interdependenzen bestehen vor allem zwischen dem Investitions- und dem Finanzierungsbereich von Unternehmen. So ist die Vorteilhaftigkeit von Investitionsobjekten abhängig von den verfügbaren Finanzmitteln; die Aufnahme von Finanzmitteln wiederum wird durch die vorhandenen Investitionsmöglichkeiten bedingt. Eine ähnliche Beziehung existiert zwischen dem Investitions- und dem Produktionsbereich. Das Produktionsprogramm wird in der Regel auf der Basis der vorhandenen Betriebsmittel geplant; deren Beschaffung erfolgt auf der Grundlage von Annahmen bezüglich zukünftiger Produktionsprogramme. Neben den hier aufgeführten Interdependenzen bestehen weitere Zusammenhänge, von denen die zwischen verschiedenen Investitionsobjekten besonders wichtig für die Investitionsplanung sind.23

---

22   Vgl. Baetge, J.; Fischer, T.: (Systemanalyse), Sp. 1944; Milling, P.: (Grundlagen), S. 15.
23   Zu deren Berücksichtigung in Investitionsmodellen vgl. vor allem die Abschnitte 5, 6 und 8.

Die Zahl und Art der Interdependenzen zwischen verschiedenen Investitionsobjekten sowie Investitionsobjekten und anderen Unternehmensbereichen ist unterschiedlich. Bei *isolierten Investitionen*, z. B. bestimmten Finanzinvestitionen, bestehen kaum Beziehungen zu anderen Unternehmensbereichen, die zu berücksichtigen sind. Soll hingegen eine Erweiterungsinvestition zur Fertigung einer neuen Produktart vorgenommen werden, so handelt es sich um eine *interdependente Investition*, die erheblicher Abstimmungen mit anderen Bereichen wie Absatz, Produktion, Finanzierung, Personal sowie gegebenenfalls Forschung und Entwicklung bedarf.

Im Hinblick auf das Kriterium Interdependenzweite ist noch auf die Verbindungen zur Unternehmensumwelt einzugehen. Unternehmen weisen eine Reihe von Verbindungen zu ihrer Umwelt, ihrem Umsystem, auf; sie können daher als offene Systeme bezeichnet werden.[24] In bezug auf Investitionsentscheidungen bedeutet dies zum einen, daß deren Konsequenzen mehr oder weniger stark durch Entwicklungen in der Unternehmensumwelt beeinflußt werden. Zum anderen betreffen die Auswirkungen der Investitionen die Unternehmensumwelt ebenfalls in mannigfaltiger Form, z. B. über den Verbrauch von Rohstoffen, die Abgabe von Schadstoffen oder Transaktionen auf den Absatz- oder Beschaffungsmärkten. Auch über die Berücksichtigung derartiger Interdependenzen in der Investitionsplanung muß bei jedem Investitionsfall entschieden werden.

Das letzte zentrale Klassifizierungskriterium ist das *Ausmaß an Unsicherheit*. Absolute Sicherheit hinsichtlich der Auswirkungen von Investitionen kann aufgrund des Zukunftsbezuges generell nicht bestehen. Bezüglich des Ausmaßes an Unsicherheit ergeben sich jedoch erhebliche Unterschiede, so daß es möglich ist, zwischen relativ *sicheren* und *unsicheren Investitionen* zu differenzieren. So ist bei einer Finanzinvestition in Form der Beschaffung festverzinslicher Wertpapiere die Unsicherheit gering. Bei Investitionen zur Fertigung neuer Produkte hingegen treten in der Regel bedeutende Unsicherheiten im Produktions- und vor allem im Absatzbereich auf, die dazu führen, daß sich die Wirkungen dieser Investitionen nicht eindeutig und sicher prognostizieren lassen. Auch Investitionen im Forschungs- und Entwicklungsbereich von Unternehmen sind hinsichtlich des zukünftigen Ressourcenbedarfs und der verwertbaren Resultate als äußerst unsicher zu bezeichnen. Einige der bezüglich der zentralen Kriterien aufgeführten Unterscheidungen verdeutlicht Abbildung 2-4.

Die hier dargestellten Unterscheidungen zeigen auf, daß Investitionen in vielfältigen Erscheinungsformen existieren. Jede Investition weist eine Ausprägung bezüglich der hier aufgeführten Merkmale auf. Die Kombinationsmöglichkeiten der potentiellen Merkmalsausprägungen ergeben die Zahl verschiedener Investitionsarten. Die hinsichtlich der zentralen Klassifizierungskriterien unterschiedlichen Investitionsarten sind - wie bereits angesprochen - in Investitionsplanungsprozessen und in der Investitionsrechnung differenziert zu behandeln.

---

[24] Vgl. Baetge, J.; Fischer, T.: (Systemanalyse), Sp. 1944; Kubicek, H.; Thom, N.: (Umsystem), Sp. 3978.

Klassifizierungs-kriterium	Merkmal	einfachere Modellierung	kompliziertere Modellierung
quantitative Nutzung	Zeitstruktur der Werteströme	Investitionen mit zeitlich konstanten Werteströmen	Investitionen mit zeitlich variierenden Werteströmen
qualitative Nutzung	Dispositions-freiheit	Investitionen ohne Mehrzwecknutzung	Investitionen mit Mehrzwecknutzung
temporale Nutzung	Nutzungsdauer	zeitlich bestimmte Investitionen	zeitlich unbestimmte Investitionen
	Wiederholung	einmalige Investitionen	mehrmalige Investitionen
Interdependenz-weite	Verflechtungsgrad	isolierte Investitionen	interdependente Investitionen
Unsicherheit	Risikoausmaß	sichere Investitionen	unsichere Investitionen

Abb. 2-4: Investitionsarten gegliedert nach zentralen Kriterien[25]

Abschließend soll in diesem Abschnitt eine weitere Abgrenzung von Investitionen vorgenommen werden, die mehrere Merkmale umfaßt. Für strategische Investitionen[26] gilt tendenziell, daß

- die Entscheidungen hierüber den obersten Institutionen der Unternehmensführung obliegen,
- ihnen hohe Bedeutung für die Existenz des Unternehmens zukommt und sie erheblichen Einfluß auf das Jahresergebnis nehmen,
- ein hoher Ressourceneinsatz erforderlich ist, sie langfristige Wirkungen aufweisen und die Folgen der Entscheidungen nur mit hohem Aufwand rückgängig gemacht werden können,
- die Handlungen, über die zu entscheiden ist, nur selten wiederholt werden und daher zumeist innovativen Charakter haben,
- mehrere Ziele zu berücksichtigen sind,
- es sich um komplexe Alternativen handelt, die aus einer Reihe von Maßnahmen bestehen, die sequentiell realisiert werden, sich auf große Teile des Unternehmens beziehen und viele Interdependenzen zu anderen Unternehmensbereichen aufweisen,
- der Entscheidungsprozeß durch lange Planungszeiträume gekennzeichnet ist.
- Umweltentwicklungen die Wirkungen der Entscheidungen in erheblichem Ausmaß beeinflussen,
- ein schlecht-strukturiertes Planungsproblem vorliegt, die Unsicherheit hoch ist, vielfach qualitative Daten zu verarbeiten und nur wenig differenzierte, detaillierte und präzise Planungen möglich sind.[27]

---

[25] Quelle: in modifizierter Form übernommen von Kern, W.: (Grundzüge), S. 16.
[26] LÜCKE verwendet - bei Nennung ähnlicher Merkmale - die Termini "Großprojekt" bzw. "Großobjekt". Vgl. Lücke, W.: (Investitionslexikon), S. 121 f.

Beispiele für derartige strategische Investitionen sind Standortverlagerungen, Akquisitionen sowie markt- und/oder produktbezogene Wachstumsstrategien (Produkt-Markt-Strategien).[28] Für nicht-strategische Investitionen gelten tendenziell die gegenteiligen Ausprägungen der oben berücksichtigten Merkmale. Es handelt sich dabei beispielsweise um Ersatzinvestitionen bei der Büroausstattung oder im Fuhrpark.

2.1.3 Investitionsprozeß

In diesem Abschnitt wird ein Phasen-Schema dargestellt, das den zeitlichen Ablauf der Investitionstätigkeit, den Investitionsprozeß, abbildet. Dieses Phasen-Schema soll zur Charakterisierung der Investitionstätigkeit sowie als Basis für die Erörterung der investitionsbezogenen Führungsaufgaben im Unternehmen dienen. Es wird hier idealtypisch für eine einzelne Investition formuliert, wobei einschränkend darauf hinzuweisen ist, daß die Beziehungen zu anderen Investitionen ebenfalls im Rahmen des Prozesses zu berücksichtigen sind, eine eindeutige Trennung der Phasen Probleme bereitet und der konkrete Prozeßverlauf von der Erscheinungsform der Investition abhängig ist.

Als Hauptphasen des Investitionsprozesses können die Planungsphase, die Realisations- bzw. Erstellungsphase sowie die Nutzungs- bzw. Betriebsphase unterschieden werden.[29]

Die Planungsphase umfaßt die Entscheidung über die Durchführung einer Investition und alle Vorgänge, die der Entscheidung zeitlich vorgelagert sind. Sie kann weiter untergliedert werden in eine Anregungs- und eine Entscheidungsphase.[30] Die Anregungsphase beinhaltet Vorgänge des Beobachtens, der Problemerfassung, der Ideenfindung und -konkretisierung sowie der Zielbildung. Der Entscheidungsphase lassen sich die Analyse der Alternativen (Investitionsfeinplanung), die Bewertung der Investitionsalternativen hinsichtlich der verschiedenen (qualitativen und quantitativen) Ziele sowie die eigentliche Entscheidung, die Wahl einer Alternative, zuordnen. Mit der Entscheidung ist die Planungsphase abgeschlossen, die Realisationsphase beginnt. Auf die Planungsphase des Investitionsprozesses wird in Abschnitt 2.2.2 ausführlich eingegangen.

---

[27] Vgl. dazu Blohm, H.; Lüder, K.: (Investition), S. 231 f. sowie zu den Merkmalen der strategischen Planung Abschnitt 2.2.2.

[28] Vgl. dazu Ansoff, H.I.: (Strategies), S.113 ff.

[29] Vgl. Spielberger, M.: (Investitionskontrolle), S. 16; Borer, D.: (Investitionskontrolle), S. 32 ff. SIERKE gliedert den Investitionsprozeß in einen prädisponierenden Teil, der der Planungsphase entspricht, sowie einen realisierenden Teil, der die Realisations- und die Nutzungsphase umfaßt. Vgl. Sierke, B.R.A.: (Investitions-Controlling), S. 94 ff.

[30] Vgl. dazu und zu den nachfolgenden Aussagen Sierke, B.R.A.: (Investitions-Controlling), S. 94 ff.

Der Realisationsphase des Investitionsprozesses kann zunächst eine detaillierte Projektplanung zugeordnet werden, die der Vorbereitung der Projekterrichtung dient.[31] Es folgt die eigentliche Projekterrichtung, die in der Anschaffung oder Herstellung der Investition besteht und der sich auch etwaige Montage- und Vorbereitungstätigkeiten, wie beispielsweise Probeläufe, Ausbildung des Bedienungspersonals etc., zurechnen lassen. Mit der Inbetriebnahme des Objektes beginnt die Nutzungsphase. In ihrem Verlauf soll das Objekt Beiträge zur Zielerreichung des Unternehmens leisten. Mit fortschreitender Zeitdauer werden Überlegungen zur Beendigung der Nutzung zweckmäßig. Diese können zur Verlängerung der Nutzung in unveränderter oder veränderter Form oder aber zur Desinvestition führen. Mit dieser endet der Investitionsprozeß für das betrachtete Objekt, und es beginnt gegebenenfalls ein neuer Prozeß für eine Folgeinvestition.[32] Während der Nutzungsphase werden unter Umständen Wartungs- und Reparaturarbeiten erforderlich, die ihrerseits den Charakter von Investitionen annehmen können.

In den verschiedenen Phasen des Investitionsprozesses sind jeweils bestimmte Führungsaufgaben im Unternehmen wahrzunehmen. Auf diese Aufgaben soll im folgenden eingegangen werden, wobei ein Schwerpunkt auf Planungs- und Kontrollaufgaben liegt.

2.2 Investitionsbezogene Aufgaben der Unternehmensführung

2.2.1 Führung im Unternehmen

Da Investitionen eine erhebliche Bedeutung für den Erfolg von Unternehmen haben, fällt ihre Gestaltung in den Aufgabenbereich der Unternehmensführung.[33] Führung läßt sich als Vorgang beschreiben, bei dem zum einen Ziele identifiziert sowie vorgegeben oder vereinbart werden und zum anderen angestrebt wird, durch den Einsatz von Menschen und anderen Faktoren diese Ziele zu erreichen.[34] Das Subsystem des Management wird in der betriebswirtschaftlichen Literatur primär mit funktionaler oder institutioneller Sichtweise erörtert. Im folgenden werden vor allem die Funktionen des Management betrachtet, da diesbezüglich eher allgemeingültige Aussagen möglich sind als hinsichtlich der Führungsinstitutionen.

Der Führung können sachaufgabenbezogene und personenbezogene Funktionen zugeordnet werden. Die personenbezogene Komponente der Führung wird als Men-

---

[31] Diese Tätigkeiten ließen sich auch als Teil der Planungsphase (Investitionsfeinplanung) interpretieren.

[32] Für diesen letzten Teil der Nutzungsphase definiert SIERKE eine spezifische Phase, die Degenerationsphase. Vgl. Sierke, B.R.A.: (Investitions-Controlling), S. 97.

[33] Anstelle des Begriffs "Führung" werden auch die Begriffe "Management" und "Unternehmensführung" gebraucht. Zu den Gemeinsamkeiten und Unterschieden der Begriffe vgl. Korndörfer, W.: (Unternehmensführungslehre), S. 19 ff.; Staehle, W.H.: (Management), S. 71 ff.

[34] Vgl. Pack, L.: (Unternehmungsführung), Sp. 4081; Häusler, J.: (Führungsstile), Sp. 1578.

schenführung bezeichnet. Sie umfaßt die Betreuung, Förderung und Motivation der unterstellten Mitarbeiter. Im folgenden steht die sachaufgabenbezogene Komponente im Vordergrund. Als sachaufgabenbezogene Funktionen - und auch als entsprechende Teilsysteme der Führung - werden vor allem die Planung (inklusive Zielbildung), die Kontrolle und die Organisation, aber auch die Information und das Controlling angesehen.[35] Die in diesem Zusammenhang zumeist im Vordergrund stehenden Führungsfunktionen Planung und Kontrolle werden idealtypisch in Form eines Prozesses wahrgenommen, wie er in Abbildung 2-5 dargestellt ist. Die Abbildung zeigt auch die Informationsströme, die zwischen den verschiedenen Elementen des Führungsprozesses verlaufen.

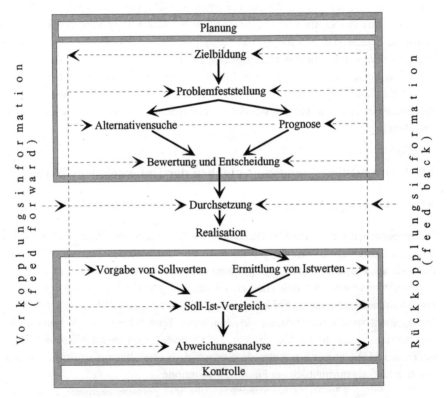

Abb. 2-5: Phasen des Führungsprozesses in Unternehmen[36]

Der Führungsprozeß beinhaltet neben Planung und Kontrolle auch die Durchsetzung sowie Realisation.[37] Planung und Kontrolle lassen sich wiederum in Phasen unter-

---

[35] Vgl. z. B. Wild, J.: (Grundlagen), S. 33; Grochla, E.: (Führung), Sp. 542. Zu weiteren Funktionen vgl. Beyer, H.-T.: (Lehre), S. 37.
[36] Quelle: in modifizierter Form übernommen von Schweitzer, M.: (Planung), S. 26. Vgl. dazu auch Wild, J.: (Grundlagen), S. 37; Hahn, D.: (PuK), S. 46.

gliedern. Die Phasen der Planung entsprechen weitgehend den Tätigkeitsgruppen, die der Anregungs- und Entscheidungsphase im Investitionsprozeß zugeordnet sind.

Die einzelnen Phasen des Führungsprozesses werden unter Umständen mehrmals durchlaufen, so daß es beispielsweise im Rahmen der Planung zu einer Revision von Zwischenresultaten kommen kann. Gegebenenfalls beinhalten einzelne Phasen zudem wiederum einen Zyklus aus mehreren oder allen Phasen. Dieser Fall tritt z. B. dann ein, wenn eine Planung von Tätigkeiten der Alternativensuche und Prognose erfolgt.

Auf die Investitionsplanung und -kontrolle wird im folgenden ausführlich eingegangen. Anschließend wird mit dem Investitionscontrolling eine Führungsfunktion dargestellt, der auch Investitionsplanung und -kontrolle zugeordnet werden können. Bei den entsprechenden Ausführungen wird nicht streng zwischen Führungsprozessen, die sich auf einzelne Objekte beziehen, und den Prozessen des Investitionsmanagement im Unternehmen insgesamt unterschieden. Zu einem in dieser Hinsicht differenzierten Modell für den Prozeß des Management von Investitionen sei auf BOSSE verwiesen. Dieses Modell enthält ein objekt- und ein unternehmensbezogenes Element einerseits und die hierauf gerichteten Aktivitäten der Investitionsplanung, des Management der Realisierung und Nutzung von Investitionen sowie der Investitionskontrolle andererseits. Die Investitionsplanung wird dabei in eine unternehmensbezogene Zielbildung, die objektbezogene Planung (mit Problemerfassung, Alternativensuche und -bewertung sowie Entscheidung) und die Koordination der Investitionsvorschläge auf Unternehmensebene untergliedert.[38]

2.2.2 Investitionsplanung

Planungen können in allen Phasen des Investitionsprozesses erforderlich werden. So muß oftmals die Durchführung der Investition relativ exakt geplant werden; dieser Vorgang läßt sich der Realisationsphase zurechnen. In der Nutzungsphase von Realinvestitionen ist die Art ihres Einsatzes ebenso zu planen wie dessen Beendigung. Besonders wichtig sind Planungsvorgänge naheliegenderweise in der Planungsphase, so daß diese im vorliegenden Abschnitt im Vordergrund steht. Die nachfolgenden Ausführungen gelten weitgehend aber auch für die Planungen in den anderen Phasen.

---

[37] Um die Komponente Durchsetzung ließe sich auch der in Abschnitt 2.1.3 dargestellte Investitionsprozeß erweitern.

[38] Vgl. Bosse, C.: (Investitionsmanagement), S. 26 ff. Zu einem anderen Konzept des Investitionsmanagement, das primär darauf abzielt, die durch eine Investition beeinflußbaren Größen so zu steuern, daß ein vorgegebenes Ziel erreicht wird, und sich der Instrumente Target Investment, Ressourcenmanagement und Risikomanagement bedient, vgl. Kusterer, F.: (Investitionsmanagement), S. 93 ff.

Begriff und Funktionen der Planung

"Planung ist ein geordneter, informationsverarbeitender Prozeß zur Erstellung eines Entwurfs, welcher Größen für das Erreichen von Zielen vorausschauend festlegt."[39]

Neben dieser Definition der Planung existiert eine Vielzahl weiterer, auf die hier nicht im einzelnen eingegangen werden soll.[40] Unterschiede zwischen den Begriffsverständnissen bestehen vor allem hinsichtlich der Frage, ob die Zielbildung und/oder die Entscheidung der Planung zugeordnet werden oder nicht.[41] Im folgenden wird von einer umfassenden Sichtweise ausgegangen. Gemäß dieser kann die Planung als eine Antizipationsentscheidung gesehen werden. Sie ist dadurch charakterisiert, daß sie vor Beginn des Bezugszeitraums bzw. Eintritt des Bezugsereignisses erfolgt. Die Planung läßt sich damit von der Improvisation abgrenzen, einer Reaktionsentscheidung, die nach dem Eintritt der Situation bzw. dem Beginn der Zeitperiode getroffen wird, auf die sie abstellt.

Es besteht Einigkeit darüber, daß Planung in Unternehmen erforderlich und bedeutend ist. Die Bedeutung der Planung besteht vor allem darin, daß sie aufgrund der systematischen Entscheidungsvorbereitung ein hohes Ausmaß und eine hohe Wahrscheinlichkeit der Zielerreichung gewährleisten kann. Sie ist damit Voraussetzung für ein effizientes Handeln im Unternehmen. Im einzelnen kann die Planung nach WILD die folgenden Funktionen erfüllen:[42]

- Offenlegung von Chancen und Risiken,
- Schaffung von Handlungsspielräumen,
- Reduktion von Komplexität,
- Ermöglichung von Synergieeffekten,
- Zielausrichtung,
- Frühwarnung,
- Koordination von Teilplänen,
- Problemidentifikation,
- Ermöglichen einer Kontrolle sowie
- Mitarbeiterinformation und -motivation.

---

39 Schweitzer, M.: (Planung), S. 18.
40 Zu weiteren Definitionen der Planung vgl. beispielsweise Koch, H.: (Aufbau), S. 12; Weber, H.: (Spannweite), S. 716 ff.; Hill, W.: (Unternehmungsplanung), S. 7; Szyperski, N.; Winand, U.: (Grundbegriffe), S. 4 f.
41 Vgl. Koch, H.: (Planungssysteme), Sp. 3251 f.; Koch, H.: (Beiträge), S. 11 f.; Pack, L.: (Planung), Sp. 1709 f.
42 Vgl. Wild, J.: (Grundlagen), S. 15 ff.

Phasen der Investitionsplanung

Zur Erstellung von Plänen ist eine Vielzahl von Informationen erforderlich. Bei Informationen handelt es sich um zweckorientiertes Wissen.[43] Im Rahmen der Planung wird Wissen zur Identifikation von Problemen sowie zum Treffen von Entscheidungen benötigt; es betrifft Ziele, externe Umweltgrößen, unternehmensinterne Daten, Entscheidungsalternativen sowie deren Zielwirkungen und Revisionsmöglichkeiten. Die zur Beschaffung bzw. Erzeugung der unterschiedlichen Informationen erforderlichen Such-, Analyse- und Prognosetätigkeiten stellen Teilaufgaben der Planung dar.

Die Teilaufgaben der Planung werden im Rahmen eines Planungsprozesses[44] erledigt, dem - wie in Abschnitt 2.2.1 dargestellt - die Phasen Zielbildung, Problemerkenntnis und -analyse, Alternativensuche, Prognose sowie Bewertung und Entscheidung zugerechnet werden können.[45] Auf diese Phasen wird im folgenden unter Bezugnahme auf die Investitionsplanung eingegangen.[46]

Im Rahmen der *Zielbildung* wird ein System von Handlungsnormen für die Investitionstätigkeit erarbeitet. Ziele haben im Rahmen des Investitionsplanungsprozesses zwei Aufgaben. Zum einen bedingen sie, welche Probleme wahrgenommen werden, und beeinflussen damit auch die Suche nach Lösungsmöglichkeiten. Zum anderen stellen sie einen Bewertungsmaßstab dar.[47]

Im Rahmen der Investitionsplanung treten unterschiedliche Arten von Zielen auf. *Formalziele* sind Beurteilungsmaßstäbe für die Vorteilhaftigkeit von Handlungen und Zuständen des Unternehmens, die aus den Motiven der Entscheidungsträger resultieren und den Sinn des unternehmerischen Handelns zum Ausdruck bringen. Beispiele für Formalziele sind Erhöhung des Shareholder Value, Gewinnstreben, Umsatzstreben, Prestige- und Machtstreben oder soziale Ziele wie Erhaltung von Arbeitsplätzen, Vermeidung von Umweltschäden etc. *Sachziele* werden aus den Formalzielen abgeleitet; sie stellen Wege zur Erfüllung der Formalziele dar. Bei Sachzielen handelt es sich beispielsweise um Vorstellungen bezüglich der zu fertigenden Produktarten, -qualitäten und -mengen sowie der zu verwendenden Faktorarten, -qualitäten und -mengen.[48]

Ziele gehen in der Regel bereits in die Investitionsplanung ein. Diese *Ausgangsziele* (Ziele vor Planung) sind aber häufig noch unpräzise, unkoordiniert und nicht

---

[43] Vgl. Wittmann, W.: (Information), Sp. 894; Gaugler, E.: (Information), Sp. 1175 f. Zu anderen Definitionen vgl. Wild, J.: (Problematik), S. 317 f.; Kleinhans, A.M.: (Wissensverarbeitung), S. 11.
[44] In ähnlicher Form wie Planungsprozesse werden auch Entscheidungsprozesse in Phasen gegliedert. Vgl. dazu Witte, E.: (Phasen-Theorem); Klausmann, W.: (Entwicklung), S. 132 ff.
[45] Vgl. Schweitzer, M.: (Planung), S. 26; Wild, J.: (Grundlagen), S. 39 und S. 52 ff.
[46] Zur Charakterisierung des Investitionsplanungsprozesses vgl. auch Bosse, C.: (Investitionsmanagement), S. 28 ff.; Rausch, K.-F.: (EDV-Unterstützung), S. 38 ff.
[47] Vgl. ter Horst, K.W.: (Investitionsplanung), S. 24.
[48] Vgl. ter Horst, K.W.: (Investitionsplanung), S. 25 ff.; Kern, W.: (Investitionsrechnung), S. 53 sowie zu Zielen als Elementen von Entscheidungsmodellen Abschnitt 2.3.1.

hinsichtlich ihrer Realisierbarkeit geprüft. Im Rahmen der Zielbildung bzw. der gesamten Planung werden *Planziele* (Ziele nach Planung) gebildet, die präzisiert, strukturiert sowie im Hinblick auf ihre Erreichbarkeit überprüft sind.[49]

Dazu müssen die relevanten Ausgangsziele erfaßt, operationalisiert, mit Präferenzen versehen und in ihrem Verhältnis zueinander geordnet werden.[50] Der erste Schritt der Zielbildung besteht darin, die Investitionsziele - möglichst unter Ausrichtung auf die Zielsetzungen des Gesamtunternehmens - zu erfassen. Anschließend muß eine Operationalisierung der Zielgrößen erfolgen. Beispielsweise ist bei Verfolgung des Gewinnstrebens in der Investitionsplanung zu klären, ob als Maßgröße für das Erreichen dieses Ziels der statische Durchschnittsgewinn, die Annuität, der Kapitalwert oder der Vermögensendwert gewählt wird.[51] Nach der Operationalisierung der Zielgrößen muß festgelegt werden, welche Präferenz in bezug auf die Höhe, die Zeitpunkte und die Sicherheit der Zielerreichung besteht. Hierbei ist unter anderem die Risikoeinstellung einzubeziehen. Außerdem sollten die Ziele in einem Zielsystem geordnet werden, und es ist die Präferenz bezüglich der verschiedenen Zielgrößen zu bestimmen.[52] In diesem Schritt müssen die Beziehungen berücksichtigt werden, die zwischen den verschiedenen Zielgrößen bestehen. Maßnahmen zur Erreichung eines Ziels können die Erfüllung eines anderen Ziels begünstigen, diese erschweren oder sich nicht darauf auswirken. Abschließend sollte eine Überprüfung der Ziele auf Realisierbarkeit vorgenommen werden.

Eine *Problemerkenntnis und -analyse* ist bei der Planung notwendig, falls die zu lösenden Probleme, d. h. die Abweichungen zwischen dem erwünschten Zustand und der Ist-Situation oder der prognostizierten Situation, nicht eindeutig abgegrenzt und geordnet sind. Schritte der Problemerkenntnis und -analyse sind:[53]

- Feststellung des Ist-Zustandes (Lageanalyse),
- Lageprognose,
- Identifikation von Problemen durch Gegenüberstellung von Zielgrößen und den Ergebnissen von Lageanalyse und/oder -prognose,
- Problemfeldanalyse sowie
- Problemstrukturierung.

---

49 Vgl. hierzu und zu den nachfolgend angesprochenen Phasen der Zielbildung Wild, J.: (Einleitung), S. 11; Wild, J.: (Grundlagen), S. 57 ff.; Mikus, B.: (Make-or-buy-Entscheidungen), S. 36 ff.
50 Vgl. ter Horst, K.W.: (Investitionsplanung), S. 27 ff.
51 Zu diesen Maßgrößen vgl. die Abschnitte 3.2.3 und 3.3. Zur Berücksichtigung der Zielsetzung "langfristiges Gewinnstreben" in der Investitionsrechnung vgl. Kruschwitz, L.: (Investitionsrechnung), S. 11 ff.
52 Zu den verschiedenen Arten bei Entscheidungsproblemen relevanter Präferenzen vgl. Abschnitt 2.3.1, zur Berücksichtigung von Präferenzen in Entscheidungsmodellen bzw. bei der Entscheidungsfindung vgl. insbesondere die Abschnitte 4 sowie 7.2.
53 Vgl. Wild, J.: (Grundlagen), S. 68 f.

In der dritten Phase des Planungsprozesses wird eine *Alternativensuche* vorgenommen. Die verschiedenen Investitionsmöglichkeiten sollten so definiert werden, daß sie sich gegenseitig ausschließen.[54] Sie stellen häufig komplexe Handlungsbündel dar, die sich aus bestimmten Ausprägungen verschiedener Entscheidungsvariablen (Maßnahmen, Ressourcen, Termine, Personen) zusammensetzen. Im Rahmen der Alternativensuche ist der zulässige Bereich bzw. Lösungsraum zu bestimmen, d. h. die Menge der Alternativen, die im Entscheidungszeitpunkt zur Verfügung stehen. Dies erfordert die Identifikation von Teilalternativen, deren Analyse und Zusammenführung sowie die exakte Beschreibung der Alternativen.[55]

Die im Rahmen der Investitionsplanung zu berücksichtigenden Alternativen prägen die jeweilige Entscheidungssituation maßgeblich; typische Fragen sind:

- Sollte eine Investition durchgeführt oder sollte auf die Durchführung verzichtet werden? (Frage nach der absoluten Vorteilhaftigkeit einer Investition)
- Welches von mehreren einander ausschließenden Investitionsobjekten sollte realisiert werden? (Frage nach der relativen Vorteilhaftigkeit einer Investition)
- Wie lange sollte ein zur Wahl stehendes Investitionsobjekt genutzt werden, falls das Objekt verwirklicht wird? (Frage nach der optimalen Nutzungsdauer einer Investition)
- Wann sollte eine Investition durchgeführt werden? (Frage nach dem optimalen Investitionszeitpunkt)
- Welche Investitionen sollten bei gegebenen knappen Finanzmitteln in welcher Anzahl gleichzeitig vorgenommen werden? (Frage nach dem optimalen Investitionsprogramm)
- Welche Investitionsobjekte und welche Finanzierungsmaßnahmen sollten in welchen Zeitpunkten in welcher Anzahl realisiert werden? (Frage nach dem optimalen Investitions- und Finanzierungsprogramm)
- Welche Investitionsobjekte und welche Produktarten sollten zu welchen Zeitpunkten in welcher Anzahl realisiert bzw. gefertigt werden? (Frage nach dem optimalen Investitions- und Produktionsprogramm)

Es sei bereits hier darauf hingewiesen, daß die durch die ersten vier Fragen charakterisierten Entscheidungssituationen sogenannte Einzelentscheidungen darstellen - es wird nach der Entscheidung nur eine Handlung realisiert. Die letzten drei Fragen beschreiben "Programmentscheidungen", bei denen über die Durchführung mehrerer Handlungen zu befinden ist.[56] Im Rahmen der in diesem Buch behandelten Investitionsrechnung werden Modelle vorgestellt und diskutiert, die zur Beantwortung der gestellten Fragen beitragen können.

---

54 Vgl. Schweitzer, M.: (Planung), S. 54.
55 Vgl. Wild, J.: (Grundlagen), S. 70 ff.; Schweitzer, M.: (Planung), S. 54 ff.
56 Vgl. dazu auch Abschnitt 2.3.3.

In der Nutzungsphase des Investitionsprozesses stellt sich die Frage, ob, wann und durch welche Objekte vorhandene Investitionsobjekte ersetzt werden sollten. Außerdem ist häufig über die Durchführung von Großreparaturen oder Überholungen zu entscheiden.

Bei der Alternativensuche kann eine hohe Kreativität der beteiligten Personen hilfreich sein. Es ist daher - ebenso wie bei der Problemerkenntnis und -analyse - häufig sinnvoll, zur Problemstrukturierung und zur Ideenfindung Kreativitätstechniken einzusetzen. Einen Überblick über derartige Techniken vermittelt Abbildung 2-6.

Methodengruppe	Verfahrensmerkmale	Wichtige Repräsentanten
A. Brainstorming und seine Abwandlungen	Ungehemmte Diskussion, in der keine Kritik geübt werden darf; phantastische Einfälle und spontane Assoziationen sollen geäußert werden	- Brainstorming - Diskussion 66 - Imaginäres Brainstorming
B. Brainwriting-Methoden	Spontanes Niederschreiben von Ideen auf Formulare oder Zettel; Umlauf von Formularen	- Methode 635 - Brainwriting-Pool - Ideen-Delphi - Collective-Notebook-Methode
C. Methoden der schöpferischen Orientierung	Befolgung bestimmter Prinzipien bei der Lösungssuche	- Heuristische Prinzipien - Bionik
D. Methoden der schöpferischen Konfrontation	Stimulierung der Lösungsfindung durch Auseinandersetzung (Konfrontation) mit Bedeutungsinhalten, die scheinbar nicht mit dem Problem zusammenhängen	- Synektik - BBB-Methode - TILMAG-Methode - Semantische Intuition
E. Methoden der systematischen Strukturierung	Aufteilung des Problems in Teilkomplexe; Lösung der Teilprobleme und Zusammenfügen zu einer Gesamtlösung; Systematisierung von Lösungsmöglichkeiten	- Morphologischer Kasten - Morphologische Matrix - Sequentielle Morphologie - Problemlösungsbaum
F. Methoden der systematischen Problemspezifizierung	Aufdeckung der Kernfragen eines Problems oder Problembereichs durch systematisches und hierarchisch-strukturierendes Vorgehen	- Progressive Abstraktion - KJ-Methode - Hypothesen-Matrix - Relevanzbaum

Abb. 2-6: Kreativitätstechniken[57]

---

[57] Quelle: Schlicksupp, H.: (Innovation), S. 61.

Der zulässige Bereich von Alternativen determiniert die Größen, für die in der nächsten Phase des Planungsprozesses *Prognosen* abgegeben werden müssen.

> Prognosen sind Voraussagen über einen zukünftigen, realen Sachverhalt, die auf der Grundlage von praktischen Erfahrungen und/oder theoretischen Erkenntnissen getroffen werden.[58]

Aufgrund des vorausschauenden Charakters der Planung und der Ungewißheit der Zukunft haben prognostische Informationen für die Planung eine besondere Bedeutung. Dies gilt insbesondere für die langfristig ausgerichtete Investitionsplanung. Es sind zwei Arten von Prognosen erforderlich:[59]

- Wirkungsprognosen geben Ausprägungen von Variablen an, die die Entscheidungsträger durch ihre Investitionsentscheidungen beeinflussen können; sie sagen unter anderem aus, welche Zielerreichung von Alternativen jeweils zu erwarten ist.

- Lageprognosen (Entwicklungs-, Bedingungsprognosen) beziehen sich auf Größen, auf deren Verlauf die Entscheidungsträger im relevanten Zeitraum keinen Einfluß nehmen können.

Für die Erstellung eines Plans ist in der Regel eine Vielzahl von Wirkungs- und Lageprognosen notwendig. Diese können Probleme, Planprämissen, Ressourcenbedarf und -verfügbarkeit, die festzulegenden Termine und Planerfüllungsträger sowie die zielrelevanten Wirkungen betreffen. Die Güte von Plänen hängt weitgehend von der Qualität der zugrundeliegenden Prognosen ab. Diese wiederum wird bestimmt durch den Informationsgehalt, den Sicherheitsgrad und die Güte der empirischen Begründung.[60]

Die Ausprägungen dieser Faktoren beruhen weitgehend auf dem verwendeten Prognoseverfahren. Die bekannten Prognosemethoden lassen sich nach verschiedenen Kriterien unterscheiden, beispielsweise hinsichtlich der Frage, ob sie zur Erstellung kurz-, mittel- oder langfristiger Prognosen geeignet sind, oder danach, ob eine Singulär- oder eine Systemprognose erstellt wird. Bei Verfahren der Singulärprognose werden Beziehungen zwischen zu prognostizierenden Größen nicht berücksichtigt, während dies bei Verfahren der Systemprognose der Fall ist.[61] Außerdem kann danach differenziert werden, ob ein formales Modell[62] zur Abgabe einer Prognose genutzt wird oder nicht. Verfahren, die ein formales Modell benutzen und deren Prognoseergebnisse auf der Basis der verwendeten Inputdaten, Modellstruktur

---

58 Vgl. Haustein, H.-D.: (Prognoseverfahren), S. 359.
59 Vgl. Schweitzer, M.: (Planung), S. 56 f.; Wild, J.: (Grundlagen), S. 50; Reiß, M.: (Prognose), Sp. 1631 f.
60 Vgl. Wild, J.: (Einleitung), S. 12; Götze, U.: (Szenario-Technik), S. 53 ff.
61 Vgl. Frerichs, W.; Kübler, K.: (Prognoseverfahren), S. 3 ff.; Götze, U.: (Szenario-Technik), S. 30.
62 Zum Begriff des "formalen Modells" vgl. Abschnitt 2.3.1.

und Modellannahmen nachprüfbar sind, werden als analytisch bezeichnet und von intuitiven Verfahren abgegrenzt.[63] Bei den intuitiven Verfahren bestimmt die subjektive Erfahrung des oder der an der Prognose Beteiligten das Prognoseergebnis maßgeblich; dessen Zustandekommen kann von anderen Personen nicht eindeutig nachvollzogen werden. In Abbildung 2-7 werden ausgewählte Prognoseverfahren anhand der aufgeführten Kriterien differenziert.

Verfahren	Unterscheidungsmerkmal Verwendung eines formalen Modells	Eignung hinsichtlich der Fristigkeit	Berücksichtigung von Beziehungen zwischen den zu prognostizierenden Größen
Zeitreihenanalyse	analytisch	kurz/mittel	Singulärprognose
Leitindikatormethode	analytisch	kurz/mittel	Singulärprognose
Ökonometrische oder Regressionsmodelle			
- Ein-Gleichungs-Modell	analytisch	kurz/mittel	Singulärprognose
- Mehr-Gleichungs-Modell	analytisch	kurz/mittel	Systemprognose
System-Dynamics-Methodik	analytisch	mittel/lang	Systemprognose
Einstufige Expertenbefragung	intuitiv	kurz/mittel/lang	Singulärprognose
Delphi-Methode	intuitiv	mittel/lang	Singulärprognose
Szenario-Technik	intuitiv	mittel/lang	Systemprognose

Abb. 2-7: Prognoseverfahren[64]

Die einzelnen Prognoseverfahren sollen im folgenden nicht erörtert werden, es sei dazu auf die relevante Literatur verwiesen.[65] Die Verfahren weisen spezifische Vor- und Nachteile auf, die dazu führen, daß sie sich in unterschiedlichem Ausmaß zum Einsatz bei bestimmten Aufgabenstellungen eignen. Für die Investitionsplanung dürften - insbesondere bei strategischen Investitionen - vor allem die intuitiven Verfahren geeignet sein.

Als Basis für die Prognose des zukünftigen Ressourcenverbrauchs läßt sich zusätzlich das Erfahrungskurvenkonzept nutzen. Dieses sagt aus, daß das Potential besteht, bei zunehmender kumulierter Produktionsmenge eines Produktes dessen reale Stückkosten zu senken. Die Verringerung der Stückkosten kann bei jeder Verdopp-

---

[63] Vgl. Frerichs, W.; Kübler, K.: (Prognoseverfahren), S. 4 ff. Zu ähnlichen Abgrenzungen vgl. Brockhoff, K.: (Prognoseverfahren), S. 62 ff.; Emde, W.B.: (Prognosetechniken), Sp. 1646; Weber, K.: (Prognose), Sp. 3190 ff.

[64] Quelle: in modifizierter Form übernommen von Frerichs, W.; Kübler, K.: (Prognoseverfahren), S. 6.

[65] Vgl. Frerichs, W.; Kübler, K.: (Prognoseverfahren), S. 13 ff.; Brockhoff, K.: (Prognoseverfahren), S. 63 ff.; Götze, U.: (Szenario-Technik), S. 32 ff.

lung der kumulierten Produktionsmenge etwa 20 - 30% betragen.[66] Die Prognose von Ressourcenverbräuchen und Umsätzen oder Einzahlungen kann auf Erkenntnissen des Produktlebenszykluskonzepts aufbauen. Dieses Konzept besagt unter anderem, daß Produkte während des Zeitraums von der Entstehung der Produktidee bis zum Ausscheiden aus dem Markt typische Kosten- und Umsatzverläufe aufweisen.[67]

Die letzte Phase des Planungsprozesses beinhaltet die *Bewertung* der Alternativen. Eine Bewertung stellt die Zuordnung eines Zielerreichungsgrades zu einer Alternative dar. In der Regel sind die Zielerreichungsgrade unsichere Größen, da die Bewertungen auf Wirkungsprognosen beruhen. Auf der Basis der Bewertung erfolgt die *Entscheidung*, d. h. die Auswahl einer Alternative.[68] Bei der Entscheidung sollte auch das jeweils mit den Alternativen verbundene Risiko berücksichtigt werden.

Es sei darauf hingewiesen, daß Entscheidungen nicht nur am Ende des Planungsprozesses gefällt werden, sondern auch in dessen Verlauf. Dies geschieht insbesondere, indem Annahmen festgelegt werden. Die Planung kann daher auch als ein Prozeß der Prämissenbildung angesehen werden.[69]

Im Rahmen des skizzierten Planungsprozesses läßt sich eine Reihe von Planungsinstrumenten nutzen. Über die bisher genannten hinaus sei beispielhaft die Portfolio-Analyse als Instrument zur Vorbereitung strategischer Investitionen genannt.[70] Von hoher Bedeutung ist zudem die Konstruktion und Auswertung von Modellen. Diese kann allgemein zur Analyse, Prognose und Alternativenbewertung dienen. Im Rahmen der Investitionsplanung wird der Konstruktion und Auswertung von Investitionsmodellen (Investitionsrechnung) als Instrument zur Bewertung von Alternativen und damit zur Entscheidungsvorbereitung regelmäßig eine besondere Bedeutung zugeschrieben. Dies motiviert zu der nachfolgenden Darstellung und Erörterung von Investitionsmodellen, bei der auch auf die Entscheidungsfindung auf der Basis von Modellresultaten eingegangen wird.

Die Investitionsplanungen sind Bestandteil des Planungssystems von Unternehmen. Wie bereits in Abschnitt 2.1.2 angedeutet, ist in der Regel eine Abstimmung mit den Planungen in den anderen Aufgabenbereichen des Unternehmens erforderlich, d. h. mit der Absatz-, Produktions-, Beschaffungs-, Finanz-, Personal- sowie Forschungs- und Entwicklungsplanung.

---

[66] Vgl. Kreikebaum, H.: (Unternehmensplanung), S. 98 ff. sowie zum Erfahrungskurvenkonzept generell Henderson, B.D.: (Erfahrungskurve); Lange, B.: (Erfahrungskurve); Götze, U.; Mikus, B.: (Management), S. 64 ff. und zu einer differenzierten Auseinandersetzung mit der Nutzung von Erfahrungskurven bei der Investitionsplanung Lücke, W.: (Experience).

[67] Vgl. Kreikebaum, H.: (Unternehmensplanung), S. 109 ff.; Pfeiffer, W.; Bischof, P.: (Produktlebenszyklen), S. 635 ff.; Götze, U.: (Lebenszykluskosten), S. 268 ff.

[68] Vgl. Schweitzer, M.: (Planung), S. 58 ff.

[69] Vgl. Lütke Schwienhorst, R.: (Kontrolle), S. 121 ff.

[70] Zur Portfolio-Analyse allgemein vgl. Albach, H.: (Unternehmensplanung); Dunst K.H.: (Portfolio); Roventa, D.: (Portfolio-Analyse); Götze, U.; Mikus, B.: (Management), S. 92 ff. Zur Strategiebestimmung - einschließlich des Einsatzes der Portfolio-Analyse - als Ausgangspunkt des Investitionsmanagement vgl. Bosse, C.: (Investitionsmanagement), S. 47 ff.

Arten von Investitionsplanungen

Die Planungen des Unternehmens sind oben nach dem Aufgabenbereich, auf den sie sich beziehen, differenziert worden. In allen Aufgabenbereichen und damit auch bei der Investitionsplanung können eine Vielzahl unterschiedlicher Planungen vorgenommen werden.

So kann bezüglich des Planungszeitraums zwischen kurzfristiger (etwa: kleiner als ein Jahr), mittelfristiger (etwa: ein bis fünf Jahre) und langfristiger Planung (etwa: über 5 Jahre) unterschieden werden.[71] Investitionsplanungen sind in der Regel mittel- oder langfristiger Natur.

Eine weitere zur Differenzierung von Planungsarten geeignete Bezugsgröße ist die Ebene in der Planungshierarchie. Die einzelnen Planungen im Unternehmen stehen in einer Planungshierarchie in einem Über-/Unterordnungsverhältnis zueinander. Der Planungshierarchie lassen sich die drei nachstehend aufgeführten Ebenen zuordnen:[72]

- die strategische (obere) Ebene,
- die taktische (mittlere) Ebene und
- die operative (untere) Ebene.

Die Merkmale, anhand derer die Planungen auf diesen drei Ebenen unterschieden werden können, entsprechen weitgehend den Eigenschaften, die in Abschnitt 2.1.2 zur Abgrenzung strategischer von nicht-strategischen Investitionen genutzt wurden. Investitionsplanungen dürften zumeist der strategischen oder der taktischen Planung zuzuordnen sein. Strategische Investitionsplanungen sind durch langfristige Planungszeiträume, einen geringen Differenziertheits- und Detailliertheitsgrad, geringe Präzision sowie schlecht-strukturierte Problemstellungen charakterisiert.[73]

Es ist darauf hinzuweisen, daß der strategischen Planung häufig eine weitere Ebene übergeordnet wird: die generelle Zielplanung, Grundsatzplanung, langfristige Rahmenplanung oder die Bestimmung der Unternehmenspolitik.[74] Für die Investitionsplanung stellt die Festlegung der Investitionspolitik eine solche übergeordnete

---

[71] Vgl. Sahm, B.: (Instrumente), S. 26; Pfohl, H.-C.; Stölzle, W.: (Planung), S. 98 f.

[72] Vgl. Wild, J.: (Grundlagen), S. 166; Schweitzer, M.: (Planung), S. 35. Die dargestellte Untergliederung wird nicht durchgängig vertreten. KOCH beispielsweise unterscheidet in eine strategische (obere), eine operative (mittlere) und eine taktische (untere) Ebene. Vgl. Koch, H.: (Aufbau), S. 49 ff. HAMMER sowie HANSSMANN differenzieren lediglich zwischen der strategischen und der operativen Planung. Vgl. Hammer, R.M.: (Unternehmungsplanung), S. 49 ff.; Hanssmann, F.: (Betriebswirtschaftslehre), S. 3.

[73] Vgl. Schweitzer, M.: (Planung), S. 35; Pfohl, H.-C.; Stölzle, W.: (Planung), S. 87. Zu den Besonderheiten der strategischen Planung vgl. auch Götze, U.; Mikus, B.: (Management), S. 3 ff.

[74] Vgl. Arbeitskreis "Langfristige Unternehmensplanung" der Schmalenbach-Gesellschaft: (Planung), S. 2; Kilger, W.: (Industriebetriebslehre), S. 111 f.; Ulrich, H.: (Unternehmungspolitik), S. 390.

Ebene dar. Diese umfaßt insbesondere die Formulierung von Richtlinien zur Gestaltung der Investitionsaktivitäten.[75]

Investitionsplanungen sämtlicher Ebenen unterscheiden sich hinsichtlich weiterer Merkmale:[76]

- Die Koordination der Investitionsplanungen untereinander und mit anderen Planungen im Unternehmen kann in Form einer simultanen oder einer sukzessiven Planung vorgenommen werden.
- Die Investitionsplanung im Unternehmen läßt sich zentral oder dezentral durchführen.
- Investitionsplanungen können regelmäßig oder fallweise (Projektplanung) vorgenommen werden.
- Bei regelmäßigen Planungen kann eine Anpassung in Form einer rollenden Planung erfolgen oder auf diese verzichtet werden. Bei der rollenden Planung umfaßt der Planungszeitraum stets eine bestimmte Anzahl von Perioden, und es wird jeweils nach Ablauf einer Periode eine erneute Planung durchgeführt, in die eine neue Periode eingeht.
- Bei Planungen mit einem Planungszeitraum von mehreren Perioden und Berücksichtigung der Unsicherheit können umweltzustandsabhängige Folgeentscheidungen einbezogen werden. Es liegt dann eine flexible Planung vor, bei Vernachlässigung derartiger Folgeentscheidungen eine starre Planung.[77]

Die hier unterschiedenen Arten der Investitionsplanung,[78] die auch in Misch- oder Zwischenformen auftreten können, wirken sich auf die Investitionsrechnung aus. Beispielsweise sind bei einer strategischen Investitionsplanung sehr viele Umwelt- und Unternehmensbereiche zu erfassen, und es tritt eine Vielzahl von Unsicherheitsquellen auf, die bei der Modellbildung und -analyse berücksichtigt werden sollten.

---

75 Vgl. Lücke, W.: (Investitionslexikon), S. 186. LÜCKE ordnet der Investitionspolitik zudem die Planung und Durchsetzung strategischer Investitionen, sogenannter Großprojekte, zu. Es stellt sich dann die Frage einer Abgrenzung zwischen Investitionspolitik und strategischer Investitionsplanung.
76 Vgl. Schweitzer, M.: (Planung), S. 36 ff.; Szyperski, N.; Winand, U.: (Grundbegriffe), S. 57 ff., S. 119 f. und S. 145 f.; Pfohl, H.-C.; Stölzle, W.: (Planung), S. 98 ff.
77 Auf die Berücksichtigung flexibler Planungen bei der Modellbildung und -auswertung wird im folgenden noch eingegangen. Vgl. die Abschnitte 2.3.3, 7.3.4 und 7.3.5 sowie 8.3.
78 Zu weiteren Klassifizierungen von Arten der Planung allgemein vgl. Hammer, R.M.: (Unternehmungsplanung), S. 15; Müller, M.: (Planung), S. 124; Kleinhans, A.M.: (Wissensverarbeitung), S. 129.

2.2.3 Investitionskontrolle

Begriff und Funktionen der Kontrolle

Die Kontrolle wird häufig als systematischer, laufender und informationsverarbeitender Prozeß interpretiert, in dessen Rahmen ein Vergleich zwischen zwei Kontrollgrößen, einer Plan- und einer Vergleichsgröße, vorgenommen wird sowie eventuell dabei erkannte Abweichungen analysiert werden.[79] Mit der Kontrolle werden im wesentlichen die gleichen Ziele verfolgt wie mit der Planung, vor allem dient sie der Informationsgewinnung und damit der Entscheidungsvorbereitung.

Eine Verbesserung der Entscheidungsfindung läßt sich mittels der Kontrolle generell und der Investitionskontrolle im speziellen vor allem über

- die Verbesserung zukünftiger Schätzungen und Entscheidungen,
- die Verminderung von Manipulationen und die Schaffung von Anreizen sowie
- die Identifikation notwendiger Korrektur- und Anpassungsmaßnahmen und die Initiierung der hierfür erforderlichen Planungen

erreichen.[80] Kontrolle und Planung bedingen einander. Eine Kontrolle im Sinne der obigen Definition ist ohne die Vorgabe von Plangrößen nicht durchführbar; durch Kontrollen können Planungen sowohl initiiert als auch qualitativ verbessert und partiell substituiert werden.[81] Aber auch zwischen Kontrolle und Personalführung bestehen enge Verbindungen; diese resultieren unter anderem aus der Motivationswirkung von Kontrollen sowie deren Notwendigkeit im Rahmen von Anreizsystemen, die Führungskräfte motivieren sollen, sich uneingeschränkt für die Erreichung der Ziele des Unternehmens einzusetzen.

Phasen der Kontrolle

Als Gegenüberstellung von Plan- und Vergleichsgrößen wird die Kontrolle in mehreren Phasen durchgeführt, die im folgenden für eine spezifische Kontrollart, die auch bei der Darstellung des Führungsprozesses in Abbildung 2-5 einbezogene Ergebniskontrolle, beschrieben werden sollen. Bei dieser Kontrollart stellt die Plangröße eine Soll-Größe dar, d. h. ein Planziel; bei der Vergleichsgröße handelt es sich um eine Ist-Größe, d. h. einen realisierten Wert.[82] Ausgangspunkt ist die *Vorgabe von Sollwerten,* die eine Nahtstelle zur Planung bildet, da die Sollwerte Planzielen entsprechen. Die nächste Phase ist die *Ermittlung von Istwerten* für die Größen, für die Vorgaben gemacht wurden. Es folgt ein *Soll-Ist-Vergleich,* in dem der Grad der Zielerreichung bestimmt wird. Falls erhebliche Abweichungen zwischen Soll- und Istwer-

---

[79] Vgl. Schweitzer, M.: (Planung), S. 73.
[80] Vgl. Lüder, K.: (Investitionskontrolle), S. 54 ff.; Lüder, K.: (Investitionsplanung), Sp. 1992.
[81] Vgl. Wild, J.: (Grundlagen), S. 44; Heuer, M.F.: (Kontrolle), S. 67 ff.
[82] Vgl. auch Abschnitt 2.2.1.

ten vorliegen, sollten deren Ursachen im Rahmen einer *Abweichungsanalyse* untersucht werden.[83]

Arten der Kontrolle im Investitionsprozeß

Verschiedene Arten der Kontrolle lassen sich analog der Differenzierung von Planungsarten gemäß der Aufgabenbereiche des Unternehmens, der Kontrollzeiträume sowie der Ebene in der Führungshierarchie unterscheiden. Eine weitere Abgrenzung ergibt sich aus der Art der verwendeten Plan- und Vergleichsgrößen. Plangrößen können entweder Soll-Größen darstellen oder sogenannte Wird-Größen, d. h. Prognosen für planungsrelevante Faktoren. Bei Vergleichsgrößen kann es sich um Soll-Größen, Wird-Größen oder Ist-Größen handeln. Aus der Kombination der unterschiedlichen Plan- und Vergleichsgrößen resultieren fünf relevante Kontrollarten, wie Abbildung 2-8 zeigt.

Vergleichs-größe \ Plangröße	Soll	Wird	Ist
Soll	Soll-Soll-Vergleich (Zielkontrolle)	Soll-Wird-Vergleich (Planfortschritts-kontrolle)	Soll-Ist-Vergleich (Ergebniskontrolle)
Wird	–	Wird-Wird-Vergleich (Prognosekontrolle)	Wird-Ist-Vergleich (Prämissenkontrolle)

Abb. 2-8: Kontrollarten[84]

Diese Kontrollarten können den verschiedenen Phasen des Investitionsprozesses zugeordnet werden.[85] In der Planungsphase dürften vor allem *Zielkontrollen* sowie *Prognosekontrollen* von hoher Bedeutung sein. Mit diesen lassen sich verschiedene Planziele sowie Prognosen auf ihre Konsistenz überprüfen.

Planfortschritts- und *Prämissenkontrollen* sind vor allem während der Realisations- und der Nutzungsphase des Investitionsprozesses relevant. Bei Planfortschrittskontrollen wird die vorgegebene Soll-Größe mit der aktuellen Prognose der Zielerreichung verglichen. Die Prämissenkontrolle besteht im Vergleich der Planannahmen bezüglich bestimmter Faktoren mit den realisierten Werten dieser Größen. Beide Kontrollarten ermöglichen frühzeitige Reaktionen auf veränderte Planungsgrundlagen.

---

[83] Vgl. Schweitzer, M.: (Planung), S. 76 f.
[84] Quelle: Schweitzer, M.: (Planung), S. 73.
[85] Zu den einzelnen Kontrollarten und deren Einsatzgebieten im Rahmen von Führungsprozessen vgl. Schweitzer, M.: (Planung), S. 73 ff.; Mikus, B.: (Make-or-buy-Entscheidungen), S. 241 ff.

Bei einer *Ergebniskontrolle* wird - wie oben beschrieben - die realisierte Ausprägung einer Zielgröße dem Planziel gegenübergestellt. In der Realisationsphase läßt sich diese Kontrollart z. B. bezüglich der Anschaffungsauszahlungen vornehmen. Ihr wesentliches Einsatzgebiet liegt in der Nutzungsphase; sie kann sich während dieser Phase und an deren Ende beispielsweise auf die mit einer Investition verbundenen Ein- und Auszahlungen beziehen und Abweichungen sowie deren Ursachen identifizieren. Dies dient unter anderem der Verbesserung zukünftiger Planungen.

Die beschriebenen Arten von Kontrollen sollten auf die Beanspruchung von Ressourcen durch die einzelnen Investitionsobjekte, die durch die Investitionsobjekte erbrachten Leistungen bzw. geschaffenen Potentiale und die daraus jeweils resultierenden Ein- und Auszahlungen angewendet werden. Auch der zeitliche Ablauf ist dabei zu berücksichtigen.[86]

Über die bisher beschriebenen, eine Gegenüberstellung von Plan- und Vergleichsgrößen umfassenden Kontrollarten hinaus lassen sich im Rahmen der Investitionskontrolle *allgemeine Überwachungskontrollen* nutzen. Diese Kontrollart findet - die Planungs-, Realisierungs- und Nutzungsphase begleitend - in Form einer generellen Beobachtung bedeutender Umwelt- und Unternehmensbereiche statt. Auf diese Weise sollen relevante Entwicklungen und die daraus entstehenden Chancen und Risiken identifiziert werden, die aus Faktoren resultieren, die nicht durch die im Rahmen der Planung festgelegten Prämissen erfaßt sind.[87] Somit erscheint die allgemeine Überwachungskontrolle besonders zur Erfassung der mit strategischen Investitionsentscheidungen verbundenen Unsicherheit geeignet.

Die bisherigen Ausführungen zur Investitionskontrolle bezogen sich auf die wirtschaftlichen Aspekte der Investitionstätigkeit. Neben derartigen *materiellen* können während des Investitionsprozesses auch *formale Kontrollen* durchgeführt werden. So läßt sich in der Planungsphase das Einhalten vorgegebener Planungsgrundsätze und -richtlinien kontrollieren. Während der Realisations- und der Nutzungsphase können sich formale Kontrollen auf die Art der Durchführung und Nutzung beziehen.

Es sei darauf hingewiesen, daß weitere Gestaltungsalternativen hinsichtlich der genannten Arten der Investitionskontrolle existieren.[88] So können beispielsweise im Rahmen von Ergebnis- oder Planfortschrittskontrollen alle Investitionsobjekte überprüft werden (*Vollkontrolle*), die Kontrolle kann sich aber auch auf einzelne Objekte beschränken (*Teilkontrolle*). Bei einer Vollkontrolle besteht die Möglichkeit, die Zusammenhänge zwischen den verschiedenen Investitionen in die Kontrolle einzubeziehen oder diese zu vernachlässigen. Werden einzelne Investitionen einer Kontrolle unterzogen, lassen sich entweder sämtliche Werte berücksichtigen (*Vollrechnung*) oder nur einige (*Teilrechnung*). Weitere Wahlmöglichkeiten ergeben sich hinsichtlich der Kontrollhäufigkeit und -zeitpunkte sowie der Kontrollinstanz.

---

86 Vgl. Lücke, W.: (Controlling), S. 30 ff.
87 Vgl. Schreyögg, G.: (Verhältnis), S. 349 ff.; Macharzina, K.: (Unternehmensführung), S. 375.
88 Vgl. Sierke, B.R.A.: (Investitions-Controlling), S. 160 ff.

Abschließend soll erwähnt werden, daß die Aussagekraft von Investitionskontrollen erhöht wird, falls Investitionsmodelle in die Planung und Kontrolle einbezogen werden, da dann überprüfbare Daten und Annahmen zur Verfügung stehen.[89]

2.2.4 Investitionscontrolling

"Controlling" ist einer der meistdiskutierten Begriffe der Betriebswirtschaft. Das Wort "Controlling" wurde abgeleitet aus dem englischen "control". In der englischsprachigen Führungsliteratur bedeuten beide Begriffe Lenkung, Steuerung und Regelung von Prozessen. Davon ausgehend hat sich in der deutschen Literatur und in der Unternehmenspraxis eine Reihe von Auffassungen bezüglich des Controlling herausgebildet.[90]

Diese Auffassungen spiegeln sich auch in der Vielzahl existierender Controlling-Konzeptionen wider, d. h. von Aussagenbündeln über die Funktionen des Controlling, dessen Instrumente und/oder dessen Institutionen, die auf der Grundlage von Controlling-Zielen formuliert sind.[91] Die meisten dieser Konzeptionen können ausgehend von der Funktionsbreite und -tiefe des Controlling einer von zwei Gruppen zugeordnet werden.[92] Bei der ersten Gruppe obliegt dem Controlling der Betrieb bestimmter Führungsteilsysteme, bei denen es sich um

(i) das Informationssystem (informationsorientierte Controlling-Konzeptionen),
(ii) das Planungs- und Kontroll- sowie zumindest partiell auch das Informationssystem (regelungs- und steuerungsorientierte Controlling-Konzeptionen) oder aber
(iii) sämtliche sachaufgabenbezogenen Führungssubsysteme (führungsorientierte Controlling-Konzeptionen)

---

[89] Zu Investitionsmodellen als Instrumenten der Investitionskontrolle vgl. auch die Hinweise in Abschnitt 3.4.3.

[90] Zu einer ausführlichen Diskussion des Begriffs "Controlling" und der Inhalte des Controlling vgl. Sierke, B.R.A.: (Investitions-Controlling), S. 7 ff.

[91] Vgl. Schweitzer, M.; Friedl, B.: (Beitrag), S. 142; Küpper, H.-U.; Weber, J.; Zünd, A.: (Verständnis), S. 282 f.

[92] Die Funktionsbreite erfaßt die Führungsfunktion(en) wie Planung, Kontrolle, Informationsversorgung, Organisation und/oder Personalführung, auf die sich das Controlling bezieht. Die Funktionstiefe hingegen bringt die Art der Aufgaben des Controlling zum Ausdruck; dies können Entwurf, Bewertung, Auswahl, Integration, Betrieb, Koordination und/oder Überwachung des Führungssystems oder seiner Elemente sein. Vgl. dazu und zu den folgenden Ausführungen Zenz, A.: (Qualitätscontrolling), S. 16 ff.; Zenz, A.: (Controlling), S. 32 ff.; Götze, U.; Glaser, K.; Hinkel, D.: (Risikocontrolling), S. 99 ff. Zu weiteren Systematisierungen von Controlling-Konzeptionen vgl. z. B. Schweitzer, M.; Friedl, B.: (Beitrag), S. 144 ff.; Sjurts, I.: (Kontrolle), S. 163 ff.; Weber, J.: (Controlling), S. 20 ff.

handeln kann.⁹³ Für die zweite Gruppe von Controlling-Konzeptionen ist charakteristisch, daß durch Entwurf, Bewertung und Auswahl von Systemelementen, Systemintegration, Systemkoordination und/oder Systemüberwachung eine Einwirkung auf andere Führungsteilsysteme erfolgt. Je nach Umfang und Interpretation der Koordinationsaufgabe lassen sich hier Konzeptionen unterscheiden, bei denen Controlling

(iv) Planung, Kontrolle sowie Informationsversorgung (begrenzt koordinationsorientierte Konzeptionen) oder

(v) sämtliche Führungsteilsysteme (umfassend koordinationsorientierte Controlling-Konzeptionen) aufeinander abstimmen oder aber

(vi) die Aufgabe einer Metaführung wahrnehmen soll (metaführungsorientierte Controlling-Konzeptionen).⁹⁴

Die bisher unterschiedenen Typen von Controlling-Konzeptionen sind in der jüngeren Vergangenheit durch WEBER ergänzt worden, der dem Controlling nun die Aufgabe der Sicherung der Rationalität der Führung zuweist, mit der bestehenden Rationalitätsdefiziten begegnet werden soll. Die Rationalitätssicherung soll unter anderem durch Informationsversorgungs-, Planungs-, Kontroll- und Koordinationsaktivitäten erreicht werden, die kontextabhängig in den Vordergrund zu stellen sind. Damit umfaßt diese Sichtweise sowohl Facetten des Betriebs von als auch solche der Einwirkung auf Führungsteilsysteme(n).⁹⁵

Das Investitionscontrolling als Teilbereich des Controlling kann grundsätzlich auf jeder der oben angeführten Controlling-Konzeptionen basieren.⁹⁶ Ohne eine Bewertung der unterschiedlichen Konzeptionen vorzunehmen,⁹⁷ soll im folgenden jedoch allein die Koordinationsaufgabe - und damit die zweite Gruppe von Controlling-Konzeptionen - in den Vordergrund der Darstellung des Investitionscontrolling gestellt werden.⁹⁸ Dies wird einerseits mit dem in einem Lehrbuch zur Investitionsrech-

---

93 Vgl. zu (i) Reichmann, T.: (Controlling), S. 4 ff., zu (ii) Baum, H.-G.; Coenenberg, A.G.; Günther, T.: (Controlling), S. 3 ff.; Günther, T.: (Controlling), S. 66 ff., zu (iii) Bramsemann, R.: (Handbuch), S. 44 ff.; Bramsemann, R.: (Controlling), S. 18.

94 Vgl. zu (iv) Horváth, P.: (Controlling), S. 148 ff., zu (v) Küpper, H.-U.: (Controlling), S. 12 ff., zu (vi) Weber, J.: (Einführung), S. 48 ff.

95 Vgl. Weber, J.: (Controlling), S. 45 ff.; Weber, J.; Schäffer, U.: (Sicherstellung), S. 734 ff.; Weber, J.: (Perspektiven), S. 6 ff. Zu einem weiteren neueren Konzept, das dem Controlling sowohl Führungs- als auch Führungsunterstützungsaufgaben zuweist, vgl. Pietsch, G.; Scherm, E.: (Controlling-Konzeptionen), S. 209 ff.; Pietsch, G.; Scherm, E.: (Präzisierung), S. 402 ff.

96 Dies gilt generell für Subsysteme des Controlling. Zu einer Darstellung der Funktionen des Risikocontrolling in Abhängigkeit von der Controlling-Konzeption vgl. Götze, U.; Glaser, K.; Hinkel, D.: (Risikocontrolling), S. 103 ff.

97 Zur kritischen Würdigung von Konzeptionen der ersten oben aufgeführten Gruppe vgl. Zenz, A.: (Qualitätscontrolling), S. 35 ff., zur Beurteilung von Konzeptionen der zweiten Gruppe vgl. Zenz, A.: (Qualitätscontrolling), S. 35 ff.; Weber, J.; Schäffer, U.: (Controlling), S. 110 ff., zur Kritik an der rationalitätsbezogenen Konzeption vgl. Pietsch, G.; Scherm, E.: (Präzisierung), S. 399 ff.

98 Zu anderen Auffassungen des Investitionscontrolling, bei denen diesem primär die Funktionen Planung, Kontrolle sowie Koordination und Information zugewiesen werden, vgl. Sierke, B.R.A.:

nung eng begrenzten Rahmen von Ausführungen zum Investitionscontrolling begründet, und zum anderen damit, daß mit der Investitionsplanung sowie der Investitionskontrolle wichtige Subsysteme der Führung bereits erörtert wurden.

In bezug auf die *Koordinationsfunktion* lassen sich dem Investitionscontrolling KÜPPER zufolge vor allem die folgenden Teilaufgaben zuweisen, die sich einerseits primär auf die Koordination innerhalb des Investitionsmanagement ((a) bis (c)), andererseits auf die Abstimmung zwischen diesem und den anderen Führungsbereichen des Unternehmens richten ((d) bis (f)):[99]

(a) Koordination innerhalb der Investitionsplanung,
(b) Koordination innerhalb des Investitionsprozesses,
(c) Koordination der Informationsbereitstellung für die Investitionsplanung und -kontrolle,
(d) Abstimmung zwischen Investitionsplanung und -kontrolle sowie Planungs- und Kontrollprozessen in anderen Unternehmensbereichen,
(e) Einbindung der Informationsverarbeitung im Investitionsbereich in das Informationssystem des Gesamtunternehmens sowie
(f) Koordination mit Organisation und Personalführung im Unternehmen.

Innerhalb der Investitionsplanung wird eine Koordination zwischen den verschiedenen zur Wahl stehenden Investitionsobjekten erforderlich (a). Bei dieser sind die Interdependenzen zu beachten, die zwischen den Objekten bezüglich deren quantitativen, qualitativen und zeitlichen Konsequenzen bestehen. Dies erfordert auch die Abstimmung des zeitlichen Verlaufs der Erfolgspotentialbildung durch einzelne Investitionsobjekte.[100] Im Rahmen dieser Koordinationsaufgabe sind bei dezentraler Planung Investitionsbudgets, Investitionsziele, Kalkulationszinssätze und Mindestwerte für Zielgrößen zu vereinbaren und den einzelnen Unternehmensbereichen vorzugeben. Im Hinblick auf die Investitionsziele besteht die Notwendigkeit einer Abstimmung zwischen verschiedenen Zielen des Investitionsbereichs sowie zwischen den Investitionszielen und den übergeordneten Unternehmenszielen.[101]

In bezug auf den Investitionsprozeß stellt sich nach KÜPPER die Aufgabe (b), eine Koordination zwischen Planung, Realisation und Nutzung eines Investitionsobjektes sowie zwischen Planungs- und Kontrolltätigkeiten während des Prozesses herbeizuführen.

(Investitions-Controlling), S. 106; Rösgen, K.: (Investitionscontrolling); Reichmann, T.: (Controlling), S. 289 ff.

[99] Vgl. dazu und zu den nachfolgenden Ausführungen Küpper, H.-U.: (Gegenstand), S. 171 ff.; Küpper, H.-U.: (Controlling), S. 452 ff. Zu koordinationsorientierten Interpretationen des Investitionscontrolling vgl. auch Ott, C.: (Investitionscontrolling), S. 29 ff.; Adam, D.: (Investitionscontrolling), S. 2 ff.
Es sei darauf hingewiesen, daß das Controlling wie die Unternehmensführung insgesamt auch aus institutioneller Perspektive analysiert werden kann.

[100] Zur Erfolgspotentialbildung während des Investitionsprozesses vgl. Sierke, B.R.A.: (Investitions-Controlling), S. 100.

[101] Vgl. dazu die Ausführungen zur Zielbildung als Phase der Planung in Abschnitt 2.2.2.

Die Koordinationsaufgabe (c) bezieht sich auf die Bereitstellung von Informationen für die Investitionsplanung und -kontrolle.[102] Es sind geeignete Instrumente zur Informationsgewinnung und -verarbeitung zu entwickeln und einzuführen. Dazu zählen neben Prognosemethoden und Verfahren der Netzplantechnik auch Frühaufklärungssysteme sowie Entscheidungsmodelle.[103] Außerdem müssen Vorgaben bezüglich der Dokumentation und der Erstellung von Berichten vereinbart werden.

Wie bereits angedeutet bestehen zahlreiche Interdependenzen zwischen dem Investitionsbereich und anderen Teilbereichen des Unternehmens, vor allem dem Finanz-, dem Produktions-, dem Absatz- und dem Personalbereich. Die Planungs- und Kontrollprozesse im Investitionsbereich sollten mit den entsprechenden Aktivitäten in den anderen Bereichen koordiniert werden (d).

Eine weitere Teilaufgabe (e) stellt sich hinsichtlich der Einbindung der Informationsverarbeitung im Investitionsbereich in das Informationssystem des Gesamtunternehmens. Zum einen ist eine Koordination zwischen den Investitionsrechnungen und den anderen Rechenwerken des Unternehmens (Kostenrechnung, Finanzrechnung etc.) erforderlich, zum anderen eine effiziente Gestaltung des EDV-Systems.

Als letzte Teilaufgabe (f) ist die Koordination mit der Organisation und der Personalführung zu nennen, die unter anderem im Hinblick auf die Einrichtung von Projektteams, die Verteilung von Kompetenzen sowie die Formulierung von Regeln für den Ablauf von Investitionsprozessen von Bedeutung ist. Die Durchführung der Koordination zwischen verschiedenen Investitionsobjekten (Teilaufgabe (a)) muß auf die jeweilige Unternehmensorganisation abgestimmt werden. Außerdem bedarf die Einrichtung von Anreizsystemen einer Abstimmung zwischen Kontrolle, Planung, Informationsversorgung und Personalführung.[104]

Die Funktionen des Investitionscontrolling können sich sowohl auf einzelne Investitionsobjekte als auch auf das Gesamtunternehmen beziehen. Die objektbezogene Aufgabe besteht in der Bereitstellung von Informationen und der Mitwirkung an Planungs- und Kontrollaktivitäten des Investitionsprozesses. Im Hinblick auf das Gesamtunternehmen ist durch Koordinations- und Informationsaktivitäten insbesondere eine optimale Aufteilung des Investitionsvolumens anzustreben. Aber auch die Motivation von Bereichsmanagern, intensiv nach Investitionsmöglichkeiten zu suchen, Investitionsalternativen auszuwählen, deren Realisierung im Interesse des Gesamtunternehmens liegt, sowie wahrheitsgemäß Bericht zu erstatten, läßt sich diesem Aufgabenbereich zuordnen.[105]

---

[102] Zur Konzeption eines Investitions-Informations-Systems zur Unterstützung der Investitionsplanung und -kontrolle vgl. Rausch, K.-F.: (EDV-Unterstützung), S. 138 ff.

[103] Zum Einsatz stochastischer Netzpläne bei der Planung von Investitionsprojekten vgl. Sachs, C.: (Planung), S. 14 f., zu Frühwarnsystemen als Kontrollinstrumenten vgl. Krystek, U.; Müller-Stewens, G.: (Frühaufklärung), S. 19 ff.; Welge, M.K.; Al-Laham, A.: (Management), S. 302 ff.; Götze, U.; Mikus, B.: (Management), S. 294 ff.

[104] Vgl. Bosse, C.: (Investitionsmanagement), S. 45.

[105] Vgl. Bosse, C.: (Investitionsmanagement), S. 45; Sierke, B.R.A.: (Investitions-Controlling), S. 80; Lücke, W.: (Controlling), S. 27; Bramsemann, R.: (Handbuch), S. 210 f.

Zur Erfüllung der oben aufgeführten Aufgaben kann das Investitionscontrolling unterschiedliche *Instrumente* verwenden. Auf Planungs- und Kontrollinstrumente wurde bereits in den vorherigen Abschnitten eingegangen, diese lassen sich zum Teil auch für das Controlling einsetzen. Für die Koordinationsaufgabe schlägt KÜPPER neben Budgetierungssystemen[106] insbesondere integrierte Planungs- und Kontrollrechnungen, Kennzahlensysteme sowie simultane und hierarchische Planungsmodelle vor, ergänzend können Verrechnungs- oder Lenkpreissysteme eingesetzt werden.[107]

In integrierten Planungs- und Kontrollrechnungen werden Investitionsrechnungen mit Anlagenbau- oder Projektkostenrechnungen verbunden, um die quantitativen Konsequenzen von Investitionsobjekten über den gesamten Investitionsprozeß planen und kontrollieren zu können.

Kennzahlensysteme erlauben die Beurteilung der Intensität und Güte der Realisierung und Nutzung von Investitionen sowie der vorausgehenden und begleitenden Planungs- und Kontrollaktivitäten. Auslastungskennzahlen beispielsweise geben Auskunft über den Einsatz von Investitionsobjekten; mit durchschnittlichen Kosten oder Kostenabweichungen lassen sich Planungs- und Kontrollaktivitäten ebenso beurteilen wie die Realisierung und Nutzung von Investitionen. Außerdem können Kennzahlen als Indikatoren für die Zielerreichung von Investitionen dienen, falls die Wirkungen dieser Investitionen auf die Zielgrößen nicht direkt erfaßbar sind.

Simultane Planungsmodelle ermöglichen die Abbildung von Interdependenzen zwischen verschiedenen Investitionsobjekten sowie dem Investitionsbereich und anderen Unternehmensbereichen. Auf Beispiele für derartige Modelle und die Einsetzbarkeit dieser Modelle wird im weiteren Verlauf des Buches noch ausführlich eingegangen.[108] Vorher sollen jedoch die Elemente von Modellen allgemein, deren Analyse und deren Arten grundlegend erörtert werden.

---

[106] Zur Budgetierung vgl. Horváth, P.: (Controlling), S. 230 ff.; Mensch, G.: (Budgetierung).
[107] Vgl. Küpper, H.-U.: (Gegenstand), S. 177 ff.; Küpper, H.-U.: (Controlling), S. 455 ff. sowie Adam, D.: (Investitionscontrolling), S. 29 ff.
[108] Vgl. die Abschnitte 6 und 8.

2.3 Entscheidungsmodelle im Rahmen der investitionsbezogenen Unternehmensführung

2.3.1 Grundmodell der Entscheidungstheorie

Ein wesentlicher Bestandteil der Investitionsplanung, der Investitionskontrolle sowie des Investitionscontrolling ist die Bildung und Auswertung von Entscheidungsmodellen. Die Investitionsrechnung kann als Analyse von Entscheidungsmodellen zur Vorbereitung investitionsbezogener Entscheidungen verstanden werden.

Ein Modell stellt eine vereinfachte Abbildung der Realität dar.[109] Jede einzelne an der Investitionsplanung beteiligte Person verfügt bewußt oder unbewußt über ein bestimmtes individuelles Bild von der Wirklichkeit. Von diesen sogenannten mentalen Modellen sind formale Modelle zu unterscheiden. Diese werden explizit dargelegt und sind damit kommunizierbar und überprüfbar.[110] Durch die Analyse formaler Modelle können Erkenntnisse gewonnen werden, die für Führungsaktivitäten, insbesondere die Erstellung von Plänen nützlich sind. Dabei ist es nicht möglich, ein Modell so zu konstruieren, daß es mit dem zu lösenden realen Problem übereinstimmt und damit die Realität isomorph abbildet. Das Modell ist daher eine homomorphe, d. h. ähnliche Abbildung der Realität.[111]

Bei einem Entscheidungsmodell handelt es sich um die vereinfachte Abbildung einer Entscheidungssituation.[112] Hinsichtlich des Zweckes ihrer Konstruktion und Auswertung - der Ableitung von Entscheidungen - läßt sich diese Modellart von Beschreibungs- und Erklärungsmodellen unterscheiden. Beschreibungs- und Erklärungsmodelle, zu denen auch Prognosemodelle zählen, stellen die Basis für die Konstruktion von Entscheidungsmodellen dar.

Entscheidungsmodelle können hinsichtlich der Art der Abbildung der Realität in mathematische, graphische und physikalische Modelle unterschieden werden.[113] Im folgenden werden allein mathematische Entscheidungsmodelle betrachtet.

Ein Entscheidungsmodell enthält die folgenden charakteristischen Elemente:[114]

---

[109] Vgl. Angermann, A.: (Entscheidungsmodelle), S. 13; Kosiol, E.: (Modellanalyse), S. 319 ff.; Grochla, E.: (Modelle), S. 383 f., der auch weitere Sichtweisen des Begriffs "Modell" anspricht.
[110] Vgl. Milling, P.: (Grundlagen), S. 13; Golling, H.-J.: (Planung), S. 6.
[111] Vgl. Kosiol, E.: (Modellanalyse), S. 319 f.
[112] Zu anderen Definitionen von Entscheidungsmodellen vgl. Laux, H.: (Entscheidungstheorie), S. 16 f.; Bretzke, W.-R.: (Problembezug), S. 8.
[113] Vgl. Adam, D.: (Planung), S. 81.
[114] Vgl. Bitz, M.: (Strukturierung), S. 66 ff.; Bamberg, G.; Coenenberg, A.G.: (Entscheidungslehre), S. 15 ff.; Sieben, G.; Schildbach, T.: (Entscheidungstheorie), S. 15 ff.; Eisenführ, F.; Weber, M.: (Entscheiden), S. 16 ff. Zur Klassifikation von Entscheidungsproblemen anhand der Ausprägungen (der meisten) dieser Elemente sowie weiterer Merkmale vgl. Dinkelbach, W.: (Entscheidungstheorie), Sp. 923 ff.

- Ziele,
- Alternativen (Handlungsweisen, Aktionen),
- Umweltzustände (Zustände, Zukunftslagen, Einflußfaktoren) sowie
- Ergebnisfunktionen.

Das Entscheidungsmodell und die Entscheidungssituation werden unter anderem durch das zugrundeliegende System von *Zielen* beschrieben.[115] Dieses umfaßt zum einen die Zielgrößen, d. h. die Größen, die der Bewertung zugrunde gelegt werden sollen. Zum anderen beinhaltet es in der Regel Präferenzrelationen, die angeben, mit welcher relativen Intensität verschiedene Zielgrößen sowie unterschiedliche Merkmalsausprägungen von Zielgrößen angestrebt werden. Präferenzrelationen sind erforderlich, falls die Entscheidungssituation eine der folgenden Eigenschaften aufweist:

- es liegen mehrere Handlungsalternativen vor, die ein Ziel in unterschiedlichem Ausmaß erfüllen,
- es werden mehrere Ziele verfolgt, deren Erreichung zumindest teilweise konfliktär ist,
- die Ergebnisse fallen zu unterschiedlichen Zeitpunkten an,
- es besteht Unsicherheit bezüglich der Ergebnisse.

Entsprechend diesen Eigenschaften kann zwischen Höhen-, Art-, Zeit- und (Un)Sicherheitspräferenzrelationen unterschieden werden. Das Zielsystem muß der Anforderung der Vollständigkeit hinsichtlich dieser Präferenzrelationen und der Zielgrößen genügen. Für eine rationale Entscheidungsfindung ist außerdem die Operationalität der Ziele erforderlich und damit die Möglichkeit, einen Zielerreichungsgrad angeben zu können. Dies setzt unter anderem die Definition der Höhen-, Art-, Zeit- und (Un)Sicherheitspräferenzmerkmale voraus. Schließlich müssen die in den einzelnen Planungsprozessen verfolgten Ziele koordinationsgerecht sein, d. h. die Zusammenhänge zu anderen Planungsprozessen berücksichtigen und somit dazu beitragen, daß die Gesamtheit der Planungsprozesse ein zufriedenstellendes Ergebnis erbringt.[116]

In unternehmerischen Planungsprozessen generell und speziell auch in der Investitionsplanung kann eine Vielzahl von Zielgrößen berücksichtigt werden.[117] Es läßt sich zwischen quantitativen Zielgrößen - zu denen auch monetäre, wie der Kapitalwert oder der Vermögensendwert, zählen - und qualitativen Zielgrößen unterscheiden. Qualitative Zielgrößen können nicht kardinal gemessen werden. Eine Einbeziehung dieser Zielgrößen in mathematische Entscheidungsmodelle läßt sich mittels einer Transformation erreichen, bei der entweder kardinal meßbare Indikatoren für

---

[115] Vgl. Bamberg, G.; Coenenberg, A.G.: (Entscheidungslehre), S. 28 ff.
[116] Vgl. Bamberg, G.; Coenenberg, A.G.: (Entscheidungslehre), S. 31 ff.; Sieben, G.; Schildbach, T.: (Entscheidungstheorie), S. 24 ff.
[117] Vgl. Abschnitt 2.2.2.

das Erreichen qualitativer Zielgrößen angegeben oder qualitativen Sachverhalten mit einer Nutzenfunktion Werte auf einer Präferenzskala zugewiesen werden.[118]

Das zweite Element von Entscheidungsmodellen ist die *Aktionsebene*, d. h. die Gesamtheit der zur Verfügung stehenden Alternativen. Die Alternativen können entweder einzelne Handlungen oder Bündel aus diesen darstellen. Damit eine eindeutige Lösung des Entscheidungsproblems möglich ist, muß für die Aktionsebene gelten, daß

- die Alternativen sich gegenseitig ausschließen und
- in jedem Fall eine Alternative zu wählen ist.

Die letztgenannte Forderung impliziert, daß auch die Unterlassensalternative berücksichtigt werden muß, falls in der jeweiligen Situation nicht ausdrücklich eine Handlung gefordert ist. Die Alternativen beziehen sich auf einen oder mehrere Zeitpunkte; ihre Zahl kann sowohl begrenzt als auch unendlich groß sein.[119]

Die Wirkungen einer Handlungsalternative hängen von der zukünftigen Entwicklung der relevanten Umweltfaktoren, aber auch bestimmter Sachverhalte im Unternehmen ab. Eine Konstellation von Werten der relevanten Größen wird im Rahmen der Entscheidungstheorie als Umweltzustand bezeichnet. Die Menge aller relevanten, einander annahmegemäß ausschließenden Zustände bildet den *Zustandsraum*. Bezüglich der Umweltzustände wird im Grundmodell der Entscheidungstheorie davon ausgegangen, daß sie - ebenso wie die Wahrscheinlichkeit ihres Eintretens - nicht durch das Unternehmen beeinflußbar sind.[120]

Die Zahl der Umweltzustände kann grundsätzlich unterschiedlich groß sein. Falls mehrere Umweltzustände zu berücksichtigen sind, besteht entweder eine Risiko- oder eine Ungewißheitssituation. Bei einer Risikosituation liegen subjektive oder objektive Wahrscheinlichkeiten für das Eintreffen der Umweltentwicklungen vor,[121] bei einer Ungewißheitssituation nicht.[122]

---

[118] Vgl. Bitz, M.: (Strukturierung), S. 88 f. sowie zur Meßbarkeit von Informationen bezüglich Zielgrößen Abschnitt 3.2.1.

[119] Vgl. Sieben, G.; Schildbach, T.: (Entscheidungstheorie), S. 17; Bamberg, G.; Coenenberg, A.G.: (Entscheidungslehre), S. 16 ff.; Warnez, P.: (Entscheidungen), S. 18 sowie zur Alternativensuche als Phase der Planung Abschnitt 2.2.2.

[120] Vgl. Eisenführ, F.: (Planungshilfen), Sp. 398; Warnez, P.: (Entscheidungen), S. 19.

[121] Es herrscht keine Einigkeit bezüglich der Frage, ob der Fall einer Risikosituation auch das Vorhandensein subjektiver Wahrscheinlichkeiten umfaßt - wie hier unterstellt - oder nur bei Vorliegen objektiver Wahrscheinlichkeiten zutrifft. Eine objektive Wahrscheinlichkeit ist der Grenzwert der relativen Häufigkeit eines Ereignisses, wenn die Zahl der Beobachtungen dieses Ereignisses sich unendlich annähert. Zu unterschiedlichen Auffassungen vgl. beispielsweise Albach, H.: (Ungewißheit), Sp. 4036 f.; Kruschwitz, L.: (Investitionsrechnung), S. 300; Perridon, L.; Steiner, M.: (Finanzwirtschaft), S. 99.

[122] Vgl. Perridon, L.; Steiner, M.: (Finanzwirtschaft), S. 99; Steiner, M.: (Investitionsentscheidungen), S. 546 f.; Kruschwitz, L.: (Investitionsrechnung), S. 300. Es ist darauf hinzuweisen, daß die Abgrenzung zwischen Ungewißheits- und Unsicherheitssituationen nicht einheitlich gehandhabt wird. Beispielsweise sehen im Gegensatz zu der hier vorgenommenen Abgrenzung LÜCKE, SCHWEITZER sowie BUSSE VON COLBE/LASSMANN Unsicherheits- und Risikosituationen als mögliche Ausprägungen einer Ungewißheitssituation an. Vgl. Schweitzer, M.: (Planung), S. 30;

Die Wirkungsprognose für die Konsequenzen einer Alternative bei einem Umweltzustand erfolgt mittels einer *Ergebnisfunktion*. Auch bezüglich der Ergebnisfunktion, deren Festlegung wirtschaftliche oder sonstige Beziehungen zugrunde liegen, können Sicherheits-, Risiko- und Ungewißheitssituationen unterschieden werden. Für eine Kombination aus Alternative und Umweltzustand ergeben sich nur bei einer Sicherheitssituation eindeutige Konsequenzen, bei Unsicherheits- und Risikosituationen sind mehrere Ergebnisse möglich.[123]

Unsicherheiten hinsichtlich der Umweltzustände und der Ergebnisfunktionen lassen sich auch in Form sogenannter "Unscharfer Mengen" (Fuzzy Sets) erfassen.[124]

Falls nur eine finanzielle Zielgröße in das Entscheidungsmodell eingeht und eine Sicherheitssituation vorliegt, kann unterstellt werden, daß das Ergebnis einer Alternative mit dem Nutzen für den Entscheidungsträger übereinstimmt. Zumeist hingegen bedürfen die aus spezifischen Aktionen bei bestimmten Umweltzuständen resultierenden und mit einer Ergebnisfunktion ermittelten Ergebnisse einer Bewertung bezüglich der Präferenz der Entscheidenden.[125] Zur Berücksichtigung der Präferenzrelationen sind Nutzen-, Wert bzw. Präferenzfunktionen anwendbar. Durch eine Nutzenfunktion wird jedem Ergebnis bzw. - bei Einbeziehung der (Un)Sicherheitspräferenzrelation - jeder Konstellation möglicher Ergebnisse ein Nutzenwert zugeordnet. Die Ergebnis- und die Nutzenfunktion lassen sich auch in einer Zielfunktion zusammenfassen.[126]

Wenn davon ausgegangen wird, daß endliche Zahlen von Handlungsalternativen und Umweltzuständen vorliegen, eine Ergebnisfunktion existiert, die jeder Handlungsalternative eine eindeutige Konsequenz zuordnet (Sicherheitssituation für die Ergebnisfunktion), und jedem Ergebnis ein Nutzenwert für eine zu berücksichtigende Zielgröße entspricht, dann können die entscheidungsrelevanten Nutzenwerte in der in Abbildung 2-9 aufgeführten Entscheidungsmatrix dargestellt werden.

Lücke, W.: (Investitionslexikon), S. 388; Lücke, W.: (Investitionspolitik), S. 46 ff.; Busse von Colbe, W.; Laßmann, G.: (Betriebswirtschaftstheorie), S. 156.

[123] Vgl. Bamberg, G.; Coenenberg, A.G.: (Entscheidungslehre), S. 23 f.

[124] Zu diesem Konzept vgl. Zimmermann, H.-J.: (Entscheidungen); Hanuscheck, R.: (Investitionsplanung); Buscher, U.; Roland, F.: (Fuzzy-Set-Modelle) sowie Abschnitt 8.1.

[125] Vgl. Sieben, G.; Schildbach, T.: (Entscheidungstheorie), S. 36 f.; Hanf, C.-H.: (Entscheidungslehre), S. 85 f. Es ist grundsätzlich auch möglich, Aktionen unter Verzicht auf die Ermittlung von Ergebnissen direkt zu bewerten. Dies ist jedoch ein sehr komplizierter und schlecht nachvollziehbarer Vorgang.

[126] Vgl. Sieben, G.; Schildbach, T.: (Entscheidungstheorie), S. 25 ff.; Dinkelbach, W.: (Entscheidungsmodelle), S. 6.

Umwelt-zustände Alternativen	Z_1	...	Z_u	...	Z_U
A_1	N_{11}	...	N_{1u}	...	N_{1U}
⋮	⋮		⋮		⋮
A_j	N_{j1}	...	N_{ju}	...	N_{jU}
⋮	⋮		⋮		⋮
A_J	N_{J1}	...	N_{Ju}	...	N_{JU}

Abb. 2-9: Struktur einer Entscheidungsmatrix[127]

Nutzenwerte werden auf der Basis der Präferenzrelationen entweder in einem Schritt oder in mehreren Stufen abgeleitet. Im letztgenannten Fall ist beispielsweise zunächst die Höhen-, dann die Zeit-, die Art- und die (Un)Sicherheitspräferenzrelation zu berücksichtigen.[128] Auf die Bestimmung von Nutzenwerten aus Ergebnissen und die Ableitung von Entscheidungen für bestimmte Entscheidungssituationen wird im weiteren Verlauf dieses Buches noch eingegangen.[129]

Die Situation, die in dem hier geschilderten Grundmodell der Entscheidungstheorie unterstellt wird, ist in der Realität kaum anzutreffen. Es gilt im Gegensatz zu den Annahmen des Grundmodells in der Regel nicht, daß alle Alternativen, Umweltzustände und Informationsstände unbeeinflußbar vorgegeben und bekannt sind. Beispielsweise läßt sich der Informationsstand bezüglich der Umweltzustände und der Ergebnisfunktionen durch Informationsbeschaffungs- und -verarbeitungsaktivitäten zumeist verbessern; auch können solche Aktivitäten zur Entwicklung von Alternativen dienen.[130] Zudem werden in dem Grundmodell die Besonderheiten des menschlichen Verhaltens bei der Entscheidungsfindung und die darauf einwirkenden Einflußfaktoren (z. B. Streß, Gruppenentscheidungen) nicht berücksichtigt.[131] Das Grundmodell der Entscheidungstheorie stellt aber eine sehr gute gedankliche Grund-

---

[127] Quelle: in modifizierter Form übernommen von Sieben, G.; Schildbach, T.: (Entscheidungstheorie), S. 33. Vgl. dazu auch Dinkelbach, W.: (Entscheidungsmodelle), S. 25 f.; Hanf, C.-H.: (Entscheidungslehre), S. 117. In entsprechender Form lassen sich Ergebnismatrizen darstellen.

[128] Vgl. Sieben, G.; Schildbach, T.: (Entscheidungstheorie), S. 30 f.; Bamberg, G.; Coenenberg, A.G.: (Entscheidungslehre), S. 29 f.

[129] Vgl. vor allem die Abschnitte 4 und 7.2.

[130] Über Aktivitäten der Informationsbeschaffung und -verarbeitung ist häufig ebenfalls zu entscheiden; sie können dann als Alternativen aufgefaßt und in ein Entscheidungsmodell überführt oder integriert werden. Vgl. Bamberg, G.; Coenenberg, A.G.: (Entscheidungslehre), S. 150 ff. Die Bestimmung des Nutzens von Informationen ist allerdings problematisch. Zur Bestimmung des Informationswerts vgl. Albach, H.: (Informationswert); Glaser, H.: (Informationswert); Wild, J.: (Problematik).

[131] Das menschliche Verhalten bei der Entscheidungsfindung ist Gegenstand der deskriptiven Entscheidungstheorie. Zu dieser vgl. Bamberg, G.; Coenenberg, A.G.: (Entscheidungslehre), S. 4 ff.

lage für die Untersuchung von Entscheidungssituationen, die Konstruktion und Auswertung von Entscheidungsmodellen sowie die Ableitung von Handlungsempfehlungen dar.

2.3.2 Analyse von Entscheidungsmodellen

In diesem Abschnitt soll auf den Prozeß der Analyse von Entscheidungsmodellen eingegangen werden. Dieser kann vereinfachend in die Phasen Problemdefinition, Modellkonstruktion, Datenbeschaffung sowie Modellauswertung aufgegliedert werden.[132]

In der Phase der *Problemdefinition* ist die Entscheidungssituation zu charakterisieren und abzugrenzen. Diese Phase stellt die primäre Nahtstelle zu den zugrundeliegenden Planungsprozessen dar.[133]

Bei der *Modellkonstruktion* muß der Homomorphiegrad bestimmt werden, d. h. der Grad der Ähnlichkeit zwischen Entscheidungssituation und Modell.[134] Mit dem Homomorphiegrad sind die Modellelemente zu definieren, d. h. die Alternativen, die Umweltzustände, das Zielsystem sowie die Ergebnisfunktionen. Gestaltungsalternativen bei der Konstruktion von Modellen bestehen demzufolge unter anderem hinsichtlich der Zahl und Art der Ziele, der Alternativen, der berücksichtigten Umweltzustände sowie der Ergebnisfunktionen. Auch die Einbeziehung der Zeit im Modell kann unterschiedlich gehandhabt werden.[135] Auf diese und weitere Gestaltungsalternativen sowie die damit verbundene Unterscheidung verschiedener Modellarten, die auch der Gliederung des Buches zugrunde liegt, wird im folgenden Abschnitt ausführlich eingegangen.

Die Konstruktion eines konkreten Modells ist von der jeweiligen Entscheidungssituation und den verfügbaren Ressourcen abhängig zu machen. Einerseits muß beachtet werden, daß der Aufwand für die Modellkonstruktion, Datenbeschaffung und Modellösung vertretbar sowie die Interpretierbarkeit gewahrt bleiben. Andererseits sollte die relative Vorteilhaftigkeit der Handlungsalternativen im Modell der Realität möglichst nahekommen, ein Argument, welches für eine möglichst ähnliche Abbildung der Realität spricht.[136] Neben den Aspekten der Datenbeschaffung und der Modelltechnologie, d. h. der Verfahren zur Auswertung, sollte auch die Akzeptanz

---

[132] Vgl. Fischer, J.: (Investitionsplanung), S. 189 f.; Meyer, M.; Steinmann, H.: (Planungsmodelle), S. 22 ff. Bei der Analyse von Simulationsmodellen wird als weitere Phase die Validierung genannt. Vgl. Bogaschewsky, R.: (Materialdisposition), S. 90 ff.; Mandl, C.E.: (Simulationstechnik), S. 62.
[133] Zur Problemerkenntnis und -analyse als Phase der Planung vgl. Abschnitt 2.2.2.
[134] Vgl. Laager, F.: (Entscheidungsmodelle), S. 19 f.
[135] Es zeigt sich also auch im Hinblick auf die Modellanalyse, daß der letztendlichen Auswahl einer Alternative eine Reihe von Vorentscheidungen vorausgehen. Vgl. Gaitanides, M.: (Bedeutung), S. 131 ff.
[136] Vgl. Schneeweiß, C.: (Modellierung), S. 28; Patzak, G.: (Systemtechnik), S. 315.

durch die Entscheidungsträger bereits bei der Modellkonstruktion berücksichtigt werden. Anforderungen an Modelle, deren Erfüllung zur Akzeptanz der Modellresultate durch die Entscheidungsträger beitragen kann, lassen sich aus dem Decision Calculus-Konzept von LITTLE ableiten: Einfachheit, Robustheit, Kontrollierbarkeit, Anpassungsfähigkeit und Vollständigkeit.[137]

Von den genannten Anforderungen an Entscheidungsmodelle werden in den nachfolgenden Abschnitten des Buches bei der Beurteilung von Modellen vor allem die Ähnlichkeit der Abbildung, die Verfügbarkeit von Daten und der Lösungstechnologie, der Aufwand für Datenbeschaffung und Modellösung sowie die Akzeptanz durch die Entscheidungsträger aufgegriffen.[138]

Es existieren zwei Ansätze der Modellkonstruktion. Beim sog. algorithmischen Ansatz wird versucht, mittels eines übergeordneten Entscheidungsmodells die optimale Modellausgestaltung zu bestimmen. Dabei wird allerdings unterstellt, daß sämtliche Ausprägungen der Modellelemente, Modelldaten und Modelltechnologie sowie der jeweilige Nutzen der aus der Modellauswertung resultierenden Informationen bekannt und in einem übergeordneten Entscheidungsmodell abbildbar sind.[139] Diese Voraussetzungen treffen in der Regel nicht zu.

Beim heuristischen Ansatz wird lediglich davon ausgegangen, daß dem Modellkonstrukteur bestimmte Wahlmöglichkeiten für die Ausgestaltung von Modellen bekannt sind. Ausgehend von diesen Möglichkeiten wird mit Hilfe heuristischer Regeln ein "möglichst gutes" Modell bestimmt. Die heuristischen Regeln bieten Anregungen und Anleitungen für den Modellkonstruktionsprozeß, legen diesen aber nicht vollständig fest.[140]

FISCHER stellt auf der Basis einer Literaturauswertung eine Reihe von heuristischen Regeln für die Modellkonstruktion zusammen:[141] Verwendung analoger Problemlösungen, gezielte Vereinfachung (z. B. durch Aggregation), Zerlegung des Problems in Teilprobleme sowie Formulierung eines Anspruchsniveaus für das Modell und schrittweise Annäherung.

Bezüglich der Vorteilhaftigkeit dieser heuristischen Regeln sowie generell der verschiedenen Gestaltungsalternativen der Modellkonstruktion existieren einige Untersuchungen. Diese sollen hier nicht diskutiert werden, es sei dazu auf die entsprechende Literatur verwiesen.[142] Insgesamt ist die theoretische und empirische Fun-

---

[137] Vgl. Little, J.D.C.: (Models); Sahm, B.: (Instrumente), S. 179 ff.; Sauter, U.: (Planung), S. 16.
[138] Zur Beurteilung von Modellen vgl. auch Szyperski, N.; Winand, U.: (Bewertung), S. 210.
[139] Vgl. Teichmann, H.: (Komplexion), S. 524 ff.; Zentes, J.: (Optimalkomplexion), S. 85 ff.; Fischer, J.: (Investitionsplanung), S. 209 f.
[140] Vgl. Fischer, J.: (Investitionsplanung), S. 209 f. sowie zu einem heuristischen Ansatz, der sich des Konzeptes der Anspruchsanpassungstheorie bedient, Laux, H.: (Entscheidungstheorie), S. 392 ff.
[141] Vgl. Fischer, J.: (Investitionsplanung), S. 226 ff. Dort werden auch spezielle heuristische Regeln für die Konstruktion von Modellen zur Investitionsprogrammplanung genannt.
[142] Vgl. Laux, H.: (Entscheidungstheorie), S. 375 ff.; Schneeweiß, C.: (Elemente); Jäger, P.K.: (Modellmethodologie); Bitz, M.: (Strukturierung); Bretzke, W.-R.: (Problembezug); Trischler, J.:

dierung hinsichtlich des Vorgehens bei der Modellkonstruktion und der Wahl bestimmter Gestaltungsalternativen von Modellen zur Zeit allerdings noch als gering anzusehen.[143] Dies gilt auch für Investitionsmodelle.

Bei Investitionsproblemen ist in der Regel eine Vielzahl von Zielgrößen, Einflußfaktoren und Alternativen zu beachten. Die Modellkonstruktion erfordert zumeist eine Reihe von Vereinfachungen gegenüber der Realität, so daß nicht alle Ziele, Alternativen, Einflußfaktoren, Beschränkungen und/oder Zusammenhänge in einer der Realität entsprechenden Form berücksichtigt werden können. So kann im Rahmen strategischer Investitionsplanungen angestrebt werden, Erfolgspotentiale aufzubauen. Die Überführung dieser Zielsetzung in operationale und möglichst quantitative Zielgrößen wird häufig ein Problem darstellen.[144] Hinsichtlich der Faktoren, die die Vorteilhaftigkeit von Investitionsalternativen beeinflussen, stellt sich beispielsweise die Frage der Einbeziehbarkeit der Handlungen von Konkurrenten. Die Erfassung der Alternativen dürfte vor allem bei komplexen strategischen Investitionen Schwierigkeiten bereiten. Probleme resultieren generell aus der Komplexität der untersuchten Systeme, der Quantifizierung der Zusammenhänge und der damit verbundenen Datenermittlung. Die Quantifizierung der Wirkungen und die Datenermittlung erscheinen besonders schwierig, falls immaterielle Investitionen vorliegen[145] oder neue Technologien oder Märkte in das Modell einbezogen werden.[146] Des weiteren kann es sich als problematisch erweisen, den Informationszugang oder die Beeinflussung von Umweltzuständen und deren Eintrittswahrscheinlichkeiten in einem Modell zu berücksichtigen. Die wichtigsten der bei der Modellbildung erfolgenden Vereinfachungen werden in den folgenden Abschnitten als Modellannahmen herausgestellt. Typische Prämissen vieler Investitionsmodelle resultieren aus

- der Beschränkung auf eine Zielgröße,
- der Zuordnung von Zahlungen zu wenigen Zeitpunkten sowie
- der Vernachlässigung oder pauschalen Berücksichtigung von Beziehungen zur Unternehmensumwelt, zu anderen Unternehmensbereichen und zu anderen - vor allem zukünftigen - Investitionsmöglichkeiten.

Die bei der Modellkonstruktion spezifizierten Alternativen, Umweltzustände, Ergebnis- und Nutzenfunktionen oder Zielfunktionen determinieren die Anforderungen an

---

(Modellkomplexität), S. 51 ff.; Müller-Merbach, H.: (Modellierungsstrategien); Gaitanides, M.: (Bedeutung).
[143] Vgl. dazu auch Fischer, J.: (Investitionsplanung), S. 222 ff.; Hanssmann, F.: (Entscheidungsmodelle), S. 179 f.; Müller-Merbach, H.: (Modellierungsstrategien), Sp. 1178.
[144] Zu einer Diskussion dieses Problems auf der Grundlage des LÜCKE-Theorems vgl. Sierke, B.R.A.: (Investitions-Controlling), S. 126 ff. Zum LÜCKE-Theorem vgl. Lücke, W.: (Investitionsrechnungen), S. 310 ff.; Lücke, W.: (Ausgleichsfunktion), S. 369 ff. sowie Abschnitt 3.3.2.
[145] Vgl. Gas, B.: (Wirtschaftlichkeitsrechnung), S. 160 ff.
[146] Vgl. Blohm, H.; Lüder, K.: (Investition), S. 264 sowie zur strategischen Investitionsplanung für neue Technologien Wildemann, H.: (Investitionsplanung).

die *Datenbeschaffung*.[147] Prognostische Informationen stehen bei der Datenbeschaffung im Vordergrund, so daß der Anwendung von Prognoseverfahren eine hohe Bedeutung zukommt. Da Investitionen häufig einmalige Vorgänge darstellen, eignen sich - wie erwähnt - intuitive Verfahren oft besonders gut.[148] Aufgrund des Zukunftsbezugs sind die Daten mit Unsicherheit verbunden. Dieser Tatsache sollte bei der Modellbildung und -auswertung Rechnung getragen werden.

Werden beispielsweise dynamische Modelle der Investitionsrechnung verwendet, dann sind typische Daten von Investitionsmodellen

- zukünftige, bestimmten Zeiträumen oder -punkten zugeordnete Ein- und Auszahlungen,
- Kalkulationszinssätze für spezifische Perioden und
- Wahrscheinlichkeiten für bestimmte Entwicklungen, falls eine Risikosituation vorliegt.

Zur Ermittlung der Ein- und Auszahlungen wird es in der Regel erforderlich sein, diese weitgehend zu disaggregieren und die einzelnen Bestandteile zu prognostizieren.[149] Als Basis für die Prognose von Ein- und Auszahlungen bzw. deren Komponenten sollten Informationen bezüglich der Faktoren beschafft werden, die die Ein- und Auszahlungen beeinflussen, wie z. B. relevante Entwicklungen in der Unternehmensumwelt. Die Einrichtung eines effektiven umwelt- und unternehmensbezogenen Informationssystems ist diesbezüglich von enormer Wichtigkeit.[150] In einem solchen Informationssystem sollten auch Erfahrungen Berücksichtigung finden, die bei früheren Modellanalysen und den dabei getroffenen Prognosen gewonnen worden sind.

Im folgenden wird bei der Erörterung von Modellen der Investitionsrechnung jeweils kurz auf die benötigten Daten eingegangen. Zum Teil werden dabei auch spezifische Probleme hinsichtlich der Beschaffung bestimmter Daten angesprochen. Darüber hinaus wird die Zusammensetzung und Ermittlung der Daten, die bei dynamischen Investitionsrechnungen für Einzelentscheidungen erforderlich sind, am Beispiel von Kapitalwertmodellen ausführlicher erörtert.[151]

Das Vorgehen bei der *Modellauswertung* wird ebenfalls jeweils in bezug auf die einzelnen Modellarten aufgegriffen, da es weitgehend abhängig vom konstruierten Modell ist. Zur Auswertung bestimmter Modellarten eignen sich jeweils ein bestimmtes Verfahren oder einige wenige Verfahren, so daß eine enge Beziehung zwischen Modell und Auswertungsverfahren besteht. Die im Rahmen der Modellauswertung gewonnenen Erkenntnisse bezüglich der Wirkungen von Investitionsalterna-

---

[147] Vgl. Frischmuth, G.: (Daten), S. 40 ff.
[148] Vgl. dazu Abschnitt 2.2.2.
[149] Vgl. dazu im Hinblick auf dynamische Modelle für Einzelentscheidungen Blohm, H.; Lüder, K.: (Investition), S. 143 ff.
[150] Zur Gestaltung eines derartigen Informationssystems vgl. Frischmuth, G.: (Daten), S. 190 ff.; Rausch, K.-F.: (EDV-Unterstützung), S. 138 ff.
[151] Vgl. Abschnitt 3.3.2.

tiven stellen eine Grundlage für die Entscheidung dar. Sie können zudem Anregungen für weitere Planungsaktivitäten bieten.

Bei der Entscheidung auf der Basis einer Modellauswertung ist zu beachten, daß das Modell eine Vereinfachung gegenüber der Realität darstellt. Es ist zu hinterfragen, inwieweit die Modellannahmen von der Realität abweichen und wie sich diese Abweichungen auf die Vorteilhaftigkeit der Alternativen auswirken (können).[152] So sollten auch die nicht im Modell erfaßten Gesichtspunkte, die sogenannten Imponderabilien,[153] in die Entscheidung einbezogen werden. Die Modellanalyse erscheint trotz der Vereinfachungen gegenüber der Realität im Vergleich zu einem intuitiven Vorgehen vorteilhaft, da sie es auch bei komplexen Problemstellungen erlaubt, in nachvollziehbarer Form die Wirkungen mehrerer Alternativen zu bestimmen und die Unsicherheit der Zukunft explizit zu berücksichtigen.[154]

Der Erfolg einer Modellanalyse wird durch viele Faktoren beeinflußt: unter anderem durch die Datenermittlung, die Auswertung, die Häufigkeit der Anwendung, die zugrundeliegende Planungssituation, die Planungsarten (z. B. rollende Planung oder nicht) und die anderen Tätigkeiten des Planungsprozesses. Ganz entscheidend hängt der Erfolg von der Akzeptanz der gewonnenen Resultate durch die Entscheidungsträger ab. Zu dieser kann - neben einer entsprechenden Modellkonstruktion - die graphische Präsentation der Modellstruktur und der Auswertungsergebnisse beitragen. Die Nutzung der EDV zur Vorbereitung derartiger Präsentationen, zur Unterstützung des Modellentwicklungsprozesses sowie zur Auswertung unterschiedlicher Arten von Modellen ermöglichen spezifische Modellierungssprachen, deren Entwicklung und Einsatz diskutiert wird.[155]

2.3.3 Arten von Entscheidungsmodellen

Eine Klassifizierung von Entscheidungsmodellen kann anhand der Ausprägungen der Modellelemente erfolgen. Unterscheidungen bieten sich an insbesondere hinsichtlich

(a) der Umweltzustände und Ergebnisfunktionen,
(b) der Aktionsebene,
(c) der Zielebene sowie
(d) der Erfassung des Zeitaspekts.[156]

---

[152] Dazu lassen sich insbesondere Sensitivitätsanalysen nutzen.
[153] Zum Begriff Imponderabilien und zu deren Arten vgl. Kruschwitz, L.: (Investitionsrechnung), S. 22 ff.
[154] Vgl. Hanssmann, F.: (Systemforschung), S. 358; Sauter, U.: (Planung), S. 15.
[155] Vgl. Schober, F.: (Entwicklung), S. 5 ff.; Schmidt, R.: (Usage).
[156] Vgl. dazu Laux, H.: (Entscheidungstheorie), S. 52 f.; Bea, F.X.: (Entscheidungen), S. 312 ff.; Rieper, B.: (Entscheidungsmodelle), S. 93 ff.

ad (a) Differenzierungen zwischen verschiedenen Modellarten lassen sich anhand der *Zahl und Art der Umweltzustände und Ergebnisfunktionen* treffen. Unter anderem werden verschiedene *Informationsstände* bezüglich der Umweltzustände und Ergebnisfunktionen in Modellen unterstellt und erfaßt. Es können *Sicherheits-, Risiko-, Ungewißheits-* und *Unschärfesituationen*[157] auftreten, wobei es durchaus möglich ist, daß in einem Modell Umweltzuständen und Ergebnisfunktionen sowie deren jeweiligen Komponenten unterschiedliche Informationsstände zugeordnet sind.

Im Hinblick auf die mit den Umweltzuständen verbundenen Unsicherheiten läßt sich entweder davon ausgehen, daß sie zufällig sind, oder es kann angenommen werden, daß sie von einem rational handelnden Gegenspieler bewirkt werden. Der letztgenannte Fall, der in diesem Buch keine weitere Berücksichtigung findet, wird auch als Spielsituation bezeichnet.[158]

ad (b) Hinsichtlich der *Aktionsebene* läßt sich unter anderem die Zahl der gleichzeitig realisierbaren Handlungen unterschiedlich gestalten. Bei *Modellen für Einzelentscheidungen* wird eine Handlung mit der Unterlassensalternative verglichen und/ oder ein Vorteilhaftigkeitsvergleich zwischen mehreren einander ausschließenden Handlungen vorgenommen. Die Anzahl der Alternativen ist bei diesen Modellen endlich. Dies gilt bei *Modellen für Programmentscheidungen* gegebenenfalls nicht. In Modellen für Programmentscheidungen wird die Möglichkeit der simultanen Realisierung mehrerer Handlungen explizit einbezogen. Bei diesen handelt es sich um Investitionen und eventuell auch um Maßnahmen in anderen Bereichen des Unternehmens (Finanzierung, Produktion etc.). Unterschiede hinsichtlich der Art der Alternativen treten auch bei Einzelentscheidungen auf. Sehr häufig bestehen die Alternativen in der Durchführung oder Nicht-Durchführung bestimmter Investitionen, es ist dann deren *absolute* oder *relative Vorteilhaftigkeit* zu beurteilen. Aber auch unterschiedliche *Nutzungszeiträume* von Investitionen oder *Investitionszeitpunkte* stellen mögliche Aktionen in Investitionsmodellen dar.

ad (c) Bezüglich der *Zielebene* können Modelle, die nur *eine Zielgröße* berücksichtigen, von solchen, die *mehrere Zielgrößen* einbeziehen, abgegrenzt werden. Unterschiede sind außerdem hinsichtlich der Art der Zielgrößen sowie der Erfassung von Präferenzrelationen im Modell denkbar. Im Zusammenhang damit ist festzulegen, ob das Modell Entscheidungsregeln, wie beispielsweise eine Maximierungsvorschrift, beinhalten soll und welche Form diese ggf. aufweisen.

ad (d) Modellarten können in bezug auf den *Zeitaspekt* hinsichtlich der Zahl und Art der berücksichtigten Zeitabschnitte und Handlungszeitpunkte unterschieden werden. Modelle, in denen explizit nur ein Zeitabschnitt Berücksichtigung findet, werden als *statisch*, solche, in die mehrere Zeitabschnitte eingehen, als *dynamisch* bezeich-

---

[157] Zu Unschärfesituationen vgl. Abschnitt 8.1.
[158] Vgl. Kruschwitz, L.: (Investitionsrechnung), S. 299.

net.[159] Dynamische Modelle lassen sich weiter untergliedern bezüglich der Frage, ob Aktionen nur zu einem Zeitpunkt oder zu mehreren Zeitpunkten möglich sind. Im ersten Fall liegen *einstufige*, im zweiten *mehrstufige* Modelle vor. Falls Aktionen in mehreren Zeitpunkten realisiert werden können, läßt sich zwischen *starren* und *flexiblen* Modellen unterscheiden.[160] Bei flexiblen Modellen werden die Folgeentscheidungen in Abhängigkeit von den bis zum Entscheidungszeitpunkt eingetretenen Umweltzuständen getroffen, bei starren ist dies nicht der Fall.[161] Abbildung 2-10 stellt einige der hier vorgenommenen Unterscheidungen dar.

Kriterium	Ausprägungen						
(Un)Sicherheit	Sicherheit				Unsicherheit		
					Ungewißheit	Risiko	Unschärfe
Alternativen	Einzelentscheidung				Programmentscheidung		
	absolute Vorteilhaftigkeit	relative Vorteilhaftigkeit	Nutzungsdauer	Investitionszeitpunkt			
Ziele	ein Ziel				mehrere Ziele		
Zeit	statisch				dynamisch		
					einstufig	mehrstufig	
						starr	flexibel

Abb. 2-10: Merkmale von Entscheidungsmodellen

Ein Entscheidungsmodell zur Vorbereitung von Investitionsentscheidungen wird durch die Ausprägungen hinsichtlich der hier angesprochenen und weiterer Merkmale charakterisiert.[162] Die Vielzahl der angesprochenen Merkmale läßt den Rückschluß zu, daß eine sehr große Zahl unterschiedlicher Investitionsmodelle formuliert werden kann.

In diesem Buch wird eine Reihe von Modellen und von Verfahren zur Modellauswertung dargestellt und erörtert. Der Gliederung des Buches liegt die Unterscheidung verschiedener Modellarten zugrunde. Zunächst werden in den Abschnitten 3 bis

---

[159] Es ist darauf hinzuweisen, daß auch eine Interpretation der Begriffe "statisch" und "dynamisch" existiert, bei der Modelle nur als dynamisch bezeichnet werden, wenn Aktionen in mehreren Zeitpunkten möglich sind. Vgl. Bamberg, G.; Coenenberg, A.G.: (Entscheidungslehre), S. 41 f.; Bitz, M.: (Strukturierung), S. 196. Von anderen Autoren wird die unterschiedliche Bewertung zu verschiedener Zeitpunkten anfallender Zahlungen ("Zeitpräferenz des Geldes") (auch) als Wesensmerkmal dynamischer Modelle (der Investitionsrechnung) angesehen. Vgl. Kruschwitz, L.: (Investitionsrechnung), S. 46; Perridon, L.; Steiner, M.: (Finanzwirtschaft), S. 56.

[160] Diese Unterscheidung ist allerdings - im Gegensatz zu den anderen - nur bei Unsicherheitssituationen möglich.

[161] Vgl. Kruschwitz, L.: (Investitionsrechnung), S. 344 ff.; Hax, H.; Laux, H.: (Planung), S. 236 f.; Dinkelbach, W.: (Planung), Sp. 510 f., die Unterscheidung zwischen flexibler und starrer Planung in Abschnitt 2.2.2 sowie die Modelle in den Abschnitten 7.3.4, 7.3.5 und 8.3.

[162] Eine weitere Unterscheidung ist z. B. hinsichtlich der Lösungs- bzw. Auswertungsverfahren möglich (in "exakte" Optimierungsmodelle und heuristische Modelle). Vgl. Bea, F.X.: (Entscheidungen), S. 316.

6 Modelle und Verfahren angesprochen, für die die Annahme "Sicherheit der Daten" gilt. Diese Annahme wird bei den Modellen und Verfahren aufgehoben, die Gegenstand der Abschnitte 7 und 8 sind. In den beiden derartig gebildeten Bereichen werden Modelle für Einzel- und für Programmentscheidungen jeweils separat erörtert. Bei Einzelentscheidungen unter Sicherheit erfolgt eine weitere Differenzierung nach der Art der Entscheidung (Vorteilhaftigkeits- oder Nutzungsdauerentscheidung) sowie der Zahl der bei der Vorteilhaftigkeitsbeurteilung berücksichtigten Zielgrößen. Den daraus resultierenden Aufbau der folgenden Abschnitte des Buches zeigt Abbildung 2-11.

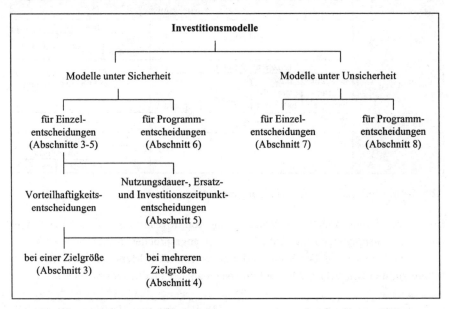

Abb. 2-11: Aufbau des Buches

3 Modelle für Vorteilhaftigkeitsentscheidungen bei einer Zielgröße

3.1 Einführung

In Abschnitt 3 werden Modelle für Vorteilhaftigkeitsentscheidungen bei einer Zielgröße sowie Verfahren zur Auswertung dieser Modelle erörtert. Es lassen sich zwei Arten von Vorteilhaftigkeitsaussagen unterscheiden:

- *Absolute Vorteilhaftigkeit* liegt vor, wenn eine Investition der Unterlassensalternative vorzuziehen ist.
- Ein Investitionsobjekt ist *relativ vorteilhaft*, falls es von mehreren einander ausschließenden Investitionsobjekten das vorziehenswürdigste ist.

Die im folgenden diskutierten Modelle und Verfahren eignen sich zur Beurteilung der absoluten und/oder der relativen Vorteilhaftigkeit von Investitionen. In die Vorteilhaftigkeitsanalyse wird nur eine Zielgröße einbezogen, bei der es sich um eine monetäre Größe oder ein aus monetären Größen abgeleitetes Kriterium handelt. Aufgrund der Beschränkung auf eine Zielgröße gilt für die Modelle die Annahme, daß andere Zielkriterien nicht relevant sind. Weitere Modellprämissen sind:

- Für die Modelldaten und -verknüpfungen liegt eine Sicherheitssituation vor.
- Alle relevanten Wirkungen der Investitionsalternativen lassen sich diesen isoliert zuordnen und in Form von Erlösen und Kosten oder Ein- und Auszahlungen spezifischer Höhe prognostizieren.
- Es bestehen mit Ausnahme des gegenseitigen Ausschlusses keine Beziehungen der Investitionsobjekte untereinander.
- Entscheidungen in anderen Unternehmensbereichen, z. B. dem Finanzierungs- oder dem Produktionsbereich, sind nicht simultan mit der Investitionsentscheidung zu treffen.
- Die Nutzungsdauer der Investitionsobjekte ist vorgegeben.[1]

Damit ist unterstellt, daß bei der Beurteilung der absoluten und/oder relativen Vorteilhaftigkeit nicht gleichzeitig Nutzungsdauer- und Ersatzzeitpunktentscheidungen auftreten. Zukünftige Investitionen werden in der Regel nicht explizit berücksichtigt.

Des weiteren wird in bezug auf den Vergleich von Investitionsalternativen, d. h. bei der Beurteilung der relativen Vorteilhaftigkeit, davon ausgegangen, daß die Alternativen hinsichtlich ihrer Art, des Kapitaleinsatzes und der Nutzungsdauer vergleichbar sind. Dies erfordert strenggenommen gleiche Werte für den Kapitaleinsatz

---

[1] Es wird im folgenden davon ausgegangen, daß die Nutzungsdauer eines Investitionsobjektes und der Planungszeitraum übereinstimmen und am Ende der Nutzungsdauer ein Liquidationserlös anfallen kann. Alternativ läßt sich ein kürzerer Planungszeitraum verwenden; dann sollte aber versucht werden, auch die über sein Ende hinaus reichenden Wirkungen von Investitionsobjekten zu erfassen, beispielsweise in Form eines Restwerts am Ende der Nutzungsdauer. Vgl. dazu die Ausführungen zur Datenermittlung in Abschnitt 3.3.2.

und die Nutzungsdauer bei allen berücksichtigten Investitionsalternativen. Falls diese Voraussetzung nicht gegeben ist, kann die Vergleichbarkeit durch zusätzliche Annahmen oder durch Einbeziehung zusätzlicher Aktivitäten zum Ausgleich von Kapitaleinsatz- und Nutzungsdauerdifferenzen hergestellt werden.

Die im folgenden erörterten Modelle lassen sich hinsichtlich der Berücksichtigung des Zeitaspekts unterscheiden. In Abschnitt 3.2 werden statische Modelle dargestellt; Gegenstand von Abschnitt 3.3 sind dynamische Modelle. Am Beispiel dynamischer Modelle werden zudem in Abschnitt 3.4 spezifische Fragestellungen der Vorteilhaftigkeitsbeurteilung erörtert.

3.2 Statische Modelle

3.2.1 Einführung

Bei statischen Modellen wird lediglich ein Zeitabschnitt explizit berücksichtigt. Dabei handelt es sich entweder um eine bestimmte Periode der Nutzungsdauer bzw. Laufzeit, die als repräsentativ für den gesamten Nutzungszeitraum angesehen werden kann, oder um eine hypothetische *"Durchschnittsperiode"*. In diesem Fall werden die Daten, die die Durchschnittsperiode charakterisieren, aus den Daten des gesamten Planungszeitraums abgeleitet.[2] Bei der nachfolgenden Beschreibung von statischen Modellen und Verfahren wird von dieser zweiten Möglichkeit ausgegangen.

Die statischen Modelle unterscheiden sich hinsichtlich der berücksichtigten Zielgröße. Dabei handelt es sich um eine periodenbezogene Erfolgsgröße oder eine daraus abgeleitete Größe: Kosten, Gewinn, Rentabilität oder Amortisationszeit. Dementsprechend wird differenziert zwischen den Modellen bzw. Verfahren der

- Kostenvergleichsrechnung,
- Gewinnvergleichsrechnung,
- Rentabilitätsvergleichsrechnung sowie
- statischen Amortisationsrechnung.

Auf diese Modelle bzw. Verfahren wird im folgenden eingegangen.

3.2.2 Kostenvergleichsrechnung

Modell-/Verfahrensdarstellung

Bei Modellen der Kostenvergleichsrechnung werden als Zielgröße die Kosten berücksichtigt. Da das Kostenziel ein Unterziel des Gewinnziels darstellt, wird für die Erlöse der Investitionsalternativen angenommen, daß sie identisch sind. Wegen der

---

[2] Vgl. Perridon, L.; Steiner, M.: (Finanzwirtschaft), S. 42; Blohm, H.; Lüder, K.: (Investition), S. 166.

langfristigen Wirkungen von Investitionen haben auch die erfaßten Kosten langfristigen Charakter.

Als Kostenarten sind bei der Kostenvergleichsrechnung vor allem zu berücksichtigen:[3]

- Personalkosten (Löhne, Gehälter, Sozialkosten etc.),
- Materialkosten,
- Abschreibungen,
- Zinsen,
- Steuern, Gebühren, Beiträge sowie
- Kosten für Fremdleistungen.

Die Höhe dieser Kosten wird für jede Investitionsalternative als Durchschnittsgröße bezogen auf den Planungszeitraum ermittelt. Für einige Kostenarten ist dabei die zukünftige Produktionsmenge eine sehr wichtige Einflußgröße, die Kosten sind in Abhängigkeit von dieser zum Teil variabel. Die Addition aller Kostenkomponenten führt zu den Gesamtkosten einer jeden Alternative.

Eine Beurteilung der absoluten Vorteilhaftigkeit anhand der Kosten ist nicht sinnvoll, falls die bei einer Investition entstehenden Erlöse von denen bei der Unterlassensalternative abweichen und damit die Annahme identischer Erlöse verletzt ist.[4] Dies trifft typischerweise bei Erweiterungs- oder Errichtungsinvestitionen zu - die absolute Vorteilhaftigkeit läßt sich dann nur auf der Grundlage von Gewinnen beurteilen. Bei Ersatz- und Rationalisierungsinvestitionen hingegen kann ein Kostenvergleich mit der Unterlassensalternative schlüssig sein.

Es gilt dann:[5]

Ein Investitionsobjekt ist absolut vorteilhaft, falls seine Kosten geringer sind als die der Unterlassensalternative.

Die relative Vorteilhaftigkeit läßt sich hingegen mit Hilfe eines Kostenvergleichs - unter der oben aufgeführten Annahme - in allen Entscheidungssituationen beurteilen. Es gilt:

Ein Investitionsobjekt ist relativ vorteilhaft, falls seine Kosten geringer sind als die eines jeden anderen zur Wahl stehenden Objektes.

Die Ermittlung einzelner Kostenkomponenten für Investitionsobjekte im Rahmen einer Kostenvergleichsrechnung soll im folgenden anhand eines Beispiels veranschaulicht werden.

---

[3] Zu diesen Kostenarten vgl. Huch, B.: (Einführung), S. 49 ff.; Weber, H.-K.: (Rechnungswesen), S. 68 ff.; Schweitzer, M.; Küpper, H.-U.: (Systeme), S. 77 ff.; Götze, U.: (Kostenrechnung), S. 27 ff.
[4] Vgl. Kern, W.: (Investitionsrechnung), S. 121.
[5] Vgl. Kern, W.: (Investitionsrechnung), S. 122 f.

Beispiel

Ein metallverarbeitendes Unternehmen benötigt für die Fertigung einer neuen Produktart Drehteile. Diese können selbst hergestellt oder fremdbezogen werden. Zur Aufnahme der Produktion ist eine Investition erforderlich, für die die Investitionsobjekte A und B zur Wahl stehen. Eine Alternative zur Investition stellt der Fremdbezug dar (Alternative C). Die Investitionsobjekte sind durch die folgenden Daten charakterisiert:

Daten	Objekt A	Objekt B
Anschaffungskosten (€)	240.000	600.000
Nutzungsdauer (Jahre)	6	6
Liquidationserlös (€)	0	60.000
Kapazität (ME/Jahr)	8.000	10.000
Gehälter (€/Jahr)	50.000	50.000
sonstige fixe Kosten (€/Jahr)	40.000	160.000
Löhne (€/Jahr)	220.000	80.000
Materialkosten (€/Jahr)	400.000	450.000
sonstige variable Kosten (€/Jahr)	30.000	30.000
Kalkulationszinssatz (%)	8	8

Der Fremdbezug der Drehteile (Alternative C) ist zu einem Preis von 125,- €/Mengeneinheit (ME) möglich.

Von den aufgeführten Kostenkomponenten sind einige variabel, das heißt in der Höhe von der Produktions- bzw. Bedarfsmenge der Drehteile abhängig. Die hier für diese Komponenten angegebene Kostenhöhe bezieht sich auf die maximale Produktionsmenge (Kapazität). Es soll die Annahme gelten, daß die variablen Kosten einer jeden Alternative in proportionalem Verhältnis zur Produktionsmenge stehen.

Die Aufgabe lautet nun, mit Hilfe der Kostenvergleichsrechnung einen Alternativenvergleich vorzunehmen und diejenige Alternative zu bestimmen, die bei einer Produktionsmenge von 8.000 Drehteilen pro Jahr relativ vorteilhaft ist.

Zur Lösung der gestellten Aufgabe ist in bezug auf die Investitionsalternativen zunächst eine Unterscheidung zwischen fixen und variablen Kosten erforderlich. Es wird im folgenden davon ausgegangen, daß die Materialkosten und die Löhne variable Kosten darstellen. In bezug auf die Löhne läßt sich dies mit der Annahme rechtfertigen, daß eine Beschäftigung der Arbeitnehmer in anderen Produktionsbereichen möglich sei oder entsprechende Anpassungsmöglichkeiten der Personalkapazität bestünden.

Es sind dann die durchschnittlichen jährlichen variablen und fixen Kosten der Investitionsalternativen zu ermitteln.

Bei Alternative A ergeben sich die variablen Kosten als Summe aus den angegebenen Materialkosten, Löhnen und sonstigen variablen Kosten, da diese sich bereits auf eine Produktionsmenge von 8.000 ME/Jahr (Kapazität der Alternative A) beziehen. Die variablen Kosten der Alternative A (K_{vA}) betragen somit:

Statische Modelle

$K_{vA} = 650.000$ [€/Jahr]

Bei Alternative B beziehen sich die aufgeführten Werte auf die Kapazität von 10.000 ME/Jahr. Es ist eine Umrechnung auf die Produktionsmenge (x) von 8.000 ME/Jahr erforderlich. Dabei ergibt sich für die variablen Kosten der Alternative B (K_{vB}):

K_{vB} (x = 10.000) = 560.000 [€/Jahr]

$$K_{vB} (x = 8.000) = \frac{560.000 \cdot 8.000}{10.000} = 448.000 \text{ [€/Jahr]}$$

Für die fixen Kosten der Alternativen wird unterstellt, daß sie sich aus Gehältern, Abschreibungen, Zinsen und sonstigen Kosten zusammensetzen. Von diesen Komponenten sind die Abschreibungen und die Zinsen noch zu ermitteln.

Die durchschnittlichen jährlichen Abschreibungen werden berechnet, indem der abzuschreibende Betrag auf die Jahre der Nutzungsdauer verteilt wird. Der abzuschreibende Betrag ergibt sich als Differenz von Anschaffungskosten (Kapitaleinsatz) und Liquidationserlös. Die Anschaffungskosten bestehen aus dem Anschaffungspreis und den Anschaffungsnebenkosten, zu denen Errichtungskosten, Frachtkosten usw. zählen.[6] Der Liquidationserlös entspricht der Differenz aus dem Verkaufserlös am Ende der Nutzungsdauer und den Kosten, die bei Beendigung der Nutzung anfallen (Abrißkosten, Rekultivierungskosten etc.).

Für eine Investitionsalternative allgemein sowie die hier vorliegenden Alternativen A und B ergeben sich die durchschnittlichen Abschreibungen wie folgt:

$$\text{Allgemein}: \frac{\text{Anschaffungskosten} - \text{Liquidationserlös}}{\text{Nutzungsdauer}}$$

$$\text{Alternative A}: \frac{240.000}{6} = 40.000 \text{ [€/Jahr]}$$

$$\text{Alternative B}: \frac{600.000 - 60.000}{6} = 90.000 \text{ [€/Jahr]}$$

Das hier bei der Abschreibungsermittlung angewandte Prinzip der Durchschnittsbildung entspricht dem linearen Abschreibungsverfahren. Es ist aber anzumerken, daß die Höhe der durchschnittlichen Abschreibungen bei dieser langfristigen Kostenvergleichsrechnung unabhängig vom Abschreibungsverfahren ist, da aufgrund der Durchschnittsbildung in jedem Fall - also auch bei einer degressiven Abschreibung - der insgesamt abzuschreibende Betrag gleichmäßig auf die Jahre der Nutzungsdauer verteilt wird. Das Abschreibungsverfahren und der damit festgelegte Abschreibungs-

---

[6] Vgl. dazu auch die Ausführungen zur Ermittlung von Anschaffungsauszahlungen in Abschnitt 3.3.2.

verlauf können sich aber auf die Höhe des durchschnittlich gebundenen Kapitals und damit auf die Zinsen auswirken.

Die Ermittlung von Zinsen wird in einer Kostenvergleichsrechnung erforderlich, falls die Alternativen unterschiedliche Anschaffungskosten und damit Kapitaleinsätze aufweisen. Sie dient dazu, Vergleichbarkeit in bezug auf den Kapitaleinsatz herzustellen. Es wird in der Regel unterstellt, daß Kapital in der erforderlichen Höhe zu einem bestimmten Zinssatz, dem sogenannten Kalkulationszinssatz, beschafft und auch angelegt werden kann. Die Zinsen sind dann durch Multiplikation des durchschnittlich gebundenen Kapitals mit dem Kalkulationszinssatz zu ermitteln.

Für die Bestimmung des durchschnittlich gebundenen Kapitals lassen sich unterschiedliche Vorgehensweisen anwenden. Recht einfach kann es ermittelt werden, wenn unterstellt wird, daß zwischen einer Kapitalbindung in Höhe der Anschaffungskosten am Anfang des Planungszeitraums und einer Kapitalbindung in Höhe des Liquidationserlöses an dessen Ende eine kontinuierliche, gleichbleibende Amortisation des gebundenen Kapitals erfolgt.[7]

Von der Gültigkeit dieser Annahme wird im folgenden ausgegangen. Abbildung 3-1 stellt den daraus resultierenden Kapitalbindungsverlauf bei Alternative A dar, bei der am Ende des Planungszeitraums kein Liquidationserlös vorliegt.

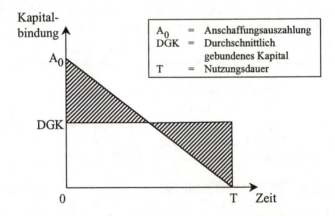

Abb. 3-1: Kapitalbindungsverlauf bei Alternative A (ohne Liquidationserlös)

Bei einer kontinuierlichen Amortisation läßt sich das durchschnittlich gebundene Kapital graphisch oder rechnerisch als Durchschnitt aus der Kapitalbindung zu Beginn und zum Ende des Planungszeitraums ermitteln. Es gilt allgemein:

---

[7] Zu anderen Annahmen bezüglich der Amortisation des gebundenen Kapitals und ihren Auswirkungen auf die durchschnittliche Kapitalbindung bzw. die Verzinsung vgl. Perridon, L.; Steiner, M.: (Finanzwirtschaft), S. 40 ff.; Blohm, H.; Lüder, K.: (Investition), S. 168 f.; Schneider, E.: (Wirtschaftlichkeitsrechnung), S. 28 ff.

$$\text{Durchschnittlich gebundenes Kapital} = \frac{\text{Anschaffungskosten} + \text{Liquidationserlös}}{2}$$

Abbildung 3-1 zeigt, daß bei einer Alternative ohne Liquidationserlös das durchschnittlich gebundene Kapital die Hälfte der Anschaffungskosten ausmacht. Dies läßt sich graphisch begründen (die beiden markierten Dreiecke weisen die gleiche Größe auf) oder rechnerisch über die Durchschnittsbildung aus den Anschaffungskosten und dem Liquidationserlös in Höhe von Null. Für das durchschnittlich gebundene Kapital der Alternative A gilt demzufolge:

$$\frac{240.000}{2} = 120.000 \, [\text{€/Jahr}]$$

Die durchschnittlichen Zinsen betragen - bei dem vorgegebenen Zinssatz von 8% - für Alternative A:

$$120.000 \cdot 0{,}08 = 9.600 \, [\text{€/Jahr}]$$

Bei Alternative B ergibt sich - wie Abbildung 3-2 zeigt - aufgrund des Liquidationserlöses ein anderer Kapitalbindungsverlauf.

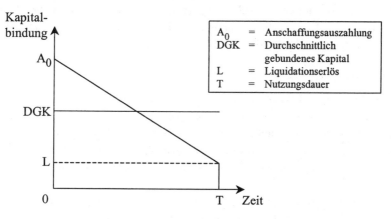

Abb. 3-2: Kapitalbindungsverlauf bei Alternative B (mit Liquidationserlös)

Falls ein Liquidationserlös erzielt werden kann, ist das durchschnittlich gebundene Kapital höher als die Hälfte der Anschaffungskosten. Dies zeigen Abbildung 3-2 und die rechnerische Durchschnittsermittlung. Für das durchschnittlich gebundene Kapital der Alternative B gilt gemäß der allgemeinen Formel:

$$\frac{600.000 + 60.000}{2} = 330.000 \, [\text{€/Jahr}]$$

Die durchschnittlichen Zinsen betragen bei dieser Alternative:

$$330.000 \cdot 0{,}08 = 26.400 \, [\text{€/Jahr}]$$

Es können nun die gesamten durchschnittlichen fixen Kosten bestimmt werden. Diese belaufen sich für die beiden Investitionsalternativen auf:

Alternative A: 50.000 + 40.000 + 40.000 + 9.600 = 139.600 [€/Jahr]

Alternative B: 50.000 + 160.000 + 90.000 + 26.400 = 326.400 [€/Jahr]

Die gesamten Durchschnittskosten der Investitionsalternativen betragen dann bei einer Produktionsmenge von 8.000 ME:

Alternative A: 650.000 + 139.600 = 789.600 [€/Jahr]

Alternative B: 448.000 + 326.400 = 774.400 [€/Jahr]

Für die Alternative C (Fremdbezug) wird hier unterstellt, daß lediglich der Einkaufspreis für die Kostenermittlung relevant ist. Die durchschnittlichen Gesamtkosten ergeben sich damit als Produkt aus Bedarfsmenge und Einkaufspreis.

Alternative C: 8.000 · 125 = 1.000.000 [€/Jahr]

Der Vergleich der durchschnittlichen Gesamtkosten zeigt, daß die Investitionsalternative B relativ vorteilhaft ist und den anderen Alternativen vorgezogen werden sollte. Bei der Entscheidung sollte allerdings überprüft werden, inwieweit die Modellannahmen mit der Realität übereinstimmen und welche Konsequenzen aus etwaigen Abweichungen zu ziehen sind.

Modellbeurteilung

Eine Kostenvergleichsrechnung ist in bezug auf die erforderlichen Berechnungen relativ einfach durchführbar. Mehr Schwierigkeiten dürfte die Datenermittlung bereiten. Diese ist häufig sehr aufwendig; zudem kann für viele Daten nicht von Sicherheit ausgegangen werden. Es handelt sich dabei aber um ein generelles Problem der Investitionsrechnung, welches für die nachfolgend erörterten Verfahren in ähnlicher Form zutrifft.

Die Eignung der ermittelten Ergebnisse für die Entscheidungsvorbereitung hängt zum einen von der Güte der Daten, zum anderen von der Übereinstimmung des Modells mit der Realität ab. Unter diesem Aspekt sind die Modellannahmen zu beurteilen.

Fraglich ist beispielsweise, ob die Beschränkung auf eine Zielgröße sowie die Vernachlässigung der Beziehungen zu anderen Unternehmensbereichen für die Entscheidungsfindung akzeptabel sind.

Zu kritisieren ist die statische Auslegung des Modells. Zeitliche Unterschiede im Anfall der Kosten werden aufgrund der Durchschnittsbildung nicht berücksichtigt. Derartige Unterschiede können aber aus Veränderungen der mit Investitionsobjekten erbrachten Leistungen, der Faktorpreise und/oder der Faktorverbräuche im Zeitablauf resultieren. Gemäß den oben getroffenen Annahmen treten sie in jedem Fall bei den kalkulatorischen Zinsen auf. Da die Kapitalbindung am Anfang des Planungszeitraums relativ hoch, an dessen Ende relativ gering ist (vgl. die Abbildungen 3-1 und 3-2), fallen am Anfang des Planungszeitraums höhere Zinsen an als am Ende. Dies bleibt bei der Ermittlung der Durchschnittszinsen unberücksichtigt.

Diskussionswürdig sind aber auch die Annahmen zum Kapitalbindungsverlauf. Dies betrifft einerseits die kontinuierliche, gleichbleibende Abnahme des gebundenen Kapitals. Andererseits ist aber auch die Prämisse problematisch, daß insgesamt ein Betrag in Höhe der Differenz zwischen Anschaffungskosten und Liquidationserlös amortisiert wird. Der tatsächlich amortisierte Betrag wird im Regelfall von den - hier für alle Alternativen als identisch unterstellten und daher vernachlässigten - Erlösen sowie dem aus diesen und den Kosten resultierenden durchschnittlichen Periodengewinn abhängen. Stimmen die Erfolgsgrößen mit Ausnahme der Abschreibungen mit Zahlungen überein und fallen keine zusätzlichen, erfolgsneutralen Zahlungen an, dann stellt die Summe sämtlicher Abschreibungen und Gewinne den gesamten Amortisationsbetrag dar. Dieser Betrag ist bei positivem (negativem) Durchschnittsgewinn höher (niedriger) als die dem Kapitalbindungsverlauf zugrundeliegende Differenz von Anschaffungskosten und Liquidationserlös, die der Summe der Abschreibungen entspricht. Außerdem werden die insgesamt amortisierten Beträge bei verschiedenen Alternativen zumeist unterschiedlich sein; dies kann zu einer Inkonsistenz mit der Annahme führen, die Erlöse seien bei allen Alternativen gleich hoch. Schließlich können - neben den anderen zu ermittelnden Kostenkomponenten - auch die von der Kapitalbindung abhängigen Zinsen den der Bestimmung der Kapitalbindung zugrunde gelegten Amortisationsbetrag beeinflussen.

Diese Bemerkungen beziehen sich auf die Kapitalbindung im Anlagevermögen. Die Kapitalbindung im Umlaufvermögen wird vereinfachend ganz vernachlässigt.

Bezüglich der Verzinsung wird außerdem unterstellt, daß ein einheitlicher Kalkulationszinssatz existiert, zu dem finanzielle Mittel zu jedem Zeitpunkt in beliebiger Höhe aufgenommen und angelegt werden können (vollkommener Kapitalmarkt); damit geht die Annahme einher, daß Kapitalbindungsdifferenzen durch Investitions- oder Finanzierungsmaßnahmen ausgeglichen werden, die sich zum Kalkulationszinssatz verzinsen. Zudem werden für die Vergleichbarkeit der Investitionsalternativen identische Nutzungsdauern vorausgesetzt. Auf diese beiden Annahmen und die Bestimmung des Kalkulationszinssatzes wird in Abschnitt 3.3.2 weiter eingegangen.

Falls allein die Gesamtkosten der Alternativen der Entscheidung zugrunde gelegt werden, bedeutet dies auch eine Vernachlässigung der Kapazitätsauslastung sowie der Kostenzusammensetzung.[8] Freie Kapazitäten sowie Unterschiede in der Zusammensetzung der Gesamtkosten aus den einzelnen Kostenkomponenten und damit aus fixen und variablen Kosten können aber durchaus wichtig für ein Unternehmen sein.

Des weiteren ist noch einmal darauf hinzuweisen, daß für die Modelldaten Sicherheit unterstellt wird. Diese Annahme trifft - wie erwähnt - in der Realität nur selten zu. Besonders die Unsicherheit bezüglich der Produktionsmengen ist aber für die

---

[8] Vgl. Blohm, H.; Lüder, K.: (Investition), S. 166.

Entscheidungsfindung von hoher Bedeutung. Falls die tatsächlichen Produktionsmengen von den erwarteten abweichen, kann sich aufgrund der unterschiedlichen Höhe der den Alternativen zugeordneten fixen und variablen Kosten die relative Vorteilhaftigkeit ändern. Die Abhängigkeit der Vorteilhaftigkeit von den Modelldaten und dabei vor allem von der Produktionsmenge läßt sich mit Hilfe einer Sensitivitätsanalyse aufzeigen. Dies wird für das Modell der Kostenvergleichsrechnung anhand des hier betrachteten Beispiels in Abschnitt 7.3.2 dargestellt.

Als letzte Modellannahme soll noch einmal die Identität der Erlöse angesprochen werden, die erst deren Vernachlässigung ermöglicht. Sie bedingt zum einen, daß eine Beurteilung der absoluten Vorteilhaftigkeit nicht bei allen Investitionsarten möglich ist, zum anderen bedeutet sie für den Alternativenvergleich, daß die mit den verschiedenen Investitionsalternativen erzeugten Produkte in der Regel qualitativ annähernd gleichwertig sein müssen. Auf die Einbeziehung der Erlöse und damit des Umsatzes wird im folgenden Abschnitt eingegangen.

3.2.3 Gewinnvergleichsrechnung

Modell-/Verfahrensdarstellung

Bei der Gewinnvergleichsrechnung werden neben den Kosten auch die Erlöse einbezogen. Die Zielgröße ist der durchschnittliche Gewinn, der als Differenz aus Erlösen und Kosten ermittelt wird. Häufig weisen die Umsatzerlöse einen sehr hohen Anteil an den gesamten Erlösen auf; im folgenden werden daher beide Größen vereinfachend gleichgesetzt. Ansonsten sollen die Annahmen der Kostenvergleichsrechnung Gültigkeit haben.

Mit der Gewinnvergleichsrechnung lassen sich sowohl die absolute als auch die relative Vorteilhaftigkeit beurteilen.

Ein Investitionsobjekt ist absolut vorteilhaft, falls sein Gewinn größer als Null ist. Ein Investitionsobjekt ist relativ vorteilhaft, falls sein Gewinn größer ist als der eines jeden anderen zur Wahl stehenden Objektes.[9]

Das Vorgehen bei der Ermittlung des durchschnittlichen Gewinns soll im folgenden anhand eines Beispiels veranschaulicht werden.

Beispiel

Ein Unternehmen hat die Wahl zwischen den beiden Investitionsalternativen A und B, für die folgende Daten vorliegen:

---

[9] Vgl. Kern, W.: (Investitionsrechnung), S. 125.

Statische Modelle

Daten	Objekt A	Objekt B
Anschaffungspreis (€)	180.000	200.000
Frachtkosten (€)	15.000	25.000
Errichtungskosten (€)	2.000	2.000
Nutzungsdauer (Jahre)	5	5
Liquidationserlös am Ende der Nutzungsdauer (€)	12.000	17.000
sonstige fixe Kosten (€/Jahr)	4.000	20.000
Produktions- und Absatzmenge (Stück/Jahr)	9.000	12.000
Verkaufspreis (€/Stück)	10	10
variable Stückkosten (€/Stück)	2	1,90
Kalkulationszinssatz (%)	6	6

Es ist die absolute und die relative Vorteilhaftigkeit der beiden Investitionsalternativen zu beurteilen.

Dazu sind für beide Alternativen die durchschnittlichen Umsätze und Kosten zu bestimmen. Der jährliche Umsatz der Alternativen A (U_A) und B (U_B) beträgt:

U_A = 9.000 · 10 = 90.000 [€/Jahr]

U_B = 12.000 · 10 = 120.000 [€/Jahr]

Die durchschnittlichen Kosten lassen sich analog zu dem in Abschnitt 3.2.2 beschriebenen Vorgehen ermitteln. Die Werte der einzelnen Kostenkategorien sowie die durchschnittlichen Gesamtkosten der Alternativen A (K_A) und B (K_B) sind in der folgenden Tabelle dargestellt.[10]

Kostenkategorien (jeweils in €/Jahr)	Objekt A	Objekt B
Abschreibungen	37.000	42.000
Zinsen	6.270	7.320
sonstige fixe Kosten	4.000	20.000
variable Kosten	18.000	22.800
Gesamtkosten	65.270	92.120

Die durchschnittlichen Gewinne der Alternativen A (G_A) und B (G_B) betragen:

$G_A = U_A - K_A$ = 90.000 - 65.270 = 24.730 [€/Jahr]

$G_B = U_B - K_B$ = 120.000 - 92.120 = 27.880 [€/Jahr]

Es zeigt sich, daß beide Alternativen aufgrund ihres positiven Durchschnittsgewinns absolut vorteilhaft sind. Relativ vorteilhaft ist Alternative B, da diese den höheren Durchschnittsgewinn aufweist.

---

[10] Es sei noch einmal darauf hingewiesen, daß die bei der Berechnung der durchschnittlichen Abschreibungen und Zinsen zu berücksichtigenden Anschaffungskosten sich aus Anschaffungspreis und Anschaffungsnebenkosten (Errichtungskosten, Frachtkosten etc.) zusammensetzen.

Modellbeurteilung

Bei der Gewinnvergleichsrechnung werden im Gegensatz zur Kostenvergleichsrechnung unterschiedliche Erlöse verschiedener Alternativen einbezogen. In dieser Hinsicht ist ihr Anwendungsbereich breiter als der der Kostenvergleichsrechnung. Auf der anderen Seite wird der Anwendungsbereich aber dadurch eingeengt, daß sich manchen Objekten keine Erlöse zurechnen lassen; in diesen Fällen bietet sich der Einsatz der Kostenvergleichsrechnung an. Ansonsten entsprechen die Beurteilungen der beiden Verfahren einander, so daß auf die diesbezüglichen Ausführungen in Abschnitt 3.2.2 verwiesen werden kann. Dort ist auch bereits die mögliche Inkonsistenz zwischen der Annahme, es werde insgesamt die Differenz zwischen Anschaffungskosten und Liquidationserlös amortisiert, und einem positiven Durchschnittsgewinn angesprochen worden. Die Prämisse, daß etwaige Kapitaleinsatzdifferenzen mit einer Verzinsung zum Kalkulationszinssatz ausgeglichen werden können, wird bei der nachfolgend beschriebenen Rentabilitätsvergleichsrechnung modifiziert.

3.2.4 Rentabilitätsvergleichsrechnung

Modell-/Verfahrensdarstellung

Die Rentabilitätsvergleichsrechnung unterscheidet sich von der Gewinnvergleichsrechnung im Hinblick auf die Zielgröße. Bei dieser handelt es sich um eine Rentabilität, die als Verhältnis einer Gewinngröße zu einer Kapitaleinsatzgröße gebildet wird. Die Gewinngröße und die Kapitaleinsatzgröße können unterschiedlich definiert werden.[11] Zweckmäßig erscheint es, als Kapitaleinsatzgröße die durchschnittliche Kapitalbindung zugrunde zu legen.[12] Die Gewinngröße läßt sich durch Addition von durchschnittlichem Gewinn und Durchschnittszinsen ermitteln. Dies führt zur folgenden Rentabilitätsformel:

$$\text{Rentabilität} = \frac{\text{durchschnittlicher Gewinn} + \text{durchschnittliche Zinsen}}{\text{durchschnittliche Kapitalbindung}}$$

Bei dieser Definition der Rentabilität wird eine *Gesamtverzinsung* des durchschnittlichen Kapitaleinsatzes bestimmt. Die durchschnittlichen Zinsen ergeben sich aus der Verzinsung des durchschnittlich gebundenen Kapitals mit dem Kalkulationszinssatz. Sie werden - wie in Abschnitt 3.2.3 gezeigt - als Kostenkomponente bei der Ermittlung des Durchschnittsgewinns vom Umsatz subtrahiert; dieser Rechenschritt wird hier mit Hilfe einer entsprechenden Addition zum Durchschnittsgewinn rückgängig gemacht. Die Summe aus Durchschnittsgewinn und durchschnittlichen Zinsen stellt einen Überschuß dar, dessen Verhältnis zum durchschnittlich gebundenen Kapital bei der Rentabilitätsermittlung bestimmt wird.

---

11 Vgl. Blohm, H.; Lüder, K.: (Investition), S. 167; Kern, W.: (Investitionsrechnung), S. 127 ff.
12 Zur Ermittlung der durchschnittlichen Kapitalbindung vgl. Abschnitt 3.2.2.

Statische Modelle

Mit der Rentabilitätsvergleichsrechnung läßt sich sowohl die absolute als auch die relative Vorteilhaftigkeit beurteilen. Bei der hier verwendeten Definition der Rentabilität gilt:[13]

> Ein Investitionsobjekt ist absolut vorteilhaft, falls seine Rentabilität höher ist als ein vorzugebender Grenzwert.
> Ein Investitionsobjekt ist relativ vorteilhaft, falls seine Rentabilität höher ist als die eines jeden anderen zur Wahl stehenden Objektes.

Die Bestimmung eines Grenzwerts liegt im Ermessen der Entscheidungsträger und sollte von den vorhandenen Investitionsmöglichkeiten abhängig gemacht werden. Falls die Annahme gilt, daß eine beliebige Anlage und Aufnahme finanzieller Mittel zum Kalkulationszinssatz möglich ist, stellt der Kalkulationszinssatz einen geeigneten Grenzwert dar.[14] Die Rentabilitätsvergleichsrechnung führt dann bezüglich der absoluten Vorteilhaftigkeit zu gleichen Ergebnissen wie die Gewinnvergleichsrechnung, bei anderen Grenzwerten kann es zu unterschiedlichen Resultaten kommen. Dies ist generell auch im Hinblick auf die relative Vorteilhaftigkeit möglich. Die Ermittlung und Interpretation der Rentabilitäten soll im folgenden anhand eines Beispiels veranschaulicht werden.

Beispiel

Es wird auf das Beispiel aus Abschnitt 3.2.3 zurückgegriffen. Es soll nun die absolute und die relative Vorteilhaftigkeit für die aufgeführten Alternativen bestimmt werden. Als Grenzzinssatz gilt der Kalkulationszinssatz in Höhe von 6%.

Für die Rentabilitätsermittlung werden die durchschnittlichen Werte für Gewinn, Zinsen und Kapitalbindung benötigt. Für diese Größen wurden in Abschnitt 3.2.3 die folgenden Werte berechnet:

Relevante Größen	Objekt A	Objekt B
Gewinn (€/Jahr)	24.730	27.880
Zinsen (€/Jahr)	6.270	7.320
Kapitalbindung (€/Jahr)	104.500	122.000

Die Rentabilitäten der beiden Investitionsalternativen A (R_A) und B (R_B) lassen sich entsprechend der oben angegebenen Formel wie folgt ermitteln:

$$R_A = \frac{24.730 + 6.270}{104.500} = 0{,}2967 \text{ bzw. } 29{,}67\,[\%]$$

$$R_B = \frac{27.880 + 7.320}{122.000} = 0{,}2885 \text{ bzw. } 28{,}85\,[\%]$$

---

[13] Vgl. Kern, W.: (Investitionsrechnung), S. 128.
[14] Zur Problematik der Bestimmung des Kalkulationszinssatzes vgl. Abschnitt 3.3.2.

Es zeigt sich, daß beide Objekte absolut vorteilhaft sind, da ihre Gesamtverzinsung (Rentabilität) über der Mindestverzinsung von 6% liegt. Relativ vorteilhaft ist hier aufgrund der höheren Rentabilität Objekt A. Dies belegt, daß die Investitionsempfehlungen bei der Gewinn- und bei der Rentabilitätsvergleichsrechnung unterschiedlich ausfallen können, falls die betrachteten Alternativen unterschiedliche Kapitaleinsätze erfordern. Eine absolut vorteilhafte Alternative mit geringerem Kapitaleinsatz wird bei der Rentabilitätsvergleichsrechnung tendenziell besser beurteilt als bei der Gewinnvergleichsrechnung.

Modellbeurteilung

Das Modell der Rentabilitätsvergleichsrechnung ähnelt denen der Kosten- und Gewinnvergleichsrechnung; die zuvor getroffenen Aussagen lassen sich daher weitgehend übertragen.[15] Im folgenden wird nur auf die Unterschiede eingegangen.

Ebenso wie bei der Gewinnvergleichsrechnung und abweichend von der Kostenvergleichsrechnung werden die Erlöse der Investitionsalternativen im Modell der Rentabilitätsvergleichsrechnung explizit berücksichtigt.

Der Unterschied zur Gewinnvergleichsrechnung besteht in der Zielgröße und den damit verbundenen Prämissen in bezug auf den Ausgleich von Kapitaleinsatzdifferenzen. Bei der Gewinnvergleichsrechnung wird - wie erwähnt - angenommen, daß diese durch Investitions- oder Finanzierungsmaßnahmen kompensiert werden, die sich zum Kalkulationszinssatz verzinsen.

Bei der Rentabilitätsvergleichsrechnung hingegen wird bei einer alleinigen Betrachtung der durch die analysierten Alternativen erzielten Rentabilitäten implizit unterstellt, daß sich Kapitaleinsatzdifferenzen mit einem Zinssatz verzinsen, der der Rentabilität der Alternative mit jeweils geringerem Kapitaleinsatz entspricht. Dies ist dann weitgehend unproblematisch, wenn das Objekt mit dem höchsten Kapitaleinsatz auch die höchste Rentabilität aufweist und daher wie bei der Gewinnvergleichsrechnung relativ vorteilhaft ist.[16] Liegt die höchste Rentabilität aber bei einer Alternative vor, die nicht den höchsten Kapitaleinsatz erfordert, dann ist wichtig, inwieweit die obige Annahme gerechtfertigt ist, d. h. ob die für den Ausgleich der Kapitalbindungsdifferenz heranzuziehenden Investitions- oder Finanzierungsmöglichkeiten eine (etwa) gleich hohe oder aber eine erheblich abweichende Verzinsung aufweisen. Von der Antwort auf diese Frage hängt es ab, ob der Rentabilitäts- oder der Gewinnvergleichsrechnung der Vorzug zu geben ist.

Existiert eine Vielzahl von Investitionsmöglichkeiten mit Rentabilitäten, deren Höhe in etwa der eines Objektes mit im Vergleich zu einem anderen geringerer Kapitalbindung entspricht, und konkurrieren diese Investitionsalternativen um knappe finanzielle Mittel, dann kann die Annahme der Rentabilitätsvergleichsrechnung vertretbar sein. Dies dürfte aber als Sonderfall anzusehen sein. Da die Rentabilität vom

---

[15] Vgl. die Abschnitte 3.2.2 und 3.2.3.
[16] Bei dieser Aussage ist vorausgesetzt, daß es sich um absolut vorteilhafte Objekte handelt.

Statische Modelle 63

jeweilig betrachteten Investitionsobjekt abhängig ist, wird sie nur zufällig mit den Verzinsungen der für einen Ausgleich von Kapitalbindungsdifferenzen relevanten Investitions- und Finanzierungsobjekte übereinstimmen. Außerdem kommt es zu einer Inkonsistenz von Annahmen, wenn gleichzeitig mehrere Objekte in den Vorteilhaftigkeitsvergleich einbezogen werden und die Rentabilität mit zunehmender Kapitalbindung sinkt; in diesem Fall werden bei einem Auswahlvorgang unterschiedliche Prämissen zum Ausgleich von Kapitalbindungsdifferenzen unterstellt.

Dieses Problem wird bei der Gewinnvergleichsrechnung vermieden. Zudem sollte sich die Bemessung des Kalkulationszinssatzes an den Verzinsungen der für einen Ausgleich von Kapitalbindungsdifferenzen relevanten Investitions- und Finanzierungsobjekte orientieren,[17] so daß zu erwarten ist, daß die Annahme der Gewinnvergleichsrechnung - Anlage zum Kalkulationszinssatz - tendenziell eher zutrifft. Die Gewinnvergleichsrechnung stellt demzufolge im Regelfall das besser geeignete Verfahren dar. Ein weiteres Argument für diese Einschätzung ist, daß in der oben beschriebenen Situation, in der die Annahme der Rentabilitätsvergleichsrechnung gilt, durch Anpassung des Kalkulationszinssatzes an die Rentabilitäten der Investitionsalternativen eine weitgehende Übereinstimmung zwischen den Ergebnissen der Gewinn- und der Rentabilitätsvergleichsrechnung erreicht werden kann.

3.2.5 Statische Amortisationsrechnung

Modell-/Verfahrensdarstellung

Die Zielgröße von Amortisationsrechnungen ist die Amortisations- bzw. Wiedergewinnungszeit eines Investitionsobjektes. Der statischen Amortisationsrechnung werden in der Literatur zwei Varianten zugeordnet: eine Durchschnitts- und eine Kumulations- bzw. Totalrechnung.[18] Im folgenden wird primär die Durchschnittsmethode betrachtet. Für diese gilt:

> Die Amortisationszeit eines Investitionsobjekts ist der Zeitraum, in dem das eingesetzte Kapital aus den durchschnittlichen Rückflüssen oder Einzahlungsüberschüssen des Objektes wiedergewonnen wird.

Die Amortisationszeit stellt einen Maßstab für das mit einer Investition verbundene Risiko dar. Es erscheint nicht sinnvoll, die absolute und die relative Vorteilhaftigkeit von Investitionsalternativen allein anhand der Amortisationszeit zu beurteilen, da in diesem Fall die nach Ende der Amortisationszeit auftretenden Wirkungen der Alternativen außer acht blieben. Die Amortisationszeit ist eher als ergänzendes Kriterium

---

[17] Vgl. Abschnitt 3.3.2.
[18] Vgl. Perridon, L.; Steiner, M.: (Finanzwirtschaft), S. 53 ff.; Blohm, H.; Lüder, K.: (Investition), S. 172 ff.; Kruschwitz, L.: (Investitionsrechnung), S. 38 ff.

verwendbar. Die unter Berücksichtigung dieser Einschränkung geltenden Vorteilhaftigkeitsregeln bei Anwendung der Amortisationsrechnung lauten:[19]

> Ein Investitionsobjekt ist absolut vorteilhaft, falls seine Amortisationszeit geringer ist als ein vorzugebender Grenzwert.
> Ein Investitionsobjekt ist relativ vorteilhaft, falls seine Amortisationszeit geringer ist als die eines jeden anderen zur Wahl stehenden Objektes.

Die Amortisationszeit kann ermittelt werden, indem das eingesetzte Kapital durch die durchschnittlichen Rückflüsse dividiert wird.

$$\text{Amortisationszeit} = \frac{\text{eingesetztes Kapital}}{\text{durchschnittliche Rückflüsse}}$$

Das eingesetzte Kapital entspricht den Anschaffungskosten. Falls ein Liquidationserlös zu erwarten ist, mindert dies die Wahrscheinlichkeit bzw. die Höhe des möglichen Kapitalverlustes. Da die Amortisationszeit als Risikomaßstab gilt, erscheint es sinnvoll, den Liquidationserlös bei ihrer Berechnung zu berücksichtigen. Dazu könnten einerseits die Anschaffungskosten um den erwarteten Liquidationserlös verringert und die Restgröße durch die durchschnittlichen Rückflüsse dividiert werden. Andererseits ließe sich zu den durchschnittlichen Rückflüssen der auf die Jahre der Nutzungsdauer verteilte Liquiditätserlös hinzurechnen, so daß ein durchschnittlicher Einzahlungsüberschuß einbezogen würde. Hier werden diese Varianten nicht weiter verfolgt.[20]

Im folgenden ist zu erörtern, wie sich die durchschnittlichen Rückflüsse zusammensetzen. Ihre Höhe stimmt nicht mit der Höhe des durchschnittlichen Gewinns überein. Während der Gewinn als Differenz zwischen Erlösen und Kosten definiert ist, stellt der Rückfluß den Saldo der laufenden Ein- und Auszahlungen dar.[21] Zwischen Erlösen und laufenden Einzahlungen einerseits sowie Kosten und laufenden Auszahlungen andererseits bestehen aber eine Reihe von Unterschieden. In bezug auf eine Investitionsrechnung sind vor allem die Abschreibungen relevant, die als Kosten bei der Gewinnermittlung zu berücksichtigen sind, aber keine laufenden Auszahlungen darstellen und damit nicht in die Bestimmung des Rückflusses eingehen. Wenn der durchschnittliche Rückfluß aus dem durchschnittlichen Gewinn abgeleitet wird, sind letzterem daher die Abschreibungen hinzuzurechnen. Dies läßt sich auch damit begründen, daß die Rückflüsse dem Kapitaleinsatz und damit den Anschaffungskosten gegenübergestellt werden. Würden die Abschreibungen, die eine Verrechnung der Anschaffungskosten - eventuell gemindert um einen Liquidationserlös -

---

[19] Vgl. Perridon, L.; Steiner, M.: (Finanzwirtschaft), S. 53; Kern W.: (Investitionsrechnung), S. 130.
[20] Zur Berücksichtigung von Liquidationserlösen bei einer dynamischen Amortisationsrechnung vgl. Abschnitt 3.3.5.
[21] Bei den laufenden Ein- und Auszahlungen bleiben sowohl die Anschaffungsauszahlungen als auch der Liquidationserlös unberücksichtigt. Vgl. Blohm, H.; Lüder, K.: (Investition), S. 56.

Statische Modelle

darstellen, in den Rückflüssen berücksichtigt, dann bedeutete dies eine doppelte Einbeziehung.

Zu diskutieren ist, ob bei der Ermittlung der durchschnittlichen Rückflüsse neben den Abschreibungen auch die Zinsen zum durchschnittlichen Gewinn addiert werden sollten. Dies kann man davon abhängig machen, ob die Zinsen gleichzeitig Auszahlungen darstellen, wie dies bei der Aufnahme von Fremdkapital der Fall ist, oder nicht (bei Verwendung eigener finanzieller Mittel). Im ersten Fall, von dem im folgenden ausgegangen wird, stellen die Zinsen sowohl Kosten als auch Auszahlungen dar, es bedarf daher keiner Korrektur. Die durchschnittlichen Rückflüsse ergeben sich dann wie folgt:

Durchschnittliche Rückflüsse = durchschnittlicher Gewinn + Abschreibungen

Die Berechnung von Amortisationszeiten wird im folgenden anhand eines Beispiels veranschaulicht.

Beispiel

Es wird wiederum von der Aufgabenstellung aus Abschnitt 3.2.3 ausgegangen. Nun ist eine Beurteilung der beiden Investitionsalternativen im Hinblick auf die Amortisationszeiten vorzunehmen, wobei in bezug auf die absolute Vorteilhaftigkeit ein Grenzwert von vier Jahren vorgegeben wird. Die relevanten Größen betragen:

Relevante Größen	Objekt A	Objekt B
Gewinn (€/Jahr)	24.730	27.880
Abschreibungen (€/Jahr)	37.000	42.000
Kapitaleinsatz (€)	197.000	227.000

Die Amortisationszeiten der beiden Alternativen A (AZ_A) und B (AZ_B) ergeben sich wie folgt:

$$AZ_A = \frac{197.000}{24.730 + 37.000} = 3,19 \text{ [Jahre]}$$

$$AZ_B = \frac{227.000}{27.880 + 42.000} = 3,25 \text{ [Jahre]}$$

Es zeigt sich, daß beide Alternativen nahezu gleiche Amortisationszeiten aufweisen. Relativ vorteilhaft ist strenggenommen aufgrund der etwas geringeren Amortisationszeit die Alternative A. Absolut vorteilhaft sind beide Objekte, da ihre Amortisationszeiten jeweils unter vier Jahren liegen.

Modellbeurteilung

Auch für die statische Amortisationsrechnung gelten weitgehend die gleichen Aussagen wie für die anderen statischen Verfahren bzw. Modelle der Investitionsrechnung einschließlich des Hinweises auf die mögliche Inkonsistenz zwischen der Kapitalbindungsannahme bei der Zinsermittlung und der Höhe des gesamten Amortisationsbetrags (der sich hier als Produkt aus der Nutzungsdauer und den durchschnittlichen Rückflüssen ergibt). Hervorzuheben ist, daß die Amortisationszeit aufgrund der Vernachlässigung von Wirkungen nach ihrem Ende kein alleiniges Kriterium für eine Investitionsentscheidung darstellen sollte.

Die Amortisationsrechnung erscheint aber als ergänzende Rechnung geeignet, einen Hinweis auf das mit einer Investition verbundene Risiko zu liefern. In diesem Zusammenhang ist darauf hinzuweisen, daß die Amortisationszeit auch als kritischer Wert für die Nutzungsdauer und damit als Ergebnis einer Sensitivitätsanalyse interpretiert werden kann.[22]

Wie bereits angesprochen, existiert mit der Kumulationsmethode eine andere Variante der Amortisationsrechnung, bei der für die einzelnen Perioden der Nutzungsdauer die jeweiligen Rückflüsse ermittelt und differenziert bei der Amortisationszeitbestimmung berücksichtigt werden.[23] Eine Auf- oder Abzinsung der anfallenden Zahlungen, wie sie für andere mehrperiodige Modelle der Investitionsrechnung charakteristisch ist, unterbleibt dabei allerdings.[24] Dies unterscheidet das Verfahren von einer weiteren Variante der Amortisationsrechnung, auf die im folgenden im Rahmen der Erörterung der dynamischen Modelle für Vorteilhaftigkeitsentscheidungen bei einer Zielgröße eingegangen wird.

3.3 Dynamische Modelle

3.3.1 Einführung

Für dynamische Modelle ist die explizite Berücksichtigung mehrerer Perioden kennzeichnend. Die Investitionsobjekte werden durch die Ein- und Auszahlungen charakterisiert, die bei ihrer Realisation im Zeitablauf erwartet werden. Damit ist in der Regel die Annahme verbunden, daß die relevanten Wirkungen der Alternativen auf

---

[22] Darauf wird in Abschnitt 7.3.2 noch eingegangen.
[23] Falls eine Berücksichtigung von Liquidationserlösen in der Amortisationsrechnung angestrebt wird, eröffnet sich bei diesem Vorgehen die Möglichkeit, für die einzelnen Perioden der Nutzungsdauer spezifische Liquidationserlöse abzuschätzen und diese bei der Amortisationszeitermittlung periodenspezifisch einzubeziehen. Vgl. dazu die Modelle zur Nutzungsdauerbestimmung in Abschnitt 5.
[24] Aus diesem Grund und in Anlehnung an die Literatur zur Investitionsrechnung wird die Verfahrensvariante hier im Zusammenhang mit der statischen Amortisationsrechnung angesprochen, obwohl bei ihr mehrere Perioden explizit erfaßt werden.

Ein- und Auszahlungen spezifischer Höhe beschränkt sind, die sich prognostizieren und dabei bestimmten diskreten und äquidistanten Zeitpunkten zurechnen lassen. Davon wird auch im folgenden ausgegangen. Die Bezugnahme auf Ein- und Auszahlungen und die explizite Einbeziehung mehrerer Perioden sind die wesentlichen Merkmale, die die dynamischen von den statischen Modellen unterscheiden.[25] Gemeinsamkeiten bestehen vor allem hinsichtlich der Gültigkeit der in Abschnitt 3.1 aufgeführten Annahmen.

Bei den dynamischen Modellen fallen Zahlungen zu verschiedenen Zeitpunkten an. Da der Wert der Zahlungen auch vom Zahlungszeitpunkt abhängt (Zeitpräferenz), können diese bei der Auswertung nicht unmittelbar zusammengefaßt werden. Um dies zu ermöglichen, werden vielmehr finanzmathematische Transformationen (z. B. Auf- oder Abzinsung) vorgenommen. In dieser Einführung ist daher auch auf Grundlagen der Finanzmathematik kurz einzugehen.[26]

Dabei soll zunächst die Zinseszinsrechnung angesprochen werden. Bei der *Aufzinsung* wird bestimmt, welchen Wert (W) ein zu einem bestimmten Zeitpunkt (hier Zeitpunkt 0) angelegter Kapitalbetrag (N) zu einem späteren Zeitpunkt (t) unter Berücksichtigung von Zinsen und Zinseszinsen annimmt. Falls der Zinssatz (i) für alle Perioden (hier Jahre) zwischen den Zeitpunkten 0 und t gleich hoch ist, gilt:[27]

$$W = N \cdot (1 + i)^t$$

Bei Aufzinsung eines Kapitalbetrags von 10.000 € über drei Jahre mit einem Zinssatz von 10% (= 0,1) ergibt sich demzufolge:

$$W = 10.000 \cdot (1 + 0,1)^3 = 13.310 \ [€]$$

Die Größe $(1 + i)^t$, mit der der eingesetzte Kapitalbetrag bei der Aufzinsung zu multiplizieren ist, wird als *Aufzinsungsfaktor* bezeichnet. Für den Aufzinsungsfaktor ist auch das Symbol q^t gebräuchlich (mit $q = 1 + i$).

Sind die Zinssätze nicht für alle Perioden gleich, dann wird für jede Periode t ein separater Faktor bestimmt $(1 + i_t$ bzw. $q_t)$. Die Aufzinsung erfolgt, indem der eingesetzte Kapitalbetrag mit allen periodenspezifischen Faktoren multipliziert wird. Es gilt bei einer Aufzinsung über T Perioden:

$$W = N \cdot (1 + i_1) \cdot (1 + i_2) \cdot \ldots \cdot (1 + i_t) \cdot \ldots \cdot (1 + i_T)$$

Falls im obigen Beispiel bei ansonsten unveränderten Daten Zinssätze von $i_1 = 10\%$, $i_2 = 12\%$ und $i_3 = 15\%$ gelten, ergibt sich bei der Aufzinsung:

$$W = 10.000 \cdot (1 + 0,1) \cdot (1 + 0,12) \cdot (1 + 0,15) = 14.168 \ [€]$$

---

[25] Vgl. Heinhold, M.: (Investitionsrechnung), S. 75.
[26] Zu weiterführenden Darstellungen der Finanzmathematik vgl. z. B. Kahle, E.; Lohse, D.: (Grundkurs); Caprano, E.; Wimmer, K..: (Finanzmathematik); Kruschwitz, L.: (Finanzmathematik); Hettich, G.; Jüttler, H.; Luderer, B.: (Mathematik).
[27] Es ist hier und im folgenden jeweils eine nachschüssige Verzinsung unterstellt, d. h. daß das zu Beginn einer Periode vorhandene Kapital bei der Berechnung der Zinsen als Bezugsgröße dient. Vgl. Kruschwitz, L.: (Finanzmathematik), S. 3.

Die *Abzinsung* dient unter anderem zur Berechnung des Betrags (W), der zu einem Zeitpunkt (hier 0) eingesetzt werden muß, um zu einem späteren Zeitpunkt (t) über einen bestimmten Betrag (N) verfügen zu können. Sie erfolgt in ähnlicher Form wie die Aufzinsung. Es gilt bei gleich hohem Zinssatz für alle Perioden für den Wert im Zeitpunkt 0 (W):

$$W = \frac{N}{(1+i)^t} \text{ bzw.}$$

$$W = N \cdot (1+i)^{-t}$$

Der Ausdruck $(1 + i)^{-t}$ (bzw. q^{-t}) stellt einen *Abzinsungsfaktor* dar. Im Beispiel resultiert aus der Abzinsung von 10.000 € vom Zeitpunkt 3 auf den Zeitpunkt 0 bei einem Zinssatz von 10%:

$$W = 10.000 \cdot (1+0,1)^{-3} = \frac{10.000}{(1+0,1)^3} = 7.513,15 \ [\text{€}]$$

Zur Abzinsung bei ungleichen Zinssätzen in den betrachteten Perioden lassen sich - analog zur Aufzinsung - periodenspezifische Abzinsungsfaktoren verwenden.

Bei der dynamischen Investitionsrechnung ist häufig unter Berücksichtigung von Zinsen und Zinseszinsen eine Umrechnung einer Reihe gleich hoher Beträge oder Zahlungen in einen einzigen Wert vorzunehmen. Diese kann mit Hilfe der Rentenrechnung durchgeführt werden.

Soll eine *Barwertberechnung* erfolgen, d. h. für eine Reihe gleich hoher Zahlungen (N), die über t Jahre jeweils am Jahresende anfallen, der Wert im Zeitpunkt 0 (W) berechnet werden, dann gilt:

$$W = N \cdot \frac{(1+i)^t - 1}{(1+i)^t \cdot i}$$

Der Faktor, mit dem der Zahlungsbetrag multipliziert wird, heißt *Rentenbarwertfaktor*. Fallen über 3 Jahre jeweils Zahlungen in Höhe von 10.000 € an, so lautet deren Barwert bei einem Zinssatz von 10%:

$$W = 10.000 \cdot \frac{(1+0,1)^3 - 1}{(1+0,1)^3 \cdot 0,1} = 24.868,52 \ [\text{€}]$$

In ähnlicher Form kann eine *Rentenberechnung* erfolgen, indem ein zum Zeitpunkt 0 verfügbarer Wert (N) in eine Reihe gleich hoher, dem Jahresende zugerechneter Zahlungen (W), die bis zum Zeitpunkt t anfallen, umgewandelt wird. Es gilt:

$$W = N \cdot \frac{(1+i)^t \cdot i}{(1+i)^t - 1}$$

Der hier zur Umrechnung verwendete Faktor wird als *Wiedergewinnungs-* oder *Annuitätenfaktor* bezeichnet. Er ist der Kehrwert des Rentenbarwertfaktors. Bei Modifikation des obigen Beispiels gilt für die Höhe der jährlichen Zahlungen bei Verrentung eines Betrags von 10.000 €:

$$W = 10.000 \cdot \frac{(1 + 0,1)^3 \cdot 0,1}{(1 + 0,1)^3 - 1} = 4.021,15 \ [€]$$

An dieser Stelle soll noch kurz die Auf- und Abzinsung als Instrument der Erfassung von Zeitpräferenzen interpretiert werden.[28] Bei den obigen Ausführungen wurde dieser Rechenvorgang als Abbildung einer realen zeitlichen Verschiebung von Kapitalbeträgen und daraus resultierenden Konsummöglichkeiten eines Investors durch Geldanlage oder -aufnahme angesehen. Des weiteren läßt sich die Auf- und Abzinsung aber auch als direkte Erfassung einer Zeitpräferenz deuten, die ein Investor bezüglich zu verschiedenen Zeitpunkten erzielbarer Einkommen bzw. Konsummöglichkeiten aufweist. Es liegt dann beispielsweise bei einer Barwertermittlung eine bestimmte additive intertemporale Wertfunktion vor, in der die Einkommen in den Zeitpunkten t mit Potenzen $(1 + i)^{-t}$ gewichtet werden.[29]

In dieser Einführung sollen auch verschiedene Arten von Investitionen anhand der Struktur ihrer Zahlungsreihen unterschieden werden. E. SCHNEIDER definiert Investitionen vom Typ I (eigentliche Investitionen) als Investitionen, bei denen die Auszahlungen "im ganzen genommen"[30] vor den Einzahlungen erfolgen.[31] Er präzisiert diese Aussage dahingehend, daß bei entsprechenden Investitionen das Zeitzentrum der Auszahlungen vor dem Zeitzentrum der Einzahlungen liegt. Bei Investitionen vom Typ II (uneigentlichen Investitionen) ist dies umgekehrt.[32] Das Zeitzentrum einer Reihe von Aus- oder Einzahlungen ist der Zeitpunkt, für den gilt, daß der Wert der auf ihn auf- bzw. abgezinsten Zahlungen gleich der Summe der Zahlungsbeträge ist.[33] Eine spezielle Form der eigentlichen Investition ist die Normalinvestition, bei der auf eine (mehrere) Auszahlung(en) zu Beginn nur noch Einzahlungen bzw. Einzahlungsüberschüsse folgen.[34]

---

[28] Zu allgemeinen Überlegungen zur Zeitpräferenz, zu deren Eigenschaften und zu ihrer Erfassung in Nutzen- bzw. Wertfunktionen vgl. Dyckhoff, H.: (Zeitpräferenz); Eisenführ, F.; Weber, M.: (Entscheiden), S. 291 ff.
[29] Vgl. Eisenführ, F.; Weber, M.: (Entscheiden), S. 297 ff.; Schmidt, R.H.; Terberger, E.: (Grundzüge), S. 103 ff.; Moog, H.: (Investitionsplanung), S. 82 ff.
[30] Schneider, E.: (Wirtschaftlichkeitsrechnung), S. 9.
[31] Vgl. dazu auch Lücke, W.: (Investitionslexikon), S. 152.
[32] Vgl. Schneider, E.: (Wirtschaftlichkeitsrechnung), S. 9 f.
[33] Vgl. Lücke, W.: (Investitionslexikon), S. 421.
[34] Vgl. Kruschwitz, L.: (Investitionsrechnung), S. 112. Zu einer ähnlichen Definition des Begriffs "Normalinvestition", die sich auch auf uneigentliche Investitionen beziehen läßt, vgl. Schneider, E.: (Wirtschaftlichkeitsrechnung), S. 21.

Im folgenden werden - entsprechend dem zahlungsorientierten Investitionsbegriff - vor allem Investitionen vom Typ I betrachtet.[35] Auch auf die Normalinvestition wird noch eingegangen.

Die *dynamischen Modelle zur Vorteilhaftigkeitsbeurteilung* lassen sich in zwei Gruppen einteilen. Bei den Modellen der ersten Gruppe wird die Existenz eines vollkommenen Kapitalmarktes unterstellt. Es liegt dann ein einheitlicher Kalkulationszinssatz vor, mit dem Zahlungen auf- oder abgezinst werden können. Bei den Modellen der zweiten Gruppe hingegen wird angenommen, daß für die Anlage und die Aufnahme von finanziellen Mitteln unterschiedliche Zinssätze existieren. Die verschiedenen Verfahren zur Auswertung von Modellen beider Gruppen unterscheiden sich vor allem hinsichtlich der berücksichtigten Zielgröße. Die folgende Abbildung vermittelt einen Überblick über die dynamischen Verfahren zur Vorteilhaftigkeitsbeurteilung und zeigt, in welchem Abschnitt diese jeweils behandelt werden.

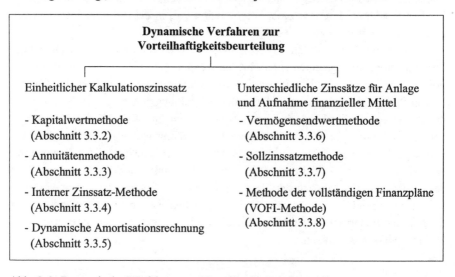

Abb. 3-3: Dynamische Verfahren zur Vorteilhaftigkeitsbeurteilung

---

[35] Das Wesensmerkmal uneigentlicher Investitionen - das Zeitzentrum der Einzahlungen liegt vor dem der Auszahlungen - trifft für typische Finanzierungsobjekte wie einen Kredit zu.

3.3.2 Kapitalwertmethode

Verfahrensdarstellung

Die Kapitalwertmethode dient zur Beurteilung von Investitionsalternativen hinsichtlich der monetären Zielgröße "Kapitalwert".

> Der Kapitalwert ist die Summe aller auf einen Zeitpunkt ab- bzw. aufgezinsten Ein- und Auszahlungen, die durch die Realisation eines Investitionsobjektes verursacht werden.[36]

Beim Kapitalwertmodell wird die Existenz eines vollkommenen Kapitalmarktes angenommen. Der auf diesem Markt vorliegende einheitliche Kalkulationszinssatz, zu dem finanzielle Mittel in beliebiger Höhe angelegt oder aufgenommen werden können, dient zur Auf- oder Abzinsung von Zahlungen.

Häufig wird der Kapitalwert auf den Beginn des Planungszeitraums bezogen, d. h. den Zeitpunkt unmittelbar vor den ersten Zahlungen. Davon wird auch im folgenden ausgegangen. Der Kapitalwert ist dann die Summe aller auf diesen Zeitpunkt abgezinsten Zahlungen, die durch ein Investitionsobjekt bewirkt werden. Er stellt in diesem Fall einen Barwert dar,[37] der sich als Geldvermögenszuwachs interpretieren läßt, den das Investitionsobjekt zu Beginn des Planungszeitraums unter Berücksichtigung von Zinsen erbringt.[38]

Bei Anwendung der Kapitalwertmethode gelten die folgenden Vorteilhaftigkeitsregeln für Investitionsobjekte:[39]

> Ein Investitionsobjekt ist absolut vorteilhaft, falls sein Kapitalwert größer ist als Null.
> Ein Investitionsobjekt ist relativ vorteilhaft, falls sein Kapitalwert größer ist als der eines jeden anderen zur Wahl stehenden Objektes.

Bei den weiteren Ausführungen wird unterstellt, daß der Kalkulationszinssatz für alle Perioden gleich hoch ist. Der Kapitalwert (KW) läßt sich dann - bezogen auf den Beginn des Planungszeitraums (Zeitpunkt t = 0) - gemäß der folgenden Gleichung bestimmen:

---

[36] Vgl. Busse von Colbe, W.; Laßmann, G.: (Betriebswirtschaftstheorie), S. 47.
[37] Unter dieser Annahme ist der Begriff Nettobarwert (bzw. englisch net present value) als Synonym anzusehen.
[38] Allerdings läßt sich der Kapitalwert möglicherweise besser interpretieren, wenn er auf das Ende des Planungszeitraums bezogen wird und dann einen nach Abschluß des Investitionsobjekts verfügbaren Geldvermögenszuwachs darstellt.
Auf die Annahmen bezüglich der Zinsen, die durch die Aufnahme von Fremdkapital oder die Nutzung eigener finanzieller Mittel entstehen, wird im folgenden noch eingegangen.
[39] Vgl. Busse von Colbe, W.; Laßmann, G.: (Betriebswirtschaftstheorie), S. 51 f.; ter Horst, K.W.: (Investitionsplanung), S. 62 und S. 86.

$$KW = \sum_{t=0}^{T}(e_t - a_t) \cdot q^{-t}$$

Parameter und Indizes:
 t   = Zeitindex
 T   = letzter Zeitpunkt, in dem Zahlungen anfallen
 e_t = Einzahlungen im Zeitpunkt t
 a_t = Auszahlungen im Zeitpunkt t
 q^{-t} = Abzinsungsfaktor für den Zeitpunkt t

Die den einzelnen Zeitpunkten zugeordnete Differenz aus Ein- und Auszahlungen $(e_t - a_t)$ wird als Nettozahlung (N_t) bezeichnet. Die Nettozahlung kann einen Einzahlungs- oder einen Auszahlungsüberschuß darstellen. Wie die nachfolgende Abbildung verdeutlicht, werden bei der Berechnung des Kapitalwertes die in den Zeitpunkten nach t = 0 anfallenden Nettozahlungen durch Abzinsung auf diesen Zeitpunkt bezogen.

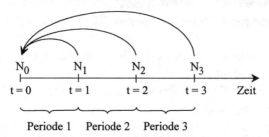

Abb. 3-4: Abzinsung von Nettozahlungen bei der Kapitalwertmethode

Die oben angegebene Bestimmungsgleichung für den Kapitalwert ist zu modifizieren, wenn die Komponenten der Nettozahlungen differenziert betrachtet werden sollen. Dies sind die Anschaffungsauszahlung(en), der bzw. die Liquidationserlös(e) und die Rückflüsse, d. h. die Differenz aus laufenden Einzahlungen (z. B. aus Umsatzvorgängen) und laufenden Auszahlungen. Im folgenden wird eine Kapitalwertfunktion für den Fall formuliert, daß

- Steuern und Transferzahlungen vernachlässigt werden können,
- nur eine Produktart mit dem Investitionsobjekt gefertigt wird,
- die Produktions- stets gleich der Absatzmenge ist und
- die Zahlungen den folgenden Zeitpunkten zugeordnet sind:[40]
    - Anschaffungsauszahlung: Beginn der ersten Periode (t = 0)
    - laufende Ein- und Auszahlungen: Ende der jeweiligen Periode
    - Liquidationserlös: Ende der Nutzungsdauer (t = T).

---

[40] Abweichend von dieser Annahme ist es auch möglich, daß Anschaffungsauszahlungen und Liquidationserlöse in mehreren Zeitpunkten anfallen.

Die Kapitalwertformel lautet dann:

$$KW = -A_0 + \sum_{t=1}^{T} ((p_t - a_{vt}) \cdot x_t - A_{ft}) \cdot q^{-t} + L \cdot q^{-T}$$

> Parameter und Indizes:
> t = Zeitindex
> T = letzter Zeitpunkt, in dem Zahlungen anfallen (Ende der Nutzungsdauer)
> A_0 = Anschaffungsauszahlung
> p_t = Verkaufspreis in t
> a_{vt} = absatz- bzw. produktionsmengenabhängige Auszahlungen pro Mengeneinheit in t
> x_t = Absatz- bzw. Produktionsmenge in t
> A_{ft} = absatz- bzw. produktionsmengenunabhängige Auszahlungen in t
> L = Liquidationserlös

Die relative Vorteilhaftigkeit von Investitionsobjekten läßt sich für jeweils zwei Objekte auch mit Hilfe einer fiktiven Investition, der sog. Differenzinvestition, bestimmen. Die Zahlungsreihe der Differenzinvestition ergibt sich aus der Differenz der Zahlungsreihen der beiden Investitionsobjekte, wobei so saldiert wird, daß sie mit einer Auszahlung beginnt.[41] Der Kapitalwert der Differenzinvestition (KW_D) entspricht der Differenz der Kapitalwerte der beiden Investitionsobjekte. Für zwei Investitionsobjekte A und B, von denen A die höhere Anschaffungsauszahlung aufweist, gilt:

$$KW_D = \sum_{t=0}^{T} ((e_{tA} - a_{tA}) - (e_{tB} - a_{tB})) \cdot q^{-t}$$

$$= \sum_{t=0}^{T} (e_{tA} - a_{tA}) \cdot q^{-t} - \sum_{t=0}^{T} (e_{tB} - a_{tB}) \cdot q^{-t} = KW_A - KW_B$$

Falls der Kapitalwert der Differenzinvestition positiv ist, weist Investitionsobjekt A einen höheren Kapitalwert auf als Investitionsobjekt B und ist damit relativ vorteilhaft.[42] Bei Analyse der Differenzinvestition können Größen, die bei beiden Investitionsobjekten in gleicher Weise wirken, vernachlässigt werden. Dies vereinfacht die Datenermittlung. Die absolute Vorteilhaftigkeit läßt sich mittels der Differenzin-

---

41 Gemäß dem zahlungsorientierten Investitionsbegriff handelt es sich nur dann bei der Differenzinvestition um eine Investition.
42 Vgl. Schneider, E.: (Wirtschaftlichkeitsrechnung), S. 39.

vestition allerdings nicht beurteilen. Bei einer großen Anzahl von Alternativen ist eine große Zahl von Differenzinvestitionen zu bilden und zu analysieren.[43]

Bei der Kapitalwertmethode wird angenommen, daß freiwerdende oder nicht benötigte finanzielle Mittel zum Kalkulationszinssatz (re)investiert werden. Diese Prämisse, die für die Beurteilung der Vorteilhaftigkeit von Investitionsobjekten bedeutend ist, wird bei der folgenden Erörterung eines Beispiels noch aufgegriffen.

Beispiel

Ein Unternehmen erwägt die Durchführung einer Erweiterungsinvestition. Es stehen zwei Investitionsobjekte A und B zur Wahl, für die die nachfolgend angegebenen Daten ermittelt werden konnten.

Daten	Objekt A	Objekt B
Anschaffungsauszahlung (€)	100.000	60.000
Nutzungsdauer (Jahre)	5	4
Liquidationserlös (€)	5.000	0
Rückflüsse (€)		
in t = 1	28.000	22.000
in t = 2	30.000	26.000
in t = 3	35.000	28.000
in t = 4	32.000	28.000
in t = 5	30.000	-
Kalkulationszinssatz (%)	8	8

Es sollen nun die absolute und die relative Vorteilhaftigkeit der Investitionsobjekte mit Hilfe der Kapitalwertmethode beurteilt werden.

Für Investitionsobjekt A läßt sich der Kapitalwert (KW_A) wie folgt berechnen:

$$KW_A = -100.000 + 28.000 \cdot 1{,}08^{-1} + 30.000 \cdot 1{,}08^{-2} + 35.000 \cdot 1{,}08^{-3}$$
$$+ 32.000 \cdot 1{,}08^{-4} + 30.000 \cdot 1{,}08^{-5} + 5.000 \cdot 1{,}08^{-5}$$

$$KW_A = 26.771{,}59 \ [€]$$

Dieses Ergebnis soll im folgenden interpretiert werden. Aus der Tatsache, daß der Kapitalwert positiv ist, läßt sich ableiten, daß das Investitionsobjekt A absolut vorteilhaft ist. Der Kapitalwert von 26.771,59 € stellt einen Geldvermögenszuwachs in gleicher Höhe dar, den die Durchführung der Investition im Zeitpunkt t = 0 unter Berücksichtigung von Zinswirkungen (bei einem Kalkulationszinssatz von 8%) erbringt. Dies gilt unabhängig von der Art der Finanzierung (Eigen- oder Fremdfinanzierung). Der Investor kann diesen Geldvermögenszuwachs beispielsweise nutzen, indem er im Zeitpunkt t = 0 einen Kredit über 26.771,59 € aufnimmt und diesen Be-

---

[43] Es müssen allerdings nicht für alle Zweierpaare von Alternativen Differenzinvestitionen gebildet und analysiert werden, da Alternativen, die sich einmal als relativ unvorteilhaft erwiesen haben, aus der weiteren Betrachtung ausgeschlossen werden können.

Dynamische Modelle

trag für Konsumzwecke nutzt. Der "Konsumkredit" kann aus den Einzahlungsüberschüssen des Investitionsobjekts verzinst und getilgt werden. Außerdem reichen die Einzahlungsüberschüsse des Investitionsobjekts aus, um das eingesetzte Kapital zu verzinsen und wiederzugewinnen.[44]

Diese Aussagen sollen durch Finanz- und Tilgungspläne belegt werden. Der zunächst aufgeführte Plan stellt die mit der Investition verbundenen Zahlungen für den Fall dar, daß

- eine vollständige Fremdfinanzierung erfolgt, d. h. neben dem Konsumkredit in Höhe von 26.771,59 € auch ein Kredit in Höhe der Anschaffungsauszahlung von 100.000 € für die Realisation des Investitionsobjekts aufgenommen wird,
- am Ende einer jeden Periode eine Zinszahlung in Höhe von 8% (entsprechend dem Kalkulationszinssatz) der zu Beginn der Periode gegebenen (Rest-)Schuld zu leisten ist und
- Einzahlungsüberschüsse sofort zur Tilgung verwendet werden.

Zeitpunkt	Zinszahlung (€) (hier Auszahlung)	Nettozahlung (€) (ohne A_0)	Geldvermögensänderung (€) (hier Tilgung)	Geldvermögen (€) (hier Kredit)
t	$I_t (= i \cdot V_{t-1})$	N_t	$\Delta V_t (= N_t + I_t)$	$V_t (= V_{t-1} + \Delta V_t)$
0	0	0	0	-126.771,59
1	-10.141,73	28.000	17.858,27	-108.913,32
2	-8.713,07	30.000	21.286,93	-87.626,39
3	-7.010,11	35.000	27.989,89	-59.636,50
4	-4.770,92	32.000	27.229,08	-32.407,42
5	-2.592,59	35.000	32.407,41	-0,01

Es zeigt sich, daß das aufgenommene Kapital in Höhe von 126.771,59 € durch die Einzahlungsüberschüsse des Investitionsobjekts A wiedergewonnen wird.[45] Die Höhe des Kapitalwerts und dessen Interpretation als Geldvermögenszuwachs sind - wie oben erwähnt - unabhängig von der Finanzierung der Investition. Dies belegt der folgende Finanz- und Tilgungsplan, der für den Fall aufgestellt wird, daß die Investition vollständig mit eigenen finanziellen Mitteln finanziert wird. Aus den Einzahlungsüberschüssen des Investitionsobjekts wird dann ein Guthaben gebildet. Gemäß der oben angesprochenen Annahme der Kapitalwertmethode, daß freiwerdende finanzielle Mittel zum Kalkulationszinssatz angelegt werden (Wiederanlageprämisse),[46] wird das Guthaben mit 8% verzinst.

---

[44] Vgl. ter Horst, K.W.: (Investitionsplanung), S. 61 f.
[45] Die Differenz von 0,01 € stellt eine Rundungsdifferenz dar.
[46] Vgl. Lücke, W.: (Investitionslexikon), S. 413; ter Horst, K.W.: (Investitionsplanung), S. 59 f.

Zeit-punkt	Zinszahlung (€) (hier Einzahlung)	Nettozahlung (€) (ohne A_0)	Geldvermögensänderung (€) (hier Bildung von Guthaben)	Geldvermögen (€) (hier Guthaben)
t	$I_t (= i \cdot V_{t-1})$	N_t	$\Delta V_t (= N_t + I_t)$	$V_t (= V_{t-1} + \Delta V_t)$
0	0	0	0	0
1	0	28.000,00	28.000,00	28.000,00
2	2.240,00	30.000,00	32.240,00	60.240,00
3	4.819,20	35.000,00	39.819,20	100.059,20
4	8.004,74	32.000,00	40.004,74	140.063,94
5	11.205,12	35.000,00	46.205,12	186.269,06

Wie sich aus dem Finanz- und Tilgungsplan ablesen läßt, verfügt der Investor am Ende der Nutzungsdauer des Investitionsobjekts über ein Vermögen (Endvermögen) in Höhe von 186.269,06 €. Dieser Wert kann nicht unmittelbar mit dem eingesetzten Betrag von 100.000 € verglichen werden, da sich beide auf unterschiedliche Zeitpunkte beziehen. Wird das Endvermögen mit einem Zinssatz von 8% auf den Beginn des Planungszeitraums abgezinst, dann ergibt sich ein Wert von:

$$186.269{,}06 \cdot 1{,}08^{-5} = 126.771{,}59 \, [€]$$

Die Differenz zwischen diesem Betrag und dem eingesetzten Kapital in Höhe von 100.000 € entspricht dem Kapitalwert (26.771,59 €). Unter der Voraussetzung, daß die Wiederanlageprämisse gilt, bewirkt das Investitionsobjekt also bei Eigenfinanzierung ebenfalls einen Geldvermögenszuwachs von 26.771,59 € in t = 0. Dies läßt sich auch zeigen, indem das Endvermögen berechnet wird, über das der Investor verfügen kann, wenn er Kapital in Höhe von 100.000 € über den Planungszeitraum (d. h. die Nutzungsdauer des Investitionsobjekts) für 8% anlegt. Das Endvermögen (EV) lautet dann:

$$EV = 100.000 \cdot 1{,}08^5 = 146.932{,}81 \, [€]$$

Die Differenz zwischen den Endvermögenswerten bei Durchführung des Investitionsobjekts A (189.269,06 €) und bei Anlage zum Kalkulationszinssatz (146.932,81 €) beträgt 39.336,25 €. Wird dieser Betrag auf den Zeitpunkt t = 0 abgezinst, dann ergibt sich eine Vermögensdifferenz von 26.771,59 €, die dem Kapitalwert entspricht:

$$39.336{,}25 \cdot 1{,}08^{-5} = 26.771{,}59 \, [€]$$

Dies zeigt auch, daß beim Kapitalwertmodell bei der Beurteilung der absoluten Vorteilhaftigkeit implizit ein Vergleich mit der Anlage finanzieller Mittel zum Kalkulationszinssatz erfolgt.[47] Diese stellt die Unterlassensalternative dar.

Eine andere Interpretation des Kapitalwerts basiert auf der Überlegung, daß neben der Realisation eines Investitionsobjekts eine weitere Möglichkeit existiert, sich die

---

[47] Vgl. Betge, P.: (Investitionsplanung), S. 44; Walz, H.; Gramlich, D.: (Finanzplanung), S. 53 ff.

von dem Objekt zukünftig erwarteten Nettozahlungen zu sichern: die Anlage finanzieller Mittel am Kapitalmarkt.[48] Davon ausgehend läßt sich der Kapitalwert als Differenz von Preisen auffassen, die bei den beiden Wegen für den Anspruch auf die zukünftigen Nettozahlungen zu entrichten sind. Bei Realisation des betrachteten Investitionsobjekts besteht der Preis in der Anschaffungsauszahlung (A_0). Der alternative Preis setzt sich aus den Anlagebeträgen zusammen, die zu Beginn des Planungszeitpunkts erforderlich sind, um in den zukünftigen Zeitpunkten t über die erwarteten Einzahlungsüberschüsse ($e_t - a_t$) verfügen zu können. Die einzelnen Anlagebeträge ergeben sich jeweils aus den mit dem Kalkulationszinssatz abgezinsten Einzahlungsüberschüssen:[49]

$$(e_t - a_t) \cdot (1+i)^{-t}$$

Insgesamt beläuft sich die Summe aller erforderlichen Geldanlagen und damit der Preis für die zukünftigen Einzahlungsüberschüsse auf:

$$\sum_{t=1}^{T} (e_t - a_t) \cdot (1+i)^{-t}$$

Der Kapitalwert stellt dann die Differenz zwischen diesem Preis und der bei Realisierung des betrachteten Investitionsobjekts zu leistenden Anschaffungsauszahlung dar.

$$KW = \sum_{t=1}^{T} (e_t - a_t) \cdot (1+i)^{-t} - A_0$$

bzw. im Beispiel

KW = 126.771,59 − 100.000 = 26.771,59 €

Ist diese Differenz positiv, dann ist die betrachtete Investition einer Anlage am Kapitalmarkt vorzuziehen. Das Investitionsobjekt erweist sich als absolut vorteilhaft.

Zur Beurteilung der relativen Vorteilhaftigkeit muß auch der Kapitalwert der Alternative B (KW_B) berechnet werden. Er läßt sich entsprechend der oben dargestellten Form ermitteln und beträgt:

KW_B = 25.469,32 [€]

Auch das Investitionsobjekt B ist demgemäß absolut vorteilhaft. Relativ vorteilhaft ist allerdings aufgrund des höheren Kapitalwerts (26.771,59 €) das Objekt A. Falls

---

[48] Zu dieser Interpretation des Kapitalwerts vgl. Kruschwitz, L.: (Investitionsrechnung), S. 92 ff. Nachfolgend ist vereinfachend unterstellt, daß eine Normalinvestition vorliegt, bei der in den späteren Zeitpunkten stets Einzahlungsüberschüsse auftreten.

[49] Vgl. dazu auch die Interpretation einer Abzinsung als Berechnung eines Betrags, der eingesetzt werden muß, um zu einem späteren Zeitpunkt eine Zahlung in bestimmter Höhe zu erhalten, in Abschnitt 3.3.1.

beide Objekte sich gegenseitig ausschließen, sollte - bei alleiniger Betrachtung der Kapitalwerte als Entscheidungskriterium - Objekt A vorgezogen werden.

Die relative Vorteilhaftigkeit von zwei Investitionsobjekten läßt sich - wie erwähnt - auch mittels des Kapitalwerts der Differenzinvestition (KW_D) bestimmen. Dieser beträgt im Beispiel:

$$KW_D = -40.000 + 6.000 \cdot 1{,}08^{-1} + 4.000 \cdot 1{,}08^{-2} + 7.000 \cdot 1{,}08^{-3} + 4.000 \cdot 1{,}08^{-4} + 35.000 \cdot 1{,}08^{-5}$$

$$KW_D = 1.302{,}27 \ [€]$$

Dies bedeutet, daß das Objekt A einen - um 1.302,27 € - höheren Kapitalwert aufweist als Objekt B und damit relativ vorteilhaft ist.

Bei dieser Aussage ist allerdings zu berücksichtigen, daß bei Objekt B weniger Kapital investiert werden muß (60.000 € gegenüber 100.000 € bei Objekt A). Zudem ist die Nutzungsdauer von Objekt B kürzer, so daß eventuell früher die Möglichkeit der Realisation von Folgeinvestitionen besteht.[50] Es stellt sich in diesem Zusammenhang die Frage, inwieweit die aus den Zahlungsreihen einzelner Investitionsobjekte berechneten Kapitalwerte zur Beurteilung der relativen Vorteilhaftigkeit geeignet sind, falls Unterschiede bezüglich der

- Kapitalbindung zu Beginn der Nutzung (Anschaffungsauszahlung),
- Kapitalbindung während der Nutzungsdauer[51] und/oder
- Nutzungsdauer

bestehen. Muß nicht vielmehr in den Vergleich von Objekten explizit einbezogen werden, wie derartige Kapitalbindungs- und Nutzungsdauerunterschiede durch konkrete Investitionen (sog. Ergänzungs-, Zusatz-, Komplementär- oder Supplementinvestitionen)[52] oder Finanzierungsmaßnahmen ausgeglichen werden?

Eine derartige Untersuchung kann hinsichtlich der Kapitalbindungsdifferenzen zwischen Investitionsobjekten durch die mit der Existenz eines vollkommenen Kapitalmarkts verbundene Annahme vermieden werden, daß ein Ausgleich dieser Differenzen durch eine Anlage oder Aufnahme finanzieller Mittel zum Kalkulationszinssatz erfolgt. Der Kapitalwert der zum Ausgleich der Kapitalbindungsdifferenzen bestimmten - fiktiven - Investitions- oder Finanzierungsmaßnahmen (KW_F) ist aufgrund dieser Annahme Null, wie nachfolgend für eine Investition zum Ausgleich der anfänglichen Kapitalbindungsdifferenz zwischen A und B über eine Periode gezeigt wird:

---

[50] Darüber hinaus ist möglicherweise aufgrund der kürzeren Nutzungsdauer auch das mit der Investition B verbundene Risiko geringer.

[51] Derartige Unterschiede können durch unterschiedliche Anschaffungsauszahlungen und/oder unterschiedliche Nettozahlungen in den nachfolgenden Zeitpunkten verursacht werden.

[52] KERN und BREDE verwenden den Begriff "Differenzinvestition", der hier in anderer Form gebraucht wird. Vgl. Kern, W.: (Investitionsrechnung), S. 169; Brede, H.: (Betriebswirtschaftslehre), S. 68 ff.

$KW_F = -40.000 + (40.000 \cdot 1,08) \cdot 1,08^{-1} = 0$

Die Kapitalbindungsdifferenzen können demgemäß vernachlässigt werden. Eine ähnliche Argumentation läßt sich auf die Problematik von Folgeinvestitionen anwenden, die aufgrund von Unterschieden bei der Kapitalbindung oder der Nutzungsdauer eventuell zu unterschiedlichen Zeitpunkten durchgeführt werden können. Dies hat keinerlei Einfluß auf die Vorteilhaftigkeit der Alternativen, wenn unterstellt wird, daß sich zukünftige Investitionen zum Kalkulationszinssatz verzinsen und dementsprechend einen Kapitalwert von Null aufweisen.

Es ist bei Gültigkeit dieser Annahmen nicht erforderlich, Kapitalbindungs- oder Nutzungsdauerunterschiede durch explizite Berücksichtigung von Ergänzungsinvestitionen[53] oder entsprechenden Finanzierungsmaßnahmen auszugleichen. Die auf der Basis von Zahlungsreihen einzelner Objekte ermittelten Kapitalwerte lassen sich zur Beurteilung der relativen Vorteilhaftigkeit heranziehen. Es handelt sich trotz der Kapitalbindungs- und Nutzungsdauerunterschiede um vollständige und damit vergleichbare Alternativen.[54]

Eine modifizierte Anwendung der Kapitalwertmethode kann sich als sinnvoll erweisen, falls konkrete Informationen bezüglich zukünftiger Investitionsobjekte vorliegen und die Annahme einer Verzinsung zum Kalkulationszinssatz nicht zutrifft. Dies ist beispielsweise der Fall, wenn nach dem Ende der Nutzungsdauer von Investitionsobjekten Nachfolgeinvestitionen durchgeführt werden. Es liegen dann sog. Investitionsketten vor, die aus identischen oder nicht-identischen Objekten bestehen und sich auf unterschiedliche endliche oder unendliche Zeiträume beziehen können. In solchen Entscheidungssituationen sind zur Beurteilung der relativen Vorteilhaftigkeit die Kapitalwerte der Investitionsketten zu ermitteln und zu vergleichen.[55] Wie derartige Berechnungen vorgenommen werden können, wird in den Abschnitten 3.3.3 (unendliche Kette identischer Objekte) sowie 5 (endliche und unendliche Ketten) gezeigt.

Abschließend sei darauf hingewiesen, daß für die Berechnung des Kapitalwerts Vereinfachungsmöglichkeiten bestehen, falls die Rückflüsse eine gleichbleibende Höhe aufweisen. Der Barwert der Rückflüsse läßt sich dann bestimmen, indem der Rückfluß mit dem Rentenbarwertfaktor multipliziert wird.[56] Der Kapitalwert ergibt sich als Summe der Barwerte von Anschaffungsauszahlung(en), Rückflüssen und Liquidationserlös(en).

---

[53] Zur Berücksichtigung von Ergänzungsinvestitionen sei auf Abschnitt 3.3.8 sowie ein von HEISTER vorgeschlagenes Konzept (Konzept der Supplementinvestitionen) hingewiesen. Vgl. Heister, M.: (Rentabilitätsanalyse); Lücke, W.: (Investitionslexikon), S. 194 und S. 370 f. Zu einer Systematisierung von Annahmen bezüglich Ergänzungsinvestitionen und Ergänzungsfinanzierungen vgl. Kruschwitz, L.: (Investitionsrechnung), S. 52 ff.
[54] Vgl. dazu auch Betge, P.: (Investitionsplanung), S. 134 ff.; Blohm, H.; Lüder, K.: (Investition), S. 61.
[55] Vgl. Busse von Colbe, W.; Laßmann, G.: (Betriebswirtschaftstheorie), S. 59 f.
[56] Vgl. Abschnitt 3.3.1 sowie zur Berechnung des Barwerts bei einer unendlichen Zahlungsreihe mit gleichbleibenden Zahlungen Abschnitt 3.3.3.

Verfahrensbeurteilung

Die Kapitalwertmethode stellt ohne Zweifel das in der wissenschaftlichen Literatur am meisten beachtete und am stärksten akzeptierte Verfahren der dynamischen Investitionsrechnung dar. Dessen ungeachtet soll die Methode einer eingehenden Beurteilung unterzogen werden, in die - wie bei allen Verfahren und Modellen - die Kriterien Rechenaufwand, Datenermittlung sowie vor allem Modellannahmen eingehen.

Der Rechenaufwand ist gering, da lediglich einfache Rechenoperationen erforderlich sind.

Die Datenermittlung dagegen bereitet Probleme, da in der Regel eine Reihe von Prognosen erforderlich ist. Dies trifft aber für alle Modelle der Investitionsrechnung zu. Prognostiziert werden müssen beim Kapitalwertmodell die Anschaffungsauszahlung(en), die Komponenten der zukünftigen Rückflüsse, die Nutzungsdauer, der (die) Liquidationserlös(e) am Ende der Nutzungsdauer sowie der Kalkulationszinssatz. Auf die Bestimmung dieser Daten wird im Anschluß an die Verfahrensbeurteilung gesondert eingegangen.

Hinsichtlich der Modellannahmen ist darauf hinzuweisen, daß das dynamische Kapitalwertmodell gegenüber den statischen Modellen eine höhere Realitätsnähe aufweist, da explizit mehrere Zeitabschnitte einbezogen werden. Da der Rechenaufwand nur geringfügig höher ist, sind die dynamischen den statischen Verfahren vorzuziehen.

Auch beim Kapitalwertmodell wird aber eine Reihe von Modellannahmen getroffen, für die zu prüfen ist, inwieweit sie mit der Realität übereinstimmen und welche Auswirkungen etwaige Abweichungen mit sich bringen. Zu diesen Modellannahmen, die im folgenden kurz erörtert werden sollen, zählen

(a) die alleinige Relevanz einer Zielgröße (Kapitalwert),
(b) eine gegebene Nutzungsdauer,
(c) das Vorliegen der relevanten Entscheidungen bezüglich anderer Investitionen und in anderen Unternehmensbereichen sowie - in Verbindung damit - die Zuordenbarkeit von Zahlungen zu einzelnen Investitionsobjekten,
(d) die Sicherheit der Daten,
(e) die Zurechenbarkeit der Zahlungen zu bestimmten Zeitpunkten,
(f) die Verzinsung zukünftiger Investitionen und die Anlage freiwerdender Mittel zum Kalkulationszinssatz sowie der Ausgleich von Kapitalbindungs- und Nutzungsdauerdifferenzen durch Investitions- oder Finanzierungsmaßnahmen, die sich zum Kalkulationszinssatz verzinsen, sowie
(g) die Existenz eines vollkommenen Kapitalmarkts.

Bei Investitionsentscheidungen liegen anstelle einer Zielgröße (a) häufig mehrere Ziele vor. Wird die Kapitalwertmethode angewendet, dann sollten diese Ziele außerhalb der Kapitalwertberechnung bei der Entscheidungsfindung berücksichtigt werden. Dazu können auch Modelle für Mehrzielentscheidungen analysiert werden.[57]

Die Nutzungsdauer ist vor Anwendung der Kapitalwertmethode zur Vorteilhaftigkeitsanalyse festzulegen (b). Dazu können Modelle zur Bestimmung der optimalen Nutzungsdauer analysiert werden, falls diese nicht aus technischen oder rechtlichen Gründen determiniert ist. Die Nutzungsdauermodelle können auf dem Kapitalwertmodell basieren.[58]

Entscheidungen bezüglich anderer, nicht in die Betrachtung einbezogener und ebenfalls realisierbarer Investitionsobjekte sowie in anderen Unternehmensbereichen (z. B. Produktion, Absatz und Finanzierung) wirken sich auf die Vorteilhaftigkeit von Investitionsobjekten aus. Diese Entscheidungen werden in dem hier betrachteten Kapitalwertmodell als gegeben unterstellt (c). Dabei wird vernachlässigt, daß sie selbst oftmals wiederum von der betrachteten Investitionsentscheidung abhängig sind und diese bekannt sein müßte, damit bei ihnen die optimale Alternative bestimmt werden kann. In diesem Zusammenhang stellt sich häufig auch das Problem, daß die mit einem Investitionsobjekt verbundenen Zahlungen von Produktions- und Absatzentscheidungen sowie der Realisierung mehrerer Investitionsobjekte abhängen und sich nicht eindeutig einzelnen Objekten zuordnen lassen, wie es hier angenommen wird. Diese Schwierigkeiten lassen sich durch die Anwendung von Simultanplanungsmodellen verringern.[59] Falls eine Zurechenbarkeit von Einzahlungen nicht gegeben ist oder die Einzahlungen bei den analysierten Objekten gleich sind, kann zur Vorteilhaftigkeitsbeurteilung ein Barwert der Auszahlungen bestimmt werden.[60]

Sicherheit der Daten (d) ist bei Investitionsentscheidungen in der Realität nicht gegeben. Daher sollte neben der hier dargestellten Berechnung von Kapitalwerten auf der Basis der prognostizierten Daten - zumindest bei bedeutenden Investitionsobjekten - auch eine Analyse der Auswirkungen von Unsicherheiten erfolgen. Dazu bieten sich insbesondere Verfahren der Investitionsrechnung unter Unsicherheit an.[61]

Hinsichtlich der Modellformulierung und -analyse wurde in diesem Abschnitt davon ausgegangen, daß alle Zahlungen bestimmten Zeitpunkten zugerechnet werden können (e). Als Abstand zwischen den Zahlungszeitpunkten wurde jeweils ein Jahr angenommen. In der Realität werden Zahlungen auch innerhalb eines Jahres auftreten. Dies läßt sich im Kapitalwertmodell berücksichtigen, indem Zahlungszeitpunkte mit geringeren Abständen und eine unterjährige Verzinsung einbezogen werden. In diesem Fall steigen allerdings Prognose- und Rechenaufwand. Alternativ kann unter-

---

[57] Vgl. Abschnitt 4.
[58] Vgl. Abschnitt 5.2.
[59] Vgl. Abschnitt 6.
[60] Die Vorteilhaftigkeitsregeln entsprechen in diesem Fall denen der Kostenvergleichsrechnung. Vgl. Abschnitt 3.2.2.
[61] Vgl. Abschnitt 7.3.

stellt werden, daß die Zahlungen in einem kontinuierlichen Strom anfallen und eine kontinuierliche Verzinsung (stetige Verzinsung, Momentanverzinsung) erfolgt.[62]

Auf die Annahme bezüglich der Anlage freiwerdender Mittel sowie des Ausgleichs von Kapitalbindungs- bzw. Nutzungsdauerdifferenzen - Kreditaufnahme oder Anlage bzw. zukünftige Investition mit einer Verzinsung zum Kalkulationszinssatz (f) - wurde bereits bei der Erörterung des Beispiels eingegangen. Diese Annahme stimmt nicht mit der Realität überein. Es ist bei der Modellanalyse zu klären, ob eine derartige Abweichung gravierend ist und ob genügend Informationen vorhanden sind, um explizit Ergänzungsinvestitionen einbeziehen zu können. Die Annahme, daß sich zukünftige Investitionen zum Kalkulationszinssatz verzinsen, impliziert zum einen die Vernachlässigung rentabler Nachfolgeinvestitionen, sofern deren Konsequenzen nicht bereits in der Zahlungsreihe einer Investition erfaßt sind.[63] Zum anderen ist sie auch für die absolute Vorteilhaftigkeit einer Investition relevant. Die Durchführung einer Investition wirkt sich auf die Realisierbarkeit und Vorteilhaftigkeit zukünftiger Investitionen aus. Dieser Einfluß kann vernachlässigt werden, wenn die oben angesprochene Annahme gilt, da in diesem Fall der Kapitalwert zukünftiger Investitionen Null beträgt und der Verzicht auf diese Investitionen weder negative noch positive monetäre Konsequenzen hat. In der Realität besteht aber Unsicherheit bezüglich der zukünftigen Investitionsmöglichkeiten, diese erwirtschaften unter anderem aufgrund technischen Fortschritts eventuell positive Kapitalwerte. Es tritt dann unter Umständen die Frage auf, ob ein Investitionsobjekt (mit positivem Kapitalwert) zum Planungszeitpunkt durchgeführt oder auf seine Realisation zugunsten zukünftiger Investitionen verzichtet werden sollte. Diese Fragestellung kann durch die explizite Einbeziehung zukünftiger Investitionsobjekte in entsprechende Investitionskalküle beantwortet werden.[64]

Problematisch ist auch die Annahme eines vollkommenen Kapitalmarkts, bei dem zu jedem Zeitpunkt Mittel zu einem einheitlichen Kalkulationszinssatz in beliebiger Höhe aufgenommen bzw. angelegt werden können (g). Nur bei vollkommenem Kapitalmarkt können Entscheidungen über Investitions- und Finanzierungsmaßnahmen getrennt voneinander getroffen werden, ohne daß dies deren Optimalität gefährdet (FISHER-Separationseigenschaft). Des weiteren kann ein Investor in diesem Fall das durch eine Investition generierte zusätzliche Geldvermögen durch Anlage oder Aufnahme finanzieller Mittel - unter Berücksichtigung von Zinswirkungen - auf beliebige Zeitpunkte übertragen. Es ist daher möglich, die zeitliche Verteilung der Entnahme dieses Vermögens und damit den geschaffenen Einkommensstrom der Zeitpräferenz des Investors entsprechend zu gestalten; auch Investitions- und Entnahme-

---

[62] Zur unterjährigen Verzinsung und zur Momentanverzinsung vgl. Lücke, W.: (Investitionslexikon), S. 361 f.; Busse von Colbe, W.; Laßmann, G.: (Betriebswirtschaftstheorie), S. 32 ff.

[63] Zur Einbeziehung von Nachfolgeobjekten in die Investitionsplanung vgl. auch die Ausführungen zur Annuitätenmethode in Abschnitt 3.2.3 sowie zu Modellen für Nutzungsdauer- und Ersatzzeitpunktentscheidungen in Abschnitt 5.

[64] Vgl. dazu Abschnitt 5.4.

bzw. Konsumentscheidungen sind demgemäß bei vollkommenem Kapitalmarkt trennbar.[65]

Ein derartiger Kapitalmarkt existiert aber in der Realität nicht, unter anderem sind die Zinssätze für die Anlage und die Aufnahme finanzieller Mittel in der Regel unterschiedlich. Zudem ist es schwierig, einen geeigneten Kalkulationszinssatz zu ermitteln. Dieses Problem gewinnt dadurch an Bedeutung, daß die Höhe des Kapitalwerts vom Kalkulationszinssatz erheblich beeinflußt wird.[66] Auf Ansätze zur Bestimmung des Kalkulationszinssatzes wird nachfolgend im Zusammenhang mit Überlegungen zur Datenermittlung für Kapitalwertmodelle eingegangen.

Datenermittlung für Kapitalwertmodelle

Wie bereits erwähnt, gehen in die Berechnung von Kapitalwerten die Anschaffungsauszahlung(en), die zukünftigen laufenden Ein- und Auszahlungen, die Nutzungsdauer, der Liquidationserlös an deren Ende sowie der Kalkulationszinssatz ein. Da diese Daten die Resultate einer Investitionsrechnung und deren Aussagekraft bestimmen, sollen hier die Zusammensetzung dieser Größen sowie Ansätze zu ihrer Prognose erörtert werden,[67] anschließend wird mit der Einbeziehung von Inflation ein spezielles, primär die Eingangsdaten einer Investitionsrechnung betreffendes Problem behandelt.

Vorab sei zunächst auf die eher allgemeinen Ausführungen zu Prognoseverfahren und zur Datenermittlung in den Abschnitten 2.2.2 sowie 2.3.2 hingewiesen. Außerdem ist zu erwähnen, daß die Ausführungen zur Datenermittlung sich lediglich beispielhaft auf Kapitalwertmodelle beziehen; sie treffen auch für die anderen in diesem Lehrbuch behandelten Modelle zu, bei denen die jeweiligen Daten genutzt werden. Zusätzlich ist einschränkend zu bemerken, daß die Eingangsgrößen einer dynamischen Investitionsrechnung in hohem Maße von dem jeweils betrachteten Investitionsobjekt abhängig sind; auf Besonderheiten verschiedener Objekte kann hier allerdings nicht eingegangen werden.[68]

Des weiteren sei herausgestellt, daß die Kapitalwertberechnung dem Vergleich zwischen den Situationen bei Realisierung der Investition und bei Verzicht hierauf dient. Die Zahlungsreihe einer Investition sollte daher die durch diese verursachten *Veränderungen* der Ein- und Auszahlungen angeben und sich damit als Differenz zwischen den zusätzlich entstehenden und den aufgrund der Investition wegfallenden

---

[65] Vgl. Fisher, I.: (Theory); Schmidt, R.H.; Terberger, E.: (Grundzüge), S. 91 ff.; Franke, G.; Hax, H.: (Finanzwirtschaft), S. 153 ff.; Kruschwitz, L.: (Investitionsrechnung), S. 90 ff.
Auf die modifizierte Anwendung der Kapitalwertmethode bei unvollkommenem Kapitalmarkt wird in den Abschnitten 3.4.2.2 sowie 7.3.1 eingegangen.
[66] Vgl. Kern, W.: (Grundzüge), S. 56 sowie Abschnitt 3.3.4.
[67] Nicht eingegangen wird hier auf die Nutzungsdauer, da die Bestimmung einer wirtschaftlichen Nutzungsdauer, die der Vorteilhaftigkeitsbeurteilung zugrundegelegt werden kann, in Abschnitt 5 ausführlich erörtert wird.
[68] Zu Hinweisen auf dynamische Modelle für spezifische Investitionsobjekte vgl. Abschnitt 3.4.3.

Zahlungen zusammensetzen.[69] Dabei sind in die relevanten Daten die Konsequenzen vorgesehener Folgehandlungen einzubeziehen; bei diesen kann es sich auch um Nachfolgeinvestitionen handeln.[70] Schließlich ist darauf hinzuweisen, daß die mit Investitionen verbundenen Zahlungswirkungen in der Regel durch Handlungen des Unternehmens, beispielsweise eine gezielte Projektplanung und -steuerung oder Maßnahmen des Kosten- oder Auszahlungsmanagements, beeinflußbar sind.[71]

Bei der oder den *Anschaffungsauszahlung(en)* einer Investition handelt es sich um die Zahlungen, die durch den Erwerb des Objektes und/oder die unternehmensinternen Aktivitäten zu dessen Bereitstellung und Inbetriebnahme entstehen. Bei einem Erwerb ist der Anschaffungspreis um etwaige Minderungen durch Rabatte, Boni und Skonti zu verringern und um Zahlungen, die zusätzlich bei der Beschaffung entstehen, z. B. für Frachten und Zölle, zu erhöhen. Die durch eine unternehmensinterne Erstellung des Investitionsobjektes verursachten Zahlungen lassen sich mit Hilfe von Daten der Kostenrechnung, beispielsweise in Form einer Kalkulation der Herstellkosten, ermitteln. Dabei ist allerdings die Diskrepanz zwischen Kosten und Auszahlungen zu beachten, die eventuell Anpassungen der Daten erforderlich macht.

Schwierig wird häufig die Ermittlung der Zahlungen sein, die durch zusätzliche unternehmensinterne Vorgänge beim Erwerb oder bei der Herstellung eines Investitionsobjektes verursacht werden. Insbesondere tritt hierbei durch die Nutzung unteilbarer Potentiale (Personal, Betriebsmittel etc.) durch mehrere Objekte die Problematik von "Gemeinzahlungen" auf, die ein Pendant zu den Gemeinkosten und -erlösen der Kosten- und Erlösrechnung darstellen. Zur (näherungsweisen) Bestimmung der durch unternehmensinterne Vorgänge entstehenden Zahlungen lassen sich die Verfahren und Systeme der Kostenrechnung wie die Zuschlagskalkulation, die Prozeßkostenrechnung oder die auf RIEBEL zurückgehende Relative Einzelkosten- und Deckungsbeitragsrechnung nutzen.[72]

Der Einsatz güterwirtschaftlicher Investitionsobjekte kann Veränderungen im Umlaufvermögen wie die Erhöhung von Beständen sowie Maßnahmen zur Verbesserung der unternehmensinternen Infrastruktur erforderlich machen, die ihrerseits Investitionscharakter haben. Die Auszahlungen, die durch derartige "Folgeinvestitionen" verursacht werden, sollten ebenfalls berücksichtigt werden. Gleiches gilt für finanzielle Investitionshilfen, falls das Unternehmen solche vom Staat oder von anderen Institutionen erhält, und für die Ein- und/oder Auszahlungen, die durch den mit der

---

[69] Vgl. Blohm, H.; Lüder, K.: (Investition), S. 143; Schneider, D.: (Investition), S. 96 ff.
[70] Zur Berücksichtigung von Folgehandlungen bzw. Handlungsspielräumen für diese unter Einbeziehung der Unsicherheit vgl. die Abschnitte 7.3.4 und 7.3.5.
[71] Vgl. dazu Adam, D.: (Investitionscontrolling), S. 372 ff.; Kusterer, F.: (Investitionsmanagement), S. 124 ff.
[72] Zu diesen Verfahren der Kostenrechnung vgl. z. B. Schweitzer, M.; Küpper, H.-U.: (Systeme), S. 168 ff., 345 ff. und 524 ff.; Götze, U.: (Kostenrechnung), S. 110 ff., 158 ff. und 209 ff., sowie die dort jeweils angegebene Literatur. Zu Vorschlägen für die Behandlung von "Gemeinzahlungen" bei produktbezogenen Investitionsrechnungen vgl. Riezler, S.: (Lebenszyklusrechnung), S. 149 ff.

Anschaffung eines Investitionsobjektes verbundenen Abgang anderer Gegenstände verursacht werden (insbesondere Liquidationserlöse zu ersetzender Anlagen bzw. Auszahlungen für deren Abbau, Veräußerung, Entsorgung etc.).[73]

Den zentralen Bestandteil einer Zahlungsreihe stellen die *laufenden Ein- und Auszahlungen* bzw. Rückflüsse dar, die jeweils für die verschiedenen explizit erfaßten Perioden bzw. Zeitpunkte des Planungszeitraums[74] zu prognostizieren sind. Laufende Einzahlungen resultieren oftmals vorrangig aus dem Verkauf der mit den Investitionsobjekten hergestellten Produkte bzw. erbrachten Leistungen, sie ergeben sich als Summe der mit den jeweils erzielbaren Preisen bewerteten zusätzlichen Absatzmengen.[75] Die Prognose dieser Größen wird oftmals besonders schwierig sein; sie läßt sich durch nach Produkt- bzw. Leistungsarten, Märkten etc. differenzierte Absatzplanungen fundieren, die die im Investitionsfall und bei der Unterlassensalternative verfügbaren Kapazitäten berücksichtigen.

Darüber hinaus kann das bereits oben im Zusammenhang mit dem Vorliegen anderer Entscheidungen (Annahme (c)) angesprochene Problem auftreten, daß sich nicht ohne weiteres die Einzahlungen (bzw. deren Veränderungen) ermitteln lassen, die durch ein bestimmtes Investitionsobjekt entstehen. Dies trifft unter anderem bei Investitionen zu, die im Zusammenwirken mit anderen vorhandenen oder noch zu beschaffenden Betriebsmitteln die Mengen der auf dem Markt absetzbaren Produkte oder Leistungen erhöhen (z. B. durch Vergrößerung der Kapazität einer Fertigungsstufe).[76] Bei derartigen Investitionen ist es möglich, von gegebenen Entscheidungen bezüglich der anderen Betriebsmittel auszugehen und die auf dieser Basis erwartete Änderung der Einzahlungen der betrachteten Investition zuzuordnen. Außerdem lassen sich mehrere Betriebsmittel zu einem Komplex zusammenfassen und als aggregiertes Investitionsobjekt interpretieren. Des weiteren besteht in diesem Zusammenhang die Möglichkeit, das Problem mit einer simultanen Investitions- und Produktionsplanung zu umgehen, bei der die laufenden Einzahlungen Produkten zugerechnet werden.[77] Bei Investitionen in produkt- und kundenfernen Bereichen, z. B. zur Erhaltung der Betriebsbereitschaft oder zur Verbesserung der Infrastruktur, läßt sich der Einfluß auf die Einzahlungen des Unternehmens kaum abschätzen. Hier können Verrechnungspreise festgelegt und darauf basierende "Einzahlungen" einbezogen werden. Alternativ ist es möglich, auf die Zurechnung von Einzahlungen zu verzich-

---

[73] Zur Zusammensetzung der Anschaffungsauszahlungen von Investitionen vgl. Blohm, H.; Lüder, K.: (Investition), S. 144 ff., zu deren Modellierung bzw. Schätzung bei bestimmten Sachinvestitionen vgl. Oppitz, V.: (Investitionsfinanzierung), S. 932 ff.; Hähre, S.: (Stoffstrommanagement), S. 157 ff.

[74] Auf die Problematik der Zuordnung von Zahlungen zu Zeitpunkten wurde bereits im Zusammenhang mit Annahme (e) des Kapitalwertmodells hingewiesen.

[75] Zur Planung von Veränderungen der laufenden Einzahlungen, die durch Investitionsobjekte bewirkt werden, vgl. u. a. Blohm, H.; Lüder, K.: (Investition), S. 146 f.; Schaefer, S.: (Investitions-Controlling), S. 75 f.; Frischmuth, G.: (Daten), S. 215 ff.

[76] Vgl. hierzu auch Adam, D.: (Interdependenzproblem).

[77] Vgl. hierzu Abschnitt 6.4.

ten und lediglich einen Barwert der Auszahlungen zu berechnen, die positiven Effekte einer Investition im Rahmen einer Nutzen-Kosten-Analyse zu monetarisieren oder aber nicht-monetäre Größen mit einem Mehrzielverfahren auszuwerten.[78]

Durch Investitionsobjekte können die laufenden Auszahlungen eines Unternehmens in vielfältiger Weise erhöht, aber auch, beispielsweise durch eine Rationalisierungsinvestition, verringert werden. Diese Veränderungen können sich grundsätzlich auf den Verzehr sämtlicher Produktionsfaktoren und auf alle Unternehmensbereiche beziehen. Eine hohe Genauigkeit der Prognose der laufenden Auszahlungen setzt daher voraus, daß bei dieser die Veränderungen in verschiedenen Unternehmensbereichen und bei verschiedenen Produktionsfaktoren differenziert einbezogen werden. Dabei wird sich wie bei Anschaffungsauszahlungen und Einzahlungen häufig das - mit Hilfe von Verfahren der Kostenrechnung bedingt lösbare - Problem ergeben, daß die durch ein Investitionsobjekt verursachten zusätzlichen Auszahlungen nur schwer isolierbar sind. Um die Konsistenz der Planung zu wahren, sollte bei der Abschätzung der laufenden Auszahlungen von den gleichen Annahmen zu den gemeinsamen Bestimmungsfaktoren wie Absatz- und Produktionsmengen, Preisniveau etc. wie bei den Einzahlungen ausgegangen werden.[79]

In die laufenden Ein- und Auszahlungen lassen sich auch die Veränderungen von Steuerzahlungen einbeziehen, die durch eine Investition bewirkt werden. Diesem Aspekt ist im vorliegenden Lehrbuch ein eigenes Kapitel (Abschnitt 3.4.1) gewidmet.

Es sei außerdem darauf hingewiesen, daß grundsätzlich die Möglichkeit besteht, anstelle von Ein- und Auszahlungen andere Rechengrößen wie Einnahmen und Ausgaben oder Erfolgsgrößen (Erträge und Aufwendungen, Erlöse und Kosten) für eine Barwertberechnung zu verwenden. Ob sich auch Einnahmen und Ausgaben für eine dynamische Investitionsrechnung eignen, wird in der Literatur unterschiedlich eingeschätzt.[80] Da in vielen Unternehmen das Rechnungswesen vorrangig auf Erfolgsgrößen ausgerichtet ist, wird es häufig sinnvoll sein, bei der Datenermittlung von diesen auszugehen und dann Korrekturen vorzunehmen, um sie in Zahlungsgrößen umzuwandeln.[81] Es ist eine Frage des Ausmaßes der Divergenzen zwischen Zahlungs- und Erfolgsgrößen, der angestrebten Aussagegenauigkeit und des entstehen-

---

[78] Zur Nutzen-Kosten-Analyse, die für die Bewertung öffentlicher bzw. gesamtwirtschaftlicher Investitionen entwickelt worden ist, vgl. Hanusch, H.: (Nutzen-Kosten-Analyse); Zwehl, W. von; Schmidt-Ewig, W.: (Wirtschaftlichkeitsrechnung), S. 55 ff., zu Mehrzielverfahren vgl. Abschnitt 4.

[79] Zur Prognose der laufenden Auszahlungen vgl. Blohm, H.; Lüder, K.: (Investition), S. 147; Frischmuth, G.: (Daten), S. 222 ff.

[80] Während beispielsweise BLOHM/LÜDER eine Differenzierung zwischen beiden Begriffspaaren für eine Investitionsrechnung als nicht erforderlich ansehen, lehnen PERRIDON/STEINER die Berücksichtigung von Einnahmen und Ausgaben ab. Vgl. Blohm, H.; Lüder, K.: (Investition), S. 56; Perridon, L.; Steiner, M.: (Finanzwirtschaft), S. 86.

[81] Dies dokumentiert sich auch in dem Vorschlag, der Investitionsbeurteilung abgezinste Cash Flows zugrundezulegen ("Discounted Cash Flow-Methode"). Vgl. Rappaport, A.: (Shareholder), S. 39 ff.; Günther, T.: (Controlling), S. 95 ff.; Lücke, W.: (Investitionslexikon), S. 51 f.

den Aufwandes, wie konsequent und exakt diese Anpassungen durchgeführt werden sollten.

Zum Verhältnis zwischen den Ergebnissen von Investitionsrechnungen auf der Basis von Zahlungs- und von Erfolgsgrößen ist zunächst auf das LÜCKE-Theorem zu verweisen. Gemäß diesem führen eine Kapitalwertberechnung unter Einbeziehung von Zahlungen und eine solche, bei der periodenbezogene Erträge und Aufwendungen verwendet werden, unter bestimmten Annahmen zu einem identischen Resultat. Dies ist dann der Fall, wenn die Summen aller über den gesamten betrachteten Zeitraum erzielten Zahlungsüberschüsse und Periodenerfolge gleich hoch sind (sog. Kongruenzprinzip) und außerdem die Periodenergebnisse jeweils um Zinsen auf den Kapitalbestand der Vorperiode korrigiert werden. Dieser Kapitalbestand ergibt sich als Saldo der bis zu dieser Periode aufsummierten Gewinne und Zahlungsüberschüsse.[82] Diese Erkenntnis wird beispielsweise bei dem Konzept des Economic Value Added als Grundlage für die Berechnung einer Unternehmenswertveränderung (des Market Value Added) auf der Basis von in bestimmter Form angepaßten Erfolgs- und Bilanzgrößen mehrerer Perioden herangezogen.[83]

Ein weiteres mögliches Element der einer Kapitalwertermittlung zugrunde zu legenden Zahlungsreihe ist der *Liquidationserlös* am Ende der Nutzungsdauer oder aber ein *Restwert* am Ende des Planungszeitraums. Bei der Modellformulierung kann einerseits - wie bei der Modell- bzw. Verfahrensdarstellung in diesem Lehrbuch unterstellt - von einer Liquidation des Investitionsobjekts am Ende des Planungszeitraums ausgegangen werden. Es ist dann ein Liquidationserlös zu prognostizieren, wobei in diesen die Einzahlungen aus dem Verkauf des Objekts oder einzelner seiner Bestandteile, aber ebenso Auszahlungen für Abbau, Veräußerung oder Entsorgung eingehen, so daß er auch einen negativen Wert annehmen kann. Die Prognose des Liquidationserlöses ist besonders schwierig, da er zu einem relativ weit in der Zukunft liegenden Zeitpunkt anfällt und außerdem maßgeblich von der zukünftigen Preisbereitschaft der potentiellen Käufer (und damit deren späteren Nutzungsmöglichkeiten des Investitionsobjekts) abhängig ist. Für manche marktgängige Objekte existieren Datensammlungen über Marktpreise in Abhängigkeit von der Nutzungsdauer, auf die zurückgegriffen werden kann.[84]

Eine mögliche Variante der Modellbildung besteht andererseits darin, aus Vereinfachungs- und Wirtschaftlichkeitsgründen den Planungszeitraum kürzer als die Nutzungsdauer des Investitionsobjekts anzusetzen und die nach dem Ende des Planungs-

---

[82] Vgl. Lücke, W.: (Investitionsrechnungen), S. 310 ff.; Küpper, H.-U.: (Controlling), S. 126; Henselmann, K.: (Value), S. 162.
[83] Vgl. Pfaff, D.; Bärtl, O.: (Unternehmenssteuerung), S. 91 ff.; Hostettler, S.: (Economic), S. 183 ff.; Götze, U.; Glaser, K.: (Value), S. 32 ff. Es hängt von der konkreten Korrektur der Erfolgs- und Bilanzgrößen ab, ob und inwieweit dabei ein mit dem Ergebnis einer zahlungsbezogenen Investitionsrechnung übereinstimmendes Resultat erzielt wird.
Zu einer Barwertberechnung für Erfolgsgrößen vgl. auch Abschnitt 5.3.1.
[84] Ein Beispiel ist die Schwacke-Liste für Fahrzeuge.

zeitraums erwarteten Wirkungen des Objekts in einem Restwert zusammenzufassen.[85] Dabei ist es naheliegend, diese Wirkungen in Form von Zahlungsüberschüssen zu prognostizieren, auf das Ende des Planungszeitraums zu diskontieren und dann zu aggregieren.[86] Die angestrebte Vereinfachung bezieht sich hier vor allem auf die Prognoseaktivitäten; beispielsweise kann für den Zeitraum nach dem Ende des Planungshorizonts vereinfachend ein konstanter Zahlungsüberschuß unterstellt werden. Aber auch dieser Ansatz ist keineswegs unproblematisch, da sämtliche Eingangsdaten (Verwendung des Objektes nach Ende des eigentlichen Planungszeitraums, daraus resultierende Zahlungsüberschüsse, Zeitraum, über den sie noch anfallen, und Kalkulationssatz) nur schwer abgeschätzt werden können. Insgesamt ist bei beiden Ansätzen von einer hohen Unsicherheit des Liquidationserlöses bzw. Restwerts auszugehen. Zudem wird deutlich, daß auch die Festlegung des Planungszeitraums ein Entscheidungsproblem bei der Modellkonstruktion darstellt.[87]

Eine zentrale Eingangsgröße einer jeden Kapitalwertberechnung, deren Bestimmung spezifische Probleme aufwirft, stellt der *Kalkulationszinssatz* dar. Dieser hat im Kapitalwertmodell vor allem zwei Funktionen zu erfüllen: zum einen soll mit seiner Hilfe Vergleichbarkeit zwischen den Alternativen hergestellt, zum anderen sollen die gegenwärtigen und zukünftigen Investitionsmöglichkeiten erfaßt werden.[88]

Um Vergleichbarkeit der Alternativen zu erreichen, ist es notwendig, entstehende Finanzierungskosten zu berücksichtigen, da diese in den Nettozahlungen der Investitionsobjekte nicht enthalten sind. Ein Ansatz zur Bestimmung des Kalkulationszinssatzes ist daher die Ableitung aus den Finanzierungskosten. Ist bekannt, daß eine Eigenfinanzierung erfolgt, dann kann die bei alternativer Anlage der eingesetzten Mittel erzielbare Verzinsung als Eigenkapitalkostensatz angesetzt werden. Bei Fremdfinanzierung läßt sich die Fremdkapitalverzinsung, bei Mischungen aus Eigen- und Fremdfinanzierung ein gewichteter Mittelwert aus Eigen- und Fremdkapitalkosten (weighted average cost of capital) heranziehen.[89] Die Orientierung an den Finanzierungskosten bringt aber einige Nachteile mit sich:[90]

---

[85] Ein entsprechender Vorschlag wird beispielsweise für die Ermittlung des Shareholder Value im Rahmen des Discounted Cash Flow-Ansatzes von RAPPAPORT (vgl. Rappaport, A.: (Shareholder), S. 40 ff.) oder aber für die Bewertung von Unternehmen (vgl. Henselmann, K.: (Restwert), S. 151) unterbreitet.

[86] Zu Ansätzen für die Ermittlung des Restwerts güterwirtschaftlicher Investitionsobjekte vgl. Adam, D.: (Bedeutung), S. 395 ff., zur Restwertbestimmung von Unternehmen vgl. Henselmann, K.: (Restwert), S. 152 ff.; Pape, U.: (Unternehmensführung), S. 113 ff.

[87] Zu Ansätzen zu dessen Festlegung vgl. z. B. Lücke, W.: (Fristigkeit), Sp. 536 ff.; Schneider, D.: (Investition), S. 27 ff.

[88] Vgl. Perridon, L.; Steiner, M.: (Finanzwirtschaft), S. 87 f.; Krause, W.: (Investitionsrechnungen), S. 154 ff. KERN nennt als weitere Aufgabe die Zeitausgleichsfunktion, die aber in engem Zusammenhang zur Herstellung der Vergleichbarkeit steht. Vgl. Kern, W.: (Grundzüge), S. 35.

[89] Vgl. Busse von Colbe, W.; Laßmann, G.: (Betriebswirtschaftstheorie), S. 53 f.; Staehelin, E.: (Investitionsrechnung), S. 78; Kloster, U.: (Kapitalkosten), S. 46.

[90] Vgl. Perridon, L.; Steiner, M.: (Finanzwirtschaft), S. 88.

- es ist häufig nicht bekannt, wie einzelne Investitionsobjekte finanziert werden,
- es ist - wie unten noch erläutert wird - schwierig, die Verzinsung alternativer Anlagen zu ermitteln, und
- die Verzinsung der zukünftigen Investitionsmöglichkeiten wird nicht immer mit den Finanzierungskosten übereinstimmen.

Der Vergleich von Investitionsobjekten kann auch mit Hilfe von Opportunitätskosten erfolgen. Hierbei sind die Verzinsungen alternativer Investitionsobjekte der Bemessung des Kalkulationszinssatzes zugrunde zu legen. Allerdings ist in der Regel nicht bekannt, welches Investitionsobjekt durch die betrachtete Investition aus dem Investitionsprogramm des Unternehmens verdrängt wird und damit die relevante Alternative darstellt. Dies läßt sich nur mit Hilfe einer Simultanplanung des Investitionsprogramms ermitteln. Aus der Optimallösung eines Modells zur Investitionsprogrammplanung können Kalkulationszinssätze abgeleitet werden, die auf der Verzinsung der besten verdrängten Anlage basieren, sog. endogene Kalkulationszinssätze.[91] Diese sind jedoch erst nach der Optimierung eines Investitionsprogramms bekannt, bei der eine Vorteilhaftigkeitsbeurteilung der betrachteten Investitionsobjekte bereits erfolgt ist.

Die zweite Funktion des Kalkulationszinssatzes besteht - wie erwähnt - in der Erfassung gegenwärtiger und zukünftiger Investitionsmöglichkeiten, die zum Ausgleich von Kapitalbindungs- und Nutzungsdauerdifferenzen geeignet sind. Auch zur Erfüllung dieser Funktion kann die Verzinsung der besten verdrängten Investitionsmöglichkeit herangezogen werden. Dabei stellt sich allerdings das oben angesprochene Problem, daß diese sich kaum bestimmen läßt. Des weiteren wird vorgeschlagen, die langfristige Durchschnittsrentabilität des Unternehmens oder die zukünftig durchschnittlich zu erwartenden Verzinsungen von Anleihen anzusetzen.[92] Gegen die Einbeziehung der langfristigen Durchschnittsrentabilität wird aber unter anderem eingewendet, daß dabei das Ziel der Rentabilitätsverbesserung außer acht bleibt und lediglich eine Mindestverzinsung gewährleistet ist;[93] bei beiden Ansätzen ist fraglich, inwieweit die Verzinsung der konkurrierenden Investitionen, bei denen es sich auch um güterwirtschaftliche Objekte handeln kann, erfaßt wird.

Bisher wurde davon ausgegangen, daß der Kalkulationszinssatz im Zeitablauf konstant und unabhängig vom Zahlungszeitpunkt ist, und damit eine "flache" Zinskurve unterstellt. In der Realität ist jedoch bei auf Märkten gehandelten Anlagen eine Laufzeitabhängigkeit der Verzinsung festzustellen; typischerweise steigen die Zins-

---

[91] Vgl. dazu die Abschnitte 6.3.2 und 6.3.4.
[92] Vgl. Perridon, L.; Steiner, M.: (Finanzwirtschaft), S. 88; Albach, H.: (Investition), S. 86 f.; Kruschwitz, L.: (Investitionsrechnung), S. 96 f.
[93] Vgl. Perridon, L.; Steiner, M.: (Finanzwirtschaft), S. 88.

sätze mit zunehmender Laufzeit (normale Zinskurve bzw. -struktur).[94] Stellt die Anlage auf dem Kapitalmarkt die alternative Investitionsmöglichkeit dar, dann bietet es sich daher an, zu deren adäquater Erfassung laufzeitabhängige Kalkulationszinssätze bei der Berechnung des Kapitalwerts zu verwenden.[95]

Dazu können grundsätzlich die Zinssätze von im Planungszeitpunkt (bzw. zeitgleich mit der ersten Zahlung der Investition) realisierbaren Zero Bonds verwendet werden. Zero Bonds sind Anleihen, bei denen lediglich am Ende des Anlagezeitraums (Zeitpunkt t) eine Einzahlung E_t erfolgt und die Verzinsung allein aus der Differenz zwischen dieser Einzahlung und der Auszahlung A_0 zu Beginn des Zeitraums resultiert. Die in jeder Periode der Laufzeit t erzielbare Verzinsung i_{ZBt} ergibt sich dann wie folgt:

$$i_{ZBt} = \sqrt[t]{\frac{E_t}{A_0}} - 1$$

Der Kapitalwert einer Investition läßt sich ermitteln, indem deren zu einem bestimmten Zeitpunkt anfallende Zahlungen jeweils mit dem Zinssatz, der bei einer bis zu diesem Zeitpunkt laufenden Anleihe erzielt werden kann, auf den Beginn des Planungszeitraums diskontiert werden:

$$KW = \sum_{t=0}^{T}(e_t - a_t) \cdot (1 + i_{ZBt})^{-t}$$

Allerdings werden am deutschen Kapitalmarkt Zero Bonds vergleichsweise selten gehandelt, so daß eventuell nicht für alle relevanten Zeitpunkte Zinssätze bekannt sind. Entsprechende laufzeitabhängige Zinssätze lassen sich bei einem vollständigen Kapitalmarkt jedoch auch aus den Preisen und Rückflüssen von Wertpapieren mit periodischen Zahlungen (sog. Kuponanleihen) ableiten.

Neben Transaktionen, bei denen sofort eine Zahlung erfolgt (Kassageschäfte), werden am Kapitalmarkt auch Geschäfte getätigt, bei denen sämtliche Zahlungen in der Zukunft liegen (Termingeschäfte). Unter bestimmten Bedingungen, die insbesondere Arbitragegeschäfte ausschließen, besteht zwischen der Verzinsung eines Zero Bonds und den Verzinsungen ($i_{T\tau}$) aller Anlagen, die über dessen Laufzeit für jeweils

---

[94] Am Kapitalmarkt lassen sich zwar vorübergehend auch Zinsstrukturen beobachten, bei denen die Zinssätze mit zunehmender Laufzeit der Wertpapiere fallen (inverse Zinsstruktur); steigende Zinssätze stellen jedoch den Regelfall dar.

[95] Die folgenden Ausführungen zu laufzeitabhängigen Kalkulationszinssätzen und deren Berücksichtigung bei der Kapitalwertberechnung basieren auf Kruschwitz, L.: (Investitionsrechnung), S. 96 ff.
Auf die Einbeziehung laufzeitabhängiger Marktzinssätze in die Kapitalwertberechnung zielt auch die von ROLFES vorgeschlagene "Marktzinsorientierte Investitionsrechnung" ab. Zu diesem Konzept und der Kritik daran vgl. Rolfes, B.: (Investitionsrechnung), S. 120 ff.; Rolfes, B.: (Marktzinsorientierte Investitionsrechnung); Rolfes, B.: (Marktzinsmethode); Adam, D.; Hering, T.; Schlüchtermann, J.: (Verwendung); Adam, D.; Schlüchtermann, J.; Hering, T.: (Marktzinsmethode); Adam, D.; Schlüchtermann, J.; Hering, T.: (Versuch); Wimmer, K.: (Marktzinsmethode); Hartmann-Wendels, T.; Gumm-Heußen, M.: (Diskussion); Kruschwitz, L.; Röhrs, M.: (Debreu).

Dynamische Modelle

eine Periode τ realisiert werden können (und bei denen es sich mit Ausnahme der ersten Periode um Termingeschäfte handelt) eine eindeutige Beziehung:

$$(1+i_{ZBt})^t = \prod_{\tau=1}^{t}(1+i_{T\tau})$$

Man gelangt dann zu dem gleichen Ergebnis wie bei der oben beschriebenen Kapitalwertberechnung, wenn zur Diskontierung die verschiedenen bis zu einem Zeitpunkt t relevanten Zinssätze einperiodiger Anlagen verwendet werden:[96]

$$KW = \sum_{t=0}^{T}(e_t - a_t) \cdot \prod_{\tau=1}^{t}(1+i_{T\tau})^{-1}$$

Unabhängig davon, ob laufzeitspezifische Zinssätze verwendet werden oder nicht, existieren "richtige" Kalkulationszinssätze, die die Funktionen der Herstellung der Vergleichbarkeit sowie der Erfassung anderer Investitionsmöglichkeiten erfüllen, nur unter der vereinfachenden Annahme eines vollkommenen Kapitalmarkts.[97] Bei der praktischen Anwendung der Kapitalwertmethode kann daher lediglich angestrebt werden, einen Kalkulationszinssatz zu finden, der eine möglichst weitgehende Erfüllung der beiden Funktionen erlaubt.

Außerdem läßt sich die Problematik der Bestimmung des Kalkulationszinssatzes mildern, indem Grenzwerte für diesen ermittelt und damit jeweils Kapitalwertberechnungen durchgeführt werden. Dabei könnte eine untere Grenze beispielsweise in Höhe des Zinssatzes "risikoloser" Wertpapiere festgelegt werden und eine obere der maximal vorstellbaren Verzinsung alternativer Investitionen oder der Verzinsung der teuersten Kreditaufnahmemöglichkeit entsprechen. Für Normalinvestitionen gilt, daß sie unter der Annahme von Sicherheit in jedem Fall als absolut vorteilhaft einzustufen sind, falls sie beim oberen Grenzwert einen positiven Kapitalwert erzielen. Wird beim unteren Grenzwert ein negativer Kapitalwert erwartet, sind Normalinvestitionen unvorteilhaft. Das Problem der Festlegung eines Kalkulationszinssatzes besteht dann nur noch für die verbleibenden Objekte.[98]

Weitere Überlegungen zur Bemessung des Kalkulationszinssatzes sind erforderlich, falls in Modellen, die von einem vollkommenen Kapitalmarkt ausgehen, Inflation, Steuern oder Unsicherheiten bzw. Risiken berücksichtigt werden sollen.[99]

Ausgehend von der Erkenntnis, daß in der Realität die Zinssätze für die Anlage und die Aufnahme finanzieller Mittel voneinander abweichen, sind Verfahren entwickelt worden, die bei der Investitionsbeurteilung einen unvollkommenen Kapital-

---

[96] Neben den beiden hier beschriebenen Möglichkeiten der Nutzung laufzeitabhängiger Kalkulationszinssätze besteht eine dritte darin, Effektivzinssätze von Kuponanleihen zu verwenden. Vgl. dazu Kruschwitz, L.: (Investitionsrechnung), S. 100 ff.
[97] Vgl. Perridon, L.; Steiner, M.: (Finanzwirtschaft), S. 89.
[98] Vgl. Hering, T.: (Investitionstheorie), S. 217 ff.
[99] Vgl. dazu die nachfolgenden Ausführungen zur Einbeziehung der Inflation sowie hinsichtlich der Steuern Abschnitt 3.4.1.1 und zur Unsicherheit Abschnitt 7.3.1.

markt unterstellen. Bei der Vermögensendwertmethode wird anstelle des Kalkulationszinssatzes jeweils ein Anlage- und ein Aufnahmezinssatz eingeführt, bei der Sollzinssatzmethode ein kritischer Aufnahmezinssatz berechnet. Die Methode der vollständigen Finanzpläne schließlich erlaubt ebenso wie Modelle zur simultanen Investitions- und Finanzierungsplanung die Einbeziehung mehrerer Anlage- und Aufnahmezinssätze.[100]

Aufgrund des typischerweise relativ langen Wirkungszeitraums von Investitionen ergibt sich die Frage nach der Einbeziehung von *Inflation* und den dadurch bewirkten Kaufkraftverlusten in die Investitionsrechnung. Steigerungen des Preisniveaus beeinflussen zumeist die verschiedenen Komponenten der mit einer Investition verbundenen Ein- und Auszahlungen - eventuell in unterschiedlicher Form - ebenso wie den zur Diskontierung zu verwendenden Zinssatz.[101] Daher sind sowohl für die Zahlungsmittelüberschüsse als auch für den Kalkulationszinssatz Überlegungen zur Erfassung von Inflation in einer Kapitalwertberechnung erforderlich.

Im Hinblick auf die Zahlungsmittelüberschüsse bestehen primär die Möglichkeiten, Nominalwerte oder reale Werte einzubeziehen.[102] Vorzuziehen sind Nominalwerte, da sie sich zumeist einfacher - entweder direkt unter Einbeziehung der Geldentwertung oder ausgehend von den zu Beginn des Planungszeitraums vorliegenden Preisen mit Hilfe von Preisindizes - prognostizieren lassen dürften als reale Werte.[103]

Wird von Nominalwerten bei den Zahlungen ausgegangen, kann als Kalkulationszinssatz entweder ein Nominalzinssatz i (nominale Kapitalwertrechnung) oder ein realer Kalkulationszinssatz i^r, verknüpft mit der Geldentwertungsrate g (reale Kapitalwertrechnung), zugrunde gelegt werden. Beide Vorgehensweisen führen zum gleichen Kapitalwert, falls bei über den Planungszeitraum konstanten Zinssätzen und Geldentwertungsraten die sog. FISHER-Bedingung

$$1 + i = (1 + i^r) \cdot (1 + g)$$

gilt und damit die reale Verzinsung nicht von der Inflation abhängig ist.[104] Trifft diese Beziehung nicht zu oder verändert sich die Geldentwertungsrate im Zeitablauf, dann können die Resultate differieren. Unter der Annahme, daß der reale Kapitalwert (Kapitalwert bei konstanter Kaufkraft) für den Investor eher als der nominale Kapi-

---

100 Vgl. die Abschnitte 3.3.6 bis 3.3.8 sowie 6.3.
101 Zum Zusammenhang zwischen Preissteigerungsraten und Kapitalmarktrenditen vgl. z. B. Wilkens, M.: (Risiko-Management), S. 29 f.
102 Die weitere Alternative, Zahlungen einzubeziehen, in die die zu Anfang des Planungszeitraums gültigen Preise eingehen, weist neben Prognoseproblemen den Nachteil auf, daß der damit berechnete Kapitalwert eine fiktive Größe darstellt, die in der Realität nicht erzielbar ist. Vgl. Blohm, H.; Lüder, K.: (Investition), S. 141 ff.
103 Vgl. Blohm, H.; Lüder, K.: (Investition), S. 142.
104 Vgl. Blohm, H.; Lüder, K.: (Investition), S. 138 ff. und S. 230 f.; Schneider, D.: (Investition), S. 380; Franke, G.; Hax, H.: (Finanzwirtschaft), S. 216 f. Die FISHER-Bedingung ist erfüllt, falls ein vollkommener Kapitalmarkt vorliegt und keine Geldillusion besteht. Vgl. dazu Fisher, I.: (Theory), S. 36 f.; Kolbe, C.: (Investitionsrechnungen), S. 41; Blohm, H.; Lüder, K.: (Investition), S. 139 sowie kritisch zur Relevanz der Bedingung Breuer, W.: (Investition I), S. 240 ff.

talwert eine adäquate Zielgröße darstellt, sollte in diesem Fall die reale Kapitalwertrechnung präferiert werden.[105]

Abschließend sei erwähnt, daß es vom Einfluß der Inflation auf die Ein- und Auszahlungen sowie den Kalkulationszinssatz abhängig ist, ob und wie sich der Kapitalwert gegenüber einer Situation ohne Inflation verändert. Sind beide in gleicher Weise betroffen, dann bleibt der Kapitalwert unverändert. Steigen die Einzahlungsüberschüsse bei Inflation stärker (schwächer) als der Kalkulationszinssatz, dann nimmt der Kapitalwert zu (ab).[106]

3.3.3 Annuitätenmethode

Verfahrensdarstellung

Die Annuitätenmethode geht von einem Modell aus, das dem der Kapitalwertmethode entspricht. Das Modell wird lediglich hinsichtlich einer anderen Zielgröße ausgewertet, der Annuität.

> Eine Annuität ist eine Folge gleich hoher Zahlungen, die in jeder Periode des Betrachtungszeitraums anfallen.

Sie läßt sich als Betrag interpretieren, den ein Investor bei Durchführung eines Projekts in jeder Periode zusätzlich entnehmen kann. Die Annuität eines Investitionsobjekts ist dem Kapitalwert desselben Objekts äquivalent, d. h. es ist möglich, beide Größen gemäß den Regeln der Finanzmathematik ineinander zu überführen.

Die Anwendung der Annuitätenmethode zur Beurteilung der relativen Vorteilhaftigkeit ist nicht uneingeschränkt sinnvoll, wie im folgenden noch erörtert wird. Unter Vernachlässigung dieses Sachverhalts gelten bei der Annuitätenmethode die folgenden Vorteilhaftigkeitskriterien:[107]

> Ein Investitionsobjekt ist absolut vorteilhaft, falls seine Annuität größer als Null ist. Ein Investitionsobjekt ist relativ vorteilhaft, falls seine Annuität größer ist als die eines jeden anderen zur Wahl stehenden Objekts.

Bei der Berechnung der Annuität werden die Zahlungen der Zahlungsfolge i. d. R. jeweils auf das Periodenende bezogen (nachschüssige Zahlungen). Davon wird auch im folgenden ausgegangen. Als Betrachtungszeitraum wird zunächst jeweils die Nutzungsdauer des Objekts gewählt.

---

[105] Vgl. Blohm, H.; Lüder K.: (Investition), S. 140 und S. 231; Busse von Colbe, W.; Laßmann, G.: (Betriebswirtschaftstheorie), S. 83 f. sowie zu einer anderen Auffassung Meerkatt, H.: (Inflation), S. 157.
[106] Vgl. Swoboda, P.: (Investition), S. 67 f. sowie differenziert zum Einfluß der Inflation auf Kapitalwerte und Vorteilhaftigkeitsaussagen Lindau, G.: (Kapitalwertmethode), S. 136 ff.
[107] Vgl. Kern, W.: (Investitionsrechnung), S. 168; ter Horst, K.W.: (Investitionsplanung), S. 65.

Die Annuität (Ann) eines Investitionsobjekts kann berechnet werden, indem der Kapitalwert (KW) des Objekts mit dem Wiedergewinnungsfaktor multipliziert wird.[108] Dieser ist abhängig vom Kalkulationszinssatz (i) und der Nutzungsdauer (T). Die Annuität ergibt sich als:

$$\text{Ann} = \text{KW} \cdot \frac{(1+i)^T \cdot i}{(1+i)^T - 1}$$

Die Annuitätenmethode führt - wie aus der oben angegebenen Formel abgeleitet werden kann - bei Beurteilung der absoluten Vorteilhaftigkeit zum gleichen Resultat wie die Kapitalwertmethode. Dies gilt bei der Einschätzung der relativen Vorteilhaftigkeit auch, falls die zu vergleichenden Objekte die gleiche Nutzungsdauer aufweisen, da dann die Wiedergewinnungsfaktoren identisch sind. Ist dies nicht der Fall und gilt die Annahme des Kapitalwertmodells bezüglich der Nachfolgeobjekte der zu vergleichenden Investitionen bzw. des Ausgleichs von Nutzungsdauerdifferenzen, dann sollte die Annuitätenmethode in modifizierter Form (mit identischen Bezugszeiträumen) angewendet werden. Die Vorteilhaftigkeitsbeurteilung fällt dann weiterhin genauso aus wie bei der Kapitalwertmethode.[109] Die Nutzung der Annuitätenmethode kann aber auch sinnvoll sein, falls eine andere Prämisse bezüglich der Nachfolgeobjekte unterstellt wird. Dieser Aspekt wird im folgenden aufgegriffen.

Beispiel

Betrachtet wird das bereits im vorigen Abschnitt behandelte Beispiel. Für Alternative A gilt:

$$\text{Ann}_A = 26.771{,}59 \cdot \frac{1{,}08^5 \cdot 0{,}08}{1{,}08^5 - 1} = 6.705{,}12 \ [\text{€}]$$

Bei Alternative B ergibt sich aufgrund der unterschiedlichen Nutzungsdauer ein anderer Wiedergewinnungsfaktor. Die Annuität beträgt:

$$\text{Ann}_B = 25.469{,}32 \cdot \frac{1{,}08^4 \cdot 0{,}08}{1{,}08^4 - 1} = 7.689{,}72 \ [\text{€}]$$

Beide Objekte weisen eine positive Annuität auf und sind damit absolut vorteilhaft. Bei der Beurteilung der relativen Vorteilhaftigkeit ist zu berücksichtigen, daß die Annuitäten sich auf unterschiedliche Zeiträume - die verschiedenen Nutzungsdauern - beziehen und demgemäß unterschiedlich viele Zahlungen beinhalten. Die Annuität des Objekts B ist zwar höher, sie läuft aber über einen kürzeren Zeitraum.

---

[108] Vgl. Abschnitt 3.3.1.
[109] Diese generelle Identität der Vorteilhaftigkeitseinschätzungen bei den Zielgrößen Kapitalwert und Annuität, die sich durch die zeitliche Verteilung der erzielten Geldvermögenszuwächse unterscheiden, korrespondiert mit der in Abschnitt 3.3.2 getroffenen Aussage, daß bei vollkommenem Kapitalmarkt eine Trennung von Investitions- und Konsumscheidungen möglich ist.

Dynamische Modelle

Gilt nun weiterhin die Annahme der Kapitalwertmethode, daß zukünftig Investitionen getätigt werden können, die eine Verzinsung zum Kalkulationszinssatz erbringen, dann sollte entweder anstelle der Annuitäten- die Kapitalwertmethode eingesetzt oder aber die Annuitätenmethode in modifizierter Form angewendet werden.[110] Dabei sind die Annuitäten der zur Wahl stehenden Objekte auf den gleichen Zeitraum zu beziehen. Wird z. B. die Annuität des Objektes B für 5 Jahre berechnet, dann ergibt sich:

$$\text{Ann}_B = 25.469{,}32 \cdot \frac{1{,}08^5 \cdot 0{,}08}{1{,}08^5 - 1} = 6.378{,}96 \ [\text{\euro}]$$

Objekt A erweist sich nun auch bei Vergleich der Annuitäten als relativ vorteilhaft.

Kann man hingegen von einer identischen Wiederholung der Investitionsobjekte ausgehen, dann ist die Prämisse des Kapitalwertmodells in der Regel unzutreffend. Bei Annahme einer unendlichen identischen Wiederholung beispielsweise sollte die Annuitätenmethode in Verbindung mit der Kapitalwertmethode genutzt werden. Es läßt sich dann mit Hilfe der Formel für den Barwert einer ewigen Rente aus der Annuität eines Objektes - die mit den Annuitäten aller Folgeinvestitionen übereinstimmt - der Kapitalwert für eine unendliche Kette identischer Objekte berechnen. Die Formel für den Barwert bzw. Kapitalwert einer ewigen Rente lautet:

$$\text{Kapitalwert} = \frac{\text{Annuität}}{\text{Kalkulationszinssatz}}$$

Im Beispiel ergibt sich:

$$\text{KW}_A \infty = \frac{6.705{,}12}{0{,}08} = 83.814 \ [\text{\euro}]$$

$$\text{KW}_B \infty = \frac{7.689{,}72}{0{,}08} = 96.121{,}50 \ [\text{\euro}]$$

In dieser Situation ist das Investitionsobjekt B aufgrund des höheren Kapitalwerts der unendlichen Kette relativ vorteilhaft; ein Effekt, der auf die kürzere Nutzungsdauer zurückzuführen ist.

Verfahrensbeurteilung

Die Beurteilung der Annuitätenmethode gleicht weitgehend der der Kapitalwertmethode. Es wird das gleiche Modell analysiert, so daß die Modellannahmen und die erforderlichen Daten übereinstimmen. Die Berechnung der Annuität ist nur geringfügig aufwendiger als die des Kapitalwerts.

---

[110] Unproblematisch ist - bei Gültigkeit der Annahmen des Kapitalwertmodells - eine Alternativenauswahl auf der Basis von Annuitäten, wenn das Objekt mit der längeren Nutzungsdauer auch die höhere Annuität aufweist. Dieses Objekt ist dann in jedem Fall relativ vorteilhaft.

Es kann allerdings in vielen Situationen auf die Berechnung einer Annuität verzichtet werden. Bei Analyse der absoluten Vorteilhaftigkeit führt die Kapitalwertmethode zum selben Resultat; bei gleicher Nutzungsdauer der betrachteten Objekte oder modifiziertem Vorgehen bei unterschiedlichen Nutzungsdauern gilt dies auch für die relative Vorteilhaftigkeit. Allerdings läßt sich die Annuität im Gegensatz zum Kapitalwert nur näherungsweise berechnen, wenn die Kalkulationszinssätze der einzelnen Perioden nicht übereinstimmen.[111] Lediglich zur Ermittlung des Kapitalwerts bei einer unendlichen Investitionskette ist die Annuität erforderlich.

Einen Vorteil gegenüber der Kapitalwertmethode bietet die Annuitätenmethode jedoch in bezug auf die Interpretierbarkeit ihrer Zielgröße. Eine Annuität ist eine periodenbezogene Größe; sie stellt eine spezifische Form eines "Durchschnittsgewinns" dar und läßt sich damit leichter interpretieren als der Kapitalwert.[112]

3.3.4 Interner Zinssatz-Methode

Verfahrensdarstellung

Auch die Interner Zinssatz-Methode geht weitgehend von der Modellsituation aus, die bei der Kapitalwertmethode unterstellt wird. Es wird lediglich die Prämisse bezüglich des Ausgleichs von Kapitalbindungs- und Nutzungsdauerdifferenzen modifiziert und eine andere Zielgröße betrachtet: der Interne Zinssatz.

Beim Internen Zinssatz handelt es sich um den Zinssatz, der - als Kalkulationszinssatz verwendet - zu einem Kapitalwert von Null führt.[113]

Der Interne Zinssatz stellt die Verzinsung des in dem betrachteten Investitionsobjekt zu den verschiedenen Zeitpunkten jeweils gebundenen Kapitals dar.[114]

Für die Interner Zinssatz-Methode gelten die folgenden Vorteilhaftigkeitskriterien, wobei schon hier einschränkend darauf hinzuweisen ist, daß die Anwendung der Methode nicht in allen Entscheidungssituationen sinnvoll ist:[115]

Ein Investitionsobjekt ist absolut vorteilhaft, wenn sein Interner Zinssatz größer ist als der Kalkulationszinssatz.
Ein Investitionsobjekt ist relativ vorteilhaft, wenn sein Interner Zinssatz größer ist als der eines jeden anderen zur Wahl stehenden Objektes.

---

[111] Vgl. Schneider, D.: (Investition), S. 81.
[112] Vgl. Kern, W.: (Grundzüge), S. 58.
[113] Vgl. ter Horst, K.W.: (Investitionsplanung), S. 70.
[114] Vgl. Blohm, H.; Lüder, K.: (Investition), S. 90; Männel, W.: (Investitionscontrolling), S. 329.
[115] Vgl. Lücke, W.: (Investitionslexikon), S. 404; Eilenberger, G.: (Finanzwirtschaft), S. 174; Busse von Colbe, W.; Laßmann, G.: (Betriebswirtschaftstheorie), S. 112 ff.

Bei der Beurteilung der absoluten Vorteilhaftigkeit erfolgt demgemäß ein Vergleich zwischen der Verzinsung der zu beurteilenden Investition und den Kosten der Finanzierung bzw. der Rendite einer Alternativanlage, die durch den Kalkulationszinssatz repräsentiert werden. Eine Investition sollte dann realisiert werden, wenn ihre Verzinsung höher ist als die Finanzierungskosten bzw. die Rendite der alternativen Anlage.

Die Aussagekraft Interner Zinssätze sowie das Verhältnis der auf ihrer Basis gewonnenen Vorteilhaftigkeitsaussagen zu denen der Kapitalwertmethode ist abhängig von der Zahlungsreihe der Investition und damit vom Investitionstyp. Die folgenden Ausführungen konzentrieren sich auf *isoliert durchführbare Investitionen*. Eine derartige Investition liegt dann vor, wenn die Einzahlungsüberschüsse während des gesamten Planungszeitraums lediglich zur Verzinsung (mit dem Internen Zinssatz) und zur Amortisation des gebundenen Kapitals dienen. Es werden dann im Planungszeitraum keine Reinvestitionen vorgenommen, so daß die Investition "isoliert durchführbar" und der Interne Zinssatz unabhängig von dem Zinssatz ist, zu dem freiwerdende Mittel angelegt werden können.[116]

Bei einer isoliert durchführbaren Investition ist der Wert des auf der Basis des Internen Zinssatzes ermittelten investitionsspezifischen Vermögens in jedem Zeitpunkt des Planungszeitraums kleiner gleich Null.[117] Dies trifft dann zu, wenn gilt:[118]

- die Summe aller Nettozahlungen ist größer gleich Null:

$$\sum_{t=0}^{T} N_t \geq 0 \qquad \text{und}$$

- die Summe aller anfallenden Nettozahlungen ist für die Zeitpunkte $t = 0, ..., t^*$ *jeweils* kleiner gleich Null, wobei t^* den Zeitpunkt bezeichnet, in dem der letzte Auszahlungsüberschuß auftritt:

$$\sum_{\tau=0}^{t} N_\tau \leq 0 \qquad \text{für } t = 0, ..., t^*$$

Diese Eigenschaften sind auch bei einer Normalinvestition erfüllt, d. h. bei einer Investition, deren Zahlungsreihe nur *einen* Vorzeichenwechsel aufweist.[119]

---

[116] Vgl. Kilger, W.: (Kritik), S. 77.
[117] Zur Ermittlung des einer Investition zuordenbaren Geldvermögens in verschiedenen Zeitpunkten vgl. auch die Finanz- und Tilgungspläne in Abschnitt 3.3.2 sowie die Ausführungen zur Vermögensendwertmethode bzw. Methode der vollständigen Finanzpläne in Abschnitt 3.3.6 bzw. 3.3.8.
[118] Vgl. Blohm, H.; Lüder, K.: (Investition), S. 91; Witten, P.; Zimmermann, H.-G.: (Eindeutigkeit), S. 102 ff.
[119] Vgl. Abschnitt 3.3.1.

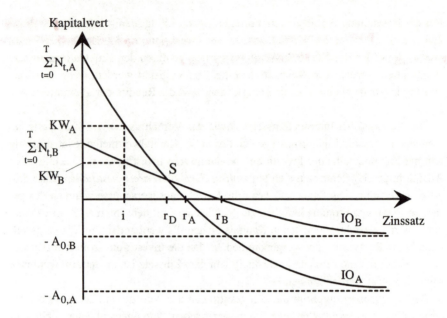

Abb. 3-5: Kapitalwertverlauf in Abhängigkeit vom Kalkulationszinssatz bei isoliert durchführbaren Investitionen

In Abbildung 3-5 ist der Kapitalwertverlauf in Abhängigkeit vom Kalkulationszinssatz für zwei isoliert durchführbare Investitionen dargestellt. Bei diesem Investitionstyp stimmen die Ergebnisse von Kapitalwertmethode und Interner Zinssatz-Methode in bezug auf die absolute Vorteilhaftigkeit überein, da der Kapitalwert immer dann positiv ist, wenn der Interne Zinssatz größer ist als der Kalkulationszinssatz (i).[120] Abbildung 3-5 veranschaulicht dies am Beispiel von Objekt A. Beim Vorteilhaftigkeitsvergleich zwischen mehreren einander ausschließenden Objekten hingegen können sich - wie in Abbildung 3-5 ebenfalls gezeigt wird - bei den beiden Verfahren unterschiedliche Beurteilungen ergeben. Hier wäre bei Anwendung der Kapitalwertmethode Objekt A zu präferieren (es gilt $KW_A > KW_B$), in bezug auf die Internen Zinssätze hingegen Objekt B (es gilt $r_B > r_A$). Die Frage, welches Verfahren vorzuziehen ist, wird im folgenden noch aufgegriffen.

Aus Abbildung 3-5 kann auch abgeleitet werden, daß bei einer isoliert durchführbaren Investition *ein* positiver Interner Zinssatz existiert, falls die Summe der Einzahlungen größer ist als die der Auszahlungen. Bei nicht isoliert durchführbaren Investitionen, sog. *zusammengesetzten Investitionen*, hingegen können mehrere Interne Zinssätze existieren, die größer gleich -100% sind und sich damit ökonomisch sinnvoll interpretieren lassen. Die maximale Anzahl dieser Zinssätze entspricht, wie sich ausgehend von der Vorzeichenregel von DESCARTES zeigen läßt, der Zahl der

---

[120] Vgl. Busse von Colbe, W.; Laßmann, G.: (Betriebswirtschaftstheorie), S. 113 f.

Vorzeichenwechsel.[121] Außerdem ist es möglich, daß kein ökonomisch relevanter Interner Zinssatz vorliegt.[122] Zudem ist bei zusammengesetzten Investitionen eine Annahme bezüglich der Reinvestition freiwerdender Mittel erforderlich (Wiederanlageprämisse). Im Gegensatz zum Kapitalwertmodell wird bei der Berechnung der Internen Zinssätze implizit unterstellt, daß eine Anlage zum Internen Zinssatz möglich ist.[123] Dies ist im Regelfall unrealistisch. Die Anwendung der Internen Zinssatz-Methode ist daher bei diesem Investitionstyp - zumindest ohne Berücksichtigung von konkreten Ergänzungsinvestitionen oder einer modifizierten Prämisse hinsichtlich der Reinvestition - nicht sinnvoll.[124]

Der Interne Zinssatz (r) wurde oben als der Zinssatz definiert, bei dem der Kapitalwert gleich Null ist. Es gilt daher:

$$KW = \sum_{t=0}^{T}(e_t - a_t) \cdot (1 + r)^{-t} = 0.$$

Der Interne Zinssatz läßt sich nur in Sonderfällen in der obigen Formel isolieren und damit exakt ermitteln. Dies ist insbesondere dann möglich, wenn der Betrachtungszeitraum nur eine Periode oder zwei Perioden umfaßt oder bei einem längeren Zeitraum entweder lediglich zwei Zahlungen auftreten oder die zukünftigen Zahlungen sämtlich die gleiche Höhe aufweisen.[125] Generell existieren allgemeine Lösungsformeln auch für Gleichungen 3. oder 4. Grades, die sich damit grundsätzlich zur Bestimmung Interner Zinssätze bei einem Zeitraum von drei bzw. vier Perioden verwenden lassen; deren Nutzung ist allerdings recht aufwendig.[126]

Falls keiner der anderen Sonderfälle vorliegt, sollten daher bei drei oder vier und müssen bei mehr als vier Perioden Näherungsverfahren zur Bestimmung von Internen Zinssätzen angewendet werden. Zu diesen zählen das NEWTON'sche Verfahren oder eine von BOULDING entwickelte Methode, die auf der Bestimmung der Zeitzentren von Investitionen basiert.[127] Auch in gängigen Tabellenkalkulationsprogrammen sind Funktionen implementiert, die sich zur Ermittlung Interner Zinssätze nutzen lassen. Im folgenden soll - unter Bezugnahme auf isoliert durchführbaren Investitionen - ein Inter- bzw. Extrapolationsverfahren beschrieben werden.[128]

---

[121] Vgl. Hirshleifer, J.: (Theory), S. 348 f.; Kruschwitz, L.: (Zinsfuß), S. 206; Brealey, R.A.; Myers, S.C.: (Principles), S. 99 ff.

[122] Vgl. Hax, H.: (Investitionstheorie), S. 17; Perridon, L.; Steiner, M.: (Finanzwirtschaft), S. 67.

[123] Vgl. Schmidt, R.H.; Terberger, E.: (Grundzüge), S. 149; Schultz, R.; Wienke, R.: (Zins), S. 1081.

[124] Vgl. Hax, H.: (Investitionstheorie), S. 37; Kilger, W.: (Kritik), S. 93 f.

[125] Vgl. Busse von Colbe, W.; Laßmann, G.: (Betriebswirtschaftstheorie), S. 106 ff. sowie zum Fall einer Periode Abschnitt 6.3.2.

[126] Vgl. Gellert, W.; Küstner, H.; u. a.: (Enzyklopädie), S. 108 ff.

[127] Zur Berechnung Interner Zinssätze mit dem Verfahren von NEWTON vgl. Kruschwitz, L.: (Investitionsrechnung), S. 112 f.; Betge, P.: (Investitionsplanung), S. 59 f., zum Verfahren von BOULDING vgl. Boulding, K.E.: (Time), S. 215 ff.; Kern, W.: (Investitionsrechnung), S. 176 ff.

[128] Vgl. Blohm, H.; Lüder, K.: (Investition), S. 91 ff.

Bei diesem Verfahren wird zunächst für einen Zinssatz (i_1) der Kapitalwert (KW_1) bestimmt. Ist dieser positiv (negativ), wird ein höherer (geringerer) Zinssatz (i_2) gewählt und auch für diesen der Kapitalwert (KW_2) berechnet. Die Zinssätze und die zugehörigen Kapitalwerte lassen sich dann zur näherungsweisen Ermittlung des Internen Zinssatzes verwenden. Es wird eine lineare Interpolation (falls jeweils ein positiver und ein negativer Kapitalwert ermittelt worden sind) oder eine entsprechende Extrapolation (falls beide Kapitalwerte das gleiche Vorzeichen aufweisen) durchgeführt. Eine Formel, mit deren Hilfe sowohl die Interpolation als auch die Extrapolation vorgenommen werden kann, läßt sich mit Hilfe von Abbildung 3-6 herleiten, wobei in dieser Abbildung und bei der nachfolgenden Erläuterung auf die bei einer Interpolation vorliegende Situation Bezug genommen wird.

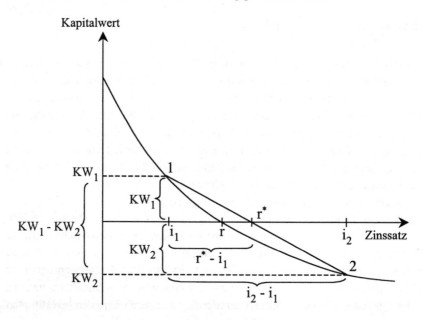

Abb. 3-6: Interpolation zur Bestimmung des Internen Zinssatzes

In Abbildung 3-6 wird der Interne Zinssatz durch den Schnittpunkt von Kapitalwertfunktion und Abszisse repräsentiert. Dieser Punkt kann durch den Schnittpunkt der Verbindungsgeraden zwischen den beiden ermittelten Kapitalwertpunkten (1 und 2 in Abbildung 3-6) und der Abszisse (Punkt r^*) angenähert werden. Dazu dient die auf den Strahlensätzen beruhende Interpolationsformel, deren Herleitung nachfolgend beschrieben wird. Es gilt:

$$\frac{r^* - i_1}{i_2 - i_1} = \frac{KW_1}{KW_1 - KW_2} \quad \text{und}$$

$$r^* - i_1 = \frac{KW_1}{KW_1 - KW_2} \cdot (i_2 - i_1) \quad \text{sowie}$$

$$r^* = i_1 + \frac{KW_1}{KW_1 - KW_2} \cdot (i_2 - i_1) \quad \text{und damit auch}$$

$$r \approx i_1 + \frac{KW_1}{KW_1 - KW_2} \cdot (i_2 - i_1).$$

Die Güte der mittels Interpolation berechneten Näherungslösung ist abhängig vom Abstand zwischen den Zinssätzen i_1 und i_2 und von den Abweichungen der Kapitalwerte KW_1 und KW_2 von Null bzw. allgemein dem Verlauf der Kapitalwertfunktion. Zur Ermittlung einer "guten" Näherungslösung kann es erforderlich sein, mehrere Zinssätze heranzuziehen und die Kapitalwerte für diese zu berechnen, um zwei für die Interpolation geeignete Zinssätze zu identifizieren. Geeignet sind zwei Zinssätze dann, wenn der Abstand zwischen ihnen sowie die Abweichung der zugehörigen Kapitalwerte von Null relativ gering sind. Auch eine ermittelte Näherungslösung kann als Kalkulationszinssatz verwendet und für weitere Interpolationen genutzt werden. Mit einem entsprechenden iterativen Vorgehen läßt sich eine beliebig genaue Annäherung an den Internen Zinssatz erreichen.

Die Anwendbarkeit der Interner Zinssatz-Methode ist nicht auf die Beurteilung von Investitionsobjekten beschränkt. Die Methode ist auch dazu geeignet, die Effektivverzinsung von Finanzierungsmaßnahmen zu berechnen. Der Interne Zinssatz der Zahlungsreihe eines Finanzierungsobjekts gibt dessen Effektivverzinsung an.[129] Dieser Aspekt wird bei der nachfolgenden Erörterung von Beispielen ebenfalls aufgegriffen.

Beispiel zur Berechnung und Interpretation Interner Zinssätze von Investitionsobjekten

Zur Verdeutlichung des Vorgehens der Interner Zinssatz-Methode bei der Beurteilung von Investitionsobjekten wird das Zahlenbeispiel der vorigen Abschnitte weitergeführt.[130] Das Interpolationsverfahren wird zunächst auf Alternative A angewendet.

Der Kapitalwert der Alternative A bei einem Kalkulationszinssatz $i_1 = 8\%$ ist bereits bekannt ($KW_{A1} = 26.771,59$ €), als zweiter Kalkulationszinssatz wird $i_2 = 18\%$ gewählt.

$i_2 = 18\% \quad \Rightarrow \quad KW_{A2} = -1.619,51$ [€]

---

[129] Vgl. Däumler, K.D.: (Grundlagen), S. 104 ff. Zur Ermittlung von Effektivzinssätzen für Finanzierungsobjekte (und festverzinsliche Wertpapiere) vgl. auch Kruschwitz, L.; Decker, R.O.A.: (Effektivrenditen); Kruschwitz, L.: (Investitionsrechnung), S. 115 ff.
[130] Zu den Beispieldaten vgl. Abschnitt 3.3.2.

Da der Abstand zwischen i_1 und i_2 relativ groß ist und dies die Güte der Näherungslösung beeinträchtigen kann, wird für einen weiteren Zinssatz $i_{1*} = 17\%$ der Kapitalwert bestimmt:

$$i_{1*} = 17\% \quad \Rightarrow \quad KW_{A1*} = 740{,}69 \ [\text{€}]$$

Durch Einsetzen der Zinssätze i_{1*} (17% bzw. 0,17) und i_2 (18% bzw. 0,18) sowie der zugehörigen Kapitalwerte in die Interpolationsformel ergibt sich:

$$r_A \approx 0{,}17 + \frac{740{,}69}{740{,}69 - (-1.619{,}51)} \cdot (0{,}18 - 0{,}17)$$

$$r_A \approx 0{,}1731 \quad \text{bzw.} \quad 17{,}31 \ [\%]$$

Der Interne Zinssatz der Alternative A beträgt etwa 17,31%. Da dieser Wert oberhalb des Kalkulationszinssatzes von 8% liegt, ist die Alternative absolut vorteilhaft. Die Tatsache, daß der Interne Zinssatz die Verzinsung des in einem Investitionsobjekt zu den verschiedenen Zeitpunkten jeweils gebundenen Kapitals darstellt, läßt sich mittels eines Finanz- und Tilgungsplans veranschaulichen. Dies zeigt der nachfolgend dargestellte Finanz- und Tilgungsplan, der unter den Annahmen formuliert worden ist, daß eine Fremdfinanzierung zu einem Zinssatz von 17,31% erfolgt, am Periodenende Zinszahlungen auf das zu Periodenbeginn gebundene Kapital zu leisten sind und die Einzahlungsüberschüsse sofort zur Tilgung verwendet werden. Die Nettozahlungen des Investitionsobjektes ermöglichen (der im Finanz- und Tilgungsplan in t = 5 aufgeführte Kreditbetrag stellt eine Rundungsdifferenz dar) gerade die Wiedergewinnung des eingesetzten Kapitals und die Leistung der Zinszahlungen, die bei einer Verzinsung des gebundenen Kapitals zum Internen Zinssatz anfallen. Damit entspricht der Interne Zinssatz der Verzinsung bzw. Rentabilität des gebundenen Kapitals; gleichzeitig läßt er sich als Obergrenze für die Kosten der Finanzierung des für eine Investition eingesetzten Kapitals interpretieren. Die Höhe des als gebunden unterstellten Kapitals hängt dabei von der des Internen Zinssatzes ab, beide werden gemeinsam bestimmt.[131]

Zeitpunkt	Zinszahlung (€) (hier Auszahlung)	Nettozahlung (€) (ohne A_0)	Geldvermögensänderung (€) (hier Tilgung)	Geldvermögen (€) (hier Kredit)
t	$I_t (= i \cdot V_{t-1})$	N_t	$\Delta V_t (= N_t + I_t)$	$V_t (= V_{t-1} + \Delta V_t)$
0	0,00	0	0,00	-100.000,00
1	-17.310,00	28.000	10.690,00	-89.310,00
2	-15.459,56	30.000	14.540,44	-74.769,56
3	-12.942,61	35.000	22.057,39	-52.712,17
4	-9.124,48	32.000	22.875,52	-29.836,65
5	-5.164,72	35.000	29.835,28	-1,37

---

[131] Vgl. Männel, W.: (Investitionscontrolling), S. 332 f.; Adam, D.: (Investitionscontrolling), S. 156.

Auch für Alternative B läßt sich mit Hilfe des geschilderten Vorgehens der Interne Zinssatz näherungsweise berechnen. Werden die Zinssätze von 25% und 26% sowie die zugehörigen Kapitalwerte zur Interpolation verwendet, dann lautet die Näherungslösung 25,04%. Damit wird auch das Investitionsobjekt B als absolut vorteilhaft eingestuft.[132]

Im Gegensatz zur Kapitalwertmethode wird allerdings bei der Interner Zinssatz-Methode das Objekt B als relativ vorteilhaft angesehen. Der Grund dafür ist, daß mit dem Internen Zinssatz die Verzinsung des eingesetzten Kapitals bestimmt wird. Bei Objekt B ist die Anschaffungsauszahlung deutlich geringer, so daß sich eine höhere Rentabilität ergibt. Absolut vorteilhafte Objekte mit geringerer Kapitalbindung schneiden beim Vorteilhaftigkeitsvergleich tendenziell besser ab als bei der Kapitalwertmethode.[133]

Es ist nun fraglich, inwieweit die Interner Zinssatz-Methode zur Beurteilung der relativen Vorteilhaftigkeit geeignet ist, falls Unterschiede in bezug auf die Kapitalbindung und/oder die Nutzungsdauer bestehen. Wie beim Kapitalwertmodell wird auch bei der Interner Zinssatz-Methode implizit eine Annahme bezüglich des Ausgleichs derartiger Differenzen getroffen. Gemäß dieser Annahme werden Kapitalbindungs- und Nutzungsdauerdifferenzen durch Investitions- oder Finanzierungsmaßnahmen ausgeglichen, die sich zum Internen Zinssatz der Investition mit der geringeren Nutzungsdauer und/oder Kapitalbindung verzinsen.[134] Damit wird unter anderem impliziert, daß eine Anlage oder Aufnahme von finanziellen Mitteln zum Internen Zinssatz in unbeschränkter Höhe möglich ist. Da der Interne Zinssatz aber vom jeweiligen Investitionsobjekt abhängt, ist diese Annahme in der Regel unrealistisch.[135] Dies gilt um so mehr, als beim Vergleich von zwei Investitionen der Fall auftreten kann, daß die Kapitalbindung zunächst bei dem einen, dann bei dem anderen Objekt höher ist. Annahmegemäß wechselt dann der zum Ausgleich von Kapitalbindungsdifferenzen dienende Zinssatz. Zusammenfassend ist festzustellen, daß die Internen Zinssätze von Investitionen aufgrund der Realitätsferne der Prämisse zum

---

[132] Dieses Ergebnis war auch zu erwarten, da - wie erwähnt - die Resultate von Kapitalwertmethode und Interner Zinssatz-Methode bei isoliert durchführbaren Investitionen in bezug auf die absolute Vorteilhaftigkeit übereinstimmen.

[133] Diese Tendenz entspricht der, die sich im Verhältnis von Rentabilitäts- und Gewinnvergleichsrechnung ergibt. Auch hinsichtlich der nachfolgend diskutierten Eignung der Interner Zinssatz-Methode zur Beurteilung der relativen Vorteilhaftigkeit sind weitestgehend die gleichen Argumente anzuführen wie bei der Rentabilitätsvergleichsrechnung. Vgl. dazu Abschnitt 3.2.4.

[134] An dieser Stelle sei erwähnt, daß eine Nutzungsdauerdifferenz bei der Interner Zinssatz-Methode mit einer Kapitalbildungsdifferenz einhergeht, sofern die Zahlungen in den zusätzlichen Nutzungsperioden der Investition mit längerer Nutzungsdauer ungleich Null sind.

[135] Vgl. Busse von Colbe, W.; Laßmann, G.: (Betriebswirtschaftstheorie), S. 115 f.; Copeland, T.E.; Weston, J.F.: (Theory), S. 32; Blohm, H.; Lüder, K.: (Investition), S. 97 ff. sowie zur Annahme der Kapitalwertmethode in bezug auf den Ausgleich von Kapitalbindungsdifferenzen - Ausgleich zum Kalkulationszinssatz - Abschnitt 3.3.2.

Ausgleich von Kapitalbindungs- und Nutzungsdauerdifferenzen nicht zur Beurteilung der relativen Vorteilhaftigkeit geeignet sind.[136]

Die Interner Zinssatz-Methode läßt sich aber zur Beurteilung der relativen Vorteilhaftigkeit verwenden, indem Interne Zinssätze nicht für die zur Wahl stehenden Investitionsobjekte, sondern für die Differenzinvestitionen bestimmt werden.[137] Voraussetzung ist jeweils, daß die Differenzinvestition eine isoliert durchführbare Investition ist.[138]

Der Interne Zinssatz der Differenzinvestition entspricht dem Zinssatz, bei dessen Verwendung als Kalkulationszinssatz die Kapitalwerte der beiden betrachteten Investitionsobjekte gleich sind (Schnittpunkt S der Kapitalwertfunktionen der Objekte A und B in Abbildung 3-5). Dieser Zinssatz r_D ist immer dann größer als der Kalkulationszinssatz (i), wenn das Objekt mit der höheren Anschaffungsauszahlung den höheren Kapitalwert aufweist (A in Abbildung 3-5). Demgemäß erhält man die gleichen Aussagen über die relative Vorteilhaftigkeit wie bei der Kapitalwertmethode, wenn die folgende Regel zum Vergleich zweier Investitionsobjekte A und B, von denen A die höhere Anschaffungsauszahlung aufweist, angewendet wird:[139]

> Ein Investitionsobjekt A ist gegenüber einem Objekt B relativ vorteilhaft, wenn der Interne Zinssatz der Differenzinvestition höher ist als der Kalkulationszinssatz.

Falls die Differenzinvestition keinen positiven Internen Zinssatz aufweist, ist das Investitionsobjekt B bei allen positiven Kalkulationszinssätzen relativ vorteilhaft.

Im Beispiel ist die Differenzinvestition isoliert durchführbar. Ihr Interner Zinssatz beträgt - ermittelt mit Zinssätzen von 8% und 10% - etwa 8,92%. Damit wird Objekt A als relativ vorteilhaft beurteilt.

Beispiel zur Berechnung und Interpretation Interner Zinssätze von Finanzierungsobjekten

Als Beispiel für die Berechnung des Internen Zinssatzes und damit der Effektivverzinsung für ein Finanzierungsobjekt sei ein Kredit über 400.000 € betrachtet, der über 4 Perioden läuft. Zinsen fallen jeweils am Periodenende an (Zinssatz 9%), die Tilgung wird am Ende der Laufzeit vorgenommen. Die Einzahlung erfolgt mit einem Disagio von 6% zu Beginn des Betrachtungszeitraums. Die Zahlungsreihe des Finanzierungsobjekts lautet dann:

---

[136] Ein weiteres Argument für diese Einschätzung ist die im Zusammenhang mit der Rentabilitätsvergleichsrechnung angesprochene mögliche Inkonsistenz beim Vergleich von mehr als zwei Objekten. Vgl. Abschnitt 3.2.4.
[137] Vgl. Hax, H.: (Investitionstheorie), S. 41; Blohm, H.; Lüder, K.: (Investition), S. 98 f.
[138] Vgl. die obige Argumentation bezüglich der Anwendbarkeit der Interner Zinssatz-Methode bei zusammengesetzten Investitionen.
[139] Es ist dabei unterstellt, daß die entsprechende Annahme der Kapitalwertmethode akzeptiert wird.

Dynamische Modelle

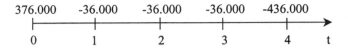

Bei einem Zinssatz i_1 von 10% ergibt sich ein Kapitalwert KW_1 in Höhe von -11.320,54 €. Wie in Abbildung 3-7 gezeigt wird, liegt bei einem derartigen Finanzierungsobjekt - in Analogie zur Klassifizierung von Investitionstypen kann man von einer isoliert durchführbaren Finanzierung sprechen[140] - ein anderer Kapitalwertverlauf in Abhängigkeit vom Kalkulationszinssatz vor als bei einem isoliert durchführbaren Investitionsobjekt. Dieser läßt sich einerseits mit der Tatsache begründen, daß das Zeitzentrum der Einzahlungen nun vor dem der Auszahlungen liegt und der Barwert der Auszahlungen daher mit zunehmendem Kalkulationszinssatz stärker sinkt als der der Einzahlungen. Andererseits hat ein Finanzierungsobjekt mit gegebener Zahlungsstruktur einen umso größeren (Kapital-)Wert, je höher das sich im Kalkulationszinssatz widerspiegelnde Marktzinsniveau ist.

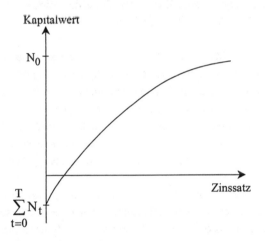

Abb. 3-7: Kapitalwertverlauf in Abhängigkeit vom Kalkulationszinssatz bei einem isoliert durchführbaren Finanzierungsobjekt

Aus der Tatsache, daß der Kapitalwert bei 10% negativ ist, kann aufgrund dieses Verlaufs geschlossen werden, daß der Interne Zinssatz bei einem höheren Zinssatz liegt. Bei einem Kalkulationszinssatz i_2 von 11% beträgt der Kapitalwert KW_2 819,57 €. Die Interpolation läßt sich mit Hilfe der oben angegebenen Formel durchführen:

---

[140] In der Terminologie von E. SCHNEIDER handelt es sich um eine Investition vom Typ II. Vgl. Schneider, E.: (Wirtschaftlichkeitsrechnung), S. 9 f. sowie Abschnitt 3.3.1.

$$r \approx 0{,}10 + \frac{-11.320{,}54}{-11.320{,}54 - 819{,}57} \cdot (0{,}11 - 0{,}10)$$

$r \approx 0{,}1093$ bzw. 10,93 [%]

Verfahrensbeurteilung

Zur Beurteilung der Interner Zinssatz-Methode ist auf die Bewertung der Kapitalwertmethode zu verweisen. Bei beiden Verfahren sind die gleichen Daten erforderlich. Die Berechnung von Näherungslösungen bei der Interner Zinssatz-Methode ist nur wenig aufwendiger als die Ermittlung von Kapitalwerten. Die Näherungslösungen können beliebig genau an die exakten Lösungen angenähert werden.

Die Modellannahmen stimmen bei beiden Modellen weitgehend überein. Eine Ausnahme stellen lediglich die Prämissen bezüglich der Anlage freiwerdender Mittel (Wiederanlageprämisse) sowie des Ausgleichs von Kapitalbindungs- und Nutzungsdauerdifferenzen dar. Die entsprechende Annahme der Interner Zinssatz-Methode - Anlage oder Aufnahme finanzieller Mittel zum Internen Zinssatz - ist in der Regel nicht sinnvoll.[141]

Die Interner Zinssatz-Methode sollte daher - zumindest ohne Berücksichtigung konkreter Ergänzungsinvestitionen oder anderweitige Modifikation der Wiederanlageprämisse[142] - nicht zur Beurteilung der absoluten Vorteilhaftigkeit angewendet werden, falls eine zusammengesetzte Investition vorliegt und damit eine Wiederanlage erfolgt. Bei diesem Investitionstyp kann sich auch das Problem stellen, daß mehrere ökonomisch sinnvolle Interne Zinssätze existieren. In diesen Fällen kann es Schwierigkeiten bereiten, die Ergebnisse der Interner Zinssatz-Methode zu interpretieren.

Eine Beurteilung der relativen Vorteilhaftigkeit von Investitionsobjekten sollte aufgrund der oben aufgeführten unrealistischen Annahme nicht anhand des Vergleichs der Internen Zinssätze einzelner Objekte erfolgen. Stattdessen sind Differenzinvestitionen zu analysieren. Handelt es sich bei diesen um isoliert durchführbare Investitionen, dann kann ihr Interner Zinssatz mit dem Kalkulationszinssatz verglichen werden, so daß ein Vorteilhaftigkeitsvergleich möglich wird. Ist eine Differenzinvestition eine zusammengesetzte Investition, dann ist die Anwendung der Interner Zinssatz-Methode nicht sinnvoll. Nicht so problematisch ist die Nutzung Interner Zinssätze zum Vergleich von Finanzierungsobjekten wie Krediten. Die zur Wahl

---

[141] Diese Annahmen erscheinen insbesondere dann gerechtfertigt, wenn viele Investitionsobjekte existieren, die eine entsprechend hohe Verzinsung erbringen. Dann müßte allerdings der Kalkulationszinssatz ebenfalls etwa gleich hoch sein, da er unter anderem die Verzinsung alternativer Investitionen wiedergeben soll. Anstelle der Interner Zinssatz-Methode läßt sich dann auch die Kapitalwertmethode anwenden.

[142] Die Wiederanlageprämisse läßt sich ebenso anpassen wie die Annahme zum Ausgleich von Kapitalbindungs- und Nutzungsdauerdifferenzen, z. B. indem jeweils eine Verzinsung zum Kalkulationszinssatz unterstellt wird. Vgl. Busse von Colbe, W.; Laßmann, G.: (Betriebswirtschaftstheorie), S. 118 ff.; Männel, W.: (Investitionscontrolling), S. 135 ff.

stehenden Kredite ähneln sich typischerweise hinsichtlich des Kreditbetrages, der Struktur der Zins- und Tilgungszahlungen sowie der Laufzeiten, ein Ausgleich entsprechender Differenzen ist damit kaum erforderlich, und die Vorteilhaftigkeitsaussagen werden nur mit geringer Wahrscheinlichkeit von denen der Kapitalwertmethode abweichen.[143]

Vorteile gegenüber dem Kapitalwert weist der Interne Zinssatz - ähnlich wie die Annuität - in bezug auf die Interpretierbarkeit auf.[144] Er gibt die Verzinsung (Rentabilität) des gebundenen Kapitals an. In der Unternehmenspraxis ist der Interne Zinssatz weiterhin relativ beliebt.[145]

In bezug auf das Verhältnis zwischen Kapitalwertmethode und Interner Zinssatz-Methode ist abschließend darauf hinzuweisen, daß der Interne Zinssatz als ein für die absolute Vorteilhaftigkeit einer Investitionsalternative kritischer Zinssatz angesehen werden kann, falls die Kapitalwertmethode angewendet und die Annahme "Sicherheit der Daten" aufgehoben wird.[146]

3.3.5 Dynamische Amortisationsrechnung

Verfahrensdarstellung

Mit der dynamischen Amortisationsrechnung wird im Rahmen des Kapitalwertmodells die Amortisationszeit bestimmt.

> Bei der Amortisationszeit handelt es sich um den Zeitraum, in dem das für eine Investition eingesetzte Kapital aus den Einzahlungsüberschüssen des Objektes wiedergewonnen wird.[147]

Eine Amortisationsrechnung in statischer Form ist bereits in Abschnitt 3.2.5 erörtert worden. Die dortigen Aussagen lassen sich weitgehend auf das dynamische Verfahren übertragen. So sollte auch eine in einem dynamischen Modell bestimmte Amortisationszeit nicht allein zur Beurteilung von Investitionsobjekten herangezogen werden. Wie bei der statischen Amortisationsrechnung gilt - unter Berücksichtigung dieser Einschränkung - für die Vorteilhaftigkeit von Investitionsobjekten auch beim dynamischen Verfahren:[148]

---

[143] Vgl. Kruschwitz, L.: (Investitionsrechnung), S. 115.
[144] Vgl. Liebich, B.: (Investitionsrechnung), S. 81; Hosterbach, E.: (Investitionsrechnung), S. 139.
[145] Dies geht u. a. aus den Ergebnissen einer empirischen Untersuchung zur Anwendung von Investitionsrechenverfahren in mittelständischen Unternehmen hervor. Vgl. Heidtmann, D.; Däumler, K.-D.: (Anwendung), S. 4.
[146] Vgl. dazu auch Abschnitt 7.3.2.
[147] Bei der Analyse der Amortisationszeit in einem dynamischen Modell wird auf Einzahlungsüberschüsse Bezug genommen, da es sinnvoll erscheint, neben den Rückflüssen (zumindest) auch den am Ende der Nutzungsdauer erzielbaren Liquidationserlös zu berücksichtigen.
[148] Vgl. Schulte, K.-W.: (Wirtschaftlichkeitsrechnung), S. 106 und S. 130.

> Ein Investitionsobjekt ist absolut vorteilhaft, falls seine Amortisationszeit geringer ist als ein vorzugebender Grenzwert.
> Ein Investitionsobjekt ist relativ vorteilhaft, falls seine Amortisationszeit geringer ist als die eines jeden anderen zur Wahl stehenden Objektes.

Die dynamische Amortisationsrechnung führt hinsichtlich der absoluten wie auch der relativen Vorteilhaftigkeit nicht notwendigerweise zu den gleichen Resultaten wie die Kapitalwertmethode. In bezug auf die absolute Vorteilhaftigkeit ist es vom vorgegebenen Grenzwert sowie den Zahlungen in den letzten Zahlungszeitpunkten abhängig, ob Ergebnisunterschiede auftreten. Gleiche Resultate ergeben sich, falls als Grenzwert das Nutzungsdauerende gewählt wird. Bei der relativen Vorteilhaftigkeit können Unterschiede aufgrund der Zahlungen nach dem Ende der Amortisationszeit entstehen.

Die Bestimmung der dynamischen Amortisationszeit läßt sich vornehmen, indem schrittweise für jede Periode der Nutzungsdauer - beginnend mit der ersten Periode - der kumulierte Barwert der Nettozahlungen berechnet wird. Dieser kumulierte Barwert entspricht dem Kapitalwert in Abhängigkeit von der Nutzungszeit. Solange dieser Wert negativ ist, ist die Amortisationszeit noch nicht erreicht. Wird der Wert erstmals positiv (gleich Null), dann ist die Amortisationszeit überschritten (erreicht). Falls der erste nicht-negative Wert ungleich Null ist, liegt die Amortisationszeit in der Periode, deren Ende betrachtet wird. Durch Interpolation kann näherungsweise der Anteil der Periode, der für die Amortisation noch erforderlich ist, bestimmt werden.[149]

Beispiel

Die schrittweise Berechnung der dynamischen Amortisationszeit wird anhand des in den vorherigen Abschnitten besprochenen Investitionsbeispiels veranschaulicht.[150] Sie läßt sich mit Hilfe einer Rechentabelle vornehmen, wie im folgenden gezeigt wird.

---

[149] Bei diesem Vorgehen werden etwaige risikomindernde Liquidationserlöse, die während der Nutzungsdauer der Investitionsobjekte erzielt werden können, vernachlässigt. Aus den Ausführungen in Abschnitt 5.2.1 zur Berechnung optimaler Nutzungsdauern im Kapitalwertmodell (ohne Nachfolgeobjekt) läßt sich ableiten, wie diese in eine Amortisationszeitberechnung einbezogen werden können.

[150] Zu den Beispieldaten vgl. Abschnitt 3.3.2.

Zeit-punkt	Nettozahlung (€)	Barwert der Nettozah-lung (€)	kumulierter Barwert der Nettozahlung (€)
t	N_t	$N_t \cdot q^{-t}$	$\sum_{t=0}^{t} N_t \cdot q^{-t}$
0	-100.000	-100.000	-100.000
1	28.000	25.925,93	-74.074,07
2	30.000	25.720,17	-48.353,90
3	35.000	27.784,13	-20.569,77
4	32.000	23.520,96	2.951,19

In der Tabelle werden die Nettozahlungen der verschiedenen Zeitpunkte, deren Barwerte sowie die über die Zeit kumulierten Barwerte aufgeführt. Die Amortisationszeit ist hier nach vier Perioden überschritten, da dann der entsprechende kumulierte Barwert erstmals positiv ist. Ein Wert für die Amortisationszeit (AZ), der den zur Amortisation noch benötigten Anteil einer Periode einbezieht, läßt sich mit Hilfe der folgenden Formel für eine lineare Interpolation bestimmen. In dieser gibt t* die Periode an, in der letztmalig ein negativer kumulierter Barwert bzw. nutzungszeitabhängiger Kapitalwert (KW) auftritt.

$$AZ \approx t^* + \frac{KW_{t^*}}{KW_{t^*} - KW_{t^*+1}}$$

Bei dieser Interpolation wird der Abstand des (negativen) Kapitalwerts in t* (KW_{t^*}) von Null - und damit der zur Amortisation erforderliche Barwertbeitrag - in Relation gesetzt zur Differenz der Kapitalwerte in t* sowie t*+1 ($KW_{t^*} - KW_{t^*+1}$), die dem Barwert der Nettozahlungen in t*+1 und damit dem Beitrag der Periode t*+1 zur Amortisation entspricht.[151]

Im Beispiel ergibt sich für die Amortisationszeit des Investitionsobjekts A (AZ_A):

$$AZ_A \approx 3 + \frac{-20.569,77}{-20.569,77 - 2.951,19}$$

$$AZ_A \approx 3,87 \text{ [Jahre]}$$

Für das Objekt B kann die dynamische Amortisationszeit analog ermittelt werden. Sie beträgt etwa 2,78 Jahre. Damit ist - anders als bei der Kapitalwertmethode - das zweite Objekt relativ vorteilhaft. Die absolute Vorteilhaftigkeit hängt von dem vorgegebenen Grenzwert ab. Beträgt dieser beispielsweise 4 Jahre, dann sind beide Objekte absolut vorteilhaft.

---

[151] Es wird bei der Interpolation unterstellt, daß im Laufe der Periode eine gleichmäßige Amortisation erfolgt. Diese Annahme steht allerdings im Widerspruch zu der Prämisse des hier zugrundeliegenden Kapitalwertmodells, daß die Zahlungen am Periodenende anfallen.

Modellbeurteilung

Die Beurteilung der dynamischen Amortisationsrechnung läßt sich weitgehend aus der Kritik der Kapitalwertmethode und der statischen Amortisationsrechnung ableiten.

Das zugrundeliegende Modell ist das Kapitalwertmodell. Daher ist zu den Modellannahmen und dem Datenbeschaffungsaufwand auf die entsprechenden Ausführungen zur Kapitalwertmethode zu verweisen.[152] Der Rechenaufwand ist nur minimal größer als bei der Kapitalwertmethode.

Gegenüber der statischen Amortisationsrechnung ist die Analyse eines dynamischen Modells als vorteilhaft anzusehen. Wie für die statische Amortisationszeit gilt aber auch für die in einem dynamischen Modell ermittelte Amortisationszeit, daß sie primär einen Risikomaßstab darstellt und nicht als alleiniges Beurteilungskriterium für Investitionen geeignet ist. Nachteilig ist insbesondere die Vernachlässigung von Zahlungen nach dem Amortisationszeitpunkt.[153] Die dynamische Amortisationsrechnung sollte daher nur als ergänzende Rechnung durchgeführt werden, um die hinsichtlich der Nutzungsdauer bestehende Unsicherheit einzubeziehen. In diesem Zusammenhang ist darauf hinzuweisen, daß die Amortisationszeit einen kritischen Wert für die Nutzungsdauer in einem Kapitalwertmodell darstellt.[154]

3.3.6 Vermögensendwertmethode

Verfahrensdarstellung

Die Vermögensendwertmethode ist ein dynamisches Verfahren der Investitionsrechnung, bei dem als Zielgröße der Vermögensendwert berücksichtigt wird.

> Der Vermögensendwert ist der Geldvermögenszuwachs, der bezogen auf den letzten Zeitpunkt des Planungszeitraums durch ein Investitionsobjekt bewirkt wird.

Charakteristisch für das Modell der Vermögensendwertmethode ist zudem die Annahme bezüglich des Kapitalmarkts. Es wird unterstellt, daß zwei Zinssätze existieren: ein Sollzinssatz (Aufnahmezinssatz), zu dem finanzielle Mittel in unbeschränkter Höhe aufgenommen werden können, sowie ein Habenzinssatz (Anlagezinssatz), zu dem eine Anlage finanzieller Mittel in unbegrenzter Höhe möglich ist.

---

[152] Vgl. Abschnitt 3.3.2.
[153] Vgl. Ross, S.A.; Westerfield, R.W.: (Finance), S. 282. Dies ist u. a. dann problematisch, wenn nach dem Amortisationszeitpunkt Auszahlungsüberschüsse auftreten. In diesem Fall kann der Kapitalwert in mehreren Zeitpunkten gleich Null sein. Vgl. Franke, G.; Hax, H.: (Finanzwirtschaft), S. 180 f.
[154] Vgl. dazu Abschnitt 7.3.2.

Mit Ausnahme dieser Annahme und der damit verbundenen Besonderheiten sowie der Zielgröße entspricht das Vermögensendwertmodell dem Kapitalwertmodell.[155] Die Vorteilhaftigkeitsregeln der Vermögensendwertmethode lauten:

> Ein Investitionsobjekt ist absolut vorteilhaft, falls sein Vermögensendwert größer als Null ist.
>
> Ein Investitionsobjekt ist relativ vorteilhaft, falls sein Vermögensendwert größer ist als der eines jeden anderen zur Wahl stehenden Objektes.

Die Ergebnisse der Vermögensendwertmethode können aufgrund der unterschiedlichen Kapitalmarktannahmen in bezug auf die relative wie auch die absolute Vorteilhaftigkeit von denen des Kapitalwertmodells abweichen. Im Gegensatz zur Kapitalwertmethode sollte der Alternativenvergleich nicht mit Hilfe von Differenzinvestitionen durchgeführt werden, da der Vermögensendwert der Differenzinvestitionen nur in bestimmten Fällen gleich der Differenz der Vermögensendwerte der zu vergleichenden Investitionen ist.[156]

Aufgrund der Existenz zweier Zinssätze ist beim Vermögensendwertmodell die Frage zu klären, mit welchem Anteil positive Nettozahlungen zur Tilgung von Verbindlichkeiten und vorhandene Guthaben zur Finanzierung negativer Nettozahlungen herangezogen werden. Im allgemeinen Fall ist für jeden Zeitpunkt differenziert zu regeln, wie groß die entsprechenden Anteile sind. Im folgenden werden zwei spezielle Fälle untersucht.

Bei Annahme eines *Kontenausgleichsverbots* wird unterstellt, daß weder eine Tilgung aus positiven Nettozahlungen noch eine Finanzierung negativer Nettozahlungen aus vorhandenem Guthaben vorgenommen wird.[157] Es ist dann jeweils ein Konto für die positiven Nettozahlungen (Vermögenskonto) und die negativen Nettozahlungen (Verbindlichkeitskonto) einzurichten. Die auf dem Vermögenskonto (V^+) erfaßten positiven Nettozahlungen (N_t^+) werden bis zum Ende des Planungszeitraums mit dem Habenzinssatz (h) verzinst; die dem Verbindlichkeitskonto (V^-) zugeordneten negativen Nettozahlungen (N_t^-) mit dem Sollzinssatz (s). Die Aufzinsung einer Zahlung im Zeitpunkt t erfolgt jeweils über T-t Perioden. Es gilt demgemäß für die Endwerte des Vermögens und der Verbindlichkeiten am Ende des Planungszeitraums:

---

[155] Würde von einem einheitlichen Kalkulationszinssatz ausgegangen, dann entspräche der Vermögensendwert dem auf das Ende des Planungszeitraums aufgezinsten Kapitalwert.
[156] Vgl. Blohm, H.; Lüder, K.: (Investition), S. 86 f.
[157] Diese Variante der Vermögensendwertmethode wird in der Literatur auch als Vermögenswertmethode bezeichnet. Vgl. Kruschwitz, L.: (Zinsfußmodelle), S. 249 f. Davon abweichend wird der Begriff "Vermögenswertmethode" auch als Oberbegriff für die Kapitalwertmethode und die Vermögensendwertmethode angesehen. Vgl. Blohm, H.; Lüder, K.: (Investition), S. 55.

$$V_{T^+} = \sum_{t=0}^{T} N_{t^+} \cdot (1+h)^{T-t}$$

$$V_{T^-} = \sum_{t=0}^{T} N_{t^-} \cdot (1+s)^{T-t}$$

Der Endwert des Vermögens (V_T^+) entspricht der Summe der auf das Ende des Planungszeitraums mit dem Habenzinssatz aufgezinsten positiven Nettozahlungen; der (negative) Endwert der Verbindlichkeiten (V_T^-) ist die Summe der mit dem Sollzinssatz aufgezinsten negativen Nettozahlungen. Ein Ausgleich zwischen Vermögen und Verbindlichkeiten findet gemäß der obigen Annahme erst am Ende des Planungszeitraums statt. Es wird dann der Vermögensendwert des Investitionsobjekts durch Zusammenfassung der Endwerte des Vermögens- und des Verbindlichkeitskontos berechnet:

$$VE = V_T^+ + V_T^-$$

Gemäß der gegensätzlichen Annahme des *Kontenausgleichsgebots*[158] werden positive Nettozahlungen in voller Höhe zur Tilgung verwendet, falls Schulden vorhanden sind. Vorhandenes Vermögen ist - falls erforderlich - in voller Höhe zur Finanzierung negativer Nettozahlungen einzusetzen. Aufgrund dieses sofortigen Ausgleichs zwischen Vermögen und Verbindlichkeiten ist es ausreichend, ein Konto für das Geldvermögen (V) zu führen. Diesem werden sowohl positive als auch negative Nettozahlungen (N_t) zugeordnet; entsprechend kann das Vermögen ebenso negativ wie positiv sein. Die Verzinsung einer Periode t erfolgt am Periodenende (Zeitpunkt t) zum Sollzinssatz (s), falls das Geldvermögen zu Beginn der Periode (V_{t-1}) negativ ist; anderenfalls zum Habenzinssatz (h). Das Geldvermögen zum Zeitpunkt t (V_t) ergibt sich gemäß der folgenden Formel:

$$V_t = N_t + \begin{cases} V_{t-1} \cdot (1+h), & \text{für } V_{t-1} \geq 0 \\ V_{t-1} \cdot (1+s), & \text{für } V_{t-1} < 0 \end{cases}$$

Der Vermögensendwert (VE) beträgt demzufolge:

$$VE = N_T + \begin{cases} V_{T-1} \cdot (1+h), & \text{für } V_{T-1} \geq 0 \\ V_{T-1} \cdot (1+s), & \text{für } V_{T-1} < 0 \end{cases}$$

Die Berechnung des Vermögensendwerts bei den beiden geschilderten Fällen soll im folgenden anhand eines Beispiels veranschaulicht werden.

---

[158] Diese Variante der Vermögensendwertmethode wird in der Literatur auch als Finalwertmethode bezeichnet. Vgl. Kruschwitz, L.: (Zinsfußmodelle), S. 250 f.

Beispiel

Es wird dazu das bisher erörterte Beispiel aufgegriffen und in bezug auf die Verzinsung dahingehend modifiziert,[159] daß ein Sollzinssatz (s) von 10% und ein Habenzinssatz (h) von 6% vorliegen.

Zunächst soll der Vermögensendwert für Objekt A nach dem *Kontenausgleichsverbot* berechnet werden. Dazu werden - wie erwähnt - ein Verbindlichkeitskonto (V^-) und ein Vermögenskonto (V^+) eingeführt. Für beide Konten kann dann jeweils ein Endwert berechnet werden. Der Vermögensendwert (VE) ergibt sich als Summe der beiden Endwerte.

Im Beispiel gilt für Investitionsobjekt A gemäß den oben angegebenen Formeln:

$V_{5A}^+ = 28.000 \cdot 1{,}06^4 + 30.000 \cdot 1{,}06^3 + 35.000 \cdot 1{,}06^2 + 32.000 \cdot 1{,}06 + 30.000$
$\quad\quad\quad + 5.000 = 179.325{,}83 \; [€]$

$V_{5A}^- = -100.000 \cdot 1{,}10^5 = -161.051 \; [€]$

$VE_A = V_{5A}^+ + V_{5A}^- = 18.274{,}83 \; [€]$

Der Vermögensendwert für das Investitionsobjekt B läßt sich analog berechnen. Er beträgt 25.249,95 €.

Aufgrund der positiven Vermögensendwerte sind beide Objekte absolut vorteilhaft. Hinsichtlich der relativen Vorteilhaftigkeit ist darauf hinzuweisen, daß die Vermögensendwerte nicht vergleichbar sind, da sie sich auf verschiedene Zeitpunkte beziehen. Vergleichbarkeit läßt sich herstellen, indem der Vermögensendwert des Objektes B mit dem Habenzinssatz auf den Zeitpunkt 5 aufgezinst wird. Es ergibt sich ein Wert von 26.764,95 (25.249,95 · 1,06) €. Das Objekt B ist damit aufgrund des höheren Vermögensendwertes relativ vorteilhaft. Unterstellt ist dabei, daß das Kontenausgleichsverbot am Ende der Nutzungsdauer dieses Objektes und damit bei Abschluß der Investition aufgehoben wird.

Beim *Kontenausgleichsgebot* wird - wie erwähnt - nur ein Vermögenskonto (V) geführt, dem positive und negative Nettozahlungen (N_t) zuzuordnen sind. Die Berechnung des Vermögensendwerts läßt sich entsprechend den oben angegebenen Formeln in einer Rechentabelle vornehmen, wie im folgenden für Investitionsobjekt A veranschaulicht wird.[160]

---

[159] Zu den Beispieldaten vgl. Abschnitt 3.3.2.
[160] Das Vorgehen entspricht - mit Ausnahme der Zinsermittlung - der Berechnung des Endvermögens mit Hilfe eines Finanz- und Tilgungsplans. Vgl. dazu Abschnitt 3.3.2.

t	Zinsen [€] $I_t = \begin{cases} h \cdot V_{t-1}, \text{für } V_{t-1} \geq 0 \\ s \cdot V_{t-1}, \text{für } V_{t-1} < 0 \end{cases}$	Nettozahlung [€] N_t	Geldvermögens- änderung [€] $\Delta V_t (= I_t + N_t)$	Geldvermögen [€] $V_t (= V_{t-1} + \Delta V_t)$
0	0,00	-100.000	-100.000,00	-100.000,00
1	-10.000,00	28.000	18.000,00	-82.000,00
2	-8.200,00	30.000	21.800,00	-60.200,00
3	-6.020,00	35.000	28.980,00	-31.220,00
4	-3.122,00	32.000	28.878,00	-2.342,00
5	-234,20	35.000	34.765,80	32.423,80

Der Vermögensendwert für Objekt A beträgt bei Gültigkeit des Kontenausgleichsgebots 32.423,80 €, das Objekt ist damit absolut vorteilhaft. Der entsprechende Wert für B kann analog bestimmt werden; er beläuft sich auf 31.561,60 € bzw. 33.455,30 € (bezogen auf t = 5). Demgemäß ist bei Gültigkeit des Kontenausgleichsgebots das Objekt B sowohl absolut als auch relativ vorteilhaft.

In bezug auf den Vorteilhaftigkeitsvergleich ist auch bei der Vermögensendwertmethode zu diskutieren, wie ein Ausgleich etwaiger Kapitalbindungs- und Nutzungsdauerdifferenzen erfolgt. Zunächst soll der Ausgleich von Kapitalbindungsdifferenzen betrachtet werden. Falls die Anlage eigener finanzieller Mittel am Kapitalmarkt erfolgt, gilt im Normalfall, daß der Sollzinssatz höher ist als der Habenzinssatz. Verzinsen sich dann Investitionen zum Ausgleich von Kapitalbindungsdifferenzen mit dem Habenzinssatz, ist ihr Vermögensendwert negativ, so daß derartige Investitionen unterlassen werden sollten. Es reicht dann aus, die Vermögensendwerte zu vergleichen, die sich aus den Zahlungsreihen der Investitionsobjekte ergeben.[161]

Nutzungsdauerdifferenzen wurden bei dem hier betrachteten Beispiel ausgeglichen, indem der Vermögensendwert der Investition mit der kürzeren Nutzungsdauer (B) bis zum Ende der Nutzungsdauer der anderen Investition (A) zum Habenzinssatz angelegt wurde.[162] Es ist dabei unterstellt, daß sich zukünftige Investitionen zum Habenzinssatz verzinsen. Diese Annahme kann sich als unzutreffend erweisen, wenn Informationen bezüglich konkreter Nachfolgeobjekte vorliegen. Es sind dann Investitionsketten zu vergleichen.

Im Beispiel sind die Vorteilhaftigkeitseinschätzungen der Investitionsobjekte von der Annahme bezüglich des Kontenausgleichs unabhängig. Unterschiede zwischen den Resultaten bei Kontenausgleichsverbot und -gebot können aber - abweichend von den Beispielergebnissen - sowohl bezüglich der absoluten als auch hinsichtlich der relativen Vorteilhaftigkeit auftreten.

---

[161] Vgl. Blohm, H.; Lüder, K.: (Investition), S. 87 f.
[162] Alternativ könnte auch die Nutzungsdauer des Objektes B als Planungszeitraum gewählt und für die Alternative A ein Restwert berücksichtigt werden.

Verfahrensbeurteilung

Auch die Vermögensendwertmethode kann weitgehend analog der Kapitalwertmethode beurteilt werden. Die Berechnung des Vermögensendwerts ist ebenfalls nicht besonders aufwendig. Die erforderlichen Daten sind bis auf die Zinssätze identisch - bei der Vermögensendwertmethode müssen anstelle des Kalkulationssatzes ein Soll- und ein Habenzinssatz bestimmt werden.

Unterschiede bestehen vor allem in der Annahme bezüglich des Kapitalmarktes. Bei der Vermögensendwertmethode wird die Prämisse eines vollkommenen Kapitalmarktes und damit eines einheitlichen Kalkulationszinssatzes aufgehoben. Die entsprechende Annahme der Vermögensendwertmethode - unbeschränkte Anlage bzw. Aufnahme zum Haben- bzw. Sollzinssatz - kommt der Realität näher. Dies kann als Vorteil der Vermögensendwertmethode gegenüber der Kapitalwertmethode angesehen werden.

Es ist allerdings fraglich, inwieweit dieser Vorteil bei der praktischen Anwendung des Verfahrens relevant ist. So führt die Kapitalwertmethode annähernd zu gleichen Resultaten, falls Soll- und Habenzinssatz nur geringfügig voneinander abweichen.[163]

Außerdem ist bei der Vermögensendwertmethode eine Annahme bezüglich des Anteils zu treffen, mit dem bei einem bestimmten Investitionsobjekt positive Nettozahlungen zur Tilgung von Verbindlichkeiten und vorhandene Guthaben zur Finanzierung negativer Nettozahlungen herangezogen werden. Hier wurden die speziellen Varianten des Kontenausgleichsverbots und des Kontenausgleichsgebots dargestellt.[164] Da der Sollzinssatz in der Regel höher sein dürfte als der Habenzinssatz, werden Unternehmen bestrebt sein, einen Kontenausgleich durchzuführen, so daß dem Kontenausgleichsgebot höhere Relevanz zukommt. Die Annahme zum Kontenausgleich ist aber problematisch, da die Finanzierungs- und Anlagepolitik zumeist nicht für einzelne Projekte, sondern für das gesamte Unternehmen bestimmt wird.[165]

Schließlich werden der Abbildung der realen Investitions- und Finanzierungsalternativen mit der Beschränkung auf zwei Zinssätze weiterhin relativ enge Grenzen gesetzt. Weitergehende Möglichkeiten, die Realität abzubilden, bietet die in Abschnitt 3.3.8 erörterte Methode der vollständigen Finanzpläne. Bei deren Diskussion wird zudem ein weiterer grundsätzlicher Kritikpunkt, der sich auf die Konsistenz der Annahmen "Sicherheit" und "unvollkommener Kapitalmarkt" bezieht,[166] ebenso aufgegriffen wie die Problematik, daß bei unvollkommenem Kapitalmarkt die Ziele Endwert- und Entnahmemaximierung konfliktär sein können bzw. allgemein Ent-

---

[163] Vgl. Blohm, H.; Lüder, K.: (Investition), S. 89; Kruschwitz, L.; Fischer, J.: (Konflikte), S. 782.
[164] Zu weiteren Annahmen bezüglich des Kontenausgleichs sowie zu Erweiterungen des Vermögensendwertmodells - z. B. um Steuereffekte - vgl. Schirmeister, R.: (Theorie), S. 59 ff.
[165] Vgl. Blohm, H.; Lüder, K.: (Investition), S. 88 f.
[166] Vgl. Schmidt, R.H.; Terberger, E.: (Grundzüge), S. 182 ff.

scheidungen über die Investitionstätigkeit und die zeitliche Verteilung des Einkommens bzw. Konsums eines Investors nicht mehr separierbar sind.[167]

3.3.7 Sollzinssatzmethode

Verfahrensdarstellung

Die Sollzinssatzmethode geht wie die Vermögensendwertmethode von der Existenz eines Soll- und eines Habenzinssatzes aus. Als Zielgröße wird der kritische Sollzinssatz betrachtet.

> Der kritische Sollzinssatz ist der Zinssatz, bei dessen Verwendung als Sollzinssatz der Vermögensendwert Null wird.

Er gibt bei vorgegebenem Habenzinssatz die Verzinsung des zu jedem Zeitpunkt gebundenen Kapitals an, so daß es sich um eine spezifische Rentabilität handelt.[168] Das Verhältnis der Sollzinssatz- zur Vermögensendwertmethode entspricht weitgehend dem der Interner Zinssatz-Methode zur Kapitalwertmethode.

Falls von dem praktisch relevanten Fall ausgegangen wird, daß der Sollzinssatz größer ist als der Habenzinssatz, dann gilt für die absolute Vorteilhaftigkeit von Investitionsobjekten bei der Sollzinssatzmethode die folgende Regel:[169]

> Ein Investitionsobjekt ist absolut vorteilhaft, falls sein kritischer Sollzinssatz größer ist als der Sollzinssatz.

Die Resultate der Sollzinssatzmethode stimmen in bezug auf die absolute Vorteilhaftigkeit mit denen der Vermögensendwertmethode überein, falls - bezogen auf den Sollzinssatz - eine isoliert durchführbare Investition vorliegt.

Die Beurteilung der relativen Vorteilhaftigkeit von Investitionsobjekten anhand der kritischen Sollzinssätze ist ähnlich wie bei der Interner Zinssatz-Methode nur eingeschränkt sinnvoll. Der Vergleich der kritischen Sollzinssätze der Investitionsobjekte führt i. d. R. nicht zu sinnvollen Ergebnissen, da implizit ein Ausgleich von Kapitalbindungs- und Nutzungsdauerdifferenzen zum kritischen Sollzinssatz unterstellt wird.[170] Die Analyse des kritischen Sollzinssatzes der Differenzinvestition ist problematisch, weil deren Vermögensendwert - wie in Abschnitt 3.3.6 erwähnt - nicht immer gleich der Differenz der Vermögensendwerte ist. Die Sollzinssatzmethode kann daher nur in bestimmten Fällen zur Beurteilung der relativen Vorteilhaf-

---

[167] Zudem wird auf den Zusammenhang zwischen Investitions- und Finanzierungsentscheidungen bei unvollkommenem Kapitalmarkt eingegangen.
[168] Vgl. Blohm, H.; Lüder, K.: (Investition), S. 111.
[169] Vgl. Blohm, H.; Lüder, K.: (Investition), S. 117.
[170] Vgl. die entsprechende Argumentation bei der Interner Zinssatz-Methode in Abschnitt 3.3.4.

tigkeit angewendet werden.[171] Da sich in diesen Fällen der Vorteilhaftigkeitsvergleich auch mit Hilfe der Vermögensendwertmethode durchführen läßt, soll die Beurteilung der relativen Vorteilhaftigkeit mit der Sollzinssatzmethode hier vernachlässigt werden.

Die näherungsweise Bestimmung des kritischen Sollzinssatzes s_k kann in ähnlicher Form erfolgen wie die des Internen Zinssatzes.[172] Es wird für einen Sollzinssatz s_1 der Vermögensendwert VE_1 berechnet. Ist dieser positiv (negativ), dann wird ein höherer (niedrigerer) Sollzinssatz s_2 gewählt und auch für diesen der Vermögensendwert bestimmt (VE_2). Mit diesen Werten kann eine Inter- bzw. Extrapolation durchgeführt werden, wobei die Interpolationsformel inhaltlich der bei der Interner Zinssatz-Methode verwendeten Formel gleicht. Es gilt für den kritischen Sollzinssatz s_k:[173]

$$s_k \approx s_1 + \frac{VE_1}{VE_1 - VE_2} \cdot (s_2 - s_1)$$

Die Güte der Näherungslösung ist - analog zur Interner Zinssatz-Methode - abhängig von den Abständen der Sollzinssätze voneinander und der Vermögensendwerte von Null.

Bei isoliert durchführbaren Investitionen und Gültigkeit des Kontenausgleichsgebots stimmt der kritische Sollzinssatz mit dem Internen Zinssatz überein. Falls Kontenausgleichsverbot und nur eine negative Nettozahlung vorliegen, kann der kritische Sollzinssatz - wie am Beispiel noch gezeigt - auch ohne Interpolation relativ einfach berechnet werden.

Die Sollzinssatzmethode läßt sich bei verschiedenen Annahmen bezüglich des Kontenausgleichs durchführen. Im folgenden werden wie bei der Vermögensendwertmethode die Varianten eines Kontenausgleichsverbots und eines Kontenausgleichsgebots untersucht.[174] Der bei einem Kontenausgleichsverbot ermittelte kritische Sollzinssatz entspricht der Vermögensrentabilität nach HENKE.[175] Die Bestimmung eines kritischen Sollzinssatzes bei einem Kontenausgleichsgebot wird von TEICHROEW/ROBICHEK/MONTALBANO vorgeschlagen (TRM-Methode).[176]

---

[171] Zu diesen Fällen vgl. Blohm, H.; Lüder, K.: (Investition), S. 117 f.
[172] Vgl. Abschnitt 3.3.4.
[173] Vgl. Lücke, W.: (Investitionslexikon), S. 383 und S. 400.
[174] Zur Bestimmung des kritischen Sollzinssatzes bei einer weiteren Variante bezüglich des Kontenausgleichs vgl. Baldwin, R.H.: (Assess), S. 98 ff.; Blohm, H.; Lüder, K.: (Investition), S. 115 ff.
[175] Vgl. Henke, M.: (Vermögensrentabilität), S. 187 ff.; Blohm, H.; Lüder, K.: (Investition), S. 114 f.; Lücke, W.: (Investitionslexikon), S. 400.
[176] Vgl. Teichroew, D.; Robichek, A.A.; Montalbano, M.: (Analysis), S. 151 ff.; Blohm, H.; Lüder, K.: (Investition), S. 112 f.; Lücke, W.: (Investitionslexikon), S. 383.

Beispiel

Es wird das in Abschnitt 3.3.6 analysierte Beispiel aufgegriffen.

Kontenausgleichsverbot

Zunächst wird Investitionsobjekt A betrachtet. Wie bereits erwähnt, kann der kritische Sollzinssatz mit Hilfe des in Abschnitt 3.3.4 vorgestellten Interpolationsverfahrens berechnet werden. Eine einfachere Ermittlung des kritischen Sollzinssatzes ist bei Gültigkeit des Kontenausgleichsverbots jedoch möglich, wenn nur eine negative Nettozahlung vorliegt. Der Endwert für das Vermögenskonto ist beim Kontenausgleichsverbot unabhängig vom Sollzinssatz und damit "vorgegeben". Beim kritischen Sollzinssatz muß der Endwert des Verbindlichkeitskontos den gleichen (negativen) Betrag aufweisen, da der Vermögensendwert definitionsgemäß Null ist. Es läßt sich eine Gleichung formulieren, die in dem obengenannten Fall nach dem kritischen Sollzinssatz aufgelöst werden kann. Im Beispiel gilt für den kritischen Sollzinssatz von Investitionsobjekt A (s_{kA}):

$$V_{5A}^+ = 179.325{,}83 = -V_{5A}^- (s_{kA})$$

$$V_{5A}^- = -100.000 \cdot (1 + s_{kA})^5 = -179.325{,}83$$

$$s_{kA} = 0{,}1239 \text{ bzw. } 12{,}39 \text{ [\%]}$$

Für Investitionsobjekt B kann auf analoge Weise ein kritischer Sollzinssatz von 17,17% berechnet werden. Da der Sollzinssatz 10% beträgt und damit geringer ist als die kritischen Sollzinssätze, sind beide Objekte absolut vorteilhaft.

Kontenausgleichsgebot

Für Investitionsobjekt A ist bereits ein Vermögensendwert VE_{A1} von 32.423,80 € bei einem Sollzinssatz von $s_1 = 10\%$ bekannt. Eine gute Näherungslösung kann mit Hilfe der oben angegebenen Interpolationsformel auf der Basis der Sollzinssätze $s_1^* = 17\%$ und $s_2 = 18\%$ sowie der zugehörigen Vermögensendwerte $VE_{A1}^* = 1.623{,}93$ € und $VE_{A2} = -3.705{,}04$ € bestimmt werden. Sie lautet:

$$s_{kA} \approx 0{,}17 + \frac{1.623{,}93}{1.623{,}93 - (-3.705{,}04)} \cdot (0{,}18 - 0{,}17)$$

$$s_{kA} \approx 0{,}1730 \text{ bzw. } 17{,}30 \text{ [\%]}$$

In entsprechender Weise läßt sich für Investitionsobjekt B mit Sollzinssätzen von 25% und 26% sowie den zugeordneten Vermögensendwerten ein kritischer Sollzinssatz von 25,04% ermitteln.

Beide Objekte sind absolut vorteilhaft, da ihr kritischer Sollzinssatz höher ist als der Sollzinssatz von 10%. Die kritischen Sollzinssätze stimmen - von Rundungsdifferenzen abgesehen - jeweils mit den Internen Zinssätzen überein.

Damit sind im Beispiel die mit der Sollzinssatzmethode bei Kontenausgleichsgebot und bei Kontenausgleichsverbot ermittelten Resultate identisch. Diese Aussage kann aber nicht verallgemeinert werden.

Verfahrensbeurteilung

Die Beurteilung der Sollzinssatzmethode läßt sich aus der Kritik der Interner Zinssatz-Methode und der Vermögensendwertmethode ableiten. Der Datenbeschaffungsaufwand ist genauso hoch wie bei der Vermögensendwertmethode, der Rechenaufwand nur geringfügig höher. Die Modellannahmen entsprechen weitgehend denen der Vermögensendwertmethode. Lediglich in bezug auf den Ausgleich von Kapitalbindungs- und Nutzungsdauerdifferenzen weichen die Annahmen voneinander ab - analog zum Verhältnis zwischen der Interner Zinssatz-Methode und der Kapitalwertmethode. Da die Annahmen der Vermögensendwertmethode realitätsnäher sind, kann diese der Sollzinssatzmethode vorgezogen werden.

Ergänzend sei auf einen Vorschlag von SCHIRMEISTER zur Ermittlung einer spezifischen Rentabilität von Investitionsobjekten bei unvollkommenem Kapitalmarkt hingewiesen. Die sogenannte Rentabilität des Initialkapitals stellt ein Verhältnis zwischen Vermögensendwert und Kapitaleinsatz dar.[177]

Spezifische Rentabilitäten können zudem im Rahmen der Methode der vollständigen Finanzpläne bestimmt werden, die Gegenstand des nächsten Abschnitts ist.

3.3.8 Methode der vollständigen Finanzpläne

Modell- bzw. Verfahrensdarstellung

Die Methode der vollständigen Finanzpläne (VOFI-Methode) basiert auf einem Konzept von HEISTER,[178] das von GROB weiterentwickelt worden ist.[179] Für das Verfahren ist charakteristisch, daß in einem vollständigen Finanzplan "die einem Investitionsobjekt bzw. einer Geldanlage zurechenbaren Zahlungen einschließlich der monetären Konsequenzen finanzieller Dispositionen in tabellarischer Form dargestellt werden"[180].

Bei der VOFI-Methode werden demgemäß nicht nur die Zahlungsreihe eines Investitionsobjektes (die sog. originären Zahlungen), sondern auch die auf finanzielle Dispositionen hinsichtlich des Objektes zurückzuführenden Zahlungen (die sog. deri-

---

[177] Vgl. Schirmeister, R.: (Theorie), S. 267 ff.; Schirmeister, R.: (Diskussion), S. 803 ff.; Altrogge, G.: (Diskussion), S. 101 ff.; Schirmeister, R.: (Rentabilität), S. 489 ff.
[178] Vgl. Heister, M.: (Rentabilitätsanalyse).
[179] Vgl. Grob, H.L.: (Investitionsrechnung); Grob, H.L.: (Einführung); Grob, H.L.: (Vorteilhaftigkeitsanalyse); Grob, H.L.: (Wirtschaftlichkeitsrechnung) sowie zu ähnlichen Ansätzen Kruschwitz, L.: (Investitionsrechnung), S. 46 ff.; Gans, H.; Looss, W.; Zickler, D.: (Finanzierungstheorie), S. 25 ff.; Mellwig, W.: (Investition), S. 2 ff.; Schulte, K.-W.: (Wirtschaftlichkeitsrechnung), S. 45.
[180] Grob, H.L.: (Investitionsrechnung), S. 5.

vativen Zahlungen) explizit berücksichtigt.[181] Dadurch können die Prämissen hinsichtlich der Finanzmittelaufnahme und -anlage sowie des Ausgleichs von Unterschieden bei der Kapitalbindung transparent gemacht werden, die in anderen Modellen, wie denen der Kapitalwert- oder Interner Zinssatz-Methode, nur implizit enthalten sind.[182] Außerdem lassen sich im Hinblick auf die Finanzmittelanlage und -aufnahme differenzierte Annahmen einbeziehen, vor allem kann erfaßt werden,

- inwieweit eine Finanzierung durch Fremd- und Eigenkapital[183] erfolgt,
- inwieweit in bestimmten Zeitpunkten Schulden aus Einzahlungsüberschüssen getilgt und Auszahlungsüberschüsse aus vorhandenem Guthaben finanziert werden (Kontenausgleich),
- daß die Anlage des dem Investitionsobjekt zu Beginn des Planungszeitraums zugerechneten Eigenkapitals, die sog. Opportunität, mit einer anderen Rendite (zum sog. Opportunitätskostensatz) erfolgt als die Reinvestition zukünftiger Finanzmittelüberschüsse (z. B. zum Habenzinssatz für kurzfristige Finanzanlagen),[184] und
- daß verschiedene Fremdfinanzierungsobjekte mit unterschiedlichen Verzinsungen, Tilgungsverläufen und Laufzeiten existieren (Konditionenvielfalt).

Als Zielgröße können bei der VOFI-Methode der (Vermögens-)Endwert, der Anfangswert, Zwischenwerte, Entnahmen oder spezifische Rentabilitäten zugrunde gelegt werden. Im folgenden wird aufgrund seiner hohen Anschaulichkeit primär der Endwert betrachtet. Dieser stellt die Höhe des Guthabens bzw. Kreditstandes am Ende des Nutzungs- bzw. Anlagezeitraums dar; er läßt sich direkt aus dem vollständigen Finanzplan ablesen.[185]

Für die VOFI-Methode gelten dann die folgenden Vorteilhaftigkeitsregeln:[186]

Ein Investitionsobjekt ist absolut vorteilhaft, wenn sein Endwert größer ist als der der Opportunität.[187]
Ein Investitionsobjekt ist relativ vorteilhaft, wenn sein Endwert größer ist als der eines jeden anderen zur Wahl stehenden Objektes.

---

[181] Vgl. Grob, H.L.: (Vorteilhaftigkeitsanalyse), S. 17.
[182] Vgl. dazu die Abschnitte 3.3.2 und 3.3.4.
[183] Dabei sind unter "Eigenkapital" die verfügbaren liquiden Mittel des Unternehmens zu verstehen, die einem Investitionsobjekt zugerechnet werden. Vgl. Grob, H.L.: (Investitionsrechnung), S. 5.
[184] Für diesen Fall wird auch die Bezeichnung "doppelt gespaltener Zinssatz" verwendet.
[185] Vgl. Grob, H.L.: (Einführung), S. 104.
[186] Vgl. Grob, H.L.: (Investitionsrechnung), S. 11.
[187] Diese Gegenüberstellung der Endwerte eines Investitionsobjektes und der Opportunität entspricht - von den abweichenden Annahmen der zugrundeliegenden Modelle abgesehen - dem (impliziten) Vergleich eines Objektes mit einer Anlage zum Kalkulationszinssatz bei der Kapitalwertmethode. Vgl. Abschnitt 3.3.2.

GROB regt an, zur Erstellung vollständiger Finanzpläne standardisierte Tabellen zu nutzen. Abbildung 3-8 enthält die Tabelle, die er für den Fall der Konditionenvielfalt (bei Vernachlässigung von Steuerzahlungen) vorschlägt.

	t=0	t=1	t=2	t=3	t=4	...
Zahlungsreihe						
Eigenkapital - Entnahme + Einlage						
Kredit mit Ratentilgung + Aufnahme - Tilgung - Sollzinsen						
Kredit mit Endtilgung + Aufnahme - Tilgung - Sollzinsen						
Kredit mit Annuitätentilgung + Aufnahme - Tilgung - Sollzinsen						
Kontokorrentkredit + Aufnahme - Tilgung - Sollzinsen						
Geldanlage pauschal - Geldanlage + Auflösung + Habenzinsen						
Finanzierungssaldo						
Bestandsgrößen						

Kreditstand
  Ratentilgung
  Endtilgung
  Annuitätentilgung
  Kontokorrent						

Guthabenstand pauschal						
Bestandssaldo						

Abb. 3-8: VOFI-Tabelle bei Konditionenvielfalt[188]

Diese Tabelle enthält im ersten Tabellenteil die relevanten Zahlungen, die sich aus der Zahlungsreihe des Investitionsobjekts, den zugeordneten eigenen Finanzmitteln (Eigenkapital) und deren Veränderung, der Aufnahme, Tilgung und Zinszahlung von vier typischen Kreditformen sowie der Durchführung, Auflösung und Zinszahlung

---

[188] Quelle: in leicht modifizierter Form übernommen von Grob, H.L.: (Einführung), S. 103.

einer Geldanlage zusammensetzen. Der vollständige Finanzplan ist stets ausgeglichen, d. h. der Saldo aller Zahlungen (Finanzierungssaldo) ist in jedem Zeitpunkt Null. Im zweiten Tabellenteil sind die Kredit- und Geldanlagestände sowie der daraus resultierende Bestandssaldo verzeichnet. Dieser entspricht am Ende der Nutzungsdauer dem Endwert.

Die Aufstellung des vollständigen Finanzplans und die Endwertberechnung für ein Investitionsobjekt können in den folgenden Schritten vorgenommen werden:[189]

- Für t = 0 werden die Anschaffungsauszahlung des Investitionsobjekts und die diesem für den Zeitpunkt zugerechneten eigenen finanziellen Mittel eingesetzt. Darüber hinaus werden die aufzunehmenden Kreditbeträge oder ein anzulegender Überschuß vorgegeben bzw. berechnet sowie Kredit- und Anlagestände erfaßt.

- Für t = 1 und jeden folgenden Zeitpunkt werden jeweils die Nettozahlungen des Investitionsobjektes eingetragen, die Zinszahlungen berechnet, finanzielle Dispositionen bezüglich der Kreditaufnahme oder -tilgung und der Durchführung oder Auflösung von Geldanlagen getroffen sowie die Kredit- und Guthabenstände bestimmt.

Der für die Beurteilung der absoluten Vorteilhaftigkeit erforderliche Endwert der Opportunität läßt sich entweder ebenfalls mit Hilfe eines vollständigen Finanzplans oder durch Aufzinsung des Eigenkapitals mit dem Opportunitätskostensatz berechnen. Bei der Beurteilung der relativen Vorteilhaftigkeit wird unter Umständen die Einbeziehung von Ergänzungsinvestitionen erforderlich. Dieser Aspekt wird bei der nachfolgenden Darstellung eines Beispiels erörtert.

Vorher sei jedoch auf einige alternative Zielgrößen eingegangen. Beispielsweise kann aus dem zum Ende der Nutzungsdauer (T) erwarteten, als nicht-negativ unterstellten, Endwert (EW) mit Hilfe der folgenden Formel eine VOFI-Eigenkapitalrentabilität (r_{EK}) abgeleitet werden, die die konstante jährliche Verzinsung der zu Beginn des Planungszeitraums eingesetzten eigenen Mittel (EM) angibt:[190]

$$r_{EK} = \sqrt[T]{\frac{EW}{EM}} - 1$$

Ein Investitionsobjekt gilt als absolut vorteilhaft, falls die VOFI-Eigenkapitalrentabilität höher ist als die Verzinsung der Opportunität. Das Objekt mit der höchsten Eigenkapitalrentabilität ist relativ vorteilhaft. Für die absolute und - gleiche Höhe der eingesetzten eigenen Mittel sowie gleiche Bezugszeitpunkte des Endwerts vorausgesetzt - auch für die relative Vorteilhaftigkeit ergeben sich dann die gleichen Aussagen wie bei der Zielgröße Endwert.

---

[189] Vgl. Grob, H.L.: (Einführung), S. 108.
[190] Vgl. dazu und zu einer VOFI-Gesamtkapitalrentabilität Grob, H.L.: (System), S. 182 ff.; Grob, H.L.: (Einführung), S. 244 ff. sowie zur Kritik an beiden Kennzahlen Männel, W.: (Investitionscontrolling), S. 338 ff.

Eine weitere mögliche Zielgröße stellt die periodische Entnahme dar, die bei einem vorgegebenen Endwert getätigt werden kann. Diese muß nicht unbedingt konstant sein, es ist auch möglich, eine Folge von Entnahmen mit bestimmter zeitlicher Struktur als Zielgröße zu betrachten. Die bei einer Investitionsalternative maximal mögliche Entnahme bzw. eine maximale Entnahmefolge läßt sich beispielsweise iterativ (ähnlich wie der Interne Zinssatz per Interpolationsverfahren) oder mit Hilfe eines Tabellenkalkulationsprogramms mit Zielwertsuche ermitteln. Liegt - wie bei VOFI-Modellen typisch - ein unvollkommener Kapitalmarkt vor, dann können sich bei der Zielsetzung Entnahmemaximierung andere Vorteilhaftigkeitseinschätzungen ergeben als bei Streben nach maximalem Endwert.[191] Eine Untersuchung von KRUSCHWITZ/FISCHER deutet allerdings darauf hin, daß ein entsprechender Konflikt zwischen den beiden Zielgrößen eher selten auftreten dürfte.[192]

Beispiel

Im folgenden wird das bisher diskutierte Beispiel aufgegriffen und erweitert. Es wird nun angenommen, daß zu Beginn des Planungszeitraums 20.000 € an liquiden Mitteln zur Verfügung stehen, die dieser Investitionsmöglichkeit zugerechnet werden und deren anderweitige Verwendung (Opportunität) eine Verzinsung von 7% erbringen würde. Der Zinssatz für die kurzfristige Anlage überschüssiger Mittel soll weiterhin in jeder Periode 6% betragen. Zur Finanzierung werden bei beiden Investitionsobjekten ein Kredit mit Endtilgung und ein Ratenkredit in Höhe von jeweils 25% der Anschaffungsauszahlung aufgenommen, deren Verzinsung 9% beträgt und die eine Laufzeit von vier Jahren aufweisen. Die restlichen Mittel werden über einen Kontokorrentkredit aufgebracht (Verzinsung 11%). Bei allen Krediten soll die Zinszahlung am Periodenende erfolgen und die Verzinsung sich auf das zu Beginn der Periode gebundene Kapital beziehen.

Bei diesen Daten und unter der Annahme, daß überschüssige Mittel sofort zur Tilgung des Kontokorrentkredites verwendet werden, ergibt sich für Investitionsobjekt A der nachfolgend dargestellte vollständige Finanzplan.

---

[191] Vgl. Hirshleifer, J.: (Theory), S. 333 ff.; Kruschwitz, L.: (Investitionsrechnung), S. 81 ff.; Schmidt, R.H.; Terberger, E.: (Grundzüge), S. 114 ff.; Grob, H.L.: (Einführung), S. 226 ff.
[192] Vgl. Kruschwitz, L.; Fischer, J.: (Konflikte).

	t=0	t=1	t=2	t=3	t=4	t=5
Zahlungsreihe	-100.000	28.000	30.000	35.000	32.000	35.000
Eigenkapital						
- Entnahme						
+ Einlage	20.000					
Kredit mit Ratentilgung						
+ Aufnahme	25.000					0
- Tilgung		-6.250	-6.250	-6.250	-6.250	0
- Sollzinsen		-2.250	-1.687,50	-1.125	-562,50	0
Kredit mit Endtilgung						
+ Aufnahme	25.000					
- Tilgung					-25.000	0
- Sollzinsen		-2.250	-2.250	-2.250	-2.250	0
Kredit mit Annuitätentilgung						
+ Aufnahme						
- Tilgung						
- Sollzinsen						
Kontokorrentkredit						
+ Aufnahme	30.000					
- Tilgung		-13.950	-16.050	0	0	0
- Sollzinsen		-3.300	-1.765,50	0	0	0
Geldanlage pauschal						
- Geldanlage			-1.997	-25.494,82		-36.624,73
+ Auflösung					412,99	
+ Habenzinsen				119,82	1.649,51	1.624,73
Finanzierungssaldo	0	0	0	0	0	0
Bestandsgrößen						
Kreditstand						
Ratentilgung	25.000	18.750	12.500	6.250	0	0
Endtilgung	25.000	25.000	25.000	25.000	0	0
Annuitätentilgung						
Kontokorrent	30.000	16.050	0	0	0	0
Guthabenstand pauschal			1.997	27.491,82	27.078,83	63.703,56
Bestandssaldo	-80.000	-59.800	-35.503	-3.758,18	27.078,83	63.703,56

Abb. 3-9: Vollständiger Finanzplan für Investitionsobjekt A

Der Endwert des Objektes beläuft sich auf 63.703,56 €. Da er den Endwert der Opportunität in Höhe von 28.051,03 € (= 20.000 · $1{,}07^5$) übertrifft, ist das Objekt absolut vorteilhaft. Der für das Investitionsobjekt B ermittelte vollständige Finanzplan ist in Abbildung 3-10 dargestellt.

	t=0	t=1	t=2	t=3	t=4
Zahlungsreihe	-60.000	22.000	26.000	28.000	28.000
Eigenkapital					
- Entnahme					
+ Einlage	20.000				
Kredit mit Ratentilgung					
+ Aufnahme	15.000				
- Tilgung		-3.750	-3.750	-3.750	-3.750
- Sollzinsen		-1.350	-1.012,50	-675	-337,50
Kredit mit Endtilgung					
+ Aufnahme	15.000				
- Tilgung					-15.000
- Sollzinsen		-1.350	-1.350	-1.350	-1.350
Kredit mit Annuitätentilgung					
+ Aufnahme					
- Tilgung					
- Sollzinsen					
Kontokorrentkredit					
+ Aufnahme	10.000				
- Tilgung		-10.000			
- Sollzinsen		-1.100			
Geldanlage pauschal					
- Geldanlage		-4.450	-20.154,50	-23.701,27	-10.460,85
+ Auflösung					
+ Habenzinsen			267	1.476,27	2.898,35
Finanzierungssaldo	0	0	0	0	0
Bestandsgrößen					
Kreditstand					
Ratentilgung	15.000	11.250	7.500	3.750	0
Endtilgung	15.000	15.000	15.000	15.000	0
Annuitätentilgung					
Kontokorrent	10.000	0	0	0	0
Guthabenstand pauschal		4.450	24.604,50	48.305,77	58.766,62
Bestandssaldo	-40.000	-21.800	2.104,50	29.555,77	58.766,62

Abb. 3-10: Vollständiger Finanzplan für Investitionsobjekt B

Auch Investitionsobjekt B ist absolut vorteilhaft, denn sein Endwert (58.766,62 €) ist höher als der der Opportunität (20.000 · $1{,}07^4$ = 26.215,92 €).

Im Hinblick auf die relative Vorteilhaftigkeit stellt sich - wie bei den anderen Verfahren - die Frage, inwieweit die beiden Objekte angesichts ihrer voneinander abweichenden Anschaffungsauszahlungen und Nutzungsdauern vergleichbar sind und wie gegebenenfalls Vergleichbarkeit herbeigeführt werden kann.

Die Finanzierung der Anschaffungsauszahlungen und ihre finanziellen Auswirkungen werden bei der VOFI-Methode explizit einbezogen. Unterschiedliche Anschaffungsauszahlungen beeinträchtigen daher nur dann die Vergleichbarkeit von Investitionsobjekten, wenn sie bei mindestens einem der einander ausschließenden

Objekte geringer sind als das zugerechnete Eigenkapital, so daß das mit dem Verzicht auf anderweitige Nutzung des Eigenkapitals verbundene Opfer unterschiedlich hoch ist. In diesem Fall, der im Beispiel nicht vorliegt, ist eine Annahme über eine Ergänzungsinvestition zum Ausgleich der Differenz des beanspruchten Eigenkapitals zu treffen, beispielsweise Geldanlage zum Opportunitätskostensatz.

Nutzungsdauerdifferenzen müssen in jedem Fall ausgeglichen werden, da Endwerte, die sich auf verschiedene Zeitpunkte beziehen, nicht vergleichbar sind. Zum Ausgleich sollte das Kapital, das nach Beendigung der Nutzung der Investition(en) mit kürzerer Nutzungsdauer verfügbar ist, (jeweils) mit einem individuell abzuschätzenden Zinssatz über die Nutzungsdauerdifferenz aufgezinst werden.[193] Im Beispiel ist der Endwert des Objektes B über eine Periode aufzuzinsen, um das Objekt mit A vergleichbar zu machen. Wenn als relevanter Zinssatz 7% zugrunde gelegt wird, beträgt der auf t = 5 bezogene Endwert 62.880,28 € (58.766,62 · 1,07). Da der Endwert des Objektes A (63.703,56 €) höher ist, ist dieses Objekt relativ vorteilhaft.

Die VOFI-Eigenkapitalrentabilitäten belaufen sich auf

$$r_{EKA} = \sqrt[5]{\frac{63.703,56}{20.000}} - 1 = 0,2607 \text{ bzw. } 26,07\%$$

$$r_{EKB} = \sqrt[5]{\frac{62.880,28}{20.000}} - 1 = 0,2575 \text{ bzw. } 25,75\%$$

Beide Objekte sind absolut vorteilhaft, da ihre Verzinsung höher ist als die der Opportunität; Alternative A erweist sich aufgrund der höheren Eigenkapitalrentabilität als relativ vorteilhaft.

Beurteilung

Die Bewertung einzelner Investitionsobjekte läßt sich mittels der VOFI-Methode rechnerisch relativ einfach durchführen. Als Daten sind neben der Zahlungsreihe von Investitionen die Höhe des zugerechneten Eigenkapitals, die Fremdkapitalbestandteile einschließlich der relevanten Konditionen (Tilgungsarten, Zinssätze etc.), die Verzinsung der Opportunität sowie der Habenzinssatz für kurzfristige Geldanlagen erforderlich. Es ist fraglich, welche dieser Daten im Rahmen der Investitions- bzw. Investitions- und Finanzierungsplanung - unabhängig vom gewählten Verfahren der Investitionsrechnung - in jedem Fall ermittelt werden und daher für die Investitionsrechnung vorliegen und welche sich darüber hinausgehend mit vertretbarem Aufwand und akzeptablem Aussagegehalt bestimmen lassen. Wie bereits im Zusammenhang mit der Vermögensendwertmethode erwähnt,[194] wird die Finanzierungs- und Anlagepolitik oftmals nicht für einzelne Projekte, sondern für das gesamte Unter-

---

[193] Vgl. Grob, H.L.: (Investitionsrechnung), S. 12 f. sowie das analoge Vorgehen bei der Vermögensendwertmethode (Abschnitt 3.3.6).

[194] Vgl. Abschnitt 3.3.6.

nehmen festgelegt. In diesen Fällen wird die Zurechnung des Eigenkapitals und spezifischer Kredite zu einzelnen Investitionsobjekten Schwierigkeiten bereiten. Dieses Problem tritt aber nicht auf, wenn - beispielsweise bei "strategischen Investitionen" wie der Errichtung einer Betriebsstätte oder einer Auslandsinvestition oder auch bei bestimmten Investitionsobjekten wie Immobilien - eine projektbezogene Finanzierungsplanung erfolgt. Abschließend sei zu den Daten erwähnt, daß mit den zukünftigen Kontokorrent- und Habenzinssätzen zusätzliche Größen einbezogen werden, für die ebenfalls Unsicherheit besteht.

Die Prämissen der VOFI-Methode stimmen in vielen Punkten mit denen der Kapitalwertmethode überein.[195] So gilt ebenso, daß nur eine Zielgröße verfolgt wird (a), wobei - wie erwähnt - eine Wahlmöglichkeit zwischen verschiedenen Zielgrößen besteht. Im Hinblick auf die Beurteilung einzelner Investitionsobjekte wird auch von einer gegebenen Nutzungsdauer (b), dem (weitgehenden) Vorliegen der Entscheidungen in anderen Unternehmensbereichen und der Zurechenbarkeit der Zahlungen zu einzelnen Objekten (c) und Zeitpunkten (e) sowie Sicherheit der Daten (d) ausgegangen. In diesem Zusammenhang ist darauf hinzuweisen, daß die VOFI-Methode zur Bestimmung optimaler Nutzungsdauern sowie Ersatzzeitpunkte ebenfalls geeignet ist und die Unsicherheit auch in VOFI-Modelle einbezogen werden kann.[196] So läßt sich unter anderem ein Amortisationszeitraum bestimmen; dieser liegt dann vor, wenn der Bestandssaldo so hoch ist wie die aufgezinsten eigenen Mittel, die für die Investition eingesetzt werden.[197] Unterjährige Verzinsungen können durch eine entsprechende differenzierte Gestaltung des vollständigen Finanzplans berücksichtigt werden.

Die Annahme gegebener Entscheidungen in anderen Unternehmensbereichen gilt für die Finanzierung nur bedingt, denn es ist für den Beginn der zweiten und der nachfolgenden Periode(n) unter Umständen zu entscheiden, inwieweit Schulden aus Einzahlungsüberschüssen getilgt und Auszahlungsüberschüsse aus vorhandenem Guthaben finanziert werden. In einer Erweiterung des hier dargestellten Vorgehens läßt sich zudem die optimale Finanzierung der einzelnen Investitionsobjekte berechnen. Die Motivation hierzu resultiert insbesondere daraus, daß bei unvollkommenem Kapitalmarkt die optimalen Investitions- und Finanzierungsentscheidungen nicht mehr unabhängig voneinander ermittelbar sind; das FISHER-Separations-Theorem gilt in diesem Fall nicht. Für die Beurteilung von Investitionen ist daher auch deren konkrete Finanzierung relevant. Bei der vorliegenden Problemstellung einer Einzelinvestitionsentscheidung ist anzustreben, daß für jedes Objekt aus der Vielzahl von Finanzierungsmöglichkeiten die optimale identifiziert und der Beurteilung zugrunde gelegt

---

[195] Zu den Prämissen der Kapitalwertmethode vgl. Abschnitt 3.3.2. Zu den Annahmen der VOFI-Methode vgl. Grob, H.L.: (Investitionsrechnung), S. 33 ff.
[196] Vgl. zur Nutzungsdauer- und Ersatzzeitpunktbestimmung Grob, H.L.: (Einführung), S. 356 ff., zur Berücksichtigung der Unsicherheit bei der VOFI-Methode Grob, H.L.: (Einführung), S. 430 ff.; Kesten, R.: (Management), S. 283 ff.; Götze, U.: (Beurteilung), S. 192 ff.
[197] Vgl. Grob, H.L.: (Einführung), S. 161.

wird. Dazu kann einerseits für jede Kombination aus Investition und Finanzierung mit Hilfe vollständiger Finanzpläne ein Endwert berechnet werden; die Kombination mit maximalem Endwert ist dann optimal. Andererseits lassen sich Simultanplanungsmodelle zur Bestimmung der optimalen Finanzierung für jedes Investitionsobjekt nutzen, in denen die bestehenden Finanzierungsmöglichkeiten die Variablen darstellen.[198] Auf entsprechende Weise ist es möglich, die Frage zu beantworten, ob etwaige finanzielle Überschüsse angelegt oder zur Tilgung von Krediten verwendet werden sollten. Eine Optimierung der Aufteilung finanzieller Mittel auf verschiedene Investitionsobjekte kann allerdings mit Hilfe der VOFI-Methode nicht erfolgen, da die Interdependenzen zwischen unterschiedlichen Investitionsobjekten und den bei ihnen jeweils erfolgenden Finanzierungsmaßnahmen unberücksichtigt bleiben; ein optimales Investitions- und Finanzierungsprogramm läßt sich ebenfalls nicht bestimmen.[199]

Im Gegensatz zur Kapitalwertmethode werden freiwerdende Mittel nicht zum Kalkulationszinssatz angelegt und auch Investitions- oder Finanzierungsmaßnahmen zum Ausgleich von Kapitalbindungs- und Nutzungsdauerdifferenzen nicht zum Kalkulationszinssatz verzinst (Annahme (f) der Kapitalwertmethode). Hinsichtlich der Anlage freiwerdender Mittel wird - im Standardfall, der allerdings modifiziert werden kann, - unterstellt, daß eine kurzfristige Anlage zum Habenzinssatz möglich ist. Kapitalbindungsdifferenzen beschränken sich auf die Verwendung der zu Beginn des Planungszeitraums verfügbaren eigenen liquiden Mittel, sie können individuell ausgeglichen werden. Gleiches gilt für Nutzungsdauerdifferenzen, wobei aber die Prognose des dafür relevanten Zinssatzes besonders problematisch ist. Insgesamt sind - wie bereits oben angedeutet - auch bei der VOFI-Methode vereinfachende Annahmen zu Finanzierungs- und anderen Investitionsmöglichkeiten notwendig, um die Investitionsplanung (und Finanzierungsplanung) nicht zu aufwendig werden zu lassen.[200]

Ein Vorteil der VOFI-Methode gegenüber den anderen Verfahren der dynamischen Investitionsrechnung ist, daß die Annahmen bezüglich der Anlage freiwerdender Mittel und des Vorteilhaftigkeitsvergleichs offengelegt werden. Generell ist, auch durch die Verwendung standardisierter Tabellen, das Vorgehen bei der Endwertberechnung sehr transparent, und die Ergebnisse eignen sich gut für die Präsentation und Kontrolle, so daß eine hohe Akzeptanz durch die Entscheidungsträger zu erwarten ist. Im Hinblick auf die Transparenz sei erwähnt, daß das Konzept der vollständigen Finanzpläne nach entsprechender Modifikation der Annahmen zu (f) und (g)

---

[198] Vgl. Grob, H.L.: (Investitionsrechnung), S. 41 ff.
[199] Vgl. Hering, T.: (Investitionstheorie), S. 248 ff. sowie zu Modellen für eine simultane Investitions- bzw. Investitions- und Finanzierungsprogrammplanung, bei denen diese Interdependenzen einbezogen werden, Abschnitt 6.3.
[200] Vgl. Kruschwitz, L.: (Investitionsrechnung), S. 50 ff. sowie sehr kritisch dazu Schmidt, R.H.; Terberger, E.: (Grundzüge), S. 169.

auch genutzt werden kann, um die Prämissen der anderen dynamischen Modelle zu verdeutlichen.[201]

Ein Unterschied zwischen der VOFI- und der Kapitalwertmethode besteht auch im Hinblick auf den Kapitalmarkt. Während bei der Kapitalwertmethode ein vollkommener Kapitalmarkt unterstellt wird (Annahme (g)), lassen sich bei der VOFI-Methode nicht nur Unterschiede zwischen Soll- und Habenzinssatz (wie bei der Vermögensendwertmethode), sondern auch Eigenfinanzierung, Konditionenvielfalt bei der Fremdfinanzierung und differenzierte Zinssätze für die Anlage eigener Mittel (vor allem für die Opportunität und kurzfristige Geldanlagen) einbeziehen. Diese Möglichkeit einer relativ realitätsnahen Abbildung der Finanzierungs- und Anlagemöglichkeiten ist ein zweiter Vorzug der VOFI-Methode. Dieser wird jedoch nur dann wirksam, wenn dem(n) Investitionsobjekt(en) die entsprechenden Maßnahmen zugeordnet werden können.

Bei unvollkommenem Kapitalmarkt sind aber Investitions- und Konsumentscheidungen nicht mehr ohne weiteres trennbar. Die Konsumplanung bzw. deren Ergebnisse lassen sich - über vorgegebene Entnahmen oder über die Maximierung eines Entnahmestroms - nur in vereinfachter Form bei der VOFI-Methode berücksichtigen.[202]

Im Zusammenhang mit dem unvollkommenen Kapitalmarkt wird zudem die Kritik geübt, dieser sei bei sicheren Erwartungen - wie sie auch im gesamten Abschnitt 3 unterstellt werden - nicht denkbar, da dann über die mit einer Investition verbundenen Geschäfte jeweils Verträge abgeschlossen werden könnten und deren Einhaltung erzwungen werden könne.[203] Dem ist insofern beizupflichten, als investierende Unternehmen in der Realität im Regelfall einem unvollkommenen Kapitalmarkt gegenüberstehen und wie andere Marktteilnehmer auch unsichere Erwartungen haben. Die Annahmenkombination "unvollkommener Kapitalmarkt" und "Sicherheit" stellt daher ebenso eine Vereinfachung der realen Situation dar (bei der z. B. die wahrscheinlichsten oder Erwartungswerte anstelle einer Verteilung möglicher Ausprägungen von Zahlungen in die Investitionsrechnung eingehen), wie dies zumindest oft auch für die anderen Konstellationen gelten dürfte, bei denen nicht von einem unvollkommenen Kapitalmarkt und Unsicherheit ausgegangen wird. Daß auch diese Kombination nach Auffassung der Verfasser in manchen Situationen zweckmäßig sein kann, ergibt sich aus den obigen Ausführungen. Außerdem bildet ihre Untersuchung eine Vorstufe der Analyse von Modellen, bei denen sowohl Unsicherheit herrscht als auch ein unvollkommener Kapitalmarkt gegeben ist.[204]

---

[201] Vgl. Grob, H.L.: (Investitionsrechnung), S. 105 ff.; Grob, H.L.: (Capital), S. 62 ff. sowie die Finanz- und Tilgungspläne in den Abschnitten 3.3.2 und 3.3.4.
[202] Vgl. Schmidt, R.H.; Terberger, E.: (Grundzüge), S. 180 f.
[203] Vgl. Schmidt, R.H.; Terberger, E.: (Grundzüge), S. 183.
[204] Vgl. hierzu die Abschnitte 7.3, 8.1 und 8.3.

Eine Erweiterung des hier beschriebenen Vorgehens der VOFI-Methode stellt die Einbeziehung von Steuern dar. Auf die Berücksichtigung von Steuern in der Investitionsrechnung wird - unter Einbeziehung der VOFI-Methode - im nachfolgenden Abschnitt eingegangen.

3.4 Spezifische Fragestellungen der Vorteilhaftigkeitsbeurteilung

In diesem Abschnitt sollen zunächst zwei besondere Aufgabenstellungen erörtert werden, die im Rahmen der Vorteilhaftigkeitsbeurteilung von Investitionen auftreten: die Einbeziehung von Steuern in die Investitionsrechnung (Abschnitt 3.4.1) sowie die Investitionsrechnung für Auslandsinvestitionen (Abschnitt 3.4.2). Anschließend wird ein knapper Überblick über weitere spezielle Anwendungsmöglichkeiten der dynamischen Investitionsrechnung und die dafür jeweils vorgeschlagenen spezifischen Modelle vermittelt (Abschnitt 3.4.3).

3.4.1 Berücksichtigung von Steuern

Nachfolgend wird dargestellt, wie sich die Wirkungen von Investitionen auf Steuerzahlungen in Modelle zur Vorteilhaftigkeitsbeurteilung einbeziehen lassen. Dies wird dadurch motiviert, daß diese Wirkungen, die vor allem Ertragsteuern wie die Körperschaftsteuer, die Gewerbeertragsteuer, die Einkommensteuer und/oder die Kirchensteuer betreffen,[205,206] generell die Vorteilhaftigkeit von Investitionsobjekten beeinflussen können. Eine besondere Rolle spielen Steuern darüber hinaus bei bestimmten Investitionsüberlegungen, z. B. der Wahl zwischen Kauf und Leasing eines Investitionsobjekts[207] oder der im anschließenden Abschnitt 3.4.2 diskutierten Entscheidung über Auslandsinvestitionen.

Werden Steuern in die Beurteilung einzelner Investitionsobjekte einbezogen, dann ist wichtig, welche Rechtsform das Unternehmen aufweist (insbesondere, ob es sich um eine Personen- oder eine Kapitalgesellschaft handelt) und ob die Rechnung aus Sicht des Unternehmens oder von Anteilseignern durchgeführt wird. Die letztgenannte Perspektive ist angesichts der relevanten Steuerarten bei Einzelunternehmen und Personengesellschaften geboten, kann aber auch bei Kapitalgesellschaften eingenommen werden. Bei allen Unternehmen mit mehreren Gesellschaftern stellt sich

---

[205] Zu einem Überblick über Steuerarten insgesamt vgl. Wacker, W.H.: (Lexikon), S. 677 ff., zu einer knappen, auf die Einbeziehung in die Investitionsrechnung ausgerichteten Darstellung der oben aufgeführten Steuerarten vgl. Kruschwitz, L.: (Investitionsrechnung), S. 118 ff.
[206] Der Solidaritätszuschlag wird im folgenden vernachlässigt.
[207] Zu dieser Entscheidung vgl. Kovac, J.: (Entscheidung); Mellwig, W.: (Investition), S. 211 ff.; Spremann, K.: (Wirtschaft), S. 345 ff.; Gebhard, J.: (Finanzierungsleasing), S. 60 ff.; Kruschwitz, L.: (Leasing).

dabei aber das Problem, daß deren steuerliche Verhältnisse (sonstiges Einkommen, Relevanz der Kirchensteuer) zumeist unterschiedlich sein werden, so daß mehrere Rechnungen durchzuführen sind oder eine Situation als repräsentativ anzunehmen ist. Dies wird bei großen Aktiengesellschaften regelmäßig durch die Anonymität vieler Aktionäre erschwert.

In beiden Fällen müßten zur Abschätzung der Steuerwirkungen einer Investition eigentlich alle Steuerbemessungsgrundlagen über den Planungszeitraum bekannt sein, die ohne deren Realisation zu erwarten wären. Da diese Steuerbemessungsgrundlagen aber von einer Vielzahl anderer Investitionen und Maßnahmen des Unternehmens bzw. den jeweiligen Einkommensverhältnissen der Anteilseigner abhängen, ist fraglich, inwieweit sie sich prognostizieren lassen und als gegeben unterstellt werden können. Ist dies nicht der Fall, sind vereinfachende Annahmen zur Einbeziehung von Steuern in die Investitionsrechnung erforderlich.[208] Zwei Beispiele für derartige Annahmenkonstellationen und das auf sie abgestimmte Vorgehen bei der Beurteilung der Vorteilhaftigkeit werden nachfolgend unter Bezugnahme auf die Kapitalwertmethode und die Methode der vollständigen Finanzpläne erörtert.[209] Da es hier primär darum geht, mögliche Methoden zur Berücksichtigung von Steuern in Investitionsmodellen aufzuzeigen, werden die relevanten steuerrechtlichen Regelungen dabei nur sehr knapp und vereinfacht dargestellt.

3.4.1.1 Steuern bei der Kapitalwertmethode

Modelldarstellung

Für die Berücksichtigung von Steuern im Rahmen der Kapitalwertmethode sind vor allem folgende Konzepte vorgeschlagen worden:[210]

- die Bruttomethode, bei der Wirkungen von Ertragsteuern lediglich durch Korrektur des Kalkulationszinssatzes erfaßt werden,
- das Standardmodell, die sog. Nettomethode II, sowie
- Erweiterungen des Standardmodells, bei denen auch eine projektbezogene Finanzierung (Nettomethode I), die Gewährung von Investitionshilfen und/ oder Substanzsteuern einbezogen werden.

Von diesen Ansätzen soll hier lediglich das Standardmodell dargestellt werden, zu den anderen Konzepten sei auf die Literatur verwiesen.[211] Im Standardmodell wer-

---

[208] Vgl. Blohm, H.; Lüder, K.: (Investition), S. 120 f.
[209] Zur Berücksichtigung von Steuern in einem Modell, das auf der Vermögensendwertmethode basiert, vgl. Lüder, K.: (Beurteilung), S. 136 ff.
[210] Vgl. Blohm, H.; Lüder, K.: (Investition), S. 122 ff. sowie zu weiteren Ansätzen Adam, D.: (Investitionscontrolling), S. 174 ff.
[211] Vgl. Blohm, H.; Lüder, K.: (Investition), S. 126 ff.; Lüder, K.: (Beurteilung), S. 546 ff. Die Vernachlässigung der Bruttomethode läßt sich damit begründen, daß bei dieser - zumindest in ihrer Grundform - die steuermindernde Wirkung von Abschreibungen unberücksichtigt bleibt. In der

den nur Steuern berücksichtigt, deren Höhe vom Gewinn, der Differenz zwischen Erträgen und Aufwendungen, abhängig ist. Die entsprechende Bemessungsgrundlage für die durch die Investition bewirkten Steuerzahlungen stellen die um Abschreibungen korrigierten Rückflüsse, eventuell ergänzt um einen Veräußerungserfolg (Differenz von Liquidationserlös und Restbuchwert) am Ende der Nutzungsdauer, dar.[212] Im einzelnen gelten - neben den Annahmen des Kapitalwertmodells - die folgenden Prämissen:[213]

- Das Unternehmen hat auf den Gewinn einer Periode eine Steuer zu zahlen, die zeitgleich mit der Entstehung der Steuerschuld am Ende der Periode anfällt.
- Die Höhe der Steuerzahlung ist proportional zum Gewinn.
- Das Unternehmen erwirtschaftet unabhängig von der Durchführung des jeweils betrachteten Investitionsobjekts in jeder Periode einen Gewinn. Dessen Höhe ist ausreichend, um einen sofortigen Verlustausgleich in den Perioden zu ermöglichen, in denen durch das Investitionsobjekt Verluste entstehen.[214]
- Die ursprüngliche Zahlungsreihe eines Investitionsobjekts wird durch die Existenz von Steuern nicht - etwa durch als Reaktion hierauf erfolgende Preiserhöhungen - beeinflußt.
- Sollzinsen mindern vollständig den steuerpflichtigen Gewinn; Habenzinsen erhöhen diesen dementsprechend.
- Alle durch ein Investitionsobjekt verursachten Ein- bzw. Auszahlungen sind - mit Ausnahme der Anschaffungsauszahlung(en) und eventuell des Liquidationserlöses - zugleich Erträge bzw. Aufwendungen. Die Anschaffungsauszahlung führt erst in nachfolgenden Zeitpunkten in Form von Abschreibungen zu Aufwendungen, durch den Liquidationserlös wird möglicherweise ein Veräußerungserfolg erzielt.

Wie bereits erwähnt, erfordert die Kapitalwertberechnung beim Standardmodell im Vergleich zu einer Situation ohne Steuern zwei zusätzliche Schritte:[215]

- Die ursprüngliche Zahlungsreihe ist um die Zahlungen zu modifizieren, die aufgrund der Besteuerung anfallen, und

---

Literatur herrscht weitgehende Einigkeit, daß daher das Standardmodell und seine Erweiterungen der Bruttomethode vorzuziehen sind. Vgl. Blohm, H.; Lüder, K.: (Investition), S. 136 f. und die dort angegebene Literatur. Auf die Wahl zwischen dem Standardmodell und seinen Erweiterungen wird bei der Modellbeurteilung kurz eingegangen.

[212] Zinsaufwendungen und -erträge werden nicht in der Bemessungsgrundlage, sondern über eine Korrektur des Kalkulationszinssatzes erfaßt.

[213] Vgl. Blohm, H.; Lüder, K.: (Investition), S. 123 ff. sowie ähnlich Kruschwitz, L.: (Investitionsrechnung), S. 1421 ff. und zu den Prämissen des Kapitalwertmodells Abschnitt 3.3.2. Zu einem Überblick über weitere Varianten der Einbeziehung gewinn- bzw. ertragsabhängiger Steuern in das Kapitalwertmodell, die auf anderen Annahmen basieren, vgl. Volpert, V.: (Kapitalwert), S. 25 ff.

[214] Alternativ könnte die Möglichkeit eines unbeschränkten Verlustrücktrags unterstellt werden.

[215] Vgl. Busse von Colbe, W.; Laßmann, G.: (Betriebswirtschaftstheorie), S. 67 f.

- der Kalkulationszinssatz muß verändert werden, um die Besteuerung der Erträge von Finanzanlagen sowie den aufgrund der Abzugsfähigkeit von Fremdkapitalzinsen auftretenden Steuerentlastungseffekt einzubeziehen.

Zunächst soll die Veränderung der originären Zahlungsreihe erörtert werden. Die Nettozahlungen der Zahlungsreihe vor Steuern (N_t) müssen nun um die durch das Investitionsobjekt verursachten Veränderungen der Steuerzahlungen im Zeitpunkt t (S_t) berichtigt werden. Diese ergeben sich bei Gültigkeit der oben aufgeführten Annahmen durch Multiplikation des Steuersatzes (st) mit der auf das Investitionsobjekt zurückzuführenden Gewinnveränderung in der Periode t (ΔG_t). Für die entstehenden Nettozahlungen nach Steuern, die mit N_t^* (t = 0,1,...,T) bezeichnet werden sollen, gilt dann jeweils:

$$N_t^* = N_t - S_t \quad \text{bzw.}$$

$$N_t^* = N_t - st \cdot \Delta G_t$$

Die Veränderung der Steuerzahlungen und damit auch der Nettozahlungen nach Steuern ist abhängig davon, ob die Durchführung des Investitionsobjekts in einer Periode eine Gewinnerhöhung herbeiführt ($\Delta G_t > 0$) oder einen Verlust bewirkt ($\Delta G_t < 0$). Im ersten Fall wird $st \cdot \Delta G_t$ einen positiven, im zweiten Fall einen negativen Wert annehmen.

Es ist nun zu analysieren, wie sich unter den oben aufgeführten Annahmen die durch eine Investition bewirkte Gewinnveränderung zusammensetzt. Dazu sind die Nettozahlungen vor Steuern N_t in einen erfolgswirksamen Teil N_t^e und einen erfolgsunwirksamen Teil N_t^u aufzuspalten. Letzterer enthält in diesem Modell nur die Anschaffungsauszahlungen und eventuell den Liquidationserlös, da alle anderen Ein- und Auszahlungen annahmegemäß zugleich auch Erträge und Aufwendungen darstellen. Die Gewinnveränderung (ΔG_t) ergibt sich aus den erfolgswirksamen Nettozahlungen vor Steuern (N_t^e), die auch einen etwaigen Veräußerungserfolg umfassen, berichtigt um den Betrag der Abschreibung von Vermögensgegenständen (A_t). Formal läßt sich die Gewinnveränderung wie folgt darstellen:[216]

$$\Delta G_t = N_t^e - A_t, \quad \text{für t = 0,1,...,T}$$

Die Nettozahlungen nach Steuern betragen damit:

$$N_t^* = N_t - st \cdot (N_t^e - A_t), \quad \text{für t = 0,1,...,T}$$

Die Einbeziehung von Steuern wirkt sich aber nicht nur auf die Zahlungsreihe einer Investition aus, sie verändert vielmehr auch den anzusetzenden Kalkulationszinssatz.

Bei der Bestimmung des Kalkulationszinssatzes erfolgt eine Orientierung an den Erträgen alternativer Anlagen sowie den Finanzierungskosten.[217] Werden Steuern als relevant erachtet, dann sind die durch die Einzahlungen bzw. Erträge aus Geldanla-

---

[216] Vgl. Busse von Colbe, W.; Laßmann, G.: (Betriebswirtschaftstheorie), S. 67.
[217] Vgl. Abschnitt 3.3.2.

gen verursachten Steuerzahlungen einzubeziehen. Bei einer Verzinsung in Höhe des Kalkulationszinssatzes i (vor Steuern) verbleiben nach der Besteuerung noch Zinsen in Höhe von $i^* = i - st \cdot i$ (bezogen auf einen angelegten €), d. h. die Verzinsung nach Steuern entspricht i^*.

Analoges gilt für die Kosten der Finanzierung. Betragen diese vor Berücksichtigung von Steuern i (bezogen auf einen €), dann ergibt sich annahmegemäß eine Steuerersparnis in Höhe von $st \cdot i$, so daß sich die Verzinsung insgesamt ebenfalls auf $i^* = i - st \cdot i$ beläuft. Unabhängig davon, ob von den Erträgen alternativer Anlagen und/oder den Finanzierungskosten ausgegangen wird, und damit unabhängig von der Finanzierung des Objektes ist also bei dem hier dargestellten Kapitalwertmodell mit Steuern der folgende modifizierte Kalkulationszinssatz i^* anzusetzen:[218]

$$i^* = i - st \cdot i$$

Unter Berücksichtigung der Veränderungen von Zahlungsreihe und Kalkulationszinssatz läßt sich der Kapitalwert KW^* wie folgt berechnen:

$$KW^* = \sum_{t=0}^{T} N_t^* \cdot (1+i^*)^{-t} \quad \text{bzw.}$$

$$KW^* = \sum_{t=0}^{T} \left(N_t - st \cdot (N_t^e - A_t) \right) \cdot (1+i-st \cdot i)^{-t}$$

Im Kapitalwertmodell mit Steuern gelten die gleichen Vorteilhaftigkeitsregeln wie ohne diese.[219] In der Regel verändert die Berücksichtigung von Steuern die Höhe des Kapitalwerts gegenüber einer Situation ohne Steuern. Dies kann soweit gehen, daß sich die absolute und/oder die relative Vorteilhaftigkeit von Investitionsobjekten verändern. Beispielsweise kann der Fall auftreten, daß ein Objekt bei Einbeziehung von Steuern absolut vorteilhaft ist (Kapitalwert größer Null), für das dies ohne Erfassung von Steuern nicht gilt (Kapitalwert kleiner Null). In diesem Fall wird auch von einem Steuerparadoxon gesprochen.[220] Derartige Änderungen der Vorteilhaftigkeit lassen sich auf zwei Wirkungen zurückführen. Auf der einen Seite ergibt sich typischerweise eine negative Wirkung auf den Kapitalwert, da die Nettozahlungen aufgrund der Steuerzahlungen gegenüber dem Nicht-Steuern-Fall geringer sind. Dem steht auf der anderen Seite eine geringere Abzinsung entgegen, die auf der Modifikation des Kalkulationszinssatzes basiert. Welche Wirkung stärker ist, hängt von der Struktur der zugrundeliegenden Zahlungsreihe ab.[221]

---

[218] Vgl. Busse von Colbe, W.; Laßmann, G.: (Betriebswirtschaftstheorie), S. 68; Büchter, D.: (Investitionsentscheidungen), S. 44.
[219] Vgl. Abschnitt 3.3.2.
[220] Vgl. Lücke, W.: (Investitionslexikon), S. 364; Schneider, D.: (Investition), S. 246 ff.; Schneeloch, D.: (Besteuerung), S. 220; Bitz, M.: (Investition), S. 130.
[221] Vgl. Busse von Colbe, W.; Laßmann, G.: (Betriebswirtschaftstheorie), S. 68. Diese wiederum kann ebenso wie der Kalkulationszinssatz durch Inflation beeinflußt werden. Zur Einbeziehung

Beispiel

Betrachtet sei das bei der Diskussion der Kapitalwertmethode ohne Steuern erörterte Beispiel. Die Daten der beiden zu analysierenden Investitionsobjekte A und B sind im folgenden noch einmal aufgeführt.

Daten	Objekt A	Objekt B
Anschaffungsauszahlung (€)	100.000	60.000
Nutzungsdauer (Jahre)	5	4
Liquidationserlös (€)	5.000	0
Rückflüsse (€)		
in t = 1	28.000	22.000
in t = 2	30.000	26.000
in t = 3	35.000	28.000
in t = 4	32.000	28.000
in t = 5	30.000	-
Kalkulationszinssatz (%)	8	8

Es soll weiterhin unterstellt werden, daß ein Steuersatz (st) in Höhe von 40% vorliegt und eine lineare Abschreibung über die Nutzungsdauer vorgenommen wird, bei der der Liquidationserlös keine Berücksichtigung findet.

Zur Berechnung des Kapitalwertes der Alternative A sind zunächst die Abschreibungen A_{tA} und der Veräußerungserfolg zu ermitteln. Die Abschreibungen betragen hier 20.000 €, der in den erfolgswirksamen Nettozahlungen zu berücksichtigende Veräußerungserfolg beläuft sich auf 5.000 €. Die erfolgswirksamen und erfolgsunwirksamen Nettozahlungen N_{tA}^e und N_{tA}^u, die Gewinnveränderungen ΔG_{tA}, die Steuerzahlungen S_{tA} sowie die modifizierten Zahlungen N_{tA}^* lassen sich dann wie folgt bestimmen:

t	0	1	2	3	4	5
N_{tA}	-100.000	28.000	30.000	35.000	32.000	35.000
A_{tA}	-	20.000	20.000	20.000	20.000	20.000
N_{tA}^e	-	28.000	30.000	35.000	32.000	35.000
N_{tA}^u	-100.000	-	-	-	-	-
ΔG_{tA}	0	8.000	10.000	15.000	12.000	15.000
S_{tA} (= st · ΔG_{tA})	0	3.200	4.000	6.000	4.800	6.000
N_{tA}^* (= N_{tA} - S_{tA})	-100.000	24.800	26.000	29.000	27.200	29.000

Der modifizierte Kalkulationszinssatz beträgt in diesem Beispiel 4,8% ($i^* = i - st \cdot i$ bzw. 0,048 = 0,08 - 0,4 · 0,08). Der Kapitalwert KW_A^* ergibt sich dann aus:

---

von Inflation und Steuern in Investitionsrechnungen sowie zu ihrem gemeinsamen Einfluß auf die Vorteilhaftigkeit von Investitionen vgl. Schneider, D.: (Investition), S. 379 ff.; Franke, G.; Hax, H.: (Finanzwirtschaft), S. 216 ff.; Lindau, G.: (Kapitalwertmethode), S. 124 ff.

$$KW_A^* = -100.000 + 24.800 \cdot 1{,}048^{-1} + 26.000 \cdot 1{,}048^{-2} + 29.000 \cdot 1{,}048^{-3}$$
$$+ 27.200 \cdot 1{,}048^{-4} + 29.000 \cdot 1{,}048^{-5}$$
$$KW_A^* = 18.020{,}69 \ [€]$$

Auf entsprechende Weise läßt sich auch der Kapitalwert der Alternative B bestimmen. Er beträgt 16.696,98 €.

Damit sind beide Alternativen absolut vorteilhaft, relativ vorteilhaft ist die Alternative A. Es ergeben sich bei diesem Beispiel somit die gleichen Vorteilhaftigkeitsbeurteilungen wie in einer Situation ohne Steuern.

Modellbeurteilung

Es ist zunächst darauf hinzuweisen, daß das hier beschriebene Modell auf dem allgemeinen Kapitalwertmodell basiert. Die Ausführungen zu dessen Beurteilung können somit auf dieses Modell übertragen werden.

Einzugehen ist daher nur auf die Berücksichtigung der Steuern im Modell. In diesem werden lediglich erfolgsabhängige Steuern explizit erfaßt. Dies dürfte aber in den meisten Fällen für eine aussagekräftige Investitionsbeurteilung ausreichen, insbesondere weil Substanzsteuern wie die Gewerbekapitalsteuer und die Vermögensteuer im deutschen Steuersystem derzeit nicht erhoben werden.[222] Andere Steuerarten (wie Grunderwerbsteuer oder Umsatzsteuer) und die von diesen ausgehenden Wirkungen lassen sich in den Anschaffungsauszahlungen oder den Rückflüssen erfassen, ohne daß dies besondere Probleme mit sich bringt.

Allerdings wird unterstellt, daß nur eine Steuer auf den Gewinn erhoben und dabei eine lineare Besteuerung vorgenommen wird. In der Realität erfolgt aber eine differenzierte Besteuerung des Gewinns bzw. Ertrags, bei der mehrere Steuerarten auftreten (Einkommensteuer, Kirchensteuer, Körperschaftsteuer, Gewerbeertragsteuer). Deren Bemessungsgrundlagen sind - beispielsweise bei der Körperschaft- und der Gewerbeertragsteuer[223] - oftmals nicht identisch, darüber hinaus sind sie über die Abzugsfähigkeit einzelner Steuerarten bei der Bemessungsgrundlage anderer Steuern (z. B. der Gewerbeertragsteuer bei der Körperschaftsteuer) miteinander verbunden. Zudem ist der jeweilige Steuersatz bei einigen Steuerarten (Einkommensteuer, Gewerbeertragsteuer bei Einzelunternehmen und Personengesellschaften) aufgrund von Freibeträgen oder progressiven Tarifen von der Höhe der Bemessungsgrundlage abhängig, so daß sich die Steuerzahlungen nicht proportional zu dieser verhalten. Die Verwendung *einer* Bemessungsgrundlage und *eines* von dieser unabhängigen Steuersatzes im hier dargestellten Modell erscheint daher nicht unproblematisch.[224]

---

[222] Zur Einbeziehung von Substanzsteuern in die Investitionsrechnung vgl. Poerschke, G.; Götze, U.: (Beurteilung), S. 39 ff.
[223] Vgl. dazu die Ausführungen im nächsten Abschnitt.
[224] Vgl. Lüder, K.: (Beurteilung), S. 120 ff.

Spezifische Fragestellungen der Vorteilhaftigkeitsbeurteilung 137

Bei der Ermittlung eines derartigen Steuersatzes sollte versucht werden, die in Abhängigkeit von der Rechtsform des Unternehmens und der Betrachtungsperspektive (Sicht des Unternehmens oder der Anteilseigner) relevanten Steuersätze (für Gewerbeertrag-, Körperschaft-, Einkommen- und/oder Kirchensteuer) näherungsweise zusammenzufassen. Dabei sollte auch die Ausschüttungspolitik berücksichtigt werden, da die Betrachtungsperspektive, die relevanten Steuerarten und grundsätzlich auch der Steuersatz von der Gewinnverwendung beeinflußt werden können.[225]

Aus den Modellannahmen ergibt sich, daß der Kalkulationszinssatz nach Steuern unabhängig von der Art der Finanzierung ist. Bei Einbeziehung von Steuern in das Kapitalwertmodell ist im Einzelfall zu prüfen, ob diese Prämisse vertretbar oder zu verwerfen ist. Letzteres kann dann angebracht sein, wenn die Projektfinanzierung die Steuerzahlungen - beispielsweise bei der Gewerbeertragsteuer - und damit auch den Kalkulationszinssatz gravierend beeinflußt. In diesem Fall und/oder bei Relevanz von Investitionshilfen besteht die Möglichkeit, anstelle des Standardmodells ein entsprechend erweitertes Modell heranzuziehen.[226]

3.4.1.2 Steuern bei der Methode der vollständigen Finanzpläne

Modelldarstellung

Bei der VOFI-Methode können die durch ein Investitionsobjekt bewirkten Veränderungen der Steuerzahlungen explizit im vollständigen Finanzplan erfaßt werden. Die in Abschnitt 3.3.8 dargestellte VOFI-Tabelle ist dazu um jeweils eine Zeile für Mehr- ("Steuerzahlungen") und Minderzahlungen ("Steuererstattungen") zu erweitern.[227] Die Ermittlung der Zahlungsveränderungen erfolgt in Nebenrechnungen, die sich ebenfalls mit Hilfe von Tabellen durchführen lassen. Eine Korrektur der Zinssätze von Krediten und kurzfristigen Kapitalanlagen ist nicht erforderlich, die Steuern sind stattdessen auch bei der Bestimmung des Endwerts der Opportunität zu erfassen. Dazu kann entweder vereinfachend ein Opportunitätskostensatz nach Steuern zur Aufzinsung der eigenen Mittel verwendet oder ein Steuerzahlungen einbeziehender vollständiger Finanzplan auch für die Opportunität aufgestellt werden.

Im folgenden soll auf die Nebenrechnungen eingegangen werden, die sich zur Ermittlung der durch eine Investition verursachten Veränderungen von Steuerzah-

---

[225] Zu Vorschlägen für die Ermittlung eines integrierten Gewinnsteuersatzes vgl. Wittmann, W.: (Investitionsplanung), Sp. 2005 f.; Grob, H.L.: (Einführung), S. 318 ff. Eine Abhängigkeit des Steuersatzes von der Gewinnverwendung - Ausschüttung oder Thesaurierung - war bis vor kurzem bei der Körperschaftsteuer gegeben.

[226] Vgl. dazu Blohm, H.; Lüder, K.: (Investition), S. 126 ff. sowie zu einem Ansatz, bei dem zunächst von einer vollständigen Finanzierung mit Eigenmitteln ausgegangen wird und dann eine Korrektur um die steuerlichen Effekte einer (partiellen) Fremdfinanzierung erfolgt, Kruschwitz, L.: (Steuer), S. 30. Dieses Vorgehen ähnelt dem in Abschnitt 7.3.1 erörterten Adjusted Present Value-Konzept.

[227] Vgl. Grob, H.L.: (Einführung), S. 348.

lungen eignen. Für das Vorgehen bei diesen Nebenrechnungen können unterschiedliche Vorgehensweisen empfohlen werden, wobei für die Wahl zwischen diesen maßgeblich ist, ob in Abhängigkeit von der Höhe der Bemessungsgrundlage verschiedene Steuersätze relevant sein können, wie dies vor allem bei Personengesellschaften möglich ist.

Hier wird angenommen, daß es sich bei dem jeweiligen Unternehmen um eine Kapitalgesellschaft handelt, die etwaige Gewinne thesauriert, und daß allein deren Zahlungsveränderungen für die Beurteilung relevant sind. Damit kann die Sichtweise der Anteilseigner außer acht bleiben.[228] Es sind dann im deutschen Steuersystem, das den folgenden Ausführungen zugrundeliegt, insbesondere die Körperschaftsteuer sowie die Gewerbeertragsteuer für Investitionsentscheidungen zu beachten. Daraus ergibt sich, daß die in die Investitionsbeurteilung einzubeziehenden Steuersätze von der Bemessungsgrundlage unabhängig sind, falls das Unternehmen - wie im folgenden unterstellt - in jeder Periode einen Gewinn erwirtschaftet, dessen Höhe einen sofortigen Verlustausgleich in den Perioden ermöglicht, in denen durch das Investitionsobjekt Verluste entstehen (bei der Gewerbeertragsteuer gilt diese Unabhängigkeit des Steuersatzes von der Bemessungsgrundlage uneingeschränkt nur für Kapitalgesellschaften).

In diesem Fall ist es nicht erforderlich, die bei Verzicht auf die Investition erwartete Höhe der Bemessungsgrundlagen exakt zu kennen. Es reicht vielmehr aus, in Nebenrechnungen deren Veränderung zu ermitteln. Durch Multiplikation dieser Werte mit dem jeweiligen Steuersatz läßt sich dann für jede Steuerart die durch die Investition bewirkte und für deren Beurteilung maßgebliche Veränderung der Steuerzahlungen bestimmen.

Um die Veränderung der Bemessungsgrundlagen prognostizieren zu können, sind allerdings eine Reihe weiterer Prämissen zu treffen. Im folgenden wird wie beim Standardmodell unterstellt, daß

- jeweils am Periodenende eine Steuerschuld entsteht und Steuerzahlungen zu leisten sind,
- die ursprüngliche Zahlungsreihe eines Investitionsobjekts durch die Existenz von Steuern nicht beeinflußt wird,
- die verschiedenen in die Rückflüsse eines Investitionsobjektes eingehenden Zahlungen zugleich Erträge bzw. Aufwendungen darstellen.

Die Bemessungsgrundlage der Körperschaftsteuer ist das zu versteuernde Einkommen. Dieses ergibt sich, indem der Steuerbilanzgewinn um bestimmte, aus dem Körperschaftsteuergesetz hervorgehende Abzugs- und Hinzurechnungsbeträge korrigiert

---

[228] Zur Beschränkung auf die Sichtweise des Unternehmens bei (großen) Kapitalgesellschaften vgl. auch Mellwig, W.: (Investition), S. 43.

wird.[229] Der Körperschaftsteuersatz beträgt derzeit sowohl für ausgeschüttete[230] als auch für einbehaltene Gewinne 25%.

Bei einer Investitionsbeurteilung mit der VOFI-Methode kann die Veränderung dieser Bemessungsgrundlage durch die Investition bestimmt werden, indem die Rückflüsse um Zinserträge sowie einen Veräußerungserfolg erhöht und um Abschreibungen auf Sachanlagen und Disagios, Zinsaufwendungen, die Gewerbeertragsteuerzahlungen sowie einen etwaigen vortragsfähigen Verlust gemindert werden.[231]

Der mit der Gewerbeertragsteuer besteuerte "Gewerbeertrag" wird aus dem körperschaftsteuerlichen Gewinn aus Gewerbebetrieb abgeleitet, indem dieser um bestimmte, im Gewerbesteuergesetz geregelte Hinzurechnungen und Kürzungen berichtigt wird. Dauerschuldzinsen dürfen nur zur Hälfte den Gewerbeertrag mindern. Da Zinsaufwendungen (zunächst) voll gewinnreduzierend verbucht werden, ist für Zwecke der Gewerbesteuerermittlung eine Hinzurechnung der halben Dauerschuldentgelte vorzunehmen. Für die Investitionsbeurteilung relevant ist außerdem, daß die Gewerbeertragsteuer in voller Höhe als Betriebsausgabe gilt und somit ihre eigene Bemessungsgrundlage um den entsprechenden Betrag mindert.[232] Zur Ermittlung der Gewerbeertragsteuerschuld (GEST) wird zunächst die Bemessungsgrundlage mit der Steuermeßzahl (für Kapitalgesellschaften 5%) multipliziert und dann das Ergebnis, der Steuermeßbetrag, mit einem Hebesatz (H). Dieser wird von der Gemeinde determiniert, in der sich der Gewerbebetrieb befindet; er liegt in Deutschland heute oft bei 400 bis 500%. Es sind aber auch besonders niedrige bzw. hohe Hebesätze beobachtbar, die um mehr als 100 Prozentpunkte von diesem Wert abweichen.

Die Bemessungsgrundlage für die Gewerbeertragsteuer läßt sich im Rahmen der Investitionsbeurteilung fast genauso ermitteln wie die der Körperschaftsteuer. Unterschiede ergeben sich im Hinblick auf die Dauerschuldzinsen sowie die Gewerbeertragsteuer selbst, die nicht subtrahiert werden kann, da sie erst noch zu ermitteln ist. Um ihre Abzugsfähigkeit bei der eigenen Bemessungsgrundlage zu berücksichtigen, wird ein effektiver Gewerbeertragsteuersatz s_{ge} gebildet und eine vorläufige, sich vor Abzug der Gewerbeertragsteuer ergebende Bemessungsgrundlage (VBG) mit diesem multipliziert.[233] Der effektive Gewerbeertragsteuersatz ergibt sich wie folgt:

---

[229] Vgl. Heigl, A.: (Unternehmensbesteuerung), S. 268; Kruschwitz, L.: (Investitionsrechnung), S. 123 f.

[230] Es sei darauf hingewiesen, daß die ausgeschütteten Gewinne beim Anteilseigner nur zur Hälfte in die Bemessungsgrundlage für die Einkommensteuer einfließen.

[231] Vgl. zu ähnlichen Vorschlägen bezogen auf die Einkommensteuer Grob, H.L.: (Investitionsrechnung), S. 33; Grob, H.L.: (Einführung), S. 346 sowie zur Vortragsfähigkeit von Verlusten Heigl, A.: (Unternehmensbesteuerung), S. 365.

[232] Vgl. Jacobs, O.H.; Spengel, C.: (Aspekte), S. 206; Kruschwitz, L.: (Investitionsrechnung), S. 126.

[233] Vgl. Kruschwitz, L.: (Investitionsrechnung), S. 127; Grob, H.L.: (Einführung), S. 320; Adam, D.: (Investitionscontrolling), S. 166 f.

$$\text{GEST} = 0{,}05 \cdot \text{H} \cdot (\text{VBG} - \text{GEST})$$

$$\Leftrightarrow \quad \text{GEST} + 0{,}05 \cdot \text{H} \cdot \text{GEST} = 0{,}05 \cdot \text{H} \cdot \text{VBG}$$

$$\Leftrightarrow \quad \text{GEST} \cdot (1 + 0{,}05 \cdot \text{H}) = 0{,}05 \cdot \text{H} \cdot \text{VBG}$$

$$\Leftrightarrow \quad \text{GEST} = \frac{0{,}05 \cdot \text{H}}{1 + 0{,}05 \cdot \text{H}} \cdot \text{VBG}$$

$$\Leftrightarrow \quad \text{GEST} = s_{ge} \cdot \text{VBG, mit } s_{ge} = \frac{0{,}05 \cdot \text{H}}{1 + 0{,}05 \cdot \text{H}}$$

Bei der Berechnung der Steuern sind die zwischen diesen bestehenden Interdependenzen zu beachten. Aufgrund der entsprechenden Abzugsfähigkeit ist es erforderlich, die Gewerbeertragsteuer vor der Körperschaftsteuer zu bestimmen. Ein auf den vorherigen Ausführungen basierendes Tabellenschema für die Nebenrechnungen, mit deren Hilfe sich die relevanten Steuern prognostizieren lassen, wird bei der folgenden Erörterung eines Beispiels gezeigt.

Beispiel

Es wird das in Abschnitt 3.3.8 behandelte Beispiel zur VOFI-Methode aufgegriffen und um die Berücksichtigung von Steuern erweitert. Wie bei den obigen Ausführungen zur Modelldarstellung wird dabei von einer Kapitalgesellschaft ausgegangen, die den Gewinn thesauriert. Über die oben aufgeführten allgemeinen Prämissen hinaus wird angenommen, daß

- der Hebesatz der Gewerbeertragsteuer 400% beträgt und
- der Kontokorrentkredit nicht als Dauerschuld anzusehen ist.

Zur Ermittlung des Endwerts der Investitionen A und B sind nun die in Nebenrechnungen für das jeweilige Periodenende zu ermittelnden Veränderungen der Steuerzahlungen in die VOFI-Tabelle aufzunehmen. Erst dann kann der Finanzmittelüberschuß bzw. das Finanzmitteldefizit bestimmt und eine finanzielle Disposition zu dessen Verwendung oder Deckung berücksichtigt werden. Den vollständigen Finanzplan für Investitionsobjekt A zeigt Abbildung 3-11.

	t = 0	t = 1	t = 2	t = 3	t = 4	t = 5
Zahlungsreihe	-100.000,00	28.000,00	30.000,00	35.000,00	32.000,00	35.000,00
Eigenkapital						
- Entnahme						
+ Einlage	20.000,00					
Kredit mit Ratentilgung						
+ Aufnahme	25.000,00					
- Tilgung		-6.250,00	-6.250,00	-6.250,00	-6.250,00	0,00
- Sollzinsen		-2.250,00	-1.687,50	-1.125,00	-562,50	0,00
Kredit mit Endtilgung						
+ Aufnahme	25.000,00					
- Tilgung					-25.000,00	
- Sollzinsen		-2.250,00	-2.250,00	-2.250,00	-2.250,00	0,00
Kredit mit Annuitätentilgung						
+ Aufnahme						
- Tilgung						
- Sollzinsen						
Kontokorrentkredit						
+ Aufnahme	30.000,00					
- Tilgung		-13.593,75	-16.165,04	-241,21	0,00	0,00
- Sollzinsen		-3.300,00	-1.804,69	-26,53	0,00	0,00
Geldanlage pauschal						
- Geldanlage			0,00	-20.546,90		-29.961,27
+ Auflösung					4.913,09	
+ Habenzinsen			0,00	0,00	1.232,81	938,03
Steuern						
- Steuerzahlung		-356,25	-1.842,77	-4.560,36	-4.083,40	-5.976,76
+ Steuererstattung						
Finanzierungssaldo	0,00	0,00	0,00	0,00	0,00	0,00
Bestandsgrößen						
Kreditstand						
Ratentilgung	25.000,00	18.750,00	12.500,00	6.250,00	0,00	0,00
Endtilgung	25.000,00	25.000,00	25.000,00	25.000,00	0,00	0,00
Annuitätentilgung						
Kontokorrentkredit	30.000,00	16.406,25	241,21	0,00	0,00	0,00
Guthabenstand pauschal		0,00	0,00	20.546,90	15.633,81	45.595,08
Bestandssaldo	-80.000,00	-60.156,25	-37.741,21	-10.703,10	15.633,81	**45.595,08**

Abb. 3-11: Vollständiger Finanzplan für Investitionsobjekt A unter Berücksichtigung von Steuern

Nachfolgend sind die tabellarischen Nebenrechnungen zur Ermittlung der durch die Investition A bewirkten Veränderungen der Steuerzahlungen dargestellt. Bei diesen ist neben dem Körperschaftsteuersatz von 25% der im Beispiel relevante effektive Steuersatz für die Gewerbeertragsteuer von

$$s_{ge} = \frac{0{,}05 \cdot 4}{1 + 0{,}05 \cdot 4} = 0{,}1\overline{6}$$

einbezogen worden. Außerdem wurde die Abzugsfähigkeit der Gewerbeertragsteuer bei der Bildung der Bemessungsgrundlage der Körperschaftsteuer erfaßt. Die in den

Tabellen aufgeführten Aufwands- und Ertragskomponenten beziehen sich jeweils lediglich auf die zu beurteilende Investition.

	t = 1	t = 2	t = 3	t = 4	t = 5
Gewerbeertragsteuer					
Rückfluß	28.000,00	30.000,00	35.000,00	32.000,00	30.000,00
- Abschreibungen	-20.000,00	-20.000,00	-20.000,00	-20.000,00	-20.000,00
+ Veräußerungserfolg					5.000,00
- Zinsaufwand	-7.800,00	-5.742,19	-3.401,53	-2.812,50	0,00
+ Zinsertrag	0,00	0,00	0,00	1.232,81	938,03
+ 50 % Dauerschuldzinsen	2.250,00	1.968,75	1.687,50	1.406,25	0,00
= Veränderung der vorläufigen Bemessungsgrundlage	2.450,00	6.226,56	13.285,97	11.826,56	15.938,03
Veränderung der Steuerzahlung	408,33	1.037,76	2.214,33	1.971,09	2.656,34
Körperschaftsteuer					
Rückfluß	28.000,00	30.000,00	35.000,00	32.000,00	30.000,00
- Abschreibungen	-20.000,00	-20.000,00	-20.000,00	-20.000,00	-20.000,00
+ Veräußerungserfolg					5.000,00
- Zinsaufwand	-7.800,00	-5.742,19	-3.401,53	-2.812,50	0,00
+ Zinsertrag	0,00	0,00	0,00	1.232,81	938,03
- Gewerbeertragsteuer	-408,33	-1.037,76	-2.214,33	-1.971,09	-2.656,34
= Veränderung der Bemessungsgrundlage	-208,33	3.220,05	9.384,14	8.449,22	13.281,69
Veränderung der Steuerzahlung	-52,08	805,01	2.346,03	2.112,31	3.320,42
Gesamte Veränderung der Steuerzahlung	356,25	1.842,77	4.560,36	4.083,40	5.976,76

Abb. 3-12: Nebenrechnungen zur Ermittlung der Steuerwirkungen von Investitionsobjekt A

Unter Einbeziehung von Steuern beträgt der Endwert des Investitionsobjektes A 45.595,08 €. Der Endwert der Opportunität beläuft sich auf 24.774,92 €, Objekt A ist damit weiterhin absolut vorteilhaft. Für Investitionsobjekt B ergibt sich bei Einbeziehung von Steuern ein Endwert von 43.074,61 € (bezogen auf t = 4); da dieser höher ist als der Endwert der Opportunität (23.736,46 €), ist auch dieses Objekt absolut vorteilhaft. Zur Beurteilung der relativen Vorteilhaftigkeit kann der Endwert von B auf t = 5 aufgezinst werden. Dazu läßt sich zunächst aus dem effektiven Steuersatz für die Gewerbeertragsteuer und dem Körperschaftsteuersatz (unter Berücksichtigung der Abzugsfähigkeit der Gewerbeertragsteuer) ein integrierter Steuersatz st

$$st = 0{,}1\overline{6} + 0{,}25 \cdot (1 - 0{,}1\overline{6}) = 0{,}375$$

und davon ausgehend eine Verzinsung der Opportunität nach Steuern h_S ermitteln:

$$h_S = 0{,}07 - 0{,}375 \cdot 0{,}07 = 0{,}04375$$

Der auf t = 5 bezogene Endwert von Objekt B beträgt dann 44.959,12 €. Objekt A ist damit weiterhin vorteilhaft.

Beurteilung

Zur Beurteilung der Methodik ist zunächst auf die Kritik an der zugrundeliegenden VOFI-Methode zu verweisen,[234] die auch hier gültig ist. Entscheidend für die Anwendbarkeit der Methodik ist darüber hinaus, ob die Steuersätze von der Bemessungsgrundlage unabhängig sind, wie dies hier unterstellt worden ist. Dies wird bei Kapitalgesellschaften häufig zutreffen und gilt auch bei Personengesellschaften und Einzelunternehmen, wenn unabhängig von der Entscheidung über die Investition in jedem Fall die maximale Meßzahl für die Gewerbeertragsteuer der Gesellschaft sowie der Spitzensteuersatz für die Einkommensteuer (und eine etwaige davon abhängige Kirchensteuer) des Eigentümers relevant sind.

Sind in einem konkreten Fall die Steuersätze von der Bemessungsgrundlage und deren Veränderung durch die Investition abhängig, dann ist für eine exakte Bestimmung der Steuerwirkungen eine Modifikation des obigen Vorgehens erforderlich. Diese basiert auf der Annahme, daß es möglich ist, für jeden Zeitpunkt und jede Steuerart mit Sicherheit den Wert der Bemessungsgrundlage zu bestimmen, der sich ergibt, falls die Investition nicht durchgeführt wird (die sogenannte Basisbemessungsgrundlage). Von den Basisbemessungsgrundlagen ausgehend lassen sich dann zum einen die Steuerzahlungen für den Fall des Verzichts auf die Investition ermitteln. Zum anderen können die bei Durchführung der Investition erwarteten Bemessungsgrundlagen und Steuerzahlungen berechnet werden. Als Differenz zwischen Steuerzahlungen bei Realisation der Investition und bei Verzicht hierauf läßt sich schließlich die durch die Investition bewirkte und für deren Beurteilung maßgebliche Veränderung der Steuerzahlungen bestimmen.[235]

Gemäß den vorangegangenen Ausführungen können die Wirkungen von Investitionsobjekten auf die Steuerzahlungen bei allen Rechtsformen relativ genau in Nebenrechnungen erfaßt und in die Endwertberechnung integriert werden. Aufgrund des Endwertkonzepts und der sukzessiven Einbeziehung von Zahlungen erscheint die VOFI-Methode eher als die Kapitalwertmethode geeignet, die durch eine Investition verursachten Steuerzahlungen realitätsnah und transparent abzubilden.[236]

Einschränkend ist zu erwähnen, daß die Methodik unter Bezugnahme auf eine spezifische Konstellation (Kapitalgesellschaft und Perspektive des Unternehmens, Gewinnthesaurierung) dargestellt worden ist. Sie läßt sich aber unschwer auch auf andere Situationen anwenden bzw. übertragen. Um die Auswirkungen von Investitionen unter Einbeziehung von Steuerzahlungen möglichst vollständig zu erfassen, ist es dabei möglich, eine Investitionsrechnung sowohl aus Sicht des Unternehmens als auch aus der von Anteilseignern durchzuführen und dafür jeweils vollständige

---

[234] Vgl. Abschnitt 3.3.8.
[235] Vgl. zu diesem Vorgehen Kruschwitz, L.: (Investitionsrechnung), S. 129 ff.; Poerschke, G.; Götze, U.: (Beurteilung), S. 39 ff.; Götze, U.: (Standortstrukturgestaltung), S. 283 ff.
[236] Vgl. Adam, D.: (Investitionscontrolling), S. 151.

Finanzpläne aufzustellen. Ein ähnlicher Vorschlag wird im nachfolgenden Abschnitt im Hinblick auf die Beurteilung von Auslandsinvestitionen unterbreitet.

3.4.2 Beurteilung von Auslandsinvestitionen

3.4.2.1 Besonderheiten von Auslandsinvestitionen und deren Berücksichtigung bei der Datenermittlung

Eine Auslands- bzw. Direktinvestition liegt vor, wenn ein Unternehmen im Ausland Verkaufsniederlassungen, Läger oder Produktionsstätten errichtet, erweitert oder kauft und direkten Einfluß auf die Entscheidungen der ausländischen Unternehmenseinheit ausübt.[237] Bei dem Unternehmen entstehen dann in der Regel Auszahlungen in der Währung seines "Heimatlandes" (der "Heimatwährung") dadurch, daß in dem "Investitionsland" Vermögensgegenstände erworben werden, um damit Einzahlungsüberschüsse in der Währung dieses Landes (der "Investitionswährung") zu erzielen.[238] Angesichts des zumeist relativ hohen Investitionsvolumens und einer hohen Komplexität des Entscheidungsproblems erscheint eine modellgestützte Beurteilung von Auslandsinvestitionen besonders angeraten. Zugleich weisen Direktinvestitionen einige Besonderheiten auf, die in die entsprechenden Überlegungen einzubeziehen sind und eine gesonderte Erörterung spezifischer Modelle und Methoden der Investitionsrechnung sinnvoll machen.[239]

(i) An Direktinvestitionen sind mindestens zwei Unternehmenseinheiten beteiligt: zum einen die Einheit, aus deren Sicht es sich um eine Direktinvestition handelt (das "Mutterunternehmen"), und zum anderen die im Ausland bestehende oder im Zusammenhang mit der Investition gebildete Unternehmenseinheit (das "Tochterunternehmen"). Die durch eine Direktinvestition bei diesen beiden Unternehmenseinheiten bewirkten Zahlungsmittelflüsse können sich aus mehreren Gründen (Währungsunterschiede, Subventionen, Steuerzahlungen, Transferzahlungen, Veränderungen im Leistungsbereich des Mutterunternehmens etc.) in der Höhe und zeitlichen Struktur voneinander unterscheiden.[240] Daher ist die Vorteilhaftigkeit einer Direkt-

---

[237] Vgl. Hemberger, H.: (Auslandsinvestitionen), S. 20 ff.; Tesch, P.: (Bestimmungsgründe), S. 52. Die Begriffe Auslands- und Direktinvestition werden hier synonym verwendet. Zu einer davon abweichenden Differenzierung zwischen Direktinvestitionen und anderen Formen von Auslandsinvestitionen vgl. Gann, J.: (Investitionsentscheidungen), S. 14 ff.

[238] Vgl. Blohm, H.; Lüder, K.: (Investition), S. 225. Zusätzlich kann es als Direktinvestition angesehen werden, wenn das Unternehmen aus dem Heimatland auf den Transfer von Finanzmittelüberschüssen verzichtet, die die ausländische Unternehmenseinheit erzielt hat.

[239] Einige der nachfolgend angesprochenen Besonderheiten wie bestimmte Inflationseffekte oder der Zugang zu mehreren Kapitalmärkten können auch bei Inlandsinvestitionen auftreten. Allerdings sind sie typisch für Auslandsinvestitionen und haben bei diesen tendenziell gravierendere Auswirkungen.

[240] Vgl. Busse von Colbe, W.; Laßmann, G.: (Betriebswirtschaftstheorie), S. 86; Stein, I.: (Investitionsrechnungsmethoden), S. 568.

investition aus dem Blickwinkel des Tochterunternehmens (projektbezogene Sicht) anders zu beurteilen als aus dem des investierenden Mutterunternehmens (investorbezogene Sicht). Im folgenden wird von einer Beurteilung durch das Mutterunternehmen ausgegangen, da dieses in der Regel große Teile der für die Investition erforderlichen Finanzmittel aufbringt, sein Erfolg die letztlich maßgebliche Zielgröße darstellt und auf diese Weise eher alle hierfür relevanten Effekte einbezogen werden können.[241]

Als Grundlage für die Beurteilung einer Direktinvestition ist zunächst zu untersuchen, welche Zahlungen durch diese beim Tochter- und beim Mutterunternehmen entstehen oder entfallen.[242] Es sind dann die Einflußfaktoren zu analysieren, von denen die Zahlungsveränderungen abhängig sind, um anschließend deren Höhe und zeitliche Struktur prognostizieren zu können. Die entsprechenden Analyse- und Prognoseaktivitäten, deren Ergebnis die aus der Sicht des Mutterunternehmens relevanten und in dessen Investitionsrechnung eingehenden Zahlungen darstellen, lassen sich in ein Phasenschema untergliedern, gemäß dem unter Berücksichtigung der Einflußgrößen

- zunächst die Zahlungsveränderungen beim Tochterunternehmen in Investitionswährung (Anschaffungsauszahlung, Rückflüsse, Liquidationserlös, aber auch Zahlungen im Zusammenhang mit der Finanzmittelaufnahme und -anlage, Zahlungen vom und an das Mutterunternehmen sowie Steuerzahlungen),

- dann aus Sicht des Mutterunternehmens und gemessen in Heimatwährung die Veränderungen der Zahlungen zwischen Tochter- und Mutterunternehmen (Zahlungen zur Finanzierung sowie Verzinsung und Tilgung von Finanzierungsleistungen, für gegenseitige Belieferungen mit Halb- und Fertigfabrikaten, für die Inanspruchnahme von Patenten oder Lizenzen, für Managementleistungen,[243] zum Transfer von Überschüssen aus der Investition einschließlich des Liquidationserlöses bzw. Restwerts etc.[244]) sowie

---

[241] Vgl. Stein, I.: (Investitionsrechnungsmethoden), S. 569; Gann, J.: (Investitionsentscheidungen), S. 238 f. Allerdings dürfte es sinnvoll sein, das Tochterunternehmen an der Investitionsbeurteilung zu beteiligen, um die bei ihm verfügbaren Informationen zu nutzen und die Akzeptanz der Ergebnisse zu erhöhen. Auch kann eine projektbezogene Rechnung eine sinnvolle Ergänzung eines investorbezogenen Kalküls darstellen.

[242] Vgl. zu den folgenden Ausführungen Kolbe, C.: (Investitionsrechnungen), S. 18.

[243] Durch die Gestaltung der Liefermengen von Halb- und Fertigfabrikaten, die für diese angesetzten Verrechnungspreise und Zahlungstermine, die Entgelte für Patente, Lizenzen und sonstige Leistungen sowie die Finanzierungsvereinbarungen mit dem Tochterunternehmen (einschließlich der Zins- und Tilgungsregelungen) können zum einen die Steuerzahlungen des Tochter- und des Mutterunternehmens beeinflußt und zum anderen etwaige Beschränkungen des Transfers von Überschüssen umgangen werden. Vgl. zu dieser Thematik Hahn, D.: (Verrechnungspreisbildung); Hagedorn, A.: (Planung), S. 105 ff.; Hackmann, W.: (Verrechnungspreise), S. 14 ff.

[244] Vgl. Stein, I.: (Investitionsrechnungsmethoden), S. 572 ff. Kontrovers diskutiert wird, ob und in welcher Form Rückflüsse und Liquidationserlöse des Tochterunternehmens, die im Planungszeitraum nicht transferiert werden, in der Beurteilung aus Sicht des Mutterunternehmens eingehen sollten. Ein Lösungsansatz besteht darin, diese in Form eines auf das Ende des Planungszeit-

- schließlich die sonstigen Zahlungsveränderungen beim Mutterunternehmen in Heimatwährung (resultierend insbesondere aus der Finanzmittelbeschaffung und -anlage, risikopolitischen Maßnahmen, Veränderungen des Leistungserstellungs- und -verwertungsprozesses sowie Steuerzahlungen im Heimatland)[245]

bestimmt werden.

(ii) Die Wirkungen einer Direktinvestition werden häufig durch zwei verschiedene Steuersysteme - das des Heimatlandes und das des Investitionslandes - beeinflußt. Diese Steuersysteme können ausschlaggebend für die absolute und relative Vorteilhaftigkeit von Direktinvestitionen sein, so daß es oftmals angebracht sein wird, Steuern in Modelle zur Beurteilung von Auslandsinvestitionen einzubeziehen.

Eine besondere Rolle spielt bei Direktinvestitionen die Frage, inwieweit die Tatsache, daß im Investitionsland bereits eine Besteuerung erfolgt ist, im Rahmen der Steuerfestsetzung des Unternehmens im Heimatland berücksichtigt wird. Dabei ist es von der Existenz und Ausgestaltung von Doppelbesteuerungsabkommen, den Bestimmungen im Heimat- und im Investitionsland, der Rechtsform der ausländischen Unternehmenseinheit (rechtlich unselbständige Betriebsstätte, Personen- oder Kapitalgesellschaft) sowie der Finanzierung der Investition durch das Mutterunternehmen (Zuführung von Eigen- oder Fremdkapital) abhängig, welche Besteuerungsfolgen auftreten.[246]

(iii) Maßgebliche Einflußgrößen auf den Erfolg einer Direktinvestition sind auch die - sich möglicherweise unterschiedlich entwickelnden - Geldentwertungsraten in den relevanten Ländern. So wirken sich die Preisentwicklungen im Investitionsland und in den Ländern, mit denen im Zusammenhang mit der Investition Handelsbeziehungen bestehen, auf die Vorteilhaftigkeit einer Investition aus Projektsicht aus. Darüber hinaus ist denkbar, daß unterschiedliche Inflationsraten im Investitions- und im Heimatland den Investitionserfolg aus Sicht des Mutterunternehmens beeinflussen. Liefert z. B. das Tochterunternehmen eigenerstellte Güter an das Mutterunternehmen und sind die Inflationsraten im Investitionsland höher als im Heimatland, so hat dies bei konstanten Wechselkursen in der Regel negative Folgen; eventuell werden dadurch zum Investitionszeitpunkt bestehende Faktorpreisvorteile zunichte gemacht.[247]

---

raums bezogenen Wertes zu berücksichtigen, falls ein späterer Transfer zu erwarten oder zumindest möglich ist. Vgl. dazu Blohm, H.; Lüder, K.: (Investition), S. 230; Perlitz, M.: (Management), S. 194; Busse von Colbe, W.; Laßmann, G.: (Betriebswirtschaftstheorie), S. 89; Götze, U.: (Beurteilung), S. 178.

[245] Vgl. ausführlicher dazu Perlitz, M.: (Management), S. 195 ff.; Gaddis, P.O.: (Investment), S. 115 ff.; Götze, U.: (Beurteilung), S. 178 f.

[246] Vgl. dazu und zu differenzierten Regelungen u. a. Jacobs, O.H.: (Unternehmensbesteuerung), S. 3 ff.; Jacobs, O.H.; Spengel, C.: (Aspekte), S. 208 ff.; Fischer, L.; Warneke, P.: (Steuerlehre), S. 150 ff.; Schaumburg, H.: (Steuerrecht), S. 585 ff.; Baranowski, K.-H.: (Besteuerung), S. 59 ff. sowie zur Steuerpolitik internationaler Unternehmen z. B. Wacker, W.H.: (Steuerpolitik), S. 873 ff.; Jacobs, O.H.: (Unternehmensbesteuerung), S. 707 ff.; Hacht, W. von: (Steuerpolitik).

[247] Vgl. Kolbe, C.: (Investitionsrechnungen), S. 23.

Allerdings werden zwischen der Entwicklung der Inflationsraten und der Veränderung der Wechselkurse oftmals Zusammenhänge bestehen, die den oben aufgeführten Effekten entgegenwirken.

(iv) Die durch die Investition bewirkten Zahlungen fallen in unterschiedlichen Währungen an, und es ist möglich, daß sich die Wechselkurse ändern und dadurch die Vorteilhaftigkeit von Direktinvestitionen beeinflußt wird. So kann der Investitionserfolg aus Projektsicht von den Wechselkursen zwischen der Investitionswährung und den Währungen von Drittländern bestimmt werden, falls die Kurse die Ein- und Auszahlungen in Investitionswährung determinieren, die aus dem Absatz von Leistungen sowie der Beschaffung von Produktionsfaktoren im Ausland resultieren. Aus Investorsicht ist das Kursverhältnis zwischen Investitions- und Heimatwährung wichtig; insbesondere besteht die Möglichkeit, daß Zahlungen des Tochterunternehmens aufgrund einer Veränderung dieses Verhältnisses in Heimatwährung an Wert verlieren oder gewinnen.[248]

Wechselkursveränderungen werden häufig durch unterschiedliche Preisentwicklungen in zwei Ländern hervorgerufen, z. B. führt eine vergleichsweise hohe Preissteigerung in einem Land oftmals zu einer Abwertung der entsprechenden Währung.[249] Inwieweit derartige Anpassungsvorgänge erfolgen und wie sich die Wechselkurse allgemein entwickeln, hängt von den Marktverhältnissen und den zwischen den Ländern im Hinblick auf die Währungen getroffenen Vereinbarungen ab. Im derzeitigen Weltwährungssystem existieren verschiedene Wechselkursregelungen, die sich auf die Grundformen fester, frei schwankender und stufenflexibler Wechselkurse zurückführen lassen.[250]

Für ein System frei schwankender Wechselkurse ist hinsichtlich des Zusammenhangs zwischen Inflationsraten und Wechselkursen die *Kaufkraftparitätentheorie* formuliert worden. Diese basiert auf der Hypothese, daß Währungen zu einem Kurs getauscht werden, bei dem für den abgegebenen und den erhaltenen Währungsbetrag die gleichen Güter erworben werden können. Die durch das Verhältnis der Preisniveaus in den Ländern determinierte relative Kaufkraft zweier Währungen stellt daher einen entscheidenden Bestimmungsfaktor für den Wechselkurs dar. Zudem läßt sich ableiten, daß die Änderungen des Wechselkurses und der Relation der Preisniveaus in den betrachteten Ländern einander entsprechen, so daß die Inflationsunterschiede zwischen verschiedenen Ländern durch die Wechselkursentwicklung kompensiert werden.[251] Die Gültigkeit dieser Beziehung setzt allerdings die Existenz eines vollkommenen internationalen Gütermarktes voraus, auf dem Markttransparenz, homo-

---

[248] Vgl. Kolbe, C.: (Investitionsrechnungen), S. 20 f.
[249] Vgl. Stehle, R.: (Ansätze), S. 480; Kolbe, C.: (Investitionsrechnungen), S. 24.
[250] Vgl. dazu Jarchow, H.-J.; Rühmann, P.: (Währungspolitik), S. 25 ff.; Kolbe, C.: (Investitionsrechnungen), S. 32 ff.
[251] Vgl. Rose, K.; Sauernheimer, K.: (Theorie), S. 179; Kolbe, C.: (Investitionsrechnungen), S. 39 f. sowie zu weiteren Wechselkurstheorien Stein, I.: (Investitionsrechnungsmethoden), S. 600 f.; Mrotzek, R.: (Bewertung), S. 106 ff.

gene Güter und einheitliche Konsumgewohnheiten vorliegen und keine Handelsrestriktionen oder Transportkosten existieren. Diese Bedingungen treffen in der Realität nicht zu, so daß die zu einer Kaufkraftparität führenden Anpassungsvorgänge allenfalls langfristig erfolgen. Die Aussagen der Kaufkraftparitätentheorie, die sich auch auf stufenflexible und feste Wechselkurssysteme übertragen lassen, sind damit weitgehend auf langfristige Entwicklungen beschränkt und werden selbst für diese zum Teil in Frage gestellt.[252] In der Realität werden sich demgemäß die Wirkungen von Inflations- und Wechselkursentwicklungen auf den Investitionserfolg nicht immer ausgleichen.

Bei der Wechselkursprognose ist daher die Frage zu beantworten, ob Kaufkraftparität unterstellt werden soll. Falls keinerlei Informationen vorliegen, die auf zukünftige Abweichungen von der Kaufkraftparität hindeuten, erscheint es vertretbar, von deren Gültigkeit auszugehen.[253] In jedem Fall sollte aber die Entwicklung des Verhältnisses zwischen den Inflationsraten in den relevanten Ländern in die Wechselkursprognose einbezogen werden.

(v) Bei Direktinvestitionen besteht in der Regel eine Zugangsmöglichkeit zu mehreren nationalen Kapitalmärkten. Auf dem dadurch gebildeten internationalen Kapitalmarkt existieren zumeist verschiedene Währungen und unterschiedliche Zinssätze, wobei letztere auch durch die Inflationsentwicklung beeinflußt werden.[254] Für einen vollkommenen internationalen Kapitalmarkt gilt die *Internationale FISHER-Bedingung*, gemäß der die Verzinsung auf dem Kapitalmarkt eines Landes (i_h) der um die Wechselkursänderungsrate

$$\Delta w = \frac{w_{t+1} - w_t}{w_t}$$

korrigierten Verzinsung auf dem Kapitalmarkt eines anderen Landes (i_a) entspricht.[255] Falls sowohl die Wechselkursänderungsraten als auch die Zinssätze im Zeitablauf konstant sind, trifft dann die Beziehung

$$1 + i_h = (1 + i_a) \cdot (1 + \Delta w) = (1 + i_a) \cdot \frac{w_{t+1}}{w_t}, \text{ für } t = 1,...,T-1,$$

---

252 Vgl. Stein, I.: (Investitionsrechnungsmethoden), S. 600; Kolbe, C.: (Investitionsrechnungen), S. 39, 50 ff. und 137.

253 Vgl. Mrotzek, R.: (Bewertung), S. 125 sowie zur Prognose von Wechselkursen als Basis von Investitionsrechnungen Schulze, S.: (Berechnung), S. 111 ff.; Stein, I.: (Investitionsrechnungsmethoden), S. 600 ff.; Kolbe, C.: (Investitionsrechnungen), S. 53.

254 Vgl. Adam, D.: (Investitionscontrolling), S. 175; Kolbe, C.: (Investitionsrechnungen), S. 110.

255 Vgl. Blohm, H.; Lüder, K.: (Investition), S. 225; Kolbe, C.: (Investitionsrechnungen), S. 42; Breuer, W.: (Beurteilung), S. 579 f. Die Internationale FISHER-Bedingung ist zum einen aus der Kaufkraftparitätentheorie, zum anderen aus der in Abschnitt 3.3.2 angesprochenen FISHER-Bedingung abgeleitet, gemäß der sich die Nominalverzinsung aus dem realen Zinssatz sowie der erwarteten Inflationsrate ergibt und die erwarteten realen Zinserträge in verschiedenen Ländern gleich hoch sind. Vgl. Fisher, I.: (Theory), S. 36 f.; Kolbe, C.: (Investitionsrechnungen), S. 41 f.; Gann, J.: (Investitionsentscheidungen), S. 91.

zu.²⁵⁶ Des weiteren lassen sich bei einem vollkommenen internationalen Kapitalmarkt, wie bei vollkommenen Kapitalmärkten allgemein, Investitions- und Finanzierungsentscheidungen voneinander trennen (FISHER-Separations-Theorem).²⁵⁷

In der Realität dürfte ein vollkommener internationaler Kapitalmarkt allerdings nicht vorliegen. Aufgrund von Beschränkungen des Kapitalverkehrs und der eigentumsbezogenen Verfügungsrechte, nicht frei schwankenden Wechselkursen, Verzögerungen bei Arbitrageprozessen oder Finanzhilfen auf nationalen Märkten ist eher von einem unvollkommenen internationalen Kapitalmarkt auszugehen, der aus ökonomisch segmentierten nationalen Kapitalmärkten besteht und für den die Internationale FISHER-Bedingung nicht (exakt) zutrifft.²⁵⁸

Im Zusammenhang mit dem Kapitalmarkt ist die Finanzierung von Direktinvestitionen anzusprechen. Für diese bestehen - unter anderem aufgrund der Beteiligung zweier Unternehmenseinheiten - besonders vielfältige Möglichkeiten. Die Finanzierung kann durch das Tochter- und/oder das Mutterunternehmen erfolgen und zwar jeweils in unterschiedlichen Finanzierungsformen und auf verschiedenen Kapitalmärkten.²⁵⁹ Häufig wird eine zumindest teilweise Finanzierung durch das Tochterunternehmen und/oder in Investitionswährung vorteilhaft sein, da sie zum Schutz vor Wechselkursschwankungen oder den Auswirkungen etwaiger Beschränkungen des internationalen Kapitalverkehrs beiträgt und vergleichsweise niedrige Zinszahlungen in Heimatwährung ermöglichen kann.²⁶⁰

Bei der Konstruktion eines Modells zur Beurteilung der Vorteilhaftigkeit einer Direktinvestition ist zu entscheiden, ob vereinfachend ein vollkommener internationaler Kapitalmarkt unterstellt werden soll. Im Rahmen der Datenermittlung sollte aber bei der Prognose der zukünftigen Zinssätze in den relevanten Ländern in jedem Fall die Entwicklung der Inflation²⁶¹ und der Wechselkurse beachtet werden. Auch wenn die Internationale FISHER-Bedingung in der Regel nicht exakt gültig sein dürfte, kann es sinnvoll sein, sich bei der Prognose an ihr zu orientieren.

(vi) Eine Direktinvestition bringt oft größere Unsicherheiten mit sich als eine Investition im Inland. So sind die wirtschaftlichen, politisch-rechtlichen, sozio-kulturellen und infrastrukturellen Länderrisiken im Investitionsland eventuell höher als im Heimatland, hinzu kommen Gefahren aus der Entwicklung der Preisverhältnisse und der Wechselkurse sowie zusätzliche Prognoseschwierigkeiten, die eine erhöhte Unsi-

---

[256] Vgl. Blohm, H.; Lüder, K.: (Investition), S. 225; Stehle, R.: (Ansätze), S. 482.
[257] Vgl. Kolbe, C.: (Investitionsrechnungen), S. 112 sowie Abschnitt 3.3.2.
[258] Vgl. Stehle, R.: (Ansätze), S. 482 f.; Kolbe, C.: (Investitionsrechnungen), S. 138 f.
[259] Vgl. Pensel, J.: (Investitionspolitik), S. 298; Mrotzek, R.: (Bewertung), S. 148 ff.; Kolbe, C.: (Investitionsrechnungen), S. 71 ff.
[260] Vgl. Stehle, R.: (Ansätze), S. 482 f.; Kolbe, C.: (Investitionsrechnungen), S. 144 f.
[261] Zum Verhältnis zwischen Inflation und Nominalzinssätzen sei noch einmal auf die FISHER-Bedingung verwiesen.

cherheit der Informationen bewirken.²⁶² Mögliche negative Auswirkungen von Risikoursachen lassen sich durch geeignete risikopolitische Maßnahmen vermindern oder vermeiden,²⁶³ wobei diese typischerweise die von einer Investition erwarteten Zahlungsveränderungen beeinflussen.

Wie bei den vorangegangenen Ausführungen bereits angedeutet wurde, können die aufgeführten Merkmale von Auslandsinvestitionen in unterschiedlichem Ausmaß und in unterschiedlicher Form in Modelle zur Investitionsbeurteilung einbezogen werden. Im folgenden wird zunächst auf entsprechende Kapitalwertansätze, dann auf die Methode der vollständigen Finanzpläne eingegangen.

3.4.2.2 Kapitalwertmodelle zur Beurteilung von Auslandsinvestitionen

Modelldarstellung

In diesem Abschnitt ist zu erörtern, wie sich Kapitalwertberechnungen zur Beurteilung von Auslandsinvestitionen durchführen lassen. Von den im vorherigen Abschnitt aufgeführten Besonderheiten von Direktinvestitionen werden dabei primär die Berücksichtigung verschiedener Währungen (iv) sowie die Einbeziehung des internationalen Kapitalmarkts - mit den beiden Varianten eines vollkommenen und eines unvollkommenen Markts - thematisiert (v). Über die Währungsunterschiede hinausgehende Zahlungsdivergenzen zwischen Mutter- und Tochterunternehmen (i) bleiben ganz (bei vollkommenem Kapitalmarkt) oder weitgehend (bei unvollkommenem Kapitalmarkt) vernachlässigt. Sie lassen sich generell - wie im folgenden für die mit der Finanzierung bei unvollkommenem Kapitalmarkt verbundenen Zahlungen dargestellt - über eine Korrektur der Rückflüsse des Mutterunternehmens erfassen. Ebenso vernachlässigt werden die bereits behandelten Fragen der Berücksichtigung von Steuern (ii) und Inflation (iii) sowie das hier aufgrund der dem Kapitel 3 zugrundeliegenden Annahme der Sicherheit nicht relevante und erst später aufzugreifende Problem der (erhöhten) Unsicherheit (vi).²⁶⁴

Für einen *vollkommenen internationalen Kapitalmarkt* gilt die Internationale FISHER-Bedingung, gemäß derer die Zinssätze auf den verschiedenen nationalen Kapitalmärkten einander unter Berücksichtigung von Wechselkursänderungen entsprechen. Wird der Kalkulationszinssatz ausgehend von den Kapitalmarktzinsen für Finanzan-

---

262 Vgl. Stein, I.: (Investitionsrechnungsmethoden), S. 565 und S. 577 ff.; Busse von Colbe, W.; Laßmann, G.: (Betriebswirtschaftstheorie), S. 86; Stehle, R.: (Ansätze), S. 476.

263 Dazu zählen beispielsweise Maßnahmen zur Sicherung gegen Wechselkursrisiken. Vgl. Kolbe, C.: (Investitionsrechnungen), S. 75 ff.; Schulze, S.: (Berechnung), S. 119 ff.

264 Zur Einbeziehung von Inflation und Steuern bei der Beurteilung von Investitionen allgemein vgl. die Abschnitte 3.3.2 sowie 3.4.1, zu deren Berücksichtigung bei Kapitalwertmodellen für Direktinvestitionen und den dabei auftretenden Besonderheiten vgl. Blohm, H.; Lüder, K.: (Investition), S. 227 ff. Die Unsicherheit wird im Hinblick auf Modelle für Einzelentscheidungen in Abschnitt 7 aufgegriffen.

lagen oder Kredite festgelegt, dann ist er unabhängig davon, in welchem Land die Mittelanlage oder -aufnahme erfolgt.[265] Bei einem konstanten Kalkulationszinssatz im Heimatland (i_h) ergibt sich der Kapitalwert aus Sicht des Mutterunternehmens in Heimatwährung (KW_M) folgendermaßen aus den Nettozahlungen in Auslandswährung (N_{at}) und dem für deren Umrechnung in Heimatwährung maßgeblichen Wechselkurs (w_t):[266]

$$KW_M = \sum_{t=0}^{T} N_{at} \cdot w_t \cdot (1+i_h)^{-t}$$

Unter Annahme einer konstanten Wechselkursänderungsrate (Δw) sowie Verwendung der Beziehung

$$w_t = w_0 \cdot (1+\Delta w)^t$$

läßt sich der Kapitalwert auch als

$$KW_M = w_0 \cdot \sum_{t=0}^{T} N_{at} \cdot (1+\Delta w)^t \cdot (1+i_h)^{-t}$$

darstellen. Aufgrund der Internationalen FISHER-Bedingung gilt für das Verhältnis zwischen dem Kalkulationszinssatz im Heimatland und dem ebenfalls als konstant unterstellten Zinssatz im Investitionsland (i_a)

$$1+i_h = (1+i_a) \cdot (1+\Delta w)$$

und damit für den Kapitalwert

$$KW_M = w_0 \cdot \sum_{t=0}^{T} N_{at} \cdot (1+\Delta w)^t \cdot (1+i_a)^{-t} \cdot (1+\Delta w)^{-t}$$

$$= w_0 \cdot \sum_{t=0}^{T} N_{at} \cdot (1+i_a)^{-t} = w_0 \cdot KW_T$$

Der Kapitalwert in Heimatwährung entspricht demgemäß dem Produkt aus dem Kapitalwert in Investitionswährung (KW_T) und dem zu Beginn des Planungszeitraums vorliegenden Wechselkurs. Der Kapitalwert läßt sich unter Verwendung der jeweiligen Kalkulationszinssätze sowohl in inländischer als auch in ausländischer Währung ermitteln. Der Wechselkurs und das Verhältnis zwischen den Inflationsraten des Heimat- und des Investitionslands beeinflussen die Vorteilhaftigkeit nicht.[267] Bei der Berechnung des Kapitalwerts treten also im Vergleich zu Inlandsinvestitionen hin-

---

[265] Vgl. Blohm, H.; Lüder, K.: (Investition), S. 225 f.; Kolbe, C.: (Investitionsrechnungen), S. 110 f.
[266] Vgl. zu den nachfolgenden Ausführungen Blohm, H.; Lüder, K.: (Investition), S. 226.
[267] Vgl. Blohm, H.; Lüder, K.: (Investition), S. 226 f.; Kolbe, C.: (Investitionsrechnungen), S. 112; Breuer, W.: (Beurteilung), S. 579 f.

sichtlich Währungsunterschieden und Kapitalmarkt keine gravierenden Besonderheiten auf, sofern die Internationale FISHER-Bedingung zutrifft.

Bei der obigen Betrachtung ist vereinfachend unterstellt worden, daß die Wechselkursänderungsrate im Zeitablauf konstant ist. Die Argumentation läßt sich aber auch auf den Fall periodenspezifischer Wechselkursänderungsraten - und damit variierender in- und/oder ausländischer Kalkulationszinssätze - übertragen.[268]

Der Kalkulationszinssatz kann im Fall vollkommener internationaler Kapitalmärkte unter anderem ausgehend von den inländischen Kapitalmarktzinssätzen für Finanzanlagen oder den Kapitalkosten bemessen werden. Bei einer Orientierung an den Kapitalkosten läßt sich ein durchschnittlicher Kapitalkostensatz als Kalkulationszinssatz verwenden, der sich aus den Kosten der verschiedenen unternehmens- oder projektspezifisch relevanten Kapitalkomponenten ergibt.[269]

Das Kapitalwertmodell beruht zwar auf der Annahme eines vollkommenen Kapitalmarkts, die Kapitalwertmethode läßt sich in modifizierter Form aber auch bei einem *unvollkommenen internationalen Kapitalmarkt* anwenden. Im folgenden wird unterstellt, daß das Mutterunternehmen bei der Direktinvestition zum einen finanzielle Mittel einsetzt, deren Verzinsung aus den Aufnahme- und Anlagemöglichkeiten des (vollkommenen) Kapitalmarkts im Heimatland resultiert. Zum anderen werden Finanzmittel auf dem Kapitalmarkt des Investitionslands aufgenommen (Auslandskredit).[270] Aufgrund der Unvollkommenheit des internationalen Kapitalmarkts müssen in diesem Fall zusätzlich zu den Rückflüssen (R_{at}), den Investitionsauszahlungen (A_{0at}) und dem Liquidationserlös (L_a) auch die Einzahlungen (E_{Fat}) und Auszahlungen (A_{Fat}), die aus dem Auslandskredit resultieren, separat bei der Bestimmung des Kapitalwerts aus Sicht des Mutterunternehmens berücksichtigt werden. Da diese Zahlungen jeweils in Investitionswährung gemessen werden, sind sie mit dem erwarteten Wechselkurs in Heimatwährung umzurechnen. Der Kapitalwert ergibt sich dann wie folgt:[271]

$$KW_M = \sum_{t=0}^{T}(R_{at} - A_{0at} + E_{Fat} - A_{Fat}) \cdot w_t \cdot (1+i_h)^{-t} + L_a \cdot w_T \cdot (1+i_h)^{-T}$$

---

[268] Vgl. Blohm, H.; Lüder, K.: (Investition), S. 227 sowie zu einer entsprechenden formalen Darstellung Kolbe, C.: (Investitionsrechnungen), S. 111 f.

[269] Zur Bestimmung des Kalkulationszinssatzes bei der vorliegenden Problemstellung vgl. Blohm, H.; Lüder, K.: (Investition), S. 226 f.; Mrotzek, R.: (Bewertung), S. 197 ff.; Stein, I: (Investitionsrechnungsmethoden), S. 576 f.; Perlitz, M.: (Management), S. 199 f.

[270] Vgl. Blohm, H.; Lüder, K.: (Investition), S. 228.

[271] Zu der nachfolgenden formalen Darstellung vgl. Blohm, H.; Lüder, K.: (Investition), S. 228 f. Zu einem ähnlichen Vorschlag für die Berechnung des Kapitalwerts einer einperiodigen Direktinvestition bei unvollkommenem internationalen Kapitalmarkt vgl. Stehle, R.: (Ansätze), S. 479 ff. Zu weiteren Kapitalwertmodellen für Auslandsinvestitionen bei unvollkommenem Kapitalmarkt vgl. Stein, I.: (Investitionsrechnungsmethoden), S. 572 ff.; Kolbe, C.: (Investitionsrechnungen), S. 157 ff.

Im Fall konstanter Wechselkursänderungsraten (Δw) beträgt er:

$$KW_M = w_0 \cdot \left(\begin{array}{l} \sum_{t=0}^{T} (R_{at} - A_{0at} + E_{Fat} - A_{Fat}) \cdot (1+\Delta w)^t \cdot (1+i_h)^{-t} \\ + L_a \cdot (1+\Delta w)^T \cdot (1+i_h)^{-T} \end{array} \right)$$

Damit ist der Kapitalwert - und unter Umständen auch die Vorteilhaftigkeit einer Investition - von der Finanzierungsentscheidung abhängig.[272] Die kapitalwertmaximale Finanzierungsalternative läßt sich bestimmen, indem die inländische Zinsrate $(1+i_h)$ mit der wechselkurskorrigierten Zinsrate des Investitionslands $(1+i_a) \cdot (1+\Delta w)$ verglichen wird. Ist die inländische Zinsrate niedriger (höher), dann sollte die Finanzierung so weit wie möglich am inländischen Kapitalmarkt (Kapitalmarkt des Investitionslands) erfolgen.[273]

Es ist darauf hinzuweisen, daß bei der obigen Vorgehensweise der Kapitalwertberechnung aufgrund der Diskontierung mit dem Kalkulationszinssatz des Heimatlandes unterstellt wird, daß das Mutterunternehmen - mit Ausnahme der explizit erfaßten Finanzierung - nur im Heimatland eine Anlage und Aufnahme von Mitteln vornehmen kann. Falls Geldanlage- und weitere Geldaufnahmemöglichkeiten auch auf anderen Kapitalmärkten existieren, weichen die Verzinsungen der optimalen Alternativen der Finanzmittelanlage und -beschaffung unter Umständen voneinander ab.[274] Die Bestimmung des Kalkulationszinssatzes ist dann besonders problematisch.

Im folgenden sei noch auf den Sonderfall einer vollständigen Finanzierung in Investitionswährung eingegangen. Wird neben dieser auch unterstellt, daß (weitere) Geldaufnahmen und -anlagen nur in dieser Währung möglich sind, ist der im Investitionsland relevante Zinssatz für die Bestimmung des Kapitalwerts in Investitionswährung zu verwenden. Die Einzahlungsüberschüsse reichen dann gerade aus, um sowohl den Kredit zur Investitionsfinanzierung als auch einen zusätzlichen, zu Beginn des Planungszeitraums in dieser Währung aufgenommenen Kredit in Höhe des Kapitalwerts zu verzinsen und zu tilgen. Kann der entsprechende Betrag in diesem Zeitpunkt an das Mutterunternehmen transferiert werden, sind spätere Transfers zwischen Tochter- und Mutterunternehmen unnötig. Damit läßt sich ein diese Transfers betreffendes Wechselkursrisiko ausschließen.[275]

Abschließend sei erwähnt, daß sich zur Berechnung von Kapitalwerten bei unvollkommenem Kapitalmarkt auch der sog. Adjusted Present Value-Ansatz eignet. Bei diesem wird der Kapitalwert als Summe aus einem Basiskapitalwert sowie weite-

---

[272] Vgl. Kolbe, C.: (Investitionsrechnungen), S. 123; Stehle, R.: (Ansätze), S. 483; Blohm, H.; Lüder, K.: (Investition), S. 229 f.
[273] Vgl. Blohm, H.; Lüder, K.: (Investition), S. 229 f.
[274] Vgl. Kolbe, C.: (Investitionsrechnungen), S. 142 f. und S. 148.
[275] Vgl. dazu und zur Berücksichtigung weiterer Maßnahmen zur Sicherung gegen Wechselkursrisiken bei der Kapitalwertberechnung Kolbe, C.: (Investitionsrechnungen), S. 144 f. und S. 157 ff.

ren Kapitalwertkomponenten, die Effekte wie eine subventionierte Fremdfinanzierung oder Steuerwirkungen erfassen, berechnet. Im Adjusted Present Value-Ansatz finden unterschiedliche Risiken differenziert bei der Bemessung der Kalkulationszinssätze Berücksichtigung, die zur Ermittlung des Basiskapitalwerts und der weiteren Kapitalwertkomponenten erforderlich sind. Daher wird er in diesem Lehrbuch im Zusammenhang mit der Einbeziehung der Unsicherheit in Investitionsrechnungen in Abschnitt 7.3.1 dargestellt.

Beispiel

Im folgenden soll davon ausgegangen werden, daß es sich bei dem in den vorherigen Beispielen betrachteten Investitionsobjekt A um eine Auslandsinvestition handelt. Die nachstehend noch einmal aufgeführten Zahlungen, die durch das Objekt verursacht werden, seien in Investitionswährung angegeben. Zu Beginn des Planungszeitraums liegt ein Wechselkurs w_0 von 0,5 vor, der als Verhältnis von Währungseinheiten des Heimatlands (€) zu solchen des Investitionslands (WE_a) definiert ist. Es wird von einer konstanten Zunahme dieses Kurses (Δw) um 2% pro Jahr ausgegangen. Daraus resultieren die ebenfalls nachfolgend dargestellten Werte der Zahlungen in Heimatwährung. Die darin enthaltenen Rückflüsse sowie der Liquidationserlös sollen vollständig an das Mutterunternehmen transferiert werden (können). Der Kalkulationszinssatz im Investitionsland i_a betrage wie im Ausgangsbeispiel 8%.

Zeitpunkt t	0	1	2	3	4	5
Zahlungen in Investitionswährung (WE_a)	-100.000	28.000	30.000	35.000	32.000	35.000
Zahlungen in Heimatwährung (€)	-50.000	13.720	14.406	16.470,86	14.757,89	15.818,61

Bei der ersten Beispielvariante wird ein *vollkommener internationaler Kapitalmarkt* unterstellt. Gemäß der dann gültigen Internationalen FISHER-Bedingung trifft für das Verhältnis zwischen den Zinsraten auf dem Kapitalmarkt des Heimatlandes $(1+i_h)$ und des Investitionslandes $(1+i_a)$ die folgende allgemeine Beziehung zu

$$1 + i_h = (1 + i_a) \cdot (1 + \Delta w),$$

aus der sich der Kalkulationszinssatz im Heimatland ableiten läßt:

$$1 + i_h = (1 + 0{,}08) \cdot (1 - 0{,}02) \Rightarrow i_h = 5{,}84 \, [\%]$$

Der für die Beurteilung der Investition letztendlich maßgebliche Kapitalwert aus Sicht des Mutterunternehmens (KW_M) läßt sich dann berechnen, indem entweder der Kapitalwert aus Sicht des Tochterunternehmens (26.771,59 €)[276] bestimmt und mit dem zu Beginn des Planungszeitraums vorliegenden Wechselkurs in Heimatwährung umgerechnet wird:

---

[276] Vgl. Abschnitt 3.3.2.

$KW_M = w_0 \cdot KW_T = 0,5 \cdot 26.771,59 = 13.385,80 \; [€]$

oder die Zahlungen in Heimatwährung mit dem für das Heimatland relevanten Kalkulationszinssatz diskontiert und zusammengefaßt werden:

$$KW_M = \sum_{t=0}^{T} N_{at} \cdot w_t \cdot (1+i_h)^{-t}$$

$KW_M = -50.000 + 13.720 \cdot 1,0584^{-1} + 14.406 \cdot 1,0584^{-2} + 16.470,86 \cdot 1,0584^{-3}$
$\quad\quad\quad + 14.757,89 \cdot 1,0584^{-4} + 15.818,61 \cdot 1,0584^{-5}$

$KW_M = 13.385,80 \; [€]$

Unter den getroffenen Annahmen stimmen die Resultate - von Rundungsdifferenzen abgesehen - überein, die Investition erweist sich als absolut vorteilhaft.

Die zweite Beispielvariante bezieht sich auf einen *unvollkommenen internationalen Kapitalmarkt*, die Internationale FISHER-Bedingung soll dementsprechend nicht gelten. Bei ansonsten unveränderten Daten soll nun im Heimatland ein Zinssatz von 7% relevant sein; im Investitionsland bestehe weiterhin die Möglichkeit, die Investition zu 8% zu finanzieren. Dazu ließe sich ein Kredit mit jährlicher Zinszahlung und Endtilgung nutzen. In diesem Fall ist der Kapitalwert aus Sicht des Mutterunternehmens abhängig von der Finanzierung der Investition. Er läßt sich ausgehend von der allgemeinen Formel

$$KW_M = w_0 \cdot \left(\begin{array}{l} \sum_{t=0}^{T}(R_{at} - A_{0at} + E_{Fat} - A_{Fat}) \cdot (1+\Delta w)^t \cdot (1+i_h)^{-t} \\ + L_a \cdot (1+\Delta w)^T \cdot (1+i_h)^{-T} \end{array} \right)$$

ermitteln und beträgt

bei vollständiger Finanzierung durch das Mutterunternehmen:

$KW_M = 0,5 \cdot (-100.000 + 28.000 \cdot 0,98 \cdot 1,07^{-1} + 30.000 \cdot 0,98^2 \cdot 1,07^{-2} + 35.000$
$\quad\quad\quad \cdot 0,98^3 \cdot 1,07^{-3} + 32.000 \cdot 0,98^4 \cdot 1,07^{-4} + 35.000 \cdot 0,98^5 \cdot 1,07^{-5})$

$KW_M = 11.387,49 \; [€]$

bei 50%-iger Finanzierung im Investitionsland:

$KW_M = 0,5 \cdot ((-100.000 + 50.000) + (28.000 - 4.000) \cdot 0,98 \cdot 1,07^{-1} + (30.000 -$
$\quad\quad\quad 4.000) \cdot 0,98^2 \cdot 1,07^{-2} + (35.000 - 4.000) \cdot 0,98^3 \cdot 1,07^{-3} + (32.000 -$
$\quad\quad\quad 4.000) \cdot 0,98^4 \cdot 1,07^{-4} + (35.000 - 54.000) \cdot 0,98^5 \cdot 1,07^{-5})$

$KW_M = 12.533,05 \; [€]$

bei vollständiger Finanzierung im Investitionsland:

$KW_M = 0{,}5 \cdot ((-100.000 + 100.000) + (28.000 - 8.000) \cdot 0{,}98 \cdot 1{,}07^{-1} + (30.000 - 8.000) \cdot 0{,}98^2 \cdot 1{,}07^{-2} + (35.000 - 8.000) \cdot 0{,}98^3 \cdot 1{,}07^{-3} + (32.000 - 8.000) \cdot 0{,}98^4 \cdot 1{,}07^{-4} + (35.000 - 108.000) \cdot 0{,}98^5 \cdot 1{,}07^{-5})$

$KW_M = 13.678{,}60 \ [€]$

Es zeigt sich, daß die Investition bei allen Finanzierungsalternativen einen positiven Kapitalwert aufweist und damit absolut vorteilhaft ist. Die Höhe des Kapitalwerts steigt mit zunehmendem Anteil der Auslandsfinanzierung. Dies ist darauf zurückzuführen, daß die inländische Zinsrate $(1+i_h)$ höher ist als die wechselkurskorrigierte Zinsrate des Investitionslandes $(1+i_a) \cdot (1+\Delta w)$:

$1 + i_h = 1{,}07 > (1 + i_a) \cdot (1 + \Delta w) = 1{,}08 \cdot 0{,}98 = 1{,}0584$

Damit sollte die Auslandsinvestition bei dieser Annahmenkonstellation vollständig im Investitionsland finanziert werden.

Beurteilung

In diesem Abschnitt sind zwei Modellvarianten zur Beurteilung von Direktinvestitionen mit der Kapitalwertmethode dargestellt worden, die sich durch die Annahme bezüglich des Kapitalmarkts voneinander unterscheiden. Die Prämisse eines vollkommenen internationalen Kapitalmarkts, bei dem die Internationale FISHER-Bedingung gültig ist, dürfte in der Realität nicht zutreffen. Daher erscheint die Modellvariante, bei der diese Annahme unterstellt ist, nur bedingt geeignet. Inwieweit ihre Ergebnisse dennoch der Realität nahekommen, hängt von den Verhältnissen auf den relevanten Kapitalmärkten sowie der Finanzierung der Investition ab.

Grundsätzlich sind bei der Beurteilung beider Ansätze die generellen Prämissen von Kapitalwertmodellen zu beachten. Zu diesen sei erwähnt, daß auch bei unvollkommenem internationalen Kapitalmarkt stets von vollkommenen nationalen Kapitalmärkten ausgegangen wird, auf denen bei der Anlage und Aufnahme von Finanzmitteln keine Zinsunterschiede bestehen. Des weiteren wird angenommen, daß freiwerdende Mittel zum Kalkulationszinssatz angelegt und Investitions- bzw. Finanzierungsmaßnahmen zum Ausgleich von Kapitalbindungs- und Nutzungsdauerdifferenzen zum Kalkulationszinssatz verzinst werden. Diese Prämisse dürfte - insbesondere angesichts der Existenz zweier beteiligter Unternehmenseinheiten und mehrerer segmentierter Kapitalmärkte - häufig ebenfalls nicht der Realität entsprechen. Schließlich weist die Kapitalwertmethode gegenüber der nachfolgend behandelten Methode der vollständigen Finanzpläne den Nachteil geringerer Transparenz auf; bei der Beurteilung von Auslandsinvestitionen betrifft dies besonders die Erfassung der Leistungsbeziehungen zwischen Mutter- und Tochterunternehmen bzw. die hierdurch und durch andere Effekte bewirkten Unterschiede zwischen deren Zahlungsströmen.

3.4.2.3 Methode der vollständigen Finanzpläne als Instrument zur Beurteilung von Auslandsinvestitionen

In diesem Abschnitt soll aufgezeigt werden, wie Direktinvestitionen mit der Methode der vollständigen Finanzpläne beurteilt und dabei die Besonderheiten dieser Investitionen einbezogen werden können. Dazu ist das Standardvorgehen der VOFI-Methode in mehrfacher Hinsicht zu modifizieren.

So sollte für die Erfassung der Zahlungsveränderungen beim Tochterunternehmen und beim Mutterunternehmen jeweils ein vollständiger Finanzplan erstellt werden, der die bei der entsprechenden Unternehmenseinheit verursachten Zahlungsveränderungen in der jeweiligen Landeswährung enthält. Dabei bietet es sich an, die entsprechenden Tabellen an die typischerweise relevanten Zahlungen anzupassen. So können in den vollständigen Finanzplan für das Tochterunternehmen auch die Zahlungen an das und vom Mutterunternehmen, etwaige weitere Ein- und Auszahlungen aus der Finanzmittelbeschaffung und -anlage sowie die im Investitionsland entstehenden Steuerzahlungen und -erstattungen separat aufgenommen werden. Einen Vorschlag für die Gestaltung eines entsprechenden Plans zeigt Abbildung 3-13.

Der Wert der Geldanlage gibt in diesem vollständigen Finanzplan an, welche Überschüsse in einem Zeitpunkt nicht an das Mutterunternehmen transferiert werden. Im zweiten Teil des vollständigen Finanzplans lassen sich bei den Beständen (in Investitionswährung) auch die mit der Investition verbundenen Verbindlichkeiten beim Mutterunternehmen erfassen. Der Guthabenstand repräsentiert gemäß der obigen Aussage zur Geldanlage den kumulierten Wert der nicht transferierten Zahlungen (unter Berücksichtigung von Zinsen und Steuerzahlungen). Bei der Aufstellung dieses vollständigen Finanzplans können nach Einbeziehung der relevanten Zahlungen die Überschüsse nach Steuern ermittelt und darauf basierend die Transferzahlungen an das Mutterunternehmen festgelegt werden. Für die verbleibende Differenz wird dann eine Anlage oder Kreditaufnahme eingeplant, die den vollständigen Finanzplan ausgleicht.

Tochterunternehmen		t = 0	t = 1	t = 2	t = 3	t = 4	t = 5
orginäre Zahlungen							
Zahlungen für Lieferungen von Halb- und Fertigfabrikaten an das/vom Mutterunternehmen	+ Einzahlungen - Auszahlungen						
Zahlungen für Patente, Lizenzen etc. an das/vom Mutterunternehmen	+ Einzahlungen - Auszahlungen						
Zahlungen für sonstige Leistungen an das/vom Mutterunternehmen	+ Einzahlungen - Auszahlungen						
Zahlungen aufgrund von Fremdfinanzierungsleistungen des Mutterunternehmens	+ Aufnahme - Tilgung - Sollzinsen						
Zahlungen aufgrund von Eigenkapitalveränderungen sowie zum Transfer von Überschüssen und dem Liquidationserlös bzw. Restwert an das Mutterunternehmen	+ Einlage - Entnahme - Transferzahlungen						
Weiterer Kredit des Tochterunternehmens	+ Aufnahme - Tilgung - Sollzinsen						
Steuern	- Steuerzahlung + Steuererstattung						
Geldanlage pauschal	- Anlage + Auflösung + Habenzinsen						
Finanzierungssaldo		0	0	0	0	0	0
Kredit beim Mutterunternehmen							
Weiterer Kredit							
Guthabenstand pauschal							
Bestandssaldo							
Nicht transferierter Überschuß							
Summe der nicht transferierten Überschüsse							

Abb. 3-13: Vollständiger Finanzplan für das Tochterunternehmen

Im vollständigen Finanzplan für das Mutterunternehmen sollten im ersten Tabellenteil unter anderem die Zahlungen an das und vom Tochterunternehmen aufgeführt werden (nach Abzug der darauf eventuell anfallenden Steuern und Gebühren). Da diese wie alle anderen Zahlungen in Heimatwährung anzugeben sind, wird eine Umrechnung aus der Investitionswährung erforderlich. Außerdem sind in den vollständigen Finanzplan die Zahlungen einzubeziehen, die mit der Bereitstellung der notwendigen finanziellen Mittel beim Mutterunternehmen verbunden sind oder aus Leistungsveränderungen bei diesem, der Anlage etwaiger Überschüsse sowie Veränderungen der Steuerschuld resultieren. Im zweiten Tabellenteil werden wiederum die Bestände erfaßt, zu denen hier auch die Forderungen aus den dem Tochterunternehmen gewährten Krediten zählen. Zusätzlich können in einem dritten Tabellenteil Informationen zu den nicht transferierten Zahlungsüberschüssen einer Periode (nach Steuern) und deren kumulierten Werten aufgeführt werden. Der vollständige Finanzplan für das Mutterunternehmen, für den die Abbildung 3-14 einen Gestaltungsvorschlag enthält, kann analog zu dem des Tochterunternehmens ausgefüllt werden.

Mutterunternehmen		t = 0	t = 1	t = 2	t = 3	t = 4	t = 5
orginäre Zahlungen							
Zahlungen für Lieferungen von Halb- und Fertigfabrikaten an das/vom Tochterunternehmen	+ Einzahlungen - Auszahlungen						
Zahlungen für Patente, Lizenzen etc. an das/vom Tochterunternehmen	+ Einzahlungen - Auszahlungen						
Zahlungen für sonstige Leistungen an das/vom Tochterunternehmen	+ Einzahlungen - Auszahlungen						
Zahlungen aufgrund von Krediten an das/vom Tochterunternehmens	- Vergabe + Tilgung + Sollzinsen						
Zahlungen aufgrund von Eigenkapitalveränderungen beim Tochterunternehmen sowie des Transfers von Überschüssen und dem Liquidationserlös bzw. Restwert	- Einlage + Entnahme + Transferzahlungen						
Zahlungen aufgrund von Veränderungen im leistungswirtschaftlichen Bereich	+ Einzahlungen - Auszahlungen						
Eigenkapital des Mutterunternehmens	- Entnahmen + Einlagen						
Kredit des Mutterunternehmens	+ Aufnahme - Tilgung - Sollzinsen						
Steuern	- Steuerzahlung + Steuererstattung						
Geldanlage pauschal	- Anlage + Auflösung + Habenzinsen						
Finanzierungssaldo		0	0	0	0	0	0
Kredit des Mutterunternehmens							
Forderungen aus Krediten an das Tochterunternehmen							
Guthabenstand pauschal							
Bestandssaldo							
Nicht transferierter Überschuß							
Summe der nicht transferierten Überschüsse							

Abb. 3-14: Vollständiger Finanzplan für das Mutterunternehmen

Wie in Abschnitt 3.4.1.2 ausgeführt, bietet die Methode der vollständigen Finanzpläne gute Möglichkeiten, die Veränderung von Steuerzahlungen (ii) relativ realitätsnah und transparent zu berücksichtigen. Steuerzahlungen (und -erstattungen) beim Tochter- und beim Mutterunternehmen können analog zu dem dort geschilderten

Vorgehen einbezogen werden, wobei die Regelungen der für Auslandsaktivitäten relevanten Steuergesetze zu beachten sind.

Die Inflation (iii) läßt sich berücksichtigen, indem bei der Bestimmung des Endwerts eines Investitionsobjekts Nominalzahlungen und -zinssätze verwendet werden, die auf den erwarteten Geldentwertungsraten basieren. Dabei sollten Unterschiede zwischen den Preisentwicklungen bei verschiedenen Güterarten und in den relevanten Ländern berücksichtigt werden. Um ein konsistentes Vorgehen zu gewährleisten, sollte die jeweilig erwartete Inflationsrate auch der Prognose der Verzinsung der Opportunität zugrunde gelegt werden, beispielsweise, indem diese als Ergebnis von Inflationsrate und erreichbarer Realverzinsung geschätzt wird. Der Vergleich der Endwerte zeigt dann, ob das Objekt bei den erwarteten Geldentwertungsraten vorteilhafter ist als die Opportunität bzw. welches von mehreren einander ausschließenden Objekten bei Inflation relativ vorteilhaft ist.[277]

Wechselkurse (iv) sind wie beim Kapitalwertmodell insbesondere für die Umrechnung von Zahlungen aus Investitions- in Heimatwährung erforderlich. Bei ihrer Prognose ergeben sich keine verfahrensspezifischen Besonderheiten.

Im Rahmen der Investitionsbeurteilung mit der VOFI-Methode läßt sich grundsätzlich sowohl ein vollkommener als auch ein unvollkommener internationaler Kapitalmarkt (v) einbeziehen. Unvollkommene internationale Märkte lassen sich abbilden, indem die aus der Nutzung von Finanzierungsquellen und Anlagemöglichkeiten (eventuell in unterschiedlichen Ländern) resultierenden Zahlungen explizit in vollständigen Finanzplänen aufgeführt werden. Bei der Prognose der zukünftigen Zinssätze in den relevanten Ländern sollte - wie erwähnt - die Entwicklung der Inflation und der Wechselkurse beachtet werden. Auf die Möglichkeit einer Beurteilung von Finanzierungs-, Tilgungs- und Anlageentscheidungen mit der VOFI-Methode wurde bereits bei deren allgemeiner Darstellung in Abschnitt 3.3.8 hingewiesen.

Auf ein *Beispiel* zur Beurteilung von Auslandsinvestitionen mit der Methode der vollständigen Finanzpläne soll hier verzichtet werden - ausschlaggebend dafür sind der Umfang, den dieses in Anspruch nehmen würde, sowie die Präsentation mehrerer allgemeiner bzw. auf die Einbeziehung von Steuern bezogener Beispiele zu dieser Methode in anderen Abschnitten dieses Lehrbuchs und die Publikation eines entsprechenden Fallbeispiels an anderer Stelle.[278]

Beurteilung

Die Methode der vollständigen Finanzpläne ist bereits als Verfahren der Investitionsrechnung allgemein sowie hinsichtlich der Einbeziehbarkeit von Steuern beurteilt

---

[277] Vgl. Adam, D.: (Investitionscontrolling), S. 176.
[278] Vgl. die Abschnitte 3.3.8 sowie 3.4.1.2 und Götze, U.: (Beurteilung), S. 182 ff.

worden.[279] Auf diesen Ausführungen basiert die Einschätzung ihrer Eignung zur Investitionsrechnung für Auslandsinvestitionen.

Die VOFI-Methode ist prädestiniert, unvollkommene internationale, aber auch nationale Kapitalmärkte bei der Beurteilung einzelner Investitionen zu berücksichtigen. Mit ihr läßt sich das bestehende Spektrum von länderspezifischen Möglichkeiten der Finanzmittelanlage und -aufnahme, das für die Vorteilhaftigkeit von Direktinvestitionen entscheidend sein kann, relativ realitätsnah abbilden.

Die differenzierte Berücksichtigung verschiedener Finanzierungsobjekte und Anlagemöglichkeiten im Rahmen der Methode der vollständigen Finanzpläne setzt allerdings voraus, daß diese den einzelnen Investitionsobjekten explizit zugeordnet werden können. Dies wird bei Investitionen allgemein häufig nicht der Fall sein. Bei Direktinvestitionen dürfte aber angesichts deren Bedeutung und Finanzmittelbedarf oftmals eine projektspezifische Finanzierungsplanung erfolgen,[280] so daß diese Informationen zumeist weitgehend vorliegen werden. Dies gilt auch für die meisten der anderen relevanten Daten wie die Konditionen der Kredite, die Verzinsung der Opportunität und die Habenzinssätze für kurzfristige Geldanlagen.

Als vorteilhaft erweist sich die VOFI-Methode auch hinsichtlich ihrer hohen Transparenz. So können bei der hier vorliegenden Problemstellung der Beurteilung von Direktinvestitionen die Zahlungsmittelveränderungen des Tochter- und des Mutterunternehmens einschließlich der Finanzmittelflüsse zwischen beiden in den jeweiligen vollständigen Finanzplänen übersichtlich abgebildet werden. Aufgrund der hohen Transparenz ist auch zu erwarten, daß bei deren Erstellung und der Interpretation der Resultate Anregungen für Änderungen der Finanzierungs-, Tilgungs-, Anlage- und Transferpolitik (Transfer von Überschüssen, Preisgestaltung bei Lieferungen zwischen Mutter- und Tochterunternehmen etc.) gegeben werden. Zudem besteht die Möglichkeit, alternative Konstellationen dieser Politiken in weiteren vollständigen Finanzplänen auszuwerten.

Einen anderen Vorteil der VOFI-Methode, auf den noch einmal hingewiesen sei, stellt die Möglichkeit dar, die Steuerwirkungen von Investitionen transparent und realitätsnah einzubeziehen.

Bei der hier vorgeschlagenen Vorgehensweise sind jeweils einige für die Beurteilung von Direktinvestitionen möglicherweise bedeutsame Aspekte vernachlässigt worden. Dabei handelt es sich unter anderem um Auswirkungen von Eigen- bzw. Fremdkapitalveränderungen bei den Unternehmenseinheiten, die über die erfaßten Zahlungen hinausgehen, sowie um die Beurteilung der Auslandsinvestition aus der Sicht einzelner Anteilseigner des Mutterunternehmens. Falls diese Gesichtspunkte relevant sind, können sie entweder durch Modifikation des Vorgehens in die Investitionsrechnung integriert oder neben deren Ergebnissen bei der Entscheidung berücksichtigt werden.

---

279 Vgl. die Abschnitte 3.3.8 sowie 3.4.1.2.
280 Vgl. Kolbe, C.: (Investitionsrechnungen), S. 71.

3.4.3 Spezielle Anwendungsgebiete dynamischer Modelle zur Vorteilhaftigkeitsbeurteilung

Die dynamische Investitionsrechnung hat sich in vielen betriebswirtschaftlichen Bereichen als Instrument etabliert. Die verschiedenen Anwendungsfelder weisen oftmals Besonderheiten auf, die spezifische Überlegungen zur Modellbildung, Datenermittlung und/oder Modellauswertung notwendig machen. In diesem Abschnitt soll, ohne Anspruch auf Vollständigkeit zu erheben, ein kurzer Überblick über spezielle Einsatzbereiche dynamischer Modelle zur Vorteilhaftigkeitsbeurteilung vermittelt werden, um deren Vielfalt sowie Anknüpfungspunkte zu anderen betriebswirtschaftlichen Teildisziplinen aufzuzeigen und auf Modelle und Verfahren hinzuweisen, die auf die Besonderheiten der jeweiligen Anwendungsfelder zugeschnitten sind. Dabei werden - nicht überschneidungsfrei - zunächst bestimmte mit Investitionsrechnungen zu bewertende Objekte, dann die Nutzung von Modellen im Rahmen investitionsbezogener Führungsaktivitäten und schließlich der Einsatz der Investitionsrechnung bei anderen Führungshandlungen bzw. -instrumenten angesprochen.

Objekte der Vorteilhaftigkeitsbeurteilung

Investitionen als mögliche Betrachtungsgegenstände einer Vorteilhaftigkeitsbeurteilung sind bereits in Abschnitt 2.1.2 klassifiziert worden. Die dynamische Investitionsrechnung läßt sich grundsätzlich auf sämtliche der dabei unterschiedenen Investitionsarten anwenden. Spezielle Eigenschaften, die besondere Formen der Modellanalyse erfordern, weisen - über die im vorherigen Kapitel behandelten Auslandsinvestitionen hinaus - unter anderem die folgenden Investitionsobjekte auf:

- Unternehmen, deren Kauf oder Verkauf erwogen wird,[281]
- Strategien,[282]
- strategische Geschäftseinheiten, Produkte oder Projekte der Forschung und Entwicklung,[283]
- Kunden,[284]
- komplexe Produktionsanlagen und Technologien,[285]

---

[281] Vgl. z. B. Henselmann, K.: (Unternehmensrechnungen), S. 17 ff.; Henselmann, K.; Kniest, W.: (Unternehmensbewertung), S. 25 ff.; Peemöller, V.H.: (Praxishandbuch), S. 199 ff.

[282] Vgl. beispielsweise Wilde, K.D.: (Bewertung), S. 235 ff.; Peschke, M.A.: (Strategiebewertung), S. 151 ff.; Blohm, H.; Lüder, K.: (Investition), S. 231 sowie die Ausführungen zu einem über den Discounted Cash Flow ermittelten Shareholder Value im weiteren Verlauf des Abschnitts.

[283] Zu strategischen Geschäftseinheiten als Objekten von Investitionsrechnungen vgl. Rudolph, F.: (Controlling), S. 143 ff. Produkte werden u. a. bei einem produktbezogenen Life Cycle Costing, bei der Vorbereitung von Einführungsentscheidungen sowie bei Entscheidungen über die Auswahl und Fortführung produktbezogener Projekte der Forschung und Entwicklung als Investitionsobjekte angesehen. Vgl. u. a. Riezler, S.: (Lebenszyklusrechnung); Klein, A.: (Produktmanagement), S. 59 ff.; Engelke, P.: (Integration), S. 204 ff.; Sachs, C.: (Planung), S. 91 ff.

[284] Zur Bewertung von Kunden mittels dynamischer Investitionsrechnungen im Rahmen des Customer Lifetime Value-Ansatzes vgl. z. B. Homburg, C.; Daum, D.: (Kostenmanagement), S. 96 ff.; Link, J.; Hildebrand, V.: (Database), S. 54 ff.

- Immobilien, Standorte und Standortverlagerungen,[286]
- Maßnahmen zum Umweltschutz oder Anlagen zur Nutzung regenerativer Energiequellen,[287]
- Optionen, die zum Erwerb von Wertpapieren berechtigen,[288]
- öffentliche bzw. gesamtwirtschaftliche Investitionen.[289]

Mit Verfahren der Investitionsrechnung lassen sich aber nicht nur Investitionsalternativen, sondern auch andere Handlungsmöglichkeiten von Unternehmen beurteilen. Dazu zählen die aus Nutzungsdauer- bzw. Ersatzzeitpunktentscheidungen resultierenden Desinvestitionen, Finanzierungsmaßnahmen oder Handlungen, die - als Unterlassensalternative interpretierbar - mit einer Investition konkurrieren. Beispiele hierfür sind das Leasing als Alternative zum Kauf von Investitionsobjekten oder der Fremdbezug, falls dieser bei einer Make-or-buy-Entscheidung neben einer mit Investitionen verbundenen Eigenfertigung zur Wahl steht.[290]

Aktivitäten des Investitionsmanagement

Das primäre Anwendungsgebiet von Modellen der dynamischen Investitionsrechnung ist die Vorteilhaftigkeitsbeurteilung im Rahmen der Planungsphase des Investitionsprozesses. Eingesetzt werden können derartige Modelle aber auch bei Planungen in der Realisations- und der Nutzungsphase. Hierzu sei auf die bereits angesprochenen Desinvestitionen sowie die damit verbundene Ersatzzeitpunktbestimmung verwiesen.

Darüber hinaus eignen sich Modelle der dynamischen Investitionsrechnung zur Investitionskontrolle, insbesondere in Form von Ergebnis- und Planfortschrittskontrollen. Dabei lassen sich für einzelne Investitionsobjekte Abweichungen zwischen Planwerten, z. B. einem angestrebten Kapitalwert, und Vergleichswerten, wie dem erreichten oder erwarteten Kapitalwert, ermitteln. Darauf basierend können dann die

---

[285] Vgl. Betge, P.: (Investitionsplanung), S. 258 ff.

[286] Zur Vorteilhaftigkeitsbeurteilung bzw. Bewertung von Immobilien vgl. z. B. Kesten, R.: (Management); Schulte, K.-W.; Ropeter, S.-E.: (Analyse); Engelbrecht, B.: (Grundsätze), S. 273 ff., zur Beurteilung von Standorten und Standortverlagerungen vgl. Hagedorn, A.: (Planung), S. 84 ff.; Götze, U.: (Standortstrukturgestaltung), S. 243 ff.

[287] Vgl. zur Beurteilung von Investitionen in Umweltschutzmaßnahmen u. a. Schultmann, F.; Jochum, R.; Rentz, O.: (Investitionsplanung), S. 5 ff.; Friedemann, C.: (Investitionsplanung), S. 91 ff.; Schröder, A.: (Investition), S. 61 ff., zu einer solchen von Solaranlagen Remmers, K.-H.: (Solaranlagen), S. 309 ff. oder Windkraftanlagen Poerschke, G.; Götze, U.: (Beurteilung).

[288] Zur Bewertung von Optionen vgl. Abschnitt 7.3.5 und die dort angegebene Literatur.

[289] Vgl. Hanusch, H.: (Nutzen-Kosten-Analyse); Zwehl, W. von; Schmidt-Ewig, W.: (Wirtschaftlichkeitsrechnung).

[290] Zur Nutzungsdauer- und Ersatzzeitpunktbestimmung mit dynamischen Modellen der Investitionsrechnung vgl. Abschnitt 5, zur Effektivzinsberechnung bei Finanzierungsmaßnahmen vgl. Abschnitt 3.3.4, zur Entscheidung über Leasing oder Kauf vgl. u. a. Spremann, K.: (Wirtschaft), S. 327 ff.; Kruschwitz, L.: (Leasing), zu dynamischen Modellen zur Vorbereitung von Make-or-buy-Entscheidungen vgl. Männel, W.: (Wahl), S. 269 ff.; Mikus, B.: (Make-or-buy-Entscheidungen), S. 130 ff. Die Entscheidung über Eigenfertigung und Fremdbezug ist auch in dem Beispiel zur Kostenvergleichsrechnung in Abschnitt 3.2.2 aufgegriffen worden.

Abweichungen aufgespalten werden, beispielsweise zunächst in solche der Barwerte der Anschaffungsauszahlungen, der laufenden Ein- und der laufenden Auszahlungen sowie des Liquidationserlöses. Anschließend lassen sich diese Differenzen tiefergehend analysieren, beispielsweise indem bei einer produktbezogenen Investition die Abweichung des Barwerts der Einzahlungen auf einzelne Produkte, einzelne Perioden, Preis- und Mengenabweichungen bei bestimmten Produkten und Perioden sowie Veränderungen des Kalkulationszinssatzes zurückgeführt wird. Die derart berechneten Abweichungen bilden eine Basis für die Identifikation von Ursachen für unerwartete Erfolge oder Mißerfolge von Investitionsvorhaben wie Prognosefehler, technische Probleme oder Marktveränderungen.[291]

Ein anderes mit der Investitionskontrolle verbundenes Anwendungsgebiet von dynamischen Investitionsmodellen stellen Anreizsysteme dar. Mit diesem Instrument der Personalführung sollen Manager motiviert werden, lukrative Investitionsalternativen zu entwickeln, wahrheitsgemäß ihre Kenntnisse über Investitionsvorhaben weiterzugeben und/oder Investitionsentscheidungen zu fällen, die aus Sicht des Gesamtunternehmens vorteilhaft sind. In Anreizsystemen, mit denen diese Ziele verfolgt werden, können periodische Zahlungsmittelüberschüsse oder Kapitalwerte als Bemessungsgrundlage Verwendung finden, an der die Entlohnung ausgerichtet wird.[292]

Weitere Führungsaktivitäten bzw. -instrumente

Ein bedeutendes Einsatzfeld der dynamischen Investitionsrechnung ist das strategische Management. In diesem wird sie bereits seit langem, trotz der bestehenden Prognose- und Quantifizierungsprobleme, als Instrument zur Strategiebewertung vorgeschlagen.[293] Eine zusätzliche Aufwertung hat die Investitionsrechnung mit der Hinwendung zu einem wertorientierten strategischen Management erfahren. So

- wird die strategische Zielgröße Shareholder Value gemäß dem Ansatz von RAPPAPORT als Barwert aller zukünftigen Cash Flows abzüglich des Marktwerts des Fremdkapitals berechnet,[294]

---

[291] Zur Investitionskontrolle auf der Basis von Modellen der dynamischen Investitionsrechnung vgl. z. B. Schaefer, S.: (Investitions-Controlling), S. 149 ff.; Sierke, B.R.A.: (Investitions-Controlling), S. 183 ff.; Kesten, R.: (Management), S. 345 ff.; Spielberger, M.: (Investitionskontrolle), S. 115 ff.

[292] Zum Einsatz von Anreizsystemen beim Investitionsmanagement, zu den dabei auftretenden Problemen wie Unsicherheit der Prognosen, Ausscheiden von Managern oder Konkurrenz um finanzielle Ressourcen und zu Lösungsansätzen hierfür vgl. Bosse, C.: (Investitionsmanagement), S. 227 ff.; Husmann, C.: (Investitions-Controlling), S. 142 ff.; Kah, A.: (Profitcenter-Steuerung), S. 136 ff.; Ewert, R.; Wagenhofer, A.: (Unternehmensrechnung), S. 468 ff.; Franke, G.; Hax, H.: (Finanzwirtschaft), S. 236 ff.

[293] In diesem Zusammenhang sei auch noch einmal auf das Einsatzfeld der Unternehmensbewertung hingewiesen.

[294] Vgl. Rappaport, A.: (Shareholder), S. 39 ff.; Günther, T.: (Controlling), S. 95 ff.; Hachmeister, D.: (Cash Flow), S. 92 ff.

- stellt der Cash Flow Return on Investment, der von der Boston Consulting Group zur Beurteilung des Wertbeitrags von Geschäftseinheiten und zur Erstellung von Wertbeitrags-Portfolios vorgeschlagen wird, einen spezifischen, unter Nutzung von Bilanz- und Erfolgsgrößen ermittelten Internen Zinssatz dar[295] und
- wird angeregt, aus mehreren Ausprägungen der periodenbezogenen wertorientierten Residualgewinngröße Economic Value Added einen Barwert (Market Value Added) zu berechnen.[296]

Die genannten, mit Hilfe einer Investitionsrechnung zu ermittelnden Kennzahlen lassen sich nicht nur im Rahmen des strategischen Managements als Zielgrößen und zur Strategiebewertung einsetzen, sondern auch zur wertorientierten Beurteilung von Entscheidungsalternativen und zur Steuerung von Unternehmensbereichen auf der taktisch/operativen Ebene.

In den letzten Jahren hat sich in der Literatur und in Teilen der Unternehmenspraxis mit dem Kostenmanagement ein Teilbereich der Unternehmensführung etabliert, der über die klassische Kostenrechnung hinausgeht und versucht, Kostenstrukturen proaktiv und langfristig zu beeinflussen. Dabei kommen auch Instrumente zum Einsatz, die aufgrund ihrer Ausrichtung auf langfristige Betrachtungszeiträume einen engen Bezug zur dynamischen Investitionsrechnung aufweisen. Das Musterbeispiel hierfür ist das Life Cycle Costing, bei dem spezifische lebenszyklusbezogene Modelle insbesondere für Ressourcen, Produkte und Kunden formuliert und ausgewertet werden, um Wechselwirkungen zwischen Zahlungen oder Erfolgsgrößen in verschiedenen Phasen zu identifizieren und die Vorteilhaftigkeit von Alternativen zu beurteilen. Aber auch für das Target Costing (marktorientiertes Zielkostenmanagement) sind dynamische Modelle auf der Grundlage der Kapitalwertmethode entwickelt worden.[297]

Abschließend sei als weiteres Anwendungsgebiet der Investitionsrechnung das Risikomanagement genannt. Auf der Grundlage von Modellen der Investitionsrechnung lassen sich - wie in Abschnitt 7 dargestellt - Investitionsalternativen unter Einbeziehung der mit ihnen verbundenen Risiken bewerten; zudem ist es mit Hilfe dieser Modelle möglich, einzelne Risikoursachen und Risiken sowie risikopolitische Maßnahmen differenziert zu bewerten.[298]

---

[295] Vgl. Lewis, T.G.: (Steigerung), S. 40 ff.; Männel, W.: (Cash), S. 40 ff.
[296] Vgl. Pfaff, D.; Bärtl, O.: (Unternehmenssteuerung), S. 91 ff.; Hostettler, S.: (Economic), S. 183 ff.; Götze, U.; Glaser, K.: (Value), S. 32 ff.
[297] Vgl. zum Life Cycle Costing Riezler, S.: (Lebenszyklusrechnung); Götze, U.: (Lebenszykluskosten), S. 272 ff., zu dynamischen Ansätzen des Target Costing Brühl, R.: (Produktlebenszyklusrechnung), S. 325 ff.; Fischer, T.M.; Schmitz, J.: (Kapitalmarktorientierung), S. 215 ff.
[298] Vgl. Franke, G.; Hax, H.: (Finanzwirtschaft), S. 588 ff.; Götze, U.; Mikus, B.: (Entscheidungsmodelle).

Aufgaben zu Abschnitt 3

Aufgabe 3-1 (Kostenvergleichsrechnung)

Ein Unternehmen der Automobilindustrie will anhand einer Kostenvergleichsrechnung prüfen, ob ein Spezialteil weiterhin fremdbezogen oder stattdessen durch Eigenfertigung bereitgestellt werden soll. Für die Produktion des Teiles bieten zwei Hersteller unterschiedliche Anlagen an, für die folgende Daten ermittelt werden konnten:

Daten	Anlage A	Anlage B
Anschaffungskosten [€]	120.000	80.000
Nutzungsdauer [Jahre]	10	10
Liquidationserlös [€]	10.000	0
Abschreibungsmethode	linear	linear
Kapazität [Stück/Jahr]	12.000	10.000
Löhne [€/Jahr]	24.000	28.000
Gehälter [€/Jahr]	8.000	6.000
Material [€/Jahr]	23.000	23.000
sonstige fixe Kosten [€/Jahr]	19.000	14.000
sonstige variable Kosten [€/Jahr]	8.000	9.000
Kalkulationszinssatz [%]	5	5

Die variablen Kosten stehen zur Ausbringungsmenge in proportionalem Verhältnis; die obigen Angaben beziehen sich auf die volle Kapazitätsauslastung. Der Preis bei Fremdbezug beträgt 10 €/Stück.

a) Welche der Alternativen (Anlage A, Anlage B oder Fremdbezug (Alternative C)) schlagen Sie vor, wenn der Bedarf an Spezialteilen 6.000 Stück/Jahr beträgt?
b) Welche Alternative würden Sie bei einer Bedarfsmenge von 10.000 Stück/Jahr wählen?
c) Welche Annahmen haben Sie bei Beantwortung der Frage a) bezüglich der Kapitalbindung vorausgesetzt? Welche weiteren Prämissen liegen der Kostenvergleichsrechnung zugrunde?
d) Beschreiben Sie die Veränderungen der durchschnittlichen Abschreibungen und Zinsen, die sich ergeben, wenn bei Anlage B nicht die lineare, sondern die geometrisch-degressive Abschreibungsmethode gewählt wird, wobei

    d1) der Abschreibungssatz 30% beträgt, ein Wechsel zur linearen Abschreibungsmethode erfolgt und bis auf einen Restwert von 0 abgeschrieben wird,
    d2) bis auf einen Restwert von 10.000 € abgeschrieben wird.

Eine Berechnung der Auswirkungen ist nicht erforderlich.

Aufgabe 3-2 (Kostenvergleichsrechnung)

Zur Beurteilung zweier Investitionsalternativen A und B sowie der Alternative C (Fremdbezug) soll die Kostenvergleichsrechnung herangezogen werden. Es stehen die folgenden Daten zur Verfügung:

Daten	Alternative A	Alternative B
Anschaffungsauszahlung [€]	13.000	12.000
Liquidationserlös [€]	4.000	2.000
Nutzungsdauer [Jahre]	6	6
Kapazität [Stück/Jahr]	10.000	8.000
Kalkulationszinssatz [%]	10	10
variable Kosten [€/Jahr] (x = Produktionsmenge)	$-\dfrac{8}{100.000}x^2 + 1,7x$	$0,8x$
sonstige fixe Kosten [€/Jahr]	50	600

Der Fremdbezug ist zum Preis von 1,50 €/Stück bis zu einer Menge von 10.000 Stück möglich.

a) Bestimmen Sie die Kostenfunktionen K_A, K_B und K_C für die Alternativen!
b) Welche Alternative ist bei Produktionsmengen von

    b1) 4.000 Stück
    b2) 8.000 Stück
    b3) 10.000 Stück

vorteilhaft, und welche Kosten entstehen bei dieser Alternative?

Aufgabe 3-3 (Gewinnvergleichs-, Rentabilitätsvergleichs- und Amortisationsrechnung)

Ein Unternehmen plant die Durchführung eines Investitionsprojektes. Es liegen zwei Alternativen A und B vor, für die folgende Daten ermittelt wurden:

Daten	Objekt A	Objekt B
Nutzungsdauer [Jahre]	8	8
Absatzmenge [ME/Jahr]	20.000	24.000
Absatzpreis [€/ME]	8	8
Anschaffungspreis [€]	200.000	240.000
Errichtungskosten [€]	18.000	28.000
Frachtkosten [€]	2.000	2.000
Liquidationserlös am Ende der Laufzeit [€]	16.000	16.000
fixe Betriebskosten [€/Jahr]	6.000	22.000
variable Stückkosten [€/ME]	4,60	4,40
Kalkulationszinssatz [%]	6	6

Ermitteln Sie das vorteilhaftere Projekt mit Hilfe der

a) Gewinnvergleichsrechnung
b) Rentabilitätsvergleichsrechnung
c) Amortisationsrechnung (Durchschnittsmethode).

Aufgabe 3-4 (Kapitalwert- und Annuitätenmethode)

Die Anschaffungsauszahlung eines Investitionsobjekts beträgt 100.000 €. Mit folgenden Daten ist zu rechnen:
Nutzungsdauer: 5 Jahre
Liquidationserlös: 10.000 €

t	1	2	3	4	5
E_t [€]	45.000	55.000	50.000	45.000	40.000
A_t [€]	15.000	15.000	20.000	25.000	30.000

mit: E_t = laufende Einzahlungen in t; A_t = laufende Auszahlungen in t
Der Kalkulationszinssatz beträgt 5%.
Ist die Anschaffung des Objekts vorteilhaft? Bestimmen Sie

a) den Kapitalwert
b) mit Hilfe eines Finanz- und Tilgungsplans das Endvermögen (EV), das sich ergibt, wenn das Objekt vollständig eigenfinanziert wird
c) die Annuität

des Objekts.

Aufgabe 3-5 (Kapitalwertmethode und Interner Zinssatz-Methode)

Ein Unternehmen muß sich zwischen drei Investitionsobjekten entscheiden. Diese werden durch die folgenden Daten charakterisiert:

Daten	Objekt A	Objekt B	Objekt C
Anschaffungspreis [€]	300.000	500.000	350.000
Rückfluß [€]			
in t=1	100.000	250.000	90.000
in t=2	100.000	200.000	90.000
in t=3	90.000	180.000	95.000
in t=4	80.000	80.000	95.000
in t=5	0	-50.000	100.000
Liquidationserlös in t=5 [€]	20.000	-50.000	0

Die Nutzungsdauer beträgt bei allen drei Objekten 5 Jahre.
Der Kalkulationszinssatz beläuft sich auf 10%.

a) Ermitteln Sie die Kapitalwerte der Investitionsobjekte, und beurteilen Sie die relative Vorteilhaftigkeit der Objekte.
b) Berechnen Sie die Internen Zinssätze der Objekte.

Aufgabe 3-6 (Dynamische Verfahren)

Ein metallverarbeitendes Unternehmen ist zur Aufrechterhaltung der Produktion eines Serienstückes gezwungen, eine Ersatzinvestition durchzuführen. Da eine gute Auftragslage herrscht, kann mit der Investition auch eine Produktionsausweitung erfolgen. Zur Wahl stehen zwei verschiedene Investitionsobjekte, für die folgende Daten bestimmt wurden [€]:

	Objekt I			
Planungsjahr	1	2	3	4
Einzahlungen	60.000	64.000	76.000	76.000
Personalauszahlungen	18.000	18.000	18.000	18.000
Materialauszahlungen	12.000	16.000	18.000	18.000
Wartungsauszahlungen	2.000	2.000	4.000	8.000
sonstige Auszahlungen	3.000	3.000	3.000	4.000
Anschaffungsauszahlung:	100.000			
Liquidationserlös nach 4 Perioden:	10.000			

	Objekt II			
Planungsjahr	1	2	3	4
Einzahlungen	124.000	113.000	87.000	75.000
Personalauszahlungen	22.000	22.000	22.000	22.000
Materialauszahlungen	20.000	18.000	18.000	18.000
Wartungsauszahlungen	0	0	14.000	12.000
sonstige Auszahlungen	5.000	3.000	3.000	3.000
Anschaffungsauszahlung:	180.000			
Liquidationserlös nach 4 Perioden:	12.000			

Der Kalkulationszinssatz beträgt 6%.

a) Ermitteln Sie das relativ vorteilhafte Projekt anhand der
   - Kapitalwertmethode
   - Annuitätenmethode
   - Interner Zinssatz-Methode
   - dynamischen Amortisationsrechnung.

b) Worauf lassen sich mögliche unterschiedliche Ergebnisse beim Alternativenvergleich mit der Kapitalwertmethode und der Interner Zinssatz-Methode zurückführen?

c) Beurteilen Sie Prämissen und Aussagekraft der einzelnen Methoden; gehen Sie dabei auch auf die Behandlung unterschiedlicher Anschaffungsauszahlungen und Nutzungsdauern ein! Welche Möglichkeiten kennen Sie, um hier bestehende Differenzen auszugleichen?

Aufgabe 3-7 (Vermögensendwert-, Sollzinssatz- und VOFI-Methode)

Zwei unterschiedliche Investitionsobjekte stehen zur Disposition, denen folgende Zahlungsreihen zugeordnet werden können:

Daten	Objekt I	Objekt II
Anschaffungsauszahlung [€]	580.000	760.000
Nutzungsdauer	7	5
Nettozahlungen [€]		
in t=1	-60.000	240.000
in t=2	0	320.000
in t=3	140.000	180.000
in t=4	150.000	120.000
in t=5	270.000	160.000
in t=6	290.000	-
in t=7	180.000	-

a) Zur Beurteilung soll die Vermögensendwertmethode angewandt werden, wobei ein Habenzinssatz h=5% und ein Sollzinssatz s=8% unterstellt werden. Ermitteln Sie die Vermögensendwerte der beiden Objekte jeweils bei Geltung des
 - Kontenausgleichsgebotes
 - Kontenausgleichsverbotes.

b) Ermitteln Sie die kritischen Sollzinssätze jeweils bei Geltung des
 - Kontenausgleichsgebotes
 - Kontenausgleichsverbotes.

c) Beurteilen Sie Prämissen und Aussagekraft der Vermögensendwertmethode.

d) Beurteilen Sie die absolute Vorteilhaftigkeit von Objekt II mit der Methode der vollständigen Finanzpläne. Unterstellen Sie dabei, daß das Objekt zu 20% mit Eigenkapital finanziert werden soll. Die Verzinsung der Opportunität beträgt 6%, der Habenzinssatz für kurzfristige Finanzanlagen 5%. Jeweils 30% der Anschaffungsauszahlung werden durch einen Annuitätenkredit (jährliche Zins- und Tilgungszahlung, Zinssatz 8%, Laufzeit 5 Jahre) und einen Kredit mit Endtilgung (jährliche Zinszahlung, Nominalzinssatz 7%, Laufzeit 5 Jahre, Disagio 5%) bereitgestellt, der Rest durch einen Kontokorrentkredit (Zinssatz 10%).

e) Wie hoch ist die maximale Entnahme, die bei Realisation von Objekt II und Gültigkeit der Annahmen aus d) am Ende einer jeden Periode der Nutzungsdauer getätigt werden kann, wenn ein Endwert von Null angestrebt wird?

f) Unterbreiten Sie Vorschläge zur Verbesserung der unter d) beschriebenen Finanzierungs- und Anlagepolitik.

Aufgabe 3-8 (Dynamische Verfahren)

Zwei Investitionsobjekte I und II stehen zur Wahl. Es konnten die nachfolgenden Planungsdaten ermittelt werden:

Daten	Objekt I	Objekt II
Anschaffungsauszahlung [€]	10.000	12.000
Nutzungsdauer	3	4
Nettozahlungen [€]		
in t=1	5.000	3.000
in t=2	5.000	4.000
in t=3	3.000	4.000
in t=4	-	6.000

Der Kalkulationszinssatz beträgt 10%.

a) Beurteilen Sie die Investitionsalternativen mit Hilfe der Kapitalwertmethode. Wie hoch ist der Kapitalwert der Differenzinvestition?

b) Berechnen Sie die Internen Zinssätze der Investitionen, und skizzieren Sie die Kapitalwertkurven.
Beurteilen Sie die relative Vorteilhaftigkeit mit Hilfe des Internen Zinssatzes der Differenzinvestition.

c) Berechnen Sie die dynamischen Amortisationszeiten der Objekte.

d) Gehen Sie nun davon aus, daß ein Sollzinssatz von s=0,12 und ein Habenzinssatz von h=0,08 für den betrachteten Zeitraum zugrunde gelegt werden können. Ermitteln Sie für diesen Fall die Vermögensendwerte der Objekte bei Geltung
d1) des Kontenausgleichsgebotes
d2) des Kontenausgleichsverbotes.

e) Ermitteln Sie die kritischen Sollzinssätze bei Geltung
e1) des Kontenausgleichsgebotes
e2) des Kontenausgleichsverbotes.

f) Beurteilen Sie die absolute und relative Vorteilhaftigkeit der beiden Investitionsobjekte mit Hilfe der Methode der vollständigen Finanzpläne. Bei beiden Objekten sollen 5.000 € Eigenkapital eingesetzt werden. Der Zinssatz der Opportunität beträgt 9%, der Habenzinssatz für kurzfristige Finanzanlagen 7%. Objekt I würde mit einem Ratenkredit über 4.000 € (Verzinsung 11%, jährliche Zinszahlung auf die Restschuld), dessen Laufzeit mit der Nutzungsdauer des Investitionsobjektes übereinstimmt, sowie einem Kontokorrentkredit (Verzinsung 13%, jährliche Zinszahlung) finanziert. Für Objekt II wird zusätzlich zu diesen Finanzierungsobjekten ein Kredit mit Endtilgung über 2.000 € (jährliche Zinszahlung, Verzinsung 10%, Laufzeit 4 Jahre) aufgenommen.

Aufgabe 3-9 (Steuern im Kapitalwertmodell)

Das Investitionsproblem aus Aufgabe 3-8 soll nun unter Einbeziehung von Steuern analysiert werden.

a) Bestimmen Sie die Kapitalwerte der Investitionsobjekte I und II unter der Annahme, daß die Daten aus Aufgabe 3-8 gelten und ein Steuersatz von 40% relevant ist. Die Abschreibung soll linear erfolgen.

b) Beurteilen Sie die absolute Vorteilhaftigkeit von Objekt II mit der Methode der vollständigen Finanzpläne. Gehen Sie dabei davon aus, daß es sich um eine Kapitalgesellschaft handelt, der Hebesatz für die Gewerbeertragsteuer 380% beträgt und der Kontokorrentkredit nicht als Dauerschuld anzusehen ist.

4 Modelle für Vorteilhaftigkeitsentscheidungen bei mehreren Zielgrößen

4.1 Einführung

Bei vielen Investitionsproblemen wird von dem Entscheidungsträger[1] eine Reihe von Zielgrößen verfolgt und nicht - wie in den vorherigen Abschnitten unterstellt - nur ein Ziel. Dies gilt beispielsweise oftmals für strategische Investitionen, durch die komplexe Systeme aufgebaut oder verändert werden.[2] Aus diesem Grund soll hier relativ ausführlich auf Modelle und Verfahren eingegangen werden, die zur Analyse von Entscheidungsproblemen mit mehreren Zielgrößen geeignet sind.

Die Modelle und Verfahren zur Entscheidungsfindung bei mehreren Zielgrößen (engl.: Multi(ple) Criteria Decision Making bzw. MCDM) lassen sich in zwei Gruppen einteilen. Bei Einzelentscheidungen wird von Multi-Attribut-Entscheidungen gesprochen (engl.: Multi(ple) Attribute Decision Making bzw. MADM), Programmentscheidungen werden als Multi-Objective-Entscheidungen oder Vektormaximumprobleme bezeichnet (engl.: Multi(ple) Objective Decision Making bzw. MODM).[3] Gegenstand dieses Abschnitts sind Einzelentscheidungen bei mehreren Zielgrößen (Zielkriterien, Kriterien, Attributen) und Sicherheitssituationen.[4,5]

Die Entscheidungsfindung bei mehreren Zielen berührt alle Phasen des Planungsprozesses,[6] vor allem aber die Zielbildung sowie die Bewertung und Entscheidung. Es sind i. d. R. umfangreiche Analysen erforderlich, um festzustellen, welche Ziele bestehen, welche Bedeutung diesen Zielen zugemessen wird, welche Konflikte zwischen ihnen auftreten - nur bei Zielkonflikten liegt ein echtes Mehrzielproblem vor - und wie diese bei der Zielbildung und der Entscheidungsfindung gelöst werden können. Hierbei kommt den Präferenzen des Entscheidungsträgers eine besondere Bedeutung zu; sie sind unter Umständen durch Befragungen zu ermitteln. Die nachfol-

---

[1] Im folgenden wird davon ausgegangen, daß die Entscheidungsfindung *einer* Person obliegt. Zu Besonderheiten von Gruppenentscheidungen und zu Verfahren zur Unterstützung der Entscheidungsfindung in Gruppen vgl. Vetschera, R.: (Systeme); Fandel, G.: (Entscheidungen).

[2] Vgl. zu strategischen Investitionen Abschnitt 2.1.2 sowie zur Beurteilung der "Systemwirtschaftlichkeit" Riebel, H.: (Systemwirtschaftlichkeitsrechnung), S. 78 ff.

[3] Zu MODM-Verfahren allgemein vgl. Zimmermann, H.-J.; Gutsche, L.: (Multi-Criteria-Analyse), S. 96 ff.; Fandel, G.: (Entscheidung); Neumann-Cosel, R. von: (Verfahren), S. 49 ff.; Hwang, C.-L.; Masud, A.S.M.: (Objective), zu deren Anwendung auf Probleme der Investitionsprogrammplanung vgl. Moog, H.: (Investitionsplanung), S. 39 ff.

[4] Bei den in den nachfolgenden Abschnitten ausführlich erörterten Verfahren wird jeweils auch auf Verfahrensvariationen zur Einbeziehung der Unsicherheit bzw. die verfahrensimmanente Berücksichtigung von Unsicherheiten eingegangen.

[5] Vgl. z. B. Schneeweiß, C.: (Planung), S. 107 ff. und S. 291 ff.; Zimmermann, H.-J.; Gutsche, L.: (Multi-Criteria-Analyse), S. 34 ff.; Lillich, L.: (Nutzwertverfahren), S. 67 ff.; Nitzsch, R. von: (Präferenzmodellierung).

[6] Vgl. dazu Abschnitt 2.2.2.

gend erörterten Verfahren des MADM dienen der effektiven Gestaltung des Zielbildungs- und Entscheidungsprozesses.

Für die Darstellung und Diskussion dieser Verfahren sind einige meß- und nutzentheoretische Grundlagen erforderlich, die im folgenden kurz dargelegt werden sollen.

Bei der Bewertung von Alternativen (hier: Investitionsobjekten) bezüglich der relevanten Zielgrößen erfolgt eine Messung, d. h. die Zuordnung einer quantitativen Wert- oder Nutzengröße. Dabei ist eine für die jeweilige Zielgröße geeignete Skala zu verwenden. Je nach Meßbarkeit der Ausprägungen von Zielgrößen eignen sich unterschiedliche Skalentypen. Diese sollen nachfolgend in der Reihenfolge des Meßbarkeitsniveaus - beginnend mit dem geringsten Niveau - beschrieben werden.[7]

Bei einer *Nominalskala* werden die Objekte (hier: Ausprägungen von Zielgrößen) in verschiedene Klassen eingeteilt, denen sie sich eindeutig zuordnen lassen müssen. Zwischen den Klassen existieren keine Größenrelationen; arithmetische Operationen sind nicht möglich. Ein Beispiel für die Verwendung einer Nominalskala sind Kontonummern.[8]

Eine *Ordinalskala* erlaubt Aussagen über Größer/Kleiner- bzw. Weniger/Mehr-Beziehungen. Die Differenz zwischen verschiedenen Elementen kann nicht gemessen werden. Aus diesem Grund können lediglich Vergleiche durchgeführt werden; Rangadditionen oder Mittelwertberechnungen sind nicht zulässig. Ein Beispiel für eine ordinale Messung ist die Ermittlung der Reihenfolge bei einer Zielankunft. Mit einer Ordinalskala lassen sich ebenso wie mit einer Nominalskala qualitative Sachverhalte messen.

Bei einer *Intervallskala* haben die Skaleneinheiten gleiche Abstände voneinander. Damit sind die Abstände zwischen allen Skalenwerten berechenbar und Operationen wie Addition, Subtraktion sowie Mittelwertbildung zulässig. Die Abstände zwischen den Skaleneinheiten und ein Nullpunkt können willkürlich festgelegt werden. Da ein natürlicher Nullpunkt nicht existiert, ist eine Quotientenbildung nicht sinnvoll. Beispiele für die Nutzung einer Intervallskala sind Uhrzeit und Datum.

Eine *Verhältnisskala (Ratio-Skala)* unterscheidet sich von der Intervallskala dadurch, daß ein natürlicher Nullpunkt vorliegt. Dadurch werden Verhältniswerte (Quotientenbildung) aussagekräftig. Beispiele für mit einer Verhältnisskala gemessene Werte sind Längen und Gewichte.

Bei einer *absoluten Skala* schließlich ist auch die Art der Skaleneinheit bestimmt. Die Skala setzt sich aus reellen Zahlen zusammen; ihre Werte sind dimensionslos. Es handelt sich beispielsweise um absolute Häufigkeiten oder Wahrscheinlichkeiten. Dieser Skalentyp weist das höchste Meßbarkeitsniveau auf.

---

[7] Vgl. Schneeweiß, C.: (Planung), S. 41 ff.; Zimmermann, H.-J.; Gutsche, L.: (Multi-Criteria-Analyse), S. 11 ff.

[8] Zu diesem und den nachfolgend für die anderen Skalentypen angegebenen Beispiel(en) vgl. Zimmermann, H.-J.; Gutsche, L.: (Multi-Criteria-Analyse), S. 11 ff.

Die Intervall-, die Verhältnis- und die absolute Skala werden auch unter dem Begriff *Kardinalskala* zusammengefaßt.

Ergänzend ist darauf hinzuweisen, daß die Skalentypen durch die jeweils zulässigen Transformationen charakterisiert sind, d. h. die Transformationen, die spezifische Beziehungen zwischen den Meßwerten wie deren Eindeutigkeit, Rangordnung oder Verhältnisse von ihnen nicht verändern.[9]

Nachdem die Meßbarkeit[10] der Ausprägungen von Zielgrößen erörtert wurde, soll nun auf die Präferenzrelationen und -ordnungen eingegangen werden, die sich für die in einem Entscheidungsproblem zur Wahl stehenden Alternativen bilden lassen. Aus den Elementen der Menge A aller Alternativen eines Entscheidungsproblems läßt sich eine Menge aller geordneten Paare (a,b) ableiten. Für diese gilt:

$$A \times A = \{(a,b) \mid a \in A, b \in A\}$$

Es kann weiterhin für die Alternativenmenge A eine binäre (zweiwertige) Präferenzrelation R[11] formuliert werden, die die Präferenzbeziehungen zwischen jeweils zwei Alternativen (einem geordneten Paar) angibt. Die Relation R ist Teilmenge von A x A, d. h. es liegen nicht notwendigerweise für alle Alternativenpaare Präferenzbeziehungen vor. Falls eine Beziehung zwischen einem geordneten Paar (a,b) besteht, das Paar demgemäß Element von R ist, wird dies durch aRb symbolisiert.[12]

Relationen können allgemein die folgenden Eigenschaften aufweisen:[13]

- *Vollständigkeit* ist gegeben, wenn für alle Paare (a,b) aus den Elementen einer Menge A mindestens eine der Relationen aRb oder bRa existiert. Es sind dann alle Elemente miteinander vergleichbar.
- *Transitivität* liegt vor, wenn für alle Elemente a,b,c $\in$ A gilt, daß aus aRb und bRc folgt: aRc. Dies ist beispielsweise bei der Größer-Relation der Fall (aus a > b und b > c folgt: a > c).[14]
- Die Eigenschaft der *Reflexivität* trifft zu, wenn für alle a $\in$ A gilt: aRa. Die Größer-Gleich-Relation z. B. ist auf A reflexiv (es gilt: a $\geq$ a).
- *Irreflexivität* ist gegeben, wenn für alle a $\in$ A die Relation aRa nicht gültig ist. Ein Beispiel ist die Größer-Relation (es gilt nicht: a > a).

---

9   Zu den jeweils zulässigen Transformationen und den Eigenschaften, die bei ihnen unverändert bleiben, vgl. Zimmermann, H.-J.; Gutsche, L.: (Multi-Criteria-Analyse), S. 12 f.; Schneeweiß, C.: (Planung), S. 41 f.
10 Zum Vorgang des Messens vgl. Zimmermann, H.-J.; Gutsche, L.: (Multi-Criteria-Analyse), S. 13 f.
11 Im folgenden wird vereinfachend nur noch die Bezeichnung "(Präferenz-)Relation" verwendet und auf den Zusatz "binär" verzichtet.
12 Vgl. Zimmermann, H.-J.; Gutsche, L.: (Multi-Criteria-Analyse), S. 15.
13 Vgl. Neumann-Cosel, R. von: (Verfahren), S. 19; Ferschl, F.: (Entscheidungstheorie), S. 18 ff.; Menges, G.: (Grundmodelle), S. 45 f.; Hadi, F.A.: (Entscheidungskriterien), S. 12.
14 Bei diesem und den folgenden Beispiel(en) wird davon ausgegangen, daß die Elemente der betrachteten Menge reelle Zahlen sind.

- *Symmetrie* liegt vor, wenn für alle a,b ∈ A aus aRb auch bRa folgt. Die Gleichheits-Relation beispielsweise ist symmetrisch (für a = b gilt auch b = a).
- *Asymmetrie* trifft zu, wenn für alle a,b ∈ A aus aRb folgt, daß nicht bRa gilt. Asymmetrisch ist z. B. die Größer-Relation (aus a > b folgt, daß nicht b > a gilt).
- Das Merkmal der *Antisymmetrie* ist erfüllt, wenn für alle a,b ∈ A gilt, daß aus aRb und bRa folgt: a = b. Dies ist beispielsweise bei der Größer-Gleich-Relation der Fall (falls a ≥ b und b ≥ a gilt, ist a = b).

Eine weitere Charakterisierung und Klassifizierung von Relationen allgemein und Präferenzrelationen im speziellen ist möglich, indem die aufgeführten Merkmale miteinander verbunden werden. Die derart differenzierten spezifischen Arten von (Präferenz)Relationen werden auch als (Präferenz)Ordnungen bezeichnet. Sie sollen nachfolgend beschrieben werden.[15]

Eine *Äquivalenzordnung* besteht, falls eine Relation die Merkmale der Transitivität, Reflexivität und Symmetrie aufweist. In bezug auf die im folgenden im Vordergrund stehenden Präferenzordnungen handelt es sich um eine *Indifferenzordnung*, die aussagt, daß zwei Alternativen gleichwertig sind. Sie wird durch das Symbol ~ symbolisiert (a ~ b heißt, daß a und b als gleichwertig angesehen werden).

Bei einer *starken Ordnung* gelten die Eigenschaften der Vollständigkeit, Transitivität und Asymmetrie.[16] Treffen diese Merkmale bei einer Präferenzrelation zu, dann liegt die durch das Symbol ≻ charakterisierte *strenge (starke) Präferenzordnung* vor (a ≻ b bedeutet, daß a den Vorzug vor b erhält).

Eine *schwache Ordnung* besteht, wenn die Eigenschaften der Vollständigkeit, Transitivität, Reflexivität und Antisymmetrie erfüllt sind. Die durch das Symbol ≿ gekennzeichnete *Präferenz-Indifferenz-Ordnung* ist eine schwache Ordnung (a ≿ b sagt aus, daß a entweder besser ist als b oder gleichwertig).

Abschließend ist zu den verschiedenen Formen von Ordnungen bzw. Relationen anzumerken, daß diese sich auch hinsichtlich der Vollständigkeit unterscheiden lassen: Ist Vollständigkeit gegeben, wird eine Relation als *vollständige Ordnung* bezeichnet, ansonsten als *partielle Ordnung*.

Falls eine Präferenzrelation mit der Eigenschaft der schwachen Ordnung gegeben ist, läßt sich diese numerisch durch eine *Nutzen-, Präferenz- oder Wertfunktion* N repräsentieren.[17] Die Nutzenfunktion transformiert die Präferenzrelationen "≻" und "~" in die numerischen Relationen ">" und "=". Es gilt für alle Alternativen a,b ∈ A:[18]

---

[15] Vgl. Menges, G.: (Grundmodelle), S. 46 ff.; Zimmermann, H.-J.; Gutsche, L.: (Multi-Criteria-Analyse), S. 15 f.; Pfohl, H.-C.; Braun, G.E.: (Entscheidungstheorie), S. 46 ff.

[16] Es ist darauf hinzuweisen, daß die Vollständigkeit nicht in jedem Fall als Merkmal der starken Ordnung und der nachfolgend beschriebenen schwachen Ordnung angesehen wird. Vgl. z. B. Ferschl, F.: (Entscheidungstheorie), S. 21 f.; Menges, G.: (Grundmodelle), S. 46 ff.

[17] Hier sollen die Begriffe Nutzen-, Präferenz- und Wertfunktion synonym gebraucht werden. In der Literatur wird dies nicht immer so gehandhabt. Beispielsweise wird zwischen Nutzen- und Wertfunktion zum Teil dahingehend unterschieden, daß eine Nutzenfunktion bei unsicheren und

$a \succ b \Leftrightarrow N(a) > N(b)$

$a \sim b \Leftrightarrow N(a) = N(b)$

In der hier dargestellten Form handelt es sich bei der Nutzenmessung um eine ordinale Messung, die lediglich Aussagen über den Vorzug einer Alternative gegenüber einer anderen zuläßt. Für die Einbeziehung von Abständen ist eine kardinale Funktion erforderlich, die allerdings strenggenommen nur bei Gültigkeit bestimmter Annahmen aufgestellt werden kann.[19]

Nachdem die Grundlagen der Meß- und Nutzentheorie dargelegt worden sind, soll nun ein Überblick über die Verfahren zur Lösung von MADM-Problemen gegeben werden. Diese Methoden lassen sich mittels verschiedener Kriterien klassifizieren.

So kann beispielsweise zwischen *klassischen MADM-Verfahren* und *entscheidungstechnologischen Ansätzen* unterschieden werden.[20] Bei den klassischen Verfahren wird von der Existenz einer schwachen Ordnung ausgegangen. Es lassen sich dann alle Alternativen transitiv und vollständig ordnen, so daß es möglich ist, die optimale(n) Handlung(en) zu identifizieren.[21] Dies ist bei den entscheidungstechnologischen Ansätzen, zu denen die Outranking-Verfahren und die Fuzzy-Set-Ansätze zählen, nicht der Fall. Mit diesen wird lediglich versucht, eine Entscheidungshilfe zu leisten und damit den Entscheidungsprozeß zu verbessern. Im Gegensatz zu den klassischen Verfahren wird eine schwache Ordnung nicht vorausgesetzt.

Des weiteren läßt sich zwischen *kompensatorischen* und *nicht-kompensatorischen Verfahren* differenzieren.[22] Bei kompensatorischen Verfahren kann eine ungünstige Ausprägung bezüglich einer Zielgröße durch eine günstige Eigenschaft bei einer anderen Zielgröße ausgeglichen werden; bei nicht-kompensatorischen Verfahren ist dies nicht der Fall.

Eine weitere Klassifizierung, die von HWANG/YOON sowie ZIMMERMANN/GUTSCHE vorgeschlagen und hier aufgegriffen wird, bezieht sich auf die *Art der verfügbaren und verwendeten Informationen* bezüglich der Präferenzen der Entscheidungsträger.[23] Bei dieser Klassifizierung wird zunächst danach unterschieden, ob überhaupt solche Informationen verfügbar sind und ob diese sich primär auf die Attribute

---

eine Wertfunktion bei sicheren Erwartungen vorliegt. Vgl. Schneeweiß, C.: (Planung), S. 101; Weber, M.: (Entscheidungen), S. 86.

[18] Vgl. Zimmermann, H.-J.; Gutsche, L.: (Multi-Criteria-Analyse), S. 17 f.

[19] Vgl. dazu Abschnitt 4.4.

[20] Vgl. Zimmermann, H.-J.; Gutsche, L.: (Multi-Criteria-Analyse), S. 26 f. sowie Schneeweiß, C.: (Planung), S. 292 ff. Letzterer verwendet die Begriffe "Verfahren mit Präferenzfunktional" (klassisch) und "Verfahren ohne Präferenzfunktional" (entscheidungstechnologisch).

[21] Bei einer schwachen Ordnung ist die Gleichwertigkeit von Alternativen zugelassen, so daß mehrere optimale Alternativen existieren können.

[22] Vgl. Hwang, C.-L.; Yoon, K.: (Attribute), S. 24 f.

[23] Vgl. Hwang, C.-L.; Yoon, K.: (Attribute), S. 8 ff.; Zimmermann, H.-J.; Gutsche, L.: (Multi-Criteria-Analyse), S. 28.

oder die Alternativen beziehen. Tiefere Untergliederungen beziehen sich auf die Eigenschaften der Informationen. Die Einteilung einer Reihe relevanter MADM-Methoden gemäß dieser Klassifizierung zeigt Abbildung 4-1.

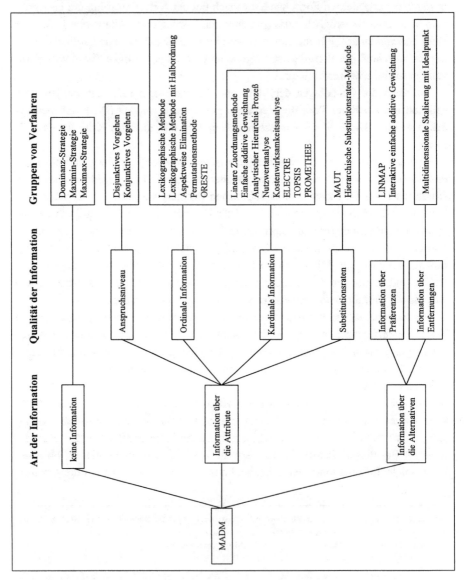

Abb. 4-1: Einteilung von MADM-Methoden nach der Art der Informationen[24]

---

24 Quelle: in modifizierter Form übernommen von Hwang, C.-L.; Yoon, K.: (Attribute), S. 9.

Eine Verfahrensgruppe bilden Methoden, die anwendbar sind, falls keinerlei Informationen über die Präferenzen der Entscheidungsträger vorliegen. Zu diesen zählen Entscheidungsregeln wie die Dominanz-Strategie, die Maximax-Strategie und die Maximin-Strategie.[25]

Die meisten Methoden des MADM nutzen unter anderem Informationen bezüglich der Attribute, um deren Bedeutung bei der Lösung des Entscheidungsproblems zu berücksichtigen. Bei diesen Informationen kann es sich um (a) Anspruchsniveaus, (b) ordinale Informationen, (c) kardinale Informationen oder (d) Substitutionsraten handeln.

In Fall (a) werden - bei der disjunktiven und der konjunktiven Methode[26] - Anspruchsniveaus angegeben, d. h. Zielgrößenwerte, die bei einer zu maximierenden (minimierenden) Zielgröße nicht unterschritten (überschritten) werden dürfen. Mit ihrer Hilfe kann eine Trennung zwischen akzeptablen und nicht-akzeptablen Alternativen vorgenommen werden. Durch die Höhe der Anspruchsniveaus erfolgt eine implizite Erfassung der Zielbedeutung.

Bei Fall (b) verfügt der Entscheidungsträger über Informationen hinsichtlich der Bedeutung der Attribute, die auf ordinalem Skalenniveau gemessen werden können.

Kardinale Informationen über die Attribute liegen bei den Verfahren der Gruppe (c) vor.[27] Die relative Bedeutung der Kriterien wird dann in Form von Gewichten ausgedrückt. Bei den verschiedenen Verfahren dieser Gruppe werden Kompensationsmöglichkeiten zwischen den Zielerreichungsgraden bei verschiedenen Attributen jeweils zugelassen.[28]

In Fall (d) wird die Bedeutung der Zielkriterien in Form von Substitutionsraten (Grenzraten der Substitution, Tradeoffs, Austauschraten) einbezogen. Diese sagen aus, auf wieviel Einheiten eines Attributs der Entscheidungsträger verzichten würde, um eine Einheit eines anderen Attributs mehr zu erhalten. Auch bei den Verfahren dieser Gruppe wird Kompensierbarkeit und Kardinalität vorausgesetzt.[29]

Einige andere MADM-Verfahren gehen von Informationen bezüglich der Alternativen aus. Bei zwei Verfahren dieser Gruppe werden Präferenzurteile durch Paarvergleiche bezüglich der Alternativen abgegeben, in die sämtliche Attribute global eingehen (LINMAP und interaktive einfache additive Gewichtung). Die Multi-

---

[25] Zur Anwendung dieser Regeln bei Entscheidungen unter Unsicherheit vgl. Abschnitt 7.2.
[26] Zur Kombination konjunktiver und disjunktiver Verknüpfungen in einer Zielfunktion bei Einbeziehung von Punktwerten anstelle von Anspruchsniveaus vgl. Bloech, J.: (Industriestandorte), S. 128 ff.
[27] Bei der Nutzwertanalyse und dem AHP können auch nicht-kardinale Informationen berücksichtigt werden. Diese sind jedoch in Daten mit kardinalem Skalenniveau zu transformieren. Vgl. dazu die Abschnitte 4.2 und 4.3.
[28] Bei einer Reihe von Verfahren der Gruppen (a) und (b) hingegen werden Kompensationsmöglichkeiten nicht einbezogen. Vgl. Zimmermann, H.-J.; Gutsche, L.: (Multi-Criteria-Analyse), S. 47 ff.
[29] Bei der MAUT können ebenfalls nicht-kardinale Informationen erfaßt und in kardinale Informationen transformiert werden. Vgl. Abschnitt 4.4.

Dimensionale Skalierung mit Idealpunkt hingegen verwendet in einem mehrdimensionalen Raum bestimmte Entfernungen zwischen den Alternativen einerseits sowie den Alternativen und einem Idealpunkt andererseits.

SCHNEEWEIß verwendet bei seiner Klassifizierung von MADM-Methoden die bereits angesprochenen Unterscheidungen zwischen klassischen und entscheidungstechnologischen Verfahren sowie - bei den klassischen - zwischen nicht-kompensatorischen und kompensatorischen Verfahren. Die kompensatorischen Methoden werden weiter untergliedert in solche, bei denen Substitutionsraten angegeben werden (z. B. die MAUT), und solche, bei denen dies nicht erfolgt (z. B. die Nutzwertanalyse und der AHP).[30]

Die in diesem Abschnitt genannten Verfahren sollen hier nicht sämtlich ausführlich erörtert werden, da dies den Rahmen des Buches sprengen würde. Es sei dazu auf die relevante Literatur verwiesen.[31] Ausführlich dargestellt und erörtert werden im folgenden ein entscheidungstechnologisches Verfahren (PROMETHEE) sowie drei klassische Methoden, von denen zwei (Nutzwertanalyse und AHP) Präferenzinformationen in Form kardinal gemessener Gewichte einbeziehen, während eines (MAUT) Substitutionsraten nutzt. Damit werden die wichtigsten Ansätze der Entscheidungsfindung bei Mehrzielproblemen berücksichtigt.

Die ausgewählten Verfahren werden in den folgenden Abschnitten jeweils anhand eines Beispiels zur Standortwahl veranschaulicht. Die Standortwahl bietet sich für ein Beispiel an, da sie oftmals den Charakter einer strategischen Investitionsentscheidung aufweist, bei der mehrere Zielgrößen relevant sind.

4.2 Nutzwertanalyse

Verfahrensdarstellung

Ihr Begründer ZANGEMEISTER definiert die Nutzwertanalyse als "Analyse einer Menge komplexer Handlungsalternativen mit dem Zweck, die Elemente dieser Menge entsprechend den Präferenzen des Entscheidungsträgers bezüglich eines multidimensionalen Zielsystems zu ordnen."[32] Die Ordnung wird vorgenommen, indem Nutzwerte für die Alternativen berechnet werden.

Bei der Nutzwertanalyse werden demgemäß mehrere, entsprechend ihrer Bedeutung für den Entscheidungsträger gewichtete Zielgrößen berücksichtigt. Die Erfüllung der einzelnen Ziele durch die verschiedenen Alternativen (hier: Investitionsob-

---

[30] SCHNEEWEIß spricht in diesem Zusammenhang auch von Verfahren mit Präferenzfunktion (Substitutionsraten lassen sich angeben) und solchen mit Präferenzindex (Substitutionsraten lassen sich nicht angeben). Vgl. Schneeweiß, C.: (Planung), S. 292.

[31] Vgl. Hwang, C.-L.; Yoon, K.: (Attribute), S. 58 ff.; Zimmermann, H.-J.; Gutsche, L.: (Multi-Criteria-Analyse), S. 42 ff.; Schneeweiß, C.: (Planung), S. 113 ff. und 292 ff.; Weber, M.: (Entscheidungen), S. 84 ff.

[32] Zangemeister, C.: (Nutzwertanalyse), S. 45.

jekte) ist jeweils zu messen und in Form eines Teilnutzenwertes anzugeben. Die Teilnutzenwerte werden unter Einbeziehung der Kriteriengewichte zu einem Gesamtwert für jede Alternative zusammengefaßt: dem Nutzwert.

Aufgrund dieser Zusammenfassung von (gewichteten) Teilnutzenwerten können ungünstige Ausprägungen bezüglich einzelner Zielgrößen kompensiert werden. Liegen für bestimmte Kriterien Mindestanforderungen vor, dann ist deren Erfüllung außerhalb der Nutzwertanalyse zu überprüfen.

Die Nutzwertanalyse besteht aus den folgenden Verfahrensschritten:[33]

1. Zielkriterienbestimmung,
2. Zielkriteriengewichtung,
3. Teilnutzenbestimmung,
4. Nutzwertermittlung,
5. Beurteilung der Vorteilhaftigkeit.

Der erste Schritt der Nutzwertanalyse ist die *Bestimmung der Zielkriterien*. Bei dieser sind einige Grundsätze zu beachten.[34] So müssen die Zielkriterien operational formuliert werden. Dies bedeutet, daß für jedes Kriterium eine Meßskala erforderlich ist, auf der die Zielerreichung auf nominalem, ordinalem oder kardinalem Skalenniveau gemessen werden kann. Außerdem sollte eine Mehrfacherfassung von Projekteigenschaften vermieden werden. In Verbindung damit ist die Nutzenunabhängigkeit aller Zielkriterien zu gewährleisten. Nutzenunabhängigkeit ist gegeben, wenn die Erreichung eines Zielkriteriums möglich ist, ohne daß dies die Erfüllung eines anderen Kriteriums voraussetzt. Vollkommene Nutzenunabhängigkeit läßt sich häufig nicht erzielen. Es kann aber zumeist davon ausgegangen werden, daß eine "bedingte" Nutzenunabhängigkeit für die spätere Entscheidungsfindung ausreichend ist.[35] Bei dieser können alle Zielkriterien in entscheidungsrelevanten Intervallen erfüllt werden, ohne daß die Erreichung eines anderen Zielkriteriums Voraussetzung ist.[36] Liegt für zwei oder mehr Kriterien auch keine bedingte Nutzenunabhängigkeit vor, dann sollten diese zusammengefaßt und gemeinsam hinsichtlich ihres Nutzens beurteilt werden.

Die Nicht-Existenz von Mehrfacherfassungen und die (bedingte) Nutzenunabhängigkeit sind wesentliche Prämissen der Nutzwertanalyse. Um diesen Annahmen zumindest weitgehend entsprechen zu können, muß i. d. R. auf die Einbeziehung monetärer Kriterien in eine Nutzwertanalyse verzichtet werden. Der Grund hierfür ist, daß die Ein- und Auszahlungen (oder Erträge und Aufwendungen) typischerweise durch sehr viele Eigenschaften von Investitionsobjekten beeinflußt werden, die

---

33 Vgl. Blohm, H.; Lüder, K.: (Investition), S. 177; Lücke, W.: (Investitionslexikon), S. 296 sowie zu einer ähnlichen Schrittfolge Rürup, B.: (Nutzwertanalyse), S. 110 ff.
34 Vgl. Blohm, H.; Lüder, K.: (Investition), S. 177 ff.
35 Vgl. Zangemeister, C.: (Nutzwertanalyse), S. 78 f.
36 Vgl. Blohm, H.; Lüder, K.: (Investition), S. 178.

ihrerseits auch in anderen Kriterien erfaßt sind bzw. die entsprechenden Zielerreichungsgrade bestimmen.

Die Bestimmung der Zielkriterien erfordert zumeist eine sorgfältige Analyse und Strukturierung des Zielsystems. Bei komplexen Entscheidungsproblemen kann es sich als sinnvoll erweisen, die Zielgrößen aufzuspalten und eine mehrstufige Zielhierarchie aufzubauen. In dieser nimmt die Zielkonkretisierung und Operationalität mit abnehmender Hierarchieebene zu.

Im zweiten Schritt der Nutzwertanalyse erfolgt eine *Gewichtung der Zielkriterien*, um deren unterschiedliche Bedeutung zu erfassen. Zur Bestimmung der Kriteriengewichte können verschiedene Skalierungsmethoden herangezogen werden,[37] z. B. die direkte und die indirekte Intervallskalierung.[38]

Die *direkte Intervallskalierung* erfolgt, indem den Zielkriterien Werte aus einer Intervallskala so zugeordnet werden, daß deren Abstände die Präferenzunterschiede des Entscheidungsträgers widerspiegeln.

Bei einer *indirekten Intervallskalierung* wird zunächst eine Rangfolge der Zielkriterien gebildet. Entsprechend seiner Position in der Rangfolge erhält jedes Kriterium eine Rangziffer, wobei dem wichtigsten Kriterium der Wert K (K = Zahl der Kriterien) und dem unwichtigsten Kriterium der Wert Eins zugeordnet werden kann. Anschließend erfolgt eine Transformation der Rangziffern in Gewichte, die mit einer Intervallskala gemessen werden. Für diesen Teilschritt ist eine Annahme bezüglich der Präferenzunterschiede zwischen den Rangplätzen erforderlich. Falls davon ausgegangen werden kann, daß zwischen aufeinanderfolgenden Rangplätzen jeweils der gleiche Präferenzunterschied besteht, und die oben angegebene Zuordnung erfolgt ist, lassen sich die Rangziffern als Gewichte verwenden.[39]

Bei beiden Formen der Intervallskalierung erscheint im Hinblick auf die Interpretation des zu bestimmenden Nutzwertes eine Normierung der Gewichte sinnvoll, bei der deren Summe die Werte 1 oder 100 annimmt.

Falls im ersten Schritt eine mehrstufige Zielhierarchie aufgebaut worden ist, muß für alle Hierarchieebenen eine Gewichtung erfolgen. Die Gewichtung der Zielkriterien impliziert die Annahme, daß die Gewichte die Präferenzen des Entscheidungsträgers richtig wiedergeben.

Im dritten Schritt wird eine *Teilnutzenbestimmung* für jede Alternative und jedes Kriterium der jeweils untersten Hierarchieebene vorgenommen. Dieser Schritt besteht i. d. R. aus zwei Vorgängen.

---

[37] Zu anderen Vorgehensweisen vgl. Rürup, B.: (Nutzwertanalyse), S. 110. Unter anderem läßt sich zur Kriteriengewichtung auch der nachfolgend beschriebene Analytische Hierarchie Prozeß anwenden. Vgl. Abschnitt 4.3.

[38] Vgl. dazu Blohm, H.; Lüder, K.: (Investition), S. 180 f.; Zangemeister, C.: (Nutzwertanalyse), S. 163 ff.

[39] Zu Vorgehensweisen, die sich anwenden lassen, falls diese Annahme nicht gilt, vgl. Zangemeister, C.: (Nutzwertanalyse), S. 172 f.

Zunächst sind die Ausprägungen der einzelnen Alternativen hinsichtlich der verschiedenen Zielkriterien zu ermitteln. Dazu lassen sich Nominal-, Ordinal- oder Kardinalskalen verwenden.

Anschließend werden die gemessenen Zielerreichungswerte jeweils in einen Teilnutzenwert transformiert. Dieser wird mit einer Teilnutzenskala gemessen, die kardinal und für alle Kriterien einheitlich sein sollte. Da die Überführung der Zielerreichungswerte in Teilnutzenwerte subjektive Beurteilungen erfordert, sollte sie - um die Nachvollziehbarkeit zu verbessern - mit Hilfe von Transformationsfunktionen erfolgen.

Es können drei Typen von Transformationsfunktionen unterschieden werden.[40] Mit *diskreten Transformationsfunktionen* wird spezifischen Zielerreichungsklassen jeweils ein bestimmter Teilnutzenwert zugeordnet. Dies setzt lediglich eine ordinale Messung oder eine Überführung nominal gemessener Daten auf ein ordinales Skalenniveau voraus. Bei *stückweise-konstanten Transformationsfunktionen* werden alle Werte eines bestimmten Intervalles in einen spezifischen Teilnutzenwert umgewandelt. Für die Nutzung derartiger Funktionen ist die kardinale Messung des Zielerreichungsgrades erforderlich. Dies gilt auch für die Anwendung *stetiger Transformationsfunktionen*. Für diese ist charakteristisch, daß auch kleine Unterschiede bei den Zielerreichungswerten in jedem Fall zu unterschiedlichen Teilnutzenwerten führen.

Dieser dritte Schritt der Nutzwertanalyse impliziert die Annahme, daß die Zielerreichung jeweils richtig gemessen und entsprechend den Präferenzen des Entscheidungsträgers in einen Teilnutzenwert umgewandelt wird.

Im vierten Schritt der Nutzwertanalyse erfolgt die *Nutzwertermittlung*. Im folgenden wird unterstellt, daß die Zielkriterien zumindest bedingt nutzenunabhängig voneinander sind und zur Messung der Teilnutzenwerte eine einheitliche Kardinalskala dient. Die Teilnutzenwerte n_{ik} der Alternativen i bezüglich der Kriterien k der untersten Hierarchieebene werden in diesem Fall durch Multiplikation mit den Kriteriengewichten w_k vergleichbar gemacht und anschließend durch Addition zusammengefaßt.[41] Der Nutzwert N_{Ni} einer Alternative i ist dann die Summe der gewichteten Teilnutzenwerte. Es gilt bei dieser additiven Funktion:[42]

$$N_{Ni} = \sum_{k=1}^{K} n_{ik} \cdot w_k$$

---

[40] Zu einer ausführlichen Darstellung und Erörterung der einzelnen Funktionen vgl. Blohm, H.; Lüder, K.: (Investition), S. 185 ff.; Dreyer, A.: (Nutzwertanalyse), S. 60 ff.
[41] Vgl. Zangemeister, C.: (Nutzwertanalyse), S. 281 ff.
[42] Falls die angegebenen Voraussetzungen - Nutzenunabhängigkeit und Messung mit einer einheitlichen Kardinalskala - nicht vorliegen, sind andere Aggregationsregeln anzuwenden. Vgl. dazu Braun, G.E.: (Beitrag), S. 51 ff.; Dreyer, A.: (Nutzwertanalyse), S. 129 ff. In bezug auf Nutzenabhängigkeiten erscheint es jedoch eher angebracht, diese bereits bei der Zielkriterienbestimmung auszuschließen. Vgl. Blohm, H.; Lüder, K.: (Investition), S. 189.

Der letzte Schritt der Nutzwertanalyse ist die *Beurteilung der Vorteilhaftigkeit*. Für die Beurteilung von Investitionsobjekten mit der Nutzwertanalyse gelten die folgenden Vorteilhaftigkeitsregeln:[43]

> Ein Investitionsobjekt ist absolut vorteilhaft, wenn sein Nutzwert größer ist als ein vorzugebender Grenzwert.
> Relativ vorteilhaft ist ein Investitionsobjekt, wenn sein Nutzwert größer ist als der eines jeden anderen zur Wahl stehenden Objektes.

In manchen Entscheidungssituationen ist der Nutzwert nicht das einzige Ergebnis einer Modellanalyse, das zur Vorteilhaftigkeitsbeurteilung dient. Wie oben erwähnt sollten monetäre Zielgrößen (z. B. der Kapitalwert) i. d. R. nicht in eine Nutzwertanalyse einbezogen werden; sie sind dann unter Umständen neben dem Nutzwert bei der Entscheidungsfindung zu berücksichtigen. In einer solchen Situation besteht eventuell ein Zielkonflikt und damit erneut ein Mehrzielproblem.[44]

Beispiel

Im folgenden soll das Vorgehen der Nutzwertanalyse anhand eines Beispiels zur Beurteilung der relativen Vorteilhaftigkeit von drei Standortalternativen A_1, A_2 und A_3 veranschaulicht werden.[45]

Im ersten Schritt der Nutzwertanalyse, der *Zielkriterienbestimmung*, ist die in Abbildung 4-2 angegebene Zielhierarchie bestimmt worden. Diese Zielhierarchie enthält neben dem Oberziel - Auswahl des optimalen Standortes - in der zweiten Hierarchieebene vier Unterziele, die in der dritten Hierarchieebene jeweils durch eine Gruppe von Zielkriterien konkretisiert werden.

Im zweiten Schritt, der *Zielkriteriengewichtung*, sind Gewichte sowohl für die Unterziele als auch für die Kriterien der untersten Ebene zu ermitteln. Die Gewichte, die im Beispiel gelten sollen, sind ebenfalls aus der Abbildung ersichtlich.

Im dritten Schritt erfolgt die *Teilnutzenbestimmung*. Diese soll hier am Beispiel des Kriteriums "Grundstücksgröße" veranschaulicht werden. Die betrachteten Alternativen weisen Grundstücksgrößen von 60.000 m^2 (A_1), 42.500 m^2 (A_2) und 35.000 m^2 (A_3) auf. Zur Umwandlung dieser Ausprägungen in Teilnutzenwerte soll die in Abbildung 4-3 dargestellte stückweise-konstante Transformationsfunktion Verwendung finden.

---

[43] Vgl. Blohm, H.; Lüder, K.: (Investition), S. 189 f.
[44] Zu Vorteilhaftigkeitsregeln für diesen Fall vgl. Blohm, H.; Lüder, K.: (Investition), S. 189 ff., zur Analyse eines übergeordneten Modells, in dem die Ergebnisse mehrerer Modellberechnungen erfaßt werden, vgl. Wilde, K.D.: (Bewertung), S. 312. Die Aussagen zu diesem Problem und dessen Lösungsmöglichkeiten gelten in ähnlicher Form auch für die nachfolgend dargestellten Verfahren.
[45] Zur Anwendung der Nutzwertanalyse im Rahmen der Standortplanung vgl. auch Lüder, K.: (Standortwahl), S. 36 ff.

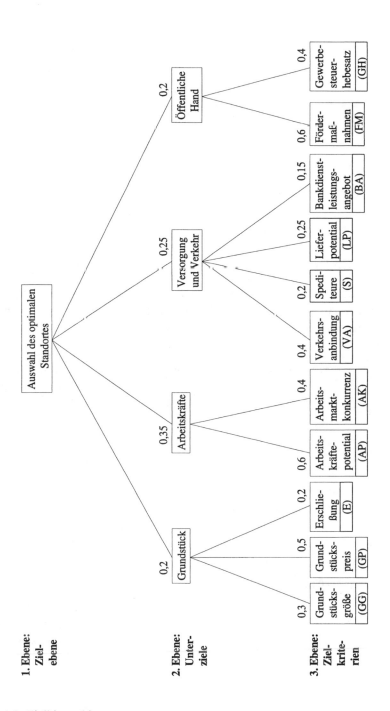

Abb. 4-2: Zielhierarchie

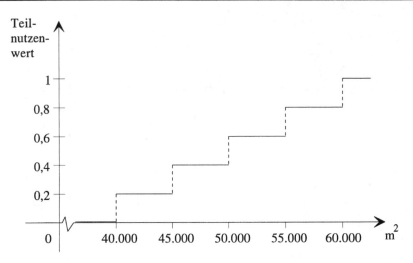

Abb. 4-3: Transformationsfunktion für das Kriterium "Grundstücksgröße"

Gemäß dieser Funktion betragen die Teilnutzenwerte der Alternativen in bezug auf dieses Kriterium: 1 (A_1), 0,2 (A_2) und 0 (A_3). Für die anderen Kriterien sollen die nachfolgend angegebenen Teilnutzenwerte bestimmt worden sein:

Zielkriterien Alternative	GG	GP	E	AP	AK	VA	S	LP	BA	FM	GH
A_1	1	0,4	1	0,2	0,4	0,6	0,4	0,6	0,8	0,4	0,6
A_2	0,2	0,4	0,2	0,6	0,8	0,4	0	1	0,8	0,8	1
A_3	0	0,6	0,8	0,9	1	0,8	1	0,2	0,8	0,4	0,4

Es kann nun im vierten Schritt die *Nutzwertermittlung* erfolgen. Dabei sind zunächst die Teilnutzenwerte zu gewichten. Ein gewichteter Teilnutzenwert ergibt sich aus der Multiplikation des Teilnutzenwertes mit den Gewichten des zugehörigen Kriteriums und des übergeordneten Unterziels. Für Alternative A_1 und das Kriterium Grundstücksgröße beispielsweise beträgt er:

$1 \cdot 0,3 \cdot 0,2 = 0,06$

Dieser Wert gibt den Nutzenbeitrag an, den die Alternative A_1 im Hinblick auf das Kriterium Grundstücksgröße zur Erfüllung des Oberziels leistet. Durch Berechnung entsprechender Produkte für alle anderen Kriterien und Addition dieser Werte lassen sich die Nutzwerte N_{Ni} der Alternativen A_i bestimmen:

$N_{N1} = 0,48$; $N_{N2} = 0,61$; $N_{N3} = 0,67$

Da die Alternative A_3 den größten Nutzwert aufweist, ist sie relativ vorteilhaft.

Beurteilung

Die Nutzwertanalyse ist ein relativ einfaches, mit geringem Rechenaufwand durchführbares und gut nachvollziehbares Verfahren zur Entscheidungsfindung bei Mehrzielproblemen.[46] Ihr Einsatz führt zu einer systematischen Strukturierung des zugrundeliegenden Problems.

Die Ergebnisse der Nutzwertanalyse lassen sich relativ gut interpretieren, vor allem falls eine Normierung der Zielgewichte auf 1 oder 100 erfolgt. In diesem Fall ist maximal ein Nutzwert von 1 oder 100 erreichbar; der für eine Alternative ermittelte Nutzwert kann dann unmittelbar als Prozentsatz dieses Maximalwertes interpretiert werden.

Ein Problem stellt die Datenermittlung dar. Es müssen Zielkriterien, deren Gewichtungen, Zielerreichungswerte sowie zumeist Transformationsfunktionen bestimmt werden. Dabei ist für die Zielgewichte und für die Teilnutzenwerte, die mittels der Transformationsfunktionen gewonnen werden, kardinales Meßniveau erforderlich. Zumindest die Zielkriterien, die Zielgewichte und die Transformationsfunktionen sind nur mittels subjektiver Beurteilungen und Einschätzungen erhältlich. Die Gewinnung dieser subjektiven Aussagen kann mit relativ hohem Aufwand verbunden sein. Außerdem stellt sich die Frage, ob die Präferenzen des Entscheidungsträgers durch die Zielkriterien, Zielgewichte und Transformationsfunktionen richtig wiedergegeben werden, wie es im Verfahren unterstellt ist. Fraglich ist weiterhin, ob die Vermeidung von Mehrfacherfassungen sowie zumindest eine bedingte Nutzenunabhängigkeit im konkreten Anwendungsfall gewährleistet sind.[47]

Die Auswirkungen von Unsicherheiten bezüglich der Gültigkeit der getroffenen Annahmen und der gewonnenen Daten können aber durch kombinierte Anwendung der Nutzwertanalyse und entsprechender Verfahren der Investitionsrechnung (vor allem Sensitivitätsanalysen und Risikoanalysen) untersucht werden.[48] Es läßt sich beispielsweise mit Hilfe einer Sensitivitätsanalyse feststellen, ob die mit der Nutzwertanalyse gewonnenen Vorteilhaftigkeitsaussagen durch Abweichungen von den verwendeten Daten und Annahmen gravierend beeinflußt werden.[49]

Die Nutzwertanalyse ist ein in der Unternehmenspraxis recht beliebtes Verfahren.[50] Aus nutzentheoretischer Sicht wird allerdings kritisiert, daß die Bestimmung der Transformationsfunktionen und eventuell auch der Gewichte verschiedener Attribute unabhängig voneinander erfolgt und damit möglicherweise nicht konsistent ist. Die Gewichte stellen pauschale Aussagen über die Bedeutung von Zielen dar,

---

46 Vgl. Dreyer, A.: (Nutzwertanalyse), S. 183; Rürup, B.: (Nutzwertanalyse), S. 112.
47 Vgl. Rürup, B.: (Nutzwertanalyse), S. 112.
48 Vgl. Rürup, B.: (Nutzwertanalyse), S. 112; Dreyer, A.: (Nutzwertanalyse), S. 161 ff.; Zangemeister, C.: (Nutzwertanalyse), S. 297 ff.; Moog, H.: (Investitionsplanung), S. 62 sowie zu den Verfahren der Investitionsrechnung unter Unsicherheit Abschnitt 7.3.
49 DREYER geht davon aus, daß die Nutzwertanalyse auch angewendet werden kann, wenn nicht alle Annahmen vollständig erfüllt sind. Vgl. Dreyer, A.: (Nutzwertanalyse), S. 183 f.
50 Vgl. Schneeweiß, C.: (Planung), S. 120.

das Verhältnis zweier Gewichte ist keine Substitutionsrate zwischen zwei Zielen.[51] Unter anderem aus diesem Grund ist bei der Nutzwertanalyse nicht sichergestellt, daß die Bedingungen erfüllt sind, die die Existenz einer additiven Gesamtnutzenfunktion sichern.[52] Auf diese Aspekte wird in Abschnitt 4.4 noch näher eingegangen.

4.3 Analytischer Hierarchie Prozeß

Verfahrensdarstellung

Der Analytische Hierarchie Prozeß (AHP) wurde Anfang der 70er Jahre von SAATY zur Strukturierung und Analyse komplexer Entscheidungssituationen entwickelt.[53] Ein bedeutender Anwendungsbereich ist die Vorbereitung von Entscheidungen, bei denen mehrere Zielgrößen zu beachten sind.

Für den AHP ist kennzeichnend, daß das vorliegende Problem in Teilprobleme aufgespalten wird, um es zu strukturieren und zu vereinfachen. Es wird eine Hierarchie gebildet, die verschiedene Ziel- und/oder Maßnahmenebenen enthält.[54] Bei Mehrzielproblemen erfolgt eine Aufgliederung des Oberziels. Auf der oder den untersten Ebene(n) der Hierarchie werden die zu beurteilenden Alternativen (hier Investitionsobjekte) erfaßt.

Beim AHP können sowohl qualitative als auch quantitative Kriterien berücksichtigt werden. Die relative Bedeutung der verschiedenen Kriterien wird - jeweils getrennt für die einzelnen Elemente der übergeordneten Ebene - mit Hilfe von Paarvergleichen ermittelt. In gleicher Form wird die Vorteilhaftigkeit von Maßnahmen einbezogen. Für Teilziele wie für Alternativen kann anschließend jeweils ein Gesamtwert bestimmt werden, der deren relative Bedeutung bzw. Vorteilhaftigkeit hinsichtlich der gesamten Hierarchie und damit der obersten Zielsetzung wiedergibt.

Der AHP kann in den folgenden Schritten durchgeführt werden:[55]

1. Bildung der Hierarchie,
2. Ermittlung der Prioritäten,
3. Berechnung lokaler Prioritätenvektoren (Gewichtungsfaktoren),
4. Überprüfung der Konsistenz der Prioritätenbeurteilungen,
5. Bestimmung von Ziel- und Maßnahmenprioritäten für die gesamte Hierarchie.

---

[51] Vgl. Nitzsch, R. von: (Präferenzmodellierung), S. 4 und S. 12; Nitzsch, R. von: (Entscheidung), S. 35 ff.; Schneeweiß, C.: (Planung), S. 123 f.
[52] Vgl. Schneeweiß, C.: (Planung), S. 148; Eisenführ, F.; Weber, M.: (Entscheiden), S. 119 ff.
[53] Vgl. Saaty, T.L.: (Hierarchy).
[54] Vgl. Haedrich, G.; Kuß, A.; Kreilkamp, E.: (Hierarchy), S. 121.
[55] Vgl. Haedrich, G.; Kuß, A.; Kreilkamp, E.: (Hierarchy), S. 121 f.; Zimmermann, H.-J.; Gutsche, L.: (Multi-Criteria-Analyse), S. 70 ff.; Wind, Y.; Saaty, T.L.: (Marketing), S. 646.

Einige dieser Schritte müssen unter Umständen mehrfach durchlaufen werden. Dies ist insbesondere dann der Fall, wenn sich herausstellt, daß inkonsistente Prioritätseinschätzungen vorliegen.[56] Die Überprüfung der zumeist subjektiven Beurteilungen hinsichtlich ihrer Konsistenz stellt ein weiteres Merkmal des Verfahrens dar.

Im ersten Schritt des AHP erfolgt die *Bildung der Hierarchie*. Dabei wird das Entscheidungsproblem zerlegt und hierarchisch strukturiert. In diesem Schritt muß eine eindeutige Abgrenzung zwischen den verschiedenen Alternativen und Unterzielen erfolgen. Für die Hierarchie sollte außerdem gelten, daß relevante Beziehungen jeweils nur zwischen den Elementen aufeinanderfolgender Ebenen bestehen. Dies impliziert, daß zwischen den Elementen einer Ebene keine oder zumindest nur geringfügige Beziehungen existieren sollten.[57] Des weiteren sollten die Elemente einer Ebene miteinander vergleichbar sein, d. h. der gleichen Bedeutungskategorie angehören. Schließlich ist zu fordern, daß die abzugebenden Bewertungen unabhängig von anderen Bewertungen auf der jeweiligen und auf anderen Ebene(n) gelten.[58] Außerdem wird i. d. R. unterstellt, daß alle relevanten Alternativen und Zielgrößen berücksichtigt sind.[59] Die Meßbarkeit der Zielkriterien muß in diesem Schritt beim AHP nicht besonders beachtet werden.

Der zweite Schritt besteht in der *Ermittlung der Prioritäten* für alle Elemente der Hierarchie. Die relative Bedeutung eines jeden Elementes wird in bezug auf jedes Element der übergeordneten Hierarchieebene durch Paarvergleiche mit allen anderen Elementen der gleichen Ebene bestimmt. Die Bedeutung kann in bezug auf Zielkriterien als Beitrag zur Erfüllung des Oberziels interpretiert werden. Bei Alternativen stellt sie einen Vorteilhaftigkeitsgrad dar.[60]

Hinsichtlich der Paarvergleiche wird beim AHP vorausgesetzt, daß der Entscheidungsträger für alle Paare i und k aus der Menge A der Elemente einer Ebene (Alternativen oder Zielkriterien) einen auf einer Verhältnisskala gemessenen Wert v_{ik} angeben kann, der für ein bestimmtes Element der nächsten übergeordneten Ebene aussagt, um das wievielfache i bedeutender ist als k. Dies ist für alle Elemente der übergeordneten Ebene und alle Ebenen zu fordern. Dabei muß jeweils die Eigenschaft der Reziprozität gelten, d. h. der Vergleichswert von i gegenüber k muß dem Kehrwert des Wertes entsprechen, der sich beim Vergleich von k mit i ergibt. Es gilt dann in bezug auf ein Element der nächsten übergeordneten Ebene:

---

[56] Vgl. Haedrich, G.; Kuß, A.; Kreilkamp, E.: (Hierarchy), S. 121.
[57] Es zeigt sich am Beispiel des AHP deutlich, daß die Anwendung von Mehrzielverfahren mehrere Phasen von Planungsprozessen berührt: unter anderem die Zielbildung, die Problemanalyse sowie die Bewertung und Entscheidung.
[58] Vgl. Schneeweiß, C.: (Planung), S. 172.
[59] Vgl. Zimmermann, H.-J.; Gutsche, L.: (Multi-Criteria-Analyse), S. 68; Schneeweiß, C.: (Planung), S. 172.
[60] Vgl. Lillich, L.: (Nutzwertverfahren), S. 76.

$$v_{ik} = \frac{1}{v_{ki}} \qquad \text{für alle i, k} \in A$$

Ein Vergleichswert v_{ik} darf zudem niemals unendlich sein. Bei einer unendlichen relativen Bedeutung wären die entsprechenden Zielkriterien oder Alternativen nicht vergleichbar, und es müßte eine erneute Ziel- und Problemanalyse erfolgen.

Für die Paarvergleiche läßt sich die nachfolgend angegebene, von SAATY vorgeschlagene Neun-Punkte-Skala nutzen.[61]

Skalenwert	Definition	Interpretation
1	Gleiche Bedeutung	Beide verglichenen Elemente haben die gleiche Bedeutung für das nächsthöhere Element.
3	Etwas größere Bedeutung	Erfahrung und Einschätzung sprechen für eine etwas größere Bedeutung eines Elements im Vergleich zu einem anderen.
5	Erheblich größere Bedeutung	Erfahrung und Einschätzung sprechen für eine erheblich größere Bedeutung eines Elements im Vergleich zu einem anderen.
7	Sehr viel größere Bedeutung	Die sehr viel größere Bedeutung eines Elements hat sich in der Vergangenheit klar gezeigt.
9	Absolut dominierend	Es handelt sich um den größtmöglichen Bedeutungsunterschied zwischen zwei Elementen.
2, 4, 6, 8	Zwischenwerte	

Abb. 4-4: Neun-Punkte-Skala von SAATY[62]

Für die Verwendung dieser Skala spricht, daß mit ihrer Hilfe verbale Vergleichsurteile in Zahlenwerte umgewandelt werden können, so daß Meßbarkeit auf Verhältnisskalenniveau erreicht wird. Eine feinere Differenzierung wird als nicht sinnvoll angesehen.[63] Bei Nutzung der Skala können die Vergleiche nur zu den Werten Eins bis Neun sowie deren Kehrwerten führen.

Die Ergebnisse der in bezug auf ein Element der übergeordneten Ebene durchgeführten Paarvergleiche lassen sich jeweils in Form einer K x K - Matrix V (bei K Elementen) darstellen. Die Werte der Hauptdiagonalen dieser Paarvergleichsmatrix sind jeweils Eins.

---

[61] Falls die Bedeutung quantitativer, d. h. kardinal meßbarer Elemente verglichen wird, kann auch ein numerisches Verhältnis berechnet werden, das die relative Bedeutung ergibt. Vgl. Lillich, L.: (Nutzwertverfahren), S. 76.

[62] Quelle: Haedrich, G.; Kuß, A.; Kreilkamp, E.: (Hierarchy), S. 123. Vgl. dazu auch Saaty, T.L.: (Hierarchy), S. 54.

[63] Vgl. Saaty, T.L.: (Hierarchy), S. 53 ff.; Haedrich, G.; Kuß, A.; Kreilkamp, E.: (Hierarchy), S. 123.

Zur Bestimmung einer Paarvergleichsmatrix sind bei K Elementen einer Ebene 0,5 · K · (K - 1) Paarvergleiche durchzuführen. Diese Zahl resultiert daraus, daß die Werte der Hauptdiagonalen Eins sind und Reziprozität unterstellt wird,[64] so daß die Ermittlung eines Vergleichswertes v_{ik} nicht erforderlich ist, falls der reziproke Wert v_{ki} bekannt ist. Die Anzahl der notwendigen Paarvergleiche steigt mit zunehmender Zahl von Elementen einer Ebene stark an. Dies sollte bei der Hierarchiebildung berücksichtigt werden.

Eine fehlerfreie, d. h. in sich konsistente Durchführung aller Paarvergleiche liegt vor, wenn für jedes Matrixelement v_{ik} in bezug auf alle von i und k verschiedenen Elemente j gilt:[65]

$$v_{ik} = v_{ij} \cdot v_{jk}$$

Dabei bezeichnen i, j und k Elemente der betrachteten Ebene. Könnte eine derartige fehlerfreie Schätzung unterstellt werden, dann ließen sich Einschätzungen aus bereits abgegebenen Urteilen ableiten, so daß nur K - 1 Paarvergleichsbeurteilungen vorzunehmen wären.[66]

Im dritten Schritt erfolgt die *Berechnung der lokalen Prioritätenvektoren (Gewichtungsfaktoren)*. Bei dieser wird für jede Paarvergleichsmatrix die aus der Gesamtheit der Paarvergleiche resultierende relative Bedeutung der Elemente (Alternativen, Zielkriterien) ermittelt und in Form eines Prioritätenvektors zusammengestellt. Jede Komponente dieses Vektors gibt demgemäß an, welche relative Bedeutung dem zugehörigen Element in bezug auf das betrachtete Element der unmittelbar höheren Ebene zukommt.

Die Berechnung der Prioritätenvektoren W kann mittels der Eigenvektormethode vorgenommen werden, die im folgenden erläutert wird.[67]

Ausgegangen wird von der Paarvergleichsmatrix V, für die zunächst eine fehlerfreie Schätzung unterstellt wird. Wenn außerdem gilt, daß die Bedeutung w_k der einzelnen Elemente k bekannt ist, lassen sich die Matrixelemente v_{ik} wie folgt berechnen:[68]

$$v_{ik} = \frac{w_i}{w_k} \qquad \text{für alle } i, k \in A$$

Aufgrund der Reziprozitätsbedingung gilt zudem:

---

[64] Vgl. Schneeweiß, C.: (Planung), S. 159 ff.
[65] Vgl. Haedrich, G.; Kuß, A.; Kreilkamp, E.: (Hierarchy), S. 124; Lillich, L.: (Nutzwertverfahren), S. 77.
[66] Vgl. Schneeweiß, C.: (Planung), S. 162.
[67] Vgl. Saaty, T.L.: (Hierarchy), S. 49 f.; Haedrich, G.; Kuß, A.; Kreilkamp, E.: (Hierarchy), S. 124 f.
[68] Vgl. Haedrich, G.; Kuß, A.; Kreilkamp, E.: (Hierarchy), S. 124; Schneeweiß, C.: (Planung), S. 165 f.

$$v_{ik} = \frac{1}{v_{ki}} = \frac{1}{\frac{w_k}{w_i}} \qquad \text{für alle } i, k \in A$$

bzw.

$$v_{ik} \cdot \frac{w_k}{w_i} = 1 \qquad \text{für alle } i, k \in A$$

Außerdem gilt:

$$\sum_{k=1}^{K} v_{ik} \cdot \frac{w_k}{w_i} = \sum_{k=1}^{K} \frac{w_i}{w_k} \cdot \frac{w_k}{w_i} = K \qquad \text{für alle } i \in A$$

sowie

$$\sum_{k=1}^{K} v_{ik} \cdot w_k = K \cdot w_i \qquad \text{für alle } i \in A$$

Da diese Beziehung für alle Zeilen i (i = 1,...,K) der Paarvergleichsmatrix zutrifft, läßt sich das nachfolgend dargestellte System von K Gleichungen formulieren:

$$\begin{pmatrix} v_{11} & v_{12} & \cdots & v_{1K} \\ v_{21} & v_{22} & \cdots & v_{2K} \\ \vdots & \vdots & & \vdots \\ v_{K1} & v_{K2} & \cdots & v_{KK} \end{pmatrix} \cdot \begin{pmatrix} w_1 \\ w_2 \\ \vdots \\ w_K \end{pmatrix} = K \cdot \begin{pmatrix} w_1 \\ w_2 \\ \vdots \\ w_K \end{pmatrix}$$

bzw.

$$V \cdot W = K \cdot W$$

Dieses Gleichungssystem stellt ein spezifisches Eigenwertproblem dar. Ein Eigenwertproblem ist generell wie folgt definiert:[69]

Für eine beliebige K x K-Matrix B werden reelle Zahlen L und dazugehörige Vektoren X gesucht, die das Gleichungssystem

$$B \cdot X = L \cdot X$$

erfüllen. Die Zahlen L werden als Eigenwerte von B, die zugeordneten Vektoren X als Eigenvektoren bezeichnet.

Die Summe der Eigenwerte eines Eigenwertproblems ist gleich der Spur der Matrix, d. h. der Summe der Werte der Hauptdiagonalen. Bei der hier betrachteten Paarvergleichsmatrix sind die Werte der Hauptdiagonalen sämtlich Eins, so daß die Spur der Paarvergleichsmatrix deren Dimension K entspricht. Im zunächst unter-

---

[69] Vgl. Schneeweiß, C.: (Planung), S. 166; Lillich, L.: (Nutzwertverfahren), S. 79; Horst, R.: (Mathematik), S. 214 ff.

stellten Fall vollkommen konsistenter Schätzungen existiert nur ein positiver Eigenwert, der gleich der Spur der Matrix (und damit K) ist.[70]

Bei der Lösung eines Mehrzielproblems werden die Prioritätenschätzungen häufig nicht konsistent und die Gewichtungsvektoren nicht bekannt sein. Es sollen daher die entsprechenden Annahmen aufgehoben werden. Bei inkonsistenten Prioritätenschätzungen existieren mehrere Eigenwerte und Eigenvektoren. Es werden nun beim AHP der maximale Eigenwert L_{max} der Paarvergleichsmatrix und der zugehörige Eigenvektor bestimmt. Letzterer ist so zu normieren, daß die Summe seiner Komponenten Eins ergibt. Er kann dann als Gewichtungsvektor W angesehen werden.

Die Berechnung eines derartigen Gewichtungsvektors ist auch bei einer inkonsistenten Paarvergleichsmatrix durchaus sinnvoll. Kleine Inkonsistenzen wirken sich - wie SAATY gezeigt hat - nur geringfügig auf den Gewichtungsvektor aus.[71]

Zur Ermittlung des maximalen Eigenwertes und des Gewichtungsvektors ist das Eigenwertproblem

$$V \cdot W = L \cdot W \text{ bzw. } (V - L \cdot E) \cdot W = 0$$

zu lösen, in dem E eine K x K - Einheitsmatrix beschreibt. Für die Eigenwerte L dieses Problems gilt, daß die Determinante der Matrix $(V - L \cdot E)$ Null ist:[72]

$$\det |V - L \cdot E| = 0$$

Der maximale Wert L, der diese Bedingung erfüllt, ist der maximale Eigenwert L_{max}. Nach Einsetzen dieses Wertes in das oben angegebene Gleichungssystem kann der gesuchte Eigen- bzw. Gewichtungsvektor berechnet werden. Für ihn gilt:

$$(V - L_{max} \cdot E) \cdot W = 0$$

sowie

$$\sum_{k=1}^{K} w_k = 1$$

Die exakte Berechnung des maximalen Eigenwertes und des Gewichtungsvektors verursacht häufig erheblichen Rechenaufwand. Es werden deshalb Näherungsverfahren zu deren Ermittlung vorgeschlagen. So läßt sich der gesuchte Eigen- bzw. Gewichtungsvektor näherungsweise aus der Paarvergleichsmatrix V ableiten, indem gemäß der folgenden Rechenvorschrift sukzessive Matrizenprodukte erzeugt werden:[73]

---

[70] Vgl. Schneeweiß, C.: (Planung), S. 167 f.; Haedrich, G.; Kuß, A.; Kreilkamp, E.: (Hierarchy), S. 124.
[71] Vgl. Saaty, T.L.: (Hierarchy), S. 192 ff.
[72] Vgl. Schneeweiß, C.: (Planung), S. 167 f.; Zimmermann, H.-J.; Gutsche, L.: (Multi-Criteria-Analyse), S. 69.
[73] Vgl. Gass, S.I.: (Decision), S. 393 f.; Harker, P.T.: (Art), S. 32 f. sowie zu weiteren Näherungsverfahren Saaty, T.L.: (Hierarchy), S. 19 f.

$V \cdot E$; $V^2 \cdot E$; $V^3 \cdot E$; ...; $V^o \cdot E$

mit: $V = K \times K$-Paarvergleichsmatrix
      $E = K \times 1$-Einheitsvektor

Bei einem hinreichend großen Wert o ist der Vektor $V^o \cdot E$ eine gute Näherungslösung für den Eigenvektor. Die Berechnungen können abgebrochen werden, wenn die Unterschiede der Werte zweier aufeinanderfolgender berechneter Vektoren einen vorgegebenen Wert nicht überschreiten. Die derart ermittelte Näherungslösung für den Eigenvektor ist anschließend zu normieren.

Eine *Überprüfung der Konsistenz der Prioritätenbeurteilungen* erfolgt im vierten Schritt des AHP für alle Paarvergleichsmatrizen. Sie wird erforderlich, da - wie erwähnt - nicht von der Konsistenz aller Schätzungen ausgegangen werden kann.

Während bei konsistenter Schätzung der maximale Eigenwert dem Wert K entspricht, ergibt sich bei Inkonsistenzen ein höherer maximaler Eigenwert L_{max}. Dieser Wert L_{max} ist nicht bekannt, falls im dritten Schritt die Eigenvektoren mittels Näherungsverfahren berechnet werden. Er kann dann ebenfalls mit Hilfe von Näherungsverfahren bestimmt werden.[74] Die Differenz zwischen L_{max} und K steigt mit zunehmender Inkonsistenz an, so daß sie als Maß für die Konsistenz der Schätzungen geeignet ist. Indem zusätzlich eine Normierung erfolgt, läßt sich ein Konsistenzindex KI formulieren:[75]

$$KI = \frac{L_{max} - K}{(K-1)}$$

Bei der Einschätzung der Konsistenz einer Matrix ist zudem berücksichtigen, daß das Ausmaß der Abweichungen von der Größe der Matrix abhängt. Es wird daher ein Konsistenzwert (KoW) berechnet, der das Verhältnis zwischen dem Konsistenzindex (KI) und einem Durchschnittswert (RI) der Konsistenzindizes gleich großer reziproker Matrizen angibt, die mit Hilfe von Zufallszahlen auf der Grundlage der SAATY'schen Neun-Punkte-Skala erzeugt wurden:[76]

$$KoW = \frac{KI}{RI}$$

Die folgende Abbildung zeigt die von SAATY berechneten Durchschnittswerte (RI) von Konsistenzindizes in Abhängigkeit von der Matrixdimension.

---

[74] Vgl. Saaty, T.L.: (Hierarchy), S. 21.
[75] Vgl. Zimmermann, H.-J.; Gutsche, L.: (Multi-Criteria-Analyse), S. 59.
[76] Vgl. Zimmermann, H.-J.; Gutsche, L.: (Multi-Criteria-Analyse), S. 59 f.

Analytischer Hierarchie Prozeß

Matrixdimension	1	2	3	4	5	6	7	8
Durchschnittswert (RI)	0,00	0,00	0,58	0,90	1,12	1,24	1,32	1,41

Matrixdimension	9	10	11	12	13	14	15
Durchschnittswert (RI)	1,45	1,49	1,51	1,48	1,56	1,57	1,59

Abb. 4-5: Durchschnittswerte von Konsistenzindizes[77]

Als kritischen Wert für den Konsistenzwert schlägt SAATY 0,1 vor. Demnach werden Paarvergleichsmatrizen mit einem Konsistenzwert KoW ≤ 0,1 als genügend konsistent angesehen, während bei Matrizen mit KoW > 0,1 eine Überprüfung und Revision der Paarvergleichsurteile erfolgen sollte.[78]

Zur Revision einer inkonsistenten Paarvergleichsmatrix kann ein Vergleich mit einer vollkommen konsistenten Matrix dienen, deren Elemente in der Form $\frac{w_i}{w_k}$ aus dem berechneten Gewichtungsvektor abgeleitet sind. Die Elemente der Paarvergleichsmatrix, bei denen im Vergleich zu der vollkommen konsistenten Matrix hohe Abweichungen auftreten, sollten primär korrigiert werden.[79]

Im fünften Schritt des AHP erfolgt die *Berechnung von Ziel- und Maßnahmenprioritäten für die gesamte Hierarchie*. Bisher wurde die relative Bedeutung von Elementen nur für jeweils ein Element der übergeordneten Ebene ermittelt und in einem Gewichtungsvektor zusammengefaßt. Es ist nun erforderlich, eine Aggregation der Gewichtungsvektoren im Hinblick auf alle Elemente der übergeordneten Ebene und alle weiteren Ebenen vorzunehmen. Dies ist Voraussetzung für die Einschätzung der globalen Priorität, d. h. der Bedeutung der einzelnen Zielkriterien bzw. der Vorteilhaftigkeit bestimmter Alternativen hinsichtlich der obersten Zielsetzung.

Als Ergebnis der Paarvergleiche liegt für die Ebene, die der obersten Zielsetzung direkt untergeordnet ist, ein Gewichtungsvektor vor, der die relative Bedeutung der entsprechenden Zielkriterien hinsichtlich der obersten Zielsetzung und damit gleichzeitig deren lokale wie globale Priorität angibt. Dieser Gewichtungsvektor ist Ausgangspunkt für die Berechnung globaler Prioritäten für die Elemente der nachfolgenden Ebenen. Er wird mit einer Gewichtungsmatrix multipliziert, die sich aus den Gewichtungsvektoren der nachfolgenden Ebene zusammensetzt. Das Produkt ist wiederum ein Gewichtungsvektor, dessen Komponenten für die Elemente der nachfolgenden Ebene deren jeweilige globale Priorität repräsentieren. Die sukzessive

---

[77] Vgl. Saaty, T.L.: (Hierarchy), S. 21.
[78] Vgl. Saaty, T.L.: (Hierarchy), S. 21; Harker, P.T.: (Art), S. 32.
[79] Es ist darauf hinzuweisen, daß auch eine Überprüfung der Konsistenz der gesamten Hierarchie vorgenommen werden kann. Dies erscheint sinnvoll, falls relativ hohe Inkonsistenzen (Konsistenzwerte größer 0,1) für einzelne Paarvergleichsmatrizen akzeptiert worden sind. Zum Vorgehen bei der Konsistenzüberprüfung der gesamten Hierarchie vgl. Gass, S.I.: (Decision), S. 393.

Fortsetzung dieses Vorgehens führt zur Berechnung der globalen Priorität für die in der untersten Hierarchieebene erfaßten Alternativen.[80]

Dieses Vorgehen bei der Ermittlung globaler Prioritäten für die Alternativen läßt sich auch dahingehend interpretieren, daß eine Nutzengröße N_{Ai} für jede Alternative A_i mit der Formel

$$N_{Ai} = \sum_{k=1}^{K} w_k \cdot n_{ik}$$

berechnet wird.[81] Darin bezeichnet der Index k die Elemente der nächsten übergeordneten Ebene, die hier Zielkriterien darstellen sollen. w_k ist die globale Priorität dieser Zielkriterien, n_{ik} die relative Bedeutung (Vorteilhaftigkeit) der Alternative i in bezug auf das Kriterium k.[82] Die globale Priorität wird damit - ähnlich wie der Nutzwert bei der Nutzwertanalyse - als Summe gewichteter Teilprioritäten berechnet.[83]

Die in diesem Schritt ermittelten globalen Prioritäten stellen in bezug auf die Zielkriterien Gewichte dar. Für die in der untersten Ebene berücksichtigten Alternativen geben sie an, wie diese nach Einschätzung des Beurteilenden zur Erfüllung der obersten Zielsetzung beitragen. Für die Beurteilung der relativen Vorteilhaftigkeit von (Investitions-)Alternativen gilt unter der Annahme, daß die oberste Zielsetzung zu maximieren ist:

> Ein Investitionsobjekt ist relativ vorteilhaft, wenn seine Priorität höher ist als die eines jeden anderen Objektes.

Die isolierte Beurteilung der absoluten Vorteilhaftigkeit einer einzelnen Alternative erscheint mit Hilfe des AHP nicht sinnvoll, da das Verfahren auf Paarvergleichen basiert und daher die Bewertung einer Alternative von den übrigen Alternativen abhängig ist. Allerdings kann die Unterlassensalternative in das Verfahren einbezogen werden; aus dem Vergleich zwischen ihrer globaler Priorität und der der übrigen Alternativen ergibt sich dann die Einschätzung deren absoluter Vorteilhaftigkeit.

---

[80] Es wird hier davon ausgegangen, daß auf der untersten Hierarchieebene Alternativen erfaßt sind. Grundsätzlich können jedoch auch Zielkriterien Elemente der untersten Hierarchieebene sein.

[81] Es ist darauf hinzuweisen, daß die Berechnung der globalen Prioritäten der Zielkriterien beim AHP in anderer Form erfolgt als die der Zielkriteriengewichte bei der Nutzwertanalyse. Dies liegt darin begründet, daß beim AHP Zielkriterien mit mehreren Elementen der nächsten übergeordneten Ebene verbunden sein können, während dies bei der Nutzwertanalyse nicht der Fall ist.

[82] Es werden hier wie bei der Nutzwertanalyse die Symbole n_{ik} und w_k verwendet. Die Größen sind jeweils vergleichbar, werden aber auf unterschiedliche Weise ermittelt.

[83] Vgl. Schneeweiß, C.: (Planung), S. 157; Zimmermann, H.-J.; Gutsche, L.: (Multi-Criteria-Analyse), S. 72.

Beispiel

Im folgenden wird zur Veranschaulichung des AHP das Beispiel aufgegriffen, das im vorigen Abschnitt behandelt worden ist.[84]

Im ersten Schritt des AHP erfolgt die *Bildung der Hierarchie.* Hier wird vom gleichen Zielsystem ausgegangen wie im vorigen Abschnitt. Wie Abbildung 4-6 zeigt, enthält die Hierarchie zusätzlich als unterste Ebene die Standortalternativen A_1, A_2 und A_3.

Der zweite, dritte und vierte Schritt des AHP, die *Ermittlung der Prioritäten,* die *Berechnung lokaler Prioritätenvektoren (Gewichtungsfaktoren)* sowie die *Überprüfung der Konsistenz der Prioritätenbeurteilungen* werden nachfolgend zusammen dargestellt.

Zunächst soll die Ebene der Alternativen betrachtet werden. Im Hinblick auf das Kriterium "Grundstücksgröße" seien die nachstehend aufgeführten Paarvergleichsurteile bezüglich der Vorteilhaftigkeit der Alternativen abgegeben.

$$V = \begin{pmatrix} 1 & 4 & 5 \\ \frac{1}{4} & 1 & 3 \\ \frac{1}{5} & \frac{1}{3} & 1 \end{pmatrix}$$

Zur exakten Bestimmung des Gewichtungsvektors ist zunächst der maximale Eigenwert L_{max} der Paarvergleichsmatrix V zu berechnen. Für alle Eigenwerte L der Matrix gilt, daß die Determinante der nachfolgend dargestellten Matrix $(V - L \cdot E)$ gleich Null ist.

$$(V - L \cdot E) = \begin{pmatrix} 1-L & 4 & 5 \\ \frac{1}{4} & 1-L & 3 \\ \frac{1}{5} & \frac{1}{3} & 1-L \end{pmatrix} \begin{matrix} 1-L & 4 \\ \frac{1}{4} & 1-L \\ \frac{1}{5} & \frac{1}{3} \end{matrix}$$

Die Determinante einer 3 x 3 - Matrix kann mit Hilfe der SARRUS'schen Regel berechnet werden.[85] Dazu sind zunächst die erste und die zweite Spalte der Matrix noch einmal hinter der dritten Spalte anzufügen. Es werden dann die Produkte der Elemente der Hauptdiagonalen der ursprünglichen Matrix sowie der Komponenten der parallel dazu verlaufenden Diagonalen gebildet und addiert.

---

[84] Zum Einsatz des AHP bei der Standortwahl vgl. auch Azani, H.; Khorramshahgol, R.: (Delphi), S. 23 ff., zu Fallstudien zur Lösung strategischer (Investitions-)Probleme mittels AHP vgl. Ossadnik, W.: (Controlling), S. 159 ff.
[85] Vgl. Horst, R.: (Mathematik), S. 191.

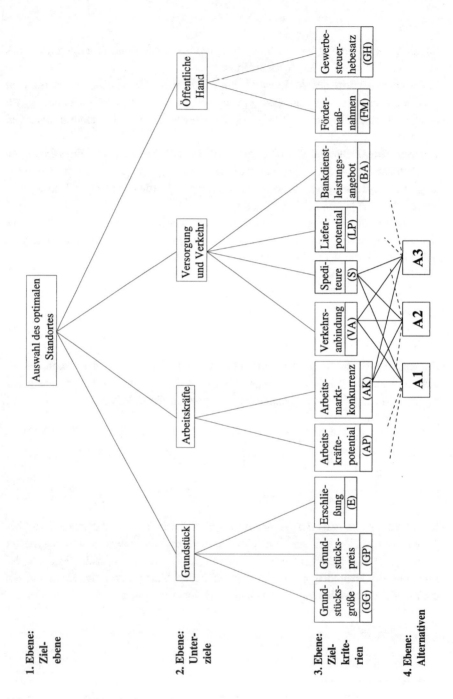

Abb. 4-6: Entscheidungshierarchie

Die Determinante ergibt sich, indem von der derart berechneten Summe die Produkte der Elemente der Nebendiagonalen sowie der parallel zu dieser verlaufenden Diagonalen subtrahiert werden. Daraus resultiert im Beispiel:

$$\det |V-L \cdot E| = (1-L)^3 + 4 \cdot 3 \cdot \frac{1}{5} + 5 \cdot \frac{1}{4} \cdot \frac{1}{3} - \frac{1}{5} \cdot (1-L) \cdot 5 - \frac{1}{3} \cdot 3 \cdot (1-L)$$

$$- (1-L) \cdot \frac{1}{4} \cdot 4$$

$$\det |V-L \cdot E| = (1-L)^3 - 3 \cdot (1-L) + 2{,}8167$$

Ausgehend von der Forderung $\det |V-L \cdot E| \stackrel{!}{=} 0$ läßt sich der nachfolgend angegebene maximale Eigenwert (L_{max}) mit Hilfe eines geeigneten Verfahrens zur Bestimmung von Nullstellen, z. B. des NEWTON'schen Verfahrens,[86] berechnen:

$$L_{max} = 3{,}0858$$

Der zugehörige Eigen- bzw. Gewichtungsvektor kann bestimmt werden, indem zunächst aus dem Gleichungssystem

$$(V - L_{max} \cdot E) \cdot W = 0$$

bzw.

$$(1 - 3{,}0858) \cdot w_1 + 4 \cdot w_2 + 5 \cdot w_3 = 0$$

$$\frac{1}{4} \cdot w_1 + (1 - 3{,}0858) \cdot w_2 + 3 \cdot w_3 = 0$$

$$\frac{1}{5} \cdot w_1 + \frac{1}{3} \cdot w_2 + (1 - 3{,}0858) \cdot w_3 = 0$$

die Verhältnisse zwischen den Gewichtungsfaktoren abgeleitet werden. Mit Hilfe der Bedingung $w_1 + w_2 + w_3 = 1$ lassen sich dann die folgenden (lokalen) Gewichtungsfaktoren ermitteln:

$$w_1 = 0{,}6738 \quad w_2 = 0{,}2255 \quad w_3 = 0{,}1007$$

Diese Werte geben die Vorteilhaftigkeit (lokale Priorität) der Alternativen A_1, A_2 und A_3 bezüglich des Kriteriums Grundstücksgröße an.

Aus dem maximalen Eigenwert (L_{max}) ergibt sich der Konsistenzindex (KI):

$$KI = \frac{3{,}0858 - 3}{3 - 1} = 0{,}0429$$

Der Konsistenzwert (KoW) beläuft sich damit auf:

$$KoW = \frac{0{,}0429}{0{,}58} = 0{,}0740$$

---

[86] Zum NEWTON'schen Verfahren vgl. Mangoldt, H. von; Knopp, K.: (Einführung), S. 104 ff.

Da der KoW unter 0,1 liegt, können die bei dieser Paarvergleichsmatrix gebildeten Urteile als hinreichend konsistent angesehen werden.

In entsprechender Form lassen sich Paarvergleichsmatrizen auch für den Vergleich der Alternativen in bezug auf die anderen Zielkriterien formulieren und auswerten.[87] Die folgende Abbildung enthält diese Matrizen sowie die für die verschiedenen Zielkriterien jeweils ermittelten maximalen Eigenwerte, Gewichtungsvektoren und Konsistenzmaße.

Grundstückspreis

	A_1	A_2	A_3
A_1	1	3	1/4
A_2	1/3	1	1/6
A_3	4	6	1

Max. Eigenwert: 3,0536
Gew.-vektor: (0,2176; 0,0914; 0,6910)
Konsistenzwert: 0,0462

Erschließung

	A_1	A_2	A_3
A_1	1	7	3
A_2	1/7	1	1/4
A_3	1/3	4	1

Max. Eigenwert: 3,0323
Gew.-vektor: (0,6586; 0,0786; 0,2628)
Konsistenzwert: 0,0278

Arbeitskräftepotential

	A_1	A_2	A_3
A_1	1	1/4	1/9
A_2	4	1	1/5
A_3	9	5	1

Max. Eigenwert: 3,0713
Gew.-vektor: (0,0633; 0,1939; 0,7428)
Konsistenzwert: 0,0615

Arbeitsmarktkonkurrenz

	A_1	A_2	A_3
A_1	1	1/5	1/7
A_2	5	1	1/3
A_3	7	3	1

Max. Eigenwert: 3,0649
Gew.-vektor: (0,0719; 0,2790; 0,6491)
Konsistenzwert: 0,0559

Verkehrsanbindung

	A_1	A_2	A_3
A_1	1	1/2	1/2
A_2	2	1	1
A_3	2	1	1

Max. Eigenwert: 3
Gew.-vektor: (0,2000; 0,4000; 0,4000)
Konsistenzwert: 0

Spediteure

	A_1	A_2	A_3
A_1	1	8	4
A_2	1/8	1	1/3
A_3	1/4	3	1

Max. Eigenwert: 3,0183
Gew.-vektor: (0,7167; 0,0782; 0,2051)
Konsistenzwert: 0,016

---

[87] Zu der für die Bestimmung des maximalen Eigenwertes erforderlichen Berechnung von Determinanten bei 4 x 4-Matrizen vgl. Horst, R.: (Mathematik), S. 191 ff.

Lieferpotential

	A_1	A_2	A_3
A_1	1	8	4
A_2	1/8	1	1/3
A_3	1/4	3	1

Max. Eigenwert: 3,0093
Gew.-vektor: (0,7166; 0,0783; 0,2051)
Konsistenzwert: 0,008

Bankdienstleistungsangebot

	A_1	A_2	A_3
A_1	1	3	3
A_2	1/3	1	1
A_3	1/3	1	1

Max. Eigenwert: 3
Gew.-vektor: (0,6000; 0,2000; 0,2000)
Konsistenzwert: 0

Fördermaßnahmen

	A_1	A_2	A_3
A_1	1	1/7	1/2
A_2	7	1	6
A_3	2	1/6	1

Max. Eigenwert: 3,0324
Gew.-vektor: (0,0905; 0,7583; 0,1512)
Konsistenzwert: 0,0279

Gewerbesteuerhebesatz

	A_1	A_2	A_3
A_1	1	6	4
A_2	1/6	1	1/3
A_3	1/4	3	1

Max. Eigenwert: 3,0536
Gew.-vektor: (0,6910; 0,0914; 0,2176)
Konsistenzwert: 0,0462

Abb. 4-7: Paarvergleichsurteile für die Alternativen und deren Auswertung

Entsprechende Beurteilungen und Berechnungen sind außerdem auch für die übergeordneten Ebenen vorzunehmen. Nachfolgend werden die Vergleichsurteile für die Zielkriterien (bezüglich der Unterziele) und die Unterziele (in bezug auf die oberste Zielsetzung) sowie die dafür jeweils berechneten Werte dargestellt.

Grundstück

	GG	GP	E
GG	1	1/3	4
GP	3	1	9
E	1/4	1/9	1

Max. Eigenwert: 3,0093
Gew.-vektor: (0,2499; 0,6813; 0,0688)
Konsistenzwert: 0,008

Arbeitskräfte

	AP	AM
AP	1	5
AM	1/5	1

Max. Eigenwert: 2
Gew.-vektor: (0,8333; 0,1667)
Konsistenzwert: 0

Versorgung und Verkehr

	VA	S	LP	BA
VA	1	7	5	9
S	1/7	1	1/4	3
LP	1/5	4	1	5
BA	1/9	1/3	1/5	1

Max. Eigenwert: 4,2314
Gew.-vektor: (0,6474; 0,0899; 0,2165; 0,0462)
Konsistenzwert: 0,0857

Öffentliche Hand

	FM	GH
FM	1	3
GH	1/3	1

Max. Eigenwert: 2
Gew.-vektor: (0,7500; 0,2500)
Konsistenzwert: 0

Oberziel: Optimaler Standort

	GS	AK	VV	ÖH
GS	1	1/8	1/3	2
AK	8	1	4	6
VV	3	1/4	1	5
ÖH	1/2	1/6	1/5	1

Max. Eigenwert: 4,1670
Gew.-vektor: (0,0871; 0,6238; 0,2281; 0,0610)
Konsistenzwert: 0,0619

Abb. 4-8: Paarvergleichsurteile für die Zielkriterien und die Unterziele sowie deren Auswertung

Da die Konsistenzwerte bei allen Paarvergleichsmatrizen der gesamten Hierarchie kleiner als 0,1 sind, kann von hinreichender Konsistenz ausgegangen werden.

Im fünften Schritt des AHP erfolgt die *Berechnung von Ziel- und Maßnahmenprioritäten für die gesamte Hierarchie*. Diese kann hier in ähnlicher Form vorgenommen werden wie bei der Nutzwertanalyse.[88] So ergibt sich der Beitrag, den die Alternative A_1 über das Kriterium "Grundstücksgröße" zur Erfüllung des Oberziels leistet, indem die lokale Priorität der Alternative (0,6738) mit den entsprechenden lokalen Prioritäten dieses Kriteriums (0,2499) sowie des zugehörigen Unterziels "Grundstück" (0,0871) multipliziert wird. Dieser Beitrag beträgt hier 0,0147. Indem entsprechende Werte der Alternative A_1 für alle Kriterien berechnet und dann addiert werden, läßt sich die globale Priorität dieser Alternative bestimmen. Sie ist zusammen mit den globalen Prioritäten N_{Ai} der anderen Alternativen nachfolgend angegeben:

---

[88] Dies ist in bezug auf die Zielkriterien nur möglich, weil diese jeweils lediglich mit einem Unterziel verbunden sind.

$N_{A1} = 0{,}172; \quad N_{A2} = 0{,}244; \quad N_{A3} = 0{,}584$

Die Alternative A_3 weist die höchste globale Priorität auf und ist damit relativ vorteilhaft.

Beurteilung

Auch die Beurteilung des AHP soll sich vorrangig auf den bei der Anwendung des Verfahrens entstehenden Aufwand und die beim Einsatz zu treffenden Annahmen beziehen.

Der Rechenaufwand ist im Vergleich zur Nutzwertanalyse hoch. Bei einer hohen Anzahl von Elementen in einer Ebene müssen Näherungsverfahren angewendet werden.[89]

Auch der Datenermittlungsaufwand ist relativ groß, da für alle Paare von Elementen einer jeden Ebene Vergleiche hinsichtlich eines jeden Elementes der nächsten übergeordneten Ebene durchzuführen sind.

In bezug auf diese Paarvergleiche wird angenommen, daß eine Messung auf Verhältnisskalenniveau möglich ist. Grundsätzlich resultieren daraus hohe Anforderungen an die Meßbarkeit. Allerdings wird die Messung durch die Verwendung der Neun-Punkte-Skala erleichtert, die es erlaubt, auch Attribute mit geringen oder unterschiedlichen Meßbarkeitsniveaus zu vergleichen.

Die Neun-Punkte-Skala selbst birgt aber einige Probleme in sich. Abweichend von der üblichen Definition einer Verhältnisskala existiert bei ihr kein natürlicher Nullpunkt.[90] Dies kann zu Fehlern bei der Abgabe der Paarvergleichsurteile führen.[91] Generell ist fraglich, inwieweit ein Entscheidungsträger zwischen den mit der Neun-Punkte-Skala verbundenen Aussagen wie "erheblich größere Bedeutung" (Skalenwert 5) sowie "sehr viel größere Bedeutung" (Skalenwert 7) differenzieren und dabei eventuell auch noch Zwischenwerte einbeziehen kann.[92] Schließlich führt die Neun-Punkte-Skala zu Inkonsistenzen der folgenden Form: Wird sowohl einem Element C_1 im Vergleich zu C_2 als auch C_2 im Vergleich zu C_3 der Skalenwert 7 zugeordnet, dann müßte die Priorität von C_1 gegenüber C_3 durch den Skalenwert 49 repräsentiert werden. Dies ist jedoch nicht möglich, da der Skalenwert 9 eine Obergrenze darstellt.[93]

Von hoher Relevanz ist beim AHP die Annahme, daß alle relevanten Alternativen berücksichtigt sind. Aufgrund der Durchführung von Paarvergleichen ist die mit dem AHP ermittelte Rangordnung von den vorhandenen Alternativen abhängig; eine nachträgliche Einbeziehung von Alternativen kann zu Veränderungen der Rangord-

---

[89] Zur Nutzung der EDV beim AHP vgl. Oeltjenbruns, H.; Kolarik, W.J.; Schnadt-Kirschner, R.: (Planung), S. 340 f.; Ossadnik, W.: (Controlling), S. 130 ff.
[90] Vgl. Belton, W.: (Comparison), S. 11.
[91] Vgl. Dyer, J.S.: (Remarks), S. 250.
[92] Vgl. Zimmermann, H.-J.; Gutsche, L.: (Multi-Criteria-Analyse), S. 91.
[93] Vgl. Lillich, L.: (Nutzwertverfahren), S. 77.

nung führen, die Rangordnung ist nicht stabil.[94] Das Resultat des AHP gilt damit nur für die Menge der zur Wahl stehenden Alternativen.

Für diesen Alternativensatz werden allerdings mit Hilfe der Eigenwertmethode - trotz etwaiger Ungenauigkeiten durch den Einsatz von Näherungsverfahren - die Präferenzen des Entscheidungsträgers relativ exakt berücksichtigt.[95] Dazu tragen auch die Konsistenzüberprüfungen bei, die wesentlicher Bestandteil des Verfahrens sind. Gegenüber der Nutzwertanalyse kann es sich bei der Strukturierung des Zielsystems als Vorteil erweisen, daß der Beitrag eines Zielkriteriums zur Erfüllung mehrerer Kriterien der übergeordneten Ebene abbildbar ist.

Die Bedingungen, die an die Unabhängigkeit der Bewertungen gestellt werden, sind in ähnlichem Maße einschränkend wie bei der Nutzwertanalyse. Allgemein ist das Vorgehen des AHP in bezug auf die Problemstrukturierung, die Gesamtnutzenfunktion, die Interpretation der Kriteriengewichte und die damit verbundene fehlende nutzentheoretische Fundierung dem der Nutzwertanalyse ähnlich.[96] Eine Kombination zwischen beiden Verfahren bietet sich insbesondere dahingehend an, daß der AHP im Rahmen der Nutzwertanalyse zur Zielkriteriengewichtung verwendet wird.

Generell ist der AHP über die Entscheidungsfindung bei Mehrzielproblemen hinaus vielfältig anwendbar, unter anderem zur Prognose zukünftiger Entwicklungen.[97] Im Rahmen des AHP lassen sich auch Unsicherheiten bezüglich zukünftiger Umweltzustände einbeziehen, indem eine Ebene mit verschiedenen möglichen Umweltzuständen bzw. Szenarien in der Hierarchie erfaßt wird.[98] Unsicherheiten bezüglich der in den Paarvergleichsurteilen ausgedrückten Präferenzen können mit Hilfe von Sensitivitätsanalysen untersucht werden.[99]

Wie bereits angedeutet, richtet sich ein Einwand gegen den AHP, ähnlich wie bei der Nutzwertanalyse, auf die fehlende nutzentheoretische Fundierung des Verfahrens. Die Gewichte stellen ebenfalls pauschale Aussagen über die Zielbedeutung dar. Es ist nicht sichergestellt, daß eine additive Gesamtnutzenfunktion vorliegt; insbesondere gilt für additive Gesamtnutzenfunktionen Intervallskalenniveau und nicht - wie hier unterstellt - Verhältnisskalenniveau.[100] Auf ein Verfahren mit nutzentheoretischer Fundierung wird im folgenden eingegangen.

---

[94] Vgl. Zimmermann, H.-J.; Gutsche, L.: (Multi-Criteria-Analyse), S. 91; Schneeweiß, C.: (Planung), S. 175; Nitzsch, R. von: (Entscheidung), S. 32 ff.
[95] Vgl. Schneeweiß, C.: (Planung), S. 174.
[96] SCHNEEWEIß sieht den AHP sogar als spezielle Form der Nutzwertanalyse an. Vgl. Schneeweiß, C.: (Planung), S. 157.
[97] Eine Reihe von Anwendungsbeispielen findet sich bei Saaty, T.L.; Vargas, L.G.: (Prediction), S. 11 ff.
[98] Vgl. Wind, Y.; Saaty, T.L.: (Marketing), S. 642 ff. sowie zur Szenario-Technik Götze, U.: (Szenario-Technik).
[99] Vgl. Oeltjenbruns, H.; Kolarik, W.J.; Schnadt-Kirschner, R.: (Planung), S. 340 f.
[100] Vgl. Nitzsch, R. von: (Entscheidung), S. 35 ff.; Zimmermann, H.-J.; Gutsche, L.: (Multi-Criteria-Analyse), S. 91. Zur Erreichung von Intervallskalenniveau beim AHP vgl. Lillich, L.: (Nutzwertverfahren), S. 82 f.

4.4 Multi-Attributive Nutzentheorie

Verfahrensdarstellung

Die Multi-Attributive Nutzentheorie (Multi Attribute Utility Theory bzw. MAUT) wurde ursprünglich für Mehrzielprobleme unter Unsicherheit entwickelt, läßt sich jedoch auch bei den hier unterstellten Sicherheitssituationen anwenden.[101] Für das Verfahren ist charakteristisch, daß ein Mehrzielproblem mit Hilfe kardinaler Nutzenfunktionen (Wertfunktionen, Präferenzfunktionen) gelöst wird, die auf Substitutionsraten zwischen den Attributen basieren.

Bei der MAUT werden den einzelnen Attributen entsprechend den Präferenzen des Entscheidungsträgers kardinale Nutzenfunktionen (im folgenden als Einzelnutzenfunktionen bezeichnet) zugeordnet.[102] Der Gesamtnutzen bzw. -wert N_M ergibt sich dann als Funktion der Einzelnutzen n_k, die den Ausprägungen a_k ($k = 1,...,K$) der Zielkriterien zugeordnet werden:[103]

$$N_M(a_1, a_2,...,a_K) = f(n_1(a_1), n_2(a_2),..., n_K(a_K))$$

Die Analyse einzelner Kriterien ermöglicht es, spezifische Werturteile für diese zu formulieren und Austauschverhältnisse zwischen ihnen explizit zu berücksichtigen.[104] Es wird angenommen, daß eine Substituierbarkeit zwischen den Kriterien besteht, d. h. alle Änderungen eines Zielkriteriums durch solche eines anderen ausgeglichen werden können. Dies erfordert, daß die Ausprägungen der Alternativen nahe beieinander liegen,[105] eine Voraussetzung, die vollständig nur bei einer unendlichen Anzahl von Alternativen gewährleistet sein kann. Weiterhin wird unterstellt, daß sich das Verhältnis der zu einem Nutzenausgleich führenden Nutzenveränderungen jeweils zweier Attribute (Substitutionsrate) quantifizieren läßt.

Die Bildung des Gesamtnutzens aus attributspezifischen Werten setzt voraus, daß die Attribute in bestimmter Weise unabhängig voneinander sind. Je nach Art der Unabhängigkeit lassen sich unterschiedliche Gesamtnutzenfunktionen anwenden.[106]

Bei den hier erörterten Mehrzielentscheidungen unter Sicherheit kann eine additive Gesamtnutzenfunktion der Form

---

[101] Bei sicheren Erwartungen wird auch von der Multi-Attributiven Werttheorie (MAVT: Multi-Attribute Value Theory) statt von der Multi-Attributiven Nutzentheorie gesprochen. Vgl. Weber, M.: (Entscheidungen), S. 85 f.; Jacquet-Lagréze, E.: (Concepts), S. 18.
[102] Bei einer Unsicherheitssituation muß bei der Bestimmung der Nutzenfunktion neben der Mehrzielkomponente auch die (Un)Sicherheitspräferenz einbezogen werden. Hierzu kann das BERNOULLI-Prinzip genutzt werden. Vgl. dazu Abschnitt 7.2.
[103] Vgl. Weber, M.: (Entscheidungen), S. 92; Keeney, R.L.; Raiffa, H.: (Decisions), S. 451.
[104] Vgl. Rischmüller, G.: (Entscheidungshilfeverfahren), S. 501.
[105] Vgl. Schneeweiß, C.: (Planung), S. 129.
[106] Vgl. Weber, M.: (Entscheidungen), S. 92 f.

$$N_M = \sum_{k=1}^{K} w_k \cdot n_k$$

mit: w_k = Gewichtungsfaktor für Zielkriterium k

verwendet werden,[107] falls neben der Substituierbarkeit der Attribute gilt, daß:[108]

- sich für die Alternativen eine schwache Ordnung bilden läßt,[109]
- die Attribute vom Entscheidungsträger als gegenseitig präferenzunabhängig angesehen werden.

Gegenseitige Präferenzunabhängigkeit liegt vor, wenn für jede Teilmenge der Menge aller Attribute gilt, daß die Präferenzeinschätzungen bezüglich der Ausprägungen der Attribute der Teilmenge unabhängig von den Ausprägungen der restlichen Attribute des Zielsystems sind.

Im folgenden wird davon ausgegangen, daß die aufgeführten Bedingungen erfüllt sind, und allein die oben dargestellte additive Form einer Nutzenfunktion analysiert. Diese entspricht der bei der Nutzwertanalyse dargestellten Aggregationsregel; generell ähnelt das Vorgehen der MAUT dem der Nutzwertanalyse. Im Unterschied zur Nutzwertanalyse werden allerdings bei der MAUT die oben angegebenen nutzentheoretischen Bedingungen für das Vorliegen einer additiven Nutzenfunktion berücksichtigt. Zudem werden sowohl die Einzelnutzenfunktionen n_k als auch die Gewichtungsfaktoren w_k durch Attributevergleiche und damit in konsistenter Form ermittelt.

Ein Mehrzielproblem bei Sicherheit kann mit der MAUT in der nachstehend angegebenen Schrittfolge gelöst werden:[110]

1. Auswahl der Attribute bzw. Kriterien,
2. Untersuchung der Unabhängigkeit der Kriterien voneinander,
3. Bestimmung der Einzelnutzenfunktionen für die einzelnen Attribute,
4. Ermittlung der Gewichtungsfaktoren für die Kriterien,
5. Berechnung des Gesamtnutzens der Alternativen.

Im ersten Schritt wird bei der *Auswahl der Attribute* das Oberziel hierarchisch in Unterziele aufgespalten. Die unterste Zielebene enthält die Attribute, mit denen die

---

[107] Bei Gültigkeit schwächerer Unabhängigkeitsbedingungen und in bestimmten Risikosituationen können anstelle der additiven Funktion multiplikative und andere Formen von Nutzenfunktionen angewendet werden. Zu diesen Nutzenfunktionen und den Voraussetzungen, die jeweils bei ihrer Anwendung gelten müssen, vgl. Weber, M.: (Entscheidungen), S. 96 ff.; French, S.: (Decision), S. 184 ff.; Rischmüller, G.: (Entscheidungshilfeverfahren), S. 505 ff.; Farquhar, P.H.: (Survey), S. 65 ff.

[108] Vgl. Schneeweiß, C.: (Planung), S. 129 f.; Schneeweiß, C.: (Kostenwirksamkeitsanalyse), S. 15; French, S.: (Decision), S. 119 f.

[109] Zu einer schwachen Ordnung vgl. Abschnitt 4.1.

[110] Vgl. Weber, M.: (Entscheidungen), S. 107; Hildenbrand, K.: (Risikoanalyse), S. 237 f.; Rischmüller, G.: (Entscheidungshilfeverfahren), S. 501; Moog, H.: (Investitionsplanung), S. 57.

Zielerreichung gemessen wird.[111] Bei diesen kann es sich sowohl um quantitative als auch um qualitative, nur subjektiv bewertbare Kriterien handeln. Falls qualitative Kriterien vorliegen, stellt sich allerdings das Problem der Messung. Es ist in Abhängigkeit von der Art des Attributs eine Meßskala zu wählen;[112] eine allgemein anwendbare Skala wird im Gegensatz zum AHP nicht vorgeschlagen.

Der zweite Schritt dient der *Untersuchung der Unabhängigkeit der Kriterien voneinander*. Die Präferenzunabhängigkeit ist Voraussetzung für die Aggregation von attributbezogenen Nutzenwerten (Einzelnutzenwerten) zu einem Gesamtwert. Bei einer additiven Gesamtnutzenfunktion wird - wie erwähnt - gegenseitige Präferenzunabhängigkeit unterstellt. Diese ist für das vorliegende System von Attributen und ihren Ausprägungen nachzuweisen.[113]

Im dritten Schritt erfolgt die *Bestimmung der Einzelnutzenfunktionen n_k für die einzelnen Attribute k*. Diese ordnen den Ausprägungen der Attribute kardinale Nutzengrößen zu.[114] Es sind als Basis für die Bestimmung der Einzelnutzenfunktionen also auch die relevanten Ausprägungen a_k der Attribute zu ermitteln. Bei der Bestimmung der Einzelnutzenfunktionen findet jeweils eine Normierung der n_k-Werte auf das Intervall [0;1] statt, z. B. indem der ungünstigsten Ausprägung a_k^0 der Einzelnutzen Null ($n_k(a_k^0) = 0$) und der günstigsten Ausprägung a_k^1 der Einzelnutzen Eins ($n_k(a_k^1) = 1$) zugeordnet wird.[115]

Die Einzelnutzenfunktionen können unterschiedliche Verläufe aufweisen, z. B. lineare, konkave oder konvexe. Ihr Verlauf kann mit Hilfe von Befragungen nach dem sogenannten Medianverfahren (auch Midvalue-Splitting-Technik genannt) festgelegt werden.[116] Dazu wird für ein Attribut C_1 auf der Basis von a_1^0 und a_1^1 ein "Mittelwert" $a_1^{0,5}$ bestimmt, für den gilt, daß der Nutzenzuwachs von a_1^0 nach $a_1^{0,5}$ genauso groß ist wie der von $a_1^{0,5}$ nach a_1^1. Dieser Ausprägung $a_1^{0,5}$ ist ein Einzelnutzen von 0,5 zugeordnet ($n_1(a_1^{0,5}) = 0,5$). Zur Ermittlung von $a_1^{0,5}$ wird ein zweites Attribut C_2 herangezogen.[117] Dessen Ausprägung ist - ausgehend von einem Niveau a_2' - in sukzessiven Befragungen so zu variieren, daß eine Veränderung Δa_2 identifiziert

---

[111] Vgl. Rischmüller, G.: (Entscheidungshilfeverfahren), S. 503.
[112] Vgl. Keeney, R.L.; Raiffa, H.: (Decisions), S. 40 f.
[113] Vgl. Schneeweiß, C.: (Planung), S. 132; Keeney, F.L.; Raiffa, H.: (Decisions), S. 114 ff. Ähnlich wie bei der Nutzwertanalyse wird es als ausreichend angesehen, wenn die gegenseitige Präferenzunabhängigkeit annähernd erfüllt ist. Vgl. Schneeweiß, C.: (Planung), S. 132.
[114] Sie weisen damit Ähnlichkeit mit den Transformationsfunktionen der Nutzwertanalyse auf. Vgl. Abschnitt 4.2.
[115] Vgl. Keeney, R.L.; Raiffa, H.: (Decisions), S. 120; Schneeweiß, C.: (Beispiele), S. 52. Es ist dabei unterstellt, daß die entsprechende Zielgröße maximiert werden soll.
[116] Vgl. Weber, M.: (Entscheidungen), S. 108 f.; Keeney, R.L.; Raiffa, H.: (Decisions), S. 120 f.
[117] Die anderen Attribute können vernachlässigt werden, da gegenseitige starke Präferenzunabhängigkeit unterstellt wird. Vgl. Schneeweiß, C.: (Beispiele), S. 52.

wird, die sowohl dem Übergang von a_1^0 nach $a_1^{0,5}$ als auch dem Schritt von $a_1^{0,5}$ nach a_1^1 gleichwertig ist.

Es müssen demgemäß für $a_1^{0,5}$ die folgenden Indifferenzurteile gelten:[118]

$(a_1^0, a_2^{'}) \sim (a_1^{0,5}, a_2^{'} - \Delta a_2)$

$(a_1^{0,5}, a_2^{'}) \sim (a_1^1, a_2^{'} - \Delta a_2)$

Das Vorgehen läßt sich auch durch die folgende Abbildung veranschaulichen.

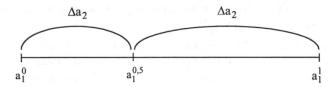

Abb. 4-9: Nutzenmessung mittels Attributevergleich[119]

In weiteren Befragungsschritten ist es möglich, für die Teilintervalle $[a_1^0; a_1^{0,5}]$ und $[a_1^{0,5}; a_1^1]$ ebenfalls Medianwerte ($a_1^{0,25}$ und $a_1^{0,75}$) zu bestimmen. Die dann vorliegenden Werte reichen häufig bereits aus, um die Einzelnutzenfunktion n_1 zu approximieren - vor allem, falls deren Typ bekannt ist (z. B. lineare Funktion). Es lassen sich aber auch noch weitere Werte der Einzelnutzenfunktion n_1 in der gleichen Weise berechnen.[120] Ein Beispiel für die Bestimmung einer Einzelnutzenfunktion zeigt Abbildung 4-10.

In analoger Form, wie hier für Attribut 1 gezeigt, können auch für die übrigen Kriterien Einzelnutzenfunktionen (n_2, ..., n_k) ermittelt werden. Dabei ist es jeweils möglich, eine Konsistenzüberprüfung der Aussagen vorzunehmen; z. B. läßt sich der Wert $a_1^{0,5}$ durch Ermittlung des Medianwertes für das Intervall $[a_1^{0,25}; a_1^{0,75}]$ überprüfen,[121] und es kann eine mehrfache Bestimmung einer Einzelnutzenfunktion mit Hilfe unterschiedlicher anderer Attribute erfolgen.

---

[118] Vgl. Schneeweiß, C.: (Planung), S. 134.
[119] Quelle: Schneeweiß, C.: (Planung), S. 133.
[120] Vgl. Keeney, R.L.; Raiffa, H.: (Decisions), S. 120.
[121] Vgl. Weber, M.: (Entscheidungen), S. 109; Keeney, R.L.; Raiffa, H.: (Decisions), S. 121.

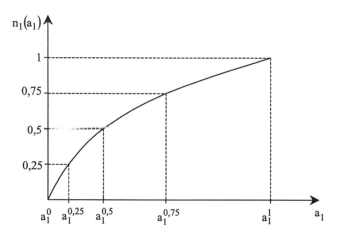

Abb. 4-10: Bestimmung einer Einzelnutzenfunktion[122]

Gegebenenfalls sind auch zur Lösung eines Mehrzielproblems vollständige Einzelnutzenfunktionen gar nicht erforderlich; dies gilt dann, wenn es ausreicht, die Einzelnutzenwerte für die Ausprägungen der relevanten Alternativen zu bestimmen.

Der vierte Schritt besteht in der *Ermittlung der Gewichtungsfaktoren für die Kriterien*. Hierbei werden zunächst Verhältnisse zwischen den Gewichtungs- bzw. Skalenfaktoren jeweils zweier Attribute berechnet, die sich als Substitutionsraten interpretieren lassen. Dies kann unter Nutzung der bei der Bestimmung der Einzelnutzenfunktionen abgegebenen Indifferenzurteile erfolgen.[123]

Zur Erläuterung des Vorgehens sei zunächst der Fall zweier Zielgrößen betrachtet (K=2). Die hier unterstellte lineare bzw. additive Gesamtnutzenfunktion lautet dann:

$$N_M = w_1 \cdot n_1 + w_2 \cdot n_2$$

Für ein bestimmtes Nutzenniveau $\bar{N}_M$ gilt die Gleichung

$$\bar{N}_M = w_1 \cdot n_1 + w_2 \cdot n_2$$

Diese Beziehung läßt sich graphisch in einem n_1/n_2-Diagramm darstellen. Es liegt eine Gerade vor, die die Nutzenkombinationen n_1 und n_2 repräsentiert, welche zum gleichen Gesamtnutzen $\bar{N}_M$ führen. Diese kann als Indifferenzgerade interpretiert werden. Sie ist zusammen mit weiteren Indifferenzgeraden, die andere Nutzenniveaus verkörpern, in Abbildung 4-11 dargestellt.

---

[122] Quelle: in modifizierter Form übernommen von Schneeweiß, C.: (Beispiele), S. 52.

[123] Die Gewichtungsfaktoren lassen sich alternativ auch mit Hilfe weiterer Paarvergleiche zwischen den Alternativen bestimmen. Dabei kann für zwei Attribute C_1 und C_2, von denen C_1 das "wertvollere" ist, gefragt werden, welche Ausprägungsverschlechterung bei C_1 durch die Verbesserung von der minimalen zur maximalen Ausprägung bei C_2 gerade kompensiert wird. Der Betrag der korrespondierenden Nutzenveränderung bei C_1, die sich aus der Nutzenfunktion ablesen läßt, stellt das Verhältnis des Gewichtungsfaktors w_2 zu w_1 dar. Vgl. Schneeweiß, C.: (Planung), S. 136 ff.; Schneeweiß, C.: (Beispiele), S. 52.

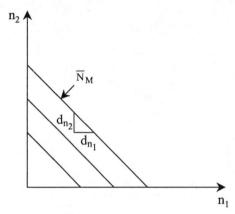

Abb. 4-11: Indifferenzgeraden[124]

Die Steigung $\frac{dn_2}{dn_1}$ der Geraden entspricht der Substitutionsrate zwischen n_1 und n_2. Sie gibt an, um wieviel Einheiten n_2 verringert werden muß, um mit einer zusätzlichen Einheit von n_1 den gleichen Nutzen zu erhalten.[125] Die Steigung bzw. Substitutionsrate läßt sich aus der Bestimmungsgleichung der Indifferenzgerade ableiten. Es gilt:

$$\frac{dn_2}{dn_1} = -\frac{w_1}{w_2}$$

Die Substitutionsrate entspricht damit dem negativen reziproken Quotienten der Gewichtungsfaktoren zweier Attribute. Für die Beziehung zwischen zwei Attributen gilt daher auch:[126]

$$|\Delta n_2| \cdot w_2 = |\Delta n_1| \cdot w_1$$

Die Wertveränderungen Δn_1 und Δn_2 können aus den Indifferenzurteilen hergeleitet werden, die bei der Bestimmung der Medianwerte abgegeben worden sind:

$$(a_1^0, a_2^{'}) \sim (a_1^{0,5}, a_2^{'} - \Delta a_2)$$
$$(a_1^{0,5}, a_2^{'}) \sim (a_1^1, a_2^{'} - \Delta a_2)$$

Der Saldo Δn_1 zwischen $n_1(a_1^0)$ und $n_1(a_1^{0,5})$ ist bekannt: $\Delta n_1 = 0,5$. Die Einzelnutzendifferenz Δn_2 zwischen $n_2(a_2^{'})$ und $n_2(a_2^{'} - \Delta a_2)$ läßt sich aus der Einzelnutzenfunktion $n_2(a_2)$ ableiten. Die Veränderungen Δn_1 und Δn_2 können nun in die oben

---

124 Quelle: Schneeweiß, C.: (Planung), S. 140.
125 Vgl. Jacquet-Lagréze, E.: (Concepts), S. 20; Schneeweiß, C.: (Planung), S. 139 f.
126 Vgl. Schneeweiß, C.: (Planung), S. 139 f.

angegebene Beziehung eingesetzt werden, woraus sich ein numerisches Verhältnis zwischen den Gewichtungsfaktoren w_1 und w_2 ergibt.

$$w_1 = \frac{|\Delta n_2|}{|\Delta n_1|} \cdot w_2$$

Das hier dargestellte Vorgehen läßt sich aufgrund der gegenseitigen Präferenzunabhängigkeit auf den Fall mehrerer Zielgrößen übertragen. Es ist dann in gleicher Weise möglich, auch Relationen zwischen w_1 und den übrigen Gewichtungsfaktoren (w_3, ..., w_K) zu bestimmen.

Da die Bedingung

$$\sum_{k=1}^{K} w_k = 1$$

gilt, kann mit diesen Verhältnissen ein Gleichungssystem formuliert werden, dessen Lösung die gesuchten Gewichtungsfaktoren w_k darstellen.[127]

Im fünften Schritt erfolgt die *Berechnung des Gesamtnutzens der Alternativen*. Dazu sind die Ausprägungen der Alternativen mit Hilfe der Einzelnutzenfunktionen in Einzelnutzenwerte umzurechnen und anschließend unter Berücksichtigung der Gewichtungsfaktoren gemäß der additiven Nutzenfunktion zu aggregieren. Maximal läßt sich ein Gesamtnutzen von 1 erreichen. Es gelten die folgenden Vorteilhaftigkeitsregeln:

> Ein Investitionsobjekt ist absolut vorteilhaft, wenn sein Gesamtnutzen größer ist als ein vorzugebender Grenzwert.
> Relativ vorteilhaft ist ein Investitionsobjekt, wenn sein Gesamtnutzen größer ist als der eines jeden anderen zur Wahl stehenden Objektes.

Beispiel

Es wird das in den vorigen Abschnitten betrachtete Beispiel zur Beurteilung der relativen Vorteilhaftigkeit von Standortalternativen aufgegriffen und unterstellt, daß die für die Existenz einer additiven Nutzenfunktionen erforderlichen Voraussetzungen gelten.[128]

Bei der *Auswahl der Attribute*, dem ersten Schritt, kann auf den oben angegebenen Zielkriterienkatalog zurückgegriffen werden. Bei der MAUT dienen die Kriterien der untersten Ebene als Indikatoren für die Analyse der Zielerreichung.[129] Aus

---

[127] Vgl. Keeney, R.L.; Raiffa, H.: (Decisions), S. 122 f.; Schneeweiß, C.: (Planung), S. 138; Schneeweiß, C.: (Beispiele), S. 52; Eisenführ, F.; Weber, M.: (Entscheiden), S. 124 ff.
[128] Vgl. die Abschnitte 4.2 und 4.3.
[129] Die zweite Ebene der Ziele (hier vier Attribute) wird bei der MAUT lediglich zur Konkretisierung des Oberziels genutzt.

Komplexitätsgründen sollen hier nur vier der elf Kriterien der untersten Ebene berücksichtigt werden, jeweils eines aus jeder Kriteriengruppe.

Es wird unterstellt, daß allein die Attribute "Grundstücksgröße (GG)" (in m^2), "Arbeitskräftepotential (AP)", "Spediteure (S)" und "Gewerbesteuerhebesatz (GH)" (in %) relevant sind. Das "Arbeitskräftepotential" wird anhand der verfügbaren Facharbeiter und das Kriterium "Spediteure" anhand der Zahl der in der Umgebung ansässigen Spediteure gemessen.

Für die Standortalternativen A_1, A_2, A_3 ergeben sich folgende Daten:

Alternative	GG	AP	S	GH
A_1	60.000	800	15	350
A_2	42.500	1.100	12	250
A_3	35.000	1.300	25	450

Im zweiten Schritt erfolgt die *Untersuchung der Unabhängigkeit der Kriterien voneinander*. Hier wird angenommen, daß gegenseitige Präferenzunabhängigkeit für die Kriterien zutrifft und eine additive Nutzenfunktion anwendbar ist.

Die Schritte 3 und 4 - *Bestimmung der Einzelnutzenfunktionen n_k und der Gewichtungsfaktoren w_k* - können aufgrund der oben angesprochenen Zusammenhänge gemeinsam dargestellt werden.

Aus den angegebenen Daten lassen sich die minimalen und maximalen Ausprägungen der Kriterien ablesen. Ihnen können die Einzelnutzenwerte von 0 und 1 zugeordnet werden, wobei zu beachten ist, daß bei einer zu minimierenden Zielgröße der geringste Wert den Einzelnutzen von Eins erhält:

n_1 (35.000) = 0 n_1 (60.000) = 1
n_2 (800)   = 0 n_2 (1.300) = 1
n_3 (12)   = 0 n_3 (25)   = 1
n_4 (450)   = 0 n_4 (250)   = 1

Weiterhin soll davon ausgegangen werden, daß die Einzelnutzenfunktion für Attribut C_1 (Grundstücksgröße) mit Hilfe des Medianverfahrens und entsprechender Indifferenzurteile ermittelt worden ist. Die folgende Abbildung zeigt diese Einzelnutzenfunktion. In dieser Nutzenfunktion bewirkt ein Ansteigen der Grundstücksgröße von 35.000 m^2 ausgehend zunächst relativ hohe Nutzenzuwächse; ab 42.500 m^2 ist der Nutzenzuwachs geringer.

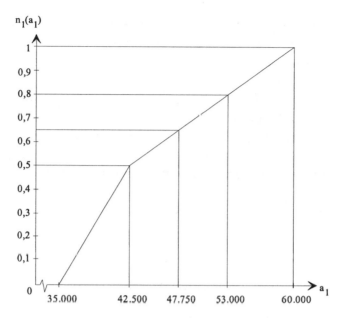

Abb. 4-12: Einzelnutzenfunktion für das Attribut "Grundstücksgröße"

Die Bestimmung der Einzelnutzenfunktion für das zweite Attribut soll nun ebenfalls mit Hilfe der Median-Technik erfolgen. Es wird zunächst die Ausprägung $a_2^{0,5}$ gesucht, die zu einem Einzelnutzen von 0,5 führt. Zur Ermittlung dieser Ausprägung ist ein anderes Kriterium heranzuziehen; hier wird das erste gewählt. Ausgehend von dem Wert $a_1' = 42.500$ wird nun gefragt, welche Veränderung Δa_1 dem Übergang sowohl von a_2^0 zum gesuchten $a_2^{0,5}$ als auch von diesem zu a_2^1 gleichwertig ist. Eine Befragung der Entscheidungsträger hat ergeben, daß dies für eine Verringerung $\Delta a_1 = 7.500$ gilt, wie die nachfolgenden Indifferenzurteile zeigen:[130]

$(a_1', a_2^0) \sim (a_1' - \Delta a_1, a_2^{0,5}) \implies (42.500, 800) \sim (35.000, 1.100)$

$(a_1', a_2^{0,5}) \sim (a_1' - \Delta a_1, a_2^1) \implies (42.500, 1.100) \sim (35.000, 1.300)$

Damit gilt: $n_2(1.100) = 0,5$, die gesuchte Ausprägung $a_2^{0,5}$ ist mit 1.100 gefunden. Da nun bereits die Einzelnutzenwerte für alle Ausprägungen der drei Alternativen bekannt sind, ist eine weitere Analyse der Einzelnutzenfunktion n_2 nicht erforderlich.

Aus den Indifferenzurteilen kann auch das Verhältnis der Gewichtungsfaktoren w_1 und w_2 abgeleitet werden. Für das erste Kriterium beträgt die Einzelnutzendifferenz (zwischen 42.500 und 35.000) $\Delta n_1 = 0,5$, wie sich aus der graphischen Darstel-

---

[130] Aufgrund der gegenseitigen Präferenzunabhängigkeit können die Ausprägungen des dritten und des vierten Kriteriums vernachlässigt werden.

lung der Wertfunktion n_1 (Abbildung 4-12) ablesen läßt. Die dadurch kompensierte Nutzendifferenz beim zweiten Attribut Δn_2 ist ebenfalls 0,5. Damit gilt:

$|\Delta n_2| \cdot w_2 = |\Delta n_1| \cdot w_1$
$0,5 \cdot w_2 = 0,5 \cdot w_1$
$w_2 = w_1$

Das erste und das zweite Kriterium werden gleich gewichtet.

Zur Ermittlung der Einzelnutzenfunktion n_3 und des Gewichtungsfaktors w_3 wird wiederum das erste Kriterium herangezogen. Es mögen die folgenden Indifferenzurteile für Ausprägungen des ersten und des dritten Kriteriums gelten:

(53.000, 12) ~ (42.500, 17)
(53.000, 17) ~ (42.500, 25)

Das bedeutet:

$n_3(17) = 0,5$

Für das Verhältnis der Gewichtungsfaktoren w_1 und w_3 gilt damit:

$|\Delta n_3| \cdot w_3 = |\Delta n_1| \cdot w_1$
$0,5 \cdot w_3 = 0,3 \cdot w_1$
$w_3 = 0,6 \cdot w_1$

Um den Einzelnutzen von $a_3 = 15$ zu ermitteln, der für die Beurteilung der ersten Alternative notwendig ist, müssen weitere Indifferenzurteile abgegeben werden, in die diese Ausprägung einbezogen wird:[131]

(47.750, 12) ~ (42.500, 15)
(47.750, 15) ~ (42.500, 17)

Es gilt demnach:

$n_3(15) = 0,25$

Die Bestimmung der Einzelnutzenfunktion n_4 und des Verhältnisses zwischen w_4 und w_1 soll hier nicht dargestellt werden. Es wird davon ausgegangen, daß der relevante Wert $a_4 = 350$ einen Einzelnutzen $n_4(350)$ in Höhe von 0,5 bewirkt. Das Verhältnis von w_4 zu w_1 sei: $w_4 = 0,4 \cdot w_1$.

Es liegen nun alle relevanten Einzelnutzenfunktionen bzw. -funktionswerte vor. Mit Hilfe der Normierungsbedingung

$w_1 + w_2 + w_3 + w_4 = 1$

können zudem die Gewichtungsfaktoren berechnet werden. Es gilt:

$w_1 = \frac{1}{3} \qquad w_2 = \frac{1}{3} \qquad w_3 = \frac{1}{5} \qquad w_4 = \frac{2}{15}$

---

[131] Zur Überprüfung der Konsistenz der Angaben könnten die Gewichtungsfaktoren w_1 und w_3 noch einmal auf der Basis dieser Indifferenzurteile ermittelt werden.

Im fünften Schritt erfolgt die *Berechnung der Gesamtnutzen N_M der Alternativen*. Diese ergeben sich gemäß der folgenden additiven Gesamtnutzenfunktion:

$$N_M = \frac{1}{3} \cdot n_1(a_1) + \frac{1}{3} \cdot n_2(a_2) + \frac{1}{5} \cdot n_3(a_3) + \frac{2}{15} \cdot n_4(a_4)$$

Durch Einsetzen der Ausprägungen der Alternativen lassen sich die folgenden Gesamtnutzen für diese ermitteln:

Alternative	A_1	A_2	A_3
Gesamtnutzen	9/20	7/15	8/15

Damit ist die Standortalternative A_3 relativ vorteilhaft.

Beurteilung

Das Vorgehen der MAUT ähnelt dem der Nutzwertanalyse sehr; bei Nutzung einer additiven Gesamtnutzenfunktion stimmt es diesbezüglich auch mit dem AHP überein. Es handelt sich jedoch im Vergleich zu diesen bei der MAUT um ein nutzentheoretisch besser fundiertes Verfahren, in dessen Rahmen Einzelnutzenfunktionen und Kriteriengewichte in konsistenter Form und unter Beachtung der Voraussetzungen ermittelt werden, die bei einer bestimmten Art von Gesamtnutzenfunktion gelten müssen.[132] Bei einer additiven Gesamtnutzenfunktion sind dies - wie erwähnt - die Existenz einer schwachen Ordnung, die Substituierbarkeit und die gegenseitige Präferenzunabhängigkeit. Die Substituierbarkeit zwischen den Kriterien bedingt, wie erwähnt, daß die Ausprägungen der Alternativen nahe beieinander liegen; dies kann aber vollständig nur im unrealistischen Fall einer unendlichen Anzahl von Alternativen gegeben sein. Weiterhin wird unterstellt, daß das Verhältnis der zu einem Nutzenausgleich führenden Nutzenveränderungen jeweils zweier Attribute quantifiziert werden kann.

Dies sind relativ strenge Voraussetzungen, die nicht in allen Entscheidungssituationen erfüllt sein werden und zum Teil hohe Anforderungen an den Entscheidungsträger stellen.[133] In der Realität werden nur endlich viele Alternativen vorliegen, so daß eine Substituierbarkeit strenggenommen nicht gegeben ist. Der Entscheidungsträger ist dann bei der Angabe von Substitutionsraten gezwungen, hypothetische Alternativen einzubeziehen.[134]

Die Forderung nach gegenseitiger Präferenzunabhängigkeit - bei einer additiven Gesamtnutzenfunktion - engt den Anwendungsbereich der MAUT gegenüber der Nutzwertanalyse und dem AHP ein, da bei diesen nur schwächere Unabhängigkeits-

---

[132] Vgl. Schneeweiß, C.: (Planung), S. 148.
[133] Zu einem auf der MAUT basierenden Verfahren, das auf eine verbesserte Strukturierung des Zielsystems abzielt und damit auch zu einer Verringerung der Anforderungen an die Entscheidungsträger beitragen soll, vgl. Nitzsch, R. von: (Entscheidung), S. 111 ff.
[134] Vgl. Schneeweiß, C.: (Planung), S. 149.

bedingungen gefordert werden. Zudem ist es aufwendig und schwierig, die gegenseitige Präferenzunabhängigkeit zu überprüfen.[135] Allerdings kann die MAUT auch bei Gültigkeit schwächerer Unabhängigkeitsbedingungen nutzentheoretisch fundiert angewendet werden, wobei dann jedoch andere Formen von Gesamtnutzenfunktionen verwendet werden müssen.

Bei der MAUT stellt die Datenermittlung ein besonders gravierendes Problem dar. Sowohl die Einzelnutzenfunktionen als auch die Gewichtungsfaktoren werden mit Hilfe von Indifferenzurteilen ermittelt. Damit ist ein hoher Aufwand verbunden, der einen Nachteil des Verfahrens darstellt.[136]

Die Verhältnisse der Gewichte der Attribute können als Substitutionsraten zwischen Skaleneinheiten der Kriterien interpretiert werden. Dies setzt allerdings die Nutzung einer Intervallskala zur Messung der Einzelnutzenwerte bei allen Attributen voraus. Besonders bei qualitativen Attributen ist es aber schwierig, eine geeignete Skala festzulegen. Im Zusammenhang mit der Messung stellt sich auch die Frage, welchen Ausprägungen jeweils die Einzelnutzenwerte Eins und Null zugeordnet werden. Neben der schlechtesten und der besten Ausprägung der vorliegenden Alternativen (wie im Beispiel) lassen sich zur Normierung auch andere Werte nutzen (z. B. beste oder schlechteste vorstellbare Werte, Grenzwerte).[137]

Eine Konsistenzüberprüfung der Einschätzungen ist - wie oben aufgezeigt - bei der MAUT ebenfalls möglich. Sie ist zwar im Verfahrensablauf nicht so fest verankert wie beim AHP, erscheint aber angesichts der Vielzahl subjektiver Beurteilungen vorteilhaft. Die Auswirkungen der vorgenommenen, möglicherweise fehlerhaften Einschätzungen können zudem mit Hilfe von Sensitivitätsanalysen untersucht werden.[138]

Die Unsicherheit bezüglich zukünftiger Umweltzustände läßt sich bei der MAUT explizit berücksichtigen - wie erwähnt ist das Verfahren ursprünglich für Unsicherheitssituationen entwickelt worden.

Im Vergleich zum AHP kann es als Vorteil der MAUT angesehen werden, daß sie immer zu einer stabilen Rangordnung der Alternativen führt.

Die MAUT stellt ein nutzentheoretisch fundiertes Verfahren zur Entscheidungsfindung bei mehreren Zielgrößen dar. Die Fundierung ist ein Vorteil gegenüber der Nutzwertanalyse und dem AHP, dem allerdings die strengen Anwendungsvoraussetzungen und der hohe Datenermittlungsaufwand entgegenstehen. Von weit schwächeren Voraussetzungen geht das nachfolgend beschriebene Verfahren PROMETHEE aus.

---

[135] Vgl. Farquhar, P.H.: (Survey), S. 80.
[136] Vgl. Moog, H.: (Investitionsplanung), S. 59.
[137] Vgl. Belton, V.: (Comparison), S. 13.
[138] Vgl. Farquhar, P.H.: (Survey), S. 80.

4.5 PROMETHEE

Verfahrensdarstellung

PROMETHEE (**P**reference **R**anking **O**rganisation **M**ethod for **E**nrichment **E**valuations) zählt - neben ELECTRE[139] und ORESTE[140] - zu den Outranking-Verfahren (Prävalenzverfahren). Da die Philosophie, auf der diese basieren, sich von den entsprechenden Grundlagen der klassischen Methoden unterscheidet, soll sie im folgenden kurz beschrieben werden.

Ausgangspunkt ist der Gedanke, daß Entscheidungsträger häufig nicht - wie bei den klassischen Methoden unterstellt - über genaue, vollständige und widerspruchsfreie Informationen verfügen, die es ermöglichen, zumindest eine schwache Ordnung zu bilden und damit die optimale(n) Alternative(n) zu bestimmen.[141] Wie in den vorigen Abschnitten dargestellt, impliziert diese Annahme der klassischen Verfahren unter anderem, daß (a) eine vollständige Kompensierbarkeit zwischen den Attributen vorliegt und (b) in bezug auf ein Attribut eindeutig beurteilt werden kann, ob zwischen zwei Alternativen Indifferenz oder (strenge) Präferenz besteht. Diese Voraussetzungen sind aber bei Mehrzielproblemen häufig nicht gegeben.

An diesem Punkt setzen die Outranking-Verfahren an. Bei PROMETHEE beispielsweise werden für die Beurteilung zweier Alternativen hinsichtlich eines Kriteriums neben der strengen Präferenz und der Indifferenz auch abgestufte Präferenzeinschätzungen zugelassen. Dabei können Schwellenwerte einbezogen werden, die angeben, ab welchen Unterschieden hinsichtlich der Ausprägung eines Kriteriums eine Präferenz besteht. Daneben soll mit den Outranking-Verfahren eine Unvergleichbarkeit von Alternativen, die aus der unvollständigen Kompensierbarkeit resultieren kann, berücksichtigt werden. Da Unvergleichbarkeit von Alternativen möglich ist, wird bei den Outranking-Verfahren oft keine starke oder schwache Ordnung gebildet. In diesen Fällen läßt sich keine vollständige Rangfolge angeben. Die Bestimmung einer optimalen Alternative ist aber auch nicht der Zweck der Outranking-Verfahren. Sie sollen vielmehr eine problemadäquate Entscheidungshilfe bieten und dazu beitragen, daß einige gute Alternativen identifiziert werden.

Zur differenzierten Beschreibung von Präferenzsituationen[142] verwenden die Outranking-Verfahren eine graduelle Relation, die sog. Outranking-Relation (Prävalenzrelation). Diese gibt den Prävalenzgrad bzw. die Glaubwürdigkeit π_{ij} dafür an,

---

[139] Zu ELECTRE vgl. Hwang, C.-L.; Yoon, K.: (Attribute), S. 115 ff.; Zimmermann, H.-J.; Gutsche, L.: (Multi-Criteria-Analyse), S. 207 ff.; Hildenbrand, K.: (Risikoanalyse), S. 224 ff.; Roy, B.: (Approach), S. 155 ff.; Winkels, H.M.: (Weiterentwicklungen), S. 401 ff.
[140] Zu ORESTE vgl. Roubens, M.: (Preference), S. 51 ff.; Pastijn, H.; Leysen, J.: (Outranking), S. 1255 ff.; Schneeweiß, C.: (Planung), S. 327 ff.
[141] Vgl. Abschnitt 4.1.
[142] Zu einer Unterscheidung zwischen vier Präferenzsituationen (strikte Präferenz, schwache Präferenz, Indifferenz und Unvergleichbarkeit), die zur Charakterisierung von Outranking-Verfahren genutzt wird, vgl. Roy, B.: (Selektieren), S. 468; Zimmermann, H.-J.; Gutsche, L.: (Multi-Criteria-Analyse), S. 205 f.

daß der Entscheidungsträger Alternative i mindestens so gut wie Alternative j einschätzt.[143] Sie ist für jedes mögliche Alternativenpaar zu formulieren. Paarvergleiche zwischen den Alternativen sind - wie beim AHP - ein wesentliches Merkmal von Outranking-Verfahren, so daß diese ebenfalls primär zur Beurteilung der relativen Vorteilhaftigkeit geeignet sind.

Die Auswertung der Outranking-Relation soll die Lösung eines Problems ermöglichen, wobei die Problemstellung vor allem im Selektieren, Sortieren oder Ordnen von Alternativen bestehen kann.[144]

PROMETHEE ist primär für die Aufgabenstellung des Ordnens entwickelt worden. Es wird dementsprechend angestrebt, eine Rangfolge in Form einer sogenannten Präordnung für einige oder alle Alternativen zu bilden. Eine Präordnung ist eine spezifische Ordnung, für die die Eigenschaft der Transitivität nicht gelten muß und die auch Unvergleichbarkeiten zuläßt. Das Verfahren existiert in zwei Varianten, von denen hier PROMETHEE I angesprochen werden soll.[145]

Ein weiteres grundlegendes Merkmal von PROMETHEE ist die Nutzung sogenannter "verallgemeinerter Kriterien". Diese stellen typische Verläufe sogenannter Präferenzfunktionen dar. Die Präferenzfunktionen dienen hier dazu, die Intensität der Präferenz einer Alternative gegenüber einer anderen in bezug auf ein Kriterium anzugeben.[146] Auf der Basis der ermittelten Präferenzen werden eine Outranking-Relation und ein Outranking-Graph erzeugt.

Dies soll im folgenden für ein Mehrzielproblem der Form

$$\text{Max } \{f_1(A_i), f_2(A_i), ..., f_k(A_i), ..., f_K(A_i)\} \quad \text{mit: } A_i \in A$$

erläutert werden. Bei der Problemformulierung bezeichnen $A = \{A_1, A_2, ..., A_i, ..., A_I\}$ die Menge aller Alternativen und $f_k(A_i)$ jeweils eine Abbildung von A in die reellen Zahlen. $f_k(A_i)$ gibt demgemäß die kardinal gemessene Ausprägung einer Alternative A_i bezüglich des Kriteriums k an. Diese Formulierung des Mehrzielproblems setzt voraus, daß alle Zielgrößen zu maximieren sind. Bei Kriterien, bei denen minimale Werte angestrebt werden, muß daher - z. B. durch Multiplikation der relevanten Werte mit minus Eins - eine Transformation in eine Maximierungsaufgabe erfolgen.[147]

---

[143] Vgl. Winkels, H.-M.: (Weiterentwicklungen), S. 402 f. Die Outranking-Relation kann in ähnlicher Form interpretiert werden wie eine "Unscharfe Menge" (Fuzzy Set). Vgl. Zimmermann, H.-J.; Gutsche, L.: (Multi-Criteria-Analyse), S. 202 sowie zu Fuzzy Sets Abschnitt 8.1.

[144] Vgl. Roy, B.: (Selektieren), S. 472; Zimmermann, H.-J.; Gutsche, L.: (Multi-Criteria-Analyse), S. 206 f.

[145] Zu PROMETHEE II vgl. Zimmermann, H.-J.; Gutsche, L.: (Multi-Criteria-Analyse), S. 230 f.

[146] Die hier als Präferenzfunktionen bezeichneten Funktionen stellen damit keine Nutzen- bzw. Präferenzfunktionen im Sinne der in Abschnitt 4.1 verwendeten Definition dar. Sie ähneln formal eher einer Teilnutzenfunktion (Nutzwertanalyse) bzw. Einzelnutzenfunktion (MAUT), beziehen sich dabei aber auf einen Paarvergleich (wie die Skalenwerte des AHP).

[147] Vgl. Zimmermann, H.-J.; Gutsche, L.: (Multi-Criteria-Analyse), S. 220 f.

Bei PROMETHEE erfolgt für jedes Kriterium k ein paarweiser Vergleich aller Alternativen miteinander. Dabei kann für jeweils eine Alternative $A_i \in A$ die Präferenz gegenüber der Alternative $A_j \in A$ bestimmt werden, indem die Differenz d_k der Werte $f_k(A_i)$ und $f_k(A_j)$ ermittelt und über die Präferenzfunktion in einen Präferenzwert umgewandelt wird.[148] Für die Präferenzfunktion $p_k(A_i,A_j)$ gilt dann:

$$p_k(A_i,A_j) = p_k(f_k(A_i) - f_k(A_j)) = p_k(d_k(A_i,A_j))$$

Der Präferenzwert $p_k(A_i,A_j)$ gibt an, mit welcher Intensität eine Alternative A_i eine Alternative A_j hinsichtlich eines bestimmten Kriteriums k dominiert. Er kann Werte zwischen 0 und 1 annehmen. Für $d_k \leq 0$, d. h. Indifferenz oder negative Präferenz von A_i gegenüber A_j, wird $p_k(A_i,A_j)$ der Wert Null zugeordnet. Bei strenger Präferenz von A_i gegenüber A_j gilt $p_k(A_i,A_j) = 1$. Bei PROMETHEE ist es möglich, auch solche Präferenzeinschätzungen (Präferenzintensitäten) zu berücksichtigen, die zwischen Indifferenz und strenger Präferenz liegen. Diese werden durch Präferenzwerte zwischen 0 und 1 repräsentiert. Je höher der Präferenzwert ist, desto größer ist die Präferenzintensität, wobei die Zunahme jeweils durch steigende Differenzen d bewirkt wird.[149]

Die flexible Zuordenbarkeit von Präferenzwerten p_k zu Wertdifferenzen mit Hilfe von Präferenzfunktionen ist ein weiteres Merkmal von PROMETHEE. Unter anderem können - wie erwähnt - Schwellenwerte für die Indifferenz und/oder die Präferenz einbezogen werden.

Für die meisten praktischen Anwendungen sind sechs typische Verläufe von Präferenzfunktionen, die bereits angesprochenen verallgemeinerten Kriterien, ausreichend.[150] Die Abbildung 4-13 zeigt diese verallgemeinerten Kriterien.[151]

Beim *gewöhnlichen Kriterium* wird der klassische Fall der Entscheidungstheorie mit einer strikten Trennung zwischen Indifferenz (p(d) = 0, falls $d \leq 0$ bzw. $f(A_i) \leq (A_j)$) und strenger Präferenz (p(d) = 1, falls d > 0 bzw. $f(A_i) > f(A_j)$) beschrieben. Die Präferenzintensität bleibt unberücksichtigt.

Das *Quasi-Kriterium* unterscheidet sich vom gewöhnlichen Kriterium dadurch, daß ein Indifferenz-Schwellenwert q einbezogen wird. Der Schwellenwert für die Indifferenz q ist der größte Wert von d, bei dem noch Indifferenz gegeben ist. Kleinere Unterschiede sind dann nicht von Bedeutung. Für Werte d größer q gilt strenge Präferenz mit p(d) = 1.

Bei einem *Kriterium mit linearer Präferenz* wird ein Präferenz-Schwellenwert s

---

[148] Abweichend von diesem Vorgehen ist es auch möglich, die Präferenzbewertung nicht allein von der Differenz der Werte, sondern auch von deren absoluter Höhe abhängig zu machen. Die Bestimmung der Präferenzwerte wird dadurch allerdings komplizierter.

[149] Vgl. Jaeger, A.: (Multikriteria-Analyse), S. 325; Zimmermann, H.-J.; Gutsche, L.: (Multi-Criteria-Analyse), S. 221 f.

[150] Vgl. Brans, J.P.; Vincke, P.; Mareschal, B.: (Projects), S. 229.

[151] In der Abbildung und bei der nachfolgenden Erläuterung der verallgemeinerten Kriterien wird auf eine Indizierung verzichtet. Verläufe und Erläuterungen beziehen sich jeweils auf ein Kriterium k.

einbezogen, der den kleinsten Wert darstellt, ab dem strenge Präferenz vorliegt. Bei Abweichungen zwischen 0 und dem Präferenz-Schwellenwert wächst das Präferenzausmaß in linearer Form (proportionale Beziehung zwischen Abweichung und Präferenzintensität).

Gewöhnliches Kriterium

$$p(d) = \begin{cases} 0, \text{ falls } d \leq 0 \\ 1, \text{ falls } d > 0 \end{cases}$$

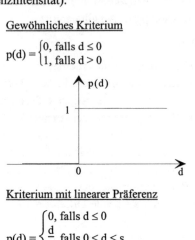

Quasi-Kriterium

$$p(d) = \begin{cases} 0, \text{ falls } d \leq q \\ 1, \text{ falls } d > q \end{cases}$$

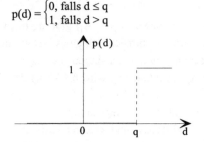

Kriterium mit linearer Präferenz

$$p(d) = \begin{cases} 0, \text{ falls } d \leq 0 \\ \frac{d}{s}, \text{ falls } 0 < d \leq s \\ 1, \text{ falls } d > s \end{cases}$$

Stufen-Kriterium

$$p(d) = \begin{cases} 0, \text{ falls } d \leq q \\ 0{,}5, \text{ falls } q < d \leq s \\ 1, \text{ falls } d > s \end{cases}$$

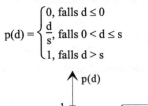
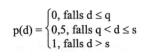
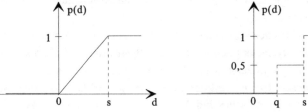

Kriterium mit linearer Präferenz und Indifferenzbereich

$$p(d) = \begin{cases} 0, \text{ falls } d \leq q \\ \frac{d-q}{s-q}, \text{ falls } q < d \leq s \\ 1, \text{ falls } d > s \end{cases}$$

GAUß'sches Kriterium

$$p(d) = \begin{cases} 0, \text{ falls } d \leq 0 \\ 1 - \exp\left(-\frac{d^2}{2\sigma^2}\right), \text{ falls } d > 0 \end{cases}$$

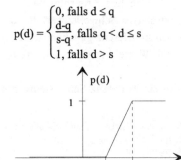
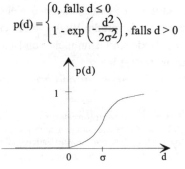

Abb. 4-13: Verallgemeinerte Kriterien bei PROMETHEE[152]

---

[152] Quelle: zusammengestellt auf der Basis von Zimmermann, H.-J.; Gutsche, L.: (Multi-Criteria-

Bei einem *Stufen-Kriterium* werden Schwellenwerte sowohl für die Indifferenz (q) als auch für die Präferenz (s) berücksichtigt. Für Differenzen kleiner gleich q liegt Indifferenz vor, bei Abweichungen oberhalb s strenge Präferenz. Im Bereich oberhalb von q bis einschließlich s kann schwache Präferenz mit p(d) = 0,5 angenommen werden; es lassen sich jedoch auch andere Präferenzwerte zwischen Null und Eins oder mehr als zwei Abstufungen einbeziehen.

Auch bei einem *Kriterium mit linearer Präferenz und Indifferenzbereich* finden zwei Schwellenwerte Verwendung. Dieses Kriterium stellt eine Verbindung der beiden zuvor genannten dar. Vom Stufen-Kriterium unterscheidet es sich dadurch, daß zwischen den Schwellenwerten ein linearer Verlauf der Präferenzfunktion unterstellt wird - wie beim Kriterium mit linearer Präferenz.

Beim *GAUß'schen Kriterium* wächst die Präferenz - beginnend bei d=0 - streng monoton mit der Differenz d. Selbst für sehr große d-Werte wird strenge Präferenz (p(d) = 1) nur annähernd erreicht. Bei diesem Kriterium ist der Parameter σ zu bestimmen, der den Wendepunkt der Präferenzfunktion determiniert. Die GAUß'sche bzw. Normalverteilung wird in die verallgemeinerten Kriterien einbezogen, da die ihr entsprechende Präferenzfunktion weitgehend stabil ist, d. h. bei kleinen Änderungen von σ nur geringe Ergebnisveränderungen auftreten.

PROMETHEE kann in der nachstehenden Schrittfolge durchgeführt werden:[153]

1. Bestimmung der Zielkriterien und Datenermittlung,
2. Auswahl von verallgemeinerten Kriterien und Definition von Präferenzfunktionen,
3. Bestimmung einer Outranking-Relation,
4. Auswertung der Outranking-Relation.

Der erste Schritt besteht aus der *Bestimmung der Zielkriterien und Datenermittlung*. Die Festlegung der Zielkriterien erfordert - wie bei allen Mehrzielverfahren - eine eingehende Analyse des Zielsystems.[154] Nach der Festlegung der einzelnen Zielkriterien sind die Ausprägungen der zur Wahl stehenden Alternativen bezüglich dieser Kriterien auf kardinalem Niveau zu messen.

Im zweiten Schritt erfolgt die *Auswahl von verallgemeinerten Kriterien und Definition von Präferenzfunktionen* für jedes Kriterium. Bei der Bestimmung der Präferenzfunktion wird das verallgemeinerte Kriterium - falls erforderlich - durch Auswahl der zugehörigen Parameter (s, q, σ) konkretisiert. Dieser zweite Schritt impliziert die Annahme, daß die Präferenzfunktionen die Präferenzen des Entscheidungs-

---

Analyse), S. 222 ff. Vgl. dazu auch Jaeger, A.: (Multikriteria-Analyse), S. 327.

[153] Die hier angegebene Schrittfolge ist nicht als zwingend vorgegebener Ablauf zu verstehen. Einzelne Aktivitäten können auch in einer anderen Reihenfolge durchgeführt und/oder anderen Schritten zugeordnet werden.

[154] Bei PROMETHEE wird - wie bei der MAUT - eine Zielhierarchie nicht explizit im Verfahrensablauf berücksichtigt.

trägers bezüglich der Werte bzw. Wertdifferenzen beim jeweiligen Kriterium richtig wiedergeben.

Die *Bestimmung einer Outranking-Relation* ist Gegenstand des dritten Schrittes von PROMETHEE. Dafür müssen in diesem oder im ersten Schritt die Wertdifferenzen für alle Kriterien und Alternativenpaare berechnet werden. Mit Hilfe der Präferenzfunktionen sind dann die Präferenzwerte aus den Wertdifferenzen abzuleiten. Für jedes Alternativenpaar (A_i, A_j) und jedes Kriterium werden entsprechend der Präferenzfunktion *zwei* Präferenzwerte bestimmt, die die Präferenz von A_i gegenüber A_j sowie von A_j gegenüber A_i angeben. Einer der beiden Werte ist immer Null.

Außerdem ist in diesem Schritt die relative Bedeutung der Kriterien festzulegen. Es wird angenommen, daß dies mit Hilfe von kardinal gemessenen Gewichtungsfaktoren w_k für die einzelnen Kriterien k möglich ist. Für die Gewichtungsfaktoren gilt - wie bei den anderen Verfahren - die Bedingung:

$$\sum_{k=1}^{K} w_k = 1$$

Es kann dann für die Präferenz jeder Alternative A_i gegenüber einer anderen Alternative A_j eine Outranking-Relation als gewichtetes Mittel aller kriterienspezifischen Präferenzwerte $p_k(A_i, A_j)$ formuliert werden.[155]

$$\pi(A_i, A_j) = \sum_{k=1}^{K} w_k \cdot p_k(A_i, A_j)$$

Die Werte der Outranking-Relation lassen sich als Präferenzindizes[156] interpretieren, die das Ausmaß der Präferenz von A_i gegenüber A_j wiedergeben. Diese unter Einbeziehung aller Kriterien ermittelten Werte können ähnlich interpretiert werden wie die Werte $p_k(A_i, A_j)$ für ein Kriterium k. So liegt bei $\pi = 0$ Indifferenz vor und bei $\pi = 1$ strenge Präferenz. Zwischen 0 und 1 steigt die Präferenz mit zunehmendem Wert π. Für ein Alternativenpaar A_i, A_j werden zwei Werte der Outranking-Relation bestimmt, da auch für jedes Kriterium zwei Präferenzwerte ermittelt werden.

Die ermittelte Outranking-Relation kann zum einen in einer quadratischen Matrix zusammengefaßt werden. Die Elemente der Hauptdiagonalen dieser Matrix, die die Werte $\pi(A_i, A_i)$ repräsentieren, sind Null. Zum anderen läßt sich die Outranking-Relation in Form eines bewerten Graphen darstellen. Die Knoten des Graphen entsprechen den Alternativen, die Pfeile den Werten der Outranking-Relation zwischen den Alternativen. Da für zwei Alternativen A_i und A_j zwei Outranking-Werte berechnet werden, enthält der Graph auch jeweils zwei Pfeile zwischen zwei Knoten.

---

[155] Vgl. Zimmermann, H.-J.; Gutsche, L.: (Multi-Criteria-Analyse), S. 226 f.; Brans, J.P.; Vincke, P.: (Preference), S. 652.

[156] Es sei darauf hingewiesen, daß SCHNEEWEIß den Begriff "Präferenzindex" nur bei Verfahren verwendet, bei denen - im Gegensatz zu PROMETHEE - die Existenz einer schwachen Ordnung vorausgesetzt wird. Vgl. Schneeweiß, C.: (Planung), S. 128.

Im vierten Schritt von PROMETHEE erfolgt die *Auswertung der Outranking-Relation*. Aus dem Outranking-Graphen lassen sich dabei für jeden Knoten und damit jede Alternative zwei Flußgrößen ermitteln: der Ausgangsfluß und der Eingangsfluß.[157]

Der *Ausgangsfluß* eines Knotens (F$^+$) ist die Summe der Bewertungen aller Pfeile (Werte der Outranking-Relation), die von dem Knoten ausgehen:

$$F_i^+ = \sum_{j=1}^{I} \pi(A_i, A_j), \qquad \text{für alle i, i = 1,...,I}$$

Er repräsentiert das Ausmaß, in dem eine Alternative gegenüber allen anderen Alternativen präferiert wird. Je höher er ist, desto vorziehenswürdiger ist die Alternative.

Der *Eingangsfluß* eines Knotens (F$^-$) wird analog als Summe der Bewertungen aller Pfeile bestimmt, die in den Knoten einmünden.

$$F_i^- = \sum_{j=1}^{I} \pi(A_j, A_i), \qquad \text{für alle i, i = 1,...,I}$$

Der Eingangsfluß sagt aus, inwieweit eine Alternative durch andere Alternativen dominiert wird. Je höher er ist, desto größer ist die Dominanz durch andere Alternativen.

Zur Ordnung der Alternativen werden diese nun auf der Grundlage der Eingangs- und Ausgangsflüsse bewertet. Es kann eine Präordnung formuliert werden, die zur Beurteilung der relativen Vorteilhaftigkeit geeignet ist. Als Basis für die Vorteilhaftigkeitsbeurteilung wird aus den Ausgangsflüssen sowie den Eingangsflüssen jeweils eine vollständige Ordnung abgeleitet.[158]

Für die auf der Grundlage der Ausgangsflüsse ermittelte Ordnung, die durch die Symbole P$^+$ (Präferenz) und I$^+$ (Indifferenz) gekennzeichnet wird, gilt:

A_i wird A_j vorgezogen ($A_i P^+ A_j$), wenn $F^+(A_i) > F^+(A_j)$
A_i ist indifferent zu A_j ($A_i I^+ A_j$), wenn $F^+(A_i) = F^+(A_j)$

Entsprechend läßt sich die auf den Eingangsflüssen basierende Präordnung (mit den Symbolen P$^-$, I$^-$) zusammenstellen:

A_i wird A_j vorgezogen ($A_i P^- A_j$), wenn $F^-(A_i) < F^-(A_j)$
A_i ist indifferent zu A_j ($A_i I^- A_j$), wenn $F^-(A_i) = F^-(A_j)$

Bei gleichzeitiger Einbeziehung sowohl der Ausgangs- als auch der Eingangsflüsse ist es möglich, eine zur Vorteilhaftigkeitsbeurteilung geeignete Präordnung (Symbole P, I sowie U) der folgenden Form zu erzeugen:

---

[157] Vgl. Zimmermann, H.-J.; Gutsche, L.: (Multi-Criteria-Analyse), S. 227 f. Diese Größen können auch aus der Outranking-Matrix berechnet werden.
[158] Vgl. Brans, J.P.; Vincke, P.: (Preference), S. 653.

> A_i wird A_j vorgezogen ($A_i P A_j$),
>
>   wenn ($A_i P^+ A_j$ und $A_i P^- A_j$)
>
>   *oder* ($A_i P^+ A_j$ und $A_i I^- A_j$)
>
>   *oder* ($A_i I^+ A_j$ und $A_i P^- A_j$)
>
> A_i ist indifferent zu A_j ($A_i I A_j$),
>
>   wenn $A_i I^+ A_j$ und $A_i I^- A_j$
>
> A_i und A_j sind unvergleichbar ($A_i U A_j$),
>
>   wenn nicht $A_i P A_j$ *und* nicht $A_i I A_j$

Bei Gültigkeit der Relation $A_i P A_j$ kann die Alternative A_i der Handlungsmöglichkeit A_j eindeutig vorgezogen werden: "A_i outranks A_j". Bei $A_i I A_j$ besteht Indifferenz; bei $A_i U A_j$ liegt Unvergleichbarkeit vor. Bei der auf diese Weise erzeugten Präordnung handelt es sich immer dann um eine partielle Präordnung, wenn der Fall der Unvergleichbarkeit von Alternativen (U) auftritt.[159]

Beispiel

Zur Veranschaulichung von PROMETHEE wird das bei der MAUT behandelte Beispiel aufgegriffen.[160] Wie alle Outranking-Verfahren eignet sich PROMETHEE besonders für Entscheidungssituationen, in denen relativ viele Entscheidungsalternativen zur Wahl stehen. Daher wird dieses Beispiel um zwei Alternativen (A_4, A_5) erweitert.

Im ersten Schritt von PROMETHEE, der *Bestimmung der Zielkriterien und Datenermittlung*, werden die folgenden Daten für die vier Zielkriterien (Grundstücksgröße (GG), Arbeitskräftepotential (AP), Spediteure (S) und Gewerbesteuerhebesatz (GH)) ermittelt:

Zielkriterien / Alternative	GG	AP	S	GH
A_1	60.000	800	15	350
A_2	42.500	1.100	12	250
A_3	35.000	1.300	25	450
A_4	35.000	900	14	300
A_5	40.000	1.000	17	400

---

[159] Die Präordnung kann - wie bei dem nachfolgenden Beispiel gezeigt - ebenfalls mit Hilfe eines Graphen veranschaulicht werden.

[160] Vgl. Abschnitt 4.4.

Der zweite Schritt dient der *Auswahl von verallgemeinerten Kriterien und Definition von Präferenzfunktionen* für die vier Zielkriterien. Abbildung 4-14 enthält die verallgemeinerten Kriterien und Präferenzfunktionen, die hier für die vier Kriterien zugrundegelegt werden sollen. Es wird angenommen, daß diese die Präferenzen des Entscheidungsträgers widerspiegeln.

Kriterium	Verallgemeinertes Kriterium und Präferenzfunktion
Grundstücksgröße (Kriterium 1)	Quasi-Kriterium mit Parameter q = 5.000 $$p_1(d_1) = \begin{cases} 0, \text{ falls } d_1 \leq 5.000 \\ 1, \text{ falls } d_1 > 5.000 \end{cases}$$
Arbeitskräftepotential (Kriterium 2)	Stufenkriterium mit Parametern q = 50 und s = 200 $$p_2(d_2) = \begin{cases} 0, \text{ falls } d_2 \leq 50 \\ 0{,}5, \text{ falls } 50 < d_2 \leq 200 \\ 1, \text{ falls } d_2 > 200 \end{cases}$$
Spediteure (Kriterium 3)	Kriterium mit linearer Präferenz und Indifferenzbereich; Parameter q = 1 und s = 4 $$p_3(d_3) = \begin{cases} 0, \text{ falls } d_3 \leq 1 \\ \frac{d_3-1}{3}, \text{ falls } 1 < d_3 \leq 4 \\ 1, \text{ falls } d_3 > 4 \end{cases}$$
Gewerbesteuerhebesatz (Kriterium 4)	Kriterium mit linearer Präferenz; Parameter s = 100 $$p_4(d_4) = \begin{cases} 0, \text{ falls } d_4 \leq 0 \\ \frac{d_4}{100}, \text{ falls } 0 < d_4 \leq 100 \\ 1, \text{ falls } d_4 > 100 \end{cases}$$

Abb. 4-14: Verallgemeinerte Kriterien und Präferenzfunktionen im Beispiel

Im dritten Schritt erfolgt die *Bestimmung der Outranking-Relation*. Dafür sind zunächst die Gewichte w_k festzulegen. In diesem Beispiel soll von

$w_1 = 0{,}3 \qquad w_2 = 0{,}35 \qquad w_3 = 0{,}2 \qquad w_4 = 0{,}15$

ausgegangen werden. Aus der Formel für den Wert der Outranking-Relation $\pi(A_1, A_2)$ einer Alternative A_1 im Vergleich zur Alternative A_2

$$\pi(A_1, A_2) = \sum_{k=1}^{K} w_k \cdot p_k(A_1, A_2)$$

ergibt sich:

$$\pi(A_1, A_2) = 0{,}3 \cdot p_1(A_1, A_2) + 0{,}35 \cdot p_2(A_1, A_2) + 0{,}2 \cdot p_3(A_1, A_2) \\ + 0{,}15 \cdot p_4(A_1, A_2)$$

Durch Einsetzen der Wertdifferenzen zwischen A_1 und A_2 in die Präferenzfunktionen und anschließende Transformation in Präferenzwerte läßt sich ermitteln:[161]

$\pi(A_1,A_2) = 0{,}3 \cdot p_1(60.000 - 42.500) + 0{,}35 \cdot p_2(800 - 1.100) + 0{,}2 \cdot p_3(15 - 12)$
$\qquad\qquad + 0{,}15 \cdot p_4 (-350 - (-250))$

$\pi(A_1,A_2) = 0{,}3 \cdot p_1(17.500) + 0{,}35 \cdot p_2(-300) + 0{,}2 \cdot p_3(3) + 0{,}15 \cdot p_4(-100)$

$\pi(A_1,A_2) = 0{,}3 \cdot 1 + 0{,}35 \cdot 0 + 0{,}2 \cdot \frac{2}{3} + 0{,}1 \cdot 0$

$\pi(A_1,A_2) = 0{,}43$

Auf die gleiche Weise kann der Wert $\pi(A_2, A_1)$ berechnet werden:

$\pi(A_2, A_1) = 0{,}3 \cdot p_1(-17.500) + 0{,}35 \cdot p_2(300) + 0{,}2 \cdot p_3(-3) + 0{,}15 \cdot p_4(100)$

$\pi(A_2, A_1) = 0{,}3 \cdot 0 + 0{,}35 \cdot 1 + 0{,}2 \cdot 0 + 0{,}15 \cdot 1$

$\pi(A_2, A_1) = 0{,}50$

Die weiteren Werte der Outranking-Relation lassen sich analog berechnen. Die nachstehende Matrix zeigt die gesamte Outranking-Relation.

	A_1	A_2	A_3	A_4	A_5	F^+
A_1	0	0,43	0,45	0,30	0,38	**1,56**
A_2	0,50	0	0,45	0,55	0,33	**1,83**
A_3	0,55	0,38	0	0,55	0,55	**2,03**
A_4	0,25	0,07	0,15	0	0,15	**0,62**
A_5	0,24	0,20	0,08	0,31	0	**0,83**
F^-	**1,54**	**1,08**	**1,13**	**1,71**	**1,41**	

Abb. 4-15: Outranking-Relation

Im vierten Schritt erfolgt die *Auswertung der Outranking-Relation*. Es sind dabei zunächst die Flußgrößen zu bestimmen. Der Ausgangsfluß F^+ ergibt sich für jede Alternative als Summe der Werte in der der Alternative zugeordneten Zeile, der Eingangsfluß F^- ist die entsprechende Spaltensumme. Die Ausgangs- und Eingangsflüsse der einzelnen Alternativen sind ebenfalls in Abbildung 4-15 aufgeführt.

Bei gleichzeitiger Berücksichtigung der Ausgangs- und der Eingangsflüsse kann die nachfolgend angegebene partielle Präordnung formuliert werden.

---

[161] Dabei ist zu beachten, daß bei der vierten Zielgröße eine Multiplikation der Ausprägungen mit Minus Eins erfolgt, da diese Zielgröße zu minimieren ist.

	A_1	A_2	A_3	A_4	A_5
A_1	x	-	-	A_1PA_4	A_1UA_5
A_2	A_2PA_1	x	A_2UA_3	A_2PA_4	A_2PA_5
A_3	A_3PA_1	A_3UA_2	x	A_3PA_4	A_3PA_5
A_4	-	-	-	x	-
A_5	A_5UA_1	-	-	A_5PA_4	x

Abb. 4-16: Partielle Präordnung

Aus der obigen Matrix läßt sich unter anderem ablesen, daß die Alternative A_1 gegenüber A_4 präferiert wird (A_1PA_4, es gilt: $F_1^+ > F_4^+$ und $F_1^- < F_4^-$); gegenüber A_2 wird A_1 als ungünstiger angesehen (Symbol - bzw. A_2PA_1, es gilt: $F_2^+ > F_1^+$ und $F_2^- < F_1^-$). Unvergleichbarkeit liegt beispielsweise zwischen den Alternativen A_1 und A_5 vor (A_1UA_5, es gilt: $F_1^+ > F_5^+$ und $F_5^- < F_1^-$).

Dieses Ergebnis kann auch in Form eines gerichteten Graphen dargestellt werden. In diesem stellen die Knoten die Alternativen dar; ein Pfeil von A_i nach A_j gibt an, daß eine Alternative i gegenüber der Alternative j präferiert wird. Indifferenz wird durch Kanten zwischen den Knoten ausgedrückt. Falls keine Verbindung zwischen zwei Knoten existiert, liegt Unvergleichbarkeit vor, d. h. es kann keine Präferenz für eine der beiden Alternativen festgestellt werden.

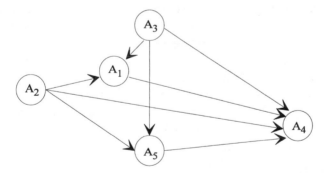

Abb. 4-17: Graphische Darstellung der partiellen Präordnung

Als Ergebnis der Analysen läßt sich feststellen, daß die Alternativen A_4, A_1 und A_5 nicht relativ vorteilhaft erscheinen (A_4 wird von allen Alternativen "dominiert", A_1 und A_5 von A_2 und A_3). Realisiert werden sollte demgemäß eine der beiden Alternativen A_2 oder A_3, für die hier Unvergleichbarkeit ermittelt wurde.

Beurteilung

PROMETHEE berücksichtigt wie die anderen Outranking-Verfahren Unvergleichbarkeiten und unvollständige Informationen. Es lassen sich zudem Präferenzschwellen und Präferenzintensitäten einbeziehen, die sich auf die Vorteilhaftigkeit einer Alternative gegenüber einer anderen bei jeweils einem Kriterium beziehen.[162]

Der Rechenaufwand hält sich bei PROMETHEE in relativ engen Grenzen.[163] Die Datenermittlung wird durch die Möglichkeit der Nutzung verallgemeinerter Kriterien etwas vereinfacht. Neben deren Auswahl sind aber für die einzelnen Kriterien auch Präferenzfunktionen, Ausprägungen der Alternativen sowie Gewichte zu bestimmen.

Die Messung der Ausprägungen erfolgt jeweils auf kardinalem Niveau, wodurch die Einbeziehbarkeit qualitativer Attribute beeinträchtigt wird.

Ein Problem stellt die Beschränkung auf sechs verallgemeinerte Kriterien dar, die allerdings nicht zwangsläufig erfolgen muß. Generell ist fraglich, ob die Präferenzen des Entscheidungsträgers durch die Auswahl von verallgemeinerten Kriterien und die Bestimmung von Präferenzfunktionen richtig wiedergegeben werden. Im Zusammenhang damit ist noch einmal darauf hinzuweisen, daß die Präferenzbewertungen von den Wertdifferenzen und nicht von den absoluten Werten abhängig gemacht werden. Die Auswirkungen von Unsicherheiten bezüglich der Einschätzungen können grundsätzlich - wie bei den anderen Verfahren - mit Hilfe von Sensitivitätsanalysen untersucht werden.

Einzugehen ist auch auf die Bestimmung der Outranking-Relation und der Flußgrößen, die der Beurteilung der Alternativen zugrundegelegt werden. Es wird dabei zunächst vorausgesetzt, daß Zielgewichte auf kardinalem Niveau bestimmt werden können. Außerdem wird unterstellt, daß das in der Outranking-Relation erfaßte gewichtete Mittel aller Präferenzwerte (additive Funktion) eine adäquate Maßgröße für den Vergleich zweier Alternativen darstellt. Dies setzt auch - ähnlich wie beim AHP und bei der Nutzwertanalyse - Unabhängigkeit der Bewertungen bezüglich der verschiedenen Kriterien voraus. Mit der Verwendung der Flußgrößen schließlich wird angenommen, daß die Präferenz gegenüber allen anderen Alternativen (Ausgangsfluß) sowie die "Dominiertheit" durch andere Alternativen (Eingangsfluß) Vorteilhaftigkeitsmaße sind, die sich zur Formulierung einer Rangordnung eignen. Letzteres impliziert zusammen mit der Durchführung der Paarvergleiche unter anderem, daß die Rangordnung - wie beim AHP - von den anderen zur Wahl stehenden Alternativen abhängig und damit instabil ist.

Die Einbeziehung sowohl der Ausgangs- als auch der Eingangsflüsse ist eine Besonderheit des Verfahrens. Die Berücksichtigung auch der Eingangsflüsse führt da-

---

[162] Es ist darauf hinzuweisen, daß auch bei den klassischen Methoden Präferenzschwellen und -intensitäten einbezogen werden können: bei der Nutzwertanalyse (Transformationsfunktion) und bei der MAUT (Einzelnutzenfunktion) beziehen sich diese allerdings jeweils auf ein Kriterium und nicht auf ein Alternativenpaar.

[163] Zur Nutzung der EDV bei den Berechnungen vgl. Brans, J.P.; Mareschal, B.: (PROMETHEE), S. 216 ff.

zu, daß bei PROMETHEE nur eine eingeschränkte Kompensation ungünstiger Merkmalsausprägungen erfolgt.[164]

Die oben angesprochenen Annahmen müssen gelten, soll eine mit PROMETHEE gebildete Ordnung die Präferenzen des Entscheidungsträgers widerspiegeln. Eine derartige Abbildung der Präferenzen ist aber nicht Hauptzweck des Verfahrens; vielmehr steht - stärker als bei den anderen Verfahren - die Entscheidungsunterstützung in Form einer Präferenz- und Problemstrukturierung im Vordergrund.

Abschließend soll ein kurzes Fazit zu den Mehrzielverfahren gezogen werden. Zunächst ist darauf hinzuweisen, daß ihre jeweiligen Vorgehensweisen einige Ähnlichkeiten aufweisen. Bei allen Verfahren erfolgt eine Problemaufspaltung.[165] Es sind jeweils Zielkriterien zu bestimmen und zu gewichten sowie Ausprägungen der Alternativen bezüglich dieser Zielkriterien zu ermitteln, in Einzelnutzenwerte oder vergleichbare Werte (Teilnutzenwerte, lokale Prioritäten, Präferenzwerte) zu transformieren und anschließend unter Berücksichtigung der Gewichte zu Gesamtnutz(en)werten (globalen Prioritäten, Flußgrößen) zu aggregieren.

Gemeinsamkeiten zwischen der Nutzwertanalyse und dem AHP bestehen primär in bezug auf die Schrittfolge und die additive Gesamtnutzenfunktion. Der AHP ist gegenüber der Nutzwertanalyse aufwendiger, weist aber den Vorteil auf, daß Konsistenzüberprüfungen der subjektiven Einschätzungen vorgenommen werden.

Die MAUT unterscheidet sich von der Nutzwertanalyse und dem AHP insbesondere durch die nutzentheoretische Fundierung und die damit verbundenen Voraussetzungen. Ansonsten ist das Verfahren vor allem der Nutzwertanalyse sehr ähnlich.

PROMETHEE stellt eher eine Entscheidungshilfe als ein Verfahren zur Bestimmung einer Optimallösung dar; diesbezüglich läßt es sich von den anderen Verfahren abgrenzen. Wie der AHP basiert das Verfahren auf der Durchführung von Paarvergleichen.

Alle Verfahren weisen spezifische Vor- und Nachteile auf, wie in diesem und den vorherigen Abschnitten erörtert wurde. Eine generelle Empfehlung für eines der Verfahren kann daher nicht gegeben werden; die Verfahrenswahl sollte in Abhängigkeit von der vorliegenden Problemstellung erfolgen. Auch eine Kombination von Verfahrenselementen ist möglich, beispielsweise lassen sich die beim AHP und bei der MAUT zur Zielkriteriengewichtung angewandten Vorgehensweisen auch im Rahmen einer Nutzwertanalyse verwenden.

---

[164] Vgl. Zimmermann, H.-J.; Gutsche, L.: (Multi-Criteria-Analyse), S. 235.
[165] Die Problemaufspaltung stellt eine heuristische Regel dar, die von Menschen häufig zur Problemlösung genutzt wird. Zu heuristischen Regeln der Modellkonstruktion vgl. Abschnitt 2.3.2.

Aufgaben zu Abschnitt 4

Aufgabe 4-1 (Nutzwertanalyse)

In Ihrer Abteilung sollen die Kopiergeräte erneuert werden. Sie haben die Auswahl zwischen zwei Arten von Geräten, die sich in ihren technischen Funktionen nicht grundsätzlich unterscheiden. Eine von Ihnen durchgeführte Wirtschaftlichkeitsrechnung führt zu keinem nennenswerten Unterschied in der Beurteilung der Alternativen. Es soll daher eine Nutzwertanalyse mit folgendem Zielkriterienkatalog durchgeführt werden:

Zielkriterien	Kriteriengewichtung	
1. Bedienungsfreundlichkeit	30%	
1.1. Handhabung der Bedienungselemente		10%
1.2. Handhabung der Papierzufuhr		10%
1.3. Fehlerhäufigkeit		50%
1.4. Fehlerlokalisierung und -beseitigung		30%
2. Service des Anbieters	30%	
2.1. Gewährleistungsdauer		30%
2.2. Entfernung der Kundendienststelle		30%
2.3. Leistungsumfang des Wartungsdienstes		40%
3. Qualität der Kopien	40%	
3.1. Kopien auf Papier		60%
3.2. Kopien auf Folie		10%
3.3. Kopien auf Papier bei Dauerbelastung		30%

Nachdem Sie und Ihre Mitarbeiter vier Wochen lang getestet haben, liegen Ihnen folgende Ergebnisse vor:

Zielkriterien	Ausprägungen	
	Kopierer A	Kopierer B
1.1.	einfach	einfach
1.2.	mäßig einfach	einfach
1.3.	3 Fehler/1000 K.	7 Fehler/1000 K.
1.4.	kompliziert	sehr einfach
2.1.	1/2 Jahr	1 Jahr
2.2.	200 km	10 km
2.3.	sehr gut	gut
3.1.	sehr gut	gut
3.2.	gut	gut
3.3.	befriedigend	gut

Zur Überführung der Ausprägungen in Teilnutzenwerte können folgende Tabellen benutzt werden:

Für die Kriterien 1.1., 1.2., 1.4.:

Ausprägung	Teilnutzenwerte
sehr einfach	1,00
einfach	0,80
mäßig einfach	0,60
mäßig kompliziert	0,40
kompliziert	0,20
sehr kompliziert	0,00

Für das Kriterium 1.3.:

Ausprägung	Teilnutzenwerte
bis 1 Fehler	1,00
2 bis 4 Fehler	0,80
5 bis 8 Fehler	0,60
9 bis 15 Fehler	0,40
16 bis 30 Fehler	0,20
über 30 Fehler	0,00
(pro 1000 Kopien)	

Für das Kriterium 2.1.:

Ausprägung	Teilnutzenwerte
1/2 Jahr	0,00
1 Jahr	0,50
2 Jahre	1,00

Für das Kriterium 2.2.:

Ausprägung	Teilnutzenwerte
0 bis 50 km	1,00
51 bis 250 km	0,50
über 250 km	0,00

Für die Kriterien 2.3., 3.1., 3.2., 3.3.:

Ausprägung	Teilnutzenwerte
mangelhaft	0,00
ausreichend	0,25
befriedigend	0,50
gut	0,75
sehr gut	1,00

a) Treffen Sie eine Entscheidung mit Hilfe der Nutzwertanalyse.
b) Beschreiben Sie kurz die einzelnen Schritte der Nutzwertanalyse.
c) Welche Prämissen liegen der Nutzwertanalyse zugrunde?

Aufgabe 4-2 (Analytischer Hierarchie Prozeß)

Ein Unternehmen möchte bei der strategischen Investitionsplanung den Analytischen Hierarchie Prozeß nutzen. Zur Wahl sollen die drei Strategien A (Wachstumsstrategie), B (Wachstumsstrategie in Verbindung mit einer Strategischen Allianz) und C (Konsolidierungsstrategie) stehen. Das Zielsystem besteht aus den drei Zielen "Unternehmenswachstum" (UW), "Sicherung der Unabhängigkeit des Unternehmens" (SU) und "langfristige Gewinnmaximierung" (LG). Von diesen wird hier angenommen, daß sie den Anforderungen genügen, die im Rahmen des AHP an ein Zielsystem gestellt werden (vgl. Abschnitt 4.3).

Die Entscheidungsträger haben die nachfolgend angegebenen Paarvergleichsurteile zur relativen Bedeutung der Zielkriterien und der Alternativen abgegeben:

Beurteilungen der Zielkriterien:

	UW	SU	LG
UW	1	1	1/3
SU	1	1	1/3
LG	3	3	1

Beurteilungen der Alternativen im Hinblick auf die Zielkriterien:

"Unternehmenswachstum"

	A	B	C
A	1	1	5
B	1	1	5
C	1/5	1/5	1

"Sicherung der Unabhängigkeit"

	A	B	C
A	1	3	1/3
B	1/3	1	1/6
C	3	6	1

"Langfristige Gewinnmaximierung"

	A	B	C
A	1	1/3	1
B	3	1	2
C	1	1/2	1

a) Bestimmen Sie die Gewichtungsvektoren der Paarvergleichsmatrizen. Sind die Beurteilungen hinreichend konsistent?

b) Berechnen Sie die globale Priorität der Alternativen, und beurteilen Sie deren relative Vorteilhaftigkeit.
c) Beurteilen Sie den AHP im Hinblick auf die mit seiner Anwendung verbundenen Annahmen.

Aufgabe 4-3 (MAUT)

Im folgenden soll das strategische Investitionsproblem aus Aufgabe 4-2 aufgegriffen werden. Es wird nun angenommen, daß das "Unternehmenswachstum" anhand der "Zahl der Beschäftigten" (ZB) und die "Sicherung der Unabhängigkeit" anhand des aufzunehmenden Fremdkapitals (FK) gemessen werden. Für diese Größen und den langfristigen Gewinn (LG) wird angenommen, daß gegenseitige Präferenzunabhängigkeit besteht und die folgenden Daten für die drei Alternativen A, B und C mit Sicherheit prognostiziert werden können.

Alternative	Kriterium 1 (ZB)	Kriterium 2 (FK [€])	Kriterium 3 (LG [€/Jahr])
A	15.000	5.000.000	3.000.000
B	12.000	2.500.000	4.000.000
C	10.000	1.000.000	3.200.000

Für diese Ausprägungen der Zielkriterien sind die folgenden Einzelnutzenwerte bestimmt worden:

n_1 (10.000) = 0 n_1 (15.000) = 1
n_2 (5.000.000) = 0 n_2 (1.000.000) = 1
n_3 (3.000.000) = 0 n_3 (4.000.000) = 1

Zur Ermittlung der weiteren relevanten Punkte der Einzelnutzenfunktionen n_1, n_2 und n_3 wurden die folgenden Indifferenzurteile abgegeben:

Einzelnutzenfunktion n_1:
Bestimmung von $a_1^{0,5}$ mit Hilfe des dritten Kriteriums:

(10.000, 3.200.000) ~ (12.000, 3.000.000)
(12.000, 3.200.000) ~ (15.000, 3.000.000)

Einzelnutzenfunktion n_2:
Bestimmung von $a_2^{0,5}$ mit Hilfe des dritten Kriteriums:

(5.000.000, 3.400.000) ~ (3.000.000, 3.000.000)
(3.000.000, 3.400.000) ~ (1.000.000, 3.000.000)

Für das Intervall [$a_2^{0,5}, a_2^1$] soll von einem linearen Verlauf der Einzelnutzenfunktion ausgegangen werden.

Einzelnutzenfunktion n_3:

Bestimmung von $a_3^{0,5}$ mit Hilfe des ersten Kriteriums:

(15.000, 3.000.000) $\sim$ (10.000, 3.400.000)
(15.000, 3.400.000) $\sim$ (10.000, 4.000.000)

Für das Intervall ($a_3^0, a_3^{0,5}$) wird ebenfalls ein linearer Verlauf der Einzelnutzenfunktion angenommen.

a) Berechnen Sie die Gesamtnutzen der drei Alternativen, und beurteilen Sie deren relative Vorteilhaftigkeit.
b) Erörtern Sie die Vor- und Nachteile der MAUT.

Aufgabe 4-4 (PROMETHEE)

Betrachten Sie noch einmal das strategische Investitionsproblem aus Aufgabe 4-2. Zur Entscheidungsvorbereitung soll nun das Verfahren PROMETHEE angewendet werden. Es wird dabei von den Alternativen, Zielkriterien und prognostizierten Werten aus Aufgabe 4-3 ausgegangen. Anstelle der Indifferenzurteile werden zur Entscheidungsvorbereitung mit PROMETHEE für die Zielkriterien die folgenden verallgemeinerten Kriterien sowie Parameter der Präferenzfunktionen verwendet:

Zahl der Beschäftigten (ZB)
Kriterium mit linearer Präferenz, Parameter: $s = 3.000$

Fremdkapital (FK)
Stufen-Kriterium mit Parametern $q = 1.000.000$ und $s = 2.000.000$

Langfristiger Gewinn (LG)
Stufen-Kriterium mit Parametern $q = 100.000$ und $s = 800.000$

a) Bestimmen Sie die Präferenzfunktionen für die Kriterien.
b) Ermitteln Sie die Outranking-Relation sowie die Eingangs- und Ausgangsflüsse. Gehen Sie dabei von den folgenden Gewichten aus: ZB: 1/5; FK: 1/5; LG: 3/5.
c) Formulieren Sie eine Präferenzordnung für die Alternativen.
d) Erörtern Sie die Vor- und Nachteile von PROMETHEE.

5 Modelle für Nutzungsdauer-, Ersatzzeitpunkt- und Investitionszeitpunktentscheidungen

5.1 Einführung

Bei vielen Investitionsobjekten stellt sich die Frage nach der Länge der Nutzungsdauer, d. h. des Zeitraumes zwischen dem Beginn und dem Ende der Nutzung. Deren Bestimmung wird im folgenden für Betriebsmittel (auch als Anlagen bezeichnet) erörtert; die entsprechenden Ausführungen gelten aber weitestgehend auch für Finanzinvestitionen, immaterielle Investitionen, Produkte oder strategische Geschäftseinheiten als Investitionsobjekte oder Investitionen in erneuerbare Ressourcen bzw. lassen sich hierauf übertragen.[1]

Die Nutzungsdauer ist aus verschiedenen Gründen begrenzt. *Rechtliche Gründe* liegen vor, wenn gesetzliche Regelungen oder vertragliche Vereinbarungen eine Obergrenze für die Nutzungsdauer vorgeben (z. B. in Form einer Lizenzdauer) oder diese sogar eindeutig determinieren.

Technische Motive sind vor allem dann gegeben, wenn eine Anlage aufgrund von Verschleiß ihre Funktion nicht mehr erfüllen kann. Der Zeitpunkt, an dem dies der Fall ist, ist gleichbedeutend mit dem Ende der sog. *technischen Nutzungsdauer*.[2]

Verschleiß führt zu einer Verringerung der Leistungsfähigkeit von Betriebsmitteln. Er wird einerseits durch den Gebrauch der Objekte verursacht (Gebrauchsverschleiß), tritt andererseits aber auch unabhängig von der Nutzung auf (Zeitverschleiß).[3] Der Verschleiß äußert sich in unterschiedlicher Form. Bei bestimmten Investitionsobjekten (z. B. Relais, Transistoren) bewirkt er einen plötzlichen Ausfall, der das Ende der technischen Nutzungsdauer bedeutet. Bei den meisten Anlagentypen (z. B. Maschinen, Fahrzeugen) hingegen führt er zu einer allmählich abnehmenden Leistungsfähigkeit, die aber weiterhin eine - mehr oder weniger gute - Erfüllung der zugeordneten Funktionen zuläßt. In diesem Fall läßt sich die technische Nutzungsdauer durch Instandhaltungs- und Reparaturarbeiten zumeist sehr weit ausdehnen. Im folgenden werden lediglich Anlagen mit allmählich abnehmender Leistungsfähigkeit betrachtet.[4]

Die technische Nutzungsdauer wird oftmals nicht vollständig ausgeschöpft, da *wirtschaftliche Gründe* dies nicht sinnvoll erscheinen lassen. Zu diesen zählen neben dem Verschleiß die technische und die wirtschaftliche Veralterung (z. B. bei Computern oder Flugzeugen).

---

[1] Vgl. zu einem Transfer auf die Bestimmung des optimalen Liquidationszeitpunktes von strategischen Geschäftseinheiten Rudolph, F.: (Controlling), S. 145 ff.
[2] Vgl. Lücke, W.: (Investitionslexikon), S. 294.
[3] Vgl. Lücke, W.: (Investitionslexikon), S. 401.
[4] Zur Nutzungsdauer- und Ersatzzeitpunktbestimmung bei plötzlich ausfallenden Anlagen vgl. Bloech, J.: (Untersuchung), S. 122 ff.; Churchman, C.W.; Ackoff, R.L.; Arnoff, E.L.: (Operations), S. 448 ff.

Wirtschaftliche Überholung wird durch Entwicklungen auf den Absatzmärkten oder den Beschaffungsmärkten bewirkt, die die Nutzung der Anlagen unvorteilhaft werden lassen. Beispielsweise können Bedarfsänderungen dazu führen, daß die Produkte nicht mehr nachgefragt werden, zu deren Herstellung eine im Unternehmen vorhandene Anlage dient. Technische Veralterung bedeutet, daß aufgrund des technischen Fortschritts Anlagen verfügbar werden, die die zugeordneten Funktionen besser erfüllen können (z. B. indem sie geringere Kosten bzw. Auszahlungen verursachen oder die Herstellung qualitativ höherwertiger Produkte ermöglichen). Technischer Fortschritt wurde bereits vor einiger Zeit als Einflußfaktor auf die optimale Nutzungsdauer vorhandener Investitionsobjekte bzw. die Vorteilhaftigkeit von Ersatzinvestitionen erkannt und untersucht. Es wurde herausgearbeitet, daß bereits realisierter und in den aktuellen Ersatzobjekten verfügbarer technischer Fortschritt tendenziell eine Verkürzung der optimalen Nutzungsdauer im Betrieb befindlicher Objekte bewirkt, zukünftig erwarteter technischer Fortschritt hingegen eine Verlängerung. Dieser Effekt ist um so gravierender, je früher die Verbesserung eintritt und je größer sie ausfällt.[5]

Durch die wirtschaftlichen Einflußfaktoren wird die sog. *wirtschaftliche* bzw. *optimale Nutzungsdauer* determiniert. Dies ist der Nutzungszeitraum, der zu einer optimalen Erfüllung der Unternehmensziele führt. Er ist stets kleiner als die oder gleich der technische(n) Nutzungsdauer.[6]

In Kapitel 5 werden Modelle zur Bestimmung wirtschaftlicher Nutzungsdauern erörtert, die die obengenannten Einflußfaktoren berücksichtigen. Dabei wird davon ausgegangen, daß

- die wirtschaftliche Nutzungsdauer der Anlagen sich isoliert planen läßt,
- die Instandhaltungspolitik vorgegeben ist,
- Steuerzahlungen nicht relevant sind,[7]
- Sicherheit der Daten besteht,
- die Zahlungen bzw. Erfolgsgrößen, die der Beurteilung von Nutzungsdaueralternativen dienen, bestimmten diskreten und äquidistanten Zeitpunkten zugeordnet werden können.[8]

---

[5] Vgl. Voigt, K.-I.: (Berücksichtigung), S. 1026; Baer-Kemper, P.: (Auswirkungen), S. 101; Lücke, W.: (Investitionslexikon), S. 376.

[6] Vgl. Lücke, W.: (Investitionslexikon), S. 294; Busse von Colbe, W.; Laßmann, G.: (Betriebswirtschaftstheorie), S. 131.

[7] Zur Berücksichtigung von Steuern bei der Vorbereitung von Nutzungsdauer- und Ersatzzeitpunktentscheidungen vgl. Adam, D.: (Investitionscontrolling), S. 204 ff.; Kesten, R.: (Management), S. 250 ff.; Fischer, L.: (Besteuerung); Dellmann, K.; Haberstock, L.: (Nutzungsdauer).

[8] Im Gegensatz zur letztgenannten Annahme wird in vielen Modellen zur Nutzungsdauerbestimmung unterstellt, daß die durch eine Anlage bewirkten Zahlungen in einem kontinuierlichen Strom anfallen. Zu entsprechenden Modellen und den bei ihnen gültigen Optimalitätskriterien vgl. Schneider, E.: (Wirtschaftlichkeitsrechnung), S. 81 ff.; Swoboda, P.: (Investition), S. 94 ff.; Priewasser, E.: (Investitionsentscheidungen) S. 94 ff.; Massé, P.: (Investitionskriterien), S. 69 ff.; Baer-Kemper, P.: (Auswirkungen), S. 18 ff.

Einführung

Im Hinblick auf die Nutzungsdauer von Anlagen sind Entscheidungen in zwei Situationen zu treffen.[9] Zum einen ist *vor* Beginn des Gebrauchs einer Anlage zu bestimmen, wie lange diese genutzt werden soll. Diese Entscheidung wird als *ex-ante-Entscheidung* bzw. *Nutzungsdauerentscheidung* (im engeren Sinn) bezeichnet. Sie ist erforderlich, um die Vorteilhaftigkeit von Anlagen beurteilen zu können.[10]

Zum anderen ist *nach* Nutzungsbeginn zu entscheiden, wie lange die Nutzung einer Anlage ausgedehnt werden sollte. Bei dieser Entscheidung wird von einer *ex-post-Entscheidung* oder einer *Ersatzzeitpunktentscheidung* gesprochen.[11] Diese Überlegung wird notwendig, da nicht davon ausgegangen werden kann, daß die bei der Nutzungsdauerentscheidung zugrundegelegten Daten unverändert eintreten. Die ermittelte optimale Nutzungsdauer sollte daher in der Folgezeit überprüft und eventuell revidiert werden.

Die Nutzungsdauer- und die Ersatzzeitpunktentscheidung sind also in unterschiedlichen Situationen zu treffen; die Modelle zu ihrer Vorbereitung entsprechen sich aber weitgehend. Die Entscheidungssituationen werden unter anderem durch die *Zahl und die Art der Nachfolgeobjekte* charakterisiert, die für das betrachtete Objekt vorgesehen sind. Nachfolgeobjekte sind Objekte, deren Nutzungsbeginn von dem Nutzungsende der betrachteten Investition abhängt. Werden diese jeweils in der Form realisiert, daß ihr Nutzungsbeginn mit dem Ende der Nutzungsdauer der zeitlich vorgelagerten Anlage zusammenfällt, bezeichnet man dies als Investitionskette.[12] Hinsichtlich der *Zahl* der Nachfolgeobjekte kann unterstellt werden, daß kein Objekt, endlich viele oder unendliche viele Objekte vorgesehen ist bzw. sind. Mit dieser Annahme wird gleichzeitig die Länge des Planungszeitraums weitgehend determiniert. Bezüglich der *Art* der Nachfolgeobjekte läßt sich unterscheiden zwischen solchen, die mit dem betrachteten im Hinblick auf die wirtschaftlichen Auswirkungen identisch sind (d. h. die gleichen Zahlungsreihen aufweisen), und solchen, für die dies nicht gilt. Aus der Kombination dieser unterschiedlichen möglichen Annahmen resultiert eine Reihe verschiedener Typen von Nutzungsdauer- und Ersatzzeitpunktmodellen. Die meisten dieser Modelltypen werden im folgenden ausführlich erörtert (vgl. Abbildung 5-1).[13]

Modelle zur Nutzungsdauer- und Ersatzzeitpunktbestimmung unterscheiden sich des weiteren - ähnlich wie die in Kapitel 3 erörterten Modelle zur Vorteilhaftigkeitsbeurteilung - durch die Einbeziehung einer oder aber mehrerer Periode(n), die An-

---

9 Vgl. Busse von Colbe, W.; Laßmann, G.: (Betriebswirtschaftstheorie), S. 132.
10 Bei der Vorteilhaftigkeitsbeurteilung wird von einer gegebenen Nutzungsdauer ausgegangen. Vgl. Abschnitt 3.1.
11 Entsprechend der Unterscheidung von Investitionsarten in Abschnitt 2.1.2 handelt es sich um eine Ersatzinvestition, wenn ein identisches Nachfolgeobjekt realisiert wird. Bei Durchführung einer nicht-identischen Nachfolgeinvestition liegt eine Ergänzungsinvestition vor.
12 Vgl. Baer-Kemper, P.: (Auswirkungen), S. 10.
13 Kurze Ausführungen zu den Modellen mit unendlich vielen nicht-identischen Nachfolgeobjekten finden sich in Abschnitt 5.2.3.

nahme zum Kapitalmarkt und die berücksichtigte Zielgröße.[14] Bei den verschiedenen Varianten der nachfolgend vernachlässigten MAPI-Methode wird eine Rentabilitätsgröße berechnet und der Entscheidung zugrundegelegt.[15] Weitere mögliche Zielgrößen sind der Interne Zinssatz als andere Form einer Rentabilität, der Kapitalwert, der (Vermögens-) Endwert und die Kosten.

Aufgrund der in Abschnitt 3 deutlich gewordenen besonderen Bedeutung der Kapitalwertmethode werden im folgenden zunächst Kapitalwertmodelle zur Vorbereitung von Nutzungsdauer- und Ersatzzeitpunktentscheidungen differenziert für verschiedene Konstellationen hinsichtlich der Art und Anzahl der Nachfolgeobjekte dargestellt und diskutiert (Abschnitt 5.2). Anschließend wird auf ein Modell zur Kostenminimierung eingegangen, die in Situationen schlüssig ist, bei denen den Investitionsobjekten mit Ausnahme des Liquidationserlöses keine Einzahlungen zugeordnet werden können (Abschnitt 5.3). Zu Modellen für Nutzungsdauer- und Ersatzzeitpunktentscheidungen mit der Zielgröße Interner Zinssatz sowie solchen zur Vermögensendwert- bzw. Entnahmemaximierung bei unvollkommenem Kapitalmarkt sei lediglich auf die Literatur verwiesen.[16] Ergänzend werden in Abschnitt 5.4 Investitionszeitpunktentscheidungen für erstmalige Investitionen erörtert.

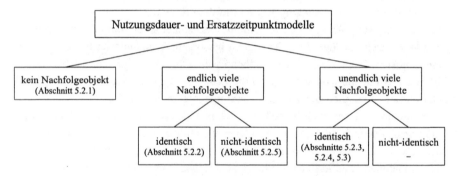

Abb. 5-1: Zahl und Art der Nachfolgeobjekte in Nutzungsdauer- und Ersatzzeitpunktmodellen

---

[14] Zu einem Überblick über Modelle zur Nutzungsdauer- und Ersatzzeitpunktbestimmung vgl. auch Seelbach, H.: (Ersatztheorie), S. 121 ff.; Baer-Kemper, P.: (Auswirkungen), S. 7 ff.

[15] Zur MAPI-Methode (MAPI für Machinery and Allied Products Institute) vgl. Lücke, W.: (Investitionslexikon), S. 267 ff.; Terborgh, G.: (Equipment); Terborgh, G.: (Leitfaden); Franck, T.: (Konzeption); Schmidt, R.-B.: (Unternehmungsinvestitionen), S. 126 ff.
Bei der MAPI-Methode wird ein statisches Modell gebildet. Zu weiteren statischen Modellen für die Nutzungsdauer- und Ersatzzeitpunktbestimmung vgl. z. B. Blohm, H.; Lüder, K.: (Investition), S. 162 ff.; Perridon, L.; Steiner, M.: (Finanzwirtschaft), S. 44 ff.

[16] Zur Nutzungsdauer- und Ersatzzeitpunktbestimmung bei der Zielgröße Interner Zinssatz vgl. Baer-Kemper, P.: (Auswirkungen), S. 143 ff.; Lutz, F.; Lutz, V.: (Theory), S. 32 f.; Kruschwitz, L.: (Zinsfuß), S. 206 f.; Götze, U.: (Ersatzzeitpunktbestimmung). Zu Nutzungsdauer- und Ersatzzeitpunktüberlegungen bei unvollkommenem Kapitalmarkt vgl. Eisenführ, F.: (Beurteilung); Götze, U.: (Ersatzzeitpunktbestimmung) und speziell bezogen auf die VOFI-Methode vgl. Grob, H.L.: (Wirtschaftlichkeitsrechnung), S. 211 ff.; Kesten, R.: (Management), S. 250 ff.

5.2 Nutzungsdauer- und Ersatzzeitpunktentscheidungen im Kapitalwertmodell

5.2.1 Optimale Nutzungsdauer einer Investition ohne Nachfolgeobjekt

Modell-/Verfahrensdarstellung

Die Frage, welche Nutzungsdauer- oder Ersatzzeitpunktalternative zu einem maximalen Kapitalwert führt, wird bereits seit relativ langer Zeit erörtert.[17] Bei ihrer Diskussion wird in diesem und in den folgenden Abschnitten davon ausgegangen, daß

- die Annahmen des Kapitalwertmodells gelten,[18]
- die nachlassende Leistungsfähigkeit der betrachteten Anlagen sich dadurch äußert, daß die Rückflüsse im Zeitablauf sinken, nachdem sie in den ersten Perioden der Nutzung eventuell ein Maximum durchlaufen haben,
- sich für die einzelnen Perioden der Nutzungsdauer einer Anlage Liquidationserlöse angeben lassen, die jeweils am Periodenende anfallen und im Zeitablauf abnehmen.

In diesem Abschnitt wird die Frage untersucht, wie lange ein geplantes Investitionsobjekt genutzt werden sollte, wenn nach dem Ende seiner Nutzung keine Nachfolgeinvestition erfolgt (einmalige Investition).[19] Diese Fragestellung tritt beispielsweise dann auf, wenn die mit der betrachteten Anlage hergestellten Produkte nach dem Nutzungsdauerende nicht mehr abgesetzt werden können oder sollen.

Für die optimale Nutzungsdauer einer derartigen einmaligen Investition gilt bei einem Kapitalwertmodell die folgende Regel:

> Es ist die Nutzungsdauer optimal, bei der der Kapitalwert des Investitionsobjektes am höchsten ist.[20]

Diese Nutzungsdauer läßt sich unter anderem auf den beiden nachfolgend dargestellten Wegen bestimmen.[21]

Bei dem ersten Weg, der *Kapitalwertberechnung*, wird für jede Nutzungsdaueralternative n ermittelt, welcher Kapitalwert KW_n sich bei ihrer Wahl ergibt. Für diesen Kapitalwert gilt:

---

[17] Vgl. Preinreich, G.A.D.: (Life), S. 121 ff.; Schneider, E.: (Wirtschaftlichkeitsrechnung), S. 78 ff.
[18] Vgl. Abschnitt 3.3.2. Im Gegensatz zu den Annahmen des Kapitalwertmodells bei der Vorteilhaftigkeitsbeurteilung wird allerdings nicht unterstellt, daß die Nutzungsdauer vorgegeben ist.
[19] Ergänzungsinvestitionen im Sinne der Annahmen der Kapitalwertmethode - Anlage zum Kalkulationszinssatz - werden hier nicht als Nachfolgeobjekte angesehen.
[20] Diese Regel entspricht inhaltlich der für die relative Vorteilhaftigkeit, nur stellen hier Nutzungsdauern anstelle von Investitionsobjekten die Alternative dar, zwischen denen auszuwählen ist.
[21] Ein dritter möglicher Lösungsweg ist eine retrograde Rechnung, die sich des Prinzips der dynamischen Optimierung bedient. Vgl. Kruschwitz, L.: (Investitionsrechnung), S. 201 f.

$$KW_n = -A_0 + \sum_{t=1}^{n} R_t \cdot q^{-t} + L_n \cdot q^{-n}$$

mit:

KW_n = Kapitalwert bei einer Nutzungsdauer von n Perioden
A_0 = Anschaffungsauszahlung
R_t = Rückfluß im Zeitpunkt t
L_n = Liquidationserlös nach einer Nutzungsdauer von n Perioden
q^{-t} = Abzinsungsfaktor für den Zeitpunkt t

Es läßt sich dann die Nutzungsdaueralternative identifizieren, deren Kapitalwert maximal ist.

Der zweite Weg besteht in einer *Grenzgewinnbetrachtung*. Um festzustellen, in welcher Weise sich der Kapitalwert bei Verlängerung der Nutzungsdauer um eine Periode verändert, wird ein sog. zeitlicher Grenzgewinn berechnet. Dieser setzt sich aus zwei Komponenten zusammen, die beide durch die Verlängerung der Nutzung um eine Periode t bewirkt werden: es kann ein zusätzlicher Rückfluß (R_t) erwirtschaftet werden, und anstelle des Liquidationserlöses der Periode t-1 (L_{t-1}) wird eine Periode später ein geringerer Liquidationserlös (L_t) erzielt. Indem der Liquidationserlös der Vorperiode durch Aufzinsung auf den Zeitpunkt t bezogen wird ($q \cdot L_{t-1}$), läßt sich der zeitliche Grenzgewinn der Periode t (G_t) wie folgt bestimmen:[22]

$$G_t = R_t + L_t - q \cdot L_{t-1}$$

Aus dem zeitlichen Grenzgewinn kann die Veränderung des Kapitalwertes abgeleitet werden, die durch die Verlängerung der Nutzung um eine weitere Periode entsteht. Sie entspricht dem auf den Beginn des Planungszeitraums abgezinsten zeitlichen Grenzgewinn.

Der zeitliche Grenzgewinn läßt sich als eindeutiges Kriterium für die Bestimmung der optimalen Nutzungsdauer nutzen, falls der Kapitalwert in Abhängigkeit von der Nutzungsdauer lediglich ein (lokales) Maximum durchläuft. In diesem Fall kann beginnend mit der ersten Periode sukzessive für die einzelnen Perioden geprüft werden, ob der zeitliche Grenzgewinn positiv ist, d. h. der Rückfluß der nächsten Periode die Minderung des Liquidationserlöses und die Zinsen auf den Liquidationserlös der Vorperiode übersteigt. Wenn dies gilt, sollte die Nutzungsdauer der Anlage um eine Periode ausgedehnt werden. Mit Hilfe des Grenzgewinns läßt sich das folgende Optimalitätskriterium formulieren:

---

[22] Vgl. Busse von Colbe, W.; Laßmann, G.: (Betriebswirtschaftstheorie), S. 134 sowie zu einer Definition des zeitlichen Grenzgewinns als Kapitalwertveränderung Kruschwitz, L.: (Investitionsrechnung), S. 199.

> Das Ende der wirtschaftlichen Nutzungsdauer befindet sich am Ende der Periode t - 1, wenn die darauffolgende Periode t die erste ist, deren zeitlicher Grenzgewinn negativ ist.[23]

Es gilt demgemäß erstmalig:

$G_t < 0$

Die Gültigkeit der zugrundeliegenden Annahme, daß der Kapitalwert in Abhängigkeit von der Nutzungsdauer lediglich ein Maximum durchläuft, ist überprüfbar, indem für alle nachfolgenden Perioden $t + 1, t + 2, ...$ bis zum Ende der Nutzungsdauer die Grenzgewinne berechnet werden. Falls bei einer dieser Perioden ein positiver Grenzgewinn auftritt, existieren mehrere lokale Kapitalwertmaxima. Die optimale Nutzungsdauer kann dann durch Vergleich der zugehörigen Kapitalwerte identifiziert werden.

Aus der Grenzgewinnbetrachtung läßt sich auch der Einfluß von Datenänderungen auf die optimale Investitionsdauer ableiten. Wie aus der oben angegebenen Bestimmungsformel für den zeitlichen Grenzgewinn ersichtlich ist, wirken eine Zinssatzsenkung, eine Abnahme der Liquidationserlösverringerung und eine Erhöhung der Rückflüsse nutzungsdauerverlängernd.[24]

Beispiel

Ein Unternehmen möchte die optimale Nutzungsdauer einer einmaligen Investition bestimmen. Die Anschaffungsauszahlung des Investitionsobjektes beträgt 600 Tsd. €, der Kalkulationszinssatz 10%. Den relevanten Zeitpunkten t der technischen Nutzungsdauer (7 Perioden) werden die folgenden Rückflüsse und Liquidationserlöse (in Tsd. €) zugeordnet:[25]

Zeitpunkte t	1	2	3	4	5	6	7
Rückflüsse	190	160	150	140	130	110	100
Liquidationserlöse	500	420	335	260	210	160	100

Es soll zunächst eine Kapitalwertberechnung vorgenommen werden. Die nachfolgende Tabelle enthält die Zeitwerte und die Barwerte der Anschaffungsauszahlung und der Rückflüsse ($-A_0$ bzw. R_t und $-A_0$ bzw. $R_t \cdot q^{-t}$) sowie der Liquidationserlöse (L_n und $L_n \cdot q^{-n}$) der einzelnen Perioden. Der Kapitalwert (KW_n) ergibt sich für jede

---

[23] Wenn der Grenzgewinn einer Periode Null ist, dann verändert sich der Kapitalwert bei Verlängerung der Nutzung um eine Periode nicht. Bei der hier unterstellten alleinigen Relevanz der Zielgröße Kapitalwert besteht Indifferenz zwischen den entsprechenden Nutzungsdaueralternativen.
[24] Vgl. Swoboda, P.: (Investition), S. 96.
[25] Es wird zusätzlich unterstellt, daß sich bei einer "Sofortliquidation" zu Beginn des Planungszeitraums ein Erlös in Höhe der Anschaffungsauszahlung erzielen läßt.

Nutzungsdaueralternative als Summe der kumulierten Barwerte von Anschaffungsauszahlung und Rückflüssen ($-A_0 + \sum_{t=1}^{n} R_t \cdot q^{-t}$) sowie des Barwertes des Liquidationserlöses ($L_n \cdot q^{-n}$).

n bzw. t	$-A_0$ bzw. R_t	L_n	$-A_0$ bzw. $R_t \cdot q^{-t}$	$-A_0 + \sum_{t=1}^{n} R_t \cdot q^{-t}$	$L_n \cdot q^{-n}$	KW_n
	[€]	[€]	[€]	[€]	[€]	[€]
0	-600.000	600.000	-600.000,00	-600.000,00	600.000,00	0
1	190.000	500.000	172.727,27	-427.272,73	454.545,45	27.272,72
2	160.000	420.000	132.231,40	-295.041,33	347.107,44	52.066,11
3	150.000	335.000	112.697,22	-182.344,11	251.690,46	69.346,35
4	140.000	260.000	95.621,88	-86.722,23	177.583,50	90.861,27
5	130.000	210.000	80.719,77	-6.002,46	130.393,48	124.391,02
6	110.000	160.000	62.092,13	56.089,67	90.315,83	146.405,50
7	100.000	100.000	51.315,81	107.405,48	51.315,81	**158.721,29**

Hier ist die Nutzungsdauer von sieben Perioden optimal, bei ihr wird der maximale Kapitalwert (158.721,29 €) erzielt.[26] Die Anlage sollte demgemäß bis zum Ende der technischen Nutzungsdauer genutzt werden.

Im folgenden soll auch das Vorgehen der Grenzgewinnanalyse veranschaulicht werden. In den ersten sechs Perioden sind diese Grenzgewinne jeweils positiv, sie betragen (in €): $G_1 = 30.000$; $G_2 = 30.000$; $G_3 = 23.000$; $G_4 = 31.500$; $G_5 = 54.000$; $G_6 = 39.000$. Ausführlich dargestellt werden soll die Berechnung des Grenzgewinns der siebten Periode (G_7). Dieser ergibt sich wie folgt:

$$G_7 = R_7 + L_7 - q \cdot L_6 = 100.000 + 100.000 - 1{,}1 \cdot 160.000 = 24.000 \; [\text{€}]$$

Da die Grenzgewinne aller Perioden positiv sind, stimmt die optimale Nutzungsdauer mit der technischen Nutzungsdauer von sieben Perioden überein.

Der oben ermittelte Grenzgewinn der siebten Periode bezieht sich auf den Zeitpunkt t = 7. Wird er auf den Beginn des Planungszeitraums abgezinst, dann entspricht dieser Betrag der Veränderung des Kapitalwertes, die durch die Einbeziehung der siebten Periode zustandekommt. Dies zeigt die folgende Berechnung:

$$24.000 \cdot 1{,}1^{-7} \; = \; 12.315{,}79 \; = \; 158.721{,}29 \; - \; 146.405{,}50$$

$$G_7 \cdot q^{-7} \; = \; KW_7 \; - \; KW_6$$

---

[26] Im Beispiel ist der Kapitalwert bereits nach einer Nutzungsperiode positiv und damit die Investition absolut vorteilhaft. Dies läßt sich auch so interpretieren, daß unter Einbeziehung der aus einer möglichen Liquidation resultierenden Erlöse bereits dann die Amortisation des eingesetzten Kapitals erreicht ist; die Amortisationszeit wäre dann (weniger als) eine Periode.

Modellbeurteilung

Bei der Modellbeurteilung ist zunächst auf die Diskussion des zugrundeliegenden Kapitalwertmodells zu verweisen.[27] Die dortigen Ausführungen zur Realitätsnähe, zum Rechenaufwand und zur Datenermittlung lassen sich weitgehend auf das hier dargestellte Modell übertragen. Unter anderem werden Nutzungsdauerunterschiede - die bei der vorzubereitenden Entscheidung zwangsläufig auftreten und daher besonders relevant sind - ebenfalls annahmegemäß durch Investitionsmaßnahmen ausgeglichen, die sich zum Kalkulationszinssatz verzinsen.

Des weiteren gilt hier auch die Prämisse der Sicherheit. Die bestehenden Unsicherheiten lassen sich grundsätzlich wie bei Vorteilhaftigkeitsentscheidungen mit den in Abschnitt 7 erörterten Kriterien, Modellen und Verfahren in Investitionsrechnungen zur Vorbereitung von Nutzungsdauer- und Ersatzzeitpunktentscheidungen sowie deren Auswertung einbeziehen. Beispielsweise können mit Sensitivitätsanalysen ausgehend vom Grenzgewinnkriterium (kritische) Werte für einzelne Rückflüsse, Liquidationserlöse[28] oder den Zinssatz berechnet werden, die Grenzen für die Vorteilhaftigkeit einer Nutzungsdaueralternative darstellen.[29] Ebenso sind systematische Inputvariationen, Risikoanalysen, Entscheidungsbaumanalysen sowie optionspreistheoretische Modelluntersuchungen realisierbar.[30]

Die Eignung des Modells hängt darüber hinaus vornehmlich davon ab, inwieweit die damit zusammenhängende Annahme gerechtfertigt ist, daß nach Nutzungsdauerende der betrachteten Investition keine Nachfolgeinvestitionen vorgenommen werden. Da die Tätigkeit von Unternehmen in der Regel auf Dauer angelegt ist, dürfte diese Annahme nur in Ausnahmefällen gerechtfertigt sein.

In bestimmten Situationen können sich außerdem die Prämissen als problematisch erweisen, daß zum einen die Instandhaltungspolitik vorgegeben[31] und zum anderen eine isolierte Betrachtung der Nutzungsdauer einzelner Anlagen möglich ist.

---

27 Vgl. Abschnitt 3.3.2.

28 Zu auf dem Grenzgewinnkriterium basierenden Überlegungen hinsichtlich des Einflusses des Liquidationserlöses auf die Relevanz und Modellierung von Nutzungsdauerentscheidungen vgl. auch Kesten, R.: (Liquidationserlös).

29 Diese kritischen Werte können unter anderem zu späteren Zeitpunkten mit den entsprechenden Ist-Daten oder neu prognostizierten Daten verglichen werden, um zu entscheiden, ob eine erneute Modellrechnung zur Überprüfung der Nutzungsdauer einer vorhandenen Anlage (bzw. zur Vorbereitung einer Ersatzzeitpunktentscheidung) sinnvoll ist.

30 Vgl. zu den genannten Verfahren zur Berücksichtigung der Unsicherheit bei Einzelentscheidungen die Abschnitte 7.3.2 bis 7.3.5, zu einem Beispiel für die Vorbereitung einer Nutzungsdauerentscheidung mit dem Entscheidungsbaumverfahren Aufgabe 7-8 sowie speziell zur Berücksichtigung der Unsicherheit in Modellen für Nutzungsdauer- und Ersatzzeitpunktentscheidungen Seelbach, H.: (Ersatztheorie), S. 121 ff.; Drexl, A.: (Nutzungsdauerentscheidungen), S. 56 ff.; Schneider, D.: (Nutzungsdauer), S. 79 ff.

31 Zur simultanen Planung von Nutzungsdauer und Instandhaltung vgl. Roski, R.: (Einsatz), S. 166 ff.

5.2.2 Optimale Nutzungsdauer einer Investition bei einer endlichen Anzahl identischer Nachfolgeobjekte

Modell-/Verfahrensdarstellung

Gegenstand dieses Abschnitts ist die Bestimmung der optimalen Nutzungsdauer einer Investition, für die eine endliche Anzahl identischer Nachfolgeobjekte vorgesehen ist. Diese Objekte sollen jeweils nach Ende der Nutzung der vorherigen Investition eingesetzt werden, so daß eine endliche Kette identischer Objekte vorliegt.[32] Dabei soll sich die Identität der Investitionsobjekte - wie erwähnt - auf die ihnen zugeordneten Zahlungsreihen beziehen. Andere Merkmale können sich durchaus unterscheiden.

Zunächst sei der Fall analysiert, daß von *einem* identischen Nachfolgeobjekt ausgegangen wird. Die Investitionskette besteht dann aus einer Grund- und einer Folgeinvestition (zweigliedrige Investitionskette). Für die Grund- wie auch für die Folgeinvestition gilt, daß die Nutzungsdauer optimal ist, welche zu einem maximalen Kapitalwert der Investitionskette führt.

Da die Folgeinvestition kein Nachfolgeobjekt aufweist, läßt sich ihre Nutzungsdauer auf die im vorherigen Abschnitt beschriebene Weise bestimmen. Bei der Berechnung der Nutzungsdauer der Grundinvestition hingegen ist im Vergleich zur Nutzungsdauerbestimmung ohne Nachfolgeobjekte eine weitere - tendenziell nutzungsdauerverkürzende - Komponente zu berücksichtigen, die aus der zeitlichen Verbundenheit der Grund- und der Folgeinvestition resultiert.[33] Je länger die Grundinvestition eingesetzt wird, desto später beginnt die Nutzung der Folgeinvestition. Damit wird auch der durch die Folgeinvestition bewirkte Geldvermögenszuwachs in Höhe ihres maximalen Kapitalwertes (KW_{2max}), der sich auf deren Nutzungsdauerbeginn bezieht, erst später verfügbar. Dies zeigt die folgende Abbildung.

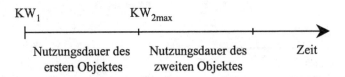

Abb. 5-2: Zeitliche Verbundenheit der Objekte in einer zweigliedrigen Investitionskette

Die Kapitalwertberechnung, die wiederum einen möglichen Lösungsweg darstellt, kann bei einer zweigliedrigen Investitionskette vorgenommen werden, indem für alle

---

[32] Es ist hier zwar die Realisation mehrerer Investitionsobjekte vorgesehen, trotzdem handelt es sich aber um eine Einzel- und nicht um eine Programmentscheidung, da nie mehrere Objekte zum gleichen Zeitpunkt realisiert oder genutzt werden.

[33] Vgl. Busse von Colbe, W.; Laßmann, G.: (Betriebswirtschaftstheorie), S. 137 ff.; Baer-Kemper, P.: (Auswirkungen), S. 33 f.

Nutzungsdaueralternativen (n_1) der Grundinvestition der Kapitalwert der Investitionskette (KW_G) berechnet wird. Dieser setzt sich aus dem Kapitalwert der Grundinvestition (KW_1) und dem auf den Beginn des Planungszeitraums abgezinsten Kapitalwert der Folgeinvestition zusammen.

$$KW_G = KW_1(n_1) + KW_{2max} \cdot q^{-n_1}$$

Es läßt sich dann die kapitalwertmaximale Nutzungsdauer der Grundinvestition identifizieren.

Bei einer Grenzgewinnbetrachtung ist auch die Verzinsung des Kapitalwertes der Folgeinvestition zu berücksichtigen. Damit es lohnend ist, die Nutzungsdauer um eine Periode auszudehnen, muß der Grenzgewinn höher sein als die Verzinsung des maximalen Kapitalwerts der Folgeinvestition über eine Periode ($i \cdot KW_{2max}$). Das Optimalitätskriterium lautet für den Fall, daß nur ein Maximum des Kapitalwertes der Investitionskette in Abhängigkeit von der Nutzungsdauer der ersten Anlage existiert:

> Das Ende der wirtschaftlichen Nutzungsdauer der Grundinvestition befindet sich am Ende der Periode t - 1, wenn die darauffolgende Periode t die erste ist, deren Grenzgewinn geringer ist als die Verzinsung des maximalen Kapitalwerts der Folgeinvestition über eine Periode.

Für die Periode t gilt demgemäß erstmalig:[34]

$$G_t < i \cdot KW_{2max}$$

Die Bestimmung der optimalen Nutzungsdauer mittels der Grenzgewinnbetrachtung kann ansonsten in der im vorherigen Abschnitt dargestellten Form erfolgen.

Bei einer Grundinvestition mit zwei oder mehreren identischen Nachfolgeobjekten (drei- oder mehrgliedrige Kette identischer Investitionsobjekte) läßt sich die optimale Nutzungsdauer der einzelnen Anlagen in analoger Form berechnen. Bei einer dreigliedrigen Kette beispielsweise sind zunächst die optimale Nutzungsdauer und der zugehörige maximale Kapitalwert sowohl für das letzte als auch für das vorletzte Objekt der Kette zu berechnen.[35] Die optimale Nutzungsdauer der Grundinvestition kann dann mit der Kapitalwertberechnung oder der Grenzgewinnbetrachtung bestimmt werden. Der Grenzgewinn muß hier höher sein als die Zinsen auf den Kapitalwert der aus dem zweiten und dem dritten Objekt gebildeten Kette ($KW_{(2+3)max}$), damit die Ausdehnung der Nutzung um eine Periode vorteilhaft ist.

Falls für eine Periode t erstmalig gilt,

$$G_t < i \cdot KW_{(2+3)max},$$

---

[34] Vgl. Busse von Colbe, W.; Laßmann, G.: (Betriebswirtschaftstheorie), S. 138.
[35] Dabei handelt es sich um Objekte ohne Nachfolger bzw. mit einem Nachfolger, so daß die in diesem und dem vorherigen Abschnitt beschriebenen Vorgehensweisen anwendbar sind.

befindet sich das Ende der optimalen Nutzungsdauer am Ende der Periode t-1.[36] Bei einer dreigliedrigen Kette ist diese Bedingung tendenziell früher erfüllt als bei einer zweigliedrigen, da nun die höheren Zinsen auf den maximalen Kapitalwert der aus dem zweiten und dem dritten Objekt gebildeten Kette ($KW_{(2+3)max}$) zu berücksichtigen sind.[37]

Allgemein trifft folgende Aussage bezüglich der Nutzungsdauer der einzelnen Objekte in einer endlichen Kette identischer Objekte zu:

> In einer endlichen Investitionskette aus identischen Objekten nimmt die optimale Nutzungsdauer der einzelnen Objekte mit zunehmender Anzahl von Nachfolgeobjekten tendenziell ab.

Dieser Sachverhalt wird auch als *"Ketteneffekt"* oder *"Gesetz der Ersatzinvestition"* bezeichnet.[38] Dementsprechend ist die optimale Nutzungsdauer einer Grundinvestition ebenfalls tendenziell kürzer als die einer Investition ohne Nachfolgeobjekte.

Bei der hier vorgenommenen Betrachtung diskreter Zeitpunkte ist es allerdings trotz des Ketteneffektes durchaus möglich, daß Objekte mit unterschiedlicher Anzahl von Nachfolgeobjekten die gleiche wirtschaftliche Nutzungsdauer aufweisen. Bei einer kontinuierlichen Betrachtung würde sich für jedes Objekt eine andere optimale Nutzungsdauer ergeben; es gilt dann, daß die wirtschaftliche Nutzungsdauer eines Objektes stets länger ist als die seines Vorgängers und stets kürzer als die seines Nachfolgers.

Beispiel

Es wird das Beispiel aus Abschnitt 5.2.1 aufgegriffen und unterstellt, daß die betrachtete Anlage einmal identisch ersetzt wird (zweigliedrige Kette). Für die Folgeinvestition in dieser Kette gilt, da sie keinen Nachfolger aufweist, die im vorherigen Abschnitt bestimmte optimale Nutzungsdauer von sieben Perioden mit dem zugehörigen maximalen Kapitalwert von 158.721,29 €. Dieses Ergebnis geht in die Bestimmung der optimalen Nutzungsdauer der Grundinvestition ein.

Bei der Kapitalwertberechnung werden die Kapitalwerte der zweigliedrigen Kette (KW_G) in Abhängigkeit von der Nutzungsdauer der ersten Anlage (n_1) ermittelt. Diese setzen sich aus den Kapitalwerten der ersten Anlage in Abhängigkeit von deren Nutzungsdauer (KW_{n_1}) sowie dem über diese Nutzungsdauer abgezinsten maximalen Kapitalwert der zweiten Anlage ($KW_{2max} \cdot q^{-n_1}$) zusammen; die entsprechenden Beispielergebnisse zeigt die nachfolgende Tabelle.

---

[36] Es ist dabei wiederum unterstellt, daß nur ein Kapitalwertmaximum vorliegt.
[37] Es wird angenommen, daß ein positiver Zinssatz i gegeben ist.
[38] Vgl. Baer-Kemper, P.: (Auswirkungen), S. 39 ff.; Kruschwitz, L.: (Investitionsrechnung), S. 204; Buchner, R.: (Anmerkungen), S. 33 f.

n_1	KW_{n_1} [€]	$KW_{2max} \cdot q^{-n_1}$ [€]	KW_G [€]
0	0	158.721,29	158.721,29
1	27.272,72	144.292,08	171.564,80
2	52.066,11	131.174,62	183.240,73
3	69.346,35	119.249,65	188.596,00
4	90.861,27	108.408,78	199.270,05
5	124.391,02	98.553,43	222.944,46
6	146.405,50	89.594,03	235.999,53
7	158.721,29	81.449,12	**240.170,41**

Hier beträgt die optimale Nutzungsdauer der Grundinvestition wiederum sieben Perioden;[39] der zugehörige Kapitalwert der zweigliedrigen Kette beläuft sich auf 240.170,41 €.

Das gleiche Resultat läßt sich auch mit der Grenzgewinnbetrachtung ermitteln. Für alle Perioden der Nutzungsdauer sind die Grenzgewinne höher als die Zinsen auf den Kapitalwert der Folgeinvestition (i · KW_{2max} = 15.872,13 €).

Modellbeurteilung

Bei der Modellbeurteilung ist zunächst auf die diesbezüglichen Ausführungen des vorigen Abschnitts zu verweisen, die - mit Ausnahme der Aussagen zur Nachfolgeproblematik - auch für dieses Modell zutreffen.

Problematisch ist bei dem hier dargestellten Modell wiederum die Annahme bezüglich der Nachfolgeobjekte. Zum einen ist zweifelhaft, ob eine identische Wiederholung der Investitionen realitätsnah ist.[40] Zum anderen ist fraglich, wie die Anzahl der Nachfolgeobjekte ermittelt werden kann, die in einer spezifischen Problemsituation relevant ist.

5.2.3 Optimale Nutzungsdauer eines Objektes mit unendlich vielen identischen Nachfolgeobjekten

Modell-/Verfahrensdarstellung

Im Gegensatz zu den bisherigen Ausführungen wird nun unterstellt, daß eine Grundinvestition unendlich oft durch identische Anlagen ersetzt wird. Bei einer derartigen unendlichen Kette identischer Objekte hat jedes Objekt unendlich viele Nachfolger. Die im Grenzgewinn zu berücksichtigenden Zinsen auf den Kapitalwert der Nachfolger sind daher für alle Objekte der Kette gleich hoch. Daraus läßt sich

---

[39] Gemäß den obigen allgemeinen Ausführungen kann die optimale Nutzungsdauer der Grundinvestition auch kürzer als die einer einmaligen Investition sein. Beispiele hierfür finden sich bei den Übungsaufgaben.
[40] Vgl. Kruschwitz, L.: (Investitionsrechnung), S. 204.

ableiten, daß die optimale Nutzungsdauer aller Anlagen in einer unendlichen Kette identischer Objekte gleich lang ist.[41] Es ist also eine für alle Objekte identische Nutzungsdauer zu bestimmen, für die gilt:

> Für alle Objekte einer unendlichen Kette identischer Objekte ist die Nutzungsdauer optimal, bei der der Kapitalwert der unendlichen Kette am höchsten ist.

Die Bestimmung dieser optimalen Nutzungsdauer ist wiederum mittels der Kapitalwertberechnung oder der Grenzgewinnbetrachtung möglich, wobei jeweils auf eine Annuitätenberechnung zurückgegriffen wird.

Der Kapitalwert einer unendlichen Zahlungsreihe kann bestimmt werden, indem deren Annuität durch den Kalkulationszinssatz dividiert wird (Formel für den Kapitalwert der ewigen Rente).[42] Damit ist der Kapitalwert der unendlichen Kette genau dann maximal, wenn deren Annuität maximal ist. Da alle Objekte identisch sind, stimmt die Annuität der Kette mit der eines einzelnen Objektes überein. Dies soll Abbildung 5-3 veranschaulichen, in der die beliebig gewählte Höhe von Annuitäten für die ersten Objekte einer Investitionskette in Abhängigkeit von der Nutzungsdauer dargestellt sind.

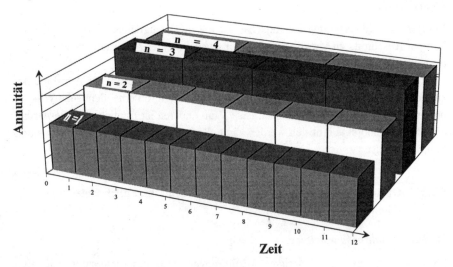

Abb. 5-3: Nutzungsdauerabhängige Annuitäten bei einer Kette identischer Investitionsobjekte

Ausgehend von der obigen Überlegung reicht es zur Optimierung aus, die Nutzungsdauer zu bestimmen, die zur maximalen Annuität einer Anlage führt; sie maximiert

---

41   Zu einem Beweis für diese Aussage vgl. Kistner, K.-P.; Steven, M.: (Nutzungsdauer), S. 332.
42   Vgl. Abschnitt 3.3.3.

gleichzeitig den Kapitalwert der unendlichen Kette.[43] Zur Ermittlung dieser Nutzungsdauer sind Annuitäten für alle Nutzungsdaueralternativen zu berechnen.[44] Optimal ist für alle Objekte die Nutzungsdauer, bei der die Annuität am höchsten ist.

Bei der Grenzgewinnbetrachtung erfolgt ein Vergleich des Grenzgewinns mit den Zinsen auf den Kapitalwert der Nachfolgeobjekte in Abhängigkeit von deren Nutzungsdauer (i · $KW_{\infty t}$).[45] Diese Zinsen entsprechen der perioden- bzw. nutzungsdauerabhängigen Annuität (Ann_t), wie sich aus der Formel für den Kapitalwert einer ewigen Rente ableiten läßt. Damit die Ausdehnung der Nutzung um eine Periode t vorteilhaft ist, muß der Grenzgewinn dieser Periode höher sein als die entsprechende Annuität. Daraus läßt sich - wiederum unter der Annahme, daß der Kapitalwert in Abhängigkeit von der Nutzungsdauer nur ein Maximum annimmt - das folgende Optimalitätskriterium ableiten:

> Das Ende der wirtschaftlichen Nutzungsdauer eines Objektes einer unendlichen Kette identischer Objekte befindet sich am Ende der Periode t - 1, wenn die darauffolgende Periode t die erste ist, deren zeitlicher Grenzgewinn geringer ist als die Annuität.

Formal lautet das Kriterium:[46]

$G_t < Ann_t$

Ob dieses Kriterium erfüllt ist, läßt sich auch am Vergleich des Grenzgewinns mit der bis zur Vorperiode t-1 erzielten Annuität erkennen: nur wenn der Grenzgewinn höher ist als diese, kann er die - aus ihm selbst und der Annuität der Vorperiode resultierende - Annuität der Periode t übersteigen. Es gilt also auch:

> Das Ende der wirtschaftlichen Nutzungsdauer eines Objektes einer unendlichen Kette identischer Objekte befindet sich am Ende der Periode t - 1, wenn die darauffolgende Periode t die erste ist, deren zeitlicher Grenzgewinn geringer ist als die bis zur Periode t -1 erzielte Annuität.

Formal läßt sich dieses Optimalitätskriterium wie folgt darstellen:

$G_t < Ann_{t-1} < G_{t-1}$

Die nachfolgende Abbildung veranschaulicht diese Optimalsituation. Die zeitlichen Grenzgewinne sind vor dem Maximum der Annuität höher als diese; anschließend weisen sie geringere Werte auf.[47]

---

[43] Vgl. Busse von Colbe, W.; Laßmann, G.: (Betriebswirtschaftstheorie), S. 142.
[44] Zur Annuitätenberechnung vgl. Abschnitt 3.3.3.
[45] Die Nutzungsdauer der Folgeinvestitionen ist hier gleich der der Grundinvestition und damit t Perioden.
[46] Vgl. dazu Seelbach, H.: (Ersatztheorie), S. 118.
[47] Entspricht der zeitliche Grenzgewinn einer Periode der bis zur Vorperiode erzielten Annuität, dann existieren zwei optimale Lösungen.

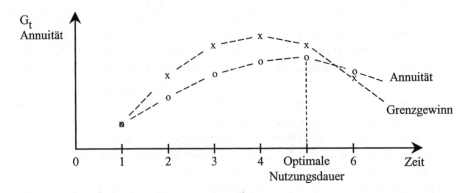

Abb. 5-4: Grenzgewinnkriterium für die optimale Nutzungsdauer[48]

Beispiel

Es wird auf das bisher in Abschnitt 5.2 behandelte Beispiel zurückgegriffen. Die optimale Nutzungsdauer der Objekte einer unendlichen identischen Kette läßt sich - wie oben erwähnt - bestimmen, indem die nutzungsdauerabhängigen Annuitäten berechnet werden. Die nachfolgende Tabelle enthält die nutzungsdauerabhängigen Kapitalwerte (KW_n) und Wiedergewinnungsfaktoren (WGF_n), deren Produkt jeweils die Annuität (Ann_n) darstellt.

n	KW_n [€]	WGF_n [€]	Ann_n [€]
1	27.272,72	1,1	29.999,99
2	52.066,11	0,5761904	29.999,99
3	69.346,35	0,4021148	27.885,19
4	90.861,27	0,3154708	28.664,08
5	124.391,02	0,2637974	32.814,04
6	146.405,50	0,2296073	**33.615,77**
7	158.721,29	0,2054055	32.602,23

Es zeigt sich, daß die optimale Nutzungsdauer aller Objekte sechs Perioden beträgt. Die zugehörige Annuität ist 33.615,77 €, der maximale Kapitalwert der unendlichen Kette beträgt 336.157,70 € (33.615,77 : 0,1).

Auch auf die Grenzgewinnbetrachtung soll im folgenden eingegangen werden. Für die siebte Periode beispielsweise ergibt sich:

Bei einem kontinuierlichen Anfall von Zahlungen würde die Funktion der Grenzgewinne die der Annuitäten - im Gegensatz zum hier betrachteten diskreten Fall - in deren Maximum schneiden.

[48] Obwohl hier ein diskretes Modell betrachtet wird, sind die einzelnen Punkte der Grenzgewinn- bzw. Annuitätenfunktion zwecks Veranschaulichung verbunden worden. Das gleiche gilt für die korrespondierenden Abbildungen im weiteren Verlauf von Abschnitt 5.

$G_7 < \text{Ann}_6$

$24.000 < 33.615,77$

Dieses Resultat sagt aus, daß eine Ausdehnung der Nutzungsdauer von der sechsten auf die siebte Periode nicht vorteilhaft ist. Auch der Grenzgewinn der dritten Periode ist geringer als die Annuität der Vorperiode. Es müssen daher die Annuitäten der zweiten und der sechsten Periode verglichen werden, um die optimale Nutzungsdauer - hier sechs Perioden - zu ermitteln.

Modellbeurteilung

Es soll hier lediglich auf die Annahme bezüglich der Nachfolgeobjekte eingegangen werden.[49] Diese dürfte häufig recht sinnvoll sein. Zum einen wird ein Unternehmen in der Regel auf Dauer betrieben, so daß die Annahme eines unendlichen Planungszeitraums nicht abwegig ist. Zum anderen existieren zumeist weder bezüglich der Länge des möglichen Gesamtnutzungszeitraums noch hinsichtlich der Eigenschaften der Nachfolgeobjekte verwertbare Informationen. Es erscheint dann die vereinfachende Annahme einer unendlichen Kette identischer Objekte gerechtfertigt.[50]

Nicht betrachtet wird hier die Nutzungsdauerproblematik bei nicht-identischen Nachfolgeobjekten. In der Literatur werden auch Modelle vorgestellt, die bei einem unendlichen Planungszeitraum nicht-identische Nachfolgeobjekte unterstellen.[51] Diesen liegen vereinfachende Annahmen zugrunde, beispielsweise wird von einer linearen Veränderung der Auszahlungen bei Konstanz aller anderen Größen ausgegangen.[52] Es ist aufgrund dieser vereinfachenden Prämissen fraglich, ob die Modelle den in diesem Abschnitt vorgestellten Modellen mit identischen Nachfolgeobjekten vorzuziehen sind. Differenziertere Analysen erscheinen bei einem unendlichen Planungszeitraum aufgrund der oben angesprochenen Datengewinnungsproblematik nicht möglich.

Eher anwendbar dürften Modelle sein, die von nicht-identischen Nachfolgeobjekten bei einem endlichen Planungszeitraum ausgehen. Eine solche Annahme wird im Zusammenhang mit der Ersatzzeitpunktbestimmung in Abschnitt 5.2.5 aufgegriffen; die dortigen Ausführungen lassen sich auf das Nutzungsdauerproblem übertragen.[53]

---

[49] Zur Beurteilung des Modells vgl. auch die Abschnitte 5.2.1 und 5.2.2.
[50] Vgl. Kruschwitz, L.: (Investitionsrechnung), S. 204 f.; Voigt, K.-I.: (Berücksichtigung), S. 1022 f.
[51] Vgl. Baer-Kemper, P.: (Auswirkungen), S. 130 ff.; Swoboda, P.: (Investition), S. 106 ff.
[52] Vgl. Swoboda, P.: (Investition), S. 106 ff.
[53] Zur Bestimmung der optimalen Nutzungsdauer bei einer endlichen Kette nicht-identischer Objekte vgl. Kruschwitz, L.: (Investitionsrechnung), S. 205 ff.

5.2.4 Optimaler Ersatzzeitpunkt bei einer unendlichen Kette identischer Nachfolgeobjekte

Modell-/Verfahrensdarstellung

In diesem Abschnitt wird die Bestimmung des optimalen Ersatzzeitpunktes einer vorhandenen Anlage unter der Annahme analysiert, daß nach deren Ersatz eine unendliche Kette identischer Objekte realisiert wird. Das betrachtete Modell stimmt also in bezug auf die Nachfolgeobjekte mit dem des vorherigen Abschnitts überein.

Die Ersatzüberlegung wird in der Regel eine Vorteilhaftigkeitsanalyse beinhalten, mit der bestimmt wird, welche Anlage sich am besten für den Ersatz eignet. Bei diesem Vorteilhaftigkeitsvergleich wird die Anlage ausgewählt, bei welcher der Kapitalwert einer unendlichen Kette maximal ist. Diese Auswahl setzt die Bestimmung der entsprechenden Kapitalwerte voraus, wobei dieser jeweils eine Nutzungsdaueroptimierung zugrunde gelegt werden sollte.[54] In den Vorteilhaftigkeitsvergleich kann auch ein Investitionsobjekt einbezogen werden, das mit dem vorhandenen identisch ist. Sollte sich herausstellen, daß ein Ersatz durch diesen Anlagentyp vorteilhaft ist, dann läßt sich der Ersatzzeitpunkt aus dessen optimaler Nutzungsdauer ableiten, falls keine Datenänderungen gegenüber dem Zeitpunkt der Nutzungsdauerplanung aufgetreten sind. Im folgenden wird aber davon ausgegangen, daß ein Ersatz durch eine Kette identischer Anlagen eines anderen Typs erfolgt.[55]

Hinsichtlich der vorhandenen Objekte können generell zwar die ursprünglich prognostizierten Daten zur Ersatzzeitpunktbestimmung herangezogen werden, diese sollten aber überprüft und an geänderte Erwartungen angepaßt werden. Bei den nachfolgenden Beispielen zur Ersatzzeitpunktbestimmung wird lediglich der Einfachheit halber angenommen, die im Rahmen der Nutzungsdauerbestimmung erwarteten Werte seien weiterhin gültig.

Wenn die für den Ersatz vorgesehene Anlage bekannt ist, läßt sich der optimale Ersatzzeitpunkt gemäß der folgenden Regel bestimmen.

> Es ist der Ersatzzeitpunkt optimal, bei dem der aus den Zahlungen der bereits vorhandenen Anlage und der unendlichen Kette neuer Anlagen gebildete Gesamtkapitalwert maximal ist.

Dieser optimale Ersatztermin kann wiederum sowohl mittels der Kapitalwertberechnung als auch über die Grenzgewinnbetrachtung bestimmt werden. Bei der Kapitalwertberechnung wird für alle möglichen Ersatztermine τ ein Gesamtkapitalwert

$$KW_{G\tau} = \sum_{t=t^*}^{t^*+\tau} R_{at} \cdot q^{-t+t^*} + L_{t^*+\tau} \cdot q^{-\tau} + KW_{n\infty} \cdot q^{-\tau}$$

---

[54] Vgl. die Ausführungen im vorherigen Abschnitt.
[55] Die Vorteile einer nicht-identischen neuen Anlage gegenüber der alten können insbesondere durch technische Fortschritte zustande kommen (z. B. bei einem neuen Flugzeugtyp).

mit:

$KW_{G\tau}$ = Gesamtkapitalwert bei einem Ersatzzeitpunkt τ
t^* = Nutzungsdauer der vorhandenen Anlage im Planungszeitpunkt
R_{at} = Rückfluß der vorhandenen Anlage im Zeitpunkt t
$L_{t^*+\tau}$ = Liquidationserlös im Ersatzzeitpunkt τ (nach einer Nutzungsdauer von $t^*+\tau$ Perioden)
$KW_{n\infty}$ = Kapitalwert der unendlichen Kette neuer Anlagen
q^{-t} = Abzinsungsfaktor für den Zeitpunkt t

berechnet und durch Vergleich dieser Werte der optimale Ersatzzeitpunkt identifiziert.[56] Die Grenzgewinnbetrachtung basiert auf dem Vergleich der Grenzgewinne der alten Anlage (G_{at}) mit der maximalen Annuität der ersetzenden Anlage (Ann_{emax}), die sich als deren "Durchschnittsgewinn" interpretieren läßt. Die alte Anlage sollte so lange weiter genutzt werden, wie ihr Grenzgewinn höher ist als die Annuität der neuen Anlage, da sie in diesem Fall höhere Beiträge zum Kapitalwert leistet. Das Ersatzkriterium lautet demgemäß:[57]

Der optimale Ersatzzeitpunkt befindet sich am Ende der Periode t - 1, wenn die darauffolgende Periode t die erste ist, in der der Grenzgewinn der alten Anlage geringer ist als die maximale Annuität der neuen Anlage.

Formal lautet das Kriterium:

$$G_{at} < Ann_{emax} < G_{at-1}$$

Es ist dabei unterstellt, daß nach der erstmaligen Erfüllung des Kriteriums durch die alte Anlage keine Durchschnittsgewinne erzielt werden, die höher sind als die maximale Annuität der neuen Anlage.[58] Die folgende Abbildung dient der Veranschaulichung dieses Ersatzkriteriums.

---

[56] Vgl. auch Voigt, K.-I.: (Berücksichtigung), S. 1028.
[57] Vgl. Busse von Colbe, W.; Laßmann, G.: (Betriebswirtschaftstheorie), S. 145; Baer-Kemper, P.: (Auswirkungen), S. 94; Swoboda, P.: (Entscheidungen), S. 112.
[58] Dies ist immer gewährleistet, wenn die alte Anlage im weiteren Verlauf der Nutzungsdauer keine Grenzgewinne erwarten läßt, die höher sind als die maximale Annuität der neuen Anlage. Aber selbst falls in einzelnen späteren Perioden höhere Grenzgewinne der alten Anlage auftreten, können die daraus für den Zeitraum bis zur nächstmaligen Erfüllung des obigen Kriteriums resultierenden Durchschnittsgewinne kleiner sein als die maximale Annuität. Zu einem Kriterium, das die Gültigkeit der oben aufgeführten Annahme nicht voraussetzt, vgl. Blohm, H.; Lüder, K.: (Investition), S. 66 f.

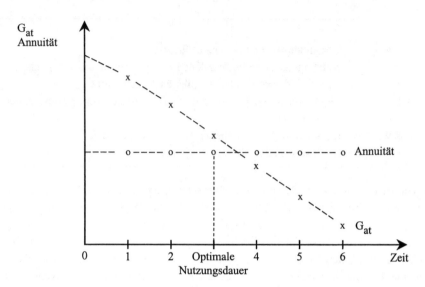

Abb. 5-5: Ersatzkriterium bei einer unendlichen Kette identischer Ersatzobjekte

Beispiel

Es wird das in den vorherigen Abschnitten erörterte Beispiel aufgegriffen und angenommen, daß die bisher betrachtete Anlage, im folgenden als Anlage vom Typ A bezeichnet, zum Betrachtungszeitpunkt, dem 1.1.2005, vier Jahre in Betrieb ist und damit noch eine Restnutzungsdauer von drei Perioden aufweist.

Zusätzlich zum identischen Ersatz durch eine Anlage gleichen Typs (A) ist nun ein Ersatz durch eine funktionsgleiche Anlage des Typs B möglich. Für beide Anlagen kann von der Annahme einer unendlichen identischen Kette ausgegangen werden. Die Rückflüsse einer Anlage B sowie deren Liquidationserlöse betragen für die relevanten Zeitpunkte der Nutzungsdauer der Anlage t_B (in Tsd. €):

Zeitpunkte t_B	0	1	2	3	4	5	6	7
Anschaffungsauszahlung/Rückflüsse	-700	200	190	190	180	150	120	90
Liquidationserlös	700	600	510	420	330	250	180	120

Es stellt sich nun die Frage, ob die vorhandene Anlage durch eine identische Anlage oder durch eine Anlage vom Typ B ersetzt und wann der Ersatz vorgenommen werden sollte.

Zur Beantwortung dieser Frage sind in einem ersten Schritt die optimale Nutzungsdauer der Anlagen vom Typ B und die zugehörige maximale Annuität zu bestimmen. Die optimale Nutzungsdauer aller Anlagen vom Typ B ist hier vier Jahre; die zugehörige maximale Annuität beträgt 40.989,01 €, der maximale Kapitalwert 409.890,10 €.

In einem zweiten Schritt erfolgt ein Vorteilhaftigkeitsvergleich zwischen den Anlagen der Typen A und B. Aufgrund der höheren maximalen Annuität sind die Anlagen vom Typ B vorzuziehen.

Der dritte Schritt dient der Bestimmung des optimalen Ersatzzeitpunkts. Es wird hier zunächst auf die Grenzgewinnbetrachtung eingegangen. Für die fünfte Nutzungsperiode und die folgenden Perioden lauten die Grenzgewinne (in €) der alten Anlage (A): $G_{a5} = 54.000$; $G_{a6} = 39.000$ sowie $G_{a7} = 24.000$.

Das Ersatzkriterium ist nun für die sechste Periode erfüllt, da deren Grenzgewinn geringer ist als die maximale Annuität der neuen Anlage (B). Da außerdem der darauffolgende Grenzgewinn ebenfalls niedriger ist, sollte die alte Anlage nach der fünften Nutzungsperiode ersetzt und demgemäß - angesichts der bisherigen Nutzungsdauer von vier Perioden - noch eine weitere Periode eingesetzt werden (bis zum 31.12.2005). Allerdings sollte möglichst kurz vor der Durchführung des Ersatzes diese Entscheidung auf der Grundlage der dann aktuellen Daten noch einmal überprüft werden.

Dasselbe Resultat ergibt sich, wenn die aus den Zahlungen des vorhandenen Objektes (Liquidationserlös, Rückflüsse) sowie der Kette neuer Objekte (maximaler Kapitalwert der unendlichen Kette) resultierenden Gesamtkapitalwerte (KW_G) für die potentiellen Ersatzzeitpunkte berechnet werden:

Sofortiger Ersatz:

$KW_G = 260.000 + 409.890{,}10 = 669.890{,}10$ [€]

Ersatz nach einer weiteren Nutzungsperiode:

$KW_G = (130.000 + 210.000 + 409.890{,}10) \cdot 1{,}1^{-1} = 681.718{,}27$ [€]

Ersatz nach zwei weiteren Nutzungsperioden:

$KW_G = 130.000 \cdot 1{,}1^{-1} + (110.000 + 160.000 + 409.890{,}10) \cdot 1{,}1^{-2}$
$= 680.074{,}46$ [€]

Ersatz nach drei weiteren Nutzungsperioden:

$KW_G = 130.000 \cdot 1{,}1^{-1} + 110.000 \cdot 1{,}1^{-2} + (100.000 + 100.000 + 409.890{,}10) \cdot$
$1{,}1^{-3} = 667.310{,}37$ [€]

Abschließend ist darauf hinzuweisen, daß die Ersatzzeitpunktbestimmung bei einer endlichen Kette identischer Ersatzobjekte oder einem Ersatzobjekt ohne Nachfolger in analoger Form erfolgen kann. Es sind dann die entsprechenden Kapitalwerte der Ersatzobjekte (Kapitalwertberechnung) oder die Zinsen auf diese Kapitalwerte (Grenzgewinnbetrachtung) zu berücksichtigen.

Eine *Modellbeurteilung* ist nicht mehr erforderlich, da sie für das hier betrachtete Modell bereits im vorherigen Abschnitt vorgenommen wurde.

5.2.5 Optimaler Ersatzzeitpunkt bei einer endlichen Kette nicht-identischer Objekte

Modell-/Verfahrensdarstellung

Im folgenden wird die Situation erörtert, daß eine Anlage zu ersetzen ist und bei einem endlichen Planungszeitraum nicht-identische Anlagen als Nachfolgeobjekte zur Wahl stehen. Dabei wird davon ausgegangen, daß der Planungszeitraum sowie die Realisationszeitpunkte, die Anschaffungsauszahlungen, die Rückflüsse und die Liquidationserlöse der potentiellen Nachfolgeobjekte bekannt sind. Weiterhin wird unterstellt, daß die Produktion bis zum Ende des Planungszeitraums aufrechterhalten werden soll.

Die optimale Ersatzstrategie läßt sich dann gemäß der folgenden Regel festlegen:

> Es sind die Ersatzanlagen und -zeitpunkte optimal, die zu einem maximalen Gesamtkapitalwert aus der alten und der(n) neuen Anlage(n) führen.

Die Bestimmung dieser optimalen Ersatzstrategie kann - vor allem bei einem relativ langen Planungszeitraum und einer hohen Anzahl möglicher Ersatzzeitpunkte - relativ aufwendig sein, stellt aber mit der heutigen Rechentechnik kein schwerwiegendes Problem mehr dar. Sie ist mit Hilfe von Branch and Bound-Verfahren, der dynamischen Optimierung oder einer vollständigen Enumeration möglich.[59] Das letztgenannte Verfahren wird in leicht modifizierter Form bei dem folgenden Beispiel angewendet.

Beispiel

Es wird das Beispiel aus den vorherigen Abschnitten aufgegriffen. Es soll nun unterstellt werden, daß die vorhandene Anlage vom Typ A zur Fertigung einer Produktart dient, die nur noch sechs Perioden abgesetzt werden kann. Der Betrachtungszeitraum endet daher nach sechs Jahren, und es ist für diesen Zeitraum eine Kapitalwertmaximierung anzustreben. Es soll wiederum davon ausgegangen werden, daß die Anlage vom Typ A vier Jahre in Betrieb ist. Diese Anlage ist in jedem Fall durch eine Anlage oder mehrere Anlagen vom Typ B zu ersetzen, der ebenfalls nur zur Herstellung dieser Produktart geeignet ist. Die Anlage vom Typ B hat sich zum Betrachtungszeitpunkt als relativ vorteilhaft erwiesen, und es ist auch in den nächsten Perioden nicht mit einer besseren Anlage zu rechnen. Für die Anlage vom Typ B wird weiterhin unterstellt, daß die relevanten Daten unabhängig vom Realisationszeitpunkt den im vorherigen Abschnitt angegebenen entsprechen.

---

[59] Vgl. Blohm, H.; Lüder, K.: (Investition), S. 68 ff.; Swoboda, P.: (Entscheidungen), S. 106 ff.; Bloech, J.: (Programmierung), S. 346 ff.; Voigt, K.-I.: (Berücksichtigung), S. 1024 ff.

Zur Bestimmung der optimalen Ersatzstrategie sind zunächst die Alternativen zusammenzustellen.[60]

Die erste Gruppe von Alternativen ist dadurch charakterisiert, daß ein sofortiger Ersatz der vorhandenen Anlage erfolgt. Die einzelnen Alternativen dieser Gruppe können weiterhin hinsichtlich der Anzahl der Anlagen vom Typ B differenziert werden, die in den verbleibenden sechs Jahren eingesetzt werden sollen. Die dadurch gebildeten Untergruppen enthalten zum Teil wiederum verschiedene Alternativen, da bei gleicher Anzahl der Anlagen Nutzungsdauerunterschiede möglich sind.

Eine zweite, dritte und vierte Alternativengruppe sind dadurch gekennzeichnet, daß der Ersatz der vorhandenen Anlage nach einer, zwei und drei Periode(n) erfolgt. Diese Gruppen bestehen ebenfalls aus einer Reihe unterschiedlicher Alternativen - entsprechend den oben für die erste Alternativengruppe beschriebenen Möglichkeiten.

Es kann nun die optimale Ersatzstrategie bestimmt werden, indem in einer begrenzten Enumeration die Kapitalwerte für alle Alternativen berechnet werden, die sich nicht von vornherein als unvorteilhaft erweisen.

Die Kapitalwerte einer Anlage vom Typ B (KW_{nB}) in Abhängigkeit von deren Nutzungsdauer (n_B), die für die Berechnung benötigt werden, sind im folgenden noch einmal aufgeführt.

n_B	1	2	3	4	5	6
KW_{nB}	27.272,73	60.330,58	97.145,00	129.929,65	152.903,74	167.015,59

Es wird zunächst die *erste* Alternativengruppe analysiert. Für alle Alternativen dieser Gruppe ist der Kapitalwertbeitrag der alten Anlage identisch. Unterschiede bestehen hingegen in bezug auf die Kapitalwerte der Nachfolgeobjekte (KW_{NF}). Diese betragen bei den vorteilhaft erscheinenden Alternativen der Gruppe:[61]

Nutzung einer Anlage vom Typ B über 6 Perioden: KW_{NF} = 167.015,59 [€]

Nutzung von zwei Anlagen vom Typ B:
- über erst 5 und dann 1 Periode(n):[62] KW_{NF} = 152.903,74 + 27.272,73 · 1,1^{-5}
  = 169.837,96 [€]
- *über erst 4 und dann 2 Perioden:*   *KW_{NF} = 171.136,25 [€]*
- über zweimal 3 Perioden: KW_{NF} = 170.131,48 [€]

---

[60] Zu einem ähnlichen Vorgehen bei der Nutzungsdauerbestimmung vgl. Kruschwitz, L.: (Investitionsrechnung), S. 205 ff.
[61] Die beste Alternative einer Gruppe ist jeweils durch Kursivsetzung hervorgehoben.
[62] Die Alternative, erst eine und dann fünf Perioden zu nutzen, ist aufgrund des Abzinsungseffektes unvorteilhaft. Generell ist es vorteilhaft, in einer zwei- oder mehrgliedrigen Kette die Anlage(n) bzw. Nutzungsdaueralternative(n) mit höherem Kapitalwert zuerst zu nutzen.

> Nutzung von drei Anlagen vom Typ B:
> - über erst 3, dann 2 Perioden, dann 1 Periode(n): $KW_{NF} = 159.406{,}48 \, [€]$
> - *über erst 4, dann jeweils 1 Periode(n):* $KW_{NF} = 165.491{,}51 \, [€]$

Der Gesamtkapitalwert KW_G der besten Alternative der ersten Gruppe - sofortiger Ersatz und Nutzung von zwei Anlagen des Typs B über zunächst vier, dann zwei Perioden - setzt sich aus dem Kapitalwert der Nachfolgeobjekte (KW_{NF}) und dem Liquidationserlös der vorhandenen Anlage zusammen, er beträgt:

$$KW_G = 171.136{,}25 + 260.000 = 431.136{,}25 \, [€]$$

Bei der *zweiten* Gruppe lauten die Kapitalwerte der Nachfolgeobjekte für die relevanten Alternativen:

> *Nutzung einer Anlage vom Typ B über 5 Perioden:* $KW_{NF} = 152.903{,}74 \, [€]$
>
> Nutzung von zwei Anlagen vom Typ B:
> - *über erst 4 und dann 1 Periode(n):* $KW_{NF} = 148.557{,}29 \, [€]$
> - über erst 3 und dann 2 Perioden: $KW_{NF} = 142.472{,}26 \, [€]$

Für die beste Alternative der zweiten Gruppe ergibt sich - unter Einbeziehung des Rückflusses und des Liquidationserlöses der alten Anlage - ein Gesamtkapitalwert KW_G in Höhe von:

$$KW_G = (152.903{,}74 + 130.000 + 210.000) \cdot 1{,}1^{-1} = 448.094{,}31 \, [€]$$

Für die *dritte* Alternativengruppe erscheint allein die Alternative relevant, eine Anlage vom Typ B über vier Perioden zu nutzen. Der Gesamtkapitalwert dieser Alternative beträgt:

$$KW_G = 130.000 \cdot 1{,}1^{-1} + (129.929{,}65 + 110.000 + 160.000) \cdot 1{,}1^{-2}$$
$$= 448.702{,}19 \, [€]$$

Bei der *vierten* Alternativengruppe ist es ebenfalls vorteilhaft, nur eine Anlage vom Typ B einzusetzen. Der Gesamtkapitalwert dieser Alternative beläuft sich auf:

$$KW_G = 130.000 \cdot 1{,}1^{-1} + 110.000 \cdot 1{,}1^{-2} + (97.145 + 100.000 + 100.000) \cdot 1{,}1^{-3}$$
$$= 432.340{,}35 \, [€]$$

Aus dem Vergleich der Gesamtkapitalwerte der jeweils besten Alternative ergibt sich, daß es insgesamt vorteilhaft ist, die vorhandene Anlage noch zwei Perioden und die ersetzende Anlage vier Perioden zu nutzen;[63] der Gesamtkapitalwert dieser Alternative beträgt 448.702,19 €.

---

[63] Diese Strategie sollte allerdings bei Datenänderungen überprüft werden.

Modellbeurteilung

Das hier dargestellte Modell stellt relativ hohe Anforderungen an die Optimierung und vor allem die Datenermittlung. Es ist fraglich, ob der Planungszeitraum festgelegt sowie die potentiellen (nicht-identischen) Ersatzobjekte und deren Anschaffungsauszahlungen, Rückflüsse und Liquidationserlöse mit hinreichender Aussagekraft prognostiziert werden können. Falls dies der Fall ist, weist das Modell gegenüber einem Modell mit identischen Nachfolgern den Vorteil höherer Realitätsnähe auf. Abschließend sei zu den Kapitalwertmodellen erwähnt, daß spezifische Fragestellungen wie die mögliche Anschaffung gebrauchter Betriebsmittel oder die Existenz mehrerer Anlagen unterschiedlicher Altersstufen Modifikationen der Modelle oder des Vorgehens bei der Bestimmung der Optimallösung erfordern können; im folgenden werden diese Fragestellungen im Zusammenhang mit einem Modell zur Kostenminimierung aufgegriffen.

5.3 Nutzungsdauer- und Ersatzzeitpunktbestimmung mit einem Modell der Kostenminimierung

Modell-/Verfahrensdarstellung

In diesem Abschnitt soll ein gegenüber dem allgemeinen Kapitalwertmodell vereinfachtes und leicht modifiziertes Modell zur Nutzungsdauer- und Ersatzzeitpunktbestimmung analysiert werden.[64] Die Vereinfachung besteht darin, daß die den Objekten zugeordneten Erlöse bzw. Einzahlungen (mit Ausnahme der Liquidationserlöse) unberücksichtigt bleiben. Dies läßt sich damit begründen, daß diese Rechengrößen durch die Nutzungsdauer- und Ersatzzeitpunktentscheidungen häufig nicht oder nur wenig beeinflußt werden. Zudem ist bei vielen Betriebsmitteln, z. B. Fahrzeugen des Fuhrparks und bestimmten Maschinen, die im Kapitalwertmodell zumeist unterstellte Zurechenbarkeit von Einzahlungen bzw. Erlösen nicht gegeben. Modifikationen bestehen in der Bezugnahme auf Erfolgs- anstelle von Zahlungsgrößen sowie einer anderen zeitlichen Zuordnung des Anfalls der Größen.[65]

Ähnlich wie bei den im Abschnitt 5.2 angesprochenen Kapitalwertmodellen wird angenommen, daß

- eine isolierte Nutzungsdauer- und Ersatzzeitpunktbestimmung für einzelne Anlagen möglich ist,
- die relevanten Daten sich bestimmten diskreten und äquidistanten Zeitpunkten zuordnen lassen (dynamisches Modell),

---

[64] Zu diesem Modell vgl. Bloech, J.: (Investitions-Strategien); Bloech, J.: (Varianten), S. 114 ff.; Churchman, C.W.; Ackoff, R.L.; Arnoff, E.L.: (Operations), S. 440 ff.

[65] Weitgehend analog zu den folgenden Ausführungen könnte unter Einbeziehung von Auszahlungen ein Kapitalwertmodell formuliert und analysiert werden, bei dem dann das Ziel zu verfolgen wäre, den Barwert der Auszahlungen zu minimieren.

- keine Einflüsse anderer Unternehmensbereiche zu beachten sind und
- von Sicherheit der Daten ausgegangen werden kann.

Wie bei der entsprechenden Variante des Kapitalwertmodells wird zudem unterstellt, daß eine unendliche Kette identischer Objekte realisiert werden soll.[66] Dies bietet sich an, da die Minimierung von Kosten oder Auszahlung(sbarwert)en bei der Nutzungsdauerwahl nur sinnvoll ist, wenn ein Gesamtnutzungszeitraum vorgegeben wird; ohne eine entsprechende Vorgabe würde diese Zielvorschrift zu einem vollständigen Verzicht auf die Nutzung führen.[67]

Unterschiede zum Kapitalwertmodell bestehen darin, daß

- der Vorteilhaftigkeitsbeurteilung Erfolgsgrößen anstelle von Zahlungsgrößen zugrunde gelegt werden,
- von identischen Erlösen in allen Perioden der Nutzungsdauer einer Anlage und bei allen Anlagen ausgegangen wird,
- unterstellt wird, daß alle Kosten einer Periode t jeweils am Periodenbeginn (Zeitpunkt t-1) anfallen.

Im Modell wird die Zielsetzung "Kostenminimierung" berücksichtigt. Bei der unterstellten Identität der Erlöse für alle Alternativen kann diese Zielsetzung anstelle des übergeordneten Zieles "Gewinnmaximierung" verfolgt werden.

Entsprechend der Zielsetzung sind in das Modell sämtliche durch die Nutzungsdauer- und Ersatzzeitpunktentscheidungen beeinflußten Kosten einzubeziehen. Diese werden hier zwei Blöcken zugeordnet, den Betriebskosten B_t und den Kapitalkosten C_t. Die Gesamtkosten K_t einer Periode t setzen sich demgemäß wie folgt zusammen:[68]

$$K_t = B_t + C_t$$

Diese Kosten werden auch als "zeitliche Grenzkosten" bezeichnet, da sie durch die Ausdehnung der Nutzungsdauer um eine Periode verursacht werden.

Die Betriebskosten können Materialkosten, Personalkosten etc. umfassen; den Kapitalkosten C_t werden allein die Kosten zugeordnet, die dadurch entstehen, daß die Liquidationserlöse einer Anlage sinken und später anfallen. Zinskosten werden nicht explizit einbezogen, sondern implizit über eine Abzinsung der Erfolgsgrößen.

Bezüglich der Kapitalkosten sollen zwei Varianten berücksichtigt werden. Bei "Spezialanlagen", die im Auftrag des betrachteten Unternehmens angefertigt werden und eine sehr hohe Spezifität aufweisen, besteht nach Nutzungsbeginn eventuell keine Verkaufsmöglichkeit.[69] Ist dies zu erwarten, werden die Anschaffungskosten

---

[66] Vgl. die Abschnitte 5.2.3 und 5.2.4.
[67] Vgl. Schneider, D.: (Investition), S. 107.
[68] Es ist darauf hinzuweisen, daß sich die Zeitindizierung hier auf Perioden und nicht auf Zeitpunkte bezieht.
[69] Zur Spezifität als Einflußgröße bei Investitionszeitpunktentscheidungen und Ersatzüberlegungen vgl. auch Abschnitt 5.4.

A_0, die aus dem Anschaffungspreis und etwaigen Anschaffungsnebenkosten resultieren, in voller Höhe als Kapitalkosten C_1 der ersten Periode zugerechnet. In den nachfolgenden Perioden fallen keine Kapitalkosten an.

Bei der zweiten Variante wird davon ausgegangen, daß es sich um Anlagen mit geringer Spezifität ("Universalanlagen") handelt, für die am Ende einer jeden Periode ein Liquidationserlös erzielbar ist. Es treten dann in jeder Periode t Kapitalkosten C_t auf. Diese ergeben sich dadurch, daß anstelle des Liquidationserlöses L_{t-1} erst eine Periode später (im Zeitpunkt t) ein geringerer Liquidationserlös erzielt wird.[70] Die Kapitalkosten werden wie die Betriebskosten auf den Anfang der Periode t bezogen (Zeitpunkt t - 1). Dementsprechend lauten sie:

$$C_t = L_{t-1} - L_t \cdot q^{-1}$$

Die Zielsetzung Kostenminimierung kann bei einer unendlichen Kette identischer Objekte durch das Ziel "Minimierung der Durchschnittskosten" konkretisiert werden.[71] Daraus ergibt sich die folgende Vorteilhaftigkeitsregel für die Nutzungsdauer:

> Für alle Objekte einer unendlichen Kette identischer Objekte ist die Nutzungsdauer optimal, bei der die zeitlichen Durchschnittskosten minimal sind.

Bei einer unendlichen Kette stimmen die Durchschnittskosten eines Objektes und der Kette überein, so daß ein einzelnes Objekt betrachtet werden kann. Dessen Durchschnittskosten lassen sich in dem hier betrachteten dynamischen Modell für jede Periode t bestimmen, indem der kumulierte Barwert der Kosten berechnet und durch die Summe der Abzinsungsfaktoren dividiert wird. Diese Berechnungsvorschrift dokumentiert die folgende Formel:[72]

$$DK_t = \frac{K_1 \cdot q^{-0} + K_2 \cdot q^{-1} + \ldots + K_t \cdot q^{-t+1}}{q^{-0} + q^{-1} + \ldots + q^{-t+1}} = \frac{\sum_{\tau=1}^{t} K_\tau \cdot q^{-\tau+1}}{\sum_{\tau=1}^{t} q^{-\tau+1}}$$

Die optimale Nutzungsdauer läßt sich zum einen ermitteln, indem die Durchschnittskosten für alle Nutzungsdaueralternativen berechnet werden. Wird zum anderen unterstellt, daß die zeitlichen Grenzkosten zunächst sinken und dann nach Durchlaufen eines Minimums monoton steigen, können die Berechnungen abgebrochen werden, wenn die zeitlichen Grenzkosten einer Periode t erstmals höher sind als die Durchschnittskosten der Vorperiode t - 1. Das Optimalitätskriterium lautet demgemäß:

---

[70] Vgl. die entsprechende Überlegung hinsichtlich der Bestimmung eines Grenzgewinns in Abschnitt 5.2.1.
[71] Vgl. die Ausführungen zur Maximierung eines "Durchschnittsgewinns" in Form der Annuität in Abschnitt 5.2.3.
[72] Vgl. Bloech, J.: (Investitions-Strategien), S. 248.

> Die optimale Nutzungsdauer befindet sich am Ende der Periode t - 1, wenn die darauffolgende Periode t die erste ist, deren zeitliche Grenzkosten höher sind als die Durchschnittskosten der Periode t - 1.

Formal läßt sich dieses Optimalitätskriterium wie folgt darstellen:[73]

$$K_{t-1} < DK_{t-1} < K_t$$

Die nachfolgende Abbildung verdeutlicht diese Optimalsituation. Die zeitlichen Grenzkosten sind vor dem Minimum der Durchschnittskosten geringer als diese; anschließend nehmen sie stets höhere Werte an.

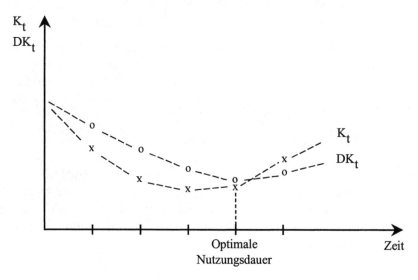

Abb. 5-6: Kostenverläufe und optimale Nutzungsdauer

Mit dem hier diskutierten Modell kann neben der optimalen Nutzungsdauer auch der optimale Ersatzzeitpunkt bestimmt werden. Bei der Festlegung der Ersatzpolitik insgesamt ist in folgenden Schritten vorzugehen:[74]

1. Bestimmung der optimalen Nutzungsdauer und der zugehörigen minimalen Durchschnittskosten für alle potentiellen Ersatzanlagen,
2. Ermittlung der optimalen Ersatzanlage durch Vergleich der minimalen Durchschnittskosten,
3. Bestimmung des optimalen Ersatzzeitpunktes.

Für den dritten Schritt läßt sich unter der Annahme, daß die vorhandene Anlage die Periode mit den minimalen Grenzkosten bereits erreicht oder überschritten hat und die Grenzkosten nun monoton steigen, folgendes Ersatzkriterium formulieren:

---

[73] Vgl. Bloech, J.: (Investitions-Strategien), S. 248.
[74] Vgl. Abschnitt 5.2.4.

> Der optimale Ersatzzeitpunkt liegt am Ende der Periode t - 1, wenn die darauffolgende Periode t die erste ist, bei der die zeitlichen Grenzkosten der alten Anlage K_{at} höher sind als die minimalen Durchschnittskosten DK_{emin} der für den Ersatz vorgesehenen Anlage.[75]

Formal lautet das Kriterium:

$K_{at-1} < DK_{emin} < K_{at}$

Beispiel

In einem Unternehmen soll die optimale Nutzungsdauer für eine Anlage vom Typ A bestimmt werden. Diese verursacht Anschaffungskosten in Höhe von 120.000 €. Die Betriebskosten B_{At}, die für die einzelnen Perioden t der technischen Nutzungsdauer (7 Perioden) prognostiziert und jeweils dem Periodenbeginn zugerechnet werden, betragen (in Tsd. €):

t	1	2	3	4	5	6	7
B_{At}	10	15	20	25	30	40	50

Bei den Anlagen vom Typ A handelt es sich um Spezialanlagen, die als nicht wiederveräußerbar anzusehen sind. Es soll ein Kalkulationszinssatz von 10% angesetzt werden.

Die optimale Nutzungsdauer läßt sich ermitteln, indem sukzessive die Durchschnittskosten für die Nutzungsdaueralternativen berechnet werden, bis das Optimalitätskriterium erfüllt ist. Die nachfolgende Tabelle enthält die kumulierten Barwerte der Kosten und die Summe der Abzinsungsfaktoren sowie die durch Division dieser Größen gebildeten Durchschnittskosten für die relevanten Perioden der Nutzungsdauer.

---

[75] Zu einem entsprechenden Kriterium für das Kapitalwertmodell vgl. Abschnitt 5.2.4.

t bzw. τ	$K_{A\tau}$ [€]	$q^{-\tau+1}$	$\sum_{\tau=1}^{t} q^{-\tau+1}$	$K_{A\tau} \cdot q^{-\tau+1}$ [€]	$\sum_{\tau=1}^{t} K_{A\tau} \cdot q^{-\tau+1}$ [€]	DK_{At} [€]
1	130.000	1	1	130.000,00	130.000,00	130.000,00
2	15.000	0,90909	1,90909	13.636,35	143.636,35	75.238,12
3	20.000	0,82645	2,73554	16.529,00	160.165,35	58.549,81
4	25.000	0,75131	3,48685	18.782,75	178.948,10	51.320,85
5	30.000	0,68301	4,16986	20.490,30	199.438,40	47.828,56
6	40.000	0,62092	4,79078	24.836,80	224.275,20	**46.813,92**
7	50.000					

Die optimale Nutzungsdauer beträgt sechs Perioden; die minimalen Durchschnittskosten belaufen sich auf 46.813,92 €.

Das Beispiel soll nun auf die Bestimmung des optimalen Ersatzzeitpunktes ausgeweitet werden. Es wird davon ausgegangen, daß zum Betrachtungszeitpunkt, dem 1.1.2005, zwei Anlagen vom Typ A seit zwei Perioden in Betrieb sind. Ein Ersatz dieser Anlagen ist durch identische Anlagen oder durch eine Anlage vom Typ B möglich. Diese weist die doppelte Kapazität auf. Es handelt sich um eine wiederveräußerbare Universalanlage, für die neben den Betriebskosten B_{Bt} auch die den einzelnen Perioden zugeordneten Liquidationserlöse L_{Bt} (jeweils in Tsd. €) wie folgt prognostiziert worden sind:[76]

t	1	2	3	4	5	6
B_{Bt}	30	30	30	40	45	50
L_{Bt}	180	140	110	90	70	50

Die Anschaffungskosten betragen 240.000 €, der Kalkulationszinssatz ist 10%.

Es stellt sich die Frage, durch welche Anlage(n) die vorhandenen Anlagen ersetzt werden sollen und wann ein Ersatz erfolgen soll.

Zur Beantwortung dieser Frage sind in einem ersten Schritt die optimale Nutzungsdauer und die minimalen Durchschnittskosten der Anlagen vom Typ B zu bestimmen. Als Basis dafür müssen die zeitlichen Grenzkosten K_{Bt} als Summe der Betriebskosten B_{Bt} und der Kapitalkosten C_{Bt} (= L_{Bt-1} - $L_{Bt} \cdot q^{-1}$) berechnet werden. Die optimale Nutzungsdauer läßt sich dann gemäß der oben allgemein und für das Objekt A beschriebenen Vorgehensweise ermitteln, wie die nachfolgende Tabelle zeigt.

---

[76] Es sei noch einmal darauf hingewiesen, daß die Betriebskosten am Periodenanfang anfallen; die Liquidationserlöse hingegen werden - wie üblich - dem jeweiligen Periodenende zugeordnet. Bei einer "Sofortliquidation" zu Beginn des Planungszeitraums soll wiederum ein Erlös in Höhe der Anschaffungsauszahlung erzielt werden können.

t bzw. τ	$K_{B\tau}$ [€]	$q^{-\tau+1}$	$\sum_{\tau=1}^{t} q^{-\tau+1}$	$K_{B\tau} \cdot q^{-\tau+1}$ [€]	$\sum_{\tau=1}^{t} K_{B\tau} \cdot q^{-\tau+1}$ [€]	DK_{Bt} [€]
1	106.363,64	1	1	106.363,64	106.363,64	106.363,64
2	82.727,27	0,90909	1,90909	75.206,53	181.570,17	95.108,23
3	70.000,00	0,82645	2,73554	57.851,50	239.421,67	87.522,64
4	68.181,82	0,75131	3,48685	51.225,68	290.647,35	83.355,25
5	71.363,64	0,68301	4,16986	48.742,08	339.389,43	81.391,09
6	74.545,45	0,62092	4,79078	46.286,76	385.676,19	**80.503,84**

Optimal ist hier für die Anlage B eine Nutzungsdauer von sechs Perioden; die zugehörigen minimalen Durchschnittskosten betragen 80.503,84 €. Dieses Resultat liegt dem Vorteilhaftigkeitsvergleich zwischen den Anlagentypen A und B zugrunde (2. Schritt). Unter Berücksichtigung der unterschiedlichen Kapazitäten ist B vorteilhaft, denn es gilt:

$2 \cdot DK_{Amin} > DK_{Bmin}$

93.627,84 > 80.503,84

Im dritten Schritt kann nun der optimale Ersatzzeitpunkt bestimmt werden. Er liegt vor, wenn die zeitlichen Grenzkosten beider Anlagen vom Typ A zum ersten Mal höher sind als die minimalen Durchschnittskosten der Anlage vom Typ B. Hier ist dieses Ersatzkriterium für die siebte Nutzungsperiode erfüllt:

$2 \cdot K_{A7} > DK_{Bmin}$

100.000 > 80.503,84

Die Anlage sollte also noch vier Perioden genutzt werden, so daß der optimale Ersatzzeitpunkt der 31.12.2008 ist.

Modell-/Verfahrensvarianten

Bei der Analyse von Nutzungsdauer- und Ersatzzeitpunktproblemen können spezifische Problemstellungen auftreten, die die Formulierung von Modellvarianten oder ein modifiziertes Vorgehen bei der Bestimmung der Optimallösung erfordern.

So kann sich beispielsweise bei Universalanlagen die Frage ergeben, ob ein *Ersatz durch gebrauchte Anlagen* vorteilhaft ist. Zur Lösung dieses Problems ist unter anderem die optimale Nutzungsdauer dieser Anlagen zu bestimmen. Dafür müssen zunächst deren zeitliche Grenzkosten prognostiziert werden, wobei eventuell von den für neue Anlagen für die entsprechenden Nutzungsperioden geschätzten Betriebskosten und Liquidationserlösen ausgegangen werden kann. Die Anschaffungskosten werden - insbesondere aufgrund von Anschaffungsnebenkosten - oftmals höher sein als der Liquidationserlös von Anlagen der gleichen Altersstufe.

Eine besondere Problemstellung liegt auch vor, wenn *mehrere Anlagen unterschiedlicher Altersstufen* vorhanden sind, die durch *eine* Anlage ersetzt werden sollen. In diesem Fall sind die unterschiedlichen zeitlichen Grenzkosten der alten Anlagen zusammenzufassen und den minimalen Durchschnittskosten der neuen Anlage gegenüberzustellen.

Eine Modifikation des Vorgehens zur Bestimmung der optimalen Nutzungsdauer und des optimalen Ersatzzeitpunkts ist notwendig, wenn die Annahme bezüglich des *Verlaufs der zeitlichen Grenzkosten* nicht gilt, daß diese nur *ein* Minimum aufweisen. Falls mehrere lokale Minima existieren, kann die optimale Nutzungsdauer ermittelt werden, indem die Durchschnittskosten für *alle* Nutzungsdaueralternativen berechnet werden. Der optimale Ersatzzeitpunkt läßt sich festlegen, indem zunächst überprüft wird, ob die zeitlichen Grenzkosten der alten Anlage nach erstmaliger Erfüllung des Ersatzkriteriums noch einmal unter das Niveau der minimalen Durchschnittskosten der ersetzenden Anlage sinken. Ist dies der Fall, können die Durchschnittskosten für die Nutzungsperioden zwischen den beiden noch zur Wahl stehenden Ersatzterminen berechnet und mit den minimalen Durchschnittskosten der für den Ersatz vorgesehenen Anlage verglichen werden.

Eine Erweiterung des Modells ist erforderlich, wenn die Annahme identischer Erlöse bei allen Alternativen nicht gilt. Bei *nicht-identischen Erlösen* sind zeitliche Grenzgewinne[77] und Durchschnittsgewinne zu bestimmen.[78] Die Kriterien für die optimale Nutzungsdauer und den optimalen Ersatzzeitpunkt lauten nun:

> Die optimale Nutzungsdauer reicht bis zum Ende der Periode t - 1, wenn die darauffolgende Periode t die erste ist, deren zeitlicher Grenzgewinn niedriger ist als der Durchschnittsgewinn der Periode t - 1.
>
> Der optimale Ersatzzeitpunkt befindet sich am Ende der Periode t - 1, wenn die darauffolgende Periode t die erste ist, bei der der zeitliche Grenzgewinn der alten Anlage G_{at} niedriger ist als der maximale Durchschnittsgewinn DG_{emax} der ersetzenden Anlage.[79]

Abschließend soll erwähnt werden, daß eine Vereinfachung des Modells bzw. der erforderlichen Berechnungen möglich ist, indem auf die Berücksichtigung von Zinsen verzichtet wird. Die Durchschnittskosten einer Periode sind dann der Quotient aus den bis zu diesem Zeitpunkt anfallenden Kosten und der Anzahl der Perioden. Bei dem hier unterstellten Kostenverlauf sind die Durchschnittskosten geringer als bei einer Einbeziehung von Zinsen. Das Optimalitätskriterium ist daher tendenziell eher erfüllt, die optimale Nutzungsdauer von Anlagen tendenziell geringer.

---

[77] Es ist darauf hinzuweisen, daß die zeitlichen Grenzgewinne in etwas anderer Form ermittelt werden als bei den Modellen des Abschnitts 5.2. Insbesondere basieren sie hier auf Erfolgs- und nicht auf Zahlungsgrößen.

[78] Es ist dann auch eine Annahme hinsichtlich der Zeitpunkte, in denen die Erlöse anfallen, erforderlich. Dabei kann beispielsweise ebenfalls der Periodenbeginn gewählt werden.

[79] Zu einem entsprechenden Kriterium für das Kapitalwertmodell vgl. Abschnitt 5.2.4.

Einige der hier aufgeführten Varianten werden in den Übungsaufgaben zu diesem Abschnitt aufgegriffen.

Modellbeurteilung

Der Rechenaufwand zur Bestimmung der Optimallösung des in diesem Abschnitt dargestellten Modells ist als relativ gering anzusehen. Im Rahmen der Datenermittlung sind die Anschaffungskosten, die Betriebskosten, der Kalkulationszinssatz und - bei Universalanlagen - die Liquidationserlöse für die Perioden der technischen Nutzungsdauer zu prognostizieren. Wie beim Kapitalwertmodell wird von Sicherheit dieser Daten ausgegangen. Der Einfluß von Datenabweichungen läßt sich mit Hilfe von Sensitivitätsanalysen untersuchen.

Im Hinblick auf die Aussagekraft der Resultate hängt die Eignung des Modells primär davon ab, ob dessen Prämissen, vor allem die Vernachlässigbarkeit der Erlöse und die Annahme einer unendlichen Kette identischer Objekte, zumindest weitgehend als erfüllt angesehen werden können.[80]

5.4 Modelle zur Bestimmung des Investitionszeitpunktes

Charakterisierung der Problemstellung

In diesem Abschnitt sollen Modelle erörtert werden, mit denen der optimale Zeitpunkt der Realisation einzelner Investitionen bestimmt werden kann. Zu dieser Aufgabenstellung ist einleitend zu erwähnen, daß ein spezifischer Investitionszeitpunkt bereits Thema der vorherigen Abschnitte war: der in der investitionstheoretischen Literatur typischerweise behandelte Zeitpunkt von Ersatzinvestitionen (Ersatzzeitpunkt). Aber auch bei Investitionen, die nicht dem Ersatz vorhandener Objekte dienen, ist oftmals eine Wahl zwischen verschiedenen Realisationsperioden bzw. -zeitpunkten möglich, die sich nachhaltig auf den Unternehmenserfolg auswirken kann. Beispielhaft seien der Kauf von Unternehmen(seinheiten), Finanzinvestitionen sowie Investitionen zur Fertigung neuartiger Produkte und zum Eintritt in neue Märkte (Forschung und Entwicklung, Errichtung oder Erweiterung von Produktionskapazitäten, Absatzvorbereitung) genannt. Aus dem letztgenannten Beispiel ist ableitbar, daß auch die Entscheidung, als Pionier oder als Folger in einen Markt einzutreten, sich als spezifische Investitionszeitpunktentscheidung interpretieren läßt. Die Relevanz der Investitionszeitpunkte für den Unternehmenserfolg motiviert dazu, im folgenden Modelle zu deren Bestimmung bei einer Einzelentscheidung unter Sicherheit zu behandeln; dabei wird primär auf Realinvestitionen Bezug genommen.

---

[80] Ist dies nicht der Fall, lassen sich einige der Prämissen, wie oben gezeigt, durch entsprechende Modell- bzw. Verfahrensvariationen aufheben, ohne daß dies die Eignung des Modells erheblich einschränkt. Erscheinen andere Annahmen bezüglich der Nachfolgeobjekte sinnvoll, dann ist das Modell analog zu den in Abschnitt 5.2 erörterten Kapitalwertmodellen zu modifizieren.

Als Basis einer Entscheidung über den Investitionszeitpunkt sind die von diesem abhängigen wirtschaftlichen Konsequenzen, bei der hier unterstellten Verfolgung einer monetären Zielgröße gemessen beispielsweise in Erfolgs- oder Zahlungsgrößen, zu prognostizieren. Die Höhe dieser Größen hängt von einer Vielzahl miteinander verbundener Einflußfaktoren ab, von denen einige besonders wichtige nachfolgend aufgeführt sind:

- *Interdependenzen zwischen verschiedenen Investitionsobjekten*, die zum gleichen Zeitpunkt (zeitlich-horizontale Interdependenzen) oder zu verschiedenen Zeitpunkten (zeitliche-vertikale Interdependenzen) zur Wahl stehen,
- *Vorreitervorteile*, die bei einer frühzeitigen Investition erzielt werden können (die Sicherung bestimmter Marktpositionen und Vertriebskanäle, der erleichterte Zugang zu spezifischen Ressourcen, die frühzeitige Realisation von Lern- bzw. Erfahrungseffekten, die Festlegung von Standards sowie der Aufbau außerbetrieblicher Barrieren, z. B. durch Patente),
- *Vorreiternachteile* in Form zusätzlicher Kosten bzw. Auszahlungen einerseits (z. B. für die Erschließung von Rohstoffquellen, die Errichtung einer Infrastruktur, die Bereitstellung von Betriebsmitteln, Genehmigungen oder die Sicherung der Einhaltung gesetzlicher Vorschriften) sowie Risiken andererseits (aufgrund der unsicheren Nachfrage und der Gefahr, daß sich Faktorkosten oder -qualitäten verändern, kostengünstige Nachahmungen realisiert werden oder technologische Sprünge auftreten, die die Vorreiterrolle irrelevant werden lassen),[81]
- *technischer Fortschritt*, der zwischen den potentiellen Investitionszeitpunkten erwartet wird, die Eigenschaften von Investitionsgütern und den Systemen, in denen diese genutzt werden, verändert und dabei i. d. R. zu einer Verbesserung der Zielerreichung gegenüber dem Ausgangszustand führt,[82]
- die *Spezifität der Investitionsobjekte*, d. h. das Ausmaß der Bindung an einen spezifischen Verwendungszweck und damit die alternativen Nutzungs- und zukünftigen Anpassungsmöglichkeiten einer Investition und der Wertverlust bzw. -nachteil, der entsteht, wenn diese nicht der besten, sondern einer anderen, zweitbesten Verwendung zugeführt wird,[83]
- die *Unsicherheit* von Informationen und die daraus resultierenden Risiken sowie ein für die Zukunft erwarteter, die Unsicherheit reduzierender *Informationszugang*, der ein Argument für den Aufschub von Investitionen darstellen kann.

---

[81] Zu den Vor- und Nachteilen von Vorreitern bzw. Pionieren und zu den daraus ableitbaren Vor- und Nachteilen von Folgern vgl. u. a. Porter, M.E.: (Wettbewerbsvorteile), S. 243 ff.; Gerpott, T.J.: (Innovationsmanagement), S. 194 ff.; Voigt, K.-I.: (Strategien), S. 104 ff.; Götze, U.; Mikus, B.: (Management), S. 146 ff.
[82] Vgl. Baer-Kemper, P.: (Auswirkungen), S. 98; Voigt, K.-I.: (Berücksichtigung), S. 1020.
[83] Vgl. Nippel, P.: (Investitionsplanung), S. 378 sowie zur (Faktor-) Spezifität als Element der Transaktionskostentheorie Williamson, O.E.: (Institutions), S. 59 ff.

Zeitlich-vertikale Interdependenzen bestehen unter anderem darin, daß gegenwärtige Investitionen die Entscheidungsgrundlage für zukünftige Investitionen verändern. Durch eine heutige Investition kann eine zukünftige, an sich vorteilhafte Investition nicht realisierbar oder unvorteilhaft werden.[84] Dies gilt beispielsweise, falls beide für den gleichen Verwendungszweck vorgesehen sind und ein Ersatz nicht möglich oder sinnvoll ist; auch durch eine Schmälerung der Finanzmittelbasis kann ein derartiger Effekt entstehen. Im Umkehrschluß läßt sich folgern, daß zukünftige Investitionsmöglichkeiten die Vorteilhaftigkeit aktueller Investitionen beeinflussen. Insgesamt resultiert aus diesen zeitlich-vertikalen Interdependenzen die den hier behandelten Modellen zugrundeliegende Frage, in welchem Zeitpunkt investiert werden sollte.

Um eine hohe Aussagekraft der Modellergebnisse zu erreichen, sollten die Einflußgrößen Vorreitervorteile und -nachteile, technischer Fortschritt sowie Spezifität bei der Modellkonstruktion und der Datenprognose berücksichtigt werden; im Falle der Spezifität kann dies durch die Einbeziehung einer Desinvestitionsmöglichkeit geschehen, wie nachfolgend ausgeführt wird (Modellvariante 2). Auf Unsicherheit und Informationszugang wird in diesem Abschnitt aufgrund der Annahme sicherer Daten nicht weiter eingegangen.[85]

Modelldarstellung

Die Ermittlung optimaler Investitionszeitpunkte soll hier für Kapitalwertmodelle, d. h. ausgehend von der Zielgröße Kapitalwert und den Annahmen des (Standard-) Kapitalwertmodells zur Vorteilhaftigkeitsbeurteilung diskutiert werden.[86] Bei diesem Modell wird ein Investitionsobjekt als absolut vorteilhaft angesehen, falls sein Kapitalwert größer als Null ist. Von den dieser Aussage zugrundeliegenden Annahmen ist für die Bestimmung des optimalen Investitionszeitpunkts besonders wichtig, daß unterstellt wird, es bestünden keine relevanten zeitlich-vertikalen Interdependenzen zwischen verschiedenen Investitionen. Diese Prämisse kann unter anderem dahingehend konkretisiert werden, daß angenommen wird, zukünftige Investitionen (neben Finanzinvestitionen zur Wiederanlage auch Realinvestitionen) verzinsen sich zum Kalkulationszinssatz.[87] Nur bei Gültigkeit dieser Prämisse ist gewährleistet, daß die Beurteilung der absoluten (und relativen) Vorteilhaftigkeit mit der Kapitalwertmethode zu zutreffenden Ergebnissen führt; sie schließt zudem die Problematik der Bestimmung von Investitionszeitpunkten aus der Betrachtung aus.

Es stellt sich nun die Frage, welche Konsequenzen zu ziehen sind, falls diese Annahme verletzt ist, weil eine Investition in verschiedenen Zeitpunkten realisiert wer-

---

[84] Vgl. Nippel, P.: (Investitionsplanung), S. 372 ff.
[85] Vgl. dazu die Abschnitte 7.3.4 und 7.3.5 sowie 8.3.
[86] Zu diesem Modell und zu dessen Annahmen vgl. Abschnitt 3.3.2.
[87] Alternativ könnte unterstellt werden, daß aktuelle Investitionen zukünftige Investitionsgelegenheiten nicht tangieren. Dies ist aber - wie oben erwähnt - oft nicht der Fall.

den kann und dabei positive oder negative Kapitalwerte aufweist.[88] Es ist in einem derartigen Fall für die Investitionsbeurteilung entscheidend, ob die Zahlungsreihe der Investition vom Investitionszeitpunkt abhängig ist oder nicht. Falls die Zahlungen vom Investitionszeitpunkt unabhängig sind und zu einem positiven Kapitalwert führen, dann sollte die Investition so früh wie möglich realisiert werden, damit dieser Kapitalwert möglichst früh verfügbar ist.[89] Entsprechend gilt für eine Investition mit negativem Kapitalwert, die z. B. aufgrund rechtlicher Vorschriften in jedem Fall durchzuführen ist, daß sie - bei annahmegemäß rein monetärer Zielsetzung - so weit wie möglich aufgeschoben werden sollte. Die Beurteilung der absoluten Vorteilhaftigkeit einer im Planungszeitpunkt realisierbaren Investition verändert sich nicht.

Sind die Zahlungen vom Investitionszeitpunkt abhängig, wie dies häufig der Fall sein dürfte, können diese Regeln nicht herangezogen werden. Sinken die auf den jeweiligen Investitionszeitpunkt bezogenen Kapitalwerte bei späterer Realisation, sollte die Investition - falls überhaupt - möglichst früh realisiert werden. Steigen diese Kapitalwerte, sind die mit den verschiedenen (Zeitpunkt-) Alternativen verbundenen Zahlungen explizit in ein (erweitertes) Kapitalwertkalkül einzubeziehen, um den optimalen Investitionszeitpunkt bestimmen zu können. Des weiteren ist in einem derartigen Fall die Beurteilung der Vorteilhaftigkeit aktueller Investitionsalternativen in modifizierter Form vorzunehmen, wie nachstehend gezeigt wird.

Modellvariante 1:   Optimaler Investitionszeitpunkt bei Investitionsmöglichkeiten in t = 0 und t = 1 sowie keiner Desinvestitionsmöglichkeit in t = 1

Im folgenden wird die Bestimmung des optimalen Investitionszeitpunktes bei zeitpunktabhängigen Zahlungen unter der Annahme erörtert, daß die Wahl besteht, entweder im gegenwärtigen Zeitpunkt (t = 0) oder eine Periode später (t = 1) eine Investition zu realisieren (zweistufiges Modell). Diese vereinfachte Situation wird betrachtet, um einige grundsätzliche Aussagen herauszuarbeiten.

Bei der vorliegenden Entscheidung sind demgemäß zwei Investitionsobjekte zu berücksichtigen, das gegenwärtig (in t = 0) realisierbare (im folgenden mit dem Index 0 gekennzeichnet) sowie das zukünftig (in t = 1) verwirklichbare (Index 1). Für diese Investitionsobjekte können jeweils Anschaffungsauszahlungen, Rückflüsse, Nutzungsdauern und Liquidationserlöse an deren Ende angegeben werden. Für die zukünftige Investition soll, z. B. aufgrund von technischem Fortschritt oder von Veränderungen der Bedingungen auf den Absatz- oder Beschaffungsmärkten, eine andere Zahlungsreihe prognostiziert worden sein als für das aktuelle Objekt, auch die anzusetzenden Nutzungsdauern können sich unterscheiden. Zudem wird

---

[88] Es ist dabei unterstellt, daß es nicht möglich oder nicht sinnvoll ist, den Kalkulationszinssatz bzw. die Kalkulationszinssätze zukünftiger Perioden so festzulegen, daß die Kapitalwerte zukünftiger Investitionsvorhaben den Wert Null annehmen.

[89] Vgl. Swoboda, P.: (Investition), S. 80.

davon ausgegangen, daß ansonsten die üblichen Annahmen des Kapitalwertmodells gelten, so daß unter anderem für alle Investitionen nach t = 1 (einschließlich Nachfolgeobjekte) weiterhin Irrelevanz bzw. eine Verzinsung zum Kalkulationszinssatz unterstellt wird. Die beiden Investitionen sollen für sich betrachtet absolut und relativ vorteilhaft sein.

Bei dieser Modellvariante wird nun weiterhin angenommen, daß nach einer Investition in t = 0 im Zeitpunkt t = 1 keine Desinvestition des angeschafften Objektes möglich ist, so daß die Investition in t = 1 nicht realisiert werden kann. Begründen läßt sich eine derartige Annahme mit einer sehr hohen Spezifität, die sich in einem relativ geringen Liquidationserlös nach einer Nutzungsperiode oder hohen Auszahlungen für Demontage etc. äußert. Es sind dann die auf t = 0 bezogenen Kapitalwerte bei einer Investition in t = 0 bzw. in t = 1 miteinander zu vergleichen. Eine Investition in t = 0 ist vorteilhaft, falls ihr Kapitalwert größer ist als der auf den Beginn des Planungszeitraums abgezinste Kapitalwert bei Investition in t = 1:

$$-A_0 + \sum_{t=1}^{T_0} R_{0t} \cdot q^{-t} + L_0 \cdot q^{-T_0} \quad > \quad q^{-1} \cdot \left(-A_1 + \sum_{t=2}^{T_1+1} R_{1t} \cdot q^{-t+1} + L_1 \cdot q^{-T_1} \right)$$

Kapitalwert bei   *abgezinster Kapitalwert*
sofortiger Investition   *bei zukünftiger Investition*

mit:

A_τ = Anschaffungsauszahlung der im Zeitpunkt τ (τ = 0,1) realisierbaren Investition
t = Zeitindex
T_τ = Nutzungsdauer der im Zeitpunkt τ realisierbaren Investition
$R_{\tau t}$ = Rückflüsse der im Zeitpunkt τ realisierbaren Investition im Zeitpunkt t[90]
q^{-t} = Abzinsungsfaktor für t
L_τ = Liquidationserlös der im Zeitpunkt τ realisierbaren Investition am Ende ihrer Nutzungsdauer

Gemäß diesem Kriterium ist eine gegenwärtige Investition im betrachteten Fall um so eher vorteilhaft,

- je geringer der Barwert ihres Wertverlusts über die Nutzungsdauer $\left(-A_0 + L_0 \cdot q^{-T_0}\right)$,
- je höher der Barwert des Wertverlusts der zukünftigen Investition über die Nutzungsdauer $q^{-1} \cdot \left(-A_1 + L_1 \cdot q^{-T_1}\right)$ sowie

---

[90] Es ist darauf hinzuweisen, daß sich der Zeitindex t hier auf den Beginn des Planungszeitraums und nicht auf die Nutzungsdauer des Objektes bezieht. R_{12} beispielsweise steht für den Rückfluß, der mit der im Zeitpunkt 1 realisierbaren Investition zum Zeitpunkt 2, und damit am Ende der ersten Periode ihrer Nutzungsdauer, erzielt werden kann.

- je kleiner die Differenz der Barwerte der Rückflüsse von zukünftiger und

gegenwärtiger Investition $\left(q^{-1} \cdot \sum_{t=2}^{T_1+1} R_{1t} \cdot q^{-t+1} - \sum_{t=1}^{T_0} R_{0t} \cdot q^{-t} \right)$

ist. Besonders relevant wird oftmals die Differenz der Barwerte der Rückflüsse von zukünftiger und gegenwärtiger Investition sein. Sie wird unter anderem durch den zukünftigen technischen Fortschritt sowie etwaige Vorreitervorteile und -nachteile bedingt. Ein zukünftiger technischer Fortschritt beispielsweise führt zu einer tendenziell hohen positiven Differenz und wirkt daher negativ auf die Vorteilhaftigkeit einer Investition in t = 0; die Möglichkeit, Vorreitervorteile wahrnehmen zu können, führt zu einer tendenziell geringen positiven bzw. negativen Differenz und fördert demgemäß die Vorteilhaftigkeit einer sofortigen Investition.

Der - auch für volkswirtschaftliche Überlegungen relevante - Einfluß des Kalkulationszinssatzes läßt sich abschätzen, wenn das obige Kriterium für die Vorteilhaftigkeit einer sofortigen Investition in der folgenden Form dargestellt wird:

$$q^{-1} \cdot \left(\left(\sum_{t=1}^{T_0} R_{0t} \cdot q^{-t+1} + L_0 \cdot q^{-T_0+1} \right) - \left(-A_1 + \sum_{t=2}^{T_1+1} R_{1t} \cdot q^{-t+1} + L_1 \cdot q^{-T_1} \right) \right) > A_0$$

Es zeigt sich, daß eine Investition in t = 0 zumeist um so eher vorteilhaft sein dürfte, je geringer der Abzinsungsfaktor q und damit der Kalkulationszinssatz ist.[91] Dies läßt sich damit begründen, daß der mit dem Abzinsungsfaktor multiplikativ verknüpfte Ausdruck häufig größer als Null sein wird, da in ihm die Anschaffungsauszahlung der gegenwärtigen Investition nicht erfaßt ist. Diese ist die einzige Größe, die nicht vom Kalkulationszinssatz beeinflußt wird. Mit wachsendem Zinssatz nimmt allerdings der Kapitalwert sowohl der aktuellen als auch der zukünftigen Investition ab. Dies stützt die Vermutung, daß der Einfluß des Zinssatzes auf Investitionsentscheidungen von Unternehmen nicht so hoch ist, wie dies isolierte Analysen einzelner Investitionen - mit dem in Abschnitt 3.3.4 dargestellten Kapitalwertverlauf in Abhängigkeit vom Kalkulationszinssatz - nahelegen.[92]

Bei Einbeziehung zukünftiger Investitionen ist das Standardkriterium für die (absolute) Vorteilhaftigkeit gegenwärtiger Investitionsvorhaben (Kapitalwert größer als Null) nicht mehr ausreichend. Für die Vorteilhaftigkeit einer Investition in t = 0 muß hier gemäß dem obigen Kriterium vielmehr gelten, daß deren Kapitalwert (KW_0) nicht nur positiv ist, sondern auch größer als der abgezinste Kapitalwert der zukünftigen Investition (KW_1), um den Verzicht auf diese zu kompensieren:[93]

---

[91] Vgl. zu diesem Ergebnis auch Nippel, P.: (Investitionsplanung), S. 377.
[92] Vgl. dazu Dixit, A.K.; Pindyck, R.S.: (Investment), S. 13 f.
[93] Es liegt nun ein Wahlproblem zwischen den Alternativen 'sofort investieren' und 'später investieren' vor, so daß gemäß der Regel für die Beurteilung der relativen Vorteilhaftigkeit die Alternative mit höherem Kapitalwert zu wählen ist. Vgl. Nippel, P.: (Investitionsplanung), S. 595.

$$KW_0 > q^{-1} \cdot KW_1$$

Wird diese Bedingung nicht erfüllt, sollte eine derzeit zur Wahl stehende Investition trotz positiven Kapitalwerts nicht realisiert werden. Die Nutzung des Standardkriteriums zur Beurteilung der Vorteilhaftigkeit einzelner Investitionen kann also zu Fehlentscheidungen führen, falls vorteilhafte zukünftige Investitionsmöglichkeiten bestehen bzw. derzeitige Investitionsvorhaben aufgeschoben werden können.[94] Es sollten dann auch diese zukünftigen Investitionen - wie oben gezeigt - in die Entscheidungsfindung einbezogen werden.

Im Rahmen der bisherigen Analyse ist hinsichtlich der Einflußgröße Spezifität unterstellt worden, daß diese bei der aktuellen Investition sehr hoch und damit eine anderweitige Verwendung nicht möglich ist. Diese Prämisse soll bei der zweiten Modellvariante modifiziert werden.

Modellvariante 2: *Optimaler Investitionszeitpunkt bei Investitionsmöglichkeiten in $t = 0$ und $t = 1$ sowie Desinvestitionsmöglichkeit in $t = 1$*[95]

Bisher wurde davon ausgegangen, daß im Zeitpunkt $t = 1$ eine Investition (1) nicht vorgenommen werden kann, falls in $t = 0$ investiert wurde. Diese Prämisse soll nun aufgehoben und außerdem angenommen werden, daß das in $t = 0$ angeschaffte Investitionsobjekt (0) in $t = 1$ zu einem Liquidationserlös (L_{01}) veräußert werden kann, falls in diesem Zeitpunkt Investition 1 realisiert werden soll. Eine gleichzeitige Nutzung beider Investitionen sei nicht möglich. Die Handlungsalternativen lassen sich dann wie folgt charakterisieren:

in $t = 0$: Investition 0 oder Verzicht darauf
in $t = 1$: falls keine Investition in $t = 0$: Investition 1
falls Investition in $t = 0$: Investition 1 und Desinvestition von Investition 0
oder weitere Nutzung von Investition 0 (und Verzicht auf Investition 1)

Gegenüber der bisherigen Betrachtung ist nun zusätzlich die Möglichkeit eines Ersatzes der Investition 0 durch 1 in $t = 1$ im Kalkül zu berücksichtigen. Der Ersatz sollte erfolgen, falls die Summe aus dem Kapitalwert der Investition 1 und dem Liquidationserlös der Investition 0 in $t = 1$ größer ist als der auf diesen Zeitpunkt bezogene Wert der restlichen Rückflüsse und des Liquidationserlöses der Investition 0 am Ende der Nutzungsdauer:

$$KW_1 + L_{01} > \sum_{t=2}^{T_0} R_{0t} \cdot q^{-t+1} + L_0 \cdot q^{-T_0+1}$$

Wert der Zahlungen   *auf $t = 1$ bezogener Wert der Zahlungen*
bei Desinvestition   *bei Verzicht auf Desinvestition*

---

[94] Vgl. Dixit, A.K.; Pindyck, R.S.: (Investment), S. 6 ff.; Nippel, P.: (Investitionsplanung), S. 373 ff.
[95] Zur Analyse einer ähnlichen Modellvariante vgl. Nippel, P.: (Investitionsplanung), S. 373 ff.

Wird der Ersatz als vorteilhaft erachtet, ist die Zahlungsreihe der gegenwärtig realisierbaren Investition zu ergänzen, um die durch das zukünftige Objekt bewirkten Zahlungsveränderungen einzubeziehen.[96] Der Kapitalwert bei einer Investition in $t = 0$ beträgt dann unter Berücksichtigung einer eventuellen Desinvestition und Investition in $t = 1$:

$$-A_0 + q^{-1} \cdot \left(R_{01} + \max\left\{ \begin{array}{l} KW_1 + L_{01} \\ \sum_{t=2}^{T_0} R_{0t} \cdot q^{-t+1} + L_0 \cdot q^{-T_0+1} \end{array} \right\} \right)$$

Damit eine Investition in $t = 0$ lohnend ist, muß ihr Kapitalwert größer sein als der, der sich bei der Alternative 'Verzicht auf Investition in $t = 0$ und Investition in $t = 1$' für den Zeitpunkt $t = 0$ ergibt, d. h. als der abgezinste Kapitalwert von Investition 1:

$$-A_0 + q^{-1} \cdot \left(R_{01} + \max\left\{ \begin{array}{l} KW_1 + L_{01} \\ \sum_{t=2}^{T_0} R_{0t} \cdot q^{-t+1} + L_0 \cdot q^{-T_0+1} \end{array} \right\} \right) \quad > \quad q^{-1} \cdot KW_1$$

Kapitalwert bei sofortiger Investition unter Berück-   abgezinster Kapitalwert
sichtigung der Desinvestitionsmöglichkeit in $t = 1$ bei zukünftiger Investition

Falls bei einer Investition in $t = 0$ im Zeitpunkt $t = 1$ kein Ersatz erfolgt, entspricht dieses Kriterium dem für Modellvariante 1 aufgeführten; auf der linken Seite der Ungleichung steht dann der Kapitalwert der Investition 0.

Auch bei Modellvariante 2 ist das Kriterium des Grundmodells der Kapitalwertmethode für die Beurteilung der Vorteilhaftigkeit einer Investition in $t = 0$ (positiver Kapitalwert) nicht mehr genügend. Der Kapitalwert bei sofortiger Investition ist nun aber bei einer Desinvestition und erneuten Investition im Zeitpunkt $t = 1$ um den abgezinsten Wert der zusätzlichen Zahlungen höher, so daß die gegenwärtige Investition tendenziell vorteilhafter ist. Dies zeigt sich nach Umstellung des letzten formulierten Kriteriums über

$$KW_0 + q^{-1} \cdot \max\left\{ \begin{array}{l} KW_1 + L_{01} - \left(\sum_{t=2}^{T_0} R_{0t} \cdot q^{-t+1} + L_0 \cdot q^{-T_0+1} \right) \\ 0 \end{array} \right\} > q^{-1} \cdot KW_1$$

zu

---

[96] Generell läßt sich die Beeinflussung der zukünftigen Handlungsmöglichkeiten durch aktuelle Investitionen erfassen, indem in deren Zahlungsreihe die durch zukünftige Objekte bewirkten Zahlungsveränderungen integriert werden (durch Bildung aus mehreren Objekten bestehender Alternativen).

$$KW_0 > q^{-1} \cdot KW_1 - q^{-1} \cdot \max\left\{ \begin{array}{l} KW_1 + L_{01} - \left(\sum_{t=2}^{T_0} R_{0t} \cdot q^{-t+1} + L_0 \cdot q^{-T_0+1}\right) \\ 0 \end{array} \right\}$$

Kapital-	abgezinster	abgezinster Wert der aus einer etwaigen
wert bei	Kapitalwert	Desinvestition resultierenden Zahlungs-
sofortiger	bei zukünftiger	mittelüberschüsse
Investition	Investition	

Der Kapitalwert der gegenwärtigen Investition muß nun höher sein als der abgezinste Kapitalwert der zukünftigen Investition abzüglich des abgezinsten zusätzlichen Zahlungsmittelüberschusses, falls dieser größer als Null ist und eine Desinvestition und erneute Investition erfolgt. Dieser gegebenenfalls erzielbare zusätzliche Zahlungsmittelüberschuß repräsentiert den Vorteil der Desinvestitionsmöglichkeit und damit der höheren Flexibilität.

Die Vornahme eines Ersatzes und die Höhe des zusätzlichen Zahlungsmittelüberschusses sind insbesondere von der Spezifität der aktuellen Investition abhängig. Diese kann durch den Wertverlust gemessen werden, der bei dem Objekt durch eine Desinvestition im Vergleich zur weiteren Nutzung entsteht und sich hier in der Differenz zwischen dem auf t = 1 bezogenen Wert der Zahlungen bei weiterer Nutzung sowie dem Liquidationserlös bei Desinvestition dokumentiert. Mit abnehmender Spezifität und damit geringerem Wertverlust wird ein Ersatz eher sinnvoll, und die Höhe des zusätzlichen Zahlungsmittelüberschusses steigt, so daß die Vorteilhaftigkeit der sofortigen Investition tendenziell zunimmt. Eine geringe Spezifität wirkt damit fördernd hinsichtlich einer Investition in t = 0. Bei einem völlig unspezifischen Objekt kann der Liquidationserlös in t = 1, der sich durch den Verkauf an einen anderen Investor erzielen läßt, gleich der abgezinsten Summe aus allen Rückflüssen und dem Liquidationserlös am Ende der Nutzungsdauer sein.[97] Dann ist eine Investition in t = 1 bei positivem Kapitalwert immer lohnend, und die derzeitige Investition behindert die zukünftige nicht.[98] Für die aktuelle Investition gilt dann wieder das Standardkriterium eines positiven Kapitalwerts für die absolute Vorteilhaftigkeit.

Beispiel

Es wird das Beispiel aus Abschnitt 3.3.2 aufgegriffen. Dort standen die zu Beginn des Planungszeitraums (Zeitpunkt t = 0) realisierbaren Investitionsobjekte A und B zur Wahl, von denen sich A nicht nur als absolut, sondern auch als relativ vorteilhaft erwiesen hat.

---

[97] Möglich ist dies vor allem dann, wenn zukünftig Käufer existieren, deren Erwartungen denen des Unternehmens entsprechen, und keine Transaktionskosten entstehen.
[98] Vgl. Nippel, P.: (Investitionsplanung), S. 379.

Als Modifikation dieses Beispiels sei nun angenommen, daß anstelle von Objekt A oder B auch eine Investitionsalternative C verwirklicht werden kann, die allerdings erst zu Beginn der folgenden Periode (Zeitpunkt t = 1) verfügbar ist. Die Zahlungen bei C weichen von den für A erwarteten Zahlungen ab, so daß eine sofortige Realisierung nicht unbedingt vorteilhaft ist und eine Investitionsrechnung zum Vergleich der Alternativen erforderlich wird. Als Basis für diese sind die folgenden Nettozahlungen für die relevanten Zeitpunkte der Nutzungsdauer der Objekte A (N_{tA}) und C (N_{tC}) prognostiziert worden. Der Kalkulationszinssatz betrage weiterhin 8%.

Zeitpunkte t_A bzw. t_C	0	1	2	3	4	5
N_{tA} [€]	-100.000	28.000	30.000	35.000	32.000	35.000
N_{tC} [€]	-120.000	40.000	42.000	42.000	40.000	40.000

Bei der ersten Beispielvariante möge ein Ersatz in t = 1 aufgrund einer sehr hohen Spezifität der Anlage vom Typ A nicht möglich bzw. sinnvoll sein. Die hohe Spezifität soll sich darin äußern, daß alternativ lediglich wenige Bestandteile des Investitionsobjektes verwertet werden können und dies unabhängig von der Nutzungsdauer zu einem Liquidationserlös von 5.000 € führt (hier in der oben angegebenen Zahlungsreihe in N_{5A} mit erfaßt). Zur Bestimmung des optimalen Investitionszeitpunktes ist dann der Kapitalwert der Alternative A dem abgezinsten Kapitalwert von C gegenüberzustellen:

$$26.771{,}59 < 1{,}08^{-1} \cdot 43.010{,}74$$

Da der abgezinste Kapitalwert von C mit 39.824,76 € höher ist, sollte das derzeit zur Wahl stehende Objekt A nicht realisiert werden, obwohl dies der positive Kapitalwert nahelegt. Die optimale Alternative stellt vielmehr der Investitionszeitpunkt t = 1 mit der entsprechenden Investitionsmöglichkeit dar. Allerdings sollte die Entscheidung für diese Alternative zeitnah vor deren Realisation unter Verwendung der dann verfügbaren Informationen noch einmal überprüft werden.

In Abwandlung der ersten Beispielvariante sei nun unterstellt, daß eine relativ lukrative Desinvestitionsmöglichkeit in t = 1 für das Investitionsobjekt A besteht, da auch andere Unternehmen an dessen Einsatz interessiert sind. In diesem Zeitpunkt kann ein Liquidationserlös von 85.000 € erzielt werden, der die geringe Spezifität des Objektes widerspiegelt (die Differenz zwischen dem auf t = 1 bezogenen Wert der Zahlungen bei weiterer Nutzung sowie dem Liquidationserlös bei Desinvestition in t = 1 beträgt lediglich 108.913,31 - 85.000 = 23.913,31 €).

Zur Bestimmung des optimalen Investitionszeitpunktes ist nun zunächst zu überprüfen, ob ein Ersatz in t = 1 wirtschaftlich ist. Dazu wird die Summe des Kapitalwerts der Investition C und des Liquidationserlöses der Investition A im Zeitpunkt t = 1 mit dem auf diesen Zeitpunkt bezogenen Wert der restlichen Nettozahlungen von A verglichen:

43.010,74 + 85.000 > 108.913,31

Da sich ein Ersatz als vorteilhaft erweist, wird die Zahlungsreihe der aktuellen Investition A angepaßt und geprüft, ob der daraus resultierende Kapitalwert größer ist als der für $t = 0$ bestimmte Wert der in $t = 1$ realisierbaren Investitionsmöglichkeit C:

$-100.000 + (28.000 + 43.010,74 + 85.000) \cdot 1,08^{-1} > 1,08^{-1} \cdot 43.010,74$
$44.454,39 > 39.824,76$

Die sofortige Investition ist nun vorteilhaft, da die Desinvestitionsmöglichkeit in $t = 1$ und der angesichts einer geringen Spezifität hohe Liquidationserlös in diesem Zeitpunkt ihren Kapitalwert in ausreichendem Ausmaß steigern. Die optimale Investitionsstrategie lautet, in $t = 0$ Objekt A zu realisieren und dieses dann - unveränderte Daten vorausgesetzt - in $t = 1$ durch C zu ersetzen.

Modellbeurteilung und Modellmodifikationen

Bei den hier dargestellten Modellen zur Bestimmung optimaler Investitionszeitpunkte ergeben sich hinsichtlich des Rechenaufwandes und der Datenermittlung kaum Unterschiede zu den Kapitalwertmodellen für die Vorteilhaftigkeitsbeurteilung oder Nutzungsdauerbestimmung, so daß die Ausführungen zur Beurteilung der Modelle auf das Kriterium Realitätsnähe begrenzt werden können. Dazu ist auf die Prämissen einzugehen, die die Aussagekraft der bei der Modellauswertung gewonnenen Ergebnisse einschränken; die Aufhebung dieser Prämissen erfordert in der Regel Modellmodifikationen, die im Vordergrund der folgenden Ausführungen stehen.

So wurde im Hinblick auf die zwischen Investitionen bestehenden zeitlich-vertikalen Interdependenzen unterstellt, daß zum einen keine zu ersetzenden Investitionsobjekte vorhanden und zum anderen nur Investitionen relevant sind, die in den Zeitpunkten $t = 0$ und $t = 1$ verwirklicht werden können.

Die Einbeziehung vorhandener Investitionen führt zu einem spezifischen Ersatzproblem, das gelöst werden kann, indem die mit einer vorhandenen Anlage verbundenen Zahlungen in die Modelle integriert werden, d. h. hier die Liquidationserlöse dieser Anlage in den Zeitpunkten $t = 0$ und $t = 1$ sowie deren Rückfluß in der ersten Periode. Die Modellvariante 2 entspricht dann weitgehend dem in Abschnitt 5.2.5 diskutierten Ersatzmodell.[99]

Bei Relevanz weiterer zukünftiger Investitionen sind gegebenenfalls mehrere Investitionszeitpunkte explizit in das Modell einzubeziehen. Ob dies angebracht ist, hängt auch vom Planungssystem ab. Bei einer periodischen Planung ist die Erfassung von zwei potentiellen Investitionszeitpunkten unter Umständen bereits ausreichend für die Bestimmung des optimalen Investitionszeitpunktes, da dann im Zeitpunkt $t = 0$ lediglich zu entscheiden ist, ob sofort investiert wird oder nicht, und im negativen Fall in $t = 1$ eine erneute Untersuchung durchgeführt wird. Investitions-

---

[99] Unterschiede bestehen weiterhin hinsichtlich der Beschränkung auf zwei Investitionszeitpunkte sowie dem Verzicht auf Vorgabe eines Planungszeitraums bei den hier dargestellten Modellen.

möglichkeiten in mehr als zwei Zeitpunkten sollten erfaßt werden, wenn von ihnen Auswirkungen auf die Entscheidung in t = 0 erwartet werden. Dies ist denkbar, falls eine Investition in t = 2 oder einem späteren Zeitpunkt vorteilhafter sein kann als die in t = 0, obwohl dies für die Investition in t = 1 nicht gilt. Diese Situation kann bei der hier unterstellten Sicherheit beispielsweise aufgrund bedeutender technischer Fortschritte bei den zukünftigen Investitionen nach t = 1 auftreten. Die Erweiterung der dargestellten Modelle um Investitionsmöglichkeiten in mehr als zwei Zeitpunkten führt zu mehrstufigen Modellen, die sich mit vollständiger Enumeration sowie der dynamischen Programmierung lösen lassen.[100]

Die für das zweistufige Modell getroffenen Aussagen zur Problematik einer allein auf der Basis eines positiven Kapitalwerts getroffenen Vorteilhaftigkeitsaussage sowie zum Einfluß bestimmter Faktoren gelten auch für das mehrstufige bzw. lassen sich hierauf übertragen. Zudem können in mehrstufigen Modellen weitere Erkenntnisse über die Auswirkung des Zeitpunktes, in dem eine bestimmte Entwicklung eines Einflußfaktors eintritt, gewonnen werden. So gilt beispielsweise, daß ein zukünftiger technischer Fortschritt um so stärker hemmend hinsichtlich einer sofortigen Investition wirkt, je früher er erwartet wird.[101]

In den hier betrachteten Modellen sind auch Nachfolgeobjekte als spezifische zukünftige Investitionen vernachlässigt worden. Diese könnten analog zu den in Abschnitt 5.2 dargestellten Modellen in die Analyse einbezogen werden.

Bezüglich der erfaßten Investitionsalternativen sind die Annahmen zu erwähnen, daß diese jeweils absolut sowie relativ vorteilhaft sind und eine gemeinsame Nutzung nicht möglich ist. Die absolute Vorteilhaftigkeit läßt sich bei einer Nutzung bis zum Ende der - isoliert betrachtet - optimalen Nutzungsdauer vorab anhand einer Überprüfung der Kapitalwerte sichern; ob eine Investition bei früherem Ersatz durch ein zukünftiges Objekt vorteilhaft ist, wird bei der Optimierung des Investitionszeitpunktes festgestellt (vgl. die Ausführungen zu Modellvariante 2). Die relative Vorteilhaftigkeit kann bei Objekten, für die ein Ersatz in Betracht kommt, aufgrund unterschiedlicher Zahlungsverläufe und Liquidationserlöse nicht immer vorab allein anhand der Kapitalwerte beurteilt werden; bei Verfügbarkeit alternativer Investitionsmöglichkeiten ist dann eine simultane Optimierung von Objekten und Investitionszeitpunkten erforderlich.

Da es sich bei den dargestellten Modellen um spezifische Kapitalwertmodelle handelt, treffen für sie auch die Annahmen des Standardkapitalwertmodells weitgehend zu. Diese Prämissen lassen sich zum Teil durch eine geeignete Modellmodifikation, zum Teil durch Wahl anderer Modelle aufheben bzw. vermeiden. So ist es denkbar, alternativ oder ergänzend zur Kapitalwertmethode Verfahren für Einzelent-

---

[100] Vgl. zur Lösung entsprechender mehrstufiger Ersatzprobleme Kruschwitz, L.: (Investitionsrechnung), S. 212 f.; Trilling, G.: (Berücksichtigung), S. 121 f.; Swoboda, P.: (Entscheidungen), S. 107 ff.

[101] Vgl. dazu hinsichtlich Ersatzinvestitionen Voigt, K.-I.: (Berücksichtigung), S. 1026.

scheidungen anzuwenden, die in einem verwandten Modell bei vollkommenem Kapitalmarkt eine andere Zielgröße und andere Annahmen unterstellen (wie bei der Interne Zinssatz Methode) oder aber von einem unvollkommenen Kapitalmarkt ausgehen (z. B. die Methode der vollständigen Finanzpläne); auch Mehrzielverfahren wie die Nutzwertanalyse lassen sich grundsätzlich einsetzen.[102] Es stellen sich dann für sämtliche dieser Modelle bzw. Verfahren die im folgenden nicht weiter untersuchten Fragen, wie die Bestimmung optimaler Investitionszeitpunkte mit ihnen möglich ist und ob auch die bei ihnen zur Vorteilhaftigkeitsbeurteilung verwendeten Kriterien relativiert werden müssen.

Wie beim Standardkapitalwertmodell gilt auch hier die Annahme der Sicherheit, mit der die Vernachlässigung der Einflußfaktoren Unsicherheit und Informationszugang einhergeht. Unsicherheit und Informationszugang lassen sich in Entscheidungsbaummodellen, optionspreistheoretischen Modellen sowie Modellen der Flexiblen Planung (bei Programmentscheidungen) erfassen. Auf diese Modelle wird - auch mit Blick auf die Bestimmung von Investitionszeitpunkten - im weiteren Verlauf des Buches noch eingegangen.[103]

Abschließend ist zu erwähnen, daß in Kapitalwertmodellen für Einzelentscheidungen die (zeitlich-horizontalen) Interdependenzen zu Entscheidungen bezüglich anderer Investitionen und in anderen Unternehmensbereichen nur partiell berücksichtigt werden können. Wechselseitige Beziehungen lassen sich lediglich in Programmplanungsmodellen (weitgehend) vollständig erfassen. Bei einigen dieser im nächsten Abschnitt vorgestellten Modelle handelt es sich um mehrstufige Modelle, die auch die Bestimmung optimaler Investitionszeitpunkte erlauben.

---

[102] Vgl. zu diesen Verfahren die Abschnitte 3 und 4.
[103] Vgl. die Abschnitte 7.3.4 und 7.3.5 sowie 8.3.

Aufgaben zu Abschnitt 5

Aufgabe 5-1 (Nutzungsdauer bei Kapitalwertmaximierung)

Ein Unternehmen der metallverarbeitenden Industrie plant die Anschaffung einer neuen, Spezialteile produzierenden Maschine, für die mit Hilfe des Kapitalwertmodells die optimale Nutzungsdauer ermittelt werden soll.

Für die Maschine können folgende Daten prognostiziert werden:
Anschaffungsauszahlung: 500.000 €
technische Nutzungsdauer: 8 Jahre

Zeitpunkt t	Rückflüsse	Liquidationserlöse
1	140.000	400.000
2	120.000	350.000
3	110.000	300.000
4	100.000	250.000
5	90.000	200.000
6	80.000	150.000
7	75.000	95.000
8	70.000	30.000

Der Kalkulationszinssatz beträgt 10%.

a) Berechnen Sie den Kapitalwert der Anlage unter der Annahme, daß das Aggregat bis zum Ende der technischen Nutzungsdauer eingesetzt wird.
b) Berechnen Sie die optimale Nutzungsdauer des Aggregates und den dazugehörigen Kapitalwert unter der Voraussetzung, daß die Anlage
   b1) nicht ersetzt wird
   b2) am Ende der Nutzungsdauer einmal identisch ersetzt wird
   b3) am Ende der Nutzungsdauer zweimal identisch ersetzt wird
   b4) unendlich oft identisch ersetzt wird.
c) Worin liegt die Ursache für eventuell voneinander abweichende optimale Nutzungsdauern?

Aufgabe 5-2 (Nutzungsdauer bei Kapitalwertmaximierung)

Der Anschaffungspreis eines Aggregates beträgt 54.000 €. Ferner liegen folgende Daten vor:
Der Verkaufspreis der mittels des Aggregats gefertigten Produkte beträgt 9 €/Einheit. Die Auszahlungen je Einheit hängen in der folgenden Form von den kumulierten Produktionsmengen ab:

kumulierte Produktionsmengen			Auszahlungen/Einheit [€]
von		bis	
1	-	6.000	4,00
6.001	-	9.000	4,50
9.001	-	12.000	5,00
12.001	-	13.000	5,70
13.001	-	14.000	5,80
14.001	-	15.000	5,90
15.001	-	17.000	6,00
17.001	-	19.500	6,50
19.501	-	23.000	7,00
23.001	-	24.000	7,40
24.001	-	27.000	8,00

Die maximale Erzeugnismenge beträgt 27.000 Einheiten, weitere Auszahlungen sollen nicht entstehen.

Der Liquidationserlös des Aggregats am jeweiligen Jahresende hängt sowohl vom Alter als auch von den Produktionsmengen ab. Er vermindert sich um 1,00 € pro produzierter Einheit, darüber hinaus um 7.000 € im ersten Jahr, 5.000 € im zweiten, 3.000 € im dritten und 2.000 € in jedem folgenden Jahr.

Die Produktionsmenge beträgt jährlich 3.000 Einheiten, der Kalkulationszinssatz 10%.

a) Berechnen Sie den Kapitalwert unter der Voraussetzung, daß das Aggregat bis zum Ende der technischen Nutzungsdauer eingesetzt wird.
b) Berechnen Sie die optimale Nutzungsdauer und den dazugehörigen Kapitalwert unter der Voraussetzung, daß die Anlage
b1) nicht ersetzt wird
b2) einmal identisch ersetzt wird
b3) unendlich oft identisch ersetzt wird.

Aufgabe 5-3 (Nutzungsdauer und Ersatzzeitpunkt bei Kapitalwertmaximierung)

Ein Unternehmen möchte die optimale Nutzungsdauer- bzw. Ersatzpolitik für seine Anlagen bestimmen.

a) Die Anlage A wird durch die folgenden Rückflüsse und Liquidationserlöse in Abhängigkeit von der Nutzungsdauer t_A charakterisiert [Tsd. €]:

t_A	0	1	2	3	4	5	6	7
Rückfluß	-500	160	140	130	120	120	100	70
Liquidationserlös	-	400	330	270	220	170	120	70

Der Kalkulationszinssatz beträgt 10%.

Bestimmen Sie die optimale Nutzungsdauer der Anlage(n) und den zugehörigen Kapitalwert bei

a1) keinem Nachfolgeobjekt
a2) einmaligem identischen Ersatz
a3) zweimaligem identischen Ersatz
a4) unendlichem identischen Ersatz.

b) Gehen Sie nun davon aus, daß eine Anlage vom Typ A in Betrieb ist, die zum Betrachtungszeitpunkt, dem 1.1.2005, 2 Jahre alt ist. Gehen Sie weiterhin von der Annahme einer unendlichen identischen Kette aus (a4).
Zusätzlich zum identischen Ersatz durch Anlagen des Typs A ist nun ein Ersatz durch Anlagen des Typs B möglich. Für diese Anlagen kann ebenfalls von der Annahme einer unendlichen identischen Kette ausgegangen werden. Die Kapitalwerte einer Anlage in Abhängigkeit von der Nutzungsdauer der Anlage B (t_B) wurden bereits ermittelt, sie sollen betragen [Tsd. €]:

t_B	0	1	2	3	4	5	6	7
Kapitalwert	-	30	20	60	90	120	140	135

Sollte die Anlage vom Typ A identisch oder durch eine Anlage vom Typ B ersetzt werden? Falls ein Ersatz durch eine Anlage vom Typ B erfolgt, wann ist dieser vorzunehmen?

c) Gehen Sie nun wiederum von der Situation in a4) (unendliche identische Kette) und dem Vorhandensein einer zwei Jahre alten gebrauchten Anlage (wie in b)) aus. Die Anlagen vom Typ B stehen nicht zur Verfügung.
Es soll nun untersucht werden, ob der Kauf gebrauchter Anlagen vom Typ A vorteilhaft ist. Dieser soll für jede Altersstufe zu dem unter a) angegebenen Liquidationserlös zuzüglich 10.000 € möglich sein. Es kann davon ausgegangen werden, daß in den folgenden Jahren der Nutzungsdauer die Einzahlungsüberschüsse und Liquidationserlöse der gebrauchten Anlagen den jeweilig unter a) aufgeführten entsprechen. Weiterhin kann unterstellt werden, daß auch in Zukunft entsprechende Anlagen beschaffbar sind (unendliche Kette).
Für die Anschaffung werden nur ein Jahr alte sowie zwei Jahre alte Anlagen in Erwägung gezogen. Beurteilen Sie mit Hilfe geeigneter Rechnungen, ob in Zukunft neue, ein Jahr alte oder zwei Jahre alte Anlagen eingesetzt werden sollten. Falls sich eine Änderung gegenüber der unter a4) ermittelten optimalen Nutzungsdauer ergibt, wie hoch ist nun der maximale Kapitalwert, und wann ist der optimale Ersatzzeitpunkt für die vorhandene Anlage?

Aufgabe 5-4 (Nutzungsdauer bei Kapitalwertmaximierung)

Ein Tagebaubetrieb investiert nacheinander in zwei Investitionsobjekte A (Beseitigen und Verwerten von Abraum) und B (Fördern von Steinkohle). Diesen Investitionsobjekten können die in den nachfolgenden Tabellen enthaltenen Zahlungen zugewiesen werden. Der Kalkulationszinssatz beträgt 10%.

Investitionsobjekt A					
Zeitpunkt t	0	1	2	3	4
Auszahlungen (Tsd. €)	7.000				
Einzahlungsüberschüsse (Tsd. €)		3.500	3.500	1.500	1.000
Liquidationserlös bei Verkauf in t (Tsd. €)		4.500	2.300	1.900	1.200

Investitionsobjekt B				
Zeitpunkt t	0	1	2	3
Auszahlungen (Tsd. €)	4.500			
Einzahlungsüberschüsse (Tsd. €)		3.500	1.800	1.300
Liquidationserlös bei Verkauf in t (Tsd. €)		3.000	2.500	1.400

a) Bestimmen Sie die optimalen Nutzungsdauern und den Gesamtkapitalwert der Investitionsobjekte A und B, wenn nacheinander zunächst ein Investitionsobjekt A und dann ein Investitionsobjekt B durchgeführt werden!
b) Bestimmen Sie die optimalen Nutzungsdauern der Investitionsobjekte, wenn beginnend mit Investitionsobjekt A unendlich oft die Investitionsobjekte A und B nacheinander durchgeführt werden!

Aufgabe 5-5 (Nutzungsdauer bei Kostenminimierung)

In einem Unternehmen soll der optimale Ersatzzeitpunkt für einen Bagger, bei dem es sich um ein Spezialgerät handelt, bestimmt werden. Die Anschaffungskosten des Baggers betragen 100.000 €. Die zukünftigen Betriebskosten B_t werden wie folgt prognostiziert [Tsd. €]:

t	1	2	3	4	5	6	7	8
B_t	20	24	30	40	55	65	75	80

Der Kalkulationszinssatz beträgt 10%. Berechnen Sie die optimale Nutzungsdauer ohne und mit Berücksichtigung von Zinsen.

Aufgabe 5-6 (Nutzungsdauer und Ersatzzeitpunkt bei Kostenminimierung)

Gegeben sind 2 Maschinentypen A und B mit ihren Anschaffungspreisen $P_A = 5.000$ € und $P_B = 9.500$ €. Es handelt sich jeweils um Spezialmaschinen. Die jährlichen Betriebskosten [€] betragen:

t	1	2	3	4	5	6	7
B_{At}	500	850	1.200	1.550	1.900	2.250	2.600
B_{Bt}	1.000	2.500	4.000	5.500	7.000	8.500	10.000

In einem Betrieb sind 3 Maschinen des Typs A eingesetzt. Eine dieser Maschinen ist 3 Jahre, die zweite 2 Jahre und die dritte 1 Jahr alt.
Die Leistung der Maschine des Typs B ist dreimal so groß wie die Leistung einer Maschine des Typs A. Deswegen wird erwogen, die 3 Maschinen (Typ A) des Betriebes gegen 1 Maschine des Typs B zu ersetzen.
Zinsen sollen nicht berücksichtigt werden.

a) Ist der Ersatz der Anlagen vom Typ A durch eine solche vom Typ B wirtschaftlich?
b) Wenn der Ersatz durchgeführt werden soll, wann ist der günstigste Ersatzzeitpunkt?

Aufgabe 5-7 (Nutzungsdauer und Ersatzzeitpunkt bei Kostenminimierung)

In einem Industrieunternehmen ist die Ersatzplanung für die vorhandenen Anlagen vorzunehmen. Es sind drei Anlagentypen A1, A2 und A3 in Betrieb. Die Zahl der vorhandenen Anlagen beträgt 6 (A1), 4 (A2) und 3 (A3). Für die einzelnen Perioden der Nutzungsdauer der Anlagen konnten die folgenden zeitlichen Grenzkosten K_t (in Tsd. € für jeweils eine Anlage) ermittelt werden.

t	1	2	3	4	5	6	7	8
K_{A1t}	80	10	12	16	20	24	28	30
K_{A2t}	90	25	25	30	34	34	36	44
K_{A3t}	100	25	20	25	30	35	40	45

Die Anlagen wurden vor 2 Jahren, am 1.1.2003, beschafft und eingesetzt. Der Betrachtungszeitpunkt ist der 1.1.2005. Für den Ersatz der vorhandenen Anlagen kommen sowohl identische Anlagen der Typen A1, A2 bzw. A3 als auch die neu auf den Markt gekommenen Anlagentypen N1 und N2 in Betracht. Die Anlagen vom Typ N1 sind Mehrzweckanlagen und können sowohl A1 als auch A2 und A3 ersetzen. Ihre

Kapazität beträgt das Dreifache der Kapazität von A1 sowie jeweils das Doppelte der Kapazitäten von A2 und A3. Die Anlage N2 hingegen ist lediglich zum Ersatz von A2 geeignet, wobei ihre Kapazität der von A2 entspricht.

Die für die Anlagentypen N1 und N2 prognostizierten zeitlichen Grenzkosten pro Anlage für die Perioden der Nutzungsdauer sind in der folgenden Tabelle [in Tsd. €] wiedergegeben:

t	1	2	3	4	5	6	7
K_{N1t}	180	40	50	60	70	80	85
K_{N2t}	100	20	20	25	30	30	40

a) Bestimmen Sie die optimale Ersatzstrategie des Unternehmens für den Zeitraum bis einschließlich 2010. Vernachlässigen Sie dabei die Wirkung von Zinsen.
b) Nennen Sie die Annahmen, die bei dem von Ihnen verwendeten Modell getroffen werden.
c) Die Einführung der neuen Anlagen der Typen N1 und N2 bewegt einige andere Unternehmen dazu, ihre alten Anlagen A2 und A3 zu ersetzen und zum Kauf anzubieten. Der dadurch entstehende Gebrauchtmarkt führt im betrachteten Unternehmen zu der Überlegung, die alten Anlagen eventuell durch gebrauchte Anlagen der Typen A2 bzw. A3 zu ersetzen.
Die Anschaffungskosten für die gebrauchten Anlagen betragen für jeden Anlagentyp und jede Altersstufe 40.000 € pro Anlage; ansonsten entsprechen die von den gebrauchten Anlagen verursachten Kosten den oben für die einzelnen Perioden der Nutzungsdauer aufgeführten Werten.
Bestimmen Sie die nun optimale Ersatzstrategie für den betrachteten Zeitraum wiederum ohne Berücksichtigung von Zinsen.
d) Betrachten Sie noch einmal die Situation aus a).
Für die bisher auf Anlage A2 gefertigten Produkte kann - so berichtet die Marketingabteilung - bei Fertigung auf N1 aufgrund höherer Qualität auch ein höherer Preis als bei Fertigung auf A2 oder N2 erzielt werden. Die Umsatzentwicklung wird für die Nutzungsdauer der Anlagen wie folgt veranschlagt (in Tsd. € je Anlage):

t	1	2	3	4	5	6	7
U_{N1t}	110	110	105	105	100	100	100
$U_{N2t}=U_{A2t}$	50	50	50	50	50	50	50

Wie lautet nun - ebenfalls ohne Berücksichtigung von Zinsen - die optimale Ersatzstrategie für die Anlagen vom Typ A2?

Aufgabe 5-8 (Nutzungsdauer und Ersatzzeitpunkt bei Kostenminimierung)

In einem Unternehmen soll die optimale Ersatzpolitik für die vorhandenen Anlagen geplant werden.

a) Im Betrachtungszeitpunkt, am 1.1.2005, ist eine Anlage vom Typ A seit 3 Jahren in Betrieb. Es handelt sich um eine nicht wiederveräußerbare Spezialanlage. Dieser konnten die folgenden Betriebskosten B_{At} zugeordnet werden [Tsd. €]:

t	1	2	3	4	5	6	7
B_{At}	20	25	30	35	40	50	62

Die Anschaffungsausgaben betragen 140.000 €, der Kalkulationszinssatz 10%.

Ermitteln Sie die optimale Nutzungsdauer und die minimalen Durchschnittskosten der Anlage vom Typ A. Wann sollte die in Betrieb befindliche Anlage ersetzt werden?

b) Zum Ersatz der Anlage vom Typ A eignet sich auch eine Universalanlage vom Typ B, die die gleiche Kapazität aufweist. Für diese Anlage können neben den Betriebskosten B_{Bt} auch die Liquidationserlöse L_{Bt} abgeschätzt werden [Tsd. €]:

t	1	2	3	4	5	6	7
B_{Bt}	15	20	25	30	35	40	50
L_{Bt}	140	120	100	80	60	40	20

Die Anschaffungskosten betragen 180.000 €, der Kalkulationszinssatz 10%.

Bestimmen Sie die optimale Nutzungsdauer einer Anlage vom Typ B und die zugehörigen minimalen Durchschnittskosten. Sollte die Anlage vom Typ A durch eine Anlage vom Typ B ersetzt werden? Wenn ja, wann?

c) Wie ändert sich die in b) bestimmte optimale Ersatzpolitik, falls gebrauchte Anlagen des Typs B beschafft werden können? Diese sind in allen Altersstufen verfügbar. Ihre Betriebskosten entsprechen denen der neuen Anlagen im jeweiligen Nutzungsjahr. Die Anschaffungskosten sind jeweils um 5% höher als die Liquidationserlöse.

Aufgabe 5-9 (Nutzungsdauer und Ersatzzeitpunkt bei Kostenminimierung)

Ein Unternehmen möchte die optimale Nutzungsdauer- bzw. Ersatzpolitik für seine Anlagen bestimmen. Der Kalkulationszinssatz beträgt 10%.

a) Im Betrachtungszeitpunkt, dem 1.1.2005, sind zwei Anlagen vom Typ A in Betrieb, eine Anlage (A1) seit drei Jahren und eine Anlage (A2) seit zwei Jahren. Es handelt sich beim Typ A um eine nicht wiederveräußerbare Spezialanlage. Den einzelnen Perioden der technischen Nutzungsdauer können die folgenden Betriebskosten B_{At} [in Tsd. €] zugeordnet werden:

t_A	1	2	3	4	5	6	7
B_{At}	40	55	65	80	95	120	150

Die Anschaffungskosten belaufen sich auf 300 Tsd. €.
Ermitteln Sie die minimalen Durchschnittskosten und die optimale Nutzungsdauer der Anlagen vom Typ A. Wann sollten die in Betrieb befindlichen Anlagen ersetzt werden?

b) Gehen Sie nun davon aus, daß auch eine Universalanlage vom Typ B für den Ersatz der Anlagen vom Typ A geeignet ist. Diese weist die doppelte Kapazität wie eine Anlage vom Typ A auf. Für die Anlage vom Typ B können neben den Betriebskosten B_{Bt} auch die Liquidationserlöse L_{Bt} prognostiziert werden (Angabe jeweils in Tsd. €):

t_B	1	2	3	4	5	6	7
B_{Bt}	60	84	110	130	150	180	230
L_{Bt}	600	500	420	340	260	180	90

Die Anschaffungskosten betragen 760 Tsd. €.
Bestimmen Sie die minimalen Durchschnittskosten und die optimale Nutzungsdauer einer Anlage vom Typ B.
Sollten die Anlagen vom Typ A durch identische Anlagen oder durch eine Anlage vom Typ B ersetzt werden? Falls ein Ersatz durch eine Anlage vom Typ B erfolgt, wann ist dieser vorzunehmen?

c) Gehen Sie nun davon aus, daß das Produkt, das mit Anlagen der Typen A bzw. B gefertigt wird, nur noch sechs Jahre abgesetzt werden kann. Der Betrachtungszeitraum endet daher nach sechs Jahren und die Annahme eines unendlichen identischen Ersatzes ist aufzuheben. Es soll weiterhin davon ausgegangen werden, daß die Anlagen vom Typ A drei (A1) bzw. zwei (A2) Jahre in Betrieb sind. Die Anlagen vom Typ A sollen in jedem Fall durch eine Anlage des Typ B ersetzt werden. Wie lautet die optimale Ersatzstrategie für den Zeitraum von sechs Jahren, wenn das Ziel verfolgt wird, den Barwert der Kosten zu minimieren?

Aufgabe 5-10 (Vorteilhaftigkeitsbeurteilung und Investitionszeitpunktbestimmung)

a) In einem Zeitpunkt t = 0 stehen zwei Investitionsobjekte A und B zur Wahl, für die folgende Daten ermittelt werden konnten:

Objekt	A	B
Anschaffungsauszahlung (€)	240.000	190.000
Liquidationserlös am Ende der Nutzungsdauer (€)	20.000	10.000
Nutzungsdauer (Jahre)	4	4
jährliche Einzahlungsüberschüsse (€)		
in t = 1	75.000	50.000
in t = 2	75.000	55.000
in t = 3	70.000	60.000
in t = 4	70.000	65.000

Es wird von einem Kalkulationszinssatz von 10% ausgegangen. Beurteilen Sie die absolute und relative Vorteilhaftigkeit der Objekte mit der Kapitalwertmethode.

b) Es besteht nun die Möglichkeit, das Investitionsobjekt B im Zeitpunkt t = 1 zu realisieren. Dabei wird eine Verringerung der Anschaffungsauszahlung um 15.000 € erwartet. Alle anderen in Aufgabenteil a) angegebenen Daten bleiben unverändert.

b1) Wie lautet nun die optimale Investitionspolitik im Kapitalwertmodell (Begründung mittels einer geeigneten Rechnung erforderlich!)?

b2) Welche Prämisse des Grundmodells der Kapitalwertmethode gilt nicht mehr?

b3) Wie kann die erweiterte Problemstellung mit der VOFI-Methode gelöst werden (kurze Beschreibung)?

6 Modelle für Programmentscheidungen bei Sicherheit

6.1 Einführung

Bei der Investitionsprogrammplanung sind simultan die Art und die Zahl unterschiedlicher Investitionsobjekte auszuwählen, die realisiert werden sollen. In vielen Modellen werden hierbei neben dem Investitionsprogramm gleichzeitig auch Handlungsmöglichkeiten in anderen Unternehmensbereichen erfaßt, aufgrund deren enger Verbindungen mit dem Investitionsbereich vor allem Finanzierungs- und/oder Produktionsalternativen. Die folgende Differenzierung von Modellen der Investitionsprogrammplanung nach der Art der in das Modell einbezogenen Alternativen bezieht sich daher vor allem auf die Berücksichtigung des Finanzierungs- und des Produktionsbereichs.[1] Es lassen sich die folgenden Modellgruppen unterscheiden:[2]

a) Modelle zur Festlegung des optimalen Investitionsprogramms bei vorgegebenem Produktionsprogramm für die einzelnen Investitionsobjekte und vorgegebenem Kapitalbudget,

b) Modelle zur simultanen Festlegung des optimalen Investitionsprogramms und des optimalen Finanzierungsprogramms bei vorgegebenem Produktionsprogramm für die einzelnen Investitionsobjekte sowie

c) Modelle zur simultanen Bestimmung des optimalen Investitionsprogramms und des optimalen Produktionsprogramms bei gegebenen finanziellen Mitteln oder unter Einbeziehung von Finanzierungsmöglichkeiten.

Die Einbeziehung anderer als der genannten Unternehmensbereiche ist bei dieser Differenzierung nicht aufgegriffen worden, sie wird auch bei der Erörterung ausgewählter Simultanplanungsansätze in den folgenden Abschnitten vernachlässigt. Es ist aber darauf hinzuweisen, daß eine Vielzahl weiterer Simultanplanungsmodelle vorliegt, in denen zusammen mit dem Investitionsprogramm beispielsweise der Einsatz absatzpolitischer Instrumente,[3] die Personalpolitik,[4] die Produktionsstandorte[5] oder die Steuerpolitik[6] bestimmt werden sollen. Es wurden auch Modelle entwickelt, die nahezu sämtliche Planungsbereiche von Unternehmen berücksichtigen und daher auch als "Totalmodelle" bezeichnet werden.[7]

---

1 Zur Unterscheidung von Modellarten einschließlich der Abgrenzung zwischen Einzel- und Programmentscheidungen vgl. auch Abschnitt 2.3.3.
2 Vgl. Blohm, H.; Lüder, K.: (Investition), S. 288.
3 Vgl. Jacob, H.: (Entwicklungen), S. 43 ff.
4 Vgl. Domsch, M.: (Investitionsplanung).
5 Vgl. Hansmann, K.W.: (Entscheidungsmodelle); Götze, U.: (Standortstrukturgestaltung), S. 393 ff.
6 Vgl. Jääskeläinen, V.: (Financing); Haberstock, L.: (Integrierung); Haegert, L.: (Einfluß).
7 Vgl. z. B. Rosenberg, O.: (Investitionsplanung); Meyhak, H.: (Gesamtplanung); Rollberg, R.: (Unternehmensplanung), S. 109 ff.

Neben den Alternativen charakterisieren insbesondere die Art der Berücksichtigung des Zeitaspekts sowie die Zielgröße die unterschiedlichen Simultanplanungsmodelle.[8]

Gemäß der Zuordnung von Handlungsmöglichkeiten und Wirkungen zu Zeitabschnitten läßt sich differenzieren in

a) Modelle, bei denen der Planungszeitraum nur aus einer Periode besteht (statische Modelle),

b) Modelle, bei denen sich der Planungszeitraum aus mehreren Perioden zusammensetzt, Handlungen aber nur zu Beginn des Planungszeitraums möglich sind (einstufige Modelle), und

c) Modelle, bei denen Handlungen in verschiedenen Perioden des Planungszeitraums möglich sind (mehrstufige Modelle).

Als Zielgrößen werden vor allem der Kapitalwert, der Vermögensendwert oder die periodischen Entnahmen berücksichtigt.

In den folgenden Abschnitten werden ausgewählte Simultanplanungsmodelle ausführlich dargestellt und hinsichtlich ihrer Realitätsnähe sowie der mit der praktischen Anwendung verbundenen Probleme erörtert. Dabei ist auch auf die verfügbaren Auswertungs- bzw. Lösungsverfahren einzugehen, wobei diese allerdings nur in einem Fall erläutert werden sollen.

6.2 Modell zur Bestimmung des optimalen Investitionsprogramms bei vorgegebenem Kapitalbudget und Produktionsprogramm

Modelldarstellung

In diesem Abschnitt soll ein Modell vorgestellt und diskutiert werden, das die Bestimmung des optimalen Investitionsprogramms bei gegebenem Produktionsprogramm für die einzelnen Investitionsobjekte und gegebenen finanziellen Mitteln ermöglicht. Als Zielgröße wird der Gesamtkapitalwert des Investitionsprogramms angesehen.[9]

Bei der vorliegenden Problemstellung ist durch zielgerechte Auswahl aus mehreren, einander nicht ausschließenden Investitionsobjekten die Summe der Kapitalwerte zu maximieren, wobei die Gesamtheit der Anschaffungsauszahlungen der ausgewählten Objekte das vorgegebene Kapitalbudget nicht überschreiten darf. Es besteht eine Ähnlichkeit mit der Entscheidungssituation eines Bergsteigers, der seinen Rucksack mit verschiedenen Gegenständen füllen kann und bei vorgegebenem

---

[8] Vgl. Blohm, H.; Lüder, K.: (Investition), S. 287 ff. sowie zu weiteren Unterscheidungsmerkmalen Adam, D.: (Investitionscontrolling), S. 230 ff.

[9] Zu einem entsprechenden einperiodigen Modell vgl. Adam, D.: (Investitionscontrolling), S. 236 ff.

Maximalgewicht den Gesamtwert dieser - unterschiedlich schweren und wertvollen - Gegenstände maximieren will. Das Problem wird daher auch als Rucksackproblem bezeichnet.

Aufgrund der Zielgröße "Kapitalwert" gelten für dieses Modell die Annahmen des in Abschnitt 3.3.2 dargestellten Kapitalwertmodells, abgesehen davon, daß

- die zur Wahl stehenden Investitionsobjekte sich nicht gegenseitig ausschließen,
- finanzielle Mittel nicht unbegrenzt zum Kalkulationszinssatz aufgenommen werden können.

Die Annahmen des Kapitalwertmodells implizieren unter anderem, daß das Finanzierungs- und das Produktionsprogramm vorgegeben sind. Des weiteren wird für das hier dargestellte Modell davon ausgegangen, daß

- für die Modelldaten eine Sicherheitssituation vorliegt,
- die Investitionsobjekte nur als ungeteilte Einheit und nicht mehrmals realisierbar sind,
- die Investitionen unabhängig voneinander durchgeführt werden können,[10]
- das Investitionsprogramm nur für den Beginn des Planungszeitraums zu bestimmen ist, demgemäß Folgealternativen entsprechend den Annahmen der Kapitalwertmethode nur global über den Kalkulationszinssatz berücksichtigt werden und
- nur für den Beginn des Planungszeitraums zu sichern ist, daß das Kapitalbudget durch die Anschaffungsauszahlungen der realisierten Objekte nicht überschritten wird.

Eine mathematische Formulierung des Modells kann - unter Verwendung der nachstehend aufgeführten Variablen und Parameter - wie folgt vorgenommen werden:

Variable:
  x_j = Binärvariable, deren Wert angibt, ob ein Investitionsobjekt realisiert wird ($x_j = 1$) oder nicht ($x_j = 0$), j=1,...,J

Parameter:
  c_j = Kapitalwert des Investitionsobjekts j
  A_{0j} = Anschaffungsauszahlung des Investitionsobjekts j
  KB = Höhe des Kapitalbudgets

---

[10] Allerdings besteht eine indirekte Abhängigkeit durch die Konkurrenz der Investitionsobjekte um die knappen finanziellen Mittel.

Zielfunktion:

$$\sum_{j=1}^{J} c_j \cdot x_j \Rightarrow \max!$$

Es soll der Gesamtkapitalwert maximiert werden. Dieser läßt sich darstellen, indem die Kapitalwerte der einzelnen Objekte mit den zugehörigen Investitionsvariablen verknüpft und die daraus resultierenden Ausdrücke addiert werden.

Nebenbedingungen:

Budgetrestriktion:

$$\sum_{j=1}^{J} A_{0j} \cdot x_j \leq KB$$

beanspruchte finanzielle Mittel   *Kapitalbudget*

Die Summe der Anschaffungsauszahlungen der realisierten Investitionsobjekte darf das Kapitalbudget nicht überschreiten.

Projektbedingungen:

$x_j \in \{0; 1\}$, für $j=1,...,J$

Die Investitionsobjekte können nur in einer Einheit realisiert werden.

Bei dem hier dargestellten Modell handelt es sich um ein spezifisches Problem der ganzzahligen linearen Optimierung, dessen Optimallösung durch eine vollständige Enumeration oder Branch and Bound-Verfahren bestimmt werden kann.[11]

Beispiel

Es stehen fünf Realinvestitionsobjekte zur Wahl, die durch die nachstehend aufgeführten Zahlungsreihen charakterisiert sind.

Investitionsobjekte	Nettozahlungen in den Zeitpunkten [€]				Kapitalwert [€]
	t=0	t=1	t=2	t=3	
Objekt 1:	-90.000	45.000	40.000	40.000	14.019,53
Objekt 2:	-45.000	24.000	23.000	24.000	13.858,00
Objekt 3:	-80.000	35.000	35.000	40.000	10.796,39
Objekt 4:	-170.000	75.000	80.000	85.000	28.159,28
Objekt 5:	-100.000	40.000	50.000	50.000	15.251,69

Das vorgegebene Kapitalbudget beträgt 340.000 €, der Kalkulationszinssatz 10%.

---

[11] Vgl. zu einem Überblick über Lösungsverfahren für das Modell Bosse, C.: (Investitionsmanagement), S. 136 ff. sowie zu Verfahren der ganzzahligen linearen Optimierung allgemein Brink, A. u. a.: (Optimierung); Zwehl, W. von: (Programmierung); Wegener, H.: (Optimierung), S. 119 ff.

Zur Formulierung eines Simultanplanungsmodells sind zunächst die Kapitalwerte der Investitionsobjekte zu bestimmen. Sie sind ebenfalls in der oben aufgeführten Datentabelle enthalten. Das Modell lautet:

Zielfunktion:

$14.019{,}53x_1 + 13.858x_2 + 10.796{,}39x_3 + 28.159{,}28x_4 + 15.251{,}69x_5 \Rightarrow \max!$

Budgetrestriktion:

$90.000x_1 + 45.000x_2 + 80.000x_3 + 170.000x_4 + 100.000x_5 \leq 340.000$

Projektbedingungen:

$x_j \in \{0; 1\}$, für $j = 1,...,5$

Auf das Vorgehen bei der Bestimmung der Optimallösung dieses Modells soll hier nicht eingegangen werden. Das optimale Investitionsprogramm besteht in diesem Beispiel aus den Investitionsobjekten 2, 4 und 5 (es gilt: $x_1 = 0$; $x_2 = 1$; $x_3 = 0$; $x_4 = 1$; $x_5 = 1$), unter den getroffenen Annahmen führt es bei einer gesamten Anschaffungsauszahlung von 315.000 € zu einem Gesamtkapitalwert von 57.268,97 €.

Modellbeurteilung und -erweiterungen

Zur Modellbeurteilung sei zunächst auf die entsprechenden Ausführungen zur Kapitalwertmethode verwiesen; sie lassen sich weitgehend auf dieses Modell übertragen. Dies gilt für die Realitätsnähe ebenso wie für die Datenermittlung. Als Daten sind neben den Zahlungsreihen der einzelnen Investitionsobjekte lediglich der Kalkulationszinssatz sowie das Kapitalbudget erforderlich.

Die Bestimmung der Optimallösung ist auch bei einer relativ großen Anzahl von Investitionsobjekten mit Einsatz der EDV kaum problematisch.[12] Näherungsweise läßt sich das Optimalprogramm berechnen, indem die Investitionsprojekte gemäß einer mit Hilfe einer Vorteilhaftigkeitskennziffer gebildeten Rangfolge bis zur Ausschöpfung der finanziellen Mittel aufgenommen werden. Als Vorteilhaftigkeitskennziffer wird z. B. die Kapitalwertrate vorgeschlagen, d. h. das Verhältnis zwischen Kapitalwert und Anschaffungsauszahlung.[13]

Bei der hier dargestellten Modellformulierung kann ein Investitionsobjekt nur in einer Einheit realisiert werden. Die entsprechenden projektbezogenen Bedingungen sind zu modifizieren, wenn Investitionen auch teilweise oder mehr als einmal durchgeführt werden können. Durch geeignete Modellerweiterungen ließen sich auch Beziehungen zwischen Investitionsobjekten wie der gegenseitige Ausschluß oder die Notwendigkeit einer gemeinsamen Durchführung berücksichtigen.[14] Falls für ein-

---

[12] Vgl. Drexl, A.: (Methoden), S. 110; Blohm, H.; Lüder, K.: (Investition), S. 300.
[13] Vgl. Busse von Colbe, W.; Laßmann, G.: (Betriebswirtschaftstheorie), S. 200 ff.; Lücke, W.: (Investitionslexikon), S. 225 ff. sowie zu einem Kriterium, das zum gleichen Ergebnis führt wie die Kapitalwertrate, Lorie J.H.; Savage, L.J.: (Problems), S. 217 ff.
[14] Vgl. Weingartner, H.M.: (Programming), S. 32 ff.; Blohm, H.; Lüder, K.: (Investition), S. 298 f.

zelne Investitionsobjekte Auszahlungen auch in nachfolgenden Perioden anfallen, so sind für diese Perioden möglicherweise ebenfalls Kapitalbudget- bzw. Liquiditätsrestriktionen zu formulieren.[15]

Bezüglich der im Modell abgebildeten Finanzierungsmöglichkeiten sei erwähnt, daß die Verwendung eines einheitlichen Kalkulationszinssatzes auf der Annahme eines vollkommenem Kapitalmarktes basiert. Auf diesem lassen sich aber - anders als im Modell unterstellt - finanzielle Mittel in beliebiger Höhe zum Kalkulationszinssatz aufnehmen.

Im Hinblick auf das Beurteilungskriterium "Realitätsnähe" ist des weiteren anzumerken, daß die Planungen im Produktions- und Finanzierungsbereich unabhängig von den Investitionsplanungen erfolgen und zu Vorgaben für das hier dargestellte Modell führen. Damit lassen sich die zumeist bestehenden Interdependenzen nicht berücksichtigen. Bei den Modellen, die Gegenstand der folgenden Abschnitte sind, werden Finanzierungs- oder Produktionsentscheidungen einbezogen.

6.3 Simultane Investitions- und Finanzierungsplanung

6.3.1 Einführung

In Abschnitt 6.3 werden Modelle zur Simultanplanung des Investitions- und Finanzierungsprogramms, die sogenannten kapitaltheoretischen Modelle, dargestellt und diskutiert. Die Analyse derartiger Modelle wird motiviert durch die entscheidungsrelevanten Zusammenhänge, die zwischen dem Investitions- und dem Finanzierungsbereich bestehen. So ist die Vorteilhaftigkeit der Aufnahme finanzieller Mittel von den vorhandenen Investitionsmöglichkeiten abhängig. Die Realisierbarkeit und Vorteilhaftigkeit von Investitionsalternativen wiederum wird durch die Finanzierungsmöglichkeiten und die mit diesen verbundenen Finanzierungskosten bestimmt.[16] Die angesprochenen Interdependenzen können in Modellen zur Simultanplanung von Investition und Finanzierung berücksichtigt werden. Für die entsprechenden, hier analysierten Modelle wird - ähnlich wie bei dem im vorherigen Abschnitt besprochenen Modell - jeweils angenommen, daß[17]

- für die Modelldaten eine Sicherheitssituation vorliegt,
- eine endliche Anzahl von Investitions- und Finanzierungsalternativen bekannt ist,

---

[15] Vgl. Weingartner, H.M.: (Programming), S. 16 ff.; Blohm, H.; Lüder, K.: (Investition), S. 296.
[16] Dies zeigt die Veränderung des Kapitalwertes einer Investition in Abhängigkeit vom Kalkulationszinssatz. Vgl. Abschnitt 3.3.4.
[17] Zu einer ähnlichen Aufstellung von Annahmen vgl. Kruschwitz, L.: (Investitionsrechnung), S. 230 f.

- die Investitions- und Finanzierungsobjekte sich nicht gegenseitig ausschließen und grundsätzlich unabhängig voneinander realisiert werden können (wobei allerdings - beispielsweise bei den Investitionsobjekten in Form der Konkurrenz um die finanziellen Mittel - indirekte Zusammenhänge bestehen),
- nur die monetären Wirkungen der Investitions- und Finanzierungsalternativen relevant sind,
- alle relevanten Wirkungen der Investitions- und Finanzierungsobjekte sich diesen isoliert zuordnen, in Form von Ein- und Auszahlungen spezifischer Höhe prognostizieren und dabei bestimmten diskreten und äquidistanten Zeitpunkten des Planungszeitraums zurechnen lassen,
- für alle berücksichtigten Zeitpunkte des Planungszeitraums die Liquidität gefordert wird,
- Steuerzahlungen sich nicht auf die Vorteilhaftigkeit der Alternativen auswirken,
- das Produktionsprogramm für die einzelnen Investitionsobjekte ebenso vorgegeben ist wie
- die Nutzungsdauer der Investitionsobjekte bzw. die Laufzeit der Finanzierungsobjekte.

Unterschiede zwischen den im folgenden erörterten Modellen bestehen unter anderem hinsichtlich der Zielfunktion. Daneben ist die Einbeziehung des Zeitaspekts in den einzelnen Modellen unterschiedlich. Im folgenden Abschnitt wird ein statisches Modell vorgestellt; in den darauffolgenden Abschnitten zunächst ein einstufiges und anschließend ein mehrstufiges.

6.3.2 Statisches Modell (Modell von DEAN)

Modelldarstellung

In diesem Abschnitt wird ein von DEAN entwickeltes statisches Modell zur simultanen Investitions- und Finanzierungsplanung erörtert.[18] Es handelt sich um ein relativ einfaches Modell, das aus diesem Grund besonders geeignet erscheint, die Grundproblematik der simultanen Investitions- und Finanzierungsplanung zu veranschaulichen. Es soll daher im folgenden relativ ausführlich behandelt werden.

Zusätzlich zu den Prämissen, die in Abschnitt 6.3.1 für die hier betrachteten Modelle der simultanen Investitions- und Finanzierungsplanung aufgeführt worden sind, gilt für dieses Modell in seiner Grundform, daß

- nur eine relevante Periode vorliegt, zu deren Beginn und Ende die Zahlungen anfallen, die die Investitions- und Finanzierungsobjekte charakterisieren, und

---

[18] Vgl. Dean, J.: (Capital), S. 14 ff.; Busse von Colbe, W.; Laßmann, G.: (Betriebswirtschaftstheorie), S. 203 ff.

- die Investitions- und Finanzierungsobjekte bis zu einem gegebenen Gesamtumfang (Anschaffungsauszahlung bzw. maximale Kredithöhe) durchführbar und beliebig teilbar sind.

Im Modell wird die Zielsetzung berücksichtigt, den Vermögensendwert des gesamten Investitions- und Finanzierungsprogramms zu maximieren. Dieser ergibt sich am Ende der betrachteten Periode als Saldo der Einzahlungen aus der Investitionstätigkeit und der Auszahlungen, die durch die Finanzierungsobjekte verursacht werden. Es wird demgemäß davon ausgegangen, daß in diesem Zeitpunkt bei Investitionsobjekten Einzahlungen (Einzahlungsüberschüsse) vorliegen, während bei Finanzierungsobjekten Zins- und Tilgungszahlungen zu leisten sind (negative Nettozahlungen). Zu Beginn der betrachteten Periode ist zu gewährleisten, daß die zur Durchführung der Investitionen benötigten Finanzmittel durch entsprechende Finanzierungsmaßnahmen bereitgestellt werden. Zu diesen kann auch der Einsatz eigener Mittel zählen. Sind alle Verwendungsmöglichkeiten dieser Mittel im Modell erfaßt, dann können sie ohne expliziten Verzinsungsanspruch (zum Zinssatz von 0%) einbezogen werden; ansonsten läßt sich ein Opportunitätskostensatz ansetzen.[19]

Mathematisch kann das Modell - unter Verwendung der nachstehend aufgeführten Variablen und Parameter - wie folgt formuliert werden:

Variable:
x_j = Umfang der Realisierung des Investitionsobjekts j (j=1,...,J)
y_i = Umfang der Inanspruchnahme des Finanzierungsobjekts i (i=1,...,I)

Parameter:
a_{jt} = Nettozahlung je Einheit des Investitionsobjekts j im Zeitpunkt t (t=0,1)
d_{it} = Nettozahlung je Einheit des Finanzierungsobjekts i im Zeitpunkt t (t=0,1)

Zielfunktion (bezogen auf t = 1):

$$\sum_{j=1}^{J} a_{j1} \cdot x_j \quad + \quad \sum_{i=1}^{I} d_{i1} \cdot y_i \quad \Rightarrow \text{max!}$$

Nettozahlungen der Investitionsobjekte   Nettozahlungen der Finanzierungsobjekte

Die Summe der Nettozahlungen, die aus der Durchführung von Investitions- und Finanzierungsobjekten resultieren, ist zu maximieren.

---

[19] Vgl. Schmidt, R.H.; Terberger, E.: (Grundzüge), S. 175.

Nebenbedingungen:

Finanzierungsbedingung in t = 0:[20]

$$\underbrace{\sum_{j=1}^{J} a_{j0} \cdot x_j}_{\substack{\text{Nettozahlungen} \\ \text{der Investitionsobjekte}}} + \underbrace{\sum_{i=1}^{I} d_{i0} \cdot y_i}_{\substack{\text{Nettozahlungen} \\ \text{der Finanzierungsobjekte}}} = 0$$

Es ist eine Finanzierung der Auszahlungen (negativen Nettozahlungen) für die Investitionsobjekte erforderlich, welche durch die Einzahlungen erfolgt, die durch den Einsatz von Finanzierungsobjekten erzielt werden.

Projektbedingungen:

$0 \leq x_j \leq 1$, für j=1,...,J
$0 \leq y_i \leq 1$, für i=1,...,I

Die Investitions- und Finanzierungsobjekte können in beliebigen Bruchteilen des maximalen Gesamtumfangs ($x_j = 1$ bzw. $y_i = 1$) realisiert werden.

Die optimale Lösung dieses Modells läßt sich unter anderem auf graphischem Wege bestimmen. Dazu werden eine Kapitalbedarfs- und eine Kapitalangebotsfunktion gemeinsam in einem Diagramm dargestellt. Die Kapitalbedarfsfunktion gibt ausgehend von den zur Wahl stehenden Investitionsobjekten an, wieviel Kapital in Abhängigkeit von der Höhe der Finanzierungskosten in Anspruch genommen wird; die Kapitalangebotsfunktion stellt das gesamte Kapitalangebot zinssatzabhängig dar. Aus dem Schnittpunkt von Kapitalangebots- und -bedarfskurve kann das optimale Investitions- und Finanzierungsprogramm abgeleitet werden. Es ist außerdem möglich, einen Zinssatz zu bestimmen, der eine Vorteilhaftigkeitsschwelle für die Investitions- und Finanzierungsobjekte darstellt (endogener oder kritischer Zinssatz).

Wird die - in vielen Fällen realitätsfremde - Prämisse aufgehoben, daß die Investitionsobjekte beliebig teilbar sind, dann kann die optimale Lösung nicht mehr ohne weiteres anhand einer Graphik ermittelt werden. Falls nur relativ wenige Objekte zur Auswahl stehen, läßt sie sich mittels einer vollständigen oder begrenzten Enumeration berechnen; ansonsten muß auf andere Verfahren zur ganzzahligen linearen Optimierung zurückgegriffen werden. Das Vorgehen bei der Optimierung wird nachfolgend anhand eines Beispiels sowohl für Teilbarkeit als auch für Unteilbarkeit der Investitionsobjekte erläutert.

Beispiel

Zur Auswahl stehen jeweils vier beliebig teilbare Investitions- und Finanzierungsobjekte mit den angegebenen Nettozahlungen (in Tsd. €) a_{jt} bzw. d_{it}:

---

20 Diese Nebenbedingung könnte auch als Größer-Gleich-Bedingung formuliert werden. Es ergäbe sich die gleiche Optimallösung, da es - positive Finanzierungskosten vorausgesetzt - unwirtschaftlich wäre, mehr Geld zur Verfügung zu stellen als für Investitionszwecke benötigt wird.

Investitions-objekte	Beispieldaten		Zwischenergebnisse		
	a_{j0}	a_{j1}	Verzinsung (in %)	Priorität	kumulierter Kapitalbedarf
IO1	-100,0	113,0	13,0	2	150
IO2	-60,0	66,0	10,0	4	240
IO3	-50,0	58,0	16,0	1	50
IO4	-30,0	33,6	12,0	3	180
Finanzierungs-objekte	d_{i0}	d_{i1}	Verzinsung (in %)	Priorität	kumuliertes Kapitalangebot
FO1	25,0	-27,0	8,0	3	105
FO2	60,0	-64,0	$6,\bar{6}$	2	80
FO3	100,0	-120,0	20,0	4	205
FO4	20,0	-21,0	5,0	1	20

Das Optimierungsproblem lautet:

Zielfunktion:

$113x_1 + 66x_2 + 58x_3 + 33{,}6x_4 - 27y_1 - 64y_2 - 120y_3 - 21y_4 \Rightarrow \max!$

Finanzierungsbedingung:

$-100x_1 - 60x_2 - 50x_3 - 30x_4 + 25y_1 + 60y_2 + 100y_3 + 20y_4 = 0$

Projektbedingungen:

$0 \leq x_j \leq 1$, für j=1,...,4
$0 \leq y_i \leq 1$, für i=1,...,4

Es soll nun auf graphischem Wege das optimale Investitions- und Finanzierungsprogramm bestimmt werden. Als Vorbereitung dafür sind die Internen Zinssätze r_j der Investitionsobjekte sowie die Effektivverzinsungen r_i der Finanzierungsobjekte zu berechnen. Dazu läßt sich die folgende Formel verwenden:[21]

$r_j = \left|\dfrac{a_{j1}}{a_{j0}}\right| - 1$ bzw. $r_i = \left|\dfrac{d_{i1}}{d_{i0}}\right| - 1$

Aufgrund der beliebigen Teilbarkeit aller Objekte kann aus den Verzinsungen sowohl für die Investitions- als auch für die Finanzierungsobjekte eine Vorteilhaftigkeitsrangfolge für die Aufnahme in das optimale Programm abgeleitet werden. Dabei nimmt die Vorteilhaftigkeit von Finanzierungsobjekten im Gegensatz zu der der Investitionsobjekte bei steigender Verzinsung ab. Die Internen Zinssätze bzw. Effektivverzinsungen sowie die daraus jeweils resultierenden Prioritäten sind zusammen mit den Beispieldaten in der obigen Tabelle enthalten.

---

[21] Vgl. Kruschwitz, L.: (Investitionsrechnung), S. 234. Alternativ ist es möglich, den erzielten Überschuß (a_{j1} - $|a_{j0}|$) bzw. die Zinslast ($|d_{i1}|$ - d_{i0}) zu dem eingesetzten (a_{j0}) bzw. dem bereitgestellten Kapital (d_{i0}) in Relation zu setzen.

Die Tabelle gibt zudem den gesamten Kapitalbedarf bzw. das gesamte Kapitalangebot in Abhängigkeit von der Verzinsung an. Die Rangfolge der Investitionsobjekte kann zusammen mit deren maximaler Anschaffungsauszahlung zur Ermittlung des zinsabhängigen kumulierten Kapitalbedarfs genutzt werden. Bei einem hypothetischen Zinssatz von mehr als 16% für die Finanzierung liegt kein Kapitalbedarf vor, da es nicht lohnt, Investitionsobjekte zu realisieren. Bei 16% besteht Indifferenz bezüglich der Durchführung bzw. Nicht-Durchführung von Investitionsobjekt 3, da die Finanzierungskosten der Verzinsung des Investitionsobjektes entsprechen. Bei kleineren Zinssätzen sollte dieses Objekt in jedem Fall durchgeführt werden. Ab dem Zinssatz von 16% beträgt daher der kumulierte Kapitalbedarf, der hier der maximalen Anschaffungsauszahlung von Investitionsobjekt 3 entspricht, zunächst 50 Tsd. €. Das Investitionsobjekt mit der Priorität 2 (Objekt 1) weist eine Verzinsung von 13% auf. Da dieser Zinssatz die Grenze für die Vorteilhaftigkeit dieses Investitionsobjekts repräsentiert, erfolgt bei 13% eine Veränderung des gesamten Kapitalbedarfs um die Anschaffungsauszahlung des Investitionsobjekts (100 Tsd. €); der gesamte Kapitalbedarf beläuft sich dann auf 150 Tsd. €. In der gleichen Weise können die weiteren Investitionsobjekte bei der zinsabhängigen Bestimmung des Kapitalbedarfs einbezogen werden. Das Ergebnis läßt sich graphisch in Form einer Kapitalbedarfskurve in einem Diagramm darstellen, wie Abbildung 6-1 zeigt.

In analoger Form kann eine zinsabhängige Kapitalangebotskurve aus den Effektivverzinsungen und den maximalen Kreditbeträgen der Finanzierungsobjekte abgeleitet werden. Die Kurve, die sich im Beispiel ergibt, ist ebenfalls in Abbildung 6-1 dargestellt.

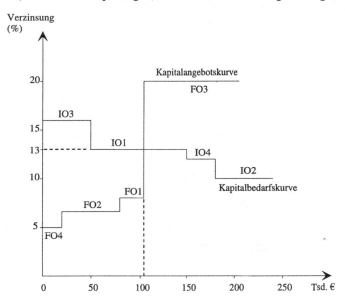

Abb. 6-1: Graphische Optimierung im Modell von DEAN

Für das optimale Programm muß gelten, daß sich Kapitalbedarf und -angebot ausgleichen, da zum einen das Investitionsprogramm zu finanzieren ist und zum anderen eine höhere Kreditaufnahme unwirtschaftlich wäre. Unter Berücksichtigung der Prioritäten von Investitions- und Finanzierungsobjekten werden nun - beginnend mit dem Investitionsobjekt mit höchster Priorität - schrittweise so lange Investitionsobjekte in das Optimalprogramm aufgenommen, wie deren Verzinsung höher ist als die der zu realisierenden Finanzierungsobjekte. Dies ist bis zum Schnittpunkt von Kapitalangebots- und Kapitalbedarfskurve der Fall. Aus diesem Schnittpunkt läßt sich daher das optimale Investitions- und Finanzierungsprogramm ableiten.[22] Es sind alle Investitions- und Finanzierungsobjekte zu realisieren, die sich links vom Schnittpunkt befinden. Dabei wird zumeist ein Investitions- oder Finanzierungsobjekt nur teilweise durchgeführt.

Im Beispiel sind die Finanzierungsobjekte 4, 2 und 1 sowie Investitionsobjekt 3 und zum Teil (55/100 bzw. 11/20) Investitionsobjekt 1 Bestandteile des Optimalprogramms. Der Vermögensendwert (VE) dieses Programms ergibt sich aus den Einzahlungsüberschüssen der optimalen Investitionsobjekte abzüglich der Zins- und Tilgungszahlungen der optimalen Finanzierungsobjekte (jeweils im Zeitpunkt t = 1) und beträgt hier:

$$VE = \underset{IO\ 3}{58} + \underset{IO\ 1}{11/20 \cdot 113} - \underset{FO\ 4}{21} - \underset{FO\ 2}{64} - \underset{FO\ 1}{27} = 8{,}15 \text{ [Tsd. €]}$$

Aus der Graphik läßt sich auch der Zinssatz ablesen, bei dem sich Kapitalbedarfs- und Kapitalangebotskurve schneiden (hier 13%). Dieser Zinssatz, der sog. endogene oder kritische Zinssatz, stellt eine Vorteilhaftigkeitsschwelle dar. Von Sonderfällen abgesehen, gilt:[23]

a) Investitionsobjekte (Finanzierungsobjekte) werden vollständig realisiert, wenn ihre Verzinsung größer (kleiner) ist als der endogene Zinssatz.

b) Investitionsobjekte (Finanzierungsobjekte) werden zum Teil realisiert, wenn ihre Verzinsung dem endogenen Zinssatz entspricht.

c) Investitionsobjekte (Finanzierungsobjekte) werden gar nicht realisiert, wenn ihre Verzinsung kleiner (größer) ist als der endogene Zinssatz.

Wäre der endogene Zinssatz bekannt, so ließe sich das Optimalprogramm auch mit Hilfe dieser Gesetzmäßigkeiten oder mittels der Kapitalwertmethode bestimmen. Werden unter Verwendung des endogenen Zinssatzes als Kalkulationszinssatz für die einzelnen Objekte Kapitalwerte berechnet, so lassen sich die Objekte auf der Basis der Kapitalwerte den oben dargestellten Gruppen zuordnen. Es gilt, daß der Ka-

---

[22] Vgl. Kruschwitz, L.: (Investitionsrechnung), S. 235; Perridon, L.; Steiner, M.: (Finanzwirtschaft), S. 141 f.

[23] Ein Sonderfall liegt beispielsweise dann vor, wenn im Optimalprogramm ein Investitions- und ein Finanzierungsobjekt mit gleicher Verzinsung (teilweise) enthalten sind.

pitalwert größer (a), gleich (b) bzw. kleiner (c) als Null ist.[24] Dies zeigt auch, daß die Kapitalwertmethode bei unvollkommenen Kapitalmärkten - wie in diesem Beispiel - ebenfalls zur Entscheidungsfindung geeignet ist; es muß nur der "richtige" Zinssatz bekannt sein. Der endogene Zinssatz liegt jedoch erst nach der Optimierung vor und läßt sich daher lediglich zur Beurteilung von Projekten verwenden, die nach einer bereits erfolgten Optimierung zusätzlich in die Betrachtung aufgenommen werden.[25]

In bezug auf viele Investitionsobjekte gilt die Annahme der beliebigen Teilbarkeit nicht. Wird diese Prämisse aufgehoben, dann kann das Optimalprogramm nicht mehr in jedem Fall aus der graphischen Darstellung abgeleitet werden. Dies ist dann nicht möglich, wenn im graphisch ermittelten Optimalprogramm ein Investitionsobjekt nur teilweise enthalten ist, wie es im Beispiel für das Investitionsobjekt 1 gilt. Es ist dann nicht sicher, daß mittels Vergleich der beiden Alternativen, die durch Verzicht auf Investitionsobjekt 1 und dessen vollständige Realisierung gegeben sind, das Optimalprogramm identifiziert wird. Dies liegt darin begründet, daß die Priorität der Investitionsobjekte nicht mehr allein ausschlaggebend für deren Aufnahme in das Optimalprogramm ist. Es kann vielmehr vorteilhaft sein, ein Investitionsobjekt mit einem relativ geringen Kapitalbedarf einem anderen Objekt vorzuziehen, obwohl letzteres eine höhere Verzinsung aufweist.

Das Optimalprogramm läßt sich in diesem Fall - wie erwähnt - unter anderem mittels einer vollständigen oder begrenzten Enumeration ermitteln. Dabei sind zunächst alle möglichen oder aber alle nicht offensichtlich unvorteilhaften Investitionsprogramme zusammenzustellen. Für jedes dieser Programme wird dann anhand der zuvor festgelegten Rangfolge das optimale Finanzierungsprogramm so bestimmt, daß sein Umfang der Summe der Investitionsauszahlungen entspricht. Anschließend kann für jedes resultierende Investitions- und Finanzierungsprogramm der Vermögensendwert als Differenz der sich ergebenden Ein- und Auszahlungen im Zeitpunkt t = 1 berechnet werden. Das Programm mit dem maximalen Vermögensendwert ist optimal. Das entsprechende Vorgehen wird im folgenden anhand des obigen Beispiels veranschaulicht, wobei Investitionsprogramme, die offensichtlich unvorteilhaft sind, vernachlässigt werden. Die erforderlichen Berechnungen enthält die nachstehende Tabelle.

---

[24] Vgl. Franke, G.; Hax, H.: (Finanzwirtschaft), S. 224 f.; Kruschwitz, L.: (Investitionsrechnung), S. 240 f.

[25] Dabei kann zunächst anhand der endogenen Zinssätze beurteilt werden, ob ein Zusatzobjekt den Kategorien (a), (b) oder (c) zuzuordnen ist. Im Fall (a) wird es zumindest teilweise in das - noch zu bestimmende - Optimalprogramm aufgenommen, in Fall (c) nicht. In Situation (b) besteht Indifferenz. Zur Interpretation von endogenen Kalkulationszinssätzen vgl. auch Abschnitt 6.3.4.

Investitionspro- gramm	Kapitalbedarf [Tsd. €]	Finanzierungs- programm	Vermögens- endwert [Tsd. €]
IO3	50	FO4, 0,5 FO2	5,0
IO1	100	FO4, FO2, 0,8 FO1	6,4
IO3, IO1	150	FO4, FO2, FO1, 0,45 FO3	5,0
IO3, IO4	80	FO4, FO2	6,6
IO3, IO2	110	FO4, FO2, FO1, 0,05 FO3	6,0
IO3, IO4, IO1	180	FO4, FO2, FO1, 0,75 FO3	2,6
IO4, IO1	130	FO4, FO2, FO1, 0,25 FO3	4,6

Optimal ist in diesem Beispiel die Realisierung der Investitionsobjekte 3 und 4 sowie der Finanzierungsobjekte 2 und 4; sie führt annahmegemäß zu einem Vermögensendwert von 6,6 Tsd. €.

Modellbeurteilung

Das Modell von DEAN ist ein relativ einfaches Modell zur simultanen Investitions- und Finanzierungsplanung, dessen Analyse im Hinblick auf Datenermittlung und Modellösung keine besonderen Schwierigkeiten bereitet.

In bezug auf die Realitätsnähe gelten die meisten der Kritikpunkte, die zur Kapitalwertmethode aufgeführt worden sind - eine Ausnahme stellen die Bemerkungen zum vollkommenen Kapitalmarkt dar.[26] In dieser Hinsicht sei noch einmal auf die grundsätzlichen Einwände hingewiesen, die gegen die - für alle in Abschnitt 6.3 dargestellten Modelle zutreffende - Annahmenkombination "unvollkommener Kapitalmarkt" und "Sicherheit" erhoben werden.[27]

Die Konsumplanung wird in dem Modell weitgehend vernachlässigt. Werden keine verfügbaren eigenen Mittel berücksichtigt oder solche ohne Verzinsungsanspruch einbezogen und damit in jedem Fall zur Finanzierung von Investitionen herangezogen, dann bedeutet dies, daß die Höhe des Konsums zu Beginn des Planungszeitpunkts gegeben ist.[28] Falls ein Opportunitätskostensatz angesetzt wird, hängt es von den Investitions- und den alternativen Finanzierungsgelegenheiten ab, ob die eigenen Mittel eingesetzt werden. Unter der Annahme, daß der Opportunitätskostensatz die Zeitpräferenz hinsichtlich des Konsums widerspiegelt, läßt sich dann die

---

[26] Vgl. Abschnitt 3.3.2.
[27] Vgl. Schmidt, R.H.; Terberger, E.: (Grundzüge), S. 181 ff.; Schneider, D.: (Investition), S. 133 sowie Abschnitt 3.3.8.
[28] Vgl. Schmidt, R.H.; Terberger, E.: (Grundzüge), S. 175 f. Vor allem in dieser Hinsicht unterscheidet sich das Modell von DEAN von dem von HIRSHLEIFER, das ebenfalls die Investitionsplanung bei unvollkommenem Kapitalmarkt zum Gegenstand hat, diese aber mit der Konsumplanung abstimmt. Vgl. Hirshleifer, J.: (Theory), S. 333 ff. sowie zu einem Vergleich beider Modelle Breuer, W.: (*Dean*-Modell).

Einbeziehung eigener Mittel als (vereinfachte) Integration der Konsumplanung in das Modell interpretieren.

Zu kritisieren sind zudem die Annahme der Unabhängigkeit der Investitions- und Finanzierungsobjekte voneinander sowie die Beschränkung auf ein einperiodiges Modell. Der letztgenannte Aspekt ist besonders problematisch, da Investitionen und die Maßnahmen zu ihrer Finanzierung typischerweise langfristige Wirkungszeiträume aufweisen. Dabei dürften Nutzungsdauer- und Laufzeitunterschiede zwischen den einzelnen Objekten auftreten, aufgrund derer die bei der Rangfolgebildung erfolgende Beurteilung mittels einer Renditekennzahl zu Fehlern führen kann.[29] Zudem werden dadurch zukünftige Investitions- und Finanzierungsmöglichkeiten völlig vernachlässigt. Eine tendenziell exaktere Abbildung der Realität wird mit den nachfolgend erörterten dynamischen Modellen erreicht.

6.3.3 Einstufiges Modell (Modell von ALBACH)

Modelldarstellung

Das im folgenden beschriebene, auf ALBACH zurückgehende Modell ist ein einstufiges Mehrperiodenmodell zur simultanen Investitions- und Finanzierungsplanung.[30] Im Modell wird - ähnlich wie bei dem in Abschnitt 6.2 erörterten Modell zur Bestimmung des optimalen Investitionsprogramms - die Zielsetzung "Maximierung des gesamten Kapitalwerts des Investitions- und Finanzierungsprogramms" berücksichtigt. Auch für dieses Modell haben die in Abschnitt 6.3.1 aufgeführten Prämissen Gültigkeit. Demgemäß wird mit Hilfe von Liquiditätsnebenbedingungen das finanzielle Gleichgewicht für sämtliche im Modell einbezogenen Zeitpunkte des Planungszeitraums gesichert. In den Liquiditätsnebenbedingungen finden Eigenmittel, die das Unternehmen für die Investitionstätigkeit zur Verfügung stellt, explizit Berücksichtigung. In bezug auf das Produktionsprogramm, das für die einzelnen Investitionsobjekte vorgegeben ist, wird für jede Produktart gefordert, daß die Summe der Produktionsmengen eine maximale Absatzmenge nicht überschreiten darf.

Die Einbeziehung von Kapitalwerten in der Zielfunktion impliziert die Gültigkeit der Annahmen des Kapitalwertmodells. Beispielsweise wird damit unterstellt, daß etwaige Finanzmittelüberschüsse mit einer Verzinsung zum Kalkulationszinssatz angelegt werden können. Dies stellt einen Widerspruch zu einer Annahme dar, die mit der Struktur der Liquiditätsnebenbedingungen verbunden ist. In den Liquiditätsnebenbedingungen wird für jeden Zeitpunkt des Planungszeitraums gefordert, daß

---

[29] Vgl. Schmidt, R.H.; Terberger, E.: (Grundzüge), S. 173 ff. sowie die Ausführungen zum Ausgleich von Kapitalbindungs- und Nutzungsdauerunterschieden bei der Interner Zinssatz-Methode in Abschnitt 3.3.4.
[30] Vgl. Albach, H.: (Investition), S. 84 ff. Es ist darauf hinzuweisen, daß sich bei ALBACH auch Überlegungen zur Finanzierung einer Folge von Investitionen finden. Vgl. dazu Albach, H.: (Investition), S. 220 ff.

die Summe der bis zu diesem Zeitpunkt angefallenen Einzahlungen höher ist als die der kumulierten Auszahlungen. Bei der Summenbildung werden Zahlungen, die in unterschiedlichen Zeitpunkten anfallen, gleich bewertet. Dies bedeutet auch, daß Finanzmittelüberschüsse eines Zeitpunkts im nächsten Zeitpunkt in gleicher Höhe zur Verfügung stehen, und steht damit im Widerspruch zu den Annahmen des Kapitalwertmodells. Außerdem gelten für das Modell die folgenden Prämissen:

- Alle Investitionsobjekte und Finanzierungsobjekte sind beliebig teilbar und - bis zu einer vorzugebenden Obergrenze - mehrmalig durchführbar.
- Die Zahlungsreihe einer Einheit und damit auch deren Kapitalwert ist bei allen Investitions- und Finanzierungsobjekten unabhängig von der Anzahl der realisierten Einheiten.
- Es sind nur Alternativen explizit zu berücksichtigen, die zu Beginn des Planungszeitraums realisiert werden können.[31]
- Die Mengen aller Produktarten, die mit bestimmten Investitionsobjekten hergestellt werden, sowie die maximalen Absatzmengen der Produktarten lassen sich bestimmten Perioden oder Zeitpunkten eindeutig zurechnen. Im folgenden soll gelten, daß die Produktions- bzw. die maximalen Absatzmengen einer Periode t dem Anfang der Periode (Zeitpunkt t - 1) zugeordnet sind.

Nachstehend wird das Modell von ALBACH mathematisch formuliert.[32] Vorab werden die verwendeten Variablen und Parameter erläutert, wobei darauf hinzuweisen ist, daß die Zahlungsreihen der Investitions- und Finanzierungsobjekte mit den Parametern $a_{j\tau}$ und $d_{i\tau}$ - im Gegensatz zum Modell von DEAN - in Form von Auszahlungsüberschüssen dargestellt werden.

---

[31] Damit werden zukünftige Investitions- und Finanzierungsobjekte lediglich pauschal einbezogen - über die Annahme, daß zukünftig Investitions- und Finanzierungsmöglichkeiten vorhanden sind, deren Verzinsung dem Kalkulationszinssatz entspricht.

[32] Zur Modellformulierung vgl. Blohm, H.; Lüder, K.: (Investition), S. 301 f.; Seelbach, H.: (Planungsmodelle), S. 28 ff.

Variablen:
- x_j = Anzahl der Einheiten des Investitionsobjekts j (j=1,...,J)
- y_i = Umfang der Inanspruchnahme des Finanzierungsobjekts i (in €) für i=1,...,I

Parameter:
- $a_{j\tau}$ = Auszahlungsüberschuß je Einheit des Investitionsobjekts j im Zeitpunkt τ (τ=0,1,...,T)
- $d_{i\tau}$ = Auszahlungsüberschuß je Einheit des Finanzierungsobjekts i im Zeitpunkt τ
- c_j = Kapitalwert je Einheit des Investitionsobjekts j
- v_i = Kapitalwert je Einheit des Finanzierungsobjekts i
- E_τ = Im Zeitpunkt τ bereitgestellte Eigenmittel
- X_j = Maximal realisierbare Einheiten des Investitionsobjekts j
- Y_i = Maximal realisierbarer Umfang des Finanzierungsobjekts i
- $\hat{z}_{jkt}$ = Menge des Produkts k, die mit dem Investitionsobjekt j hergestellt und dem Zeitpunkt t zugeordnet wird (k=1,...,K)
- Z_{kt} = Maximale Absatzmenge des Produkts k, die dem Zeitpunkt t zugeordnet wird

Zielfunktion:

$$\sum_{j=1}^{J} c_j \cdot x_j \quad + \quad \sum_{i=1}^{I} v_i \cdot y_i \quad \Rightarrow \max!$$

Kapitalwerte der Investitionen   *Kapitalwerte der Finanzierungsmaßnahmen*

Der gesamte Kapitalwert des Investitions- und Finanzierungsprogramms soll maximiert werden.

Nebenbedingungen:

Liquiditätsnebenbedingungen:

$$\sum_{j=1}^{J} \sum_{\tau=0}^{t} a_{j\tau} \cdot x_j \quad + \quad \sum_{i=1}^{I} \sum_{\tau=0}^{t} d_{i\tau} \cdot y_i \quad \leq \quad \sum_{\tau=0}^{t} E_\tau$$

Bis zum Zeitpunkt t angefallene Auszahlungsüberschüsse der Investitionsobjekte   *Bis zum Zeitpunkt t angefallene Auszahlungsüberschüsse der Finanzierungsobjekte*   *Bis zum Zeitpunkt t angefallene Eigenmittel*

Für jeden Zeitpunkt t (t = 0,1,...,T) ist sicherzustellen, daß die kumulierten Auszahlungsüberschüsse, die sich aus der Investitions- und Finanzierungstätigkeit ergeben, nicht höher sind als die kumulierten Eigenmittel. Werden die Eigenmittel als Einzahlungen interpretiert, dann gilt, daß die Summe der bis zu einem Zeitpunkt angefallenen Einzahlungen stets gleich der der kumulierten Auszahlungen oder höher als diese sein muß.

Produktions- bzw. Absatzbeschränkungen:

$$\sum_{j=1}^{J} \hat{z}_{jkt} \cdot x_j \leq Z_{kt}$$

Produktionsmenge des   *Maximale Absatzmenge des*
Produkts k "im" Zeitpunkt t   *Produkts k "im" Zeitpunkt t*

"In" jedem Zeitpunkt t (t = 0,...,T-1) darf bei jeder Produktart k (k = 1,...,K) die Anzahl der produzierten Einheiten nicht größer sein als die maximale Absatzmenge.

Projektbedingungen:

$x_j \leq X_j,$ für $j = 1,...,J$
$y_i \leq Y_i,$ für $i = 1,...,I$
$x_j \geq 0,$ für $j = 1,...,J$
$y_i \geq 0,$ für $i = 1,...,I$

Die Anzahl der Einheiten aller Investitionsobjekte j sowie die Inanspruchnahme aller Finanzierungsobjekte i (in €) darf weder negativ sein noch eine Höchstgrenze überschreiten.

Die Optimallösung des hier dargestellten Modells läßt sich mit Verfahren zur linearen Optimierung wie der Simplex-Methode bestimmen. Auf diese Verfahren soll hier nicht weiter eingegangen werden;[33] es wird vielmehr lediglich die Modellformulierung anhand eines Beispiels veranschaulicht.

Beispiel

Im folgenden wird das Beispiel aus Abschnitt 6.2 aufgegriffen und erweitert. Ein Unternehmen möchte für seine Produktionsabteilungen A und B das Investitions- und Finanzierungsprogramm mit Hilfe des Modells von ALBACH simultan planen. Es wurden die folgenden Daten ermittelt:

---

[33] Zur Simplex-Methode vgl. Bloech, J.: (Optimierung), S. 47 ff.; Bloech, J.; Bogaschewsky, R.; u. a.: (Einführung), S. 156 ff.; Haupt, P.; Wegener, H.: (Inhalt); Dantzig, G.B.: (Advances).

Simultane Investitions- und Finanzierungsplanung

Investitionsobjekte	Nettozahlungen in den Zeitpunkten (in €)				Kapitalwert
	t=0	t=1	t=2	t=3	
Objekt 1:	-90.000	45.000	40.000	40.000	14.019,53
Objekt 2:	-45.000	24.000	23.000	24.000	13.858,00
Objekt 3:	-80.000	35.000	35.000	40.000	10.796,39
Objekt 4:	-170.000	75.000	80.000	85.000	28.159,28
Objekt 5:	-100.000	40.000	50.000	50.000	15.251,69

Finanzierungsobjekte		
Kredit 1:	Höchstgrenze: 500.000 €	Verzinsung: 14%
Kredit 2:	Höchstgrenze: 600.000 €	Verzinsung: 12%

Bei den Krediten erfolgen die Einzahlungen jeweils in voller Höhe in t = 0, Tilgungen und Zins- bzw. Zinseszinszahlungen jeweils im Zeitpunkt t = 3.

Für die Anzahl der realisierbaren Investitionsobjekte sind bestimmte Obergrenzen zu beachten. Mit den Investitionsobjekten 1 und 2 wird in Abteilung A Produkt a gefertigt, mit den Objekten 3, 4 und 5 in Abteilung B Produkt b. Die geplanten Stückzahlen pro Einheit eines Investitionsobjektes sowie die Absatzgrenzen lauten für jede Periode:

Investitionsobjekte	Obergrenzen	Stückzahl pro Einheit	Produktarten	Absatzgrenze
Objekt 1:	5	15.000	Produktart a	70.000
Objekt 2:	4	3.250		
Objekt 3:	-	17.500		
Objekt 4:	2	20.000	Produktart b	90.000
Objekt 5:	3	20.000		

Weiterhin ist zu beachten:
- In t = 0 stehen 50.000 € an Eigenmitteln zur Verfügung.
- Der Kalkulationszinssatz beträgt 10%.

Es soll nun in Anlehnung an ALBACH ein Modell zur Bestimmung des optimalen Investitions- und Finanzierungsprogramms formuliert werden.

Dazu sind zunächst die Kapitalwerte der Investitions- und Finanzierungsobjekte zu berechnen. Die Kapitalwerte der Investitionsobjekte (Parameter c_j) sind bereits in der obigen Datentabelle enthalten. Auf die Berechnung der Kapitalwerte für Finanzierungsobjekte soll im folgenden am Beispiel des Finanzierungsobjekts 1 kurz eingegangen werden.

Für Finanzierungsobjekt 1 ergibt sich - bezogen auf einen in Anspruch genommenen Euro - die nachstehend aufgeführte Zahlungsreihe:

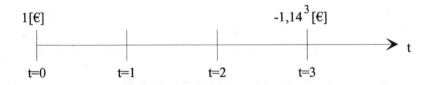

Im Zeitpunkt t = 0 erfolgt eine Einzahlung in Höhe von einem Euro, die Auszahlung in t = 3 beträgt $-1{,}14^3$ bzw. -1,481544 €. Der auf einen Euro bezogene Kapitalwert des Finanzierungsobjekts 1 (v_1) läßt sich dann wie folgt bestimmen:

$v_1 = 1 - 1{,}481544 \cdot 1{,}1^{-3} = -0{,}113106$

Für v_2 ergibt sich:

$v_2 = 1 - 1{,}404928 \cdot 1{,}1^{-3} = -0{,}055543$

Nach diesen vorbereitenden Berechnungen kann die Zielfunktion formuliert werden.

Zielfunktion:

$14.019{,}53 x_1 + 13.858 x_2 + 10.796{,}39 x_3 + 28.159{,}28 x_4 + 15.251{,}69 x_5 - 0{,}113106 y_1 - 0{,}055543 y_2 \Rightarrow \max!$

Liquiditätsrestriktionen:

Die Liquiditätsnebenbedingungen sollen für die Zeitpunkte t = 0 und t = 1 - der besseren Verständlichkeit halber - sowohl allgemein als auch mit den konkreten Beispieldaten formuliert werden:

Allgemein gilt in t = 0:

$a_{10} x_1 + a_{20} x_2 + a_{30} x_3 + a_{40} x_4 + a_{50} x_5 + d_{10} y_1 + d_{20} y_2 \leq E_0$

Die Werte a_{j0} stellen die Auszahlungsüberschüsse der Investitionsobjekte j im Zeitpunkt t = 0 dar, sie sind in der obigen Datentabelle angegeben. Die entsprechenden Werte d_{i0} für die Finanzierungsobjekte betragen jeweils -1, da beide Finanzierungsobjekte in t = 0 in voller Höhe zu einer Einzahlung (negativer Auszahlungsüberschuß) führen. Die Eigenmittel im Zeitpunkt t = 0 (E_0) belaufen sich auf 50.000 €. Daraus resultiert im Beispiel die folgende Liquiditätsnebenbedingung für t = 0:

$90.000 x_1 + 45.000 x_2 + 80.000 x_3 + 170.000 x_4 + 100.000 x_5 - y_1 - y_2 \leq 50.000$

In t=1 gilt allgemein:

$(a_{10} + a_{11})x_1 + (a_{20} + a_{21})x_2 + (a_{30} + a_{31})x_3 + (a_{40} + a_{41})x_4 + (a_{50} + a_{51})x_5$
$+ (d_{10} + d_{11})y_1 + (d_{20} + d_{21})y_2 \leq E_0 + E_1$

Es sind nun für alle Investitions- und Finanzierungsobjekte die Zahlungen in den Zeitpunkten $t = 0$ und $t = 1$ zu addieren und mit den zugehörigen Variablen zu verknüpfen. Eine Addition erfolgt auch für die Eigenmittel. Im Beispiel ergibt sich dann für $t = 1$:

$(90.000 + (-45.000))x_1 + (45.000 + (-24.000))x_2 + (80.000 + (-35.000))x_3$
$+ (170.000 + (-75.000))x_4 + (100.000 + (-40.000))x_5 + (-1 + 0)y_1 + (-1 + 0)y_2$
$\leq 50.000 + 0$

bzw.

$45.000x_1 + 21.000x_2 + 45.000x_3 + 95.000x_4 + 60.000x_5 - y_1 - y_2 \leq 50.000$

Für die nachfolgenden Zeitpunkte lassen sich die Liquiditätsnebenbedingungen analog bestimmen.

t=2: $5.000x_1 - 2.000x_2 + 10.000x_3 + 15.000x_4 + 10.000x_5 - y_1 - y_2 \leq 50.000$

t=3: $-35.000x_1 - 26.000x_2 - 30.000x_3 - 70.000x_4 - 40.000 x_5 + 0,481544y_1$
$+ 0,404928y_2 \leq 50.000$

Produktions- bzw. Absatzbedingungen:

$15.000x_1 + 3.250x_2 \leq 70.000$
$17.500x_3 + 20.000x_4 + 20.000x_5 \leq 90.000$

Projektbedingungen:

$x_1 \leq 5$
$x_2 \leq 4$
$x_4 \leq 2$
$x_5 \leq 3$
$y_1 \leq 500.000$
$y_2 \leq 600.000$
$x_j \geq 0,$ für $j=1,...,5$
$y_i \geq 0,$ für $i=1,2$

Auf Verfahren zur Bestimmung der Optimallösung für das formulierte Modell soll hier - wie erwähnt - nicht eingegangen werden. Die Optimallösung des Modells lautet:[34]

---

[34] Die Optimallösung wurde - ebenso wie bei den nachfolgend in Abschnitt 6 dargestellten Beispielen - mittels der Software ILOG CPLEX 6.5 der ILOG Inc. bestimmt.

$x_1 = 3{,}8$	$x_2 = 4$	$x_3 = 0$	$x_4 = 2$	$x_5 = 2{,}5$
$y_1 = 462.000$			$y_2 = 600.000$	

Demgemäß sollten 3,8 Einheiten des Investitionsobjektes 1, 4 Einheiten des Investitionsobjektes 2, 2 Einheiten des Investitionsobjektes 4 sowie 2,5 Einheiten des Investitionsobjektes 5 realisiert und die Kredite 1 sowie 2 in einer Höhe von 462.000 € bzw. 600.000 € in Anspruch genommen werden. Dabei bleiben allerdings Ganzzahligkeitsbedingungen für die Investitionsobjekte vernachlässigt. Mit dem angegebenen optimalen Investitions- und Finanzierungsprogramm wird ein Zielfunktionswert (Kapitalwert) von 117.573,23 € erzielt.

Modellbeurteilung

Das Modell von ALBACH bildet die Zusammenhänge zwischen Investitions- und Finanzierungsmaßnahmen unter Berücksichtigung mehrerer Zeitabschnitte ab und bezieht auch Restriktionen aus dem Absatzbereich ein. Dies bedeutet im Vergleich zum Modell von DEAN einerseits eine höhere Realitätsnähe, andererseits einen höheren Aufwand für die Bestimmung der Optimallösung. Dieser hält sich allerdings durch den Verzicht auf Ganzzahligkeitsbedingungen in Grenzen. Mit leistungsfähiger Software zur linearen Optimierung können Modelle mit mehreren hundert nichtganzzahligen Variablen problemlos gelöst werden.

Die Datenermittlung dürfte mittleren Aufwand verursachen. Neben dem Kalkulationszinssatz, den Zahlungsreihen der Investitions- und Finanzierungsobjekte sowie den Projektobergrenzen sind die periodenbezogenen Eigenmittel, Produktionsmengen und maximalen Absatzmengen[35] zu ermitteln.

In bezug auf die Realitätsnähe lassen sich - aufgrund der Zielfunktion "Kapitalwertmaximierung" - die Bemerkungen zum Kapitalwertmodell auf das Modell von ALBACH übertragen.[36] Häufig wird bezüglich der Investitionsobjekte anstelle der hier vorausgesetzten beliebigen Teilbarkeit von Ganzzahligkeit auszugehen sein. Fraglich ist, ob die Annahme Gültigkeit hat, daß die Zahlungsreihen der Investitions- und Finanzierungsobjekte unabhängig von der Anzahl der realisierten Einheiten sind. Auch die Unabhängigkeit der Investitions- und Finanzierungsobjekte voneinander wird in der Realität nicht immer gegeben sein. Nachteilig ist der bereits oben angesprochene modellimmanente Widerspruch zwischen den in bezug auf Zielfunktion und Liquiditätsnebenbedingungen getroffenen Annahmen. Dieser wird beim Modell von HAX und WEINGARTNER vermieden, das Gegenstand des nächsten Abschnitts ist.

---

[35] Die Prognose der Produktionsmengen und der maximalen Absatzmengen dürfte häufig bereits für die Schätzung der Zahlungsreihen erforderlich sein.

[36] Vgl. Abschnitt 3.3.2.

6.3.4 Mehrstufiges Modell (Modell von HAX und WEINGARTNER)

Modelldarstellung

Das mehrstufige Modell zur simultanen Investitions- und Finanzierungsplanung, das in diesem Abschnitt erörtert werden soll, ist von HAX[37] und WEINGARTNER[38] unabhängig voneinander in weitgehend identischer Form entwickelt und vorgestellt worden. Es handelt sich um ein mehrstufiges Modell, d. h. Investitions- und Finanzierungsmaßnahmen können in unterschiedlichen Zeitpunkten realisiert werden. Auch für dieses Modell gelten die in Abschnitt 6.3.1 aufgeführten Annahmen. Die monetäre Zielsetzung, die im Modell Berücksichtigung findet, ist die Maximierung des Vermögensendwerts des gesamten Investitions- und Finanzierungsprogramms. Für Finanzmittelüberschüsse, die vor dem Ende des Planungszeitraums erwirtschaftet werden, gilt die Annahme, daß sie in unbegrenzter Höhe in Form einer kurzfristigen Finanzinvestition[39] für jeweils eine Periode zu einem vorgegebenen Zinssatz angelegt werden können.[40] Damit ist ein Kalkulationszinssatz bei diesem Modell nicht erforderlich. In den Liquiditätsnebenbedingungen werden jeweils die Ein- und Auszahlungen berücksichtigt, die in einem bestimmten Zeitpunkt anfallen, und nicht - wie im Modell von ALBACH - über die Zeit kumulierte Ein- und Auszahlungen.

Des weiteren wird unterstellt, daß Investitions- und Finanzierungsobjekte mehrfach durchgeführt werden können, wobei die Realisation der Investitionsobjekte nur in ungeteilten Einheiten erfolgen kann. Ebenso wie beim Modell von ALBACH gilt, daß die Zahlungsreihen der Investitions- und Finanzierungsobjekte unabhängig vom Ausmaß der Realisierung sind.

Das Modell von HAX und WEINGARTNER soll im folgenden - unter Verwendung der nachstehend aufgeführten Variablen und Parameter - in mathematischer Form formuliert werden.[41] Bei der Modellformulierung werden die Investitions- und Finanzierungsobjekte fortlaufend durchnumeriert; es erfolgt keine Indizierung der entsprechenden Variablen, die den Realisationszeitpunkt angibt. Eine Ausnahme stellt die kurzfristige Finanzinvestition dar, die mit dem Index Jt gekennzeichnet ist und für die kein Parameter eingeführt wird, der den Auszahlungsüberschuß in einem bestimmten Zeitpunkt beschreibt.

---

[37] Vgl. Hax, H.: (Finanzplanung), S. 435 ff.
[38] Vgl. Weingartner, H.M.: (Programming), S. 139 ff.
[39] Die Anlage finanzieller Mittel für eine Periode wird in der Literatur häufig als kurzfristige Finanzinvestition bezeichnet. Dem wird hier gefolgt, obwohl dies im Widerspruch zum Investitionsbegriff (langfristige Bindung finanzieller Mittel) steht. Vgl. hierzu Abschnitt 2.1.1.
[40] Im folgenden wird unterstellt, daß dieser Zinssatz in allen Perioden gleich hoch ist.
[41] Vgl. Blohm, H.; Lüder, K.: (Investition), S. 305 ff.; Hax, H.: (Finanzplanung), S. 435 ff.; Hax, H.: (Investitionstheorie), S. 85 ff.; Weingartner, H.M.: (Programming), S. 139 ff.; Perridon, L.; Steiner, M.: (Finanzwirtschaft), S. 145 ff.; Seelbach, H.: (Planungsmodelle), S. 37 ff.

Variablen:

x_j = Anzahl der Einheiten des Investitionsobjekts j (j=1,...,J-1)

x_{Jt} = Ausmaß der Realisierung der kurzfristigen Finanzinvestition (in €) im Zeitpunkt t (t=0,...,T-1 bzw. T)[42]

y_i = Umfang der Inanspruchnahme des Finanzierungsobjekts i (in €) für i=1,...,I

Parameter:

a_{jt} = Auszahlungsüberschuß je Einheit des Investitionsobjekts j (j=1,...,J-1) im Zeitpunkt t (t=0,1,...,T)

d_{it} = Auszahlungsüberschuß je Einheit (€) des Finanzierungsobjekts i im Zeitpunkt t

E_t = Im Zeitpunkt t bereitgestellte Eigenmittel

X_j = Maximal realisierbare Einheiten des Investitionsobjekts j (j=1,...,J-1)

Y_i = Maximal realisierbarer Umfang des Finanzierungsobjekts i

h = Zinssatz der kurzfristigen Finanzinvestition

Die Zielsetzung "Maximierung des Vermögensendwertes" läßt sich im Modell auf unterschiedliche Weise erfassen. Bei der zunächst aufgeführten Formulierung gehen die Zahlungen des letzten Zeitpunktes explizit in die Zielfunktion ein.

$$VE = E_T - \sum_{j=1}^{J-1} a_{jT} \cdot x_j - \sum_{i=1}^{I} d_{iT} \cdot y_i$$

Eigen-mittel   *Auszahlungsüberschüsse der Investitionsobjekte*   *Auszahlungsüberschüsse der Finanzierungsobjekte*

$$+ (1+h) \cdot x_{JT-1} \Rightarrow \max!$$

aufgezinste kurzfristige Finanzinvestition der Vorperiode

Der Vermögensendwert stellt den Zahlungsmittelüberschuß im letzten berücksichtigten Zeitpunkt des Planungszeitraums dar. Zahlungsmittelüberschüsse in anderen Zeitpunkten werden in einer kurzfristigen Finanzinvestition angelegt. Dementsprechend läßt sich auch der Vermögensendwert als hypothetische kurzfristige Finanzinvestition interpretieren. Werden eine entsprechende Variable x_{JT} und eine Liquiditätsnebenbedingung für den Zeitpunkt T eingeführt, dann kann die Zielfunktion auch in der nachstehenden Form formuliert werden:

---

[42] Wie nachfolgend erläutert wird, läßt sich die Zielfunktion des Modells auf unterschiedliche Weise formulieren. Bei einer Variante wird die Variable x_{JT} einbezogen.

$VE = x_{JT} \Rightarrow \max!$

Nebenbedingungen:

Liquiditätsnebenbedingungen:

Für t = 0:

$$\sum_{j=1}^{J-1} a_{j0} \cdot x_j \quad + \quad \sum_{i=1}^{I} d_{i0} \cdot y_i \quad + \quad x_{J0} \quad = \quad E_0$$

| Auszahlungsüberschüsse der Investitionsobjekte | Auszahlungsüberschüsse der Finanzierungsobjekte | kurzfristige Finanzinvestition | Eigenmittel |

Für t = 1,...,T:

$$\sum_{j=1}^{J-1} a_{jt} \cdot x_j \quad + \quad \sum_{i=1}^{I} d_{it} \cdot y_i$$

Auszahlungsüberschüsse der Investitionsobjekte   Auszahlungsüberschüsse der Finanzierungsobjekte

$$+ \; x_{Jt} \quad - \quad (1+h) \cdot x_{Jt-1} \quad = \quad E_t$$

kurzfristige Finanzinvestition   aufgezinste kurzfristige Finanzinvestition der Vorperiode   Eigenmittel

Sowohl für den Zeitpunkt t = 0 als auch für die übrigen Zeitpunkte des Planungszeitraums ist zu sichern, daß die Auszahlungsüberschüsse den Eigenmitteln entsprechen. Dies erfolgt mit Hilfe der oben aufgeführten Bedingungen, wobei zur Wahrung der Liquidität zusätzlich gefordert werden muß, daß die kurzfristigen Finanzinvestitionen nicht negativ sind. Negative Werte bei diesen würden Illiquidität bzw. die Aufnahme eines - nicht verfügbaren - kurzfristigen Kredites zur Verzinsung der kurzfristigen Finanzinvestition bedeuten. Die Eigenmittel hingegen können auch negative Werte annehmen, falls eine entsprechende Entnahme vorgesehen ist.

Projektbedingungen:

$x_j \leq X_j,$ für $j = 1,...,J-1$
$y_i \leq Y_i,$ für $i = 1,...,I$
$x_j \geq 0$ und ganzzahlig, für $j = 1,...,J-1$
$x_{Jt} \geq 0,$ für $t = 0,...,T-1$
$y_i \geq 0,$ für $i = 1,...,I$

Die Anzahl der Einheiten aller Investitionsobjekte j (j=1,...,J-1) sowie die Inanspruchnahme aller Finanzierungsobjekte i (in €) darf weder negativ sein noch eine Höchstgrenze überschreiten. Zusätzlich gilt für die Investitionsobjekte die Ganzzahligkeitsbedingung, und es ist für die kurzfristigen Finanzinvestitionen Nichtnegativität zu fordern.

Die Optimallösung des Modells von HAX und WEINGARTNER läßt sich mit Verfahren zur ganzzahligen linearen Optimierung berechnen. Aus der Optimallösung eines Modells ohne Ganzzahligkeitsbedingungen können weitere nützliche Informationen in Form endogener Kalkulationszinssätze abgeleitet werden. Dies wird bei der folgenden Darstellung eines Beispiels aufgegriffen.

Beispiel

Es wird das Beispiel erweitert, das im vorherigen Abschnitt dargestellt worden ist. Neben den dort aufgeführten Handlungsmöglichkeiten stehen zur Wahl:

- zwei Investitionen im Zeitpunkt t = 1 (Investitionsobjekte 6, 7), von denen das Investitionsobjekt 6 maximal viermal verwirklicht werden kann,
- ein Kredit im Zeitpunkt t = 1, für den eine Höchstgrenze von 100.000 € gilt (Finanzierungsobjekt 3),
- kurzfristige Finanzinvestitionen, mit denen Finanzmittelüberschüsse in unbegrenzter Höhe für eine Periode zu 8% angelegt werden können.

Absatzgrenzen sollen - im Gegensatz zum Beispiel des vorherigen Abschnitts - nicht relevant sein; Eigenmittel stehen ebenfalls lediglich im Zeitpunkt t = 0 in Höhe von 50.000 € zur Verfügung. Die nachfolgende Tabelle stellt die Zahlungsreihen der Investitionsobjekte 1 - 7 sowie der Finanzierungsobjekte 1 - 3 dar.

	Nettozahlungen in den Zeitpunkten			
Investitionsobjekte	t=0	t=1	t=2	t=3
Investitionsobjekt 1:	-90.000	45.000	40.000	40.000
Investitionsobjekt 2:	-45.000	24.000	23.000	24.000
Investitionsobjekt 3:	-80.000	35.000	35.000	40.000
Investitionsobjekt 4:	-170.000	75.000	80.000	85.000
Investitionsobjekt 5:	-100.000	40.000	50.000	50.000
Investitionsobjekt 6:	0	-240.000	160.000	160.000
Investitionsobjekt 7:	0	-160.000	92.000	96.000
Finanzierungsobjekte				
Finanzierungsobjekt 1:	1	0	0	-1,481544
Finanzierungsobjekt 2:	1	0	0	-1,404928
Finanzierungsobjekt 3:	0	1	-0,12	-1,12

Für die vorliegende Problemstellung lautet das Modell zur simultanen Investitions- und Finanzierungsplanung:

Zielfunktion:

$x_{83} \Rightarrow \max!$

Nebenbedingungen:

Liquiditätsnebenbedingungen:

t=0: $90.000x_1 + 45.000x_2 + 80.000x_3 + 170.000x_4 + 100.000x_5 - y_1 - y_2 + x_{80}$
$= 50.000$

t=1: $-45.000x_1 - 24.000x_2 - 35.000x_3 - 75.000x_4 - 40.000x_5 + 240.000x_6 + 160.000x_7 - y_3 - 1{,}08x_{80} + x_{81} = 0$

t=2: $-40.000x_1 - 23.000x_2 - 35.000x_3 - 80.000x_4 - 50.000x_5 - 160.000x_6 - 92.000x_7 + 0{,}12y_3 - 1{,}08x_{81} + x_{82} = 0$

t=3: $-40.000x_1 - 24.000x_2 - 40.000x_3 - 85.000x_4 - 50.000x_5 - 160.000x_6 - 96.000x_7 + 1{,}481544y_1 + 1{,}404928y_2 + 1{,}12y_3 - 1{,}08x_{82} + x_{83} = 0$

Projektbedingungen:

$x_1 \leq 5$
$x_2 \leq 4$
$x_4 \leq 2$
$x_5 \leq 3$
$x_6 \leq 4$
$y_1 \leq 500.000$
$y_2 \leq 600.000$
$y_3 \leq 100.000$
$x_j \geq 0$ und ganzzahlig, für $j = 1,...,7$
$y_i \geq 0$, für $i = 1,2,3$
$x_{8t} \geq 0$, für $t = 0,1,2$

Die Optimallösung des Modells lautet:

$x_1 = 5$	$x_2 = 4$	$x_3 = 0$	$x_4 = 2$	$x_5 = 0$	$x_6 = 3$	$x_7 = 0$
$x_{80} = 137.962{,}96$		$x_{81} = 0$		$x_{82} = 920.000$		$x_{83} = 306.150{,}92$
$y_1 = 457.962{,}96$			$y_2 = 600.000$			$y_3 = 100.000$

Gemäß dieser Optimallösung wird empfohlen, 5 Einheiten des Investitionsobjekts 1, 4 Einheiten des Investitionsobjekts 2, 2 Einheiten des Investitionsobjekts 4 und 3 Einheiten des Investitionsobjekts 6 zu realisieren. Die Kredite 1, 2 und 3 sollten in der Höhe von 457.962,96 €, 600.000 € und 100.000 € in Anspruch genommen werden, 2 und 3 damit bis zur jeweiligen Obergrenze. Für die Zeitpunkte t = 0, t = 2 und t = 3 wird eine kurzfristige Finanzinvestition in Höhe von 137.962,96 €, 920.000 € sowie 306.150,92 € vorgeschlagen. Nachfolgend ist die Liquiditätsnebenbedingung für t = 0 mit den Variablenwerten der Optimallösung dargestellt, um insbesondere zu veranschaulichen, daß der Zahlungsmittelüberschuß in diesem Zeitpunkt als kurzfristige Finanzinvestition angelegt wird:

t=0: $90.000 \cdot 5 + 45.000 \cdot 4 + 80.000 \cdot 0 + 170.000 \cdot 2 + 100.000 \cdot 0 - 457.962,96 - 600.000 + x_{80} = 50.000$

$\Rightarrow x_{80} = 137.962,96$

Im Zeitpunkt t = 1 besteht ein besonders hoher Finanzmittelbedarf für die Investitionen, so daß nicht nur in diesem Zeitpunkt auf eine kurzfristige Finanzinvestition verzichtet wird, sondern auch bereits zu Beginn des Planungszeitraums eine Mittelaufnahme zur Finanzierung der entsprechenden Investition erfolgt (erkennbar an dem positiven Wert der kurzfristigen Finanzinvestition in t = 0). Die Finanzinvestition in t = 3 entspricht gleichzeitig dem Zielfunktionswert (Vermögensendwert) des Optimalprogramms.

Wird bei einem HAX-WEINGARTNER-Modell auf Ganzzahligkeitsbedingungen verzichtet, lassen sich aus seiner Optimallösung Informationen gewinnen, die zur Ableitung von endogenen Zinssätzen geeignet sind.[43] Im Beispiel ergibt sich in diesem Fall die folgende Optimallösung:

$x_1 = 5$	$x_2 = 4$	$x_3 = 0$	$x_4 = 2$	$x_5 = 1,8$	$x_6 = 2,68$	$x_7 = 0$
$x_{80} = 0$		$x_{81} = 0$		$x_{82} = 958.666,70$		$x_{83} = 324.297,87$
$y_1 = 500.000$			$y_2 = 600.000$		$y_3 = 100.000$	

Bei Problemen ohne Ganzzahligkeitsbedingungen können aus der Optimallösung Informationen zur Bewertung knapper Ressourcen abgeleitet werden.[44] Es lassen sich Opportunitätskosten oder Schattenpreise identifizieren, die Hinweise auf Zielfunktionswertveränderungen bei Ausweitung von Restriktionsgrenzen geben. Beim Modell von HAX und WEINGARTNER sind insbesondere die Schattenpreise der Liquiditätsnebenbedingungen interessant.

> Der Schattenpreis der Liquiditätsnebenbedingung für den Zeitpunkt t sagt aus, wie sich der Zielfunktionswert (Vermögensendwert) erhöht, wenn in diesem Zeitpunkt eine Geldeinheit (an Eigenmitteln) zusätzlich zur Verfügung steht. Der Wert kann als modellendogener Aufzinsungsfaktor interpretiert werden, der angibt, wie sich eine in t zusätzlich eingesetzte Geldeinheit bis zum Zeitpunkt T verzinst.[45]

---

[43] Vgl. Kruschwitz, L.: (Investitionsrechnung), S. 260 ff.

[44] Im Optimaltableau der Simplexmethode geben die Werte unter den Schlupfvariablen in der letzten Zeile eines Simplextableaus an, wie sich der Zielfunktionswert verbessern würde, wenn eine Einheit der zugehörigen Restriktion zusätzlich zur Verfügung stünde. Vgl. Bloech, J.; Bogaschewsky, R.; u. a.: (Einführung), S. 167 f.

[45] Vgl. Bitz, M.: (Investition), S. 74. Außerdem gibt der Schattenpreis auch an, welche Erhöhung des Zielfunktionswerts die letzte in diesem Zeitpunkt in das Programm aufgenommene Einheit

Die Höhe der modellendogenen Aufzinsungsfaktoren ist abhängig von den im Modell abgebildeten Alternativen und deren Auswirkungen. Für das Beispiel lauten die modellendogenen Aufzinsungsfaktoren q_t^*:

$$q_0^* = 1{,}5947 \qquad q_1^* = 1{,}3867 \qquad q_2^* = 1{,}08 \qquad q_3^* = 1$$

Aus den modellendogenen Aufzinsungsfaktoren lassen sich modellendogene Kalkulationszinssätze ableiten, die die Verzinsung für die einzelnen Perioden des Planungszeitraums angeben.[46] Die Beziehung zwischen den modellendogenen Aufzinsungsfaktoren q_t^* und den modellendogenen Kalkulationszinssätzen i_t^* kann für das vorliegende Beispiel wie folgt veranschaulicht werden:

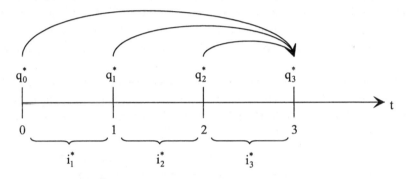

Ein modellendogener Aufzinsungsfaktor im Zeitpunkt t ist das Produkt aller periodenbezogenen Aufzinsungsfaktoren von diesem Zeitpunkt t bis zum Ende des Planungszeitraums. Ein periodenbezogener Aufzinsungsfaktor setzt sich als Summe aus Eins und dem modellendogenen Kalkulationszinssatz der Periode zusammen. Für einen modellendogenen Aufzinsungsfaktor q_t^* gilt demzufolge:[47]

$$q_t^* = \prod_{\tau=t+1}^{T}(1+i_\tau^*)$$

Die modellendogenen Aufzinsungsfaktoren ergeben sich aus der Optimallösung eines linearen Optimierungsproblems. Aus ihnen lassen sich durch Umstellung der oben aufgeführten Gleichung die modellendogenen Kalkulationszinssätze berechnen. Dies wird im folgenden am Beispiel dargestellt. Es gilt:

---

eines Investitions- oder Finanzierungsprojekts bewirkt. Vgl. Kruschwitz, L.: (Investitionsrechnung), S. 262.

[46] Zur Bestimmung modellendogener Kalkulationszinssätze mit Hilfe des Kuhn-Tucker-Theorems vgl. Wegener, H.: (Optimierung), S. 48 ff.

[47] Vgl. Adam, D.: (Investitionscontrolling), S. 275.

$$q_2^* = 1 + i_3^* \qquad\qquad \Rightarrow \qquad i_3^* = q_2^* - 1 = 0{,}08$$

$$q_1^* = (1+i_2^*)\cdot(1+i_3^*) = (1+i_2^*)\cdot q_2^* \qquad\qquad \Rightarrow \qquad i_2^* = \frac{q_1^*}{q_2^*} - 1 = 0{,}2840$$

$$q_0^* = (1+i_1^*)\cdot(1+i_2^*)\cdot(1+i_3^*) = (1+i_1^*)\cdot q_1^* \qquad\qquad \Rightarrow \qquad i_1^* = \frac{q_0^*}{q_1^*} - 1 = 0{,}15$$

Es zeigt sich, daß die Verzinsung der eingesetzten Mittel in der zweiten Periode besonders hoch ist; dies korrespondiert mit dem - allerdings für das Modell mit Ganzzahligkeitsbedingungen - angesprochenen hohen Finanzmittelbedarf zum Zeitpunkt t = 1. Der endogene Zinssatz der dritten Periode (8%) stimmt mit der Verzinsung der kurzfristigen Finanzinvestition überein; dies ist darauf zurückzuführen, daß im Zeitpunkt t = 2 keine anderen Verwendungsmöglichkeiten zusätzlicher finanzieller Mittel existieren.

Die modellendogenen Kalkulationszinssätze lassen sich zur Beurteilung einzelner Investitions- und Finanzierungsobjekte verwenden. Falls unter Verwendung dieser Zinssätze als Kalkulationszinssätze Kapitalwerte für die einzelnen Objekte berechnet werden, gilt der Zusammenhang:[48]

a) Investitions- oder Finanzierungsobjekte mit einem Kapitalwert größer Null sind mit dem Maximalwert im Optimalprogramm enthalten.

b) Investitions- oder Finanzierungsobjekte mit einem Kapitalwert von Null sind in der Regel teilweise im Optimalprogramm enthalten, d. h. sie werden realisiert, aber nicht in Höhe des Maximalwertes.[49]

c) Investitions- oder Finanzierungsobjekte mit einem Kapitalwert kleiner Null sind nicht im Optimalprogramm enthalten.

Falls die endogenen Zinssätze bekannt wären, müßte demgemäß keine Optimierung eines Simultanplanungsmodells durchgeführt werden. Sie ergeben sich jedoch erst als deren Resultat. Eine Verwendung der endogenen Kalkulationszinssätze erscheint daher vor allem zur Beurteilung von Zusatzprojekten möglich, die erst zur Wahl stehen, nachdem ein optimales Investitions- und Finanzierungsprogramm ermittelt worden ist. Im folgenden soll davon ausgegangen werden, daß bei dem hier betrachteten Beispiel nach einer ersten Optimierung zusätzlich auch ein Investitionsobjekt 9 als grundsätzlich geeignet erscheint, das die nachstehende Zahlungsreihe aufweist.

---

[48] Vgl. Kruschwitz, L.: (Investitionsrechnung), S. 264 f.; Franke, G.; Hax, H.: (Finanzwirtschaft), S. 230 sowie zu entsprechenden Aussagen zum Modell von DEAN Abschnitt 6.3.2.

[49] Im Sonderfall einer degenerierten Optimallösung ist es auch möglich, daß diese Objekte gar nicht realisiert werden. Zur Degeneration vgl. Bloech, J.: (Optimierung), S. 87 ff.

Zeitpunkte	t=0	t=1	t=2	t=3
Zahlungsreihe	-10.000	4.000	4.500	5.000

Es kann dann der Kapitalwert für dieses zusätzliche Investitionsobjekt unter Verwendung der endogenen Kalkulationszinssätze zur Diskontierung berechnet werden. Er beträgt:

$$c_9 = -10.000 + \frac{4.000}{1,15} + \frac{4.500}{1,15 \cdot 1,284} + \frac{5.000}{1,15 \cdot 1,284 \cdot 1,08}$$

$$c_9 = -338,87 \ [€]$$

Da der Kapitalwert negativ ist, sollte das Investitionsobjekt 9 nicht in das Optimalprogramm aufgenommen werden; das berechnete Optimalprogramm verändert sich durch die zusätzliche Investitionsmöglichkeit in Form von Objekt 9 nicht.

Außerdem kann die Überlegung aus Abschnitt 3.3.2, ausgehend von den Verzinsungen der Anlage- und Aufnahmemöglichkeiten eine obere und eine untere Schranke für den Kalkulationszinssatz festzulegen und mit diesen einzelne Investitionsobjekte zu beurteilen, aufgegriffen und auf die simultane Investitions- und Finanzierungsplanung übertragen werden. Es dürfte möglich sein, ein Intervall abzustecken, in dem sich der endogene Kalkulationszinssatz befindet, um dann mit den Zinssätzen an den Grenzen des Intervalls jeweils die Kapitalwerte von Investitions- und Finanzierungsobjekten zu berechnen. Damit lassen sich Investitions- und Finanzierungsobjekte identifizieren, die mit Sicherheit vorteilhaft (positiver Kapitalwert an der oberen Schranke bei einem Investitions-, an der unteren Schranke bei einem Finanzierungsobjekt) oder unvorteilhaft (negativer Kapitalwert an der jeweils entgegengesetzten Grenze) sind, und nur für die verbleibenden Objekte ist eine modellgestützte Simultanplanung erforderlich.[50]

Modellbeurteilung und -erweiterungen

Bei der Beurteilung des Modells von HAX und WEINGARTNER soll auf die Datenermittlung, die Berechnung der Optimallösung sowie die Realitätsnähe eingegangen werden. Im Rahmen der Datenermittlung sind neben den Zahlungsreihen der Investitions- und Finanzierungsobjekte lediglich die Projektobergrenzen und die periodenbezogenen Eigenmittel zu prognostizieren.

Insbesondere bei Einbeziehung von Ganzzahligkeitsbedingungen kann die Bestimmung der Optimallösung ein Problem darstellen, dessen Ausmaß von der Zahl der berücksichtigten Variablen und Perioden abhängig ist. Dieses Problem hat den Anlaß für die Entwicklung von heuristischen Lösungsverfahren für Modelle zur simultanen Investitions- und Finanzierungsplanung gegeben, die zum Teil auch auf

---

[50] Vgl. dazu auch Kruschwitz, L.: (Investitionsrechnung), S. 265 ff.; Adam, D.: (Investitionscontrolling), S. 277.

die Erkenntnisse zu endogenen Kalkulationszinssätzen zurückgreifen. Mit heuristischen Verfahren kann zwar in der Regel nicht das optimale Ergebnis ermittelt werden, es werden aber bei relativ geringem Rechenaufwand gute Lösungen gefunden.[51] Allerdings haben sich in den letzten Jahren auch die Möglichkeiten einer ganzzahligen linearen Optimierung mit EDV-gestützten Verfahren deutlich verbessert.

Im Hinblick auf die im Modell abgebildete Situation sei der Vollständigkeit halber zunächst noch einmal auf die grundsätzliche Kritik hingewiesen, die an der Annahmenkombination "unvollkommener Kapitalmarkt" und "Sicherheit" geübt wird.[52]

Im Vergleich zum Modell von ALBACH ist vorteilhaft, daß kurzfristige Finanzinvestitionen in das Modell einbezogen werden. Neben einer höheren Realitätsnähe ermöglicht dies den Verzicht auf die Festlegung eines Kalkulationszinssatzes. Auch ein Widerspruch zwischen Modellannahmen wird damit vermieden.[53]

Durch die mehrstufige Modellstruktur lassen sich Interdependenzen zwischen Investitions- und Finanzierungsmöglichkeiten, die zu verschiedenen Zeitpunkten bestehen, erfassen. Damit kann auch die Bestimmung optimaler Investitionszeitpunkte in das Modell integriert werden.[54]

Hinsichtlich der kurzfristigen Finanzinvestition ließe sich - abweichend von der obigen Modellformulierung - berücksichtigen, daß diese in den verschiedenen Perioden unterschiedlich verzinst wird oder eine Verzinsung von Null aufweist (Kassenhaltung). Auch könnten weitere kurz- oder langfristige Anlageformen mit abweichenden Verzinsungen und Laufzeiten oder kurzfristige Kredite erfaßt werden.

Es ist schon erwähnt worden, daß sich Auszahlungen in vorgegebener Höhe (für Entnahmen) in das Modell einbeziehen lassen. Darüber hinaus ist es auch möglich, anstelle der Zielsetzung Vermögensendwertmaximierung das Ziel Entnahmemaximierung zu berücksichtigen. Dazu sind ein Wert für das Endvermögen sowie die gewünschte zeitliche Struktur der Entnahmen vorzugeben. Die Zielfunktion besteht dann lediglich aus einer zu maximierenden Variable, die das Entnahmeniveau repräsentiert und multiplikativ mit Faktoren verknüpft ist, deren Verhältnis zueinander die Entnahmestruktur wiederspiegelt.[55] Damit läßt sich entweder über vorgegebene Entnahmen oder über die Maximierung eines Entnahmestroms auch die Konsumplanung in vereinfachter Form in das Modell integrieren.[56]

---

[51] Vgl. Fischer, J.: (Investitionsplanung), S. 296 ff.; Jackwerth, J.C.: (Programmierung), S. 107 ff.; Bosse, C.: (Investitionsmanagement), S. 149 ff. und S. 195 ff.; Hering, T.: (Investitionstheorie), S. 226 ff.

[52] Vgl. Schmidt, R.H.; Terberger, E.: (Grundzüge), S. 183; Schneider, D.: (Investition), S. 133; Abschnitt 3.3.8 sowie zu weiterer grundsätzlicher Kritik an Modellen zur simultanen Investitions- und Finanzierungsplanung Bieg, H.; Kußmaul, H.: (Finanzierungsmanagement), S. 262 ff.

[53] Vgl. Abschnitt 6.3.3.

[54] Zur isolierten Bestimmung optimaler Investitionszeitpunkte für einzelne Vorhaben vgl. Abschnitt 5.4.

[55] Vgl. Kruschwitz, L.: (Investitionsrechnung), S. 256 ff.

[56] Vgl. Schmidt, R.H.; Terberger, E.: (Grundzüge), S. 180 f.

Zur Abbildung der realen Gegebenheiten sind möglicherweise auch die Projektbedingungen zu modifizieren. So ist denkbar, daß eine mehrmalige Realisierung von Objekten nicht möglich ist und/oder auf Ganzzahligkeitsbedingungen für Investitionsobjekte (insbesondere bei Finanzinvestitionen) verzichtet werden kann.

Bei den bisherigen Modellanalysen in Abschnitt 6.3 wurde davon ausgegangen, daß die letzten relevanten Zahlungen im letzten Zeitpunkt des Planungszeitraums anfallen. Dabei wurde vernachlässigt, daß die Festlegung des Planungszeitraums ein Entscheidungsproblem für die mit der Modellanalyse betraute Person(engruppe) darstellt. Dieses Entscheidungsproblem gewinnt besondere Relevanz, falls Zahlungen zu berücksichtigen sind, die erst in relativ ferner Zukunft anfallen. Der Planungszeitraum muß dann nicht notwendigerweise bis zum Zeitpunkt der letzten Zahlungen ausgedehnt werden; es ist auch möglich, einen kürzeren Zeitraum zu wählen und Zahlungen, die nach dessen Ende anfallen, mit einem Kalkulationszinssatz auf seinen letzten Zeitpunkt abzuzinsen. Es ergibt sich dann die folgende Zielfunktion:

$$x_{JT} - \sum_{t=T+1}^{\hat{T}} \left(\sum_{j=1}^{J-1} a_{jt} \cdot x_j + \sum_{i=1}^{I} d_{it} \cdot y_i \right) \cdot q^{-t+T} \Rightarrow \max!$$

mit: q^{-t+T} = Abzinsungsfaktor für den Zeitpunkt t

$\hat{T}$ = Zeitpunkt, in dem die letzten Zahlungen anfallen

Bezüglich der Realitätsnähe erscheint wie bei allen anderen in den vorherigen Abschnitten betrachteten Modellen der simultanen Investitions- und Finanzierungsplanung fraglich, ob die in Abschnitt 6.3.1 angegebenen Modellannahmen zutreffen (Sicherheit der Modelldaten, Unabhängigkeit der Objekte voneinander, alleinige Relevanz monetärer Wirkungen, Zuordenbarkeit der Wirkungen zu bestimmten Objekten und Zeitpunkten, Irrelevanz von Steuerzahlungen, vorgegebenes Produktionsprogramm, vorgegebene Nutzungsdauer bzw. Laufzeit etc.). Offen ist ebenso, ob die Annahme gilt, daß die Zahlungsreihen der Investitions- und Finanzierungsobjekte unabhängig von der Anzahl der realisierten Einheiten sind. Mit der Zuordnung der Zahlungen zum Periodenbeginn bzw. -ende geht einher, daß die Sicherung der Liquidität nur für diese Zeitpunkte gefordert werden kann. Damit müssen Teile der Finanzierungsplanung trotz der bestehenden Interdependenzen zu dem hier abgebildeten Entscheidungsfeld außerhalb des Modells erfolgen. Bei einer praktischen Anwendung des Modells ist es sinnvoll, zu überprüfen, wie gravierend sich Abweichungen von den Annahmen auf die Vorteilhaftigkeit von Objekten auswirken.

Einige der Annahmen können durch eine modifizierte Formulierung eines Modells zur simultanen Investitions- und Finanzierungsplanung aufgehoben werden. Möglich ist es beispielsweise,

- Abhängigkeiten zwischen einzelnen Objekten zu erfassen,[57]
- Bilanzstrukturregeln zu berücksichtigen,[58]
- Steuerzahlungen in das Modell zu integrieren sowie
- Wahlmöglichkeiten bezüglich der Nutzungsdauer von Investitionsobjekten und/oder der Laufzeit von Finanzierungsobjekten in das Modell einzubeziehen.[59],[60]

Auf die Berücksichtigung des Produktionsbereichs bei der Investitionsprogrammplanung wird im folgenden Abschnitt eingegangen.

Vorher sei jedoch erwähnt, daß das Modell eine zentrale Entscheidungsfindung über Investitions- und Finanzierungsmaßnahmen unterstellt. Die bei einer zentralen Planung entstehende Komplexität, aber auch die mit dieser möglicherweise verbundenen Defizite hinsichtlich der vorhandenen Informationen sowie der Motivation der Führungskräfte in dezentralen Unternehmenseinheiten können eine Dezentralisierung der Entscheidungsprozesse sinnvoll werden lassen. Dabei besteht dann aber wiederum ein Koordinationsbedarf, zu dessen Deckung exakte Dekompositionsverfahren, Verrechnungspreise, die approximative Dekomposition, die Investitionsbudgetierung sowie Kombinationen dieser Methoden vorgeschlagen werden.[61] Außerdem wird das Problem verschärft, daß die dezentral tätigen Führungskräfte aufgrund möglicher Zielkonflikte und asymmetrischer Informationsverteilung eventuell nicht im Sinne des Gesamtunternehmens entscheiden oder Informationen weitergeben. Um sie hierzu zu bewegen, lassen sich Anreizsysteme nutzen.[62]

---

[57] Vgl. Blohm, H.; Lüder, K.: (Investition), S. 309.
[58] Vgl. Adam, D.: (Investitionscontrolling), S. 285 ff.
[59] Zur Einbeziehung der Nutzungsdauerbestimmung in ein Modell zur simultanen Investitions- und Finanzplanung vgl. Ecke, R.: (Finanzplanung), S. 118 ff.
[60] Zu weiteren Modellerweiterungen bzw. -modifizierungen vgl. Jackwerth, J.C.: (Programmierung), S. 73 ff.; Bosse, C.: (Investitionsmanagement), S. 185 ff.; Rollberg, R.: (Unternehmensplanung), S. 82 ff.
[61] Vgl. Bosse, C.: (Investitionsmanagement), S. 152 ff.; Steinbach, K.: (Investitionsvolumen), S. 102 ff. und die dort angegebene Literatur.
[62] Vgl. dazu Abschnitt 3.4.3 und die dort angegebene Literatur sowie zur Integration der Anreizproblematik in die Simultanplanung Krahnen, J.P.: (Investitionsmodelle), Sp. 1960 ff.

6.4 Simultane Investitions- und Produktionsplanung

6.4.1 Einführung

Gegenstand von Abschnitt 6.4 sind Modelle zur simultanen Investitions- und Produktionsplanung, die sogenannten produktionstheoretischen Modelle. In diesen Modellen werden Interdependenzen zwischen Fragestellungen der Investitions- und der Produktionsplanung berücksichtigt. Derartige Interdependenzen können unter anderem darin bestehen, daß

- die Vorteilhaftigkeit von Investitionsobjekten vom Produktionsprogramm abhängt, d. h. der Art und Menge der in bestimmten Zeiträumen zu fertigenden Produkte,
- die durch Investitionen bereitgestellten Anlagenkapazitäten eine wesentliche Rahmenbedingung für die Planung des Produktionsprogramms darstellen.

Für die produktionstheoretischen Modelle ist die Einbeziehung des Produktionsprogramms charakteristisch. Es werden Produktvariablen eingeführt, die jeweils angeben, wieviele Einheiten einer Produktart gefertigt werden sollen, und denen ebenso wie den Investitionsvariablen Zahlungen zugerechnet werden. Dadurch läßt sich das Problem der Zurechnung von Einzahlungen zu Investitionsobjekten lösen. Eine Verbindung zwischen Produkt- und Investitionsvariablen stellen Nebenbedingungen her, in denen die Kapazitätsbeanspruchung der Anlagen durch die Fertigung der Produkte erfaßt wird. In einigen Modellen wird auch die Wahl zwischen verschiedenen Fertigungsverfahren einbezogen; ansonsten finden die Produktionsdurchführungs- und die Bereitstellungsplanung kaum Berücksichtigung.

Die verschiedenen in der Literatur dargestellten Modelle zur Simultanplanung von Investition und Produktion lassen sich hinsichtlich der Modellstruktur differenzieren. Um lineare Optimierungsmodelle handelt es sich bei den von FÖRSTNER/ HENN, CHARNES/COOPER/MILLER, JACOB, SWOBODA sowie KRUSCHWITZ dargestellten Modellen,[63] die Anwendung linearer Modelle in der Unternehmenspraxis schildern BUMBA, MENTZEL/SCHOLZ, SCHWEIM und JACOB.[64] Nichtlineare Optimierungsmodelle formulieren DICHTL sowie PETERS, dessen Ansatz auf dem Port-

---

[63] Vgl. Förstner, K.; Henn, R.: (Produktions-Theorie), S. 119 ff.; Charnes, A.; Cooper, W.W.; Miller, H.M.: (Application), S. 20 ff.; Jacob, H.: (Entwicklungen), S. 29 ff.; Swoboda, P.: (Planung), S. 148 ff.; Kruschwitz, L.: (Investitionsrechnung), S. 270 ff.

[64] Vgl. Bumba, F.: (Investitionsprogrammplanung); Bumba, F.: (Modellsystem), S. B177 ff.; Mentzel, K.; Scholz, M.: (Investitionsplanung), S. 1 ff.; Schweim, J.: (Unternehmensplanung), S. 76 ff.; Jacob, H.: (Anwendung).

folio-Selection-Konzept beruht.[65] Den Modellen von WAGNER, LAYER und SEELBACH schließlich liegt das Prinzip der dynamischen Optimierung zugrunde.[66]

Im folgenden erfolgt eine Konzentration auf Modelle der linearen Optimierung. Es wird beispielhaft ein Modell erörtert, für das - ähnlich wie für die im vorherigen Abschnitt betrachteten Modelle zur simultanen Investitions- und Finanzierungsplanung - die folgenden Annahmen gelten:

- Für die Modelldaten liegt eine Sicherheitssituation vor.
- Es ist eine endliche Anzahl von Investitions- und Produktionsalternativen bekannt, die sich nicht gegenseitig ausschließen.
- Die Investitionsobjekte und die Produktionsalternativen sind unabhängig voneinander realisierbar.[67]
- Nur die monetären Wirkungen der Investitions- und Produktionsalternativen sind relevant.
- Alle zielrelevanten Wirkungen lassen sich den Investitions- und Produktionsobjekten zuordnen, in Form von Ein- und Auszahlungen spezifischer Höhe prognostizieren und dabei bestimmten diskreten und äquidistanten Zeitpunkten des Planungszeitraums zurechnen.
- Für die zielrelevanten Wirkungen liegen ausschließlich lineare Beziehungen (beispielsweise ein proportionales Verhältnis von produktabhängigen Einzahlungen zur Produktionsmenge) vor.
- Es erfolgt eine mehrstufige Fertigung.
- Den Produkten sind auf jeder Fertigungsstufe und - falls die Wahlmöglichkeit zwischen verschiedenen Anlagen besteht - bezüglich jeder Anlage bestimmte konstante Kapazitätsbeanspruchungen und Auszahlungen pro Einheit zurechenbar.
- Die Reihenfolge der Bearbeitung von Produkten auf Anlagen hat keinen Einfluß auf Auszahlungen und Kapazitätsbeanspruchung.
- Zwischen den Produktionsstufen ist keine Lagerung möglich.
- Die Produktionsmengen aller Produkte entsprechen den Absatzmengen.
- Über die in den Zahlungen erfaßten Effekte hinaus treten keine weiteren Auswirkungen aus anderen Unternehmensbereichen, z. B. der Beschaffung oder dem Personalbereich, auf.
- Für alle berücksichtigten Zeitpunkte des Planungszeitraums wird die Liquidität gefordert.
- Das Finanzierungsprogramm ist vorgegeben.

---

[65] Vgl. Dichtl, E.: (Ansatz), S. 487 ff.; Peters, L.: (Investitionsplanung). Zum Konzept der Portfolio-Selection vgl. Abschnitt 8.2.
[66] Vgl. Wagner, H.: (Planung), S. 709 ff.; Layer, M.: (Kapazitätsausnutzung); Seelbach, H.: (Planungsmodelle), S. 81 ff.
[67] Indirekt bestehen allerdings jeweils Zusammenhänge, z. B. über die gemeinsame Inanspruchnahme knapper Ressourcen.

6.4.2 Modell mit mehreren Produktionsstufen (Erweitertes FÖRSTNER/HENN-Modell)

Modelldarstellung

Das von FÖRSTNER/HENN vorgestellte Modell zur simultanen Investitions- und Produktionsplanung basiert auf dem Grundmodell der Produktionsprogrammplanung, das aus diesem Grund kurz beschrieben werden soll. Beim Grundmodell der Produktionsprogrammplanung wird eine spezifische Fertigungssituation unterstellt, wie sie in der folgenden Abbildung beispielhaft für zwei Produktarten und drei Fertigungsanlagen veranschaulicht ist.

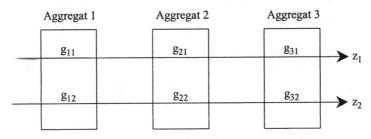

Abb. 6-2: Produktionsstruktur im Grundmodell der Produktionsprogrammplanung

Wie aus der Abbildung hervorgeht, durchlaufen die Produkte drei Fertigungsanlagen j (j = 1,2,3), wobei bei jeder Anlage für die Produktion einer Einheit eines bestimmten Produkts k (k = 1,2) ein spezifischer, konstanter Kapazitätsbedarf g_{jk} auftritt. Dieser stückbezogene Kapazitätsbedarf, der sogenannte Produktionskoeffizient, wird ebenso wie die vorhandene Kapazität in Zeiteinheiten angegeben. Neben den Produktionskoeffizienten sind auch die variablen Kosten[68] pro Einheit des jeweiligen Produktes und die mit den Produkten erzielbaren Preise von der Produktions- bzw. Absatzmenge unabhängig. Die entsprechenden Daten sind ebenso gegeben wie die Kapazitäten jeweils einer Anlage. Die Produktionsmenge z_k entspricht der Absatzmenge; Lagerhaltung wird demgemäß ausgeschlossen. Das Grundmodell ist ein statisches Modell, die Zielsetzung lautet Gewinnmaximierung. Die Beschränkungen resultieren aus der Tatsache, daß die durch die Fertigung der Produkte beanspruchte Kapazität bei jeder Anlage nicht größer sein darf als die vorhandene Kapazität. Zudem sind Nichtnegativitätsbedingungen für die Produktionsmengen zu beachten.[69]

---

[68] Im Grundmodell der Produktionsprogrammplanung wird im Gegensatz zu den meisten Modellen der Investitionsrechnung von Kosten anstelle von Auszahlungen ausgegangen.

[69] Zu einer ausführlichen Beschreibung des Modells vgl. Bloech, J.; Bogaschewsky, R.; u. a.: (Einführung), S. 143 ff.

Eine der Annahmen des Modells ist die einer gegebenen Kapazität der Anlagen. Diese Prämisse wird von FÖRSTNER/HENN aufgehoben.[70] Sie führen Investitionsvariablen ein, deren Werte angeben, in welchem Umfang die Kapazität einzelner Aggregate erhöht werden soll. Für die Investitionen gilt jeweils, daß sie Anschaffungsauszahlungen in gegebener Höhe verursachen und die Kapazität in einem bestimmten Ausmaß erhöhen. Das Gesamtvolumen der Investitionen in einer Periode wird durch die vorhandenen finanziellen Mittel beschränkt. Zielsetzung des Modells ist Gewinnmaximierung, wobei der Gewinn als Vermögensendwert durch Aufzinsung aller Zahlungen mit einem einheitlichen Kalkulationszinssatz bestimmt wird. Ansonsten gelten die Annahmen des Grundmodells der Produktionsprogrammplanung.

Dies gilt auch für das nachfolgend dargestellte Modell, das auf dem Ansatz von FÖRSTNER/HENN beruht. Im Gegensatz zum Modell von FÖRSTNER/HENN werden in diesem Modell in Liquiditätsbedingungen auch die aus dem Verkauf der Produkte resultierenden Einzahlungen berücksichtigt. Außerdem werden Auszahlungen einbezogen, die vom Bestand an Anlagen abhängig sind. Zielsetzung ist die Maximierung des Vermögensendwertes, wobei Finanzmittelüberschüsse eines Zeitpunktes in unbeschränkter Höhe in einer kurzfristigen Finanzinvestition für eine Periode angelegt werden können. Damit wird ein Kalkulationszinssatz überflüssig. Bezüglich der angeschafften Anlagen wird unterstellt, daß ihre Nutzungsdauer vorgegeben ist; am Ende der Nutzungsdauer und/oder des Planungszeitraums läßt sich ein Liquidationserlös berücksichtigen.

In einem Mehrperiodenmodell sind die Handlungen (Investition, Produktion) und die aus ihnen resultierenden Konsequenzen (Ein- und Auszahlungen, Schaffung und Beanspruchung von Kapazitäten etc.) spezifischen Zeitpunkten oder Perioden zuzuordnen. Bei der nachfolgenden Modellformulierung erfolgt eine Zuordnung aller Handlungen und Konsequenzen, auch der periodenbezogenen Vorgänge wie Kapazitätsbeanspruchung, Fertigung und Absatz von Produkten, zu bestimmten *Zeitpunkten*. Dabei ist unterstellt, daß

- die Investitionen im Zeitpunkt t (Beginn der Periode t+1) erfolgen, in diesem Zeitpunkt Anschaffungsauszahlungen sowie bestandsabhängige Zahlungen verursachen und die Kapazität sofort in einem bestimmten Ausmaß erhöhen,
- die Produktions- und Absatzmengen der Periode t+1 ebenfalls dem Zeitpunkt t zugeordnet werden, in diesem Kapazitäten beanspruchen, aber erst im Zeitpunkt t+1 produktbezogene Ein- und Auszahlungen bewirken, und
- Liquidationserlöse von Anlagen entweder am Ende der Nutzungsdauer fällig werden oder am Ende des Planungszeitraums, falls das Nutzungsdauerende im Planungszeitraum nicht erreicht wird.

---

[70] Zur nachfolgenden Modellbeschreibung vgl. Förstner, K.; Henn, R.: (Produktions-Theorie), S. 119 ff.; Kern, W.: (Grundzüge), S. 96 ff.

Bei der Modellformulierung werden die folgenden Variablen und Parameter verwendet:

Variablen:
- x_{jt} = Anzahl der Anlagen vom Typ j (j=1,...,J-1), die im Zeitpunkt t (t=0,...,T-1) beschafft werden sollen.
- z_{kt} = Produktionsmenge des Produkts k (k=1,...,K), die dem Zeitpunkt t (t=0,...,T-1) zugeordnet wird.
- x_{Jt} = Kurzfristige Finanzinvestition im Zeitpunkt t (t=0,...,T-1).

Parameter:
- p_{kt} = Preis einer Einheit des Produkts k, deren Herstellung Zeitpunkt t zugeordnet ist.
- a_{vkt} = Variable Auszahlungen pro Einheit des Produkts k, deren Herstellung Zeitpunkt t zugeordnet ist.
- $A_{fjt\tau}$ = Fixe Auszahlung im Zeitpunkt t für eine Anlage vom Typ j, die im Zeitpunkt τ angeschafft wurde (τ=-T*, -T*+1,...,0,...,T). Falls ein Anfangsbestand an Anlagen im Planungszeitpunkt vorliegt, ist -T* der Zeitpunkt, in dem die älteste Anlage angeschafft wurde.
- $x_{j\tau}$ = Zahl der im Zeitpunkt τ angeschafften Anlagen vom Typ j; für $\tau < 0$ handelt es sich um Daten des Modells.
- X_{jt} = Maximale Anzahl von Anlagen des Typs j, die im Zeitpunkt t beschafft werden kann.
- A_{0jt} = Anschaffungsauszahlung für eine Anlage vom Typ j, die im Zeitpunkt t angeschafft wird.
- $\hat{L}_{jt}$ = Liquidationserlös für eine im Zeitpunkt t angeschaffte Anlage vom Typ j am Ende des Planungszeitraums.
- $L_{j\tau}$ = Liquidationserlös für eine im Zeitpunkt τ angeschaffte Anlage vom Typ j am Ende der Nutzungsdauer.
- $u_{jt\tau}$ = Parameter, der angibt, ob eine im Zeitpunkt τ angeschaffte Anlage vom Typ j im Zeitpunkt t das Ende der Nutzungsdauer erreicht hat. Falls dies der Fall ist, nimmt der Parameter den Wert Eins an, sonst den Wert Null.
- h = Zinssatz für die kurzfristige Finanzinvestition.
- g_{jkt} = Kapazitätsbeanspruchung von Anlage j durch eine Einheit des Produkts k, deren Herstellung Zeitpunkt t zugeordnet ist.
- $G_{jt\tau}$ = Kapazität der im Zeitpunkt τ angeschafften Anlage vom Typ j bezogen auf den Zeitpunkt t.
- Z_{kt} = Maximale Absatzmenge des Produkts k bezogen auf den Zeitpunkt t.
- E_t = Verfügbare Finanzmittel im Zeitpunkt t.

Das Modell läßt sich dann wie folgt formulieren:[71]

Zielfunktion: (Bezugszeitpunkt T)

$$x_{JT-1} \cdot (1+h) \quad + \sum_{k=1}^{K} z_{kT-1} \cdot (p_{kT-1} - a_{vkT-1}) \quad + \sum_{j=1}^{J-1} \sum_{\tau=-T^*}^{T-1} \hat{L}_{j\tau} \cdot x_{j\tau} \Rightarrow \max!$$

aufgezinste kurzfristige   Einzahlungsüberschüsse aus   Einzahlungen aus der Liqui-
Finanzinvestition der   produktbezogenen Zahlungen   dation von Anlagen am Ende
Vorperiode   des Planungszeitraums

Liquiditätsnebenbedingungen:[72]

$$\sum_{j=1}^{J-1} x_{jt} \cdot A_{0jt} \quad + \sum_{j=1}^{J-1} \sum_{\tau=-T^*}^{t} A_{fj\tau} \cdot x_{j\tau} \quad - \sum_{k=1}^{K} z_{kt-1} \cdot (p_{kt-1} - a_{vkt-1})$$

Anschaffungsauszahlungen   anlagenbestandsabhängige   Einzahlungsüberschüsse aus
für Investitionen   Auszahlungen   produktbezogenen Zahlungen

$$- \sum_{j=1}^{J-1} \sum_{\tau=-T^*}^{t-1} L_{j\tau} \cdot x_{j\tau} \cdot u_{jt\tau} \quad - x_{Jt-1} \cdot (1+h) \quad + x_{Jt} \quad = E_t$$

Einzahlungen aus der Liquidation   aufgezinste kurzfristige   kurzfristige   verfügbare
von Anlagen, die das Ende der   Finanzinvestition der   Finanzin-   Eigenmittel
Nutzungsdauer erreicht haben   Vorperiode   vestition

Für alle Zeitpunkte t (t = 0,...,T-1) ist die Einhaltung der Liquidität gefordert.

Kapazitätsnebenbedingungen:

$$\sum_{k=1}^{K} g_{jkt} \cdot z_{kt} \quad \leq \quad \sum_{\tau=-T^*}^{t} G_{jt\tau} \cdot x_{j\tau}$$

Kapazitätsbeanspruchung   vorhandene Kapazität

Die Kapazitätsbeanspruchung darf für alle Anlagen j (j = 1,...,J-1) und Zeitpunkte t (t = 0,...,T-1) die vorhandene Kapazität nicht überschreiten.

Absatzbedingungen:

$$z_{kt} \quad \leq \quad Z_{kt}$$

Absatzmenge   Absatzhöchstmenge

Für alle Zeitpunkte t (t = 0,...,T-1) und Produkte k (k = 1,...,K) ist eine gegebene Absatzhöchstmenge zu beachten.

---

[71] Bei der Modellformulierung nehmen die Parameter $A_{fjt\tau}$ sowie $G_{jt\tau}$ für Zeitpunkte ab dem Ende der Nutzungsdauer den Wert Null an; auch $\hat{L}_{jt}$ ist Null, falls eine Anlage vor dem Zeitpunkt T das Nutzungsdauerende erreicht hat.

[72] Der aufgezinste Wert der kurzfristigen Finanzinvestition in t = -1 $[x_{J-1} \cdot (1+h)]$ kann auch als Bestandteil der Eigenmittel dargestellt werden. Vgl. dazu die Formulierung der Liquiditätsnebenbedingungen im Hax-Weingartner-Modell in Abschnitt 6.3.4.

Projekt- und Produktbedingungen:

$x_{jt} \leq X_{jt}$, für $j = 1,...,J-1; t = 0,...,T-1$
$x_{jt} \geq 0$ und ganzzahlig, für $j = 1,...,J-1; t = 0,...,T-1$
$x_{Jt} \geq 0$, für $t = 0,...,T-1$
$z_{kt} \geq 0$, für $k = 1,...,K; t = 0,...,T-1$

Beispiel

Im folgenden Beispiel soll eine simultane Investitions- und Produktionsprogrammplanung für einen Planungszeitraum von drei Perioden durchgeführt werden. Es wird davon ausgegangen, daß ein Unternehmen drei Produktarten k (k = 1,2,3) fertigt. Für diese Produktarten konnten als Differenz von Preisen und variablen stückbezogenen Auszahlungen die folgenden, im Zeitablauf konstanten Werte ermittelt werden:

$p_1 - a_{v1} = 1{,}4$ [€/ME], $\quad p_2 - a_{v2} = 1{,}35$ [€/ME],
$p_3 - a_{v3} = 1{,}0$ [€/ME]

Der Markt nimmt "in" jedem Zeitpunkt maximal die folgenden Mengen Z_k der Produkte ab:

$Z_1 = 8.000$ [ME], $\quad Z_2 = 6.000$ [ME], $\quad Z_3 = 5.000$ [ME]

Zur Fertigung der Produkte sind 3 Aggregate j (j = 1,2,3) erforderlich, die jeweils von allen Produkten beansprucht werden. Die folgende Matrix gibt die - im Zeitablauf konstante - Kapazitätsbeanspruchung der Aggregate j durch eine Einheit des Produkts k in Zeiteinheiten wieder:

Produkt	Anlage		
	1	2	3
1	3	3	3
2	4	3	2
3	5	2	4

Es ist ein Anfangsbestand von Anlagen vorhanden, der aus je zwei Aggregaten der Typen 1 und 2 sowie vier Anlagen vom Typ 3 besteht. Diese Anlagen weisen noch eine Restlaufzeit von einer Periode auf, ihre Kapazitäten, bestandsabhängigen Auszahlungen und Liquidationserlöse entsprechen denen, die im folgenden für neu zu beschaffende Anlagen angegeben werden.

Neue Anlagen können zu Beginn aller Perioden angeschafft werden. Es liegen keine Obergrenzen für die Investitionsobjekte vor. Die Nutzungsdauer der Anlagen ist drei Perioden, bei Anschaffung zu Beginn von Periode 1 (Zeitpunkt t = 0) betragen ihre Anschaffungsauszahlungen (in €), Kapazitäten (in Zeiteinheiten) sowie bestandsabhängigen Auszahlungen (in €/Anlage):

Anlage	Anschaffungs-auszahlung	Kapazität	anlagenbestandsab-hängige Auszahlungen
1	1.000	5.000	195
2	960	4.000	185
3	880	3.500	225

Bei einer Anschaffung der Anlagen in $t = 1$ oder $t = 2$ bleiben die Anschaffungsauszahlungen, die bestandsabhängigen Auszahlungen und die Produktionskoeffizienten unverändert, die Kapazitäten hingegen erhöhen sich jeweils um 10% pro Periode. Der Liquidationserlös am Ende der Nutzungsdauer beträgt 10% vom Anschaffungswert. Die Abnahme des Liquidationserlöses der Anlagen erfolgt - ausgehend von der Anschaffungsauszahlung - gleichbleibend über die Perioden der Nutzungsdauer.

In den relevanten Zeitpunkten stehen die folgenden Eigenmittel zur Verfügung:

$t = 0$: 25.000 [€] $\qquad$ $t = 1$: 5.000 [€]

Der Zinssatz der kurzfristigen Finanzinvestition beträgt 6%. Die Zielsetzung lautet Vermögensendwertmaximierung.

Für diese Problemstellung soll nun ein Simultanplanungsmodell formuliert werden. Die zeitliche Zuordnung der Liquiditäts-, Kapazitäts- und Absatzrestriktionen (R) sowie der Zielfunktion (ZF) zeigt das folgende Schaubild:

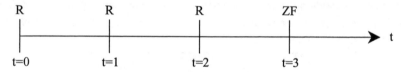

Zielfunktion (bezogen auf $t = 3$):

$x_{42} \cdot 1{,}06 + 0{,}1 \cdot (1.000x_{10} + 960x_{20} + 880x_{30}) + 0{,}4 \cdot (1.000x_{11} + 960x_{21} + 880x_{31}) + 0{,}7 \cdot (1.000x_{12} + 960x_{22} + 880x_{32}) + 1{,}4z_{12} + 1{,}35z_{22} + z_{32} \Rightarrow \max!$

Die Zielfunktion ist auf das Ende der letzten Periode bezogen. Zu diesem Zeitpunkt fallen die Rückzahlung für die zu Beginn der letzten Periode getätigte kurzfristige Finanzinvestition, die Liquidationserlöse der zu den verschiedenen Zeitpunkten vorgenommenen Investitionen sowie die Einzahlungsüberschüsse der "im" Zeitpunkt $t = 2$ gefertigten Produkte an. Die Liquidationserlöse betragen 10%, 40% oder 70% der Anschaffungsauszahlung - je nach Alter der Anlagen.

Liquiditätsrestriktionen:

t=0:

$1.000x_{10} + 960x_{20} + 880x_{30} + 195(2 + x_{10}) + 185(2 + x_{20}) + 225(4 + x_{30}) + x_{40}$
$= 25.000$

In der Liquiditätsrestriktion für t = 0 sind die Anschaffungsauszahlungen der in diesem Zeitpunkt realisierbaren Investitionen und die anlagenbestandsabhängigen Auszahlungen sowohl für diese als auch für den Anfangsbestand an Anlagen zu berücksichtigen. Zusätzlich wird die kurzfristige Finanzinvestition einbezogen. Alle Auszahlungen müssen gemäß den Modellannahmen durch Eigenmittel gedeckt werden.

t=1:
$-1{,}4z_{10} - 1{,}35z_{20} - z_{30} + 1.000x_{11} + 960x_{21} + 880x_{31} + 195(x_{10} + x_{11})$
$+ 185(x_{20} + x_{21}) + 225(x_{30} + x_{31}) - 2 \cdot 0{,}1 \cdot 1.000 - 2 \cdot 0{,}1 \cdot 960 - 4 \cdot 0{,}1 \cdot 880$
$- 1{,}06 \cdot x_{40} + x_{41} = 5.000$

In der Liquiditätsrestriktion für t = 1 werden neben den Anschaffungsauszahlungen der Investitionen dieses Zeitpunkts und der kurzfristigen Finanzinvestition noch anlagenbestandsabhängige Auszahlungen für die in t = 0 und in t = 1 angeschafften Anlagen erfaßt. Einzahlungen resultieren aus den Liquidationserlösen des Anfangsbestands an Anlagen, aus dem Saldo der produktbezogenen Ein- und Auszahlungen für die "im" Zeitpunkt t = 0 hergestellten Produktmengen sowie aus der aufgezinsten kurzfristigen Finanzinvestition der Vorperiode.

t=2:
$-1{,}4z_{11} - 1{,}35z_{21} - z_{31} + 1.000x_{12} + 960x_{22} + 880x_{32} + 195(x_{10} + x_{11} + x_{12})$
$+ 185(x_{20} + x_{21} + x_{22}) + 225(x_{30} + x_{31} + x_{32}) - 1{,}06 \cdot x_{41} + x_{42} = 0$

Kapazitätsrestriktionen:

t=0: $\quad 3z_{10} + 4z_{20} + 5z_{30} \leq 10.000 + 5.000x_{10}$
$\qquad 3z_{10} + 3z_{20} + 2z_{30} \leq 8.000 + 4.000x_{20}$
$\qquad 3z_{10} + 2z_{20} + 4z_{30} \leq 14.000 + 3.500x_{30}$

t=1: $\quad 3z_{11} + 4z_{21} + 5z_{31} \leq 5.000\, x_{10} + 5.500\, x_{11}$
$\qquad 3z_{11} + 3z_{21} + 2z_{31} \leq 4.000\, x_{20} + 4.400\, x_{21}$
$\qquad 3z_{11} + 2z_{21} + 4z_{31} \leq 3.500\, x_{30} + 3.850\, x_{31}$

t=2: $\quad 3z_{12} + 4z_{22} + 5z_{32} \leq 5.000\, x_{10} + 5.500\, x_{11} + 6.050\, x_{12}$
$\qquad 3z_{12} + 3z_{22} + 2z_{32} \leq 4.000\, x_{20} + 4.400\, x_{21} + 4.840\, x_{22}$
$\qquad 3z_{12} + 2z_{22} + 4z_{32} \leq 3.500\, x_{30} + 3.850\, x_{31} + 4.235\, x_{32}$

Absatzrestriktionen:

$z_{1t} \leq 8.000, \qquad$ für t=0,1,2
$z_{2t} \leq 6.000, \qquad$ für t=0,1,2
$z_{3t} \leq 5.000, \qquad$ für t=0,1,2

Projekt- und Produktbedingungen:

$x_{jt} \quad \geq 0$ und ganzzahlig, $\qquad$ für j=1,2,3; t=0,1,2
$x_{4t} \quad \geq 0, \qquad$ für t=0,1,2
$z_{kt} \quad \geq 0, \qquad$ für k=1,2,3; t=0,1,2

Die Optimallösung des Modells lautet:

$x_{10} = 6$	$x_{20} = 7$	$x_{30} = 5$	$x_{11} = 3$	$x_{21} = 3$	$x_{31} = 5$	$x_{12} = 0$	$x_{22} = 0$	$x_{32} = 0$
$x_{40} = 2.630,00$			$x_{41} = 8.867,63$			$x_{42} = 22.338,44$		
$z_{10} = 7.666,67$	$z_{20} = 4.250$	$z_{30} = 0$	$z_{11} = 8.000$	$z_{21} = 5.625$	$z_{31} = 0$			
$z_{12} = 8.000$	$z_{22} = 5.625$	$z_{32} = 0$						

Demgemäß wird empfohlen, sechs Einheiten der Anlagen vom Typ 1, sieben Einheiten vom Typ 2 und fünf Einheiten vom Typ 3 zu Beginn des Planungszeitraums sowie je drei Einheiten vom Typ 1 und 2 und fünf Einheiten vom Typ 3 im Zeitpunkt 1 zu beschaffen. Die Produktions- und Absatzmengen der Produkte lauten z. B. in Periode 1 bzw. "im" Zeitpunkt 0: 7.666,67 Stück von Produkt 1 und 4.250 Stück von Produkt 2. Die kurzfristige Finanzinvestition sollte am Beginn des Planungszeitraums in Höhe von 2.630,00 € und in den Zeitpunkten 2 und 3 in Höhe von 8.867,63 € bzw. 22.338,44 € getätigt werden. Der Zielfunktionswert beträgt 48.296,50 €.

Modellbeurteilung

Das hier vorgestellte Modell bildet durch die Einbeziehung von Produkt- und Investitionsvariablen und deren Verknüpfung in den Kapazitätsbedingungen besonders relevante Zusammenhänge zwischen Investitions- und Produktionsplanung ab und löst damit das Problem der Zurechnung von Einzahlungen zu Investitionsobjekten.

Schwierigkeiten kann neben der Bestimmung der Optimallösung, die vor allem durch die Ganzzahligkeitsbedingungen erschwert wird, insbesondere die Datenermittlung bereiten.

Abweichungen von der Realität können bei sämtlichen oben aufgeführten Annahmen auftreten. So gelten die verfügbaren Finanzmittel als vorgegeben, womit die Finanzierungsplanung - von den kurzfristigen Finanzinvestitionen abgesehen - unberücksichtigt bleibt. Sie ließe sich durch Einführung von Finanzierungsvariablen in das Modell integrieren.[73] Außerdem wird die Produktionsdurchführungsplanung vernachlässigt; die Nutzungsdauer der Investitionsobjekte ist ebenfalls gegeben. Einige der Annahmen werden in anderen linearen Modellen der simultanen Investitions- und Produktionsplanung, wie dem von JACOB,[74] aufgehoben. Damit lassen sich die Realitätsnähe des Modells und tendenziell auch die Aussagekraft der Modellergebnisse verbessern - allerdings nur unter Inkaufnahme einer höheren Modellkomplexität und damit steigender Anforderungen hinsichtlich des Verständnisses des Modells, der Datenbeschaffung sowie der Modelloptimierung.

---

[73] Vgl. dazu die Ausführungen zu den Modellen zur simultanen Investitions- und Finanzierungsplanung, insbesondere zum HAX-WEINGARTNER-Modell (Abschnitt 6.3.4), sowie Aufgabe 6-8.
[74] Vgl. Jacob, H.: (Entwicklungen), S. 29 ff.

Aufgaben zu Abschnitt 6

Aufgabe 6-1 (Statisches Modell zur simultanen Investitions- und Finanzierungsplanung)

Zur Auswahl stehen folgende Investitions- und Finanzierungsprojekte mit den jeweils angegebenen Einzahlungsüberschüssen a_{jt} bzw. d_{it}:

Investitionsprojekte j	1	2	3	4	5
a_{j0} [Tsd. €]	-120	-160	-70	-60	-30
a_{j1} [Tsd. €]	+144	+170	+77	+78	+36

Finanzierungsprojekte i	A	B	C	D
d_{i0} [Tsd. €]	+50	+70	+160	+80
d_{i1} [Tsd. €]	-54	-78	-200	-84

a) Errechnen Sie für jedes Projekt den Internen Zinssatz bzw. die Effektivverzinsung. Leiten Sie dann die Kapitalangebots- und Kapitalbedarfskurve ab, und zeichnen Sie diese in ein Diagramm. Geben Sie das optimale Investitions- und Finanzierungsprogramm sowie den endogenen Zinssatz an. Wie hoch ist der maximale Vermögensendwert?

b) Es stehen dieselben Investitions- und Finanzierungsprojekte zur Wahl wie in Teilaufgabe a). Jedoch sind die Investitionsprojekte nicht beliebig teilbar. Ermitteln Sie das optimale Investitions- und Finanzierungsprogramm, und geben Sie den maximalen Vermögensendwert an.

c) Nennen Sie die Prämissen des DEAN-Modells.

Aufgabe 6-2 (Einstufiges Modell zur simultanen Investitions- und Finanzierungsplanung)

Gegeben seien 4 Investitionsobjekte 1-4, die durch die folgenden Nettozahlungen charakterisiert werden [Tsd. €]:

Zeitpunkt t	Objekt 1	Objekt 2	Objekt 3	Objekt 4
0	-100	-50	-75	-120
1	40	15	-10	30
2	40	20	30	40
3	40	20	40	50
4	20	15	50	50

Die Kapitalwerte (KW) betragen [Tsd. €]:

$KW_1 = 17{,}78;\quad KW_2 = 7{,}95;\quad KW_3 = 9{,}96;\quad KW_4 = 18{,}51$

Es können jeweils maximal 4 Investitionsobjekte der Typen 1 - 4 realisiert werden. Eigenmittel stehen in t=0 in Höhe von 30 Tsd. € sowie in t=2 in Höhe von 35 Tsd. € zur Verfügung.

Weiterhin stehen 3 Finanzierungsobjekte 1 - 3 zur Wahl. Die Finanzierungsobjekt 1 zuzurechnende Einzahlung erfolgt in t=0; in jeder Periode sind 12% Zinsen zu zahlen, die Tilgung erfolgt in t=4.

Finanzierungsobjekt 2 wird jeweils zur Hälfte in t=0 und t=1 einzahlungswirksam. Zins- (10% pro Periode) und Zinseszinszahlung auf das ausgezahlte Kapital sowie Tilgung erfolgen in t=4.

Finanzierungsobjekt 3 führt nur in t=0 zu einer Einzahlung, wobei ein Disagio von 5% zu beachten ist. Zinsen (7% pro Periode), Zinseszinsen und Tilgung stehen in t=4 zur Zahlung an.

Die Maximalbeträge der Finanzierungsobjekte betragen 400 Tsd. € (1), 300 Tsd. € (2) und 100 Tsd. € (3).

Absatzrestriktionen bestehen nicht. Der Kalkulationszinssatz beträgt 8%.

a) Formulieren Sie ein ALBACH-Modell für das angegebene Planungsproblem (Investitionsvariablen x_j, j=1,...,4; Finanzierungsvariablen y_i, i=1, 2, 3).

b) Sind die folgenden Programme zulässig und - falls zulässig - optimal?

i) $x_1=1$, $x_2=2$, $x_3=4$, $x_4=0$, $y_1=400$, $y_2=0$, $y_3=80$

ii) $x_1=1$, $x_2=2$, $x_3=4$, $x_4=0$, $y_1=400$, $y_2=100$, $y_3=80$.

c) Welche Prämissen liegen dem ALBACH-Modell zugrunde?

Aufgabe 6-3 (Mehrstufiges Modell zur simultanen Investitions- und Finanzierungsplanung)

Für das nachfolgend beschriebene Planungsproblem soll ein mehrstufiges Modell zur simultanen Bestimmung eines Investitions- und Finanzierungsprogramms formuliert werden.

Einem Unternehmen stehen 3 Realinvestitionsprojekte (x_1, x_2, x_3) zur Wahl. In jeder Periode können etwaige Finanzmittelüberschüsse für eine Periode als kurzfristige Finanzinvestition (x_{4t}) angelegt werden. Die Verzinsung dieser kurzfristigen Finanzinvestitionen beträgt 5%. Die Realinvestitionsprojekte sind durch folgende Nettozahlungen gekennzeichnet [Tsd. €]:

Zeitpunkt t	x_1	x_2	x_3
0	-100	0	-120
1	50	-80	60
2	50	55	40
3	50	55	40

Weiterhin stehen dem Unternehmen 2 Finanzierungsobjekte (y_1, y_2) zur Verfügung, die durch die folgenden Nettozahlungen beschrieben werden [Tsd. €]:

Zeitpunkt t	y_1	y_2
0	100	0
1	-10	100
2	-10	0
3	-115	-118

Die Kredite können jeweils bis zu einer Höhe von 600 Tsd. € aufgenommen werden und sind beliebig teilbar. Alle Realinvestitionsprojekte sind bis zu fünfmal realisierbar, aber nicht teilbar.
Das Unternehmen setzt Eigenmittel in der folgenden Höhe ein: zu Beginn der ersten Periode 200 Tsd. €, zu Beginn der zweiten und dritten Periode jeweils 100 Tsd. €.
Formulieren Sie für das angegebene Planungsproblem ein mehrstufiges Modell zur simultanen Investitions- und Finanzierungsplanung.

Aufgabe 6-4 (Mehrstufiges Modell zur simultanen Investitions- und Finanzierungsplanung)

Einem Unternehmen stehen jeweils zwei Real- (x_1, x_2) und langfristige Finanzinvestitionsobjekte (x_3, x_4) sowie in jeder Periode eine kurzfristige Finanzinvestition (x_{5t}) zur Verfügung.
Zwei Kredite (y_1, y_2) können bis zu einer Höhe von jeweils 1.000 Tsd. € in Anspruch genommen werden. Eigenmittel sind nicht vorhanden.
Die Investitionsobjekte und Kredite sind durch die folgenden Daten charakterisiert [Tsd. €]:

Zeitpunkt t	Auszahlungsüberschuß je Einheit der Variablen (Projekte)									
	x_1	x_2	x_3	x_4	x_{50}	x_{51}	x_{52}	x_{53}	y_1	y_2
0	100	80	50	100	100	0	0	0	-100	-100
1	-60	-50	0	-10	-105	100	0	0	0	0
2	-60	-50	0	-10	0	-105	100	0	0	0
3	-50	-40	-90	-120	0	0	-105	100	140	130

a) Formulieren Sie ein mehrstufiges Modell zur Maximierung des Vermögensendwertes des Investitions- und Finanzierungsprogramms.

b) Es werden folgende Programme vorgeschlagen:

i) $x_1=1,5$; $x_2=1$; $x_3=1$; $y_1=1$; $y_2=1$
ii) $x_1=1$; $x_2=1$; $y_1=1$; $y_2=1$

(Die Werte der Variablen x_{5t} sind hier jeweils nicht angegeben, sie ergeben sich aus den Werten der anderen Variablen.)
Sind die Programme jeweils zulässig und - falls zulässig - optimal?
Begründen Sie Ihre Antwort kurz.

c) Wie verändert sich das Modell, wenn von dem Realinvestitionsobjekt 1 in den Zeitpunkten t=4 und t=5 noch Einzahlungen in Höhe von jeweils 10 Tsd. € erwartet werden und ein Kalkulationszinssatz von 10% zugrundegelegt wird?

d) Bei der Optimierung eines Hax-Weingartner-Modells wurden die folgenden modellendogenen Aufzinsungsfaktoren q_t^* für die Zeitpunkte t bestimmt:

$q_0^* = 1,93908$; $q_1^* = 1,4916$; $q_2^* = 1,243$; $q_3^* = 1,1$; $q_4^* = 1$

Bestimmen Sie die endogenen Kalkulationszinssätze für die Perioden 1 - 4, und beurteilen Sie ein Zusatzprojekt auf seine Vorteilhaftigkeit, für das die folgende Zahlungsreihe gilt:

Zeitpunkt	0	1	2	3	4
Einzahlungsüberschuß	-300	120	120	120	110

Aufgabe 6-5 (Statische, einstufige und mehrstufige Modelle zur simultanen Investitions- und Finanzierungsplanung)

a) Zur Auswahl stehen die folgenden Investitions- und Finanzierungsprojekte mit den jeweils angegebenen Einzahlungsüberschüssen a_{jt} bzw d_{it} [Tsd. €].

Investitionsprojekt	A	B	C	D
a_{j0}	-60	-70	-40	-100
a_{j1}	78	87,5	45	124

Finanzierungsprojekt	1	2	3
d_{i0}	100	100	100
d_{i1}	-110	-120	-132

a1) Bestimmen Sie das optimale Investitions- und Finanzierungsprogramm bei beliebiger Teilbarkeit der Investitions- und Finanzierungsprojekte.
Wie hoch ist der maximale Vermögensendwert?

a2) Bestimmen Sie das optimale Investitions- und Finanzierungsprogramm unter der Annahme, daß die Investitionsprojekte unteilbar sind.
Wie hoch ist der maximale Vermögensendwert?

a3) Welches Programm ist optimal, wenn neben den Investitions- auch die Finanzierungsprojekte unteilbar sind?
Wie hoch ist der maximale Vermögensendwert?

b) Ein Unternehmen möchte das Investitions- und Finanzierungsprogramm simultan planen. Es stehen vier Investitionsobjekte A-D zur Wahl, die durch die folgenden Nettozahlungen beschrieben werden [Tsd. €]:

Zeitpunkt t	A	B	C	D
0	-100	-150	-80	-50
1	40	40	25	15
2	40	50	25	20
3	40	55	25	15
4	40	55	25	10

Die Kapitalwerte (KW) betragen:

$KW_A = 41{,}84$; $KW_B = 26{,}21$; $KW_C = 8{,}65$; $KW_D = 3{,}61$

Die Investitionsobjekte A und C können maximal dreimal realisiert werden. In t=1 stehen Eigenmittel in Höhe von 80 Tsd. € zur Verfügung. Absatzrestriktionen liegen nicht vor.

Für die zur Verfügung stehenden Finanzierungsobjekte 1-3 ließen sich die folgenden Daten ermitteln:
Finanzierungsobjekt 1 wird zu 60% in t=0, zu 40% in t=1 einzahlungswirksam. In jeder Periode sind 10% Zinsen auf das ausgezahlte Kapital zu zahlen, die Tilgung erfolgt in t=4.
Finanzierungsobjekt 2 bewirkt in t=0 eine Einzahlung in Höhe des Nennwerts. Die Tilgung geschieht zu je 50% in t=3 und t=4. In jeder Periode sind 9% Zinsen auf das ausgezahlte und noch nicht getilgte Kapital zu zahlen.
Finanzierungsobjekt 3 führt ebenfalls nur in t=0 zu einer Einzahlung. Zins-, Zinseszins- und Tilgungszahlungen erfolgen in den Zeitpunkten t=1 bis t=4, wobei die Gesamtzahlungsbeträge gleichbleibend sind und ein Zinssatz von 6% anzusetzen ist.
Für alle Finanzierungsobjekte gelten Maximalbeträge von 200 Tsd. €.
Der Kalkulationszinssatz beträgt 5%.

b1) Bestimmen Sie die Zahlungsreihen und Kapitalwerte der Finanzierungsobjekte.

b2) Formulieren Sie für die Problemstellung ein einstufiges Modell zur simultanen Investitions- und Finanzierungsplanung (Investitionsvariablen x_j, j = A, B, C, D; Finanzierungsvariablen y_i, i = 1, 2, 3).

c) Zusätzlich zu den in b) angegebenen Daten soll nun gelten:
Die Investitionsobjekte A und B können - bei unveränderter Zahlungsreihe - auch in t=1 realisiert werden (Investitionsvariablen x_E, x_F), wobei für Investitionsobjekt A auch im Zeitpunkt t=1 eine Obergrenze von drei gilt.
Es ist in jeder Periode eine kurzfristige, einperiodige Finanzinvestition durchführbar, die eine Verzinsung von 3% erbringt (Investitionsvariablen x_{Gt}, t=0,1,2,3,4).
Weiterhin ist in jedem Zeitpunkt (außer t=4) die Aufnahme eines kurzfristigen einperiodigen Kredites mit einer Verzinsung von 7% realisierbar (Finanzierungsvariablen y_{4t}, t=0,1,2,3), für den ebenfalls jeweils ein Maximalbetrag von 200 Tsd. € gilt.
Formulieren Sie nun ein mehrstufiges Modell für die erweiterte Problemstellung. Beziehen Sie die Zielfunktion auf den Zeitpunkt t=4.

d) Die in a), b), c) formulierten Modelle dienen sämtlich der simultanen Bestimmung eines Investitions- und Finanzierungsprogramms. Arbeiten Sie die Unterschiede zwischen den Modellen heraus, indem Sie die unterschiedlichen Prämissen nennen. Gehen Sie dabei zunächst auf die Divergenzen zwischen dem statischen und dem einstufigen, dann auf die zwischen dem einstufigen und dem mehrstufigen Modell ein.

Aufgabe 6-6 (Erweitertes FÖRSTNER-HENN-Modell)

Als Leiter der Planungsabteilung eines Unternehmens wollen Sie eine simultane Investitions- und Produktionsplanung vornehmen. Es stehen Ihnen folgende Daten zur Verfügung.
Das Unternehmen fertigt die zwei Produktarten k (k=1,2). Auf dem Absatzmarkt erzielt es je Produkteinheit den Preis p_k und kann maximal die Mengen Z_k absetzen.
Bei der Produktion werden die variablen Auszahlungen pro Stück a_{vk} verursacht.

k	p_k [€/ME]	Z_k [ME]	a_{vk} [€/ME]
1	12,-	1.000	8,-
2	18,-	16.000	10,-

Beide Produkte werden auf drei Aggregaten j (j=1,2,3) gefertigt. Die Beanspruchung der Aggregate j durch eine Einheit des Produktes k ist nachstehend angegeben (s. linke Tabelle) (in ZE/Stck.).

Zu Beginn des Planungszeitraumes ist ein Anfangsbestand an Aggregaten vorhanden, der die im folgenden (s. rechte Tabelle) aufgeführte Kapazität aufweist (in ZE):

Produkt k	Aggregat j				Aggregat j	Kapazität
	1	2	3		1	300
1	3	4	6		2	400
2	2	5	7		3	800

Identische Aggregate können zu Beginn jeder Periode neu beschafft werden. Für jeweils ein Aggregat j bezeichnet A_{0j} die Anschaffungsauszahlungen (in €), die entsprechende Kapazitätserweiterung beträgt G_j (in ZE).

Aggregat j	A_{0j}	G_j
1	1700	60
2	1400	80
3	3200	100

Der Liquidationserlös am Ende der Nutzungsdauer beläuft sich auf 20% des Anschaffungswertes. Die Abnahme des Liquidationserlöses der Anlagen erfolgt gleichbleibend über die Perioden der Nutzungsdauer.

Die wirtschaftliche Nutzungsdauer der vorhandenen Aggregate beträgt jeweils zwei Jahre, die bereits vorhandenen Aggregate weisen eine Restnutzungsdauer von einem Jahr auf. Ihre Anschaffungsauszahlungen entsprechen denen der Anlagen, die in t = 0 beschafft werden können.

a) Erstellen Sie ein Zwei-Perioden-Modell mit der Zielgröße Vermögensendwert.
Gehen Sie bei Aufstellung des Zwei-Perioden-Modells davon aus, daß die hier angegebenen Daten - mit Ausnahme der Anschaffungsauszahlungen für die im Zeitpunkt t=1 beschaffbaren Anlagen, die um 10% gegenüber den angegebenen Werten steigen, - auch für die zweite Periode gelten.
Berücksichtigen Sie, daß die Liquidität des Unternehmens in jeder Periode gesichert sein muß. Die Verzinsung der kurzfristigen Finanzinvestition beträgt 10%. Eigenmittel stehen in t=0 sowie in t=1 in Höhe von 10.000 € zur Verfügung.

b) Welche Probleme sind bei der Aufstellung und Lösung eines derartigen Modells für eine reale Problemstellung zu erwarten?

Aufgabe 6-7 (Erweitertes FÖRSTNER-HENN-Modell)

Es soll eine simultane Investitions- und Produktionsplanung durchgeführt werden, wobei die folgenden Daten zugrundeliegen.
Das Unternehmen fertigt zwei Produktarten k (k=1,2). Auf dem Absatzmarkt nimmt es eine Monopolstellung ein und erzielt Preise p_k gemäß den nachstehenden Relationen (mit z_k = Produktions- bzw. Absatzmenge). Die maximalen Absatzmengen Z_k und variablen Auszahlungen pro Stück a_{vk} sind ebenfalls nachstehend aufgeführt.

k	p_k [€/ME]	Z_k [ME]	a_{vk} [€/ME]
1	120 - 0,2 · z_1	600	50
2	180 - 0,1 · z_2	1.800	100

Beide Produkte werden auf den Anlagen j (j=1,2) gefertigt und beanspruchen diese mit den folgenden Zeiteinheiten je Produkteinheit.

Produkt k	Anlage j	
	1	2
1	4	6
2	5	5

Zu Beginn des Planungszeitraumes ist von Anlage 1 ein Anfangsbestand mit einer Kapazität von 360 ZE und einer Restnutzungsdauer von 1 Periode vorhanden. Die Eigenschaften dieser Objekte entsprechen den im folgenden für neue Anlagen vom Typ 1 angegebenen.
Anlagen der Typen 1 und 2 können zu Beginn jeder Periode neu beschafft werden. Ihre wirtschaftliche Nutzungdauer beträgt bei einem Liquidationserlös von 20% vier Perioden. Die Abnahme des Liquidationserlöses der Anlagen erfolgt linear über die Perioden der Nutzungsdauer.
Unabhängig vom Anschaffungszeitpunkt betragen die Anschaffungsauszahlungen für Anlage 1 2.000 € und für Anlage 2 2.500 €, die Kapazitätserweiterung beläuft sich jeweils auf 90 (Anlage 1) bzw. 100 (Anlage 2) Zeiteinheiten.
Der Zinssatz für kurzfristige Finanzinvestitionen beträgt 10%, in t=0 sind Eigenmittel in Höhe von 40.000 € verfügbar.
Formulieren Sie für das angegebene Problem ein dynamisches 2-Perioden-Modell zur Bestimmung des optimalen Produktions- und Investitionsprogramms unter der Zielsetzung Vermögensendwertmaximierung. Gehen Sie dabei davon aus, daß die angegebenen Daten - mit Ausnahme der um 10% steigenden variablen Auszahlungen pro Stück - für beide Perioden gelten. Berücksichtigen Sie, daß in beiden Perioden die Liquidität gesichert sein soll.

Aufgabe 6-8 (Simultane Investitions-, Produktions- und Finanzierungsplanung)

Für einen Zeitraum von 3 Perioden soll eine simultane Investitions-, Produktions- und Finanzierungsplanung vorgenommen werden. Es gelten die folgenden Daten für die Preise (p_k), die maximalen Absatzmengen (Z_k) sowie die produktions- und absatzmengenabhängigen Auszahlungen pro Stück (a_{vk}):

Produkt k	p_k [€/ME]	Z_k [ME]	a_{vk} [€/ME]
1	52	16.000	20
2	80	8.000	45
3	56	12.000	24

Es liegt eine mehrstufige Fertigung vor, bei der die drei Produktarten drei Anlagen durchlaufen. Die Kapazitätsinanspruchnahme der drei Produktarten 1, 2 und 3 auf den Anlagen A - C beträgt (in Zeiteinheiten/Stück):

	Aggregat j		
Produkt k	A	B	C
1	5	4	3
2	2	3	6
3	3	4	8

Für die bisher angegebenen Daten gilt jeweils, daß sie sich über den Planungszeitraum nicht verändern.
Es ist ein Anlagenbestand von 3 Anlagen A mit einer Restnutzungsdauer von zwei Perioden und 1 Anlage B mit einer Restnutzungsdauer von einer Periode vorhanden. Deren Kapazitäten, bestandsabhängige Auszahlungen und Liquidationserlöse entsprechen jeweils denen, die im folgenden für in t = 0 neu beschaffbare Anlagen angegeben werden.
Neue Anlagen können zu Beginn einer jeden Periode bereitgestellt werden. Ihre Nutzungsdauer beträgt bei den Anlagen A und B drei Perioden, bei Anlage C zwei Perioden. Bei Anschaffung einer Anlage in t = 0 belaufen sich ihre Anschaffungsauszahlungen (in €), Kapazitäten (in ZE pro Periode) sowie bestandsabhängige Auszahlungen (in € pro Periode) auf:

Anlage	Anschaffungsauszahlung	Kapazität	anlagenbestandsabhängige Auszahlung
A	5.000	300	900
B	4.000	400	800
C	6.000	600	1.200

Bei einer Anschaffung der Anlagen in t = 1 oder t = 2 erhöhen sich die Anschaffungsauszahlungen jeweils um 10% gegenüber dem Vorjahr, die Kapazitäten und bestandsabhängigen Auszahlungen bleiben hingegen unverändert.

Der Liquidationserlös am Ende der Nutzungsdauer beträgt 10% vom Anschaffungswert, die Abnahme des Liquidationserlöses erfolgt in gleichbleibender Höhe über die Perioden der Nutzungsdauer.

Es stehen folgende Eigenmittel zur Verfügung:

t = 0: 30.000 €;   t = 1: 15.000 €;   t = 2: 15.000 €

Der Zinssatz der kurzfristigen Finanzinvestition beträgt 10%.

Es können die folgenden langfristigen Finanzierungsobjekte i (i = 1, 2, 3) realisiert werden:

Zeitpunkt	Einzahlungsüberschüsse Objekt		
	1	2	3
0	0,4	0,95	1
1	0,6	0	0
2	-0,5	0	-0,3
3	-0,7	-1,30	-0,9

Für die Finanzierungsobjekte 2 und 3 gelten jeweils Maximalbeträge in Höhe von 20.000 €.

Weiterhin läßt sich zu Beginn einer jeden Periode ein kurzfristiger Einperiodenkredit aufnehmen, dessen Verzinsung 14% beträgt.

Die Zielsetzung, die im Modell berücksichtigt werden soll, lautet "Maximierung des Vermögensendwertes bezogen auf den Zeitpunkt t = 3".

Formulieren Sie ein Dreiperiodenmodell zur simultanen Investitions-, Produktions- und Finanzierungsplanung. Verwenden Sie dabei die folgenden Variablenbezeichnungen: Investitionsvariablen x_{jt} (j = A,B,C; t = 0,1,2), Variablen der kurzfristigen Finanzinvestition x_{Dt} (t = 0,1,2), Produktvariablen z_{kt} (k = 1,2,3; t = 0,1,2), Variablen der langfristigen Finanzierungsobjekte y_i (i = 1,2,3), Variablen der kurzfristigen Kredite y_{4t} (t = 0,1,2).

7 Modelle für Einzelentscheidungen bei Unsicherheit

7.1 Einführung

Das investierende Unternehmen erwartet von der Durchführung einer Investition und von der Nutzung der Investitionsobjekte Wirkungen, welche sich z. B. auf Technologien, Erlöse, Kosten und Zahlungsmittelflüsse erstrecken. Bei sicheren Erwartungen können diese Wirkungen eindeutig angegeben werden. Sehr viele der investitionsbezogenen Erwartungen sind aber als unsicher anzusehen.

Beispielsweise werden die Produkte, die auf einer neuen Maschine gefertigt werden, von den Kunden eventuell nicht in dem erwarteten Umfang gekauft; möglicherweise bleiben die erwarteten Gewinne einer Beteiligungsinvestition aus. Auch kann die Investition in eine Rationalisierungsmaßnahme aufgrund technischer Probleme erst mit zeitlicher Verzögerung zu Rationalisierungserfolgen führen.

Ursachen für die mangelnde Sicherheit der erwarteten Wirkungen können das Verhalten von Kunden, Konkurrenten oder Mitarbeitern oder auch technische Prozesse und konjunkturelle Situationen sein; diese und andere Unsicherheiten bewirken Risiken. Unter einem Risiko kann die Gefahr einer Fehlentscheidung, die zur Nicht-Erreichung der gesetzten Ziele führt, verstanden werden; bei einer anderen, umfassenderen Interpretation, von der auch im folgenden ausgegangen wird, umfaßt der Begriff darüber hinausgehend positive Abweichungen von erwarteten Zielwerten und damit Chancen.[1]

Unsicherheiten treten in unterschiedlicher Form auf. Falls bezüglich der zukünftigen Umweltzustände und/oder der wirtschaftlichen Ergebnisse, die bei ihnen erzielt werden, mehrere Entwicklungen möglich sind, wird dies - bei einer weiteren Verwendung des Risikobegriffs - entweder als Risiko- oder als Ungewißheitssituation bezeichnet. Bei einer *Risikosituation* liegen Wahrscheinlichkeiten für das Eintreten einer Entwicklung vor, bei einer *Ungewißheitssituation* ist dies nicht der Fall.[2] Dabei ist im ersten Fall die Unsicherheit bzw. der Mangel an gewünschtem Wissen geringer und damit eine fundiertere Vorbereitung von Entscheidungen möglich als im zweiten.[3] Eine weitere Form der Unsicherheit ist die *Unschärfe*. Bei unscharfen Aussagen kann nicht eindeutig angegeben werden, ob sie wahr oder falsch sind. Auf unscharfe Aussagen wird in Abschnitt 8.1 im Zusammenhang mit Programmentscheidungen eingegangen.

---

1 Zu einem Überblick über Risikobegriffe vgl. Mikus, B.: (Risiken), S. 5 ff.
2 Vgl. Abschnitt 2.3.1.
3 Vgl. Weber, J.; Weißenberger, B.; Liekweg, A.: (Risk), S. 12 ff. In dieser Quelle findet sich auch eine Differenzierung verschiedener Unsicherheitskategorien hinsichtlich der Frage, ob objektive, subjektive oder keine Eintrittswahrscheinlichkeiten für Umweltzustände vorliegen oder selbst die möglichen Umweltzustände nicht sämtlich bekannt sind.

Aufgrund der oftmals hohen Komplexität von Strukturen in Unternehmen und deren Umwelt, für die zudem ein schneller, nur begrenzt beeinflußbarer Wandel charakteristisch ist, treten bei vielen Investitionsentscheidungen erhebliche Unsicherheiten und - daraus resultierend - hohe Risiken auf. Diese sollten daher bei der Investitionsplanung berücksichtigt werden, um die Existenz und den Ausbau des Unternehmens langfristig zu sichern. Dies ist in unterschiedlicher Weise möglich.

Durch Informationsbeschaffungsaktivitäten können Daten gewonnen werden, die zur Reduzierung der Unsicherheit oder zur Offenlegung ihrer Ursachen oder Auswirkungen beitragen. Auch mit Hilfe von Informationsverarbeitungsaktivitäten, z. B. dem Einsatz von Analyse- und Prognosetechniken wie der Szenario-Technik, lassen sich Ursachen, Formen und Auswirkungen der Unsicherheit aufzeigen.

Durch die Konstruktion bestimmter Modelle und die Nutzung spezifischer Auswertungsverfahren können außerdem im Rahmen der Investitionsrechnung die möglichen Ausprägungen der Zielgröße(n) in Abhängigkeit von der Entwicklung der relevanten Unternehmens- und Umweltgrößen aufgezeigt werden. Damit ist es einerseits möglich, die Investitionsentscheidung unter Einbeziehung der unsicheren Erwartungen und der damit verbundenen Risiken vorzubereiten. Andererseits läßt sich auch die Bedeutung der verschiedenen Unternehmens- und Umweltgrößen für das mit der Investition erzielte Ergebnis abschätzen, um damit unter anderem Hinweise auf die Vorteilhaftigkeit von Informationsbeschaffungs- und -verarbeitungsaktivitäten zu gewinnen. Auf entsprechende Modelle und Verfahren, die damit auch als Instrumente eines Risikomanagement interpretierbar sind,[4] wird in Abschnitt 7.3 eingegangen.

Werden mehrere alternative Umweltzustände und/oder Unternehmensentwicklungen als möglich erachtet, bedeutet dies in der Regel, daß bei jeder der zur Wahl stehenden Alternativen mehrere Werte der Zielgröße(n) eintreten können. Falls keine Alternative die anderen dominiert, besteht ein Entscheidungsproblem, das sich mittels entscheidungstheoretischer Regeln oder Kriterien lösen läßt. Derartige Regeln und Kriterien werden im folgenden Abschnitt dargestellt. Den diesbezüglichen Ausführungen liegt - wie weitgehend den Abschnitten 7 und 8 insgesamt - die Annahme zugrunde, daß Vorteilhaftigkeitsentscheidungen bei Vorliegen lediglich einer Zielgröße zu treffen sind.[5]

---

[4] Zu einer auf dieser Interpretation beruhenden Darstellung und Beurteilung der Modelle und Verfahren vgl. Götze, U.; Mikus, B.: (Entscheidungsmodelle), S. 446 ff.

[5] Zur Entscheidungsfindung bei mehreren Zielgrößen und Unsicherheit vgl. z. B. Eisenführ, F.; Weber, M.: (Entscheiden), S. 271 ff.; Laux, H.: (Entscheidungstheorie), S. 184 ff. sowie die Hinweise in Abschnitt 4, zur Einbeziehung der Unsicherheit in die Vorbereitung von Nutzungsdauer- und Ersatzzeitpunktentscheidungen vgl. Abschnitt 5.2.1. Primär bei mehrstufigen Modellen werden neben Vorteilhaftigkeits- auch Zeitpunktentscheidungen berücksichtigt. Vgl. die Abschnitt 7.3.4 und 7.3.5 sowie 8.3.

7.2 Regeln und Kriterien der Entscheidungstheorie

Der Anwendung entscheidungstheoretischer Regeln und Kriterien liegt - wie erwähnt - die Erfassung mehrerer Umweltzustände in einem Modell zugrunde. Diese ist sinnvoll, um die Unsicherheit der Zukunft bei der Beurteilung von Alternativen einzubeziehen und zu verdeutlichen, zu welchen Zielwerten die einzelnen Alternativen bei den unterschiedlichen als relevant erachteten Umweltzuständen voraussichtlich führen werden. Zumeist wird angenommen, daß eine endliche Anzahl von Handlungsalternativen und von Umweltzuständen (verstanden als Menge bestimmter Ausprägungen der Inputgrößen) vorliegt. Die Entscheidungssituation kann dann mit Hilfe einer Entscheidungsmatrix veranschaulicht werden.[6] Diese wird in Abbildung 7-1 für den Fall dargestellt, daß

- eine Ergebnisfunktion vorliegt, die jeder Investitionsalternative bei jedem Umweltzustand eine eindeutige Wirkung in Form eines Kapitalwertes zuordnet,[7] und
- der Kapitalwert die einzige relevante Zielgröße ist.

In der Entscheidungsmatrix stellen die Symbole A_j (j = 1,...,J) die Alternativen dar, während die erwarteten zukünftigen Umweltzustände durch Z_u (u = 1,...,U) gekennzeichnet sind. Die Matrixelemente KW_{ju} geben jeweils den Kapitalwert an, den die Alternative j bei der Umweltentwicklung u erzielt.

Von der Matrix (KW_{ju}) ausgehend, kann der Investor mit Hilfe von Entscheidungsregeln eine Alternative auswählen. Einige Entscheidungsregeln werden nachfolgend kurz dargestellt.

Umwelt- zustände Alternativen	Z_1	...	Z_u	...	Z_U
A_1	KW_{11}	...	KW_{1u}	...	KW_{1U}
⋮	⋮		⋮		⋮
A_j	KW_{j1}	...	KW_{ju}	...	KW_{jU}
⋮	⋮		⋮		⋮
A_J	KW_{J1}	...	KW_{Ju}	...	KW_{JU}

Abb. 7-1: Entscheidungsmatrix

---

[6] Vgl. Abschnitt 2.3.1.
[7] Die Berechnung von Kapitalwerten impliziert die Analyse eines dynamischen Modells, so daß es sich bei den "Umweltzuständen" um Zustandsfolgen handelt.

Entscheidungsregeln bei Ungewißheitssituationen

WALD- oder Maximinregel

In einer Ungewißheitssituation läßt sich beispielsweise die Regel von WALD (Maximinregel) anwenden.[8] Nach dieser Regel wird von den Investitionsalternativen A_j diejenige ausgewählt, welche bei dem widrigsten Umweltzustand Z_u zum maximalen Kapitalwert KW_{ju} führt. Dazu wird zunächst für jede Zeile der Entscheidungsmatrix, also jede Alternative, der minimale Kapitalwert markiert und dann der maximale Wert dieser Minima bestimmt. Die zu diesem Maximum gehörende Investition A* wird zur Realisierung vorgeschlagen:

$$A^* = \{A_j \mid \max_j \min_u KW_{ju}\}$$

Ein Investor mit dieser Vorgehensweise zeigt ein geringes Maß an Risikobereitschaft. Er unterstellt der Umwelt, daß diese sich ihm gegenüber extrem negativ verhält, und rechnet für jede Investitionsentscheidung mit der schlechtest möglichen Umweltentwicklung. Die Umwelt wird wie ein Gegenspieler im Zweipersonen-Nullsummenspiel eingeschätzt.[9] In dieser Einstellung des Investors kann auch ein gewisser Fatalismus zum Ausdruck kommen. Bei konsequenter Anwendung der Regel werden viele Investitionen unterlassen, da die Gefahr besteht, daß sie zu einem Verlust führen. Dies impliziert den Verzicht auf das Ergreifen von Chancen - im Extremfall bis hin zu einer Beschränkung auf sichere Finanzanlagen und zur Einstellung der eigentlichen unternehmerischen Tätigkeit.[10]

Für die nachfolgend dargestellte Matrix der Kapitalwerte KW_{ju} der vier Investitionsalternativen A_j (j=1,...,4) bei fünf möglichen Umweltentwicklungen Z_u (u=1,...,5) würde eine Auswahl in folgender Weise geschehen:

	Z_1	Z_2	Z_3	Z_4	Z_5	$\min\limits_u$
A_1	180	120	110	130	125	110
A_2	160	135	120	115	145	115*
A_3	120	90	70	100	110	70
A_4	80	0	60	50	70	0

Die Zeilenminima sind in der Spalte "min" aufgeführt. Das Maximum der Minima ist KW_{24} (= 115), der Kapitalwert der zweiten Investition bei der für diese ungünstigsten Umweltentwicklung. Damit würde die Investition A_2 ausgewählt (A* = A_2).

---

[8] Vgl. Lücke, W.: (Investitionslexikon), S. 279 f.; Pfohl, H.-C.; Braun, G.E.: (Entscheidungstheorie), S. 174 f.
[9] Zum Zweipersonen-Nullsummenspiel vgl. Pfohl, H.-C.; Braun, G.E.: (Entscheidungstheorie), S. 303 ff.; Bloech, J.: (Optimierung), S. 95 ff.
[10] Vgl. Laux, H.: (Entscheidungstheorie), S. 108.

Maximax-Regel

Für den optimistischen Investor bietet die Maximax-Regel eine Möglichkeit zur Auswahl einer Alternative.[11] Er realisiert diejenige Investition, die den höchsten der jeweils maximal erreichbaren Kapitalwerte aufweist. Damit bezieht er das Risiko, das mit ungünstigen Entwicklungen verbunden ist, nicht in die Entscheidung ein. Für die optimale Alternative A* gilt:

$$A^* = \{A_j \mid \max_j \max_u KW_{ju}\}$$

Für das oben dargestellte Investitionsproblem ergibt sich die folgende Situation:

	Z_1	Z_2	Z_3	Z_4	Z_5	$\max_u$
A_1	180	120	110	130	125	180*
A_2	160	135	120	115	145	160
A_3	120	90	70	100	110	120
A_4	80	0	60	50	70	80

Bei dieser Regel werden die Zeilenmaxima ermittelt und verglichen, um aus ihnen das Maximum auszuwählen. Die zugehörige Alternative - hier A_1 - gilt als optimal ($A^* = A_1$).

Bei der Maximax-Regel ist ebenso wie bei der Maximin-Regel als nachteilig anzusehen, daß für jede Investition nur eine Entwicklung in die Entscheidungsfindung eingeht. Es werden daher Informationen vernachlässigt.

HURWICZ-Regel

Die HURWICZ-Regel verbindet die Maximin- und die Maximax-Regel, indem sie das Maximum der Minima und dasjenige der Maxima durch eine konvexe Linearkombination verknüpft.[12] Sie stellt eine Optimismus-Pessimismus-Regel dar. Für die optimale Alternative A* gilt:

$$A^* = \{A_j \mid \max_j [(1-\alpha) \cdot \min_u KW_{ju} + \alpha \cdot \max_u KW_{ju}]\}$$

Darin ist α ein Optimismus-Koeffizient, der Werte von Null bis Eins annehmen kann. Wenn α den Wert 1 aufweist, wird nach der Maximax-Regel ausgewählt, bei α gleich Null nach der Maximinregel.

Ein etwas risikoscheuer Investor könnte beispielsweise $\alpha = 0{,}4$ wählen. Für das Zahlenbeispiel ergibt sich dann:

---

[11] Vgl. Lücke, W.: (Investitionslexikon), S. 279; Laux, H.: (Entscheidungstheorie), S. 108 f.
[12] Vgl. Laux, H.: (Entscheidungstheorie), S. 110 f.; Pfohl, H.-C.; Braun, G.-E.: (Entscheidungstheorie), S. 182 ff.; Bamberg, G.; Coenenberg, A.G.: (Entscheidungslehre), S. 131 ff.

	Z_1	Z_2	Z_3	Z_4	Z_5	$(1-0,4) \cdot \min_u KW_{ju}$	$0,4 \cdot \max_u KW_{ju}$	$(1-0,4) \cdot \min_u KW_{ju}$ $+ 0,4 \cdot \max_u KW_{ju}$
A_1	180	120	110	130	125	66	72	138*
A_2	160	135	120	115	145	69	64	133
A_3	120	90	70	100	110	42	48	90
A_4	80	0	60	50	70	0	32	32

Die letzte Spalte der Matrix verzeichnet die gemäß der HURWICZ-Regel bei α=0,4 ermittelten Werte für die Alternativen. Den höchsten Wert weist Alternative A_1 auf; sie ist damit relativ vorteilhaft ($A^* = A_1$).

Bei der HURWICZ-Regel werden zwar mehr Informationen einbezogen als bei der Maximin- und der Maximax-Regel, aber auch nicht alle verfügbaren Informationen. Generell ist die Vernachlässigung von Informationen als entscheidender Nachteil der hier beschriebenen und ähnlicher Regeln zur Entscheidungsfindung bei Ungewißheit anzusehen.[13] Bei einer modifizierten Anwendung der HURWICZ-Regel könnten in der Linearkombination auch weitere Elemente der Matrix berücksichtigt werden. Dann stellt sich jedoch das Problem, mehrere Parameter bestimmen zu müssen, um die erwarteten Zielwerte gewichten zu können.

Entscheidungsregeln und -kriterien bei Risikosituationen

BAYES-Regel

Wenn Eintrittswahrscheinlichkeiten w_u für die möglichen Umweltzustände Z_u bekannt sind, läßt sich die BAYES-Regel anwenden. Bei dieser ist der Erwartungswert EW_j einer Alternative j das Auswahlkriterium (Erwartungswert-Kriterium). Er kann berechnet werden, indem die den Umweltentwicklungen Z_u zugeordneten Kapitalwerte KW_{ju} der Alternative j mit den dazugehörigen Wahrscheinlichkeiten w_u multipliziert und dann addiert werden. Für die optimale Alternative A^* gilt somit:[14]

$$A^* = \{A_j \mid \max_j \sum_{u=1}^{U} KW_{ju} \cdot w_u \}$$

Wenn die Wahrscheinlichkeiten der Umweltzustände

$w_1 = 0,1$ $\quad w_2 = 0,2$ $\quad w_3 = 0,3$ $\quad w_4 = 0,2$ $\quad w_5 = 0,2$

betragen, ergibt sich:

---

13 Zu weiteren Regeln vgl. Pfohl, H.-C.; Braun, G.E.: (Entscheidungstheorie), S. 177 ff.; Laux, H.: (Entscheidungstheorie), S. 112 ff.; Albach, H.: (Wirtschaftlichkeitsrechnung), S. 178 ff.
14 Vgl. Zwehl, W. von: (Entscheidungsregeln), Sp. 926.

	Z_1	Z_2	Z_3	Z_4	Z_5	EW_j
A_1	180	120	110	130	125	126
A_2	160	135	120	115	145	131*
A_3	120	90	70	100	110	93
A_4	80	0	60	50	70	50

Gemäß der BAYES-Regel erweist sich die Alternative A_2 als optimal ($A_2 = A^*$), da ihr Erwartungswert am höchsten ist.

Bei dieser Regel wird vorausgesetzt, daß die Matrixelemente KW_{ju} auch den Nutzen der Investitionswirkung ausdrücken. Damit verläuft der Nutzen proportional zum Kapitalwert, und die Streuung der als möglich erachteten Kapitalwerte hat keinen Einfluß auf den insgesamt erwarteten Nutzen. Annahmegemäß liegt demgemäß eine risikoneutrale Einstellung vor.

μ-σ-Kriterium (Erwartungswert-Standardabweichungs-Kriterium)

Andere Risikoeinstellungen des Investors lassen sich erfassen, indem neben dem Erwartungswert μ auch die Varianz beziehungsweise die Standardabweichung σ der Ergebnisse (Kapitalwerte) als Risikomaß in ein Entscheidungskriterium einbezogen wird (μ-σ-Kriterium).[15] Die Standardabweichung gibt an, in welchem Ausmaß die möglichen Werte der Zielgröße vom Erwartungswert abweichen. Das Risiko einer Entscheidung wird als umso größer angesehen, je höher der Wert der Standardabweichung ist.

Der Nutzen von Entscheidungsalternativen, der sogenannte Risikonutzen, hängt vom Erwartungswert und der Standardabweichung ab. Die Abhängigkeit des Risikonutzens von Erwartungswert und Standardabweichung kann in Form einer Risikopräferenzfunktion abgebildet werden. Der Verlauf der Risikopräferenzfunktion wird durch die Risikoeinstellung des Investors - Risikofreude, Risikoneutralität oder Risikoscheu - bedingt. Bei Risikoscheu beispielsweise würde ein Investor von zwei Investitionsalternativen mit gleichem Erwartungswert diejenige vorziehen, die die geringere Standardabweichung aufweist.

Das μ-σ-Kriterium ist dadurch charakterisiert, daß nicht die gesamte Wahrscheinlichkeitsverteilung der möglichen Kapitalwerte einer Alternative, sondern nur die Größen Erwartungswert und Standardabweichung in die Entscheidungsfindung einbezogen werden. Damit ist ein Informationsverlust verbunden. Des weiteren stellt sich das Problem der Bestimmung der Risikopräferenzfunktion. Auf die Anwendung des μ-σ-Kriteriums im Rahmen der Investitionsprogrammplanung wird in Abschnitt 8.2 eingegangen.

---

[15] Vgl. Perridon, L.; Steiner, M.: (Finanzwirtschaft), S. 109 ff.; Busse von Colbe, W.; Laßmann, G.: (Betriebswirtschaftstheorie), S. 167 ff.

BERNOULLI-Kriterium

BERNOULLI zufolge lassen sich die Erwartungswerte und Risikomaße von Zielgrößen (z. B. Kapitalwerten) durch Erwartungsnutzen ersetzen.[16] An die Stelle monetärer Zielgrößen wird der Nutzen gesetzt, den die Entscheidungsträger unter Berücksichtigung ihrer individuellen Risikoeinstellung mit den Zielen und deren erwarteter Erfüllung verbinden.

Es wird davon ausgegangen, daß der Entscheidungsträger zur Bestimmung des Nutzens der verschiedenen Investitionsmöglichkeiten in der Lage ist. Er sucht nach dem Maximum der "moralischen Erwartung" EM, die sich gemäß BERNOULLI - hier bezogen auf die Zielgröße Kapitalwert - für eine Alternative wie folgt ergibt:

$$EM = \sum_{u=1}^{U} f(KW_u) \cdot w_u \qquad mit: \sum_{u=1}^{U} w_u = 1$$

Parameter:
$f(KW_u)$ = Werte einer degressiv steigenden Nutzenfunktion
KW_u = Kapitalwert bei der Umweltsituation u
w_u = Wahrscheinlichkeit der Umweltsituation u

Auf dem Ansatz von BERNOULLI aufbauend hat sich die sogenannte BERNOULLI-Nutzentheorie entwickelt. In deren Rahmen lassen sich - nicht auf einen bestimmten Verlauf festgelegte - Risiko-Nutzenfunktionen für unsichere Ergebnisse, wie beispielsweise Kapitalwerte, bestimmen. Dazu wird ein sicheres Ergebnis, das sogenannte Sicherheitsäquivalent, erfragt, das als gleichwertig mit zwei unsicheren Ergebnissen eingeschätzt wird, die bestimmte Eintrittswahrscheinlichkeiten aufweisen.[17] Die Risiko-Nutzenfunktion bringt die Risikoeinstellung des Entscheidungsträgers zum Ausdruck:[18]

- bei risikoneutraler Einstellung entspricht das Sicherheitsäquivalent dem Erwartungswert des Ergebnisses,
- bei risikofreudiger Einstellung ist das Sicherheitsäquivalent höher als der Erwartungswert des Ergebnisses,
- bei risikoscheuer (risikoaverser) Einstellung ist das Sicherheitsäquivalent geringer als der Erwartungswert des Ergebnisses.

---

[16] Vgl. Bernoulli, D.: (Versuch).
[17] Zur Bestimmung von Risiko-Nutzenfunktionen vgl. Schneeweiß, C.: (Planung), S. 189 ff.; Kruschwitz, L.: (Investitionsrechnung), S. 310 ff.; Eisenführ, F.; Weber, M.: (Entscheiden), S. 227 ff. Vgl. dazu auch das in Abschnitt 4.4 geschilderte Vorgehen bei der Bestimmung von Nutzenfunktionen im Rahmen von MAUT.
[18] Vgl. Schneeweiß, C.: (Planung), S. 197 ff.; Müller, W.: (Risiko), Sp. 3817. Die nachfolgenden Beziehungen gelten allerdings nur, falls eine unsichere Situation mit positiven erwarteten Ergebnissen ("Gewinnlotterie") betrachtet wird. Bei einer Situation mit negativen erwarteten Resultaten ("Verlustlotterie") treffen umgekehrte Relationen zu. Vgl. Kruschwitz, L.: (Risikoabschläge), S. 2410.

Zur Vorteilhaftigkeitsbeurteilung lassen sich mit Hilfe der Nutzenfunktion Nutzenerwartungswerte für die Alternativen bestimmen. Dabei werden im Gegensatz zum μ-σ-Kriterium alle möglichen Ergebnisse in Nutzengrößen transformiert. Es gilt die Alternative als optimal, deren Nutzenerwartungswert maximal ist. Bei einer risikoneutralen Einstellung stimmt dieses Kriterium mit der BAYES-Regel überein.[19]

Die BERNOULLI-Nutzentheorie basiert auf einem Axiomensystem, das aus den Axiomen Ordinalität, Stetigkeit, Unabhängigkeit, Reduzierbarkeit und Dominanz besteht.[20] Gegen dieses Axiomensystem und die BERNOULLI-Nutzentheorie generell werden einige Einwände erhoben.[21] Auf die diesbezügliche Diskussion soll hier nicht eingegangen werden; es sei dazu auf die entsprechende Literatur verwiesen.[22]

Hinsichtlich der Modelle mit mehreren Umweltzuständen, wie sie bei Anwendung entscheidungstheoretischer Regeln und Kriterien betrachtet werden, ergibt sich das Problem der Prognose der Umweltzustände und gegebenenfalls ihrer Eintrittswahrscheinlichkeiten, die oftmals nur subjektiv möglich ist. In Verbindung damit geht mit der Berücksichtigung einer endlichen Anzahl von Umweltzuständen und der dementsprechenden Annahme, nur der Eintritt dieser Zustände sei möglich, eine Vereinfachung gegenüber der Realität einher. Es kann nicht sichergestellt werden, daß die tatsächliche zukünftige Entwicklung in diesen Zuständen enthalten ist. Vielmehr besteht "Unsicherheit über die Unsicherheit", dies bezieht sich auch auf etwaige Eintrittswahrscheinlichkeiten der Umweltzustände, die für diese prognostizierten Zielwerte und die vollständige Erfassung der Handlungsmöglichkeiten. Ebenso werden die Wechselwirkungen zwischen den eigenen Handlungen und denen von Wettbewerbern vernachlässigt.[23] Die Erkenntnisse zu entscheidungstheoretischen Regeln und Kriterien liegen einigen der nachfolgend beschriebenen Verfahren zugrunde; die dabei gebildeten Modelle können zum Teil auch als spezifische Formen von Modellen mit mehreren Umweltzuständen interpretiert werden.

---

[19] Unter bestimmten Voraussetzungen führen auch μ-σ-Kriterium und BERNOULLI-Nutzentheorie zu gleichen Resultaten. Vgl. Schneeweiß, C.: (Planung), S. 214 f.

[20] Vgl. Schneeweiß, C.: (Planung), S. 203 ff. sowie zu abweichenden Formulierungen der Axiome Laux, H.: (Entscheidungstheorie), S. 171 ff.; Kruschwitz, L.: (Investitionsrechnung), S. 315 f.

[21] KOCH kritisiert unter anderem, daß ein Erwartungswert berücksichtigt wird, und schlägt ein Konzept vor, das die Nutzung eines Erwartungswertes vermeidet, die sogenannte Theorie des Gewinnvorbehalts. Vgl. Koch, H.: (Problematik), S. 415 ff.; Koch, H.: (Theorie).

[22] Vgl. Laux, H.: (Entscheidungstheorie), S. 194 ff.; Schott, W.: (Beitrag); Schildbach, T.: (Diskussion).

[23] Zur "Unsicherheit über die Unsicherheit" vgl. auch Schneider, D.: (Investition), S. 38, zur Investitionsplanung unter Berücksichtigung von Interdependenzen zwischen eigenen und Konkurrenzhandlungen vgl. Nippel, P.: (Investitionsplanung), S. 83 ff.

7.3 Verfahren zur Berücksichtigung der Unsicherheit

In diesem Abschnitt sollen Methoden dargestellt und diskutiert werden, die zur Vorbereitung von Investitionseinzelentscheidungen unter Berücksichtigung der Unsicherheit geeignet sind. In der Literatur zur Investitionsplanung und -rechnung werden dafür vor allem die folgenden Verfahren vorgeschlagen:[24]

- Methoden zur risikoangepaßten Bestimmung oder Bewertung von Daten (Kalkulationszinssätzen oder Zahlungen),
- die Sensitivitätsanalyse,
- die Risikoanalyse,
- das Entscheidungsbaumverfahren sowie
- optionspreistheoretische Modelle.

Diese Verfahren werden in den nachfolgenden Kapiteln erörtert. Ebenso wie in Abschnitt 7.2 wird auch in Kapitel 7.3 primär auf die Kapitalwertmethode als das wohl am meisten akzeptierte Investitionsrechenverfahren Bezug genommen und damit ein vollkommener Kapitalmarkt unterstellt. Sensitivitätsanalyse, Risikoanalyse und Entscheidungsbaumverfahren lassen sich aber auch bei unvollkommenem Kapitalmarkt, in Verbindung etwa mit der Vermögensendwert- oder der VOFI-Methode, einsetzen.

7.3.1 Methoden zur risikoangepaßten Bestimmung oder Bewertung von Daten

Korrekturverfahren

Beim Korrekturverfahren werden einige der Ausgangsdaten einer Investitionsrechnung, bei denen es sich z. B. um wahrscheinlichste Werte oder Erwartungswerte handeln kann, um Risikozuschläge oder -abschläge verändert. Beispielsweise kann beim Kapitalwertmodell zur Vorteilhaftigkeitsbestimmung eine Erhöhung des Kalkulationszinssatzes oder der laufenden Auszahlungen erfolgen oder eine Verringerung der laufenden Einzahlungen oder der Nutzungsdauer. Dadurch soll gewährleistet werden, daß der Zielfunktionswert der durchzuführenden Investitionsrechnung in der Realität mit großer Wahrscheinlichkeit mindestens erzielt wird.

Das Korrekturverfahren weist aber den Nachteil auf, daß die Unsicherheit zumeist nur summarisch erfaßt wird und nicht hinsichtlich der einzelnen Eingangsdaten differenziert. Gegebenenfalls werden Größen korrigiert, die selbst nicht (besonders) unsicher sind. Als weitere Kritikpunkte sind die Subjektivität bei der Bestimmung der Korrekturen, die Beschränkung auf negative Korrekturen und die Gefahr zu nennen, daß sich Korrekturen, die von unterschiedlichen Personen vorgenommen werden, ku-

---

[24] Vgl. Blohm, H.; Lüder, K.: (Investition), S. 247 ff.; Kruschwitz, L.: (Investitionsrechnung), S. 319 ff.

mulieren. Die Aussagekraft des errechneten Zielwertes ist daher als relativ gering einzustufen; insbesondere, falls die relative Vorteilhaftigkeit beurteilt werden soll oder sich bei der Einschätzung der absoluten Vorteilhaftigkeit eine negative Empfehlung ergibt, besteht die Gefahr von Fehlentscheidungen. Die Auswirkungen der Unsicherheit können nicht offengelegt werden.[25] Aufgrund dieser methodischen Mängel erscheint das Korrekturverfahren für die Einbeziehung der Unsicherheit in die Investitionsrechnung nicht besonders geeignet. Die nachfolgend erörterten Ansätze nehmen ebenfalls eine Korrektur von Daten vor, gehen dabei aber von einer theoretisch fundierten Basis aus.

Ansätze zur Berücksichtigung von Risiken in Kalkulationszinssätzen

Zur Erfassung von Risiken bzw. Unsicherheiten in Kalkulationszinssätzen existiert eine Reihe von Vorschlägen, die sich hinsichtlich des Vorgehens bei der Risikoermittlung und -bewertung unterscheiden. So kann ein Risikozuschlag zum Kalkulationszinssatz grundsätzlich entweder personenbezogen, von der Risikoeinstellung eines Investors ausgehend, festgelegt oder aber aus am Markt beobachteten Risikoprämien abgeleitet werden.[26] Nachfolgend sollen ein auf dem Capital Asset Pricing Model basierender, kapitalmarktbezogener Ansatz und mit dem Adjusted Present Value-Ansatz ein personen- wie kapitalmarktbezogen anwendbares Konzept beschrieben und diskutiert werden.[27]

Zunächst wird auf die *Ableitung eines risikoangepaßten Kalkulationszinssatzes mit Hilfe des Capital Asset Pricing Model (CAPM)* eingegangen. Dieses auf der Portfolio-Theorie basierende und primär von SHARPE, LINTNER und MOSSIN entwickelte Modell diente ursprünglich der Erklärung der Preise bzw. Renditen riskanter Kapitalmarkttitel.[28] Von ihm ausgehend lassen sich aber auch Kalkulationszinssätze für die Bewertung von Investitionsprojekten unter Berücksichtigung der Unsicherheit bestimmen. Bedeutende Annahmen des CAPM sind:[29]

- es liegt nur eine relevante Periode vor,
- die Anleger sind risikoavers eingestellt und handeln insofern rational, als sie Portefeuilles halten, die im Hinblick auf Ertrag und Risiko (gemessen anhand des Erwartungswerts bzw. der Standardabweichung oder Varianz der Portefeuillerendite) effizient sind,

---

25 Vgl. Blohm, H.; Lüder, K.: (Investition), S. 250; Kruschwitz, L.: (Investitionsrechnung), S. 325.
26 Zu einem Überblick vgl. Henselmann, K.; Kniest, W.: (Unternehmensbewertung), S. 166 ff.
27 Zur personenbezogenen Ableitung des Kalkulationszinssatzes mit Hilfe einer Risiko-Indifferenzfunktion vgl. Busse von Colbe, W.; Laßmann, G.: (Betriebswirtschaftstheorie), S. 158 f.
28 Vgl. Sharpe, W.F.: (Capital); Lintner, J.: (Valuation); Mossin, J.: (Equilibrium) sowie zur Portfolio-Selection-Theorie Abschnitt 8.2.
29 Vgl. ausführlicher dazu Saelzle, R.: (Investitionsentscheidungen), S. 37 ff.; Kruschwitz, L.: (Finanzierung), S. 171 ff.; Kruschwitz, L.: (Investitionsrechnung), S. 377; Drukarczyk, J.: (Theorie), S. 125 und S. 234; Hering, T.: (Investitionstheorie), S. 283; Schmidt, R.H.; Terberger, E.: (Grundzüge), S. 345.

- zu einem bestimmten ("risikolosen") Zinssatz kann in unbeschränkter Höhe ohne Risiko Geld angelegt sowie aufgenommen werden und
- die Kapitalmärkte, auf denen alle Anlagemöglichkeiten gehandelt werden, sind vollkommen; d. h. unter anderem, daß alle Wertpapiere beliebig teilbar sind, weder Marktzugangsbeschränkungen noch Steuern oder Transaktionskosten existieren und alle Anleger homogene Erwartungen bezüglich der Eintrittswahrscheinlichkeiten der Renditen der gehandelten Wertpapiere (und damit deren Erwartungswerten und Varianzen) haben.

Im folgenden sollen lediglich die auf der Grundlage dieser Prämissen gewonnenen Erkenntnisse beschrieben werden; auf deren Herleitung wird, da hier die Investitionsbeurteilung im Vordergrund steht, nicht eingegangen.[30] Im Rahmen einer Gleichgewichtsanalyse ist abgeleitet worden, daß alle Anleger - unabhängig von ihrer konkreten persönlichen Risikoeinstellung - durch vollständige Ausschöpfung der Diversifikationsmöglichkeiten des Marktes die gleiche Zusammensetzung des aus riskanten Wertpapieren bestehenden Portfolios realisieren (TOBIN-Separationstheorem). Diese Zusammensetzung entspricht zudem der des Marktportfolios, das aus allen am Markt gehandelten riskanten Wertpapieren gebildet wird.[31] Außerdem ist hergeleitet worden, daß unter den gegebenen Annahmen für jedes am Kapitalmarkt gehandelte riskante Wertpapier j eine erwartete Gleichgewichtsrendite ($EW(r_j)$) existiert. Diese besteht aus dem risikolosen Zinssatz r_f sowie einer vom Anleger unabhängigen Risikoprämie, die ihrerseits gebildet wird, indem der wertpapierunabhängige "Marktpreis des Risikos" multiplikativ mit der Kovarianz der Rendite des Wertpapiers mit der des Marktportfolios ($Cov(r_j, r_M)$) verknüpft wird:[32]

$$EW(r_j) = r_f + \underbrace{\frac{EW(r_M) - r_f}{Var(r_M)}}_{\substack{\text{Marktpreis} \\ \text{des Risikos}}} \cdot Cov(r_j, r_M)$$

Dabei gehen in den Marktpreis des Risikos die erwartete Rendite des gesamten Kapitalmarktes ($EW(r_M)$) und die Varianz dieser Rendite ($Var(r_M)$) ein. Die Kovarianz der Rendite des Wertpapiers mit der des Marktportfolios sagt aus, wie sich die Wertpapierrendite verändert, wenn eine Veränderung der Marktrendite stattfindet. Sie stellt den relevanten Risikobeitrag eines Wertpapiers j dar. Der oben aufgeführten Gleichung entspricht die Formel

---

[30] Vgl. dazu z. B. Kruschwitz, L.: (Finanzierung), S. 177 ff.; Franke, G.; Hax, H.: (Finanzwirtschaft), S. 388 ff.
[31] Vgl. Kruschwitz, L.: (Finanzierung), S. 184 ff.; Kolbe, C.: (Investitionsrechnungen), S. 112; Drukarczyk, J.: (Theorie), S. 234 ff.
[32] Vgl. Perridon, L.; Steiner, M.: (Finanzwirtschaft), S. 279 f.; Kruschwitz, L.: (Investitionsrechnung), S. 380; Drukarczyk, J.: (Unternehmensbewertung), S. 367.

$$EW(r_j) = r_f + (EW(r_M) - r_f) \cdot \beta_j \quad , \text{mit } \beta_j = \frac{\text{Cov}(r_j, r_M)}{\text{Var}(r_M)}$$

in der $EW(r_M) - r_f$ die "Überrendite" und β_j den "Beta-Faktor" des risikobehafteten Wertpapiers j, der dessen nicht diversifizierbares Risiko (das "systematische Risiko" oder "Kovarianzrisiko") angibt, repräsentieren.[33]

Die Überlegungen zur Gleichgewichtsrendite lassen sich zur Bestimmung eines adäquaten Kalkulationszinssatzes für die Bewertung riskanter Realinvestitionen nutzen. Dazu wird unterstellt, daß die einem Investitionsobjekt zuzuordnenden Kapitalkosten mit der erwarteten Rendite übereinstimmen, die am Kapitalmarkt für eine Anlage mit gleichem Risiko erreichbar ist. Es gilt dann für den Kalkulationszinssatz i_u, der bei der Bewertung des Objekts unter Berücksichtigung der Unsicherheit verwendet werden sollte:[34]

$$i_u = r_f + (EW(r_M) - r_f) \cdot \beta_u$$

Es kann nun eine marktorientierte Beurteilung unsicherheitsbehafteter Investitionen stattfinden, indem der ermittelte Zinssatz bei einer Kapitalwertberechnung zur Diskontierung einer zukünftig erwarteten Nettozahlung EN_t verwendet wird. Dies ist nachfolgend - für eine einperiodige Investition - gezeigt:

$$KW = -A_0 + EN_1 \cdot (1 + i_u)^{-1}$$

Der Barwert der unsicheren Rückflüsse läßt sich dann als Marktwert interpretieren; ist er höher als die Anschaffungsauszahlung und damit der Kapitalwert positiv, dann ist eine Investition absolut vorteilhaft. Hervorzuheben ist, daß dieser risikoabhängige Zinssatz sich nicht aus einem für eine einzelne Investition isoliert geschätzten pauschalen Zuschlag für das mit ihr verbundene Risiko ergibt, wie er in der Unternehmenspraxis oftmals Verwendung findet, sondern aus dessen über die Kovarianz erfaßtem Beitrag zur Veränderung der Risikosituation eines Unternehmens. So kann eine Investition, deren Zahlungen mit erheblichen Unsicherheiten verbunden sind, sich dennoch aufgrund von Diversifikationseffekten positiv auf die Risikosituation eines Unternehmens auswirken.[35]

Bei den bisherigen Ausführungen wurde davon ausgegangen, daß die Finanzierung einer Investition mit eigenen Mitteln erfolgt und damit die Erträge einer Alternativanlage zum Vergleich heranzuziehen sind. Ein auf die beschriebene Art und Weise ermittelter Zinssatz läßt sich aber auch gemeinsam mit einem Fremdkapitalkostensatz in die Bestimmung gewichteter Kapitalkosten (weighted average cost of capital) einbeziehen. Dies ist insbesondere dann relevant, wenn auch Steuern in die

---

33 Vgl. Mrotzek, R.: (Bewertung), S. 154; Drukarczyk, J.: (Theorie), S. 237 ff.; Kruschwitz, L.: (Investitionsrechnung), S. 381; Kruschwitz, L.: (Finanzierung), S. 199 f.
34 Vgl. Rudolph, B.: (Kapitalkostenkonzepte), S. 892; Kloster, U.: (Kapitalkosten), S. 124; Hering, T.: (Investitionstheorie), S. 288.
35 Vgl. Schmidt, R.H.; Terberger, E.: (Grundzüge), S. 360 ff.; Franke, G.; Hax, H.: (Finanzwirtschaft), S. 350 f.; Kruschwitz, L.: (Investitionsrechnung), S. 382.

Investitionsbeurteilung eingehen, und wird beispielsweise für die Ermittlung des Shareholder Value mittels Discounted Cash Flow-Methode häufig vorgeschlagen. Allerdings ergibt sich hier der Effekt, daß der Kalkulationszinssatz von der Kapitalstruktur des Unternehmens abhängt, die ihrerseits aber wiederum auch durch den Kalkulationszinssatz (und die zu beurteilende Investition) beeinflußt wird (Zirkularitätsproblem).[36]

Zur konkreten Bestimmung eines Zinssatzes ist gemäß der obigen Formel die Kenntnis der risikolosen Verzinsung, der Überrendite sowie des Beta-Faktors des zu beurteilenden Investitionsobjektes erforderlich. Zur Bemessung der risikolosen Verzinsung kann die Umlaufrendite von Staatsanleihen oder Pfandbriefen mit einer der Nutzungsdauer der Investition in etwa entsprechenden Laufzeit herangezogen werden. Die Überrendite entspricht der langfristigen Differenz zwischen der durchschnittlichen Rendite riskanter Anlagen (näherungsweise ableitbar aus der langfristigen Entwicklung von Aktienindizes) sowie dem risikolosen Zinssatz. Besondere Schwierigkeiten bereitet die Festlegung des projektspezifischen Beta-Faktors, der das Kovarianzrisiko angibt. Einen Ansatzpunkt hierfür bildet die Analyse der Beta-Faktoren börsennotierter Vergleichsunternehmen, die angeben, wie deren Kurse sich bei Veränderungen der Rendite des Gesamtmarktes verhalten (beispielsweise werden die Beta-Faktoren der DAX-Unternehmen regelmäßig publiziert). Allerdings sind die Beta-Faktoren unternehmensbezogen und nur dann ohne weiteres auf einzelne Investitionen übertragbar, wenn angenommen wird, daß diese die Unternehmenskapazität aufrechterhalten oder erweitern, ohne die Art der Geschäftstätigkeit zu verändern. Bei einer Diversifikation beispielsweise sollte der Beta-Faktor auf das Risiko der Zielbranche ausgerichtet werden, z. B. durch Orientierung an dem Beta-Faktor eines in dieser Branche tätigen börsennotierten Unternehmens (Analogiemethode). Des weiteren wird vorgeschlagen, Beta-Faktoren aus Daten des externen Rechnungswesens (Eigenkapital, Jahresüberschuß) abzuleiten, und es besteht die Möglichkeit, die Einflußgrößen auf das durch den Beta-Faktor gemessene systematische Risiko zu untersuchen, um Anhaltspunkte für dessen Höhe zu gewinnen.[37]

Abschließend sei nun das beschriebene Vorgehen beurteilt, die Unsicherheit mit Hilfe auf der Grundlage des CAPM ermittelter risikoangepaßter Kalkulationszinssätze in die Investitionsbeurteilung einzubeziehen. Dazu ist zunächst auf die Annahmen des CAPM wie vollkommener Kapitalmarkt, Vernachlässigung von Steuern etc.

---

[36] Bei Vernachlässigung von Steuern wirkt sich - im Rahmen des CAPM - die Finanzierung eines Investitionsobjektes nicht auf dessen Vorteilhaftigkeit aus. Vgl. dazu Kruschwitz, L.: (Finanzierung), S. 285 ff., zur Bestimmung gewichteter Kapitalkosten unter Einbeziehung von Steuern Kruschwitz, L.: (Investitionsrechnung), S. 389 ff. sowie zur Nutzung des CAPM beim Shareholder Value-Ansatz Copeland, T.E.; Koller, T.; Murrin, J.: (Unternehmenswert), S. 260 ff.; Günther, T.: (Controlling), S. 160 ff.; Bühner, R.: (Unternehmenssteuerung), S. 337 f. Zu dem vor allem im Zusammenhang mit der Unternehmensbewertung viel diskutierten Zirkularitätsproblem vgl. z. B. Husmann, S.; Kruschwitz, L.; Löffler, A.: (Probleme); Wallmeier, O.: (Kapitalkosten).

[37] Vgl. Kruschwitz, L.: (Steuer), S. 30; Kruschwitz, L.: (Investitionsrechnung), S. 397 ff.; Kloster, U.: (Kapitalkosten), S. 125 ff.; Mrotzek, R.: (Bewertung), S. 218 ff.; Hachmeister, D.: (Cash Flow), S. 178 ff.; Henselmann, K.; Kniest, W.: (Unternehmensbewertung), S. 177 ff.

zu verweisen.[38] Unter anderem wird die Risikoprämie allein auf den Marktpreis des Risikos sowie die Kovarianz der Renditen von Marktportfolio und Wertpapier zurückgeführt, während andere Faktoren wie der Index der industriellen Produktion, der kurzfristige Realzins, die kurzfristige wie langfristige Inflation und das Ausfallrisiko unberücksichtigt bleiben. In dieser Hinsicht stellt die Arbitragepreistheorie eine Erweiterung gegenüber dem CAPM dar, da sie mehrere Einflußgrößen auf die Risikoprämie berücksichtigt und empirischen Untersuchungen zufolge Risikoprämien besser erklären kann.[39]

Im Hinblick auf die Anwendung des CAPM zur Bestimmung von Kalkulationszinssätzen im Rahmen der Investitionsbeurteilung sei zunächst auf zwei vor allem aus theoretischer Sicht problematische Aspekte hingewiesen. Zum einen erscheint es zumindest denkbar, daß die zu beurteilende Investition das als gegeben unterstellte und der Bewertung zugrundeliegende Marktportfolio und dessen Parameter beeinflußt. Zum anderen kann die Existenz von Investitionen mit einer risikoangepaßten Rendite, die höher ist als der Alternativvertragsatz, als unvereinbar mit der Annahme eines Marktportfolios angesehen werden, das alle riskanten Anlagemöglichkeiten enthält und sich im Gleichgewicht befindet.[40] Des weiteren handelt es sich beim CAPM in der Grundkonzeption um einen einperiodigen Ansatz, während Investitionen im Regelfall in mehrperiodigen Modellen beurteilt werden. Wird nun ein aus dem CAPM hergeleiteter, konstanter Kalkulationszinssatz zur Diskontierung verwendet, dann impliziert dies die - allenfalls zufällig zutreffende - Annahme, daß das Risiko von Jahr zu Jahr in bestimmter, durch die Rechentechnik vorgegebener Form steigt.[41] Schlüssiger erscheint es daher, einen Einzahlungsüberschuß nur über eine Periode mit einem risikoangepaßten Kalkulationszinssatz zu diskontieren, damit quasi ein auf den vorherigen Zeitpunkt bezogenes Sicherheitsäquivalent zu erzeugen und zu dessen Abzinsung über den Rest des Planungszeitraums dann den risikolosen Zinssatz zu verwenden. Der Kapitalwert ergibt sich in diesem Fall unter Einbeziehung der Anschaffungsauszahlung (A_0) als:[42]

---

38 Zur Einbeziehung von Steuern in das CAPM vgl. Drukarczyk, J.: (Theorie), S. 272 ff.; Kruschwitz, L.: (Finanzierung), S. 218 ff.
39 Vgl. Kruschwitz, L.: (Investitionsrechnung), S. 382 f. sowie zur Arbitragepreistheorie Ross, S.A.: (Theory). Allerdings wird auch an der Methodik der Arbitragepreistheorie Kritik geübt (vgl. Kruschwitz, L.; Löffler, A.: (APT)) und sie hat sich bisher gegenüber dem CAPM nicht durchsetzen können.
Zu empirischen Befunden zum CAPM vgl. Kruschwitz, L.: (Finanzierung), S. 220 ff.; Schmidt, R.H.; Terberger, E.: (Grundzüge), S. 356 ff.
40 Vgl. Schmidt, R.H.; Terberger, E.: (Grundzüge), S. 366; Adam, D.: (Investitionscontrolling), S. 361 f.
41 Vgl. Kolbe, C.: (Investitionsrechnungen), S. 118; Busse von Colbe, W.; Laßmann, G.: (Betriebswirtschaftstheorie), S. 242; Ballwieser, W.: (Unternehmensbewertung), S. 171; Bitz, M.; Ewert, J.; Terstege, U.: (Investition), S. 259 ff.
42 Vgl. dazu Kruschwitz, L.: (Risikoabschläge), S. 2411 f. Dabei können die risikoangepaßten Zinssätze sich durchaus je nach betrachteter Periode unterscheiden. Zu weiteren Vorschlägen zur Lösung des Problems vgl. Schmidt, R.H.; Terberger, E.: (Grundzüge), S. 258 ff.; Kruschwitz, L.:

$$KW = -A_0 + \sum_{t=1}^{T} EN_t \cdot (1+i_u)^{-1} \cdot (1+r_f)^{-t+1}$$

Bei der Datenermittlung ist die Bestimmung investitionsspezifischer Beta-Faktoren besonders problematisch. Zudem werden die Unsicherheiten nicht direkt bei den Zahlungen und damit den Größen erfaßt, bei denen sie in erster Linie auftreten. Daraus und aus der Konzentration auf das systematische Risiko resultiert die Gefahr, daß die Unsicherheiten, die bezüglich der von einem Investitionsobjekt erwarteten Zahlungen bestehen, nicht genügend offengelegt und deshalb bei den mit der Investition verbundenen Planungs-, Informationsbeschaffungs- oder Kontrollaktivitäten zu wenig beachtet werden.[43] Schließlich ist die Beurteilung der relativen Vorteilhaftigkeit von Investitionen mit unterschiedlichen Risiken und daraus resultierenden unterschiedlichen Kalkulationszinssätzen problematisch, da Kapitalbindungsdifferenzen - ähnlich wie bei der Interner Zinssatz-Methode - nicht schlüssig ausgeglichen werden können.[44] Resümierend ist festzustellen, daß auch das CAPM keine exakte und "sichere" Beurteilung von Investitionen unter Einbeziehung von Risiken ermöglicht. Es vermittelt aber theoretisch fundierte Hinweise für die Suche nach dem "richtigen" Kalkulationszinssatz, indem es für eine marktorientierte Festlegung von Risikoprämien im Kalkulationszinssatz relevante Größen aufzeigt.[45]

Einen anderen Weg zur Berücksichtigung von Risiken in Kalkulationszinssätzen beschreitet der *Adjusted Present Value (APV)-Ansatz*.[46] Bei dieser Methode wird zunächst ein Basiskapitalwert für ein Objekt berechnet, und zwar der Kapitalwert, der sich bei vollständiger Eigenfinanzierung und Diskontierung mit den projektspezifischen Eigenkapitalkosten ergibt. Es erfolgt dann eine Anpassung dieses Werts, indem die aus sog. Nebeneffekten der Investitionsrealisierung (z. B. der Fremdfinanzierung) resultierenden Kapitalwerte bestimmt und dem Basiskapitalwert hinzugefügt werden. Dabei werden alle Zahlungsströme jeweils mit den Kalkulationszinssätzen diskontiert, die dem mit ihnen verbundenen Risiko entsprechen. Damit nutzt der Ansatz das Wertadditivitätsprinzip, demzufolge der Marktwert eines Unterneh-

---

(Finanzierung), S. 300 ff., zu einer mehrperiodigen Variante des CAPM vgl. Merton, R.C.: (Capital).

[43] Zur Kritik an "Unsicherheit verdichtenden Planungsmethoden" allgemein vgl. Rollberg, R.: (Unternehmensplanung), S. 189 ff., zu weiteren Kritikpunkten am CAPM vgl. Hering, T.: (Investitionstheorie), S. 289 ff.; Adam, D.: (Investitionscontrolling), S. 361 ff.; Schulze, S.: (Berechnung), S. 73 ff.; Troßmann, E.: (Investition), S. 498 ff., zu generell eher negativen Einstellungen bezüglich der Einbeziehung des Risikos im Kalkulationszinssatz vgl. Perridon, L.; Steiner, M.: (Finanzwirtschaft), S. 88 f.; Stein, I.: (Investitionsrechnungsmethoden), S. 576 f. und S. 604 f.

[44] Vgl. dazu auch Adam, D.: (Investitionscontrolling), S. 362 sowie zum Ausgleich von Kapitalbindungsdifferenzen bei der Interner Zinssatz-Methode Abschnitt 3.3.4.

[45] Vgl. Schmidt, R.H.; Terberger, E.: (Grundzüge), S. 374 f.; Kruschwitz, L.: (Investitionsrechnung), S. 382.

[46] Der APV-Ansatz geht auf MYERS zurück. Vgl. Myers, S.C.: (Interactions), S. 1 ff.; Mrotzek, R.: (Bewertung), S. 199.

mens der Summe der Kapitalwerte seiner Investitionsobjekte entspricht. Dieses Prinzip wird hier auf einzelne Investitionen übertragen.[47]

Der APV-Ansatz führt zu identischen Ergebnissen wie eine Kapitalwertberechnung mit einem gewichteten Kapitalkostensatz (unter Einbeziehung von Steuern), wenn jeweils von denselben Annahmen ausgegangen wird.[48] Er kann aber auch zur Beurteilung riskanter Investitionen bei unvollkommenem Kapitalmarkt und Unsicherheit genutzt werden; dies wird beispielsweise für die Beurteilung von Direktinvestitionen relativ häufig vorgeschlagen und soll nachfolgend skizziert werden.[49]

Bei Anwendung des APV zur Beurteilung von Direktinvestitionen kann als Basiskapitalwert der in Heimatwährung gemessene Kapitalwert der Rückflüsse des Investitionsobjekts bei vollständiger Eigenfinanzierung durch das Mutterunternehmen (KW_{ME}) interpretiert werden. Bei dessen Berechnung sollte zur Diskontierung der auf Inlandswährung umgerechneten Rückflüsse (R_{at}) und Anschaffungsauszahlung (A_{0at}) der projektspezifische Eigenkapitalzinssatz (i_{hE}) verwendet werden, den potentielle Eigenkapitalgeber unter Berücksichtigung des Risikos fordern würden und der sich beispielsweise unter Nutzung des CAPM ermitteln läßt.[50]

Eine Anpassung dieses Basiskapitalwerts kann sinnvoll sein, um eine Fremdfinanzierung im Heimat- oder Investitionsland oder einen Finanzierungsbeitrag des Tochterunternehmens einzubeziehen. Zur Berechnung des in Heimatwährung gemessenen Kapitalwerts einer im Investitionsland vorgenommenen Fremdfinanzierungsmaßnahme (KW_{MF}) beispielsweise läßt sich - neben der Währungsumrechnung mit dem Wechselkurs (w_t) - eine Diskontierung der aus dieser Finanzierungsmaßnahme resultierenden Ein- und Auszahlungen (E_{Fat} und A_{Fat}) mit einem Zinssatz (i_{hF}) vornehmen, der ihrem Risiko entspricht.[51] Falls lediglich der Nebeneffekt dieser Fremdfinanzierung im Investitionsland auftritt, ergibt die Summe aus deren Kapitalwert und dem Basiskapitalwert den für die Entscheidung relevanten gesamten Kapitalwert aus Sicht des Mutterunternehmens:

$$KW = KW_{ME} + KW_{MF}$$

$$= \sum_{t=0}^{T} (R_{at} - A_{0at}) \cdot w_t \cdot (1+i_{hE})^{-t} + \sum_{t=0}^{T} (E_{Fat} - A_{Fat}) \cdot w_t \cdot (1+i_{hF})^{-t}$$

Neben der Fremdfinanzierung können aber auch weitere Nebeneffekte auf analoge Weise berücksichtigt werden, z. B. dem Mutterunternehmen aufgrund der Investition

---

47 Vgl. Mrotzek, R.: (Bewertung), S. 200; Lumby, S.: (Investment), S. 248.
48 Vgl. Kruschwitz, L.: (Investitionsrechnung), S. 393 ff.; Busse von Colbe, W.; Laßmann, G.: (Betriebswirtschaftstheorie), S. 246 ff.
49 Vgl. Lessard, D.R.: (Evaluating), S. 570 ff.; Mrotzek, R.: (Bewertung), S. 199 ff. und S. 263 ff.; Busse von Colbe, W.; Laßmann, G.: (Betriebswirtschaftstheorie), S. 250; Levi, M.: (Finance), S. 393 ff. sowie zur Beurteilung von Auslandsinvestitionen unter Sicherheit Abschnitt 3.4.2.
50 Vgl. Busse von Colbe, W.; Laßmann, G.: (Betriebswirtschaftstheorie), S. 24; Kolbe, C.: (Investitionsrechnungen), S. 127.
51 Vgl. dazu Kolbe, W.: (Investitionsrechnungen), S. 128.

entgehende Einzahlungsüberschüsse und Steuerwirkungen. Für als sicher anzunehmende Steuerersparnisse beispielsweise, die aus erhöhten Abschreibungen resultieren, bietet sich eine Diskontierung mit dem risikolosen Zinssatz an. Eine weitere mögliche Verfeinerung des Ansatzes besteht darin, daß die Komponenten der Rückflüsse mit unterschiedlichen Zinssätzen diskontiert werden, unter anderem als sicher anzusehende "fixe" Auszahlungen mit einem risikolosen Zinssatz.[52]

Mit dem APV können sowohl risikoadäquate Kalkulationszinssätze als auch diverse Finanzierungsformen und damit ein unvollkommener Kapitalmarkt erfaßt werden. Aufgrund der Bildung von Kapitalwertkomponenten ist das Vorgehen sehr transparent.[53] Allerdings werden auch hier die Unsicherheiten nicht direkt bei den primär mit Unsicherheiten behafteten Zahlungen erfaßt. Problematisch ist außerdem die Ermittlung der spezifischen Kalkulationszinssätze. So gelten bei Verwendung des CAPM zur Bestimmung projektspezifischer Eigenkapitalverzinsungen die oben aufgeführten Kritikpunkte.[54]

Ansätze zur risikoadäquaten Bewertung von Zahlungen

Anstelle einer Modifikation des Kalkulationszinssatzes ist es auch möglich, bei den Zahlungen anzusetzen, um die Unsicherheit in die Investitionsbeurteilung einzubeziehen. Bei den entsprechenden Ansätzen wird zumeist davon ausgegangen, daß jeweils eine endliche Anzahl möglicher Einzahlungsüberschüsse für die verschiedenen Zeitpunkte der Nutzungsdauer prognostiziert werden kann. Im folgenden werden die Sicherheitsäquivalenzmethode sowie das Zeit-Zustands-Präferenz-Modell als Konzepte zur risikoadäquaten Bewertung von Zahlungen erörtert.

Bei der *Sicherheitsäquivalenzmethode* werden unsichere Zahlungen in Form von Sicherheitsäquivalenten im Investitionsmodell erfaßt. Ein Sicherheitsäquivalent stellt allgemein die Ergebnisausprägung dar, deren sicherer Eintritt vom Entscheidungsträger - in Abhängigkeit von dessen spezifischer Risikopräferenz - als gleichwertig mit der unsicheren Verteilung von Ergebnissen angesehen wird.[55] Im Kapitalwertmodell, von dem im folgenden ausgegangen wird, handelt es sich bei den Ergebnissen um Zahlungen. Es sind demgemäß vom Entscheidungsträger periodenspezifische Sicherheitsäquivalente $SÄ_t$ für die jeweiligen Verteilungen möglicher Zahlungen zu be-

---

[52] Vgl. Lessard, D.R.: (Evaluating), S. 576; Kolbe, C.: (Investitionsrechnungen), S. 128 f.; Mrotzek, R.: (Bewertung), S. 222 und S. 263 ff. Generell ist es möglich, die Zahlungsunterschiede zwischen Mutter- und Tochterunternehmen als Nebeneffekte zu erfassen.

[53] Zudem wird beim APV im Gegensatz zur Bestimmung der Kapitalkosten als durchschnittliche Kapitalkosten (WACC) auch die Änderung der Kapitalstruktur durch die Investition erfaßt. Vgl. Mrotzek, R.: (Bewertung), S. 285; Busse von Colbe, W.; Laßmann, G.: (Betriebswirtschaftstheorie), S. 248 ff.

[54] Vgl. dazu auch Kolbe, C.: (Investitionsrechnungen), S. 130 sowie zur Festlegung der Beta-Faktoren im Rahmen des APV Mrotzek, R.: (Bewertung), S. 221 ff.

[55] Zur Verwendung von Sicherheitsäquivalenten zur Bestimmung von Risiko-Nutzenfunktionen vgl. Abschnitt 7.2.

stimmen, mit dem risikolosen Zinssatz r_f auf den Beginn des Planungszeitraums zu diskontieren und zum Kapitalwert KW zu aggregieren:

$$KW = \sum_{t=0}^{T} SÄ_t \cdot (1+r_f)^{-t}$$

Der Kapitalwert ist dann ein Vorteilhaftigkeitsmaß, das sowohl die Verteilungen möglicher Ergebnisse als auch die Risikopräferenz des Entscheidungsträgers widerspiegelt und analog zum Fall der Sicherheit zur Entscheidungsfindung genutzt werden kann.

Sicherheitsäquivalente können auf verschiedenen Wegen bestimmt werden. So ist es möglich, den erwarteten Zahlungen "intuitiv" ein Sicherheitsäquivalent zuzuordnen. Des weiteren kann das Sicherheitsäquivalent einer vom Entscheidungsträger zu bestimmenden Risiko-Nutzenfunktion entnommen werden; aus dem Risikonutzen einer Verteilung von Zahlungen läßt sich auf das sichere Ergebnis schließen, das zum selben Nutzen führt. Schließlich kann ein Sicherheitsäquivalent durchaus auch aus einer Marktbewertung, z. B. im Rahmen des CAPM, abgeleitet werden. Umgekehrt ist es ebenfalls denkbar, von einem Sicherheitsäquivalent ausgehend einen (personenbezogen) risikoangepaßten Kalkulationszinssatz zu bestimmen.[56] Unter denselben Annahmen (einschließlich Einperiodigkeit) ergibt sich bei Diskontierung eines Sicherheitsäquivalents mit dem risikolosen Zinssatz und des Erwartungswerts mit einem entsprechenden risikoangepaßten Zinssatz der gleiche Kapitalwert.[57]

Als positiv an diesem Ansatz ist zu werten, daß eine theoretisch konsistente Einbeziehung der Unsicherheit der Zukunftsentwicklung wie auch der Risikopräferenz erfolgt. Im Gegensatz zur Korrektur des Kalkulationszinssatzes wird die Unsicherheit direkt bei den Größen erfaßt, deren zukünftige Ausprägungen besonders unsicher sind. Im Vergleich zur Diskontierung mit einem konstanten risikoangepaßten Kalkulationszinssatz wird zudem das Problem der impliziten Annahme steigenden Risikos vermieden.[58]

Allerdings wird davon ausgegangen, daß nur eine bestimmte Anzahl möglicher Werte eintreten kann. Deren Prognose wird in der Regel ebenfalls mit Unsicherheiten verbunden sein. Außerdem dürfte es für den Entscheidungsträger nicht unproblematisch sein, die Sicherheitsäquivalente bzw. die zugrundeliegenden Risiko-Nutzenfunktionen zu bestimmen.[59] Schließlich ist zu erwähnen, daß die Unsicherheit zu-

---

[56] In diesem Zusammenhang leitet KRUSCHWITZ aus der Tatsache, daß bei einem risikoscheuen Investor und einer "Verlustlotterie" das Sicherheitsäquivalent höher ist als der Erwartungswert, ab, daß risikoaverse Investoren bei der Diskontierung erwarteter Auszahlungsüberschüsse einen Risikoabschlag beim Kalkulationszinssatz vornehmen sollten. Vgl. Kruschwitz, L.: (Risikoabschläge), S. 2411.

[57] Vgl. Schmidt, R.H.; Terberger, E.: (Grundzüge), S. 367; Franke, G.; Hax, H.: (Finanzwirtschaft), S. 355 f.; Fischer, T.R.; Hahnenstein, L.; Heitzer, B.: (Berücksichtigung), S. 1212 f.; Kruschwitz, L.: (Risikoabschläge), S. 2409.

[58] Vgl. Schmidt, R.H.; Terberger, E.: (Grundzüge), S. 368.

[59] Vgl. Henselmann, K.; Kniest, W.: (Unternehmensbewertung), S. 158.

mindest in der Grundform des Verfahrens auf der Ebene periodenbezogener Einzahlungsüberschüsse und damit weiterhin in relativ stark aggregierter Form erfaßt wird. Die bezüglich einzelner Zahlungskomponenten bestehenden Unsicherheiten werden nicht differenziert einbezogen.

Das *Zeit-Zustands-Präferenz-Modell* (time state preference model) dient einerseits dazu, die Preise für zustandsabhängige, d. h. nur bei Eintritt eines bestimmten Zustands zu einer Zahlung führende, Ansprüche zu erklären. Für derartige Ansprüche wird auch der Begriff des "reinen Wertpapiers" gebraucht, um eine Abgrenzung von den gängigen Wertpapieren vorzunehmen, die Ansprüche für alle Umweltzustände verbriefen.[60] Bei diesem Modell wird von Annahmen ausgegangen, die denen des CAPM ähneln, indem neben einer bestimmten Anfangsausstattung der Investoren einer Volkswirtschaft auch vollkommene Kapitalmärkte, homogene Erwartungen sowie rationales Verhalten der Marktteilnehmer unterstellt werden. Mit Hilfe einer - auf Überlegungen zum Entscheidungsverhalten einzelner Investoren basierenden - Gleichgewichtsanalyse läßt sich dann herausarbeiten, wodurch die Preise zustandsabhängiger Finanztitel determiniert werden: sie sind umso höher, je höher die Eintrittswahrscheinlichkeit des entsprechenden Zustands, je niedriger der Zinssatz für risikolose Anlagen und je "ärmer" die Volkswirtschaft in dem Zustand ist.[61]

Zustandsabhängige Ansprüche auf Zahlungen lassen sich nun andererseits aber grundsätzlich auch für die hier im Vordergrund stehende Beurteilung von Investitionen unter Unsicherheit nutzen.[62] Wird unterstellt, daß ein Markt existiert, auf dem Preise für Zahlungsansprüche bezogen auf alle Zustände vorliegen, die erwartungsgemäß bei Realisierung eines Investitionsobjektes in verschiedenen Zeitpunkten möglich sind, dann kann mit Hilfe dieser Preise eine Bewertung des Investitionsobjektes erfolgen. Dabei wird jeder Strom möglicher Zahlungen als Bündel zustandsabhängiger Zahlungsansprüche interpretiert, die mit ihren jeweiligen aktuellen Preisen bewertet werden. Daraus ergibt sich der folgende auf den Beginn des Planungszeitraums bezogene und damit einem Kapitalwert vergleichbare Marktwert (MW) des Zahlungsstroms:

$$MW = \sum_{t=0}^{T} \sum_{z=1}^{Z_t} p_{tz} \cdot N_{tz}$$

---

[60] Vgl. Kruschwitz, L.: (Finanzierung), S. 159. Grundlegend für das Modell sind die Erkenntnisse von ARROW und DEBREU zur optimalen Risikoallokation. Vgl. Arrow, K.J.: (Role); Debreu, G.: (Theory).

[61] Vgl. ausführlicher zu den Annahmen des Modells, den Entscheidungen der Investoren sowie der Gleichgewichtsanalyse und ihren Ergebnissen Kruschwitz, L.: (Finanzierung), S. 237 ff.; Franke, G.; Hax, H.: (Finanzwirtschaft), S. 385 ff. Dort wird auch die enge Beziehung zum Capital Asset Pricing Model erörtert, das FRANKE/HAX als Spezialfall des Zeit-Zustands-Präferenz-Modells ansehen. Während beim Capital Asset Pricing Model unterstellt wird, daß Investoren nach dem μ-σ-Kriterium entscheiden, wird beim Zeit-Zustands-Präferenz-Modell lediglich die Verfolgung des allgemeineren BERNOULLI-Prinzips vorausgesetzt.

[62] Zu den nachfolgenden Ausführungen vgl. Franke, G.; Hax, H.: (Finanzwirtschaft), S. 347 ff.

> Parameter und Indizes:
> t = Zeitindex
> z = Index eines im Zeitpunkt t möglichen Zustandes (z = 1, ..., Z_t)
> p_{tz} = Preis des Zahlungsanspruchs für Zustand z im Zeitpunkt t
> N_{tz} = Nettozahlung im Zustand z im Zeitpunkt t

Anhand dieses Wertes kann - analog zur Kapitalwertmethode bei Sicherheit - die Entscheidung über die Annahme oder Ablehnung eines Investitionsobjekts gefällt werden.

Auch dieser Ansatz erlaubt eine theoretisch fundierte Beurteilung von Investitionen unter Unsicherheit. Allerdings geht er - ähnlich wie das CAPM - von einigen restriktiven Prämissen aus. Außerdem wird ebenfalls eine relativ hoch aggregierte Zahlungsbetrachtung vorgenommen. Insbesondere dürfte aber auch hier die Beschaffung der erforderlichen Daten schwierig sein und für diese Daten wiederum Unsicherheit bestehen. Dies gilt - wie bei der Sicherheitsäquivalenzmethode und bei Anwendung entscheidungstheoretischer Regeln und Kriterien - für die möglichen Umweltzustände und die bei diesen zu erwartenden Zahlungen, die zu prognostizieren sind. Die Preise für reine Wertpapiere bzw. zustandsbedingte Ansprüche lassen sich nur bei einem vollständigen Kapitalmarkt eindeutig bestimmen, d. h. wenn die Zahl der gehandelten Wertpapiere (mindestens) so groß ist wie die der möglichen Zustände; es ist fraglich, inwieweit diese Voraussetzung erfüllt ist. Das Modell läßt sich jedoch nicht nur direkt zur Investitionsbeurteilung unter Unsicherheit einsetzen; aus ihm läßt sich auch ableiten, daß der Risikozuschlag von der Verteilung der Zahlungen auf verschiedene Zustände und deren Korrelation mit den Resultaten der übrigen Investitionen abhängig gemacht werden sollte: je höher die Korrelation ist, desto mehr erhöht die Investition ceteris paribus das Gesamtrisiko und desto höher sollte daher der Risikozuschlag gewählt werden. Bei niedriger Korrelation ist eine Minderung des Gesamtrisikos denkbar, die sogar einen Risikoabschlag rechtfertigen kann.[63]

7.3.2 Sensitivitätsanalyse

Verfahrensdarstellung

Die Sensitivitätsanalyse dient bei Modellen für Einzelentscheidungen dazu, die Beziehungen zwischen den verschiedenen eingehenden Daten sowie den Zielwerten und/oder eventuell auch der Vorteilhaftigkeit von Alternativen zu untersuchen. Vor allem die folgenden Fragestellungen sollen mittels einer Sensitivitätsanalyse beantwortet werden:[64]

---

[63] Vgl. Franke, G.; Hax, H.: (Finanzwirtschaft), S. 349 ff. sowie zur Bestimmung der Preise reiner Wertpapiere bei einem vollständigen Kapitalmarkt Kruschwitz, L.: (Finanzierung), S. 157 ff.
[64] Vgl. Lüder, K.: (Investitionsrechnung), S. 512; Blohm, H.; Lüder, K.: (Investition), S. 251 ff.; Dinkelbach, W.: (Sensitivitätsanalysen), S. 25 ff.

(a) Wie verändert sich der Zielfunktionswert bei vorgegebenen Variationen einer Inputgröße oder mehrerer Inputgrößen?
(b) Welchen Wert darf eine Inputgröße bzw. welche Wertekombinationen dürfen mehrere Inputgrößen annehmen, wenn ein vorgegebener Zielfunktionswert[65] mindestens erreicht werden soll?

Mittels der zweiten Fragestellung werden sog. kritische Werte oder Wertekombinationen für Inputgrößen ermittelt.[66] Diese können unter anderem angeben, wie weit die Werte von Inputgrößen von den ursprünglichen Wertansätzen - z. B. dem erwarteten oder dem wahrscheinlichsten Wert - abweichen dürfen, ohne daß sich die absolute oder die relative Vorteilhaftigkeit ändert.

Die Frage nach der Zielfunktionswertänderung bei vorgegebenen Inputvariationen kann in zwei Formen gestellt werden. Zum einen ist es möglich, von einem ursprünglichen Wertansatz auszugehen und diesen schrittweise zu verändern. Zum anderen können von vornherein mehrere alternativ mögliche Inputwerte (z. B. ein minimaler, ein mittlerer und ein maximaler) in jeweils einer Rechnung untersucht werden.[67] Zwischen diesen beiden Vorgehensweisen wird im folgenden nicht unterschieden.

Die Durchführung einer Sensitivitätsanalyse basiert auf der Konstruktion eines Entscheidungsmodells und der Ermittlung von Daten für dieses. Es sind dann die Art und die Anzahl der zu untersuchenden Inputgrößen sowie Bezugszeiträume für die Analyse festzulegen. Dabei ergibt sich eine Reihe von Wahlmöglichkeiten. So können beispielsweise bei der Bestimmung eines Kapitalwerts für eine Erweiterungsinvestition, die der Fertigung einer neuen Produktart dient,

- die Anschaffungsauszahlung,
- der Absatzpreis,
- die Absatz- bzw. Produktionsmenge,
- die mengenabhängigen Auszahlungen,
- die mengenunabhängigen Auszahlungen,
- der Liquidationserlös,
- die Nutzungsdauer sowie
- der Kalkulationszinssatz

analysiert werden. Zusätzlich ist es möglich, bestimmte Inputgrößen, wie die mengenabhängigen Auszahlungen, zu disaggregieren und Sensitivitätsanalysen bezüglich ihrer Bestandteile durchzuführen. Weiterhin können entweder eine Inputgröße iso-

---

[65] Statt eines einzelnen Wertes kann auch ein Bereich für die Zielfunktionswerte vorgegeben werden, aus dem sich dann ein zulässiger Wertebereich für eine Inputgröße oder zulässige Wertebereiche für mehrere Inputgrößen ableiten lassen. Vgl. Kruschwitz, L.: (Investitionsrechnung), S. 327 ff.
[66] Vgl. Kilger, W.: (Werte), S. 338 ff.
[67] Vgl. Weinrich, G.; Hoffmann, U.: (Investitionsanalyse), S. 149.

liert oder gleichzeitig mehrere Größen analysiert werden. Außerdem läßt sich die Analyse auf eine, einige oder alle Periode(n) des Planungszeitraums beziehen.

Allein aus diesen Wahlmöglichkeiten resultiert eine hohe Anzahl unterschiedlicher Varianten von Sensitivitätsanalysen. Aus diesen muß ebenso eine Auswahl erfolgen wie die Art der Fragestellung ((a) oder (b)) festzulegen ist. Bei Fragestellung (a) muß des weiteren bestimmt werden, wieviele und welche Inputwerte zu untersuchen sind.[68] Schließlich kann eine Sensitivitätsanalyse bei der Beurteilung der relativen Vorteilhaftigkeit für eine Alternative oder für mehrere Alternativen vorgenommen werden.

Das konkrete Vorgehen bei der Durchführung der Sensitivitätsanalyse ist abhängig von der Fragestellung. Bei Beurteilung der absoluten Vorteilhaftigkeit eines Investitionsobjekts lassen sich bei den meisten Eingangsgrößen kritische Werte oder Wertekombinationen bestimmen, indem die Zielfunktion mit dem vorgegebenen Zielfunktionswert gleichgesetzt wird, eine Auflösung nach der unsicheren Inputgröße oder den unsicheren Inputgrößen erfolgt und die als konstant angenommenen Werte der anderen Inputgrößen eingesetzt werden.[69] Bei Sensitivitätsanalysen der Form (a) werden zunächst entweder die Abweichungen der Werte der Inputgröße(n) vom jeweiligen Ausgangswert[70] oder die alternativen Werte für die Inputgröße(n) festgelegt. Auf dieser Basis können dann jeweils spezifische Zielfunktionswerte berechnet werden.[71] Auch bei einer Sensitivitätsanalyse der Form (a) wird Konstanz der nicht analysierten Größen unterstellt.

Das Vorgehen bei den beiden Fragestellungen der Sensitivitätsanalyse sowie die Interpretationsmöglichkeiten der jeweiligen Ergebnisse werden nachfolgend anhand von Beispielen veranschaulicht.

Beispiele für Sensitivitätsanalysen

Zunächst soll auf den Einsatz der Sensitivitätsanalyse im Rahmen eines Kapitalwertmodells zur Vorteilhaftigkeitsbestimmung eingegangen werden. Angesichts der Bedeutung dieses Modells stellt dieses Beispiel einen Schwerpunkt dar. Anschließend wird die Sensitivitätsanalyse - um ihre flexible Einsetzbarkeit zu verdeutlichen - auch auf das statische Modell der Kostenvergleichsrechnung bezogen.

Sensitivitätsanalyse beim Kapitalwertmodell zur Vorteilhaftigkeitsbestimmung

Im folgenden Beispiel wird davon ausgegangen, daß die in Abschnitt 3.3.2 im Zusammenhang mit der differenzierten Kapitalwertformel aufgeführten Annahmen

---

[68] Dabei ergeben sich wiederum Kombinationsmöglichkeiten mit den Varianten, die bezüglich der einzelnen Perioden und Inputgrößen gewählt werden können.
[69] Vgl. Blohm, H.; Lüder, K.: (Investition), S. 251 f.; Kilger, W.: (Werte), S. 340. Bei den folgenden Ausführungen zur Sensitivitätsanalyse im Kapitalwertmodell wird auf Größen hingewiesen, bei denen das beschriebene Vorgehen nicht realisierbar ist.
[70] Die Abweichungen können entweder prozentual oder absolut bestimmt werden.
[71] Vgl. Blohm, H.; Lüder, K.: (Investition), S. 252 ff.

gelten (u. a. Fertigung einer Produktart, Produktionsmenge entspricht Absatzmenge). Für zwei Investitionsalternativen konnten die nachstehend angegebenen Werte für die Anschaffungsauszahlung (A_0), die Produktions- bzw. Absatzmenge (x), den Verkaufspreis pro Stück (p), die produktions- bzw. absatzmengenabhängigen Auszahlungen pro Stück (a_v), die produktions- bzw. absatzmengenunabhängigen Auszahlungen pro Periode (A_f), den Liquidationserlös (L), die Nutzungsdauer (T) und den Kalkulationszinssatz (i) ermittelt werden. Bezüglich der Größen, die in mehreren Perioden auftreten (x, p, a_v, A_f, i), wird unterstellt, daß sie über die Nutzungsdauer konstant sind.

Inputgröße		IO_I	IO_{II}
A_0	[€]	100.000	60.000
x	[ME]	1.000	1.000
p	[€/ME]	100	100
a_v	[€/ME]	50	60
A_f	[€]	16.000	17.500
L	[€]	0	0
T	[Jahre]	5	5
i	[%]	10	10
Kapitalwert		28.886,74	25.292,69

Die oben angegebenen Kapitalwerte (KW) wurden gemäß der folgenden Formel ermittelt:[72]

$$KW = -A_0 + \sum_{t=1}^{T}\left((p - a_v) \cdot x - A_f\right) \cdot q^{-t} + L \cdot q^{-T}$$

Betrachtet werden zunächst Alternative I und die Auswirkungen der Variation jeweils eines Parameters. Diese lassen sich mittels einer Sensitivitätsanalyse der Form (a) differenziert ermitteln, wenn - bei konstanten Werten der anderen Inputgrößen - systematisch unterschiedliche Veränderungen der Werte einzelner Inputgrößen vorgenommen und die daraus resultierenden Zielfunktionswerte berechnet werden. Dieses Vorgehen kann zur Bestimmung der Kapitalwertverläufe in Abhängigkeit von den Veränderungen der Werte einzelner Inputgrößen dienen. Für das Fallbeispiel sind die Kapitalwertverläufe in Abbildung 7-2 dargestellt, wobei der Darstellung die Annahme zugrunde liegt, daß die Werte der periodenbezogenen Inputgrößen sich prozentual in allen Perioden in gleicher Höhe verändern.

---

[72] In der Formel wird t als Zeitindex verwendet, für q gilt: q = 1 + i.

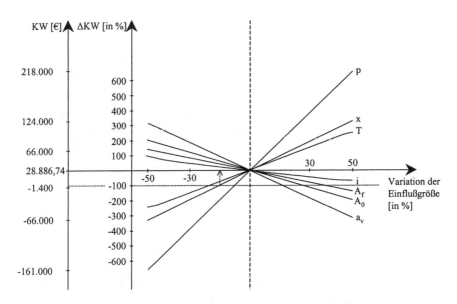

Abb. 7-2: Kapitalwertverläufe in Abhängigkeit von Veränderungen der Werte einzelner Inputgrößen[73]

Mit Ausnahme des Kalkulationszinssatzes und der Nutzungsdauer ergeben sich hier lineare Verläufe des Kapitalwerts in Abhängigkeit von jeweils einer Inputgröße. Aus der Abbildung wird deutlich, wie empfindlich die Zielgröße auf Veränderungen einzelner Inputgrößen reagiert. Je steiler der Kapitalwertverlauf ist, desto stärker wirken sich Variationen der Inputgrößenwerte auf die Zielgröße Kapitalwert aus. In diesem Beispiel haben vor allem der Absatzpreis (p), die Absatzmenge (x) und die absatzmengenabhängige Auszahlung (a_v) einen nachhaltigen Einfluß auf den Kapitalwert.

Die dargestellte Analyse erlaubt es, die Bedeutung der Inputgrößen für die Entscheidung zu beurteilen. Daraus resultieren Hinweise auf die Vorteilhaftigkeit weiterer Informationsbeschaffungs-, Planungs- und Kontrollaktivitäten bezüglich der Inputgrößen und der Faktoren, die diese beeinflussen. Beispielsweise können eine gezielte Informationsbeschaffung zur Vorbereitung einer Investitionsentscheidung oder die Einrichtung eines Umweltbeobachtungssystems für besonders relevante Inputgrößen veranlaßt werden. Falls die Entwicklung bestimmter Umweltgrößen beeinflußbar ist, ergeben sich möglicherweise auch Anhaltspunkte für die Vorteilhaftigkeit entsprechender Maßnahmen.

Die Kapitalwertverläufe in Abhängigkeit von den Werten einzelner Inputgrößen lassen sich zudem bei der Entscheidungsfindung bezüglich eines Investitionsobjektes nutzen. Mit Hilfe des Kapitalwertverlaufs kann abgeschätzt werden, welcher Wert einer Inputgröße zu einem Kapitalwert führt, der eine Vorteilhaftigkeitsgrenze für die

---

[73] Zu analogen Darstellungen vgl. Busse von Colbe, W.; Laßmann, G.: (Betriebswirtschaftstheorie), S. 164; Kellinghusen, G.: (Investitionsanalyse), S. 1206.

Entscheidung darstellt (vgl. dazu die Ableitung einer kritischen Preisveränderung bezogen auf einen Kapitalwert von Null in Abbildung 5-2). Dieser Wert der Inputgröße ist ein kritischer Wert, er bildet eine Ober- oder Untergrenze für die Vorteilhaftigkeit einer bestimmten Alternative. Der Abstand des Werts vom ursprünglichen Wertansatz und die Wahrscheinlichkeit einer entsprechenden Abweichung sind Anhaltspunkte für die Vorteilhaftigkeit der Alternative bzw. die Gefahr einer Fehlentscheidung.[74] Zudem lassen sich hieraus die bereits angesprochenen Rückschlüsse hinsichtlich der Notwendigkeit weiterer Informationsbeschaffungs- und -verarbeitungsaktivitäten bezüglich der jeweiligen Inputgrößen ziehen.

Wie oben dargestellt, kann die hier geschilderte systematische Inputvariation (Fragestellung (a)) in vielfältiger Weise abgewandelt und vertieft werden. Darauf wird im folgenden nicht eingegangen.[75]

Eine gezielte Bestimmung kritischer Werte erfolgt im Rahmen einer Sensitivitätsanalyse der Form (b). Auf die Berechnung kritischer Werte ist bereits kurz hingewiesen worden. Sie soll hier am Beispiel des Absatzpreises veranschaulicht werden.

Der kritische Preis p_{krit} für ein Kapitalwertniveau von Null (KW = 0) läßt sich mit Hilfe der Formel für den Kapitalwert bestimmen:[76]

$$KW = -A_0 + \sum_{t=1}^{T}\left((p - a_v) \cdot x - A_f\right) \cdot q^{-t} + L \cdot q^{-T}$$

Bei einem Kapitalwert von Null ergibt sich:

$$0 = -A_0 + \sum_{t=1}^{T}\left((p_{krit} - a_v) \cdot x - A_f\right) \cdot q^{-t} + L \cdot q^{-T}$$

bzw.

$$A_0 + \sum_{t=1}^{T}(a_v \cdot x + A_f) \cdot q^{-t} - L \cdot q^{-T} = p_{krit} \cdot x \cdot \sum_{t=1}^{T} q^{-t}$$

und

$$\frac{A_0 + \sum_{t=1}^{T}(a_v \cdot x + A_f) \cdot q^{-t} - L \cdot q^{-T}}{x \cdot \sum_{t=1}^{T} q^{-t}} = p_{krit}$$

---

[74] Vgl. Busse von Colbe, W.; Laßmann, G.: (Betriebswirtschaftstheorie), S. 162.

[75] Es soll lediglich darauf hingewiesen werden, daß sich eine weitere Differenzierung vor allem in zeitlicher Hinsicht anbietet. Zur Untersuchung von Variationen der Werte einer Inputgröße in einzelnen Perioden vgl. Blohm, H.; Lüder, K.: (Investition), S. 253 f.

[76] Alternativ ist es möglich, die auf die Veränderung einer Inputgröße (hier des Preises) zurückzuführende Kapitalwertänderung mit der zum Erreichen des kritischen Niveaus von Null gegenüber dem Ausgangszustand erforderlichen Erhöhung oder Verringerung des Kapitalwertes gleichzusetzen und eine kritische Veränderung der Inputgröße zu bestimmen.

Bei Einsetzen der Beispieldaten für Alternative I resultiert daraus:

$p_{krit} = 92{,}38$ [€]

Die kritischen Werte für die meisten anderen Inputgrößen lassen sich durch entsprechende Formelumstellungen ermitteln. Nicht möglich ist dies in bezug auf den Kalkulationszinssatz und die Nutzungsdauer, da beide Größen in der Kapitalwertformel nicht isoliert werden können. Die kritischen Werte für den Kalkulationszinssatz bzw. die Nutzungsdauer entsprechen dem Internen Zinssatz bzw. der dynamischen Amortisationszeit, deren Berechnung in den Abschnitten 3.3.4 und 3.3.5 erörtert wurde. Die für Alternative I ausgehend von einem Kapitalwertniveau von Null ermittelten kritischen Werte aller Inputgrößen und ihre prozentuale Abweichung von den ursprünglichen Wertansätzen, die analog zur Break-Even-Analyse als "Sicherheitsstrecke" bzw. "Sicherheitskoeffizient" interpretierbar ist,[77] enthält die nachfolgende Tabelle. Es ist bei der Bestimmung der Werte in bezug auf die periodenbezogenen Größen wiederum von einer gleichbleibenden Veränderung in allen Perioden ausgegangen worden.

Inputgrößen	Kritische Werte	Abweichungen der kritischen Werte vom Ausgangswert
A_0	128.886,74 [€]	28,89%
p	92,38 [€/ME]	7,62%
a_v	57,62 [€/ME]	15,24%
x	847,60 [ME]	15,24%
A_f	23.620,30 [€]	47,63%
i	20,76 [%]	107,60%
T	3,67 [Jahre]	26,60%
L	-46.522,38 [€]	-

Abb. 7-3: Kritische Werte einzelner Inputgrößen

Eine Besonderheit ergibt sich bei der Berechnung kritischer Werte, falls Veränderungen in mehreren Perioden analysiert werden und eine Inputgröße in diesen Perioden unterschiedliche Werte annimmt. Es läßt sich dann mit Hilfe eines Variationsparameters die durchschnittlich zulässige Abweichung von den ursprünglichen Werten berechnen.[78]

Im Rahmen einer Sensitivitätsanalyse können - wie erwähnt - auch mehrere Inputgrößen gleichzeitig untersucht werden. Dabei lassen sich ebenfalls die oben dargestellten Formen und Arten einer Sensitivitätsanalyse durchführen. Aus der Bestimmung kritischer Wertekombinationen resultiert eine kritische Fläche, deren Dimen-

---

[77] Vgl. Kesten, R.: (Management), S. 286.
[78] Vgl. ter Horst, K.W.: (Investitionsplanung), S. 135 f.

sion um Eins geringer ist als die Zahl der betrachteten Inputgrößen.[79] Werden beispielsweise gleichzeitig die Preise und die Absatz- bzw. Produktionsmengen analysiert, dann lautet die kritische Funktion bei einem vorgegebenen Kapitalwert von Null sowie gleich hohen Preisen und Mengen in allen Perioden:

$$p_{krit} = a_v + \frac{A_0 + \sum_{t=1}^{T} A_f \cdot q^{-t} - L \cdot q^{-T}}{x_{krit} \cdot \sum_{t=1}^{T} q^{-t}}$$

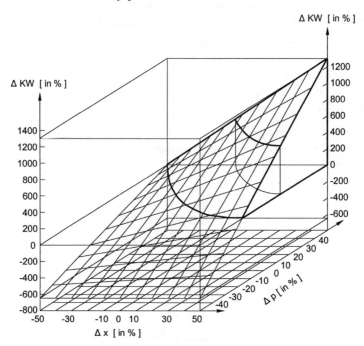

Abb. 7-4: Kapitalwert in Abhängigkeit von Preis und Absatzmenge

Abbildung 7-4 zeigt diese Funktion sowie die Veränderung der Kapitalwerte bei Variation der Preise und der Absatzmengen. Die Interpretation dieser Abbildung kann weitgehend analog dem Fall der Variation einer Inputgröße erfolgen. Der Abstand der ursprünglichen Wertekombination von der kritischen Funktion läßt Rückschlüsse auf die Abhängigkeit einer Vorteilhaftigkeitsaussage von den Werten der Inputgrößen zu. In Verbindung mit der Höhe der Zielfunktionswertveränderungen bei vorgegebenen Inputvariationen ermöglicht er zudem Aussagen bezüglich des Einflusses der Inputgrößenkombination.

---

[79] Vgl. Blohm, H.; Lüder, K.: (Investition), S. 251.

Die bisherigen Ausführungen haben sich lediglich auf ein Investitionsobjekt bezogen. Bei Beurteilung der relativen Vorteilhaftigkeit von Investitionsobjekten ist es möglich, die aufgeführten Analysen für alle zur Wahl stehenden Objekte vorzunehmen. Zudem lassen sich für jeweils zwei Investitionsobjekte auch direkt Sensitivitätsanalysen bezüglich der relativen Vorteilhaftigkeit durchführen. Dabei können für jede Inputgröße unterschiedliche Typen von kritischen Werten bestimmt werden. Eine Art kritischer Werte ergibt sich, wenn die Werte der Inputgrößen für ein Objekt konstant gesetzt werden und der aus diesen resultierende Zielfunktionswert den Ausgangspunkt für die Bestimmung kritischer Werte bezüglich des anderen Investitionsobjektes bildet (Typ (iii) in Abbildung 7-5). Dieses Vorgehen erscheint bei Größen sinnvoll, die in unterschiedlicher Form in die Beurteilung der beiden Objekte eingehen.

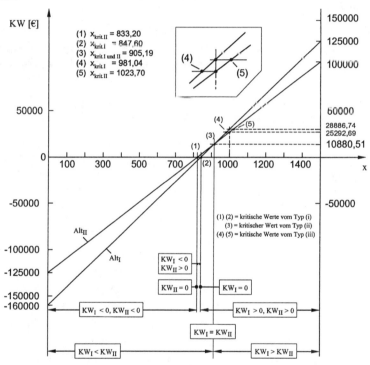

Abb. 7-5: Kritische Absatzmengen bei zwei Investitionsobjekten[80]

Für unsichere Größen, die in gleicher Weise bei beiden Alternativen wirken, z. B. die Absatz- bzw. Produktionsmenge eines Produkts, das auf beiden Objekten gefertigt werden soll, ist es möglich, den kritischen Wert zu ermitteln, bei dem die Alternativen gleiche Zielfunktionswerte erbringen (Typ (ii) in Abbildung 7-5). Damit

---

[80] Zu einer ähnlichen Darstellung vgl. Däumler, K.-D.: (Grundlagen), S. 250.

können Vorteilhaftigkeitsbereiche bezüglich der Werte jeweils einer Inputgröße abgesteckt werden. Rechnerisch läßt sich diese Art eines kritischen Werts unter anderem bestimmen, indem der Kapitalwert der Differenzinvestition mit Null vorgegeben und der Wert der gemeinsamen unsicheren Größe berechnet wird. Abbildung 7-5 zeigt die verschiedenen, für zwei Investitionsobjekte isoliert voneinander (Typ (i)) und in Relation zueinander (Typen (ii) und (iii)) ermittelbaren kritischen Werte am Beispiel der Produktions- bzw. Absatzmengen.[81]

Mit Hilfe der kritischen Werte oder der Variation von Inputgrößenwerten kann demgemäß für jeweils zwei Investitionsobjekte der Einfluß der Eingangsdaten auf die relative Vorteilhaftigkeit untersucht werden.[82] Bei einer hohen Anzahl von Investitionsobjekten ist allerdings eine Vielzahl von Berechnungen durchzuführen.

Sensitivitätsanalyse beim Modell der Kostenvergleichsrechnung

Im folgenden soll die Sensitivitätsanalyse auf das Modell der Kostenvergleichsrechnung angewendet werden, das in Abschnitt 3.2.2 vorgestellt worden ist. Es wird dazu auf das dort erörterte Beispiel zurückgegriffen. In diesem stehen drei Alternativen zur Wahl: die Investitionsobjekte A und B sowie der Fremdbezug (C).

Für die Alternativen A und B wurden die durchschnittlichen fixen Kosten (K_f) und die durchschnittlichen variablen Kosten (K_v) bei der maximalen Produktionsmenge wie folgt ermittelt:

Alternative	A	B
Fixe Kosten [€]	139.600	326.400
Variable Kosten [€]	650.000	560.000
Kapazität [Stück/Jahr]	8.000	10.000

Der Fremdbezug ist zu einem Preis von 125 €/Stück möglich. Des weiteren gilt, daß die variablen Kosten in proportionalem Verhältnis zur Produktionsmenge stehen.

In Abschnitt 3.2.2 wurde festgestellt, daß das Investitionsobjekt B bei einer Bedarfsmenge von 8.000 Stück die vorteilhafteste Alternative darstellt. Bei der entsprechenden Berechnung wurde von Sicherheit aller Daten ausgegangen. Wird diese Annahme aufgehoben, dann kann die Unsicherheit bezüglich aller Inputgrößen mit Hilfe von Sensitivitätsanalysen analog dem im vorherigen Beispiel geschilderten Vorgehen untersucht werden.

Im folgenden soll die Produktions- bzw. Bedarfsmenge analysiert werden, da die Entwicklung der durchschnittlichen variablen Kosten von ihr abhängig ist und ihr

---

[81] Im folgenden Beispiel zur Sensitivitätsanalyse beim Modell der Kostenvergleichsrechnung wird die Bestimmung kritischer Werte vom Typ (ii) ausführlich dargestellt.

[82] Dabei ergibt sich im Kapitalwertmodell für absolut vorteilhafte und isoliert durchführbare Investitionen die Tendenz, daß das Objekt mit geringerer Kapitalbindung bei einer Erhöhung des Kalkulationszinssatzes günstiger bewertet wird. Vgl. dazu auch die Ausführungen zur Beurteilung der relativen Vorteilhaftigkeit mit der Interner Zinssatz-Methode in Abschnitt 3.3.4.

deshalb eine besondere Bedeutung zukommt. Eine Grenze für die relative Vorteilhaftigkeit liegt im Modell der Kostenvergleichsrechnung bei einer Menge vor, bei der die Kosten zweier Alternativen gleich hoch sind. Eine entsprechende Menge läßt sich als kritische Produktionsmenge bezeichnen. In der Notation des Beispiels zum Kapitalwertmodell handelt es sich um eine kritische Menge vom Typ (ii). Die Ermittlung einer solchen ist - bei Analyse der relativen Vorteilhaftigkeit - für jedes Alternativenpaar möglich.

Kritische Produktionsmengen lassen sich graphisch oder rechnerisch bestimmen. Als Basis für ihre Berechnung sind für die einzelnen Alternativen Kostenfunktionen zu ermitteln, die die Höhe der Kosten (K) in Abhängigkeit von der Produktionsmenge angeben. Deren allgemeine Form lautet:

$$K = K_f + K_v \quad \text{bzw.} \quad K = K_f + k_v \cdot x$$

Aufgrund der proportionalen Beziehung zwischen Produktionsmenge und variablen Kosten sind die variablen Stückkosten (k_v) konstant. Für die drei Alternativen des Beispiels ergibt sich:

$$K_A = 139.600 + 81{,}25x, \quad \text{für } 0 \leq x \leq 8.000$$

$$K_B = 326.400 + 56x, \quad \text{für } 0 \leq x \leq 10.000$$

$$K_C = 125x, \quad \text{für } 0 \leq x$$

Wie erwähnt, gilt für eine kritische Produktionsmenge x_{krit}, daß die Kosten zweier Alternativen gleich hoch sind. Die kritische Produktionsmenge kann daher durch Gleichsetzen der Kostenfunktionen der jeweils betrachteten Alternativen bestimmt werden. Es gilt beispielsweise für die Alternativen A und B:

$$\begin{aligned} K_A &= K_B \\ 139.600 + 81{,}25 x_{krit} &= 326.400 + 56 x_{krit} \\ 25{,}25 x_{krit} &= 186.800 \\ x_{krit} &= 7.398{,}02 \; [\text{Stück}] \end{aligned}$$

Damit wurde berechnet, daß bei einer Produktionsmenge von 7.398,02 Stück die Kosten der Alternativen A und B gleich hoch sind. Bis zu einer Produktionsmenge von einschließlich 7.398 Stück sollte die Alternative A dem Investitionsobjekt B vorgezogen werden, ab 7.399 Stück ist B zu präferieren. Diese Aussage läßt sich daraus ableiten, daß die Alternative A im Vergleich zu B die geringeren fixen Kosten und die höheren variablen Stückkosten aufweist.

In der oben geschilderten Form können kritische Werte auch für die Alternativenkombinationen A und C sowie B und C berechnet werden. Die Werte lauten:

Alternativenkombination	x_{krit} [Stück]
A - C	3.190,86
B - C	4.730,43

Mit Hilfe der kritischen Werte lassen sich nun Vorteilhaftigkeitsbereiche für die Alternativen abgrenzen. Relativ vorteilhaft sind:
- bis zu einer Menge von 3.190 Stück: Alternative C,
- von 3.191 bis 7.398 Stück: Alternative A,
- ab einer Menge von 7.399 Stück: Alternative B.

Diese Vorteilhaftigkeitsbereiche sowie die kritischen Mengen zeigt Abbildung 7-6, in der die Kostenfunktionen der Alternativen dargestellt sind.

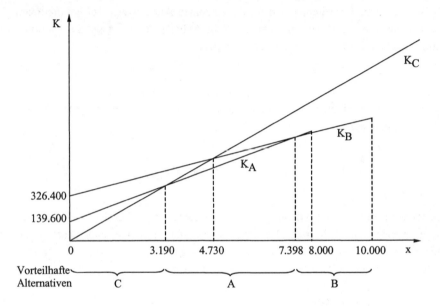

Abb. 7-6: Kritische Produktionsmengen und Vorteilhaftigkeitsbereiche

Auf der Grundlage der Bestimmung von kritischen Mengen und von Vorteilhaftigkeitsbereichen ist es möglich, unter Einbeziehung der Unsicherheit der Produktionsmengen eine Auswahlentscheidung relativ fundiert zu treffen. Wenn ein Entscheidungsträger hier beispielsweise davon ausgehen kann, daß die Produktionsmenge oberhalb von 7.500 Stück liegen wird, dann sprechen die Kostendaten eindeutig für eine Entscheidung zugunsten der Alternative B.

Verfahrensbeurteilung

Sensitivitätsanalysen lassen sich unabhängig von der verwendeten Modellart zur Auswertung von Modellen für Einzelentscheidungen nutzen, wie die oben geschilderten Beispiele angedeutet haben. Auch bei anderen Modellen zur Vorteilhaftigkeitsbeurteilung, z. B. solchen, die auf der Methode der vollständigen Finanzpläne[83] oder der Nutzwertanalyse basieren, oder bei Modellen zur Vorbereitung von Nutzungsdauer-, Ersatzzeitpunkt- und Investitionszeitpunktentscheidungen ist ein Einsatz des Verfahrens möglich. Darüber hinaus kann die Sensitivitätsanalyse auch bei Modellen angewendet werden, bei denen Risiken - wie im vorigen Abschnitt erörtert - bereits über die Bestimmung oder Bewertung von Kalkulationszinssätzen oder Zahlungen erfaßt sind; dies sollte dann allerdings bei der Durchführung der Sensitivitätsanalyse (Auswahl zu untersuchender Inputgrößen, Ermittlung der Zielgrößen oder kritischer Werte) und insbesondere bei der Interpretation der Ergebnisse berücksichtigt werden.

Die Resultate von Sensitivitätsanalysen vermitteln einen Einblick in die Struktur eines Modells. Sie erlauben es, zu untersuchen, wie unsichere Modelldaten und in Verbindung damit auch Verletzungen der dem Modell zugrundeliegenden Annahmen die Modellresultate beeinflussen.[84] Indem ermittelt wird, in welcher Form die Vorteilhaftigkeit der Alternativen von den Eingangsdaten der Modellrechnung abhängt, kann ein Beitrag zur Auswahl von Alternativen geleistet werden. Allerdings beinhalten Sensitivitätsanalysen keine Entscheidungsregel. Es bleibt dem Entscheidungsträger überlassen, wie er auf der Basis ihrer Resultate eine Alternative auswählt.

Mit Hilfe von Sensitivitätsanalysen kann auch die Bedeutung der einzelnen Inputgrößen herausgearbeitet werden. Damit lassen sie sich nicht nur zur Alternativenauswahl, sondern auch zur gezielten Steuerung von Aktivitäten der Informationsbeschaffung, Planung, Kontrolle und Umweltbeeinflussung nutzen. Da Sensitivitätsanalysen zudem mit relativ geringem Aufwand durchgeführt werden können, erscheinen sie als Instrument der Investitionsrechnung unter Unsicherheit besonders wertvoll.

Ein Nachteil der Sensitivitätsanalyse ist, daß für die Werte der jeweils nicht analysierten Größen Konstanz unterstellt wird. Diese Annahme dürfte häufig nicht realistisch sein, da sich die Werte nicht unabhängig voneinander verändern.[85] Die gleichzeitige Untersuchung von Veränderungen der Werte zweier oder mehrerer Größen ist zwar grundsätzlich möglich, führt aber bei mehr als zwei Größen zu Interpretationsschwierigkeiten. Weitere Nachteile sind darin zu sehen, daß nur einige mögliche Inputwerte explizit analysiert werden können und über die Wahrscheinlichkeit von Abweichungen keine Aussagen getroffen werden.[86] Diese Nachteile werden bei der im folgenden betrachteten Risikoanalyse vermieden.

---

[83] Zum Einsatz der Sensitivitätsanalyse bei VOFI-Modellen vgl. Kesten, R.: (Management), S. 287 ff.; Götze, U.: (Beurteilung), S. 192 f.
[84] Ähnliche Empfindlichkeitsaussagen lassen sich für kleine Schwankungen der Eingangsgrößen mit Hilfe der Fehlerrechnung, eines aus den Naturwissenschaften stammenden Verfahrens, gewinnen. Vgl. Bloech, J.: (Untersuchung), S. 41 ff.
[85] Vgl. Lücke, W.: (Investitionslexikon), S. 345; Wagener, F.: (Risikoanalyse), S. 123.
[86] Zum letztgenannten Aspekt vgl. Schneeweiß, H.: (Entscheidungskriterien), S. 2 f.

7.3.3 Risikoanalyse

Verfahrensdarstellung

Für die Risikoanalyse ist charakteristisch, daß die möglichen Ausprägungen unsicherer Inputgrößen in Form von Wahrscheinlichkeitsverteilungen dargestellt werden. Unter Berücksichtigung der Zusammenhänge zwischen den einzelnen Inputgrößen sowie den Inputgrößen und der Zielgröße wird für deren mögliche Ausprägungen ebenfalls eine Wahrscheinlichkeitsverteilung abgeleitet.[87] Diese läßt sich als Basis für die Entscheidungsfindung unter Berücksichtigung der Unsicherheit analysieren.

Die Durchführung einer Risikoanalyse kann in die folgenden Schritte untergliedert werden:[88]

1. Formulierung eines Entscheidungsmodells
2. Ermittlung von Wahrscheinlichkeitsverteilungen für die als unsicher anzusehenden Inputgrößen
3. Einbeziehung stochastischer Abhängigkeiten zwischen den unsicheren Inputgrößen
4. Berechnung einer Wahrscheinlichkeitsverteilung für die Zielgröße
5. Interpretation der Resultate.

Gemäß dieser Sichtweise umfaßt die Risikoanalyse - anders als die Sensitivitätsanalyse - neben der Auswertung eines Entscheidungsmodells auch andere Phasen der Modellanalyse wie die Modellkonstruktion und die Datenbeschaffung.[89]

Auf die Formulierung eines Entscheidungsmodells im ersten Schritt soll hier nicht weiter eingegangen werden. Es sind dabei unter anderem die Inputgrößen auszuwählen, deren Ausprägungen aufgrund der bestehenden Unsicherheit in Form einer Wahrscheinlichkeitsverteilung dargestellt werden sollen.

Bei den Wahrscheinlichkeitsverteilungen für die einzelnen Inputgrößen handelt es sich um diskrete Verteilungen oder um kontinuierliche wie die Normal-, die Beta-, die Dreiecks- oder die Trapezverteilung. Die Bestimmung kontinuierlicher Verteilungen kann z. B. erfolgen, indem ein Verteilungstyp vorgegeben wird und die Verteilungsparameter geschätzt werden. Verteilungsparameter sind beispielsweise Erwartungswert und Standardabweichung bei der Normalverteilung sowie häufigster Wert, unterer und oberer Grenzwert bei der Dreiecksverteilung.[90] Die Bestimmung von Wahrscheinlichkeitsverteilungen ist in jedem Fall ein problematischer Schritt,

---

[87] Vgl. Schindel, V.: (Risikoanalyse), S. 30 f.
[88] Vgl. Diruf, G.: (Risikoanalyse), S. 823 ff. sowie zu ähnlichen Schrittfolgen Hertz, D.B.: (Risk), S. 95 ff.; Hertz, D.B.; Thomas, H.: (Risk), S. 296 ff.; Lüder, K.: (Risikoanalyse), S. 224 ff.; Marettek, A.: (Arbeitsschritte), S. 141.
[89] Zu den Phasen der Modellanalyse vgl. Abschnitt 2.3.2.
[90] Zur Bestimmung von Wahrscheinlichkeiten bzw. Wahrscheinlichkeitsverteilungen vgl. grundlegend Laux, H.: (Entscheidungstheorie), S. 313 ff.; Eisenführ, F.; Weber, M.: (Entscheiden), S. 151 ff. und mit Bezug zur Investitionsbeurteilung Blohm, H.; Lüder, K.: (Investition), S. 265°f.; Diruf, G.: (Risikoanalyse), S. 825 ff.

sie kann vor allem aufgrund der Einmaligkeit vieler Investitionen in der Regel nur mittels subjektiver Schätzungen erfolgen.

Stochastische Abhängigkeiten zwischen unsicheren Inputgrößen können zum einen mit Hilfe von Korrelationskoeffizienten für die Entwicklungen jeweils zweier Inputgrößen berücksichtigt werden. Zum anderen ist es möglich, mehrere Wahrscheinlichkeitsverteilungen für Inputgrößen zu definieren, deren Werteverlauf von dem einer anderen Inputgröße abhängig ist. Für bestimmte Werte(bereiche) der unabhängigen Inputgröße gilt dann jeweils eine sog. bedingte Verteilung der abhängigen Inputgröße.[91]

Der vierte Schritt der Risikoanalyse läßt sich auf analytische oder simulative Art vollziehen. Beim analytischen Ansatz[92] wird die Zielfunktionswertverteilung rechnerisch aus den Verteilungen der Inputgrößen abgeleitet. Dieser Ansatz ist an die Gültigkeit restriktiver Annahmen gebunden, denn er erfordert zumindest die Vorgabe der Zielfunktionswertverteilung. Da sich außerdem nur eine kleine Zahl von Inputgrößen einbeziehen läßt,[93] wird der Ansatz im folgenden nicht weiter betrachtet.

Beim simulativen Ansatz wird eine Vielzahl von Rechenläufen durchgeführt. In jedem Lauf erfolgt mit Hilfe der Ziehung von Zufallszahlen eine Stichprobenauswahl aus den Wahrscheinlichkeitsverteilungen der Inputgrößen. Dabei muß die Auswahl von Werten entsprechend ihrer Eintrittswahrscheinlichkeit vorgenommen werden. Mit den unter Berücksichtigung stochastischer Abhängigkeiten bestimmten Ausprägungen der unsicheren und den Werten der sicheren Inputgrößen wird ein Zielfunktionswert berechnet; nach einer Vielzahl von Läufen ergibt sich eine Verteilung für die Zielfunktionswerte. Die Zahl der Läufe eines Simulationsvorgangs sollte so groß sein, daß die Gesamtheit der zufällig gezogenen Stichprobenwerte als repräsentativ für die Wahrscheinlichkeitsverteilungen der Inputgrößen angesehen werden kann.[94]

Als Basis für die Auswertung werden die in den einzelnen Läufen berechneten Zielfunktionswerte verschiedenen festzulegenden Häufigkeitsklassen zugeordnet. Die absoluten Häufigkeiten, die sich für die einzelnen Klassen ergeben, können in relative Häufigkeiten überführt werden. Diese bilden die Grundlage für die Bestimmung einer die Wahrscheinlichkeitsverteilung charakterisierenden Wahrscheinlichkeits- oder Dichtefunktion, einer Verteilungsfunktion und/oder eines Risikoprofils für die Zielgröße.[95] Die Auswertungsmöglichkeiten dieser Ergebnisse sollen im folgenden anhand eines Beispiels dargestellt werden.

---

[91] Vgl. Blohm, H.; Lüder, K.: (Investition), S. 266 ff.
[92] Zum analytischen Ansatz vgl. Hillier, F.S.: (Derivation), S. 443 ff.; Blohm, H.; Lüder, K.: (Investition), S. 270 ff.
[93] Vgl. Busse von Colbe, W.; Laßmann, G.: (Betriebswirtschaftstheorie), S. 179; Blohm, H.; Lüder, K.: (Investition), S. 279.
[94] Zur Zahl der erforderlichen Läufe vgl. Brandes, W.; Budde, H.-J.: (COMPRI), S. 47 f.
[95] Vgl. Busse von Colbe, W.; Laßmann, G.: (Betriebswirtschaftstheorie), S. 182 f.

Beispiel

Es werden zwei Investitionsobjekte A und B betrachtet. Unsichere Inputgrößen stellen die Preise, die produktionsmengenabhängigen und -unabhängigen Auszahlungen und die Liquidationserlöse beider Objekte sowie die Produktions- bzw. Absatzmengen der Alternative A dar.[96] Für diese Inputgrößen sollen - mit Ausnahme der Produktions- bzw. Absatzmengen der Alternative A - in allen Perioden die gleichen Wahrscheinlichkeitsverteilungen gelten. Als Verteilungstyp wird jeweils eine Dreiecksverteilung gewählt. Deren Verteilungsparameter (häufigster Wert, unterer Grenzwert, oberer Grenzwert) sind zusammen mit den anderen Daten des Fallbeispiels in der nachfolgenden Tabelle enthalten. Stochastische Abhängigkeiten zwischen den Inputgrößen bleiben - ebenso wie andere Verteilungstypen - unberücksichtigt.

Inputgröße	Alternative A			Alternative B		
A_0	130.000			95.000		
i	0,1			0,1		
	Min. Wert	häuf. Wert	Max. Wert	Min. Wert	häuf. Wert	Max. Wert
L	0	20.000	50.000	0	12.000	30.000
p	92	100	105	92	100	105
a_v	45	50	60	45	50	60
A_f	15.000	16.000	17.000	11.500	12.500	13.500
x_t t = 1	900	1.000	1.200	800	800	800
t = 2	950	1.050	1.150	800	800	800
t = 3	1.000	1.100	1.200	800	800	800
t = 4	950	1.050	1.150	800	800	800
t = 5	900	1.000	1.100	800	800	800

Im folgenden sollen zunächst die Ergebnisse der Risikoanalyse bezüglich Investitionsobjekt A betrachtet werden. In Abbildung 7-7 ist die Verteilungsfunktion des Kapitalwertes für dieses Objekt dargestellt.

---

[96] Zur zugrundeliegenden Kapitalwertformel und zu den verwendeten Symbolen vgl. Abschnitt 7.3.2.

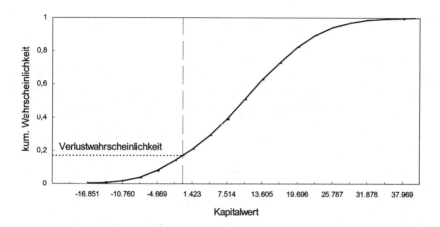

Abb. 7-7: Verteilungsfunktion des Kapitalwertes von Investitionsobjekt A

Die Lage und die Form der Verteilung bzw. der Verteilungsfunktion erlauben Rückschlüsse auf die Höhe und Streuung der Zielfunktionswerte. Je steiler beispielsweise der Verlauf der Verteilungsfunktion ist, desto geringer ist die Streuung der Zielfunktionswerte.[97] Die extremen Ausprägungen der Zielgröße werden ersichtlich; des weiteren ist es möglich, signifikante Kennzahlen zu bilden, z. B. Erwartungswert, Standardabweichung, Varianz, Konfidenzintervalle und Verlustwahrscheinlichkeit.[98] Auch der sogenannte Value at Risk, d. h. der maximale monetäre Verlust, der in einem bestimmten Zeitraum bei einem gegebenen Wahrscheinlichkeitsniveau (Konfidenzniveau) eintritt, kann bei einer monetären Zielgröße aus der Verteilungsfunktion (oder der Dichtefunktion) abgeleitet werden.[99]

Hier beträgt beispielsweise der Erwartungswert des Kapitalwertes 10.108 €, der Wert der Standardabweichung ist 10.045. Die Verlustwahrscheinlichkeit liegt bei etwa 18%.[100]

Die Funktionsverläufe und die Kennzahlen können als Entscheidungshilfen dienen; sie zeigen vor allem das mit einer Investition verbundene Risiko auf. So läßt sich aus jedem Punkt der Verteilungsfunktion ableiten, mit welcher Wahrscheinlichkeit ein bestimmter Kapitalwert höchstens erreicht wird. Bei einem Kapitalwert von Null ist dies die Wahrscheinlichkeit, mit der eine Alternative nicht absolut vorteilhaft ist. Sie kann bei einer stetigen Verteilungsfunktion auch als Verlustwahrscheinlich-

---

[97] Vgl. Blohm, H.; Lüder, K.: (Investition), S. 269.
[98] Vgl. Diruf, G.: (Risikoanalyse), S. 832; Hildenbrand, K.: (Risikoanalyse), S. 210 ff.; Linhart, H.; Zucchini, W.: (Statistik), S. 43 ff.
[99] Vgl. Weber, J.; Weißenberger, B.; Liekweg, A.: (Risk), S. 26; Holst, J.; Holtkamp, W.: (Risikoquantifizierung), S. 816; Wilkens, M.; Völker, J.: (Value-at-Risk), S. 419 ff. und zu weiteren Risikomaßen Götze, U.; Mikus, B.: (Entscheidungsmodelle), S. 453 ff.
[100] Die in Abschnitten 7.3.3 dargestellten Berechnungen wurden mit Hilfe des Decision Support Systems pcEXPRESS, Version 3.0., vorgenommen. Für die Hilfestellung bei der Durchführung der Simulationsexperimente gilt Herrn Dr. L. Werner herzlicher Dank.

keit interpretiert und als Indikator für eine stochastische Dominanz verwendet werden.

> Bei einer Verlustwahrscheinlichkeit von Null liegt stochastische Dominanz einer Alternative gegenüber der Unterlassensalternative vor, die Alternative ist dann in jedem Fall absolut vorteilhaft.

Auch zur Beurteilung der relativen Vorteilhaftigkeit von Investitionen läßt sich die Risikoanalyse verwenden. Mittels der oben angesprochenen Vorgehensweise können dazu für jede Alternative jeweils eine Wahrscheinlichkeitsverteilung, eine Verteilungsfunktion und/oder die genannten Kennzahlen berechnet werden. Im vorliegenden Beispiel lassen sich die für die Alternative B berechneten Werte (Erwartungswert 9.666 €, Standardabweichung 6.676, Verlustwahrscheinlichkeit ca. 8%) den entsprechenden Werten der Alternative A gegenüberstellen. Der Beurteilung der relativen Vorteilhaftigkeit zweier Alternativen können zudem deren Verteilungsfunktionen zugrunde gelegt werden. Mit deren Hilfe läßt sich gegebenenfalls eine stochastische Dominanz identifizieren.[101]

> Eine stochastische Dominanz 1. Grades einer Alternative gegenüber einer anderen liegt vor, wenn die Alternative bei jeder kumulierten Wahrscheinlichkeit einen zumindest gleich hohen und bei mindestens einer kumulierten Wahrscheinlichkeit einen höheren Kapitalwert aufweist als die andere Alternative.
> Bei stochastischer Dominanz 2. Grades einer Alternative gegenüber einer anderen ist die von links kumulierte Differenzfläche zwischen der Verteilungsfunktion dieser und der anderen Alternative stets größer oder gleich und zumindest einmal größer als Null.

Die stochastische Dominanz 2. Grades erlaubt damit - Risikoaversion des Entscheidungsträgers vorausgesetzt - in bestimmten Fällen auch dann eine Entscheidung, wenn keine Dominanz 1. Grades vorliegt. Abbildung 7-8 stellt die Verteilungsfunktionen der Alternativen A und B dar; in diesem Fall liegt keine stochastische Dominanz vor. Dies ist für die stochastische Dominanz ersten Grades daran erkennbar, daß die Verteilungsfunktionen einen Schnittpunkt aufweisen; im Hinblick auf die Dominanz 2. Grades läßt es sich über die Bildung von Differenzflächen ableiten, aber auch aus der Überlegung, daß die Alternative A die höhere Verlustwahrscheinlichkeit und den höheren Erwartungswert aufweist.

---

[101] Vgl. Busse von Colbe, W.; Laßmann, G.: (Betriebswirtschaftstheorie), S. 175 ff.; Hanf, C.-H.: (Entscheidungslehre), S. 93 ff.; Kruschwitz, L.: (Finanzierung), S. 130 ff. Zur stochastischen Dominanz dritter und höherer Ordnung sowie zur Kompatibilität von bestimmten Dominanzkonzepten und Nutzenfunktionen vgl. Kruschwitz, L.: (Finanzierung), S. 133 ff.; Hanf, C.-H.: (Entscheidungslehre), S. 94 ff.

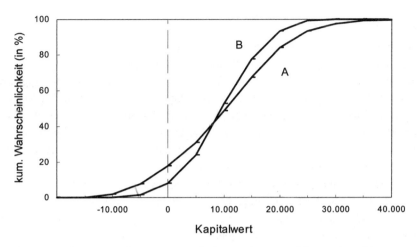

Abb. 7-8: Verteilungsfunktionen der Kapitalwerte der Investitionen A und B

Eine bessere Beurteilung der relativen Vorteilhaftigkeit zweier Investitionsalternativen erscheint mit Hilfe eines Simulationsvorgangs bezüglich der aus deren Zahlungsreihen gebildeten Differenzinvestition möglich.[102] Bei diesem ist in jedem Rechenlauf unter Berücksichtigung der Wahrscheinlichkeitsverteilungen der unsicheren Inputgrößen ein Kapitalwert der Differenzinvestition zu bestimmen.

Bei der simulativen Ermittlung einer Kapitalwertverteilung für die Differenzinvestition können die bei den Investitionsobjekten auftretenden Zufallseinflüsse zum einen unabhängig voneinander einbezogen werden. Zum anderen ist es möglich, bei einem Simulationsvorgang zu berücksichtigen, daß Komponenten beider Kapitalwerte von den gleichen Faktoren abhängen oder identisch sind. Diese Beziehungen lassen sich durch eine entsprechende Formulierung des Simulationsmodells erfassen. Es tritt dann hinsichtlich dieser Komponenten bei beiden Investitionsobjekten in jedem Lauf die gleiche Zufallsentwicklung auf. Dies ist ein Vorteil eines Simulationsvorgangs bezüglich einer Differenzinvestition gegenüber getrennten Simulationsvorgängen für zwei Investitionsobjekte. Einen weiteren Vorteil stellen die besseren Möglichkeiten der Auswertung dar. Die Ergebnisse dieses Simulationsvorgangs entsprechen den zuvor hinsichtlich einer Investition aufgeführten. Aus der Verteilungsfunktion einer Differenzinvestition lassen sich daher direkt die Wahrscheinlichkeiten ablesen, bestimmte Kapitalwertdifferenzen höchstens zu erreichen. Demgemäß kann auch die Wahrscheinlichkeit einer relativen Vorteilhaftigkeit aus dem Wert der Verteilungsfunktion bei einem Kapitalwert von Null abgeleitet werden. Es ist allerdings darauf hinzuweisen, daß eine Beurteilung der absoluten Vorteilhaftigkeit der beiden berücksichtigten Investitionsobjekte nicht möglich ist. Bei einer großen Zahl alternativer Investitionsobjekte ist eine Vielzahl von Differenzinvestitionen zu bilden.

---

[102] Zur Differenzinvestition und zu den mit ihrer Hilfe ableitbaren Aussagen vgl. Abschnitt 3.3.2.

Verfahrensbeurteilung

Wie in diesem Abschnitt dargestellt, erlaubt es die Risikoanalyse, unter Berücksichtigung einer relativ großen Zahl von Einflußfaktoren, unterschiedlichen Datenkonstellationen und deren Wahrscheinlichkeiten sowie stochastischen Abhängigkeiten zwischen den Inputgrößen eine Wahrscheinlichkeitsverteilung für die bei Realisierung einer Investition zu erwartenden Werte einer Zielgröße zu bestimmen. Damit zeigt das Verfahren die Bandbreite möglicher Entwicklungen der Zielgröße auf und liefert eine informative Basis für die Bewertung und Auswahl riskanter Alternativen einschließlich der Bestimmung von Risikomaßen.

Eine Entscheidungsregel beinhaltet das Verfahren nicht. In den Fällen, in denen keine stochastische Dominanz gegenüber der Unterlassensalternative (bei Beurteilung der absoluten Vorteilhaftigkeit) bzw. keine stochastische Dominanz 1. Grades gegenüber einer anderen Alternative (bei Beurteilung der relativen Vorteilhaftigkeit) vorliegt, muß der Entscheidungsträger unter Berücksichtigung seiner (Un)Sicherheitspräferenz auf der Basis der Verteilung(en) eine Auswahl vornehmen.[103]

Der Einsatz der Risikoanalyse erfordert im Regelfall die Nutzung eines speziellen EDV-Programms.[104] Angesichts der Bedeutung der meisten Investitionen auf der einen sowie der zunehmenden Verfügbarkeit leistungsfähiger Hard- und Software auf der anderen Seite dürfte dies aber kein grundsätzliches Hindernis für die Anwendung darstellen.

Probleme sind vor allem bei der Bestimmung der Eingangsdaten, insbesondere der Wahrscheinlichkeitsverteilungen und der stochastischen Abhängigkeiten, zu erwarten.[105] Zum einen kann diese einen relativ hohen Aufwand verursachen, der auch als ein Grund dafür angesehen wird, daß die Anwendung des Verfahrens in der Unternehmenspraxis oft auf wenige Großprojekte beschränkt bleibt.[106] Zum anderen ist sie aufgrund der Einmaligkeit vieler Entscheidungssituationen oft nicht auf der Basis statistisch auswertbaren Zahlenmaterials, sondern nur subjektiv möglich. Die Eingangsdaten einer Risikoanalyse und damit auch deren Resultate unterliegen - in einer nicht nachvollziehbaren Form - ebenfalls der Unsicherheit; diese ist tendenziell dann besonders groß, wenn es sich um einmalige Entscheidungen handelt. Ein weiterer Nachteil der Risikoanalyse ist, daß sie in der hier dargestellten Ausgangsform keinerlei Aussagen bezüglich des Einflusses einzelner Inputgrößen auf das Ergebnis zuläßt. Diesen beiden Nachteilen kann mit einer kombinierten Anwendung von Risiko-

---

[103] Vgl. Brandes, W.; Budde, H.-J.; Bloech, J.: (Risikoabschätzung), S. 2700 sowie kritisch hierzu, zur Risikoanalyse insgesamt und auch zur Anwendung der Entscheidungstheorie allgemein bei Investitionsentscheidungen Schmidt, R.H.; Terberger, E.: (Grundzüge), S. 298 ff.
[104] Vgl. z. B. Palisade Corporation: (Guide).
[105] Vgl. Jandt, J.: (Investitionseinzelentscheidungen), S. 549; Perridon, L.; Steiner, M.: (Finanzwirtschaft), S. 128.
[106] Vgl. Blohm, H.; Lüder, K.: (Investition), S. 279 f.

analyse und Sensitivitätsanalyse begegnet werden, zu der hier aber lediglich auf die Literatur verwiesen werden soll.[107]

7.3.4 Entscheidungsbaumverfahren

Verfahrensdarstellung

Für das Entscheidungsbaumverfahren ist charakteristisch, daß endlich viele mögliche Umweltzustände und deren Eintrittswahrscheinlichkeiten sowie Folgeentscheidungen, die im Falle des Eintritts bestimmter Umweltzustände zu treffen sind, in einem dynamischen Modell erfaßt werden. Indem unterstellt wird, daß zukünftige Entscheidungen zustandsspezifisch zu fällen sind und je nach Umweltzustand unterschiedliche Zukunftserwartungen vorliegen (können), wird beim Entscheidungsbaumverfahren zudem ein Informationszugang abgebildet. Seinen Namen verdankt das Verfahren der Tatsache, daß sich das Problem in einem ungerichteten Graphen, dem sog. Entscheidungsbaum, darstellen läßt (vgl. Abbildung 7-9). Die dem Verfahren zugrundeliegenden Modelle bzw. das entsprechende planerische Vorgehen werden auch als "flexibel" bezeichnet.[108] Das Verfahren erlaubt es unter anderem, die Flexibilität von Alternativen in Form von Anpassungsmöglichkeiten an künftige Entwicklungen in Entscheidungsbaummodellen zu erfassen. Diese wird über die Handlungen, die bei den im Falle des Eintritts bestimmter Umweltzustände zu treffenden Folgeentscheidungen zur Wahl stehen, sowie die für diese erwarteten Daten berücksichtigt.

Die unterschiedlichen Kanten und Knoten des Entscheidungsbaums lassen sich wie folgt beschreiben:

E	Entscheidungsknoten, d. h. Knoten, der ein Entscheidungsereignis charakterisiert,
e	Kante, die eine Entscheidungsalternative repräsentiert,
Z	Zufallsknoten, d. h. Knoten, der ein Zufallsereignis kennzeichnet,
z	Kante, die einen aus dem Eintritt eines Zufallsereignisses resultierenden Umweltzustand beschreibt,
R	Ergebnisknoten, d. h. Knoten, der die mit bestimmten Entscheidungsalternativen und Umweltzuständen verbundenen Ergebnisse angibt, sowie
R/E	Knoten, der darstellt, daß ein Ergebnis vorliegt und eine Entscheidung zu fällen ist.

Den Kanten z sind Wahrscheinlichkeiten für das Eintreten der Umweltzustände zugeordnet. Es wird von einer endlichen Anzahl möglicher Umweltzustände ausgegangen.

---

[107] Vgl. Götze, U.: (Risikoanalyse). Alternativ könnte erwogen werden, Fuzzy Sets in Risikoanalysen einzubeziehen, um die hinsichtlich deren Eingangsdaten bestehenden Unsicherheiten zu berücksichtigen. Zum Begriff "Fuzzy Sets" vgl. Abschnitt 8.1.

[108] Vgl. Kruschwitz, L.: (Investitionsrechnung), S. 346 ff.; Hax, H.; Laux, H.: (Planung), S. 319 ff.

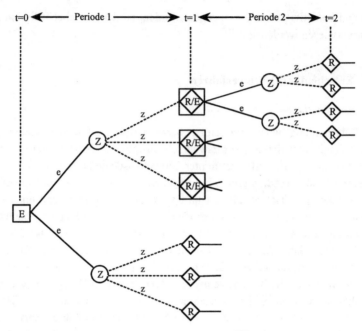

Abb. 7-9: Formalstruktur eines Entscheidungsbaums[109]

Im ersten Schritt des Verfahrens ist die Struktur des Entscheidungsbaums festzulegen, indem der Planungszeitraum und seine Untergliederung, die in den einzelnen Zeitpunkten realisierbaren Handlungsalternativen sowie die möglichen Umweltzustände definiert werden. Darauf aufbauend erfolgt die Prognose der weiteren entscheidungsrelevanten Daten. Wenn ein Kapitalwertmodell zur Vorteilhaftigkeitsbeurteilung zugrunde gelegt wird, sind für alle Entscheidungsalternativen und die jeweils möglichen Zustände beispielsweise Anschaffungsauszahlungen, Nutzungsdauern, Liquidationserlöse, Absatz- bzw. Produktionsmengen, Preise sowie absatzmengenabhängige und -unabhängige Auszahlungen festzulegen. Außerdem müssen die Wahrscheinlichkeiten der Umweltzustände und der Kalkulationszinssatz ermittelt werden.[110]

Als Zielgröße wird bei der Anwendung des Entscheidungsbaumverfahrens in der Investitionsrechnung zumeist der Erwartungswert des Kapitalwertes berücksichtigt.[111] Es gilt dann:

---

[109] Quelle: Blohm, H.; Lüder, K.: (Investition), S. 280. Vgl. dazu auch Lücke, W.: (Investitionslexikon), S. 69 f.

[110] Als Ausgangspunkt für die Strukturierung des Entscheidungsbaums sowie die Datenermittlung bietet sich der Einsatz der Szenario-Technik an. Vgl. dazu Götze, U.: (Szenario-Technik), S. 336 ff. sowie zur "Szenariosimulation" als - Entscheidungsbäume nutzendes - Verfahren zur Investitionsbeurteilung unter Unsicherheit Reichmann, T.: (Controlling), S. 318 ff.

[111] Vgl. Blohm, H.; Lüder, K.: (Investition), S. 281. Zu weiteren Zielgrößen vgl. Strebel, H.: (Entscheidungsbaumtechniken), Sp. 379, zur Anwendung des Verfahrens bei VOFI-Modellen vgl.

> Optimal ist die zustandsabhängige Entscheidungsfolge, die den maximalen Erwartungswert des Kapitalwertes aufweist.

Zur Bestimmung derartiger Entscheidungsfolgen kann das auf dem Optimalitätsprinzip der dynamischen Optimierung beruhende Rollback-Verfahren von MAGEE verwendet werden.[112] Beim Rollback-Verfahren wird zunächst der späteste Zeitpunkt betrachtet, in dem Entscheidungen zu fällen sind. Für jede Entscheidungssituation in diesem Zeitpunkt ist eine spezifische vorherige Abfolge von Handlungen und Umweltzuständen charakteristisch, die den Handlungsspielraum und die Erwartungen determinieren. Es wird nun auf der Basis der Daten, die für die im weiteren Verlauf des Planungszeitraums möglichen Umweltzustände prognostiziert werden, jeweils die erwartungswertmaximale Alternative bestimmt und ausgewählt. Allein sie geht in die weiteren Untersuchungen ein. Anschließend wird für die Entscheidungsknoten des vorletzten Entscheidungszeitpunkts unter Berücksichtigung eventuell zuvor ausgewählter Handlungen und der diesen zugeordneten Erwartungswerte des Kapitalwertes jeweils die optimale Alternative ermittelt und festgelegt. Die sukzessive Fortsetzung dieses Vorgehens führt zur Auswahl der optimalen Alternative zu Beginn des Planungszeitraums. Dies soll im folgenden anhand von Beispielen veranschaulicht werden.

Beispiele

Im ersten Beispiel geht es um eine *Vorteilhaftigkeitsentscheidung unter Einbeziehung von Folgehandlungen*. Zu Beginn des Planungszeitraums können zwei Alternativen A und B realisiert werden. Bei Wahl von Alternative B ist es möglich, zu Beginn der nächsten Periode eine von zwei zur Wahl stehenden Folgeinvestitionen (B_1, B_2) vorzunehmen. Der Planungszeitraum soll - der Einfachheit halber - nur zwei Perioden betragen. Für die mengenabhängigen und -unabhängigen Auszahlungen sowie die Verkaufspreise wird angenommen, daß sie sicher sind und in jeder Periode die gleiche Höhe aufweisen, die Ein- und Auszahlungen fallen jeweils am Periodenende an. Sicherheit wird auch für die Anschaffungsauszahlung, den Kalkulationszinssatz und die Liquidationserlöse unterstellt. Die letzteren sollen am Ende des Planungszeitraums einzahlungswirksam werden; es wird davon ausgegangen, daß die Nutzung zu diesem Zeitpunkt endet. Als unsichere Größe wird die Absatz- bzw. Produktionsmenge angesehen. Bezüglich dieser wird erwartet, daß in jeder Periode eine günstige oder eine ungünstige Entwicklung eintreten kann. Die Eintrittswahrscheinlichkeiten dieser Zukunftsverläufe und die bei ihnen realisierbaren Absatz- bzw. Produktionsmengen sind zusammen mit den weiteren relevanten Daten in der nachfolgenden Tabelle enthalten.

Götze, U.: (Beurteilung), S. 193 ff.; Kesten, R.: (Management), S. 307 ff. Auf ein Vermögensendwertmodell bezieht sich Aufgabe 7-10.

[112] Vgl. Magee, J.F.: (Decision), S. 132; Magee, J.F.: (Trees), S. 91; Aden, R.: (Konzeption), S. 42 ff.

Inputgrößen	Alternativen			
	A	B	B_1	B_2
Anschaffungsauszahlung	1.000.000	500.000	550.000	300.000
Mengenunabhängige Auszahlungen	120.000	50.000	50.000	50.000
Mengenabhängige Auszahlungen	50	50	50	50
Verkaufspreis	100	100	100	100
Liquidationserlös	100.000	50.000	55.000	30.000
Absatz- bzw. Produktionsmenge				
t=1:				
hohe Nachfrage (w=0,6)	20.000	10.000	—	—
geringe Nachfrage (w=0,4)	12.500	8.000	—	—
t=2:				
falls hohe Nachfrage in t=1				
hohe Nachfrage (w=0,6)	20.000	10.000	16.000	10.000
geringe Nachfrage (w=0,4)	12.500	8.000	12.000	8.000
falls geringe Nachfrage in t=1				
hohe Nachfrage (w=0,4)	20.000	10.000	16.000	10.000
geringe Nachfrage (w=0,6)	12.500	8.000	12.000	8.000
Kalkulationszinssatz	10%			

Den Entscheidungsbaum zum Fallbeispiel stellt Abbildung 7-10 dar. Dieser beinhaltet drei Entscheidungsknoten. Neben der Ausgangsentscheidung in t = 0 ist im Zeitpunkt t = 1 bei zwei unterschiedlichen Umweltsituationen über die Folgeinvestitionen zu entscheiden. Dabei kann jeweils eine der Folgeinvestitionen B_1 oder B_2 realisiert werden; außerdem ist es möglich, die Unterlassensalternative U zu wählen.

Gemäß dem Rollback-Verfahren werden zunächst die Entscheidungssituationen in t = 1 analysiert. Zunächst wird der Knoten R/E_2 betrachtet, der den Fall einer Ausgangsentscheidung für B und einer günstigen Nachfrage in Periode 1 repräsentiert. Für die Alternative B_1 beträgt der Erwartungswert des Kapitalwerts bezogen auf t = 1:

EKW_{B_1} = -550.000 + (0,6 · 16.000 · (100-50) + 0,4 · 12.000 · (100-50)) · 1,1^{-1}

   Anschaffungs-   *Überschüsse der Einzahlungen über die mengenabhängigen Auszahlungen*
   auszahlung   *lungen in den Umweltzuständen in t = 2, jeweils gewichtet mit der Eintrittswahrscheinlichkeit des Umweltzustands und abgezinst auf t = 1*

   - 50.000 · 1,1^{-1} + 55.000 · 1,1^{-1}
   abgezinste mengenunab-   *abgezinster*
   hängige Auszahlungen   *Liquidationserlös*

EKW_{B_1} = 109.090,91 [€]

Der erwartete Kapitalwert der Alternative B_2 für die betrachtete Entscheidungssituation läßt sich in gleicher Weise ermitteln, er beträgt:

$EKW_{B_2} = 100.000,- [€]$

Da der Erwartungswert des Kapitalwerts der Unterlassensalternative Null ist, stellt die Alternative B_1 in dieser Entscheidungssituation die vorteilhafteste Alternative dar. Gemäß dem derzeitigen Informationsstand würde demgemäß B_1 realisiert, falls nach einer Ausgangsentscheidung für B in der ersten Periode eine günstige Nachfrage eintreten würde. Allein diese Alternative wird mit dem zugehörigen Erwartungswert des Kapitalwerts bei den nachfolgenden Analysen zeitlich vorgelagerter Entscheidungen - hier der Anfangsentscheidung in $t = 0$ - für den Fall des Eintritts einer günstigen Entwicklung weiter berücksichtigt.

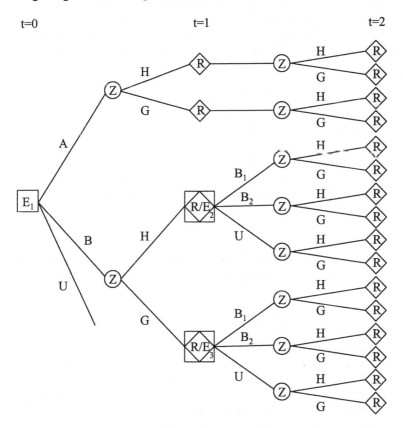

Abb. 7-10: Entscheidungsbaum zum Fallbeispiel

Dem Knoten R/E_3 ist eine ungünstige Nachfrageentwicklung nach Realisation von B zugeordnet. Auch für diesen Knoten lassen sich analog dem oben geschilderten Vorgehen die erwarteten Kapitalwerte der zur Wahl stehenden Alternativen berechnen. Sie betragen:

$EKW_{B_1} = 72.727,27$ [€]

$EKW_{B_2} = 81.818,18$ [€]

$EKW_U = 0$ [€]

Demgemäß stellt B_2 in dieser Entscheidungssituation die optimale Folgealternative dar. Diese Folgeinvestition würde bei einer Ausgangsentscheidung für B und darauffolgender ungünstiger Nachfrage realisiert. Allein sie geht mit dem zugehörigen erwarteten Kapitalwert in die weiteren Berechnungen ein.

Nachdem nun alle Folgeentscheidungen analysiert worden sind, kann die Ausgangsentscheidung in t = 0 betrachtet werden. Es müssen die erwarteten Kapitalwerte der Alternativen A und B bestimmt werden, wobei bei B die Folgealternativen zu berücksichtigen sind. Für die Alternative A ergibt sich der folgende erwartete Kapitalwert (bezogen auf t = 0):

$EKW_A = -1.000.000 \quad - \quad 120.000 \cdot 1{,}1^{-1} - 120.000 \cdot 1{,}1^{-2}$

Anschaffungs-   *Barwerte der mengenunabhängigen*
auszahlung   *Auszahlungen in t=1 und t=2*

$+ (0{,}6 \cdot 20.000 \cdot (100 - 50) + 0{,}4 \cdot 12.500 \cdot (100-50)) \cdot 1{,}1^{-1}$

Barwerte der mit den Eintrittswahrscheinlichkeiten des jeweiligen Umweltzustands gewichteten Überschüsse der Einzahlungen über die mengenabhängigen Auszahlungen in t=1

$+ ((0{,}6 \cdot 0{,}6 + 0{,}4 \cdot 0{,}4) \cdot 20.000 \cdot (100 - 50) + (0{,}6 \cdot 0{,}4 + 0{,}4 \cdot 0{,}6) \cdot$
$\quad 12.500 \cdot (100-50)) \cdot 1{,}1^{-2}$

Barwerte der mit den Eintrittswahrscheinlichkeiten des jeweiligen Umweltzustands gewichteten Überschüsse der Einzahlungen über die mengenabhängigen Auszahlungen in t=2

$+ 100.000 \cdot 1{,}1^{-2}$

Barwert des Liquidationserlöses

$EKW_A = 324.793{,}32$ [€]

Die Eintrittswahrscheinlichkeit einer Umweltsituation, die aus mehreren Zufallsereignissen resultiert, ergibt sich bei dieser Berechnung als Produkt der Eintrittswahrscheinlichkeiten der einzelnen zugehörigen Umweltentwicklungen.

Für die Alternative B läßt sich der erwartete Kapitalwert - bezogen auf t = 0 - wie folgt bestimmen:

$EKW_B = -500.000 \quad - \quad 50.000 \cdot 1{,}1^{-1} - 50.000 \cdot 1{,}1^{-2}$

Anschaffungs-   *Barwerte der mengenunabhängigen*
auszahlung   *Auszahlungen in t=1 und t=2*

$+ (0{,}6 \cdot 10.000 \cdot (100 - 50) + 0{,}4 \cdot 8.000 \cdot (100-50)) \cdot 1{,}1^{-1}$

Barwerte der mit den Eintrittswahrscheinlichkeiten des jeweiligen Umweltzustands gewichteten Überschüsse der Einzahlungen über die mengenabhängigen Auszahlungen in t=1

$+ ((0{,}6 \cdot 0{,}6 + 0{,}4 \cdot 0{,}4) \cdot 10.000 \cdot (100 - 50) + (0{,}6 \cdot 0{,}4 + 0{,}4 \cdot 0{,}6) \cdot 8.000 \cdot (100-50)) \cdot 1{,}1^{-2}$

Barwerte der mit den Eintrittswahrscheinlichkeiten des jeweiligen Umweltzustands gewichteten Überschüsse der Einzahlungen über die mengenabhängigen Auszahlungen in t=2

$+ 50.000 \cdot 1{,}1^{-2}$

Barwert des Liquidationserlöses

$+ 0{,}6 \cdot 109.090{,}91 \cdot 1{,}1^{-1} + 0{,}4 \cdot 81.818{,}18 \cdot 1{,}1^{-1}$

Barwert der mit den Eintrittswahrscheinlichkeiten des jeweiligen Umweltzustandes gewichteten Kapitalwerte der optimalen Folgealternativen

$EKW_B = 335.537{,}14 \ [€]$

Es zeigt sich, daß der erwartete Kapitalwert der Alternative B höher ist als diejenigen der Alternative A und der Unterlassensalternative. Die optimale Entscheidungsfolge besteht demgemäß darin, zunächst Alternative B zu realisieren und dann - je nach Umweltentwicklung - entweder Alternative B_1 (bei günstiger Entwicklung) oder Aktion B_2 (bei ungünstiger Entwicklung). Es ist allerdings darauf hinzuweisen, daß diese Empfehlung hinsichtlich der Folgealternativen lediglich auf der Basis der zum Entscheidungszeitpunkt verfügbaren Daten ausgesprochen wird. Bei Datenänderungen sollte vor einer Durchführung der Folgealternativen in t = 1 auf der Grundlage der dann verfügbaren Informationen eine erneute Investitionsrechnung vorgenommen werden.

Als zweites Beispiel soll eine *Investitionszeitpunktentscheidung* betrachtet werden. Hierfür ist zum einen die Flexibilität der zur Wahl stehenden Investition von Bedeutung. Je flexibler eine Alternative ist, desto vorteilhafter ist sie nicht nur im Vergleich zu zeitgleichen Handlungen, sondern auch in Relation zu der mit dem Aufschub verbundenen späteren Durchführung. Zum anderen kann ein im Zeitablauf erfolgender bzw. bewirkter Informationszugang als mögliches Argument für eine spätere Realisierung einer Handlung erfaßt werden. Da sich beides beim Entscheidungsbaumverfahren einbeziehen läßt, ist das Verfahren grundsätzlich zur Vorbereitung von Investitionszeitpunktentscheidungen unter Unsicherheit geeignet.[113]

---

[113] Zur Vorbereitung von Investitionszeitpunktentscheidungen bei Sicherheit und einem Beispiel hierzu vgl. Abschnitt 5.4.

Ein Unternehmen soll nun eine Investition sofort (t = 0) oder zu Beginn der darauffolgenden Perioden (t = 1 bzw. t = 2) verwirklichen können. Unabhängig vom Realisationszeitpunkt fällt dabei eine Anschaffungsauszahlung in Höhe von 100.000 € an. Unsicherheit besteht im Hinblick auf die Nachfrageentwicklung. Diese äußert sich zunächst dahingehend, daß am Ende der ersten Periode (t = 1) mit gleichen Wahrscheinlichkeiten entweder ein Rückfluß von 14.000 € (Entwicklung H) oder ein solcher von 9.000 € (Entwicklung G) erzielt werden kann. Der für die zweite Periode erwartete und in t = 2 anfallende Rückfluß soll von dem der ersten Periode abhängen und mit jeweils gleichen Wahrscheinlichkeiten entweder 40% höher (H) oder 10% geringer (G) als dieser sein. Ferner wird vereinfachend unterstellt, daß sich die Unsicherheit am Ende der zweiten Periode auflöst und ab t = 3 eine ewige Rente realisierbar ist, deren Höhe der des jeweiligen Rückflusses in t = 2 entspricht. Die folgende Abbildung enthält den Entscheidungsbaum, der die Problemsituation veranschaulicht.

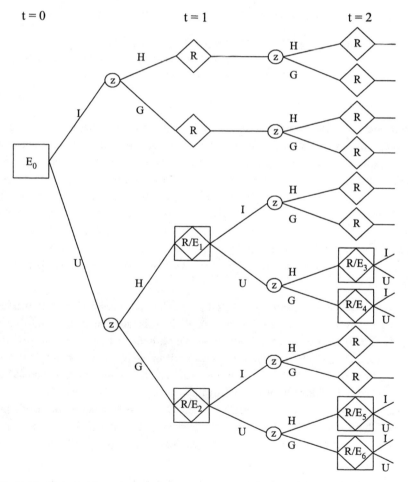

Abb. 7-11: Entscheidungsbaum zur Investitionszeitpunktentscheidung

Es soll nun ausgehend von einem Kalkulationszinssatz von 12% und unter der Zielsetzung, den erwarteten Kapitalwert zu maximieren, der optimale Investitionszeitpunkt bestimmt werden.

Dazu sind zunächst die Entscheidungsknoten in t = 2 zu analysieren. Für die Entscheidungsknoten R/E$_j$ dieses Zeitpunkts ergeben sich die folgenden erwarteten Kapitalwerte (in €) für die Alternative "Investition" (EKW$_{Ij}$):

$$EKW_{I3} = -100.000 + \frac{19.600}{0,12} = 63.333,33$$

$$EKW_{I4} = EKW_{I5} = -100.000 + \frac{12.600}{0,12} = 5.000$$

$$EKW_{I6} = -100.000 + \frac{8.100}{0,12} = -32.500$$

Da der erwartete Kapitalwert der Unterlassensalternative jeweils Null beträgt, läßt sich aus diesen Werten ableiten, daß in den Entscheidungsknoten R/E$_3$, R/E$_4$ und R/E$_5$ investiert und lediglich im Knoten R/E$_6$ auf eine Investition verzichtet werden sollte. Bei dieser Situation wird die Zukunftsperspektive nach zweimaliger ungünstiger Nachfrageentwicklung als besonders negativ eingeschätzt (ausgedrückt in den erwarteten Rückflüssen).

Im nächsten Schritt sind die bedingten Entscheidungen in t = 1 zu fällen. Für den Knoten R/E$_1$ können die folgenden erwarteten Kapitalwerte EKW$_{I1}$ bzw. EKW$_{U1}$ (in €) berechnet werden:

$$EKW_{I1} = -100.000 + \frac{\left(0,5 \cdot \left(19.600 + \frac{19.600}{0,12}\right) + 0,5 \cdot \left(12.600 + \frac{12.600}{0,12}\right)\right)}{1,12}$$
$$= 34.166,67$$

$$EKW_{U1} = \left(\frac{0,5 \cdot 63.333,33 + 0,5 \cdot 5.000}{1,12}\right) = 30.505,95$$

Analog dazu ergeben sich für den Knoten R/E$_2$ die erwarteten Kapitalwerte EKW$_{I2}$ und EKW$_{U2}$ (in €):

$$EKW_{I2} = -100.000 + \frac{\left(0,5 \cdot \left(12.600 + \frac{12.600}{0,12}\right) + 0,5 \cdot \left(8.100 + \frac{8.100}{0,12}\right)\right)}{1,12} = -13.750$$

$$EKW_{U2} = \left(\frac{0,5 \cdot 5.000 + 0,5 \cdot 0}{1,12}\right) = 2.232,14$$

Aufgrund des jeweils höheren erwarteten Kapitalwerts ist bei Knoten R/E$_1$ die Investition und bei Knoten R/E$_2$ die Unterlassensalternative zu präferieren.

Abschließend kann die Bewertung der zu Beginn des Planungszeitraums (im Knoten E_0) bestehenden Handlungsalternativen erfolgen. Deren erwartete Kapitalwerte EKW_{I0} und EKW_{U0} (in €) betragen:

$$EKW_{I0} = -100.000 + \frac{0,5 \cdot 14.000 + 0,5 \cdot 9.000}{1,12}$$

$$+ \frac{0,5 \cdot \left(0,5 \cdot \left(19.600 + \frac{19.600}{0,12}\right) + 0,5 \cdot \left(12.600 + \frac{12.600}{0,12}\right)\right)}{1,12^2}$$

$$+ \frac{0,5 \cdot \left(0,5 \cdot \left(12.600 + \frac{12.600}{0,12}\right) + 0,5 \cdot \left(8.100 + \frac{8.100}{0,12}\right)\right)}{1,12^2} = 8.668,15$$

$$EKW_{U0} = \left(\frac{0,5 \cdot 34.166,67 + 0,5 \cdot 2.232,14}{1,12}\right) = 16.249,47$$

Damit ist es vorteilhaft,

- in t = 0 zunächst auf die Investition zu verzichten,
- in t = 1 nach günstiger Entwicklung in der ersten Periode zu investieren,
- und nach einem Verzicht auf eine Investition in t = 1 (nach einer ungünstigen Entwicklung) in t = 2 dann die Investition zu realisieren, wenn die Entwicklung in der zweiten Periode positiv verlaufen ist.

Der erwartete Kapitalwert dieser Handlungsfolge beträgt 16.249,47 €.

Es soll an dieser Stelle noch näher auf den - bei der Darstellung des Entscheidungsbaumverfahrens in der Literatur oft etwas vernachlässigten - Informationszugang eingegangen werden.[114] Dieser spiegelt sich in den zustandsspezifischen Erwartungen über künftige Entwicklungen wider, die bei der ebenfalls zustandsspezifischen Auswahl von Folgealternativen einbezogen werden. Der Vorteil eines Informationszugangs wird unter anderem durch das Ausmaß der Unsicherheit determiniert, er steigt ceteris paribus mit wachsender Unsicherheit. Außerdem sind der Zeitpunkt des Informationszugangs (je früher, desto besser) sowie die Güte der zusätzlichen Informationen relevant, d. h. die durch diese bewirkte Verbesserung des Zielwertes. Die Güte ist zum einen von der Anzahl der in einem Zeitpunkt abgebildeten Umweltzustände abhängig, da nur für jene spezifische Informationen vorliegen können und separate Folgeentscheidungen möglich sind. Zum anderen wird sie durch die Differenziertheit bedingt, mit der für die einzelnen in einem Zeitpunkt erfaßten

---

[114] Zu den nachfolgenden Ausführungen vgl. auch Götze, U.: (Ansätze), S. 327 ff., zur Einbeziehung von Informationsbeschaffungsmöglichkeiten in das Entscheidungsbaumverfahren vgl. Runzheimer, B.: (Investitionsentscheidungen), S. 103 ff.

Zustände die relevanten Informationen über die folgenden Umweltentwicklungen (Wahrscheinlichkeiten möglicher Zustände und bei diesen erwartete Ergebnisse) angegeben werden können.

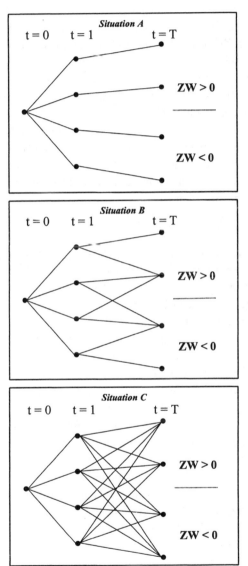

Abb. 7-12: Differenzierung von Erwartungen über zukünftige Umweltentwicklungen

Abbildung 7-12 zeigt unterschiedliche Formen der Differenzierung der möglichen Entwicklungen nach einem Informationszugang, der hier für t = 1 erwartet wird (Situationen A, B und C). Unterstellt werden eine gegebene Anzahl von Umweltzuständen in t = 1 sowie eine gegebene Unsicherheit hinsichtlich zukünftig möglicher Entwicklungen, die vereinfacht durch Geraden mit einem Endpunkt gekennzeichnet sind.[115] Der Endpunkt möge den erwarteten Wert der ab t = 1 erreichbaren Zielwerte ZW (hier bei der zukünftigen Handlung) symbolisieren, es können jeweils zwei positive und negative Zielwerte realisiert werden. Das Ausmaß an Unsicherheit ist lediglich durch den Bereich möglicher Entwicklungen dokumentiert, Wahrscheinlichkeiten werden vereinfachend nicht berücksichtigt.

Die zusätzlichen Informationen sind besonders wertvoll, falls - wie bei Situation A - bei einem in t = 1 erreichten Umweltzustand nach t = 1 lediglich eine Entwicklung eintreten kann. Die Informationen haben einen tendenziell hohen (geringen) Wert, falls die nach t = 1 erwarteten Umweltzustände für die bis dahin eingetretenen Zustände sehr (wenig) differenziert angegeben werden können. Bei Situation B weisen die zusätzlichen Informationen eine mittlere Güte auf. Sind die nach t = 1 erwarteten Zustände unabhängig von den bis dahin erreichten, liegt kein verwertbarer Informationszugang vor (Situation C).

Modell- bzw. Verfahrensbeurteilung

Das Entscheidungsbaumverfahren ist zur Auswertung flexibler Modelle prädestiniert. Die Analyse derartiger Modelle zur Vorbereitung von Investitionsentscheidungen ist als grundsätzlich sinnvoll anzusehen, da die dabei einbezogenen Sachverhalte - verschiedene zukünftige Umweltzustände und ihre Eintrittswahrscheinlichkeiten, Informationszugänge sowie zustandsspezifische Folgealternativen und damit die Flexibilität von Alternativen - die Vorteilhaftigkeit zum Entscheidungszeitpunkt (t = 0) zur Wahl stehender Informationsalternativen maßgeblich beeinflussen können. Die Einbeziehung erwarteter Informationszugänge ist unter anderem dann von besonderer Bedeutung, wenn eine Entscheidung über den Investitionszeitpunkt zu treffen ist.

Zur Bestimmung optimaler Entscheidungsfolgen für die hier dargestellte Form eines Entscheidungsmodells sind neben dem Rollback-Verfahren auch die vollständige Enumeration, die dynamische Optimierung sowie die gemischt-ganzzahlige Optimierung geeignet.[116] Probleme ergeben sich bei allen Verfahren, falls größere Zahlen von Entscheidungen, Entscheidungsalternativen und möglichen Umweltzuständen zu berücksichtigen sind. Der Entscheidungsbaum weist dann einen sehr großen Umfang auf, so daß neben der Berechnung der Optimallösung auch die Datenermittlung erschwert wird. Daraus resultiert die Forderung nach Begrenzung der Zahl erfaßter Umweltzustände. In der hier dargestellten Form ist das Entscheidungsbaumverfahren nur durchführbar, falls relativ wenige unsichere Größen vorliegen.[117] Wei-

---

[115] Zu einer analogen Darstellung von Szenarien vgl. Geschka, H.; v. Reibnitz, U.: (Szenario-Technik), S. 129.
[116] Zur Formulierung eines Entscheidungsbaumproblems als gemischt-ganzzahlige Optimierungsaufgabe vgl. Blohm, H.; Lüder, K.: (Investition), S. 282 f.
[117] Vgl. Blohm, H.; Lüder, K.: (Investition), S. 286 sowie besonders kritisch hierzu Rollberg, R.: (Unternehmensplanung), S. 190 f.

terhin können nur wenige Ausprägungen der unsicheren Größe(n) einbezogen werden. Zudem wird nur eine monetäre Zielgröße berücksichtigt.

Ein anderer Nachteil besteht darin, daß in die Entscheidung nur die erwarteten Werte eingehen und nicht auch die Höhe möglicher Abweichungen von diesen. Gemäß dem BERNOULLI-Prinzip setzt dies Risikoneutralität beim Entscheidungsträger voraus.[118] Allerdings können abweichende Risikoeinstellungen grundsätzlich über Risikonutzenfunktionen bzw. Sicherheitsäquivalente in das Entscheidungsbaumverfahren einbezogen werden, auch wenn dies als recht aufwendig einzuschätzen ist.[119] Des weiteren ist es möglich, risikoangepaßte Kalkulationszinssätze zu verwenden. Dabei ist aber zu beachten, daß die Risikostruktur in Abhängigkeit von der Umweltentwicklung und den ergriffenen Handlungen variiert. Eine exakte Abbildung des Risikos ist daher mit einem einzigen risikoangepaßten Kalkulationszinssatz in der Regel nicht möglich, dazu sind vielmehr zustandsspezifische Kalkulationszinssätze notwendig. Deren Bestimmung ist aber ebenfalls als problematisch anzusehen.[120] Weitere Alternativen einer risikoadäquaten Bewertung von Handlungsalternativen in Entscheidungsbaummodellen stellen marktorientierte zustandsabhängige Bewertungen von Zahlungen sowie optionspreistheoretische Ansätze dar; insbesondere auf letztere wird im folgenden Abschnitt eingegangen.

Bezüglich der Bedeutung einzelner Inputgrößen sind keine Rückschlüsse möglich. Schließlich ist zu erwähnen, daß ein Zugang von Informationen bestimmter Qualität bis zu den Zeitpunkten, in denen bedingte Entscheidungen zu fällen sind, unterstellt wird. Aber auch im Hinblick auf die Zeitpunkte von Informationszugängen sowie die Güte der zusätzlichen Informationen kann Unsicherheit bestehen. Lockern lassen sich diese Grenzen der Aussagekraft von Entscheidungsbaummodellen und ihren Ergebnissen, indem parallel bzw. in kombinierter Form Sensitivitätsanalysen durchgeführt werden.[121]

7.3.5 Optionspreistheoretische Ansätze

Charakteristika, Arten und Wert von Realoptionen

Unternehmen können den mit Investitionen verbundenen Unsicherheiten hinsichtlich der zukünftigen Entwicklung - vor allem ihrer Umwelt - begegnen, indem sie Hand-

---

[118] Vgl. Blohm, H.; Lüder, K.: (Investition), S. 285; Perridon, L.; Steiner, M.: (Finanzwirtschaft), S. 134 sowie Abschnitt 7.2.

[119] Vgl. Bamberg, G.: (Entscheidungsbaumverfahren), Sp. 892 ff.; Drukarczyk, J.: (Unternehmensbewertung), S. 82 ff.; Holst, J.; Wall, O.: (Realoptionen), S. 15 sowie zu zustandsabhängigen Nutzenfunktionen allgemein Laux, H.: (Entscheidungstheorie), S. 190 ff.

[120] Vgl. Fischer, T.R.; Hahnenstein, L.; Heitzer, B.: (Berücksichtigung), S. 1211 ff.; Holst, J.; Wall, O.: (Realoptionen), S. 14; Ballwieser, W.: (Optionspreistheorie), S. 188.

[121] Zur Kombination von Entscheidungsbaumverfahren und Sensitivitätsanalyse in einem "sensitiven Entscheidungsbaumverfahren" vgl. Götze, U.; Hundesrügge, M.: (Einsatz), zur Verknüpfung von Entscheidungsbaumverfahren und Risikoanalyse vgl. Hespos, R.F.; Straßmann, P.A.: (Decision).

lungsspielräume nutzen, um sich dieser Entwicklung anzupassen. Dazu verfügen sie oft über die Möglichkeit, eine Investition bzw. die Nutzung der damit geschaffenen Vermögensgegenstände aufzuschieben, zu ändern, vorübergehend zu unterbrechen oder ganz zu beenden. Derartige Handlungsspielräume, die sich auch als Bestimmungsfaktoren von Flexibilität interpretieren lassen, können bei güterwirtschaftlichen Investitionen - im Unterschied zu Optionen auf Wertpapiere (Finanzoptionen) - als Realoptionen bezeichnet werden. Über diese im Zusammenhang mit einer Investition bestehenden Handlungsalternativen hinaus läßt sich aber auch jede Investition selbst als Realoption auffassen: als Möglichkeit, gegen Entrichtung einer Anschaffungsauszahlung zukünftig (unsichere) Einzahlungsüberschüsse zu erzielen.[122] Nachfolgend werden Realoptionen in einem derartig allgemeinen Sinn nicht weiter betrachtet,[123] stattdessen wird - wie in der Literatur üblich - auf Investitionsvorhaben Bezug genommen, in deren Rahmen zukünftige Handlungsspielräume bestehen.

Für eine Realoption ist charakteristisch, daß sie es dem Investor ermöglicht, eine bestimmte Handlung vorzunehmen, ihn aber nicht zu dieser verpflichtet. Ein Unternehmen wird daher die Option nur dann ausüben, wenn es sich davon einen wirtschaftlichen Vorteil verspricht, und sie anderenfalls verfallen lassen. Realoptionen eignen sich folglich zur Begrenzung der mit Investitionen verbundenen Verlustgefahren, ermöglichen gleichzeitig aber auch die Nutzung der durch sie begründeten Chancen. Ihr Wert ist demgemäß immer positiv oder gleich Null. Die Ausübung einer Option stellt eine irreversible Handlung dar, mit der die Option verloren geht.[124]

Realoptionen können in einer Vielzahl unterschiedlicher Formen auftreten. Diese umfassen:[125]

- *Warte- bzw. Verzögerungsoptionen*, die einen zeitlichen Spielraum für die Realisierung von Investitionen darstellen,
- *Schließungsoptionen*, die die Beendigung einer Investition ermöglichen,
- *Stillegungsoptionen*, die es einem Unternehmen erlauben, die Realisierung oder Nutzung eines Investitionsobjektes zeitweise zu unterbrechen,
- *Fortsetzungsoptionen*, die daraus resultieren, daß ein Investitionsvorhaben in Teile untergliedert wird und daher nach dem Ende eines Teilvorhabens neu über die Durchführung des nächsten entschieden werden kann,

---

[122] Vgl. Breuer, W.: (Investition II), S. 231.
[123] Eine Realoption im Sinne eines zu einem bestimmten Zeitpunkt zur Wahl stehenden Investitionsobjekts ohne zukünftige Handlungsmöglichkeiten läßt sich mit einstufigen Modellen der Investitionsrechnung unter Unsicherheit beurteilen, wie sie in den Abschnitten 7.2 und 7.3.1 bis 7.3.4 beschrieben worden sind.
[124] Vgl. Koch, C.: (Unternehmensbewertung), S. 41; Hommel, U.; Müller, J.: (Investitionsbewertung), S. 178.
[125] Vgl. Hommel, U.: (Realoptionsansatz), S. 25 f.; Trigeorgis, L.: (Options), S. 204 sowie zu einer Differenzierung in Lern-, Wachstums- und Versicherungsoptionen Hommel, U.; Müller, J.: (Investitionsbewertung), S. 179.

- *Erweiterungs- und Einschränkungsoptionen*, die darin bestehen, daß ein Unternehmen die durch eine Investition geschaffenen Kapazitäten erweitern bzw. abbauen kann,
- *Umstellungsoptionen*, welche die Möglichkeit eröffnen, die bei einem güterwirtschaftlichen Investitionsobjekt verbrauchten Inputfaktoren und die erzeugten Outputgrößen, z. B. hergestellte Produkte, zu variieren, sowie
- *Innovationsoptionen*, die - vor allem bei Investitionen in die Forschung und Entwicklung - eine Basis für die Entwicklung neuer Technologien und Produkte sowie die Erschließung neuer Märkte schaffen.

Neben diesen Differenzierungen können Optionsarten anhand weiterer Merkmale unterschieden werden, unter anderem nach dem Kriterium der Interdependenz. Während *einfache Optionen* unabhängig von anderen ausgeübt werden können, besteht bei *verbundenen Optionen* ein Abhängigkeitsverhältnis zu weiteren zeitgleich oder in anderen vor- oder nachgelagerten Zeitpunkten ausnutzbaren Handlungsspielräumen. Verbundene Optionen sollten möglichst gemeinsam bewertet werden. Nach dem Kriterium der Verfügbarkeit wird zwischen exklusiven und geteilten Optionen differenziert. *Exklusive Optionen* sind einem einzigen Unternehmen vorbehalten, bei *geteilten Optionen* hingegen haben mehrere Unternehmen die Möglichkeit zur Ausübung. Hinsichtlich der Frage, ob ein Vermögensgegenstand erworben oder aber veräußert werden kann, lassen sich *Kaufoptionen* ("Call") und *Verkaufsoptionen* ("Put") unterscheiden. Schließlich werden im Hinblick auf die möglichen Ausübungszeitpunkte - ursprünglich für Finanzoptionen - amerikanische und europäische Optionen voneinander abgegrenzt. Während eine *amerikanische Option* zu jedem Zeitpunkt ihrer Laufzeit ausgeübt werden kann, ist dies bei einer *europäischen Option* nur zu einem bestimmten (Fälligkeits-)Termin möglich. Bei Realoptionen handelt es sich zumeist um amerikanische Optionen.[126]

Der Wert einer Realoption wird durch eine Reihe von Einflußgrößen bestimmt. Zu diesen zählt die *Unsicherheit* der zukünftigen Entwicklung, die eine zwingende Voraussetzung für einen positiven Optionswert darstellt. Ließe sich die Zukunft exakt und sicher voraussagen, dann wären Handlungsspielräume wertlos. Mit zunehmender Unsicherheit steigt ceteris paribus der Wert einer Option. Ebenfalls eine positive Korrelation besteht - insbesondere bei Verzögerungsoptionen - zwischen der *Länge des Ausübungszeitraums* und dem Optionswert. Je länger der Zeitraum ist und je mehr Zeit damit verbleibt, um die Entwicklung der Unternehmensumwelt zu beobachten und sich an sie anzupassen, desto höher ist der Wert. Dieser wird zudem durch die *Güte der zusätzlichen Informationen* bestimmt, die im Vergleich zur Ausgangsentscheidung erwartet werden. Je stärker die Informationen die bestehende Unsicherheit verringern, desto wertvoller ist die Option. Eine weitere Einflußgröße stellt die *Exklusivität der Option* dar. Mit zunehmender Zahl von Unternehmen, die über

---

[126] Vgl. Mostowfi, M.: (Bewertung), S. 71 ff.; Kruschwitz, L.; Schöbel, R.: (Einführung), S. 68.

diese Option verfügen, sinkt deren Wert. Dies ist einerseits durch die Verringerung erzielbarer Einzahlungsüberschüsse aufgrund zunehmender Konkurrenz bedingt, andererseits dadurch, daß der Ausübungszeitraum tendenziell verkürzt wird, da die Gefahr der Ausnutzung der Option durch ein anderes Unternehmen besteht. Der Wert von Finanzoptionen wird wesentlich auch durch deren *Ausübungspreis* determiniert. Diesem entsprechen bei Realoptionen die Auszahlungen, die bei deren Realisierung zu leisten sind. Je höher diese Zahlungen sind, desto geringer ist der Wert der Option.[127]

Realoptionen können die Vorteilhaftigkeit von Investitionsobjekten in ganz erheblichem Ausmaß beeinflussen. Den klassischen Verfahren der Investitionsrechnung wie der Kapitalwertmethode wird bisweilen vorgeworfen, sie würden diesen Einfluß nicht berücksichtigen.[128] Dieser Vorwurf ist allerdings nur bedingt berechtigt. Er trifft zu, wenn mit diesen Verfahren Investitionsmodelle unter Annahme der Sicherheit konstruiert und ausgewertet werden; da ein positiver Optionswert nur bei Unsicherheit vorliegen kann, läßt er sich in solchen Modellen nicht erfassen. Nicht berechtigt ist dieser grundsätzliche Vorwurf dann, wenn wie bei dem in Abschnitt 7.3.4 erörterten Entscheidungsbaumverfahren (Kapitalwert)Modelle analysiert werden, die sowohl die Unsicherheit als auch zustandsabhängige Folgeentscheidungen und damit zukünftige Informationszugänge explizit einbeziehen. Bei der Darstellung des Entscheidungsbaumverfahrens sollte deutlich geworden sein, daß dieses prädestiniert ist, Handlungsspielräume beispielsweise in Form von Verzögerungsoptionen (wie bei der Wahl des optimalen Investitionszeitpunktes) oder Fortsetzungsoptionen zu erfassen. Jedoch ist bei der Beurteilung des Verfahrens auch darauf hingewiesen worden, daß es mit einem erheblichen Aufwand verbunden ist und daher nur eine relativ eng begrenzte Anzahl von Umweltzuständen und Handlungsalternativen einbezogen werden kann. Außerdem lassen sich zustandsabhängige Kalkulationszinssätze nicht ohne weiteres ermitteln und im Modell berücksichtigen.

Angesichts dieser Nachteile des Entscheidungsbaumverfahrens ist es sinnvoll, sich mit alternativen Ansätzen zur Analyse von Modellen, die Unsicherheit und zukünftige Handlungsspielräume unterstellen, auseinanderzusetzen. Da eine solche Situation auch für Finanzoptionen zutrifft, bieten sich dafür grundsätzlich die zu deren Bewertung entwickelten Verfahren der Optionspreistheorie an. Es soll daher im folgenden gezeigt werden, wie sie für die Ermittlung des Werts von Realoptionen und damit zur Vorbereitung von Entscheidungen über güterwirtschaftliche Investitionen bei Unsicherheit und Vorliegen von Handlungsspielräumen verwendet werden können.[129]

---

[127] Vgl. Herter, R.N.: (Berücksichtigung), S. 322 und 326; Hommel, U.; Müller, J.: (Investitionsbewertung), S. 178 sowie zur Güte von Informationen die Ausführungen in Abschnitt 7.3.4.

[128] Vgl. Hommel, U.; Müller, J.: (Investitionsbewertung), S. 178; Rams, A.: (Realoptionen), S. 421.

[129] Die Beurteilung von Finanzoptionen wird nachfolgend nur insoweit angesprochen, wie dies zur Verfahrenserläuterung notwendig ist. Ansonsten sei auf die entsprechende Literatur verwiesen. Vgl. z. B. Perridon, L.; Steiner, M.: (Finanzwirtschaft), S. 331 ff.; Spremann, K.: (Wirtschaft), S. 601 ff.; Hauck, W.: (Optionspreise); Haugen, R.A.: (Investment), S. 454 ff. und die dort angegebene Literatur.

Dazu wird das sogenannte Binomialmodell als ein zur Bewertung von Realoptionen besonders geeignet erscheinender Ansatz der Optionspreistheorie[130] relativ ausführlich dargestellt und anhand eines Beispiels veranschaulicht. Es folgt eine auf die Bewertung von Realoptionen bezogene Beurteilung sowohl des Binomialmodells als auch der Verfahren der Optionspreistheorie insgesamt, die einen Vergleich mit dem Entscheidungsbaumverfahren umfaßt.

Darstellung des Binomialmodells

Das auf COX/ROSS/RUBINSTEIN zurückgehende Binomialmodell (oder binomische Modell), das hier zunächst mit Bezug auf seine ursprüngliche Verwendung zur Bewertung von Finanzoptionen beschrieben wird, geht - wie die meisten Ansätze der Optionspreistheorie - von den folgenden Überlegungen aus. Es wird angenommen, daß es möglich ist, ein Portfolio aus börsengehandelten Finanztiteln zusammenzustellen, das die gleichen Rückflüsse erzeugt wie die Option. Da des weiteren die Existenz eines vollkommenen und damit auch arbitragefreien Kapitalmarktes unterstellt wird, müssen dieses Portfolio, das sogenannte Duplikations- oder Hedge-Portfolio, und die Option den gleichen Preis aufweisen. Der Preis bzw. Wert der Option läßt sich daher aus den Preisen der Wertpapiere des Duplikationsportfolios ableiten ("pricing by duplication").[131] Bei dieser Bewertung können subjektive Risikopräferenzen unberücksichtigt bleiben, da etwaige Risikoprämien implizit in den Preisen der Wertpapiere enthalten sind.[132]

Es seien nun Optionen zu bewerten, die ihren Inhaber berechtigen, eine oder mehrere Aktie(n) eines bestimmten Unternehmens zu erwerben. Beim Binomialmodell wird von einem Duplikationsportfolio ausgegangen, das sich aus einer risikolosen Kapitalanlage (oder einer entsprechenden Kapitalaufnahme) sowie einer gewissen Anzahl dieser Aktien zusammensetzt. Der Zeitraum, in dem die zu bewertende Option auf die Aktien ausgeübt werden kann, wird in eine endliche Zahl gleich großer Intervalle untergliedert. Für die Aktienkursentwicklung in jedem dieser Zeitintervalle gilt, daß ausgehend von einem bestimmten Wert zu Beginn der Periode (im Zeitpunkt t) an deren Ende (im Zeitpunkt t+1) nur jeweils zwei Werte eintreten können (binomialer oder binomischer Prozeß), hierüber bestehen homogene Erwartungen der Marktteilnehmer.[133]

Eine Formel für den gegenwärtigen Wert einer Option mit einer Laufzeit von einer Periode kann mit dem nachfolgenden Argumentationsgang hergeleitet werden. Zu Beginn der Laufzeit der Option liegt ein Aktienkurs S vor, an deren Ende beträgt der Kurs erwartungsgemäß entweder u·S (bei günstiger Entwicklung) oder d·S (bei

---

[130] Vgl. zu dieser Einschätzung Hommel, U.; Müller, J.: (Investitionsbewertung), S. 188 sowie die Ausführungen bei der Beurteilung des Binomialmodells.
[131] Alternativ ist aber auch eine Bewertung über die Preise reiner Wertpapiere möglich. Vgl. Kruschwitz, L.: (Finanzierung), S. 325 ff.
[132] Vgl. Kruschwitz, L.: (Finanzierung), S. 314 ff. und S. 321 ff.
[133] Vgl. Kruschwitz, L.: (Finanzierung), S. 311 f. und S. 321 ff.; Spremann, K.: (Wirtschaft), S. 640.

ungünstiger Entwicklung). Der Optionsinhaber kann die Aktie am Ende ihrer Laufzeit gegen Zahlung eines bestimmten Preises (K), des sog. Ausübungs- oder Basispreises, erwerben. Die Entscheidung über die Ausübung der Option wird er in Abhängigkeit vom Kurs treffen. Liegt der Aktienkurs über dem Ausübungspreis, wird er die Option ausüben, ansonsten sie ungenutzt verfallen lassen. Der Wert der Option am Ende der Laufzeit (je nach Kursentwicklung C_u oder C_d) entspricht daher entweder der Differenz aus Aktienkurs und Ausübungspreis (falls diese größer als Null ist) oder aber Null. Zur Berechnung des Optionswertes zu Beginn der Laufzeit (symbolisiert durch C) wird ein Duplikationsportfolio betrachtet, das aus Δ Aktien und einer risikolosen Anlage in Höhe von B mit einer Verzinsung i (aus der sich der Aufzinsungsfaktor r=1+i ergibt) besteht.[134] Die möglichen Entwicklungen des Wertes dieses Duplikationsportfolios und des Optionswertes im Binomialmodell sind zusammen mit den zugrundeliegenden Aktienkursen sowie ihren Eintrittswahrscheinlichkeiten q und 1-q in der nachfolgenden Abbildung dargestellt.

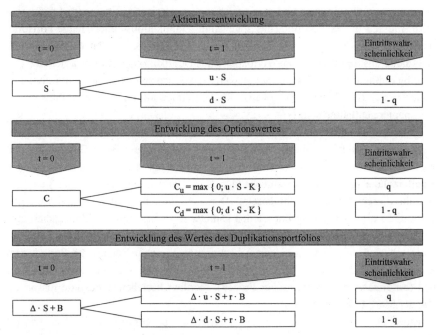

Abb. 7-13: Aktienkurse, Optionswerte und Werte des Duplikationsportfolios im Binomialmodell[135]

Um zu erreichen, daß der Wert des Duplikationsportfolios und der Optionswert am Ende der Laufzeit bei beiden möglichen Entwicklungen übereinstimmen, und damit

---

[134] Vgl. Cox, J.C.; Ross, S.A.; Rubinstein, M.: (Option), S. 232 f.
[135] Quelle: zusammengestellt auf der Grundlage von Cox, J.C.; Ross, S.A.; Rubinstein, M.: (Option), S. 232 f.

$$\Delta \cdot u \cdot S + r \cdot B = C_u \quad \text{sowie}$$

$$\Delta \cdot d \cdot S + r \cdot B = C_d$$

gilt, sind nun bestimmte Werte für Δ und B zu wählen.[136] Dazu läßt sich eine Bestimmungsgleichung für Δ herleiten:

$$\Delta = \frac{C_u - C_d}{(u-d) \cdot S}$$

Nach Einsetzen dieses Terms in eine der Ausgangsgleichungen und einigen Umformungen ergibt sich der folgende Ausdruck für B:

$$B = \frac{u \cdot C_d - d \cdot C_u}{(u-d) \cdot r}$$

Da die Option und das Duplikationsportfolio die gleichen Rückflüsse erwarten lassen, müssen sie unter den getroffenen Annahmen, insbesondere des Ausschlusses von Arbitragemöglichkeiten, auch den gleichen Preis aufweisen. Es gilt demzufolge

$$C = \Delta \cdot S + B$$

und damit auch

$$C = \frac{C_u - C_d}{u - d} + \frac{u \cdot C_d - d \cdot C_u}{(u-d) \cdot r}$$

sowie

$$C = \frac{\left(\frac{r-d}{u-d}\right) \cdot C_u + \left(\frac{u-r}{u-d}\right) \cdot C_d}{r}$$

Unter Verwendung von

$$p = \frac{r-d}{u-d} \quad \text{sowie} \quad 1-p = \frac{u-r}{u-d}$$

ergibt sich der Wert einer einperiodigen Option zum gegenwärtigen Zeitpunkt zu

$$C = \frac{p \cdot C_u + (1-p) \cdot C_d}{r}.$$

Dabei stellt p eine sogenannte Pseudowahrscheinlichkeit dar. Diese Bezeichnung läßt sich damit begründen, daß zwar einerseits ähnlich wie bei einer Wahrscheinlichkeit $0 < p < 1$ gilt, andererseits p bzw. 1-p aber in der Regel nicht mit den Eintrittswahrscheinlichkeiten der jeweiligen Aktienkurse übereinstimmen.[137] Dies ist mit einer

---

[136] Vgl. dazu und zu der folgenden Herleitung Cox, J.C.; Ross, S.A.; Rubinstein, M.: (Option), S. 233 f.

[137] Übereinstimmung ist lediglich dann gegeben, wenn die Investoren risikoneutral sind. Vgl. Cox, J.C.; Ross, S.A.; Rubinstein, M.: (Option), S. 235 sowie zur Interpretation von p als Pseudo-

interessanten Eigenschaft des Binomialmodells verbunden. Die Eintrittswahrscheinlichkeiten der Aktienkursentwicklungen q und 1-q sind nicht in der Bewertungsformel für die Option enthalten und müssen daher nicht subjektiv geschätzt werden. Der Wert der Option wird zudem nicht direkt durch die Risikopräferenz einzelner Investoren beeinflußt. Aufgrund dieser Sachverhalte kann diese Form der Optionsbewertung als "präferenzfrei" beschrieben werden.[138] Erwähnenswert ist schließlich, daß der Kurs der Aktie die einzige unsichere Größe ist, von der der Wert der Option direkt abhängt. Allerdings können die Kursentwicklungen anderer Wertpapiere, Risikopräferenzen von Investoren oder Vorstellungen zu den Eintrittswahrscheinlichkeiten der Aktienkursentwicklungen die in die Bewertungsformel eingehenden Größen S, u, d sowie r und damit indirekt auch den Optionswert beeinflussen.[139]

Bisher ist eine einperiodige Option betrachtet worden. Die Bewertung mehrperiodiger Optionen läßt sich mit Hilfe der oben hergeleiteten Formel in einer Rückwärtsrechnung durchführen, indem zunächst der Wert der Option zu Beginn der letzten Periode und dann sukzessive die Werte in den vorgelagerten Zeitpunkten ermittelt werden.[140] Liegen dabei amerikanische Optionen vor, dann ist in jedem Zeitpunkt ein Vergleich zwischen den auf ihn bezogenen Werten der unausgeübten Option und den aus der Ausübung der Option resultierenden Werten vorzunehmen und die Alternative mit dem höheren Wert zu wählen. Es wird damit auch eine Ausübungsstrategie bestimmt; das Vorgehen gleicht dem im Zusammenhang mit dem Entscheidungsbaumverfahren in Abschnitt 7.3.4 beschriebenen Rollback-Verfahren. In eine entsprechende Bewertung können auch Dividendenzahlungen einbezogen werden, die bei Aktien eventuell während der Laufzeit einer Option anfallen.[141]

Es soll nun auf die Nutzung des Binomialmodells zur Bewertung von Realoptionen eingegangen werden. Bei dieser ist zunächst ein Bewertungsmodell zu bilden, das die bestehenden Handlungsspielräume erfaßt. Anschließend sind die für die Bewertung der jeweiligen Optionen erforderlichen Daten zu prognostizieren. Dabei handelt es sich beispielsweise bei einer Kauf- bzw. Verzögerungsoption um

- die Anschaffungsauszahlung der Investition als Pendant zum Preis K der Optionsausübung,
- den Zeitraum, über den die Investition realisierbar ist, und damit die Laufzeit der Option,

---

wahrscheinlichkeit Kruschwitz, L.: (Finanzierung), S. 320; Breuer, W.; Gürtler, M.; Schuhmacher, J.: (Bewertung), S. 220.

[138] Vgl. Kruschwitz, L.: (Finanzierung), S. 316.
[139] Vgl. Cox, J.C.; Ross, S.A.; Rubinstein, M.: (Option), S. 235.
[140] Vgl. Kruschwitz, L.: (Finanzierung), S. 323 ff. Alternativ ist eine auf mehrere Perioden bezogene Bewertungsformel anwendbar. Vgl. Cox, J.C.; Ross, S.A.; Rubinstein, M.: (Option), S. 236 ff.; Kruschwitz, L.: (Finanzierung), S. 331 ff.
[141] Vgl. Hommel, U.; Müller, J.: (Investitionsbewertung), S. 185 f.; Laux, C.: (Handlungsspielräume), S. 947 f.

- die von dem Investitionsobjekt bei sofortiger Realisierung erwarteten Rückflüsse bzw. ihren Barwert als Gegenstück zum gegenwärtigen Aktienkurs S,
- Informationen zur Bandbreite der möglichen Entwicklungen der Rückflüsse (bzw. ihres Barwerts), spezifiziert in den Parametern u und d,
- den Zinssatz i, der bei einer risikolosen Anlage erzielt werden kann, sowie
- durch den Verzicht auf sofortige Investition entgehende Rückflüsse oder anderweitig entstehende monetäre Nachteile als Pendant zu Dividendenzahlungen.[142]

Zur Bewertung der Realoption können dann die oben angegebene Bewertungsformel und bei mehrperiodigen Optionen das beschriebene retrograde Vorgehen genutzt werden.

Die Bewertung anderer Arten von Optionen läßt sich in der gleichen Schrittfolge vornehmen, dabei sind aber jeweils spezifische Daten zu ermitteln und eventuell abweichende Bewertungsformeln (z. B. bei einer Verkaufsoption)[143] zu nutzen. Dabei kann insbesondere die Erfassung verbundener Optionen oder von Wettbewerbseinflüssen bei geteilten Optionen zu komplexen Bewertungsmodellen führen.[144]

Im folgenden soll die Bewertung einer Realoption mit dem Binomialmodell anhand eines Beispiels veranschaulicht werden. Auf die dabei zu treffenden Annahmen wird anschließend bei der Modellbeurteilung eingegangen.

Beispiel zum Binomialmodell

Es wird das zweite Beispiel zum Entscheidungsbaumverfahren (vgl. Abschnitt 7.3.4) aufgegriffen. Wie bei diesem soll ein Unternehmen über die Möglichkeit verfügen, eine Investition sofort (t = 0) oder zu Beginn der nächsten Perioden (t = 1 bzw. t = 2) zu realisieren. Die demgemäß zu treffende *Investitionszeitpunktentscheidung* kann auch als Entscheidung über die Ausnutzung von *Warteoptionen* verstanden werden. Daher möchte das Unternehmen zur Entscheidungsvorbereitung eine Bewertung dieser Optionen unter Nutzung des Binomialmodells durchführen und geht davon aus, daß dessen Prämissen erfüllt sind.

Hinsichtlich der Zahlungen sollen die gleichen Erwartungen wie im Ausgangsbeispiel bestehen. Demzufolge beträgt die Anschaffungsauszahlung der Investition unabhängig vom Realisationszeitpunkt 100.000 €. Die bezüglich der Nachfrageentwicklung bestehende Unsicherheit äußert sich wiederum in Rückflüssen, die - einem Binomialprozeß folgend - am Ende der ersten Periode entweder 14.000 € oder 9.000 € betragen und am Ende der darauffolgenden Periode entweder um 40% des Vorjah-

---

[142] Vgl. Hommel, U.; Müller, J.: (Investitionsbewertung), S. 178.
[143] Zur Ermittlung des Preises von Verkaufsoptionen auf Wertpapiere im Binomialmodell vgl. z. B. Kruschwitz, L.: (Finanzierung), S. 335 ff., zur Bewertung der hierzu analogen Optionen auf Liquidation einer Realinvestition vgl. Laux, C.: (Handlungsspielräume), S. 948 ff.
[144] Vgl. z. B. zur Modellierung von Projekten mit mehreren Realoptionen Lucke, C.: (Investitionsprojekte), S. 95 ff. oder zur Berücksichtigung von Wettbewerbseinflüssen Bockemühl, M.: (Realoptionstheorie), S. 217 ff.

reswerts zu- oder um 10% dieses Werts abnehmen. Ferner wird vereinfachend unterstellt, daß ab t = 3 mit Sicherheit eine ewige Rente erzielt werden kann, deren Höhe der des jeweiligen Rückflusses in t = 2 entspricht.

Der Zinssatz einer risikolosen Anlage bzw. einer entsprechenden Kapitalaufnahme soll 10% betragen. Des weiteren existiere ein Wertpapier, für dessen Kurs (derzeit S=1.000 €) mit gleicher Wahrscheinlichkeit eine Steigerung um 40% oder ein Rückgang um 10% erwartet wird, so daß es zur Duplikation geeignet ist. Die folgende Abbildung zeigt die mögliche Kursentwicklung des Wertpapiers (Zahlen in []) sowie die korrespondierenden potentiellen Rückflüsse der Realinvestition einschließlich der auf t = 2 bezogenen, unter Rückgriff auf den risikolosen Zinssatz ermittelten Barwerte der jeweiligen ewigen Rente.

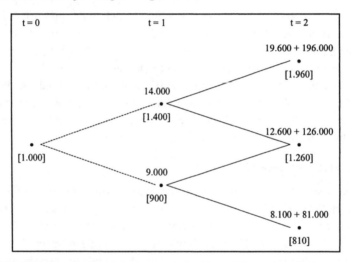

Abb. 7-14: Rückflüsse und Aktienkurse zu den Investitionszeitpunkten

Zur Vorbereitung der Investitionsentscheidung soll nun unter Rückgriff auf das Binomialmodell zunächst die Alternative, erst in t = 2 (falls überhaupt) zu investieren, bewertet werden. Dazu sind die auf t = 2 bezogenen Optionswerte bei zweimal positiver (C_{uu2}), je einmal positiver und negativer (C_{ud2} bzw. C_{du2}) sowie zweimal negativer (C_{dd2}) Entwicklung zu bestimmen. Unter Verwendung der Formel für den Barwert einer ewigen Rente und des risikolosen Zinssatzes ergibt sich:

$$C_{uu2} = \max\left\{-100.000 + \frac{19.600}{0,1}; 0\right\} = 96.000 \ [\text{€}]$$

$$C_{ud2} = C_{du2} = \max\left\{-100.000 + \frac{12.600}{0,1}; 0\right\} = 26.000 \ [\text{€}]$$

$$C_{dd2} = \max\left\{-100.000 + \frac{8.100}{0,1}; 0\right\} = 0 \ [\text{€}]$$

Aus diesen Ergebnissen läßt sich folgern, daß nach zweimal positiver sowie je einmal positiver und negativer Entwicklung eine in $t = 2$ bestehende Investitionsoption ausgeübt werden, nach zweimal negativer Entwicklung diese hingegen ungenutzt bleiben sollte.

Zur Bewertung der Option, mit der Investition bis zum Zeitpunkt $t = 2$ warten zu können, ist weiterhin die Pseudowahrscheinlichkeit p erforderlich. Diese läßt sich unter Nutzung von $u = 1,4$, $d = 0,9$ sowie $r = 1,1$ wie folgt ermitteln:

$$p = \frac{r - d}{u - d} \quad \Rightarrow \quad p = \frac{1,1 - 0,9}{1,4 - 0,9} = 0,4$$

Damit können die folgenden auf den Zeitpunkt $t = 1$ bezogenen Werte der Option einer Investitionsausübung in $t = 2$ bei bis dahin günstiger Entwicklung (C_{u2}) oder ungünstiger Entwicklung (C_{d2}) bestimmt werden:

$$C_{u2} = \frac{0,4 \cdot 96.000 + 0,6 \cdot 26.000}{1,1} = 49.090,91 \ [\text{€}]$$

$$C_{d2} = \frac{0,4 \cdot 26.000 + 0,6 \cdot 0}{1,1} = 9.454,55 \ [\text{€}]$$

Am Beispiel von C_{d2} soll gezeigt werden, daß der Optionswert auch über eine Duplikation berechnet werden kann. In diese Berechnung gehen die Werte S_{d1}, Δ_{d1} sowie B_{d1} ein, die sich in $t = 1$ nach einer ungünstigen Umweltentwicklung in der ersten Periode ergeben. Es gilt allgemein und im Beispiel

$$\Delta_{d1} \cdot u \cdot S_{d1} + r \cdot B_{d1} = C_{du2} \quad \Rightarrow \quad \Delta_{d1} \cdot 1,4 \cdot 900 + 1,1 \cdot B_{d1} = 26.000 \ [\text{€}] \ \text{sowie}$$

$$\Delta_{d1} \cdot d \cdot S_{d1} + r \cdot B_{d1} = C_{dd2} \quad \Rightarrow \quad \Delta_{d1} \cdot 0,9 \cdot 900 + 1,1 \cdot B_{d1} = 0 \ [\text{€}]$$

Daraus resultiert $\Delta_{d1} = 57,78$ sowie $B_{d1} = -42.545,45$. Anstelle einer risikolosen Geldanlage erfolgt demgemäß eine entsprechende Finanzmittelaufnahme.[145] Für den Wert des Duplikationsportfolios in $t = 1$ (nach ungünstiger Entwicklung) gilt dann:

$$\Delta_{d1} \cdot S_{d1} + B_{d1} \quad \Rightarrow \quad 57,78 \cdot 900 + (-42.545,45) = 9.454,55 \ [\text{€}]$$

Nachdem die zukünftigen Optionswerte bekannt sind, läßt sich nun abschließend der Wert der Option, in $t = 2$ zu investieren, bezogen auf den Beginn des Planungszeitraums (C_2) ermitteln:

---

[145] Vgl. dazu auch Holst, J.: (Bewertung), S. 352 ff.

$$C_2 = \frac{0{,}4 \cdot 49.090{,}91 + 0{,}6 \cdot 9.454{,}55}{1{,}1} = 23.008{,}27 \ [€]$$

Dieser heutige Wert der Realoption, in t = 2 eine Investition vornehmen zu können, resultiert aus den bei zweimal positiver sowie je einmal positiver und negativer Entwicklung erzielbaren Zahlungsüberschüssen und der Tatsache, daß bei zweimal negativer Entwicklung auf eine Investition verzichtet werden kann. Der Wert ist aber für die Entscheidungsfindung nicht unbedingt direkt relevant, da die Möglichkeit besteht, auch in t = 1 zu investieren. Diese Alternative kann sich als vorteilhaft erweisen, da bei ihr früher Rückflüsse erzielt werden können.[146]

Die Entscheidung über eine Investition in t = 1 kann in Abhängigkeit von der Nachfrageentwicklung getroffen werden, daher ist eine zustandsbezogene Wahl zwischen der Ausübung der Option in t = 1 sowie dem Verzicht hierauf und einer möglichen späteren Ausübung vorzunehmen. Zunächst soll diese Wahl bezogen auf die nach einer günstigen Entwicklung in der ersten Periode in t = 1 entstehende Situation betrachtet werden. Zur Beantwortung der Frage, ob die Option ausgeübt werden sollte, ist deren Optionswert C_{u1} in diesem Zeitpunkt erforderlich. Dieser ergibt sich aus dem Ausübungspreis, dem zustandsspezifischen Barwert der ewigen Rente sowie dem in t = 2 erwarteten Rückfluß. Bei der Berechnung des Werts wird unterstellt, daß mit Hilfe der Pseudowahrscheinlichkeiten Sicherheitsäquivalente der zukünftigen Zahlungen gebildet werden können; zur Diskontierung läßt sich daher der risikolose Zinssatz verwenden:[147]

$$C_{u1} = \max\left\{-100.000 + \frac{0{,}4 \cdot \left(\frac{19.600}{0{,}1} + 19.600\right) + 0{,}6 \cdot \left(\frac{12.600}{0{,}1} + 12.600\right)}{1{,}1} ; 0\right\} = 54.000\ [€]$$

Ein Vergleich mit dem bei Ausübung in t = 2 erzielbaren Wert (49.090,91) zeigt, daß die Nutzung der Option in t = 1 vorteilhaft ist. Als nächstes ist der Wert der Option nach einer ungünstigen Entwicklung in der ersten Periode (C_{d1}) auf analoge Weise zu bestimmen.

---

[146] Die Situation gleicht damit der der Bewertung einer amerikanischen Option mit Dividendenzahlung. Ohne diesen Vorteil wäre die spätest mögliche Ausübung der Option immer sinnvoll. Vgl. Hommel, U.; Müller, J.: (Investitionsbewertung), S. 181.

[147] Vgl. zu analogen Vorgehensweisen bei ähnlichen Beispielen Laux, C.: (Handlungsspielräume), S. 947; Holst, J.: (Bewertung), S. 351 ff. sowie zur entsprechenden Interpretation mit Pseudowahrscheinlichkeiten gewichteter zukünftiger Zahlungen als Sicherheitsäquivalent Crasselt, N.; Tomaszewski, C.: (Realoptionen), S. 558 f.

$$C_{d1} = \max\left\{-100.000 + \frac{0,4 \cdot \left(\frac{12.600}{0,1} + 12.600\right) + 0,6 \cdot \left(\frac{8.100}{0,1} + 8.100\right)}{1,1}; 0\right\} = 0 \ [\text{€}]$$

Hier sollte die Option im Zeitpunkt t = 1 nicht ausgeübt werden. Aus den bisherigen Resultaten läßt sich der Wert der Warteoption bzw. der zukünftigen Investitionsmöglichkeit bezogen auf den Beginn des Planungszeitraums ($C_{1/2}$) ableiten:

$$C_{1/2} = \frac{0,4 \cdot 54.000 + 0,6 \cdot 9.454,55}{1,1} = 24.793,39 \ [\text{€}]$$

Abschließend ist der Wert einer sofortigen Investition (C_0) zu berechnen, um den optimalen Investitionszeitpunkt ermitteln zu können. Wiederum unter der Annahme, daß mit Hilfe der Pseudowahrscheinlichkeiten Sicherheitsäquivalente der zukünftigen Zahlungen erzeugt werden können, ergibt sich dieser Wert durch Gewichtung der in den verschiedenen Zuständen erwarteten Rückflüsse und der zustandsspezifischen Barwerte der ewigen Rente mit diesen Pseudowahrscheinlichkeiten sowie Diskontierung mit dem risikolosen Zinssatz:

$$C_0 = -100.000 + \frac{0,4 \cdot 14.000 + 0,6 \cdot 9.000}{1,1}$$

$$+ 0,4 \left(\frac{0,4 \cdot \left(\frac{19.600}{0,1} + 19.600\right) + 0,6 \cdot \left(\frac{12.600}{0,1} + 12.600\right)}{1,1^2}\right)$$

$$+ 0,6 \left(\frac{0,4 \cdot \left(\frac{12.600}{0,1} + 12.600\right) + 0,6 \cdot \left(\frac{8.100}{0,1} + 8.100\right)}{1,1^2}\right) = 20.000 \ [\text{€}]$$

Da der Wert geringer ist als der der Option des Wartens, sollte zu Beginn des Planungszeitraums auf eine Investition verzichtet werden. Die optimale Handlungsfolge besteht dann weiter darin, die Investition nach günstiger Entwicklung in der ersten Periode in t = 1, nach zunächst ungünstiger und dann günstiger Entwicklung hingegen in t = 2 zu realisieren. Eine jeweils ungünstige Konstellation legt einen Investitionsverzicht nahe. Der mit einem derartigen Vorgehen erzielbare Wert der Investitionsgelegenheit beträgt 24.793,39 €.

Die optimale Handlungsfolge entspricht damit der beim Entscheidungsbaumverfahren ermittelten. Es ergeben sich allerdings unterschiedliche Zielwerte. Dies ist auf die Unterschiede bei der Bewertung zurückzuführen. Während beim Entscheidungsbaumverfahren mit subjektiven Wahrscheinlichkeiten und einem Kalkulationszinssatz von 12% gerechnet wurde, erfolgt hier die Bewertung über die aus u und d abgeleiteten Pseudowahrscheinlichkeiten sowie den risikolosen Kalkulationszinssatz.

Dazu ist aber darauf hinzuweisen, daß die mit einem optionspreistheoretischen Binomialmodell ermittelten Resultate auch auf anderen Wegen gewonnen werden können. Wird von übereinstimmenden Annahmen ausgegangen, dann ergeben sich im Rahmen eines Entscheidungsbaummodells sowohl bei Verwendung zustandsspezifischer, risikoangepaßter Kalkulationszinssätze als auch bei zustandsabhängiger Bewertung von Zahlungen die gleichen Bewertungen von Realoptionen.[148] Im Beispiel zur Investitionszeitpunktbestimmung wäre dazu ab dem Zeitpunkt t = 2 mit dem risikolosen Zinssatz von 10% zu rechnen und für frühere Perioden eine zustandsspezifische Anpassung des Kalkulationszinssatzes vorzunehmen. Beispielhaft seien hierzu der Fall einer günstigen Entwicklung in der ersten Periode sowie der Wert der Option, in t = 2 zu investieren, betrachtet (erwarteter Kapitalwert EKW_{U1} der Unterlassensalternative im Knoten R/E_1 des Entscheidungsbaums, Wert C_{u2} im Binomialmodell). Bei Verwendung des risikolosen Zinssatzes ab t = 2 ergeben sich bei beiden Modellierungsvarianten - je nach Umweltentwicklung - auf t = 2 bezogene erwartete Kapitalwerte bzw. Optionswerte von 96.000 € oder 26.000 €. Wie nachfolgend gezeigt wird, führen dann die Gewichtung mit den subjektiven Wahrscheinlichkeiten und die Diskontierung mit einem korrespondierenden risikoangepaßten Kalkulationszinssatz beim Entscheidungsbaumverfahren zum gleichen Resultat wie die Verwendung der Pseudowahrscheinlichkeiten und die Abzinsung mit dem risikolosen Zinssatz:

$$\frac{0,5 \cdot 96.000 + 0,5 \cdot 26.000}{1,242592593} = \frac{0,4 \cdot 96.000 + 0,6 \cdot 26.000}{1,1} = 49.090,91 \text{ [€]}$$

Dabei ergibt sich der risikoadäquate Kalkulationszinssatz aus dem risikolosen Zinssatz sowie dem Verhältnis zwischen dem mit den Pseudowahrscheinlichkeiten erzeugten Sicherheitsäquivalent und dem Erwartungswert.[149]

Beurteilung des Binomialmodells

Das Binomialmodell und andere optionspreistheoretische Modelle bzw. Verfahren sind grundsätzlich zur Vorbereitung von Entscheidungen über Realinvestitionen bei Unsicherheit und Vorliegen von Handlungsspielräumen (Realoptionen) geeignet. Im Vergleich zum klassischen Entscheidungsbaumverfahren ist zunächst als vorteilhaft einzuschätzen, daß weder subjektiv geschätzte Eintrittswahrscheinlichkeiten erforderlich sind noch subjektive Risikopräferenzen direkt in den Entscheidungsprozeß einfließen; stattdessen erfolgt eine "präferenzfreie", marktorientierte Bewertung.

Allerdings sind auch die optionspreistheoretischen Verfahren allgemein und das Binomialmodell im speziellen mit Annahmen verbunden, die die Anwendbarkeit und

---

[148] Vgl. dazu Fischer, T.R.; Hahnenstein, L.; Heitzer, B.: (Berücksichtigung), S. 1209 ff., Ballwieser, W.: (Optionspreistheorie), S. 197, speziell zur Ergebnisidentität bei Bewertung mit einem äquivalenten Portfolio und mit zustandsbezogenen, "reinen Wertpapieren" Kruschwitz, L.: (Finanzierung), S. 325 ff. sowie zur Bestimmung risikoangepaßter Kalkulationszinssätze und zur zustandsabhängigen Bewertung von Zahlungen allgemein Abschnitt 7.3.1.

[149] Vgl. dazu allgemein Kruschwitz, L.: (Risikoabschläge), S. 2411.

Aussagekraft der Resultate erheblich einschränken können. So wird beim Binomialmodell unterstellt, daß sich die zukünftige Entwicklung der unsicheren Größen (Aktienkurs, Wert der (Real-)Option) in einem diskreten Zufallsprozeß vollzieht, bei dem auf einen Zustand jeweils nur zwei Werte folgen können. Für diese gilt, daß sie jeweils ein bestimmtes Vielfaches (u, d) des Ausgangswertes betragen. Damit sind der Abbildung zukünftiger Entwicklungen im Binomialmodell recht enge Grenzen gesetzt. Das Entscheidungsbaumverfahren bietet in dieser Hinsicht größere Freiheitsgrade.

An dieser Stelle sei auf andere Modelle der Optionspreistheorie hingewiesen, die von abweichenden Zufallsprozessen ausgehen. Dazu zählt das für die Entwicklung der Optionspreistheorie wegweisende Modell von BLACK und SCHOLES.[150] Bei diesem zur Bewertung europäischer Optionen ohne Einbeziehung von Dividendenzahlungen entwickelten Modell wird angenommen, daß die unsicheren Größen in gleicher Weise einem bestimmten kontinuierlichen Zufallsprozeß, einer geometrischen "Brown'schen Bewegung", folgen.[151] Auf der Basis dieser Annahme und weiterer - denen des Binomialmodells ähnlicher - Prämissen läßt sich eine Formel für die analytische Bewertung einer europäischen Kaufoption herleiten. Erweiterungen bzw. Variationen des Modells sind zur (näherungsweisen) Bewertung von amerikanischen Optionen, Optionen mit Dividendenzahlungen und/oder bestimmten Verbundoptionen geeignet. Auf die Darstellung der Bewertungsformel des Ausgangsmodells und seiner Modifikationen soll hier verzichtet und auf die Literatur verwiesen werden.[152]

Ein Grund hierfür ist, daß das Modell nur bedingt zur Bewertung von Realoptionen geeignet erscheint. Das ursprüngliche Modell von BLACK und SCHOLES wird zwar auch für die Bewertung von Realoptionen mit Ausübungsrecht vor dem Ende der Laufzeit (amerikanischen Optionen) sowie zwischenzeitlichen Rückflüssen (analog zu Dividendenzahlungen) vorgeschlagen, liefert dafür allerdings nur relativ grobe Näherungswerte.[153] Die Modellmodifikationen erhöhen die Genauigkeit, stoßen aber an Grenzen hinsichtlich der Einbeziehung von verbundenen Optionen sowie Optionen mit stochastischen Dividenden; beim Binomialmodell ist die Modellierungsflexibilität höher einzuschätzen. Außerdem ist die Transparenz und Nachvollziehbarkeit des BLACK/SCHOLES-Modells geringer als die des Binomialmodells. Da zudem eine geschlossene Lösungsformel zur Bewertung verwendet wird, in die lediglich die ge-

---

[150] Vgl. Black, F.; Scholes, M.: (Pricing).
[151] Die "Brown'sche Bewegung" wird ursprünglich in der Naturwissenschaft genutzt, um Molekularbewegungen zu beschreiben. Vgl. Mostowfi, M.: (Bewertung), S. 54.; Franke, G.; Hax, H.: (Finanzwirtschaft), S. 379.
[152] Vgl. neben Black, F.; Scholes, M.: (Pricing) z. B. Haugen, R.A.: (Investment), S. 474 ff.; Hauck, W.: (Optionspreise), S. 166 ff.; Spremann, K.: (Wirtschaft), S. 647 ff. sowie zu Modellmodifikationen Hommel, U.; Müller, J.: (Investitionsbewertung), S. 180 ff.
[153] Vgl. zu dem Vorschlag Rams, A.: (Realoptionen), S. 419 und zur Kritik daran Hommel, U.; Müller, J.: (Investitionsbewertung), S. 182.

forderten Parameter einzusetzen sind, besteht die Gefahr einer unreflektierten und möglicherweise inadäquaten Anwendung des Modells.[154]

Auch weitere Annahmen des Binomialmodells und anderer optionspreistheoretischer Modelle wie die eines vollkommenen und arbitragefreien Kapitalmarktes oder homogener Erwartungen der Marktteilnehmer hinsichtlich zukünftiger (Kurs-) Entwicklungen können generell die Aussagekraft dieser Modelle beeinträchtigen. Dazu ist zudem die Prämisse zu erwähnen, daß die den Optionswert maßgeblich beeinflussenden Parameter u und d des Binomialmodells als bekannt unterstellt werden.

Hinsichtlich der hier im Vordergrund stehenden Bewertung von Realoptionen ergeben sich weitere Einschränkungen aus deren Besonderheiten gegenüber Finanzoptionen. So wird der Gegenstand, auf den sich die Option bezieht (das sog. Basisinstrument), im Gegensatz zu Finanzoptionen im Regelfall nicht gehandelt und in manchen Fällen sogar erst durch die Ausübung der Option geschaffen (wie im obigen Beispiel). Auch ist fraglich, ob es gelingt, aus Wertpapieren ein Portfolio zu konstruieren, dessen Wertentwicklung mit der der Realoption korreliert, so daß es zur Duplikation geeignet ist. Damit wird der aktuelle Wert des Gegenstands häufig nicht bekannt sein, zu seiner Bestimmung muß dann ebenso auf (subjektive) Prognosen von Rückflüssen zurückgegriffen werden wie zur Ermittlung der Parameter u und d. Weitere Besonderheiten von Realoptionen stellen die stärker ausgeprägten Verbindungen zwischen verschiedenen Optionen, Wettbewerbseinflüsse sowie die Möglichkeiten der Beeinflussung von Investitionsauszahlungen (des "Basispreises") und Unsicherheiten dar. Diese Effekte lassen sich nur näherungsweise oder mit komplexeren und damit aufwendigeren sowie anspruchsvolleren Bewertungsmodellen erfassen.[155]

Außerdem wurde bereits erörtert, daß die Resultate eines binomialen Optionspreismodells bei identischen Prämissen auch mittels risikoadäquater Kalkulationszinssätze oder zustandsabhängiger Bewertung von Zahlungen erzeugt werden können. Die letztgenannte Modellierungsvariante ist insbesondere hinsichtlich der zu den Eigenschaften von Kapitalmärkten getroffenen Annahmen generell eng mit den Ansätzen der Optionspreistheorie verbunden.[156] Größere Unterschiede können im Vergleich zur Verwendung risikoadäquater Kalkulationszinssätze bestehen. Zwar ist es - wie erwähnt - problematisch, durch subjektive Schätzungen oder Anwendung kapitalmarkttheoretischer Ansätze (z.B. des CAPM) zustandsspezifische Kalkulationszinssätze und außerdem subjektive Wahrscheinlichkeiten für Umweltzustände zu bestimmen, doch stehen dem die oben beschriebenen Probleme des Einsatzes optionspreistheoretischer Modelle gegenüber.

---

[154] Vgl. Hommel, U.; Müller, J.: (Investitionsbewertung), S. 180 ff. Es erscheint schwierig, allgemeingültige Aussagen darüber zu treffen, mit welcher Art von Zufallsprozeß (diskret mit zwei möglichen Ausprägungen beim Binomialmodell oder kontinuierlich mit einer Normalverteilung beim Modell von BLACK und SCHOLES) die bei Realoptionen vorliegenden Problemsituationen besser abgebildet werden können.

[155] Vgl. Hommel, U.; Müller, J.: (Investitionsbewertung), S. 179 f.; Kühn, R.; Fuhrer, U.; Jenner, T.: (Optionen), S. 49 ff.; Meise, F.: (Realoptionen), S. 198 ff.

[156] Vgl. dazu auch Nippel, P.: (Stellungnahme).

Der jeweilige Anwendungsbereich sowie die angesprochene Möglichkeit, gleiche Resultate zu generieren, deuten bereits auf die enge Verwandtschaft zwischen optionspreistheoretischen Ansätzen und dem Entscheidungsbaumverfahren hin. Außerdem weist zumindest das Binomialmodell hinsichtlich der Abbildung der Entscheidungssituation sowie des Lösungsverfahrens (Rollback-Verfahren) große Ähnlichkeiten bzw. Gemeinsamkeiten mit diesem auf. Insofern kann es auch als Variante einer "Flexiblen Planung" bzw. des Entscheidungsbaumverfahrens interpretiert werden.[157]

In Anbetracht der aufgeführten Argumente kann insgesamt nicht von einer generellen Überlegenheit optionspreistheoretischer Ansätze ausgegangen werden. Der Einschätzung, es handele sich um das "neue Standardverfahren der Investitionsrechnung"[158], wird hier daher nicht zugestimmt. In der Literatur findet sich sogar die (eher) ablehnende Auffassung, die Konzepte der Optionspreistheorie eigneten sich aufgrund der oben angesprochenen Aspekte kaum oder auch gar nicht zur quantitativen Beurteilung von Realoptionen bzw. -investitionen.[159]

Unstrittig dürfte jedoch sein, daß aus der verstärkten Auseinandersetzung mit dem Optionscharakter von Investitionen ein (qualitativer) Nutzen resultieren kann. So wird der Blick auf die Flexibilität von Investitionen und die Einflußfaktoren von Optionswerten wie Unsicherheit, Länge von Ausübungszeiträumen, Güte zusätzlicher Informationen, Exklusivität sowie Ausübungspreis gelenkt. Damit läßt sich die Grundlage für eine gezielte Gestaltung dieser Einflußfaktoren[160] im Rahmen eines flexibilitätsbezogenen (Investitions-)Management schaffen oder stärken.

---

[157] Vgl. Breuer, W.: (Investition II), S. 250.
[158] Hommel, U.: (Realoptionsansatz), S. 22.
[159] Vgl. z. B. Schlüchtermann, J.: (Planung), S. 121, sowie Kruschwitz, L.: (Investitionsrechnung), S. 403 ff., der den Ansatz als Irrweg einordnet.
[160] Zu Beispielen für entsprechende Maßnahmen vgl. Hommel, U.; Müller, J.: (Investitionsbewertung), S. 179, zu positiven Wirkungen auf die mentalen Modelle von Entscheidungsträgern vgl. Pritsch, G.; Weber, J.: (Bedeutung), S. 22 ff.

Aufgaben zu Abschnitt 7

Aufgabe 7-1 (Sensitivitätsanalyse)

Ein Unternehmen plant, eine neue Drehmaschine anzuschaffen. Der Anschaffungspreis beträgt 50.000 €. Pro Periode können mit dieser Maschine 1.000 Teile (Gut X) gefertigt und verkauft werden. Die mengenabhängigen Auszahlungen pro Stück betragen dabei 40 €. Es wird damit gerechnet, daß ein Absatzpreis von 100 € pro Teil realisiert werden kann. Die Nutzungsdauer der Maschine wird mit drei Perioden prognostiziert. Die mengenunabhängigen Auszahlungen belaufen sich in der ersten Periode auf 25.000 € und steigen in jeder Periode um 10%. Der Kalkulationszinssatz wird mit 9% angegeben. Die Investitionsentscheidung soll mit Hilfe der Kapitalwertmethode gefällt werden. Zusätzliche Informationen soll eine Sensitivitätsanalyse erbringen.

a) Berechnen Sie den Kapitalwert des Investitionsobjektes mit der Formel

$$KW = \sum_{t=1}^{T}(x \cdot (p - a_v) - A_{ft}) \cdot q^{-t} - A_0$$

Parameter:		
KW	=	Kapitalwert
x	=	erwartete jährliche Absatz- und Produktionsmenge
p	=	Absatzpreis des Gutes X
a_v	=	mengenabhängige Auszahlungen pro Stück
A_{ft}	=	mengenunabhängige Auszahlungen der Periode t
A_0	=	Anschaffungsauszahlung
q	=	1 + Kalkulationszinssatz
t	=	Zeitindex
T	=	Nutzungsdauer des Objektes

b) Ermitteln Sie die Kapitalwerte unter den Annahmen, daß ein Absatzpreis von 60, 80, 120 bzw. 140 € verwirklicht werden kann.

c) Ermitteln Sie mit Hilfe der Sensitivitätsanalyse die kritischen Werte für
- die Anschaffungsauszahlung,
- den Absatzpreis,
- die Absatz- bzw. Produktionsmenge,
- die mengenabhängigen Auszahlungen,
- die mengenunabhängigen Auszahlungen,
- den Liquidationserlös,
- die Nutzungsdauer sowie
- den Kalkulationszinssatz.

Aufgabe 7-2 (Sensitivitätsanalyse)

a) Es soll das Investitionsproblem aus Aufgabe 3-1 aufgegriffen werden. Bestimmen Sie die kritischen Mengen und die Bereiche, in denen die verschiedenen Alternativen vorteilhaft sind.
b) Betrachten Sie nun das Problem aus Aufgabe 3-2. Berechnen Sie die kritischen Mengen, und grenzen Sie die Vorteilhaftigkeitsbereiche ab.

Aufgabe 7-3 (Sensitivitätsanalyse)

Ein Unternehmen plant die Anschaffung einer neuen Anlage. Mit der Anlage kann eine Produktart gefertigt werden. Die erwarteten Daten lauten:

Anschaffungsauszahlung: 120.000 €
Nutzungsdauer: 4 Jahre
Liquidationserlös: 10.000 €
Kalkulationszinssatz: 10%
Absatzpreis: 48 €/Stück
absatz- bzw. produktionsmengenabhängige
Auszahlungen: 42 €/Stück

t	1	2	3	4
Absatz- bzw. Produktionsmenge [Stück]	10.000	12.000	14.000	12.000
absatz- bzw. produktionsmengenunabhängige Auszahlungen [€]	30.000	30.000	35.000	35.000

Gehen Sie davon aus, daß die Produktions- stets gleich der Absatzmenge ist. Steuer- und Transferzahlungen können vernachlässigt werden. Die Anschaffungsauszahlung soll in t = 0 anfallen, der Liquidationserlös am Ende der Nutzungsdauer, die laufenden Ein- und Auszahlungen am jeweiligen Periodenende. Der erwartete Kapitalwert des Investitionsobjekts beträgt: KW = 10.899,53 €.

Führen Sie eine Sensitivitätsanalyse in Form des Verfahrens der kritischen Werte durch. Berechnen Sie dabei für die Vorteilhaftigkeitsschwelle KW = 0 im einzelnen:

a) den kritischen Wert für die Anschaffungsauszahlung,
b) den kritischen Wert für die Nutzungsdauer,
c) den kritischen Wert für den Liquidationserlös,
d) den kritischen Wert für den Kalkulationszinssatz,
e) den kritischen Wert für den Verkaufspreis,
f) den kritischen Wert für die absatz- bzw. produktionsmengenabhängigen Auszahlungen,
g) das kritische Niveau der Absatz- bzw. Produktionsmengen,
h) das kritische Niveau der absatz- bzw. produktionsmengenunabhängigen Auszahlungen sowie
i) den kritischen Wert für die Absatz- bzw. Produktionsmenge in t = 1.

Aufgabe 7-4 (Sensitivitätsanalyse)

Nachfolgend soll das Investitionsproblem der Aufgabe 5-4 einer Sensitivitätsanalyse unterzogen werden.

a) Gehen Sie davon aus, daß eine Nutzung der Investitionsobjekte A und B bis zum Ende ihrer technischen Nutzungsdauer (t = 4 bzw. 3) erfolgt. Bestimmen Sie jeweils isoliert für Investitionsobjekt A und B (ohne Betrachtung von Nachfolgern eines Investitionsobjektes)

   a1) den kritischen Liquidationserlös,

   a2) das kritische Niveau der jährlichen Einzahlungsüberschüsse,

   die unter Anwendung des Kapitalwertkriteriums zu einer Änderung der absoluten Vorteilhaftigkeit führen.

b) Es wird ausgehend von der Situation in Aufgabe 5-4 eine Verlängerung der Nutzungsdauern von A und B jeweils bis zum Ende der technischen Nutzungsdauer in Erwägung gezogen. Um wieviel Prozent müssen sich die Liquidationserlöse am Ende der technischen Nutzungdauer gemeinsam erhöhen, damit die wirtschaftlich optimale Nutzungsdauer der technischen entspricht, wenn

   b1) ein einmaliger Ersatz der Anlage A durch B (Teilaufgabe 5-4, a)),

   b2) eine unendliche Kette jeweils nacheinander realisierter Objekte A und B (Teilaufgabe 5-4, b))

   angenommen wird.

Aufgabe 7-5 (Entscheidungsbaumverfahren)

Ein Unternehmen hat die Möglichkeit, im Betrachtungszeitpunkt t = 0 eine Erweiterungsinvestition durchzuführen.
Diese Erweiterungsinvestition bedingt eine Anschaffungsauszahlung von 40.000 €. Sie erhöht die Kapazität des mit ihr herstellbaren Produktes um 5.000 ME auf 20.000 ME bei unveränderten variablen Auszahlungen von 12 €/ME.
Der Absatzpreis (20 €/ME) ist von der Absatzmenge unabhängig und konstant. Die Absatzmenge beträgt in Periode 1 bei günstiger Nachfrageentwicklung (N_g), die mit einer Wahrscheinlichkeit (w) von 0,5 erwartet wird, 20.000 ME, bei ungünstiger Nachfrageentwicklung (N_u) 17.000 ME (Wahrscheinlichkeit ebenfalls w = 0,5).
Am Ende der Periode 1 (Zeitpunkt t=1) hat das Unternehmen die Möglichkeit, die gleiche Erweiterungsinvestition mit einer Anschaffungsauszahlung von 30.000 € durchzuführen, wenn es in t=0 nicht investiert hat. Die variablen Auszahlungen und der Absatzpreis bleiben unverändert.
Bei günstiger Nachfrage in Periode 1 beträgt die Wahrscheinlichkeit w einer erneut günstigen Nachfrage (Absatzmenge 20.000 ME) in Periode 2 w=0,75; bei ungünstiger Nachfrage in Periode 1 ist die Wahrscheinlichkeit günstiger Nachfrage in Peri-

ode 2 nur w = 0,25. Bei ungünstiger Nachfrage wird auch in Periode 2 eine Absatzmenge von 17.000 ME erwartet.
Der Betrachtungszeitraum beträgt zwei Perioden. Es wird ein Kalkulationszinssatz von 10% angesetzt.

a) Stellen Sie das Entscheidungsproblem des Unternehmens mittels eines Entscheidungsbaumes dar.
b) Bestimmen Sie die optimale Handlungsfolge unter der Annahme, daß das Unternehmen den Erwartungswert des Kapitalwertes maximieren will.
c) Welche Risikoeinstellung hat ein Investor, der den Erwartungswert des Kapitalwertes maximiert?

Aufgabe 7-6 (Entscheidungsbaumverfahren)

In einem Unternehmen ist eine zweiperiodige Investitionsplanung bei Unsicherheit durchzuführen.
In t = 0 bestehen drei Handlungsalternativen:

I : große Investition (Anschaffungsauszahlung: 22.000 € / maximal erzielbarer Überschuß der variablen Einzahlungen über die variablen Auszahlungen: 100.000 €),
II : kleine Investition (12.000 € / 80.000 €),
III : nicht investieren (0 € / 60.000 €).

In t = 1 bestehen dann folgende Möglichkeiten:
Sofern I durchgeführt wurde:
   Keine Folgeinvestition möglich (0 € / 100.000 €).
Sofern II realisiert wurde:
   II a : Erweiterungsinvestition (13.000 € / 100.000 €),
   II b : keine Folgeinvestition (0 € / 80.000 €).
Sofern III gewählt wurde:
   III a, III b, III c entsprechend den Möglichkeiten in t = 0.

Die Nachfrageentwicklung kann durch eine große Nachfrage N_g (maximal erzielbarer Überschuß 100.000 €) oder eine kleine Nachfrage N_k (maximal erzielbarer Überschuß 60.000 €) gekennzeichnet sein.
In Periode 1 (t=1) wird N_g mit w=0,1, N_k mit w=0,9 erwartet (w=Eintrittswahrscheinlichkeit). In Periode 2 (t=2) wird die Wahrscheinlichkeit von N_g mit 0,8 eingeschätzt, sofern in Periode 1 N_g zum Zuge kam; andernfalls mit 0,4.
Die Investitionsentscheidungen sind jeweils vor Bekanntwerden der Nachfragesituation zu treffen und zu realisieren.

a) Stellen Sie das Entscheidungsproblem mit Hilfe eines Entscheidungsbaumes dar.
b) Ermitteln Sie die optimale Handlungsfolge des Investors (Kalkulationszinssatz: 10%).

Aufgabe 7-7 (Entscheidungsbaumverfahren)

a) Ein Unternehmen hat in t=0 die Wahl zwischen zwei einander ausschließenden strategischen Investitionsprojekten A und B. In dem Unternehmen wird die Szenario-Technik eingesetzt, und es konnten drei Szenarien (optimistisches, wahrscheinlichstes, pessimistisches) formuliert werden. Das Eintreten des optimistischen Szenarios (opt) wird mit einer Wahrscheinlichkeit von 0,3 erwartet, das des wahrscheinlichsten Szenarios (wahr) mit einer Wahrscheinlichkeit von 0,5 und das des pessimistischen Szenarios (pess) mit einer Wahrscheinlichkeit von 0,2. Die mit den Investitionsprojekten verbundenen Ein- und Auszahlungen sind abhängig vom Eintreten der Szenarien, wobei folgende Daten prognostiziert werden:

Strategie	Szenario	erwartetes Marktvolumen in t=1 [€]	erwartetes Marktwachstum [% pro Periode bezogen auf die Vorperiode]	erwarteter Marktanteil des Unternehmens [%]
A	opt	1.200.000	20	25
A	wahr	1.200.000	10	25
A	pess	1.200.000	-5	25
B	opt	1.200.000	20	20
B	wahr	1.200.000	10	20
B	pess	1.200.000	-5	25

Strategie	Szenario	Anschaffungsauszahlung in t=0 [€]	erwarteter Liquidationserlös in t=5 [€]	erwartete laufende Auszahlung in t=1 [€]	erwartete Veränderung der laufenden Auszahlung [% pro Periode bezogen auf die Vorperiode]
A	opt	400.000	100.000	200.000	5
A	wahr	400.000	100.000	200.000	10
A	pess	400.000	50.000	200.000	10
B	opt	250.000	50.000	180.000	5
B	wahr	250.000	50.000	180.000	10
B	pess	250.000	50.000	180.000	10

Der Planungszeitraum beträgt 5 Perioden, der Kalkulationszinssatz wird mit 10% angesetzt.

Ermitteln Sie mittels einer geeigneten Investitionsrechnung Werte zur Entscheidungsvorbereitung.

Diskutieren Sie kurz, welches Projekt vorzuziehen ist.

b) Es sei weiterhin unterstellt, daß für Projekt B im Zeitpunkt t=2 eine Erweiterungsinvestition möglich ist. Die damit verbundenen Ein- und Auszahlungen werden wie folgt prognostiziert:

Szenario	Anschaffungsauszahlung in t = 2 [€]	Laufende Auszahlung in t = 3 [€]	Liquidationserlös in t = 5 [€]
opt	100.000	35.000	10.000
wahr	90.000	40.000	10.000
pess	90.000	40.000	10.000

Für die Erweiterungsinvestition wird von einer Nutzungsdauer von 3 Perioden ausgegangen. Bei ihrer Durchführung kann der Marktanteil bei allen Szenarien um 5% des Marktvolumens ausgeweitet werden. Ansonsten gelten die Werte und deren jährliche Veränderung aus a) unverändert.

b1) Stellen Sie das Entscheidungsproblem graphisch dar.
b2) Welche Entscheidungen würden Sie in t=2 fällen?
Was ändert sich an der Entscheidungssituation in t=0?

Aufgabe 7-8 (Nutzungsdauer-/Ersatzzeitpunktbestimmung und Entscheidungsbaumverfahren)

a) Ein Unternehmen steht vor der Aufgabe, die optimale Nutzungsdauer einer neu zu installierenden Anlage A zu bestimmen. A wird durch die folgenden Daten charakterisiert [Tsd. €]:

t_A	0	1	2	3	4	5	6	7
Rückfluß	0	150	140	130	120	110	100	90
Liquidationserlös	-	450	400	350	300	250	170	80

Der Kalkulationszinssatz beträgt 10%, die Anschaffungsauszahlung 550 Tsd. €. Bestimmen Sie die optimale Nutzungsdauer der Anlage A und den zugehörigen Kapitalwert bei

a1) keinem Nachfolgeobjekt
a2) einmaligem identischen Ersatz
a3) zweimaligem identischen Ersatz
a4) unendlichem identischen Ersatz

b) Für das Unternehmen stellt sich nun - 5 Jahre nach Beginn der Nutzung der Anlage A - die Frage nach deren Ersatz. In gewöhnlich gut unterrichteten Branchenkreisen wird gemunkelt, ein Maschinenhersteller könne innerhalb der nächsten Jahre eine funktionsgleiche und technisch verbesserte Anlage B auf den Markt bringen.

B werden neben einer Anschaffungsauszahlung von 600 Tsd. € die folgenden Daten zugerechnet [Tsd. €]:

t_B	0	1	2	3	4	5	6
Rückfluß in t_B	0	190	180	170	160	150	140
Liquidationserlös in t_B	-	450	400	350	300	250	170

B ist frühestens in t=1 verfügbar; die Wahrscheinlichkeit der Verfügbarkeit wird mit 60% eingeschätzt. Bei Nicht-Verfügbarkeit in t=1 kann noch mit 30% Wahrscheinlichkeit die Verfügbarkeit in t=2 erwartet werden. Nach t=2 ist nicht mehr mit dem Angebot von B zu rechnen. Es wird nicht erwartet, daß über die in B realisierten Verbesserungen hinaus in den nächsten Jahren technische Fortschritte gemacht werden können.

Die Daten aus a) bezüglich der Anlage A sollen sämtlich weiterhin gelten.

Beantworten Sie die Frage, wann die vorhandene Anlage vom Typ A ersetzt werden und durch welche Anlage (identisch durch A oder durch B) der Ersatz erfolgen sollte.

Dabei ist zu berücksichtigen, daß aufgrund von Marktentwicklungen das mit den Anlagen hergestellte Produkt nur noch 5 Jahre verkauft werden kann. Der Beobachtungszeitraum endet daher in t=5, die vorhandene Anlage wird in t=5 verkauft.

Aufgrund der geringen Zukunftsperspektive des Produkts ist die vorhandene Anlage maximal einmal zu ersetzen.

Der Lösung des Problems soll eine graphische Veranschaulichung vorangestellt werden.

Aufgabe 7-9 (Entscheidungsbaumverfahren)

Ein Unternehmen hat im Entscheidungszeitpunkt t=0 die Wahl zwischen der Durchführung einer Investition und dem Verzicht auf diese (Unterlassensalternative). Mit der Investition wird eine Kapazität von 20.000 ME eines Produkts bei einer Anschaffungsauszahlung von 350.000 € geschaffen.

Falls die Investition realisiert wird, sind im folgenden keine weiteren Investitionen möglich. Wird in t=0 auf die Investition verzichtet, dann kann in t=1 eine Investition realisiert werden, die bei einer Anschaffungsauszahlung von 300.000 € eine Kapazität von 17.000 ME erzeugt. In späteren Zeitpunkten lassen sich keine Investitionen realisieren.

Der Planungszeitraum beträgt drei Perioden. Bezüglich der zukünftigen Entwicklung zweier entscheidungsrelevanter Größen besteht Unsicherheit. So wird in der ersten Periode mit einer Wahrscheinlichkeit von 40% eine maximale Absatzmenge von 15.000 ME erwartet, mit der Wahrscheinlichkeit von 60% eine maximale Absatz-

menge von 20.000 ME. Die Auszahlungen pro ME werden für die erste Periode auf 12 € (Wahrscheinlichkeit 50%) und 10 € (Wahrscheinlichkeit 50%) eingeschätzt. Es wird davon ausgegangen, daß die (Zufalls-)Entwicklungen, die zur Absatzmenge und zur Höhe der Auszahlungen pro ME führen, unabhängig voneinander sind.
Der Absatzpreis wird mit Sicherheit in allen Perioden des Planungszeitraums 20 € betragen.
Es wird weiterhin unterstellt, daß die in der ersten Periode auftretenden Auszahlungen pro ME auch in den folgenden Perioden zu erwarten sind.
Falls in der ersten Periode eine maximale Absatzmenge von 20.000 ME auftritt, wird diese mit einer Wahrscheinlichkeit von 60% auf diesem Niveau bleiben, mit der Gegenwahrscheinlichkeit von 40% in den beiden letzten Perioden des Planungszeitraums auf 22.000 ME ansteigen.
Tritt in der ersten Periode eine maximale Absatzmenge von 15.000 ME auf, dann wird prognostiziert, daß diese mit einer Wahrscheinlichkeit von 50% auf dem gleichen Niveau bleibt und mit der Gegenwahrscheinlichkeit in den beiden letzten Perioden des Planungszeitraums auf 18.000 ME ansteigt.
Weitere Auszahlungen sind nicht zu berücksichtigen. Die Liquidationserlöse am Ende des Planungszeitraums betragen: 30.000 € bei Investition in t=0 und 40.000 € bei Investition in t=1. Der Kalkulationszinssatz ist 10%.

a) Stellen Sie das Entscheidungsproblem in Form eines Entscheidungsbaumes graphisch dar.
b) Bestimmen Sie die optimale Entscheidungsfolge und den zugehörigen Kapitalwert.

Aufgabe 7-10 (Entscheidungsbaumverfahren)

Ein Investor steht im Zeitpunkt t=0 vor der Entscheidung, sich mit den ihm zur Verfügung stehenden 510.000 € an der Gentechnik AG, einem jungen Unternehmen, das im Bereich der Gentechnologie tätig ist, zu beteiligen oder den Betrag zu 8% p.a. anzulegen.
Die Anteile der Gentechnik AG werden derzeit (t=0) an der Börse mit 500 € pro Aktie gehandelt, ihr Nennwert beträgt 100 € pro Aktie. Die weitere mittelfristige Kursentwicklung der Gentechnik-Aktie hängt von diversen Einflußgrößen ab:
Im Verlauf des nächsten Jahres werden Tests mit der neuesten Produktentwicklung der Gentechnik AG durchgeführt, deren Ergebnisse bis zum Ende des Jahres (t=1) erwartet werden. Bei positiven Testergebnissen, deren Wahrscheinlichkeit 40% beträgt, wird mit einer Steigerung des Aktienkurses um 100 € gerechnet, bei negativen Resultaten mit einem Rückgang des Aktienkurses um 50 €.
Der Gesetzgeber hat für das zweite Jahr eine Entscheidung über die Gewähr eines Patentschutzes für gentechnologische Produkte angekündigt. Mit 50% Wahrscheinlichkeit ist die Einräumung eines Patentschutzes zu erwarten. Diese wird den Kurs

der Aktie bis zum Zeitpunkt t=2 für den Fall positiver Testergebnisse um 250 € steigen lassen, im Fall negativer Testergebnisse um 100 €. Bei einer Verweigerung des Patentschutzes wird mit einem Kursrückgang um 100 € gerechnet.

Weitere Einflußgrößen auf den Börsenkurs (z. B. die allgemeine Entwicklung des Niveaus der Aktienkurse und die Transaktionen des Investors) sollen unberücksichtigt bleiben. Dies gilt auch für etwaige Steuerzahlungen.

Der Investor bezieht als Handlungsmöglichkeiten einen Aktienkauf in den Zeitpunkten t=0 oder t=1 sowie einen Verkauf im Zeitpunkt t=1 in seine Überlegungen ein. Sein Ziel ist es, den Erwartungswert seines Vermögens - bestehend aus Aktien- und/oder Barvermögen - im Zeitpunkt t=2 zu maximieren. Dabei soll der Aktienbestand im Zeitpunkt t=2 - unter Vernachlässigung zukünftiger Verkaufskosten - mit dem jeweiligen Kurs bewertet werden.

Der Investor geht davon aus, daß er nicht in Aktien gebundene Mittel jeweils für eine Periode zu 8% anlegen kann. Die An- und Verkaufskosten bei einer Aktientransaktion werden jeweils mit 2% des Kurswertes der Aktien veranschlagt. Am Ende einer Periode rechnet er unabhängig von der Entwicklung des Unternehmens mit einer Dividende von 10% auf den Nennwert. Die Dividendenzahlungen erfolgen jeweils vor den Kauf- bzw. Verkaufstransaktionen. Die Dividende, die der Investor ggf. im Zeitpunkt t=1 erhält, soll für eine Periode angelegt werden.

Veranschaulichen Sie das Entscheidungsproblem des Investors mit Hilfe eines Entscheidungsbaumes, und bestimmen Sie die optimale Investitionsstrategie des Investors unter Berücksichtigung seiner Zielsetzung *Vermögensendwertmaximierung* mit Hilfe des Rollback-Verfahrens.

8 Modelle für Programmentscheidungen bei Unsicherheit

8.1 Einführung

Die hohe Bedeutung von Unsicherheiten für Investitionsentscheidungen motiviert dazu, diese auch in die Analyse von Modellen der Investitionsprogrammplanung[1] explizit einzubeziehen. Dies wird allerdings dadurch erschwert, daß bei Programmentscheidungen häufig sehr viele, eventuell sogar unendlich viele Alternativen vorliegen. Es muß daher bei der Modellkonstruktion und/oder -auswertung eine Beschränkung auf eine relativ geringe Anzahl unsicherer Entwicklungen oder Alternativen erfolgen.

Für die Einbeziehung von Unsicherheiten in die Programmplanung werden unter anderem die folgenden Modelle bzw. Verfahren vorgeschlagen:[2]

- Sensitivitätsanalyse,
- Programmierung unter Wahrscheinlichkeitsnebenbedingungen (Chance-Constrained-Programming),
- Simulation,
- Fuzzy-Set-Modelle,
- Portfolio-Selection-Modelle und
- Flexible Planung.

Von diesen Ansätzen werden die Portfolio-Selection-Modelle und die Flexible Planung in den Abschnitten 8.2 bzw. 8.3 ausführlich erörtert. Bei der Diskussion der Flexiblen Planung wird auch auf die Programmierung unter Wahrscheinlichkeitsnebenbedingungen eingegangen. Die anderen Konzepte sollen im folgenden kurz beschrieben werden.

Die *Sensitivitätsanalyse* läßt sich bei der Auswertung von Programmplanungsmodellen in unterschiedlicher Form durchführen.[3] Bei einer *lokalen Sensitivitätsanalyse* wird für bestimmte Daten (Modellkoeffizienten) untersucht, in welchen Grenzen sie sich verändern können, ohne daß dies Auswirkungen auf die Struktur der Optimallösung hat, wobei diese durch die Variablen bestimmt wird, die einen positiven Wert annehmen. Bei der *globalen Sensitivitätsanalyse* wird für den gesamten Bereich der möglichen Werte eines oder mehrerer Koeffizienten ermittelt, welche alternativen

---

[1] Im folgenden wird der Sammelbegriff "Modelle der Investitionsprogrammplanung" für die unterschiedlichen Arten von Modellen zur Simultanplanung mehrerer Investitionsobjekte sowie von Investitionen und anderen unternehmerischen Handlungen verwendet. Zu diesen Modellen vgl. Abschnitt 6.

[2] Zu hier nicht vertieften Überlegungen, bei Unsicherheit Interdependenzen bereits bei der Modellierung von Zahlungsreihen einzelner Objekte zu erfassen, vgl. Krahnen, J.P.: (Investitionsmodelle), Sp. 1958 ff.

[3] Vgl. Blohm, H.; Lüder, K.: (Investition), S. 322 ff.

Optimallösungen sich ergeben. Diese Form der Sensitivitätsanalyse wird auch als Parametrische Programmierung bezeichnet.[4]

Sowohl die lokale als auch die globale Sensitivitätsanalyse ermöglichen Aussagen über die Abhängigkeit der Investitionsempfehlungen von den Eingangsdaten sowie die Bedeutung der Inputgrößen. Sie lassen sich aber jeweils nur für eine oder wenige Inputgröße(n) durchführen. Probleme treten zudem auf, wenn Ganzzahligkeitsbedingungen zu berücksichtigen sind.

Als eine spezifische Form der Sensitivitätsanalyse können auch die Auswertungsstrategien angesehen werden, die FELZMANN für ein lineares Programmplanungsmodell vorschlägt. Das der Auswertung zugrundeliegende Modell dient dazu, unter Einbeziehung unterschiedlicher Szenarien auf Gesamtunternehmensebene eine Abstimmung von Strategien verschiedener strategischer Geschäftseinheiten (unter anderem Investitionsstrategien) vorzubereiten. Bei der Auswertung wird für eine monetäre Zielsetzung eine Optimierung für jeweils ein Szenario vorgenommen; die anderen Szenarien werden in Nebenbedingungen berücksichtigt. Mittels mehrerer Optimierungen lassen sich "robuste erste Schritte", d. h. Handlungen, die bei allen Szenarien vorteilhaft sind, und szenarioabhängig differierende Strategieelemente identifizieren. Durch Variation der Nebenbedingungen können die Auswirkungen unterschiedlicher Risikoeinstellungen der Entscheidungsträger analysiert werden.[5]

Bei einer *Simulation* wird das Vorgehen der (simulativen) Risikoanalyse auf die Programmplanung übertragen.[6] Dies ist in unterschiedlicher Form möglich. Zum einen kann für einige vorgegebene Investitionsprogramme jeweils ein Simulationsexperiment durchgeführt werden, bei dem eine Wahrscheinlichkeitsverteilung einer Zielgröße berechnet wird. Es ist dann auf der Grundlage der ermittelten Wahrscheinlichkeitsverteilungen eines der Programme auszuwählen. Zum anderen lassen sich mittels Simulation Konstellationen von Zukunftsentwicklungen erzeugen, für die jeweils eine Optimierung vorgenommen wird. Daraus resultiert eine Verteilung optimaler Investitionsprogramme, aus der eine Investitionsempfehlung abzuleiten ist.[7] Die erste Vorgehensweise weist den Nachteil auf, daß nur eine begrenzte Zahl vorgegebener Investitionsprogramme einbezogen werden kann und fraglich ist, ob diese alle erfolgversprechenden Programme umfassen. Das zweite Vorgehen ist vergleichsweise aufwendig. Zudem läßt sich aus einer Verteilung "optimaler" Programme nicht eindeutig ein insgesamt "optimales" Programm ableiten; mittels heuristischer Regeln kann lediglich ein "gutes" Programm gefunden werden.

---

[4] Zum Vorgehen vgl. Dinkelbach, W.: (Sensitivitätsanalysen), S. 23 ff.; Gal, T.: (Entscheidungsprobleme), S. 53 ff.; Schweim, J.: (Investitionsplanung), S. 108 ff. sowie zur Sensitivitätsanalyse bei Modellen für Einzelentscheidungen Abschnitt 7.3.2.
[5] Vgl. Felzmann, H.: (Modell), S. 52 ff.; Felzmann, H.: (Unterstützung), S. 834 ff.
[6] Zur (simulativen) Risikoanalyse vgl. Abschnitt 7.3.3.
[7] Vgl. Salazar, R.C.; Sen, S.K.: (Simulation), S. 299 ff.; Blohm, H.; Lüder, K.: (Investition), S. 330 ff.

Mit Hilfe von *Fuzzy-Set-Modellen* kann die Unschärfe, eine spezifische Form der Unsicherheit, in die Vorbereitung von Investitionsprogrammentscheidungen einbezogen werden. Bei den bisherigen Ausführungen zur Investitionsrechnung unter Unsicherheit in den Abschnitten 7 und 8 wurde lediglich die Unsicherheit bezüglich des Eintretens bestimmter Ereignisse oder Zustände berücksichtigt (Ungewißheits- oder Risikosituationen). Dabei wurde angenommen, daß die Menge der möglichen Ereignisse oder Zustände eindeutig definiert ist. Dies gilt bei unscharfen Aussagen nicht: die Menge der Elemente, auf die eine Aussage zutrifft, läßt sich nicht exakt von der Menge abgrenzen, bei der dies nicht der Fall ist. Unschärfen können in den folgenden Formen auftreten:[8]

- *Unscharfe Relationen* sind Relationen, die nicht eindeutig wahr oder falsch sind (z. B. "etwas größer als" oder "deutlich besser als").

- *Unscharfe Beschreibungen von Phänomenen* kommen zum einen zustande, wenn menschliche Empfindungen artikuliert werden (intrinsische Unschärfe), z. B. bei der Aussage "zufriedenstellender Kapitalwert". Zum anderen resultieren sie aus der zusammenfassenden Charakterisierung komplexer Sachverhalte (informationelle Unschärfe). Ein Beispiel hierfür ist die Bezeichnung "strategische Investition".

Unscharfe Relationen oder Beschreibungen treten bei vielen Investitionsproblemen auf. Sie lassen sich mit Hilfe von "*Fuzzy-Sets*" ("*Unscharfen Mengen*") erfassen.

Bei der Theorie Unscharfer Mengen wird die strikte Trennung zwischen Zugehörigkeit (Wert 1) und Nicht-Zugehörigkeit (Wert 0) von Elementen zu einer Menge aufgehoben, die für den klassischen Mengenbegriff charakteristisch ist. Die Zugehörigkeit eines Elementes x zur Menge A kann demgemäß auch durch Werte zwischen Null und Eins beschrieben werden (Fuzzy-Logik). Der Grad der Zugehörigkeit von x zu A wird bei Unscharfen Mengen durch eine Zugehörigkeitsfunktion $f_A(x)$ beschrieben, die dem Element x Werte aus dem Intervall von Null bis Eins zuordnet.[9]

$$f_A(x): x \Rightarrow [0,1]$$

Bei vielen Modellen der Investitionsprogrammplanung handelt es sich um lineare Optimierungsmodelle. In diese können Fuzzy-Sets grundsätzlich bei den Restriktionsgrenzen, den Restriktionskoeffizienten und/oder den Zielfunktionskoeffizienten einbezogen werden. Im folgenden soll am Beispiel einer Absatzrestriktion kurz dargestellt werden, wie sich unscharfe Restriktionsgrenzen in Simultanplanungsmodellen berücksichtigen lassen.[10]

---

[8] Vgl. Zimmermann, H.-J.: (Sets), S. 594; Buscher, U.; Roland, F.: (Fuzzy-Set-Modelle), S. 7. Zur Einbeziehung der Unschärfe bei der Vorbereitung von Investitionseinzelentscheidungen mit der Methode der vollständigen Finanzpläne vgl. Sibbel, R.; Luschewitz, H.: (Fuzzy-Set-Modelle).

[9] Es wird hier unterstellt, daß die Zugehörigkeitsfunktion auf das Intervall [0,1] abbildet. Zugehörigkeitsfunktionen können aber auch auf andere Intervalle Bezug nehmen.

[10] Vgl. Buscher, U.; Roland, F.: (Fuzzy-Set-Modelle), S. 37 ff.; Lehmann, I.; Weber, R.; Zimmermann, H.-J.: (Set), S. 4 ff.

Bei Annahme einer Sicherheitssituation wird mit jeder Absatzrestriktion gewährleistet, daß die Produktions- bzw. Absatzmenge kleiner gleich einer fest vorgegebenen Absatzgrenze ist. Es besteht die Möglichkeit, mit Hilfe von Fuzzy-Set-Modellen zu berücksichtigen, daß die Absatzgrenze nicht exakt bekannt ist. Wenn lediglich ein Intervall für die Absatzgrenze angegeben werden kann, läßt sich dies mit Hilfe der Fuzzy-Logik in ein Modell einbeziehen, indem eine "Restriktionsverletzung" der folgenden Form zugelassen wird:

"Wähle möglichst nur Absatzmengen in Höhe der unteren Intervallgrenze und auf keinen Fall Absatzmengen, die größer als die obere Intervallgrenze oder gleich dieser sind."

Der Grad der Erfüllung einer derartigen Restriktion läßt sich mit Hilfe einer Zugehörigkeitsfunktion darstellen, wie die folgende Abbildung - beispielhaft für eine lineare Zugehörigkeitsfunktion - zeigt.

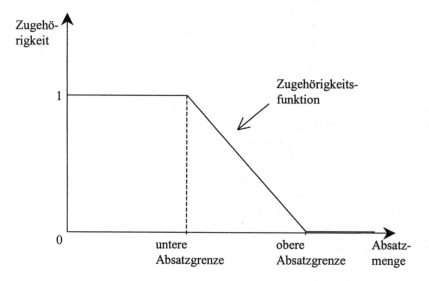

Abb. 8-1: Lineare Zugehörigkeitsfunktion einer Absatzrestriktion

Es wird nun unterstellt, daß es Ziel des Investors ist, von der unteren Restriktionsgrenze möglichst wenig abzuweichen. Aus den ursprünglichen Restriktionen lassen sich damit Fuzzy-Zielfunktionen herleiten. Es entsteht dann ein Mehrzieloptimierungsproblem, bei dem für jede der entsprechenden Fuzzy-Zielfunktionen eine möglichst große Zufriedenheit angestrebt wird.[11] Die Zufriedenheit wird jeweils durch den Wert der Zugehörigkeitsfunktion gemessen; sie ist umso höher, je geringer von der unteren Restriktionsgrenze abgewichen wird.

---

[11] Vgl. Wolf, J.: (Fuzzy-Modelle), S. 30.

Einführung

In das derart gebildete Fuzzy-Mehrzieloptimierungssystem muß auch die ursprüngliche Zielfunktion - z. B. Vermögensendwertmaximierung - einbezogen werden. Diese Zielfunktion (Dimension €) ist nicht ohne weiteres mit der Fuzzy-Zielfunktion (Dimensionen Zugehörigkeit bzw. Zufriedenheit) vergleichbar. Zur Lösung dieses Problems kann die Zielfunktion in eine Zugehörigkeitsfunktion transformiert werden, die die Zufriedenheit bezüglich verschiedener Zielfunktionswerte abbildet. Für die Konstruktion dieser Zugehörigkeitsfunktion sind zwei bestimmte Zielfunktionswerte erforderlich: der Wert, der auf keinen Fall unterschritten werden soll (Zugehörigkeitswert Null), und der Wert, der maximal erreichbar ist (Zugehörigkeitswert Eins). Sie lassen sich berechnen, indem einmal alle unteren und einmal alle oberen Restriktionswerte in das deterministische Ausgangsmodell eingesetzt werden und jeweils eine Optimierung erfolgt.[12]

Nach diesem Schritt liegt eine Reihe von Fuzzy-Zielfunktionen vor. Die Verknüpfung dieser Zielfunktionen kann unter anderem mit Hilfe des sogenannten Minimum-Operators erfolgen.[13] Generell weist dieser bei der Verknüpfung von zwei Zugehörigkeitsfunktionen $f_A(x)$ und $f_B(x)$ zu einer Funktion $f_C(x)$ jedem Wert x den minimalen Wert zu, den eine der beiden Zugehörigkeitsfunktionen $f_A(x)$ und $f_B(x)$ für x annimmt.

$$f_C(x) = f_A(x) \cap f_B(x)$$

Wird der Minimum-Operator bei der Lösung des beschriebenen Mehrzieloptimierungsproblems verwendet, dann wird angestrebt, den minimalen Zugehörigkeitswert zu maximieren, der sich für eine der Zugehörigkeitsfunktionen ergibt.[14] Für diese Aufgabenstellung läßt sich ein lineares Optimierungsmodell formulieren.[15] Auf die Darstellung eines derartigen Modells wird hier verzichtet.

Der Fuzzy-Set-Ansatz bietet den Vorteil, unscharfe Aussagen in die Modellanalyse einbeziehen zu können. Auch unscharfe Restriktionskoeffizienten und unscharfe Zielfunktionskoeffizienten lassen sich in linearen Optimierungsmodellen berücksichtigen.[16] Probleme sind allerdings bei der Bestimmung der Zugehörigkeitsfunktionen und bei der Interpretation der "Zufriedenheit" mit der Nicht-Verletzung von Restriktionen zu sehen. Bei der Nutzung des Minimum-Operators, die die Bildung eines linearen Optimierungsmodells ermöglicht, erfolgt eine Konzentration auf die ungünstigsten Ausprägungen, die mit einem Informationsverlust einhergeht. Anstelle des Minimum-Operators lassen sich auch andere Operatoren verwenden, die eventu-

---

12 Bei dieser Aussage ist vorausgesetzt, daß Kleiner-Gleich-Bedingungen vorliegen. Bei Größer-Gleich-Bedingungen ist jeweils die andere Intervallgrenze zu verwenden.
13 Zum Minimum-Operator vgl. Zadeh, L.A.: (Sets), S. 225, zu anderen Operatoren wie dem Maximum-Operator oder kompensatorischen Operatoren vgl. Rommelfanger, H.: (Decision), S. 16 ff.
14 Damit besteht eine Analogie zur Maximin-Regel. Vgl. Abschnitt 7.2.
15 Restriktionen, in denen keine unscharfen Aussagen einbezogen werden, lassen sich in diesem Optimierungsproblem in unveränderter Form erfassen.
16 Vgl. dazu Buscher, U.; Roland, F.: (Fuzzy-Set-Modelle), S. 57 ff.

ell dem menschlichen Vorgehen bei der Entscheidungsfindung eher entsprechen. Es kann dann allerdings kein lineares Optimierungsmodell formuliert werden, und die Modellkomplexität steigt.

8.2 Portfolio-Selection

Modelldarstellung

Beim Portfolio-Selection-Problem werden Finanzinvestitionen analysiert. Unternehmen führen diese vor allem in den Formen des Kaufs von Aktien, Obligationen und anderen Titeln des Kapitalmarktes regelmäßig in beachtlichem Umfang durch. Die erwarteten Gewinne oder Überschüsse der Finanzinvestitionen resultieren aus Ausschüttungen und Kurssteigerungen. Diese sind jedoch nicht sicher und hängen von verschiedenen Wirtschaftseinflüssen und gegebenenfalls auch von den Kursentwicklungen anderer Wertpapiere ab. In manchen Fällen ist es möglich, Risikomaße für die erwarteten Gewinne und Korrelationsmaße für die wechselseitigen Abhängigkeiten zwischen verschiedenen Gewinnen zu schätzen. Ein Portefeuille, das sich aus mehreren Wertpapieren bzw. Finanzinvestitionen zusammensetzt, kann dann durch unterschiedliche Kombinationen des Gewinnerwartungswertes und des Risikos gekennzeichnet sein. Als effiziente Portefeuilles lassen sich diejenigen bezeichnen, welche für einen gegebenen Erwartungswert des Gewinns ein möglichst geringes Risikomaß oder für ein gegebenes Risikomaß einen möglichst hohen Erwartungswert aufweisen.

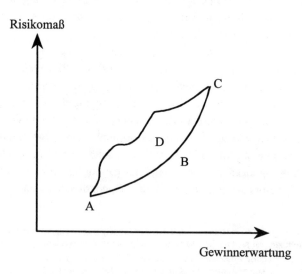

Abb. 8-2: Gewinnerwartungswerte und Risikomaße von Portefeuilles

Effiziente Portefeuillemischungen führen somit zu den Gewinn-Risiko-Kombinationen auf der Kurve ABC der Abbildung 8-2, während Mischungen in dem mit D bezeichneten Bereich als ineffizient einzuordnen sind.

In den Portfoliomodellen von MARKOWITZ[17] werden als Risikomaße die Varianzen und Kovarianzen der Wertpapiere und Portefeuilles gewählt. Die Modellformulierung basiert auf den nachfolgenden Überlegungen.[18]

Die Rendite eines Wertpapiers wird, wie bereits erwähnt, durch zwei unterschiedliche Komponenten beeinflußt, die Ausschüttungen (Dividenden, Zinsen) und die Kursschwankungen. Als relative Größe läßt sich die Rendite der Wertpapierart j durch folgende Beziehung beschreiben:

$$r_{Bj1} = \frac{k_{j1} - k_{j0}}{k_{j0}} \cdot 100 + \frac{d_{j1}}{k_{j0}} \cdot 100$$

mit:	r_{Bj1}	= Brutto-Rendite des Wertpapiers j am Ende der Planungsperiode (t=1)
	k_{j0}	= Anfangskurs zum Planungszeitpunkt t = 0
	k_{j1}	= Endkurs im Zeitpunkt t = 1
	d_{j1}	= Dividende (bzw. Zinsen) am Ende der Planungsperiode (t=1)

Die Einbeziehung von Kauf- und Verkaufsgebühren (Provision, Maklergebühr etc.), Steuern auf Kursgewinne und Dividenden oder Zinsauszahlungen ergibt bei konstanten Gebühren- und Steuersätzen die Nettorendite r_{Nj1}:

$$r_{Nj1} = \frac{(k_{j1} \cdot (1 - g) - k_{j0} \cdot (1 + a)) \cdot (1 - st_1)}{k_{j0} \cdot (1 + a)} \cdot 100 + \frac{d_{j1} \cdot (1 - st_2)}{k_{j0} \cdot (1 + a)} \cdot 100$$

mit:	r_{Nj1}	= Netto-Rendite des Wertpapiers j am Ende der Planungsperiode (t=1)
	st_1	= Steuersatz auf Kursgewinne
	st_2	= Steuersatz auf Dividenden (Zinsen)
	g	= Verkaufsgebührensatz
	a	= Kaufgebührensatz

Die Nettorendite r_{Nj1} soll nachfolgend durch das Symbol r_j repräsentiert werden. Die Renditen r_j lassen sich für einen vergangenen Zeitraum feststellen. Beispielsweise mögen sich im Zeitablauf für die Aktie A_1 die Renditen r_{1t} und für die Aktie A_2 die Renditen r_{2t} ergeben haben, wie in der nachfolgenden Abbildung dargestellt ist.

---

17 Vgl. Markowitz, H.: (Portfolio), S. 8 ff.
18 Vgl. Hielscher, U.: (Aktienportefeuille), S. 186 ff.; Rodewald, B.: (Portfolio), S. 6 ff.

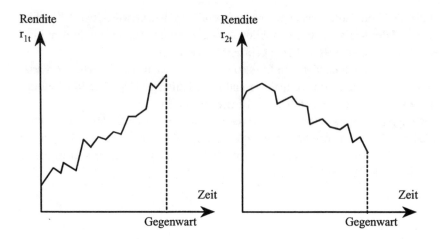

Abb. 8-3: Renditeentwicklung von Aktien

Zukünftige Renditen sind Größen, auf deren Entwicklung verschiedene Faktoren einen nicht exakt vorhersehbaren Einfluß nehmen. So sind der Endkurs für einen in der Zukunft liegenden Zeitpunkt t = 1 und die Dividendenhöhe mit mehr oder weniger gravierenden Unsicherheitsmomenten behaftet. Sie beeinflussen aber die Aussage über die zukünftige Rendite eines Wertpapiers entscheidend. Der Investor wird in den häufigsten Fällen mehrere Werte für möglich halten und kann für diese unter Umständen Eintrittswahrscheinlichkeiten abschätzen.

Im folgenden wird r_{jl} als Zufallsvariable für die zukünftige Rendite definiert. Diese Zufallsvariable kann die Ausprägungen $r_{j1}, r_{j2},...,r_{jL}$ annehmen, wobei jeder Ausprägung r_{jl} eine subjektive Wahrscheinlichkeit w_{jl} zugeordnet wird. Die Summe der Wahrscheinlichkeiten muß den Wert 1 aufweisen.

Als Summe der mit den Eintrittswahrscheinlichkeiten gewichteten möglichen Renditen r_{jl} läßt sich der Erwartungswert e_j der Rendite der j-ten Wertpapierart bestimmen. Es gilt:

$$e_j = \sum_{l=1}^{L} w_{jl} \cdot r_{jl} \qquad \text{mit:} \sum_{l=1}^{L} w_{jl} = 1$$

In Abbildung 8-4 sind zwei mögliche Verteilungen von Renditen wiedergegeben, die aus Vereinfachungsgründen als normalverteilt angesehen werden. Die Rendite des ersten Wertpapiers weist gegenüber der des zweiten Wertpapiers die geringere Ertragserwartung bei einer schwächeren Streuung der Ergebnisse auf.

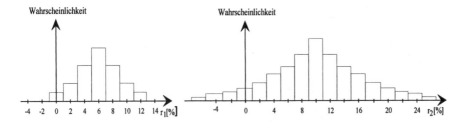

Abb. 8-4: Verteilungen von Wertpapierrenditen

Es wurde oben angesprochen, daß eine Reihe unterschiedlicher Renditen mit unterschiedlichen Wahrscheinlichkeiten eintreten können. Mit dem Ansatz einer Schätzung für einen zukünftigen Zeitraum verbindet sich ein Unsicherheitsmoment, das die Möglichkeit von Abweichungen positiver und negativer Art in sich birgt. Die Varianz v_j sei als Risikomaß für eine Wertpapierart j verwendet:

$$v_j = \sum_{l=1}^{L} w_{jl} \cdot (r_{jl} - e_j)^2, \quad j = 1,...,J$$

Für jedes Wertpapier j sind somit der Erwartungswert der Rendite (e_j) sowie das Risikomaß (v_j) und damit die bei der Zusammenstellung von Wertpapierportefeuilles zu berücksichtigenden Zielgrößen beschrieben.[19] Für ein aus mehreren Wertpapieren j zusammengesetztes Portefeuille sind dann ebenfalls der Erwartungswert der Rendite (E) und die Varianz (V) zu definieren.

Der relative Anteil eines Wertpapiers j am Portefeuille sei durch die Variable x_j repräsentiert. Es gilt:

$$0 \leq x_j \leq 1 \quad \text{und} \quad \sum_{j=1}^{J} x_j = 1$$

Der Erwartungswert der Portefeuillerendite beträgt dann:

$$E = \sum_{j=1}^{J} e_j \cdot x_j$$

Für die Bestimmung der Portefeuillevarianz V sind noch die Kovarianzen c_{ji} der Renditen zu berücksichtigen:

$$c_{ji} = K_{ji} \cdot \sqrt{v_j \cdot v_i}, \quad j \neq i$$

mit: K_{ji} = Korrelationskoeffizient der Renditen der Wertpapiere j und i

---

[19] Zur Einbeziehung dieser Größen bei der Beurteilung einzelner Investitionen (µ-σ-Kriterium) vgl. Abschnitt 7.2.

Für die Varianz V gilt:

$$V = \sum_{j=1}^{J}\sum_{i=1}^{J} c_{ji} \cdot x_j \cdot x_i \quad \text{mit: } c_{jj} = v_j$$

In anderer Schreibweise ergibt sich

$$V = \sum_{j=1}^{J} c_{jj} \cdot x_j^2 + 2 \cdot \sum_{j=1}^{J-1}\sum_{i>j}^{J} c_{ji} \cdot x_j \cdot x_i$$

Für Portefeuilles mit Zusammensetzungen aus zwei oder drei Wertpapieren lassen sich zulässige und effiziente Mischungen graphisch darstellen. Bei drei Wertpapieren gilt für die Varianz:[20]

$$V = c_{11} \cdot x_1^2 + \bar{c}_{12} \cdot x_1 \cdot x_2 + \bar{c}_{13} \cdot x_1 \cdot x_3 + c_{22} \cdot x_2^2 + \bar{c}_{23} \cdot x_2 \cdot x_3 + c_{33} \cdot x_3^2$$
$$\Rightarrow \text{Min!}$$

Weiterhin ist die Bedingung gültig, daß die Summe der Portefeuille-Anteile Eins beträgt:

$$x_1 + x_2 + x_3 = 1$$

Mit Hilfe dieser Beziehung läßt sich eine Variable x_j in der Varianzformel substituieren, beispielsweise x_3. Unter Nutzung von

$$x_3 = 1 - x_1 - x_2$$

ergibt sich

$$V = (c_{11} - \bar{c}_{13} + c_{33}) \cdot x_1^2 + (c_{22} - \bar{c}_{23} + c_{33}) \cdot x_2^2 + (\bar{c}_{12} - \bar{c}_{13} - \bar{c}_{23} + 2c_{33}) \cdot x_1 \cdot x_2$$
$$+ (\bar{c}_{13} - 2c_{33}) \cdot x_1 + (\bar{c}_{23} - 2c_{33}) \cdot x_2 + c_{33} \quad \Rightarrow \text{Min!}$$

Dies ist für den $x_1 x_2$-Raum eine quadratische Funktion. Die Linien gleicher Varianzen mit größeren Werten als die minimale Varianz bilden Ellipsen (Isovarianzellipsen), wie Abbildung 8-5 zeigt.

Im Nullpunkt des $x_1 x_2$-Diagramms gilt: $x_3 = 1$. Auf der Geraden zwischen $x_1 = 1$ und $x_2 = 1$ ist $x_3 = 0$.

Das absolute rechnerische Minimum M der Varianzen liegt im gemeinsamen Mittelpunkt der Isovarianzellipsen. Es handelt sich hier bei dem entsprechenden Punkt um eine unzulässige Wertpapierkombination (da $x_1 < 0$).

Die minimale Varianz (V_m) einer zulässigen Portefeuillemischung befindet sich in Abbildung 8-5 im Punkt MV. Es gilt dort: $x_1 = 0$, $x_2 > 0$ und $x_3 > 0$, d. h. die Wertpapierarten 2 und 3 werden in ihren Anteilen (x_2 und x_3) so gemischt, daß MV erreicht wird.

---

[20] $\bar{c}_{ji}$ wird hier vereinfachend für $2 \cdot c_{ji}$ verwendet. Dieser Wert ergibt sich, da c_{ji} und c_{ij} übereinstimmen.

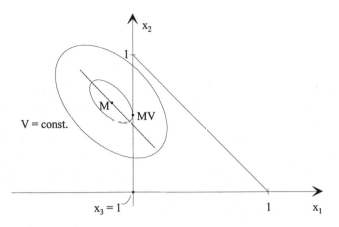

Abb. 8-5: Isovarianzellipsen

Für die Renditeerwartung E des Portefeuilles läßt sich ebenfalls eine nur von x_1 und x_2 abhängige Funktion aufstellen:

$$E = e_1 \cdot x_1 + e_2 \cdot x_2 + e_3 \cdot x_3$$

Ausgehend von der Bedingung, daß die Summe der Portefeuille-Anteile Eins beträgt (und damit $x_3 = 1 - x_1 - x_2$ gilt), ergibt sich

$$E = (e_1 - e_3) \cdot x_1 + (e_2 - e_3) \cdot x_2 + e_3$$

Für konstante Werte von E (z. B. E_1 bis E_5) handelt es sich um Geraden im $x_1 x_2$-Diagramm, wie die nachfolgende Abbildung zeigt.

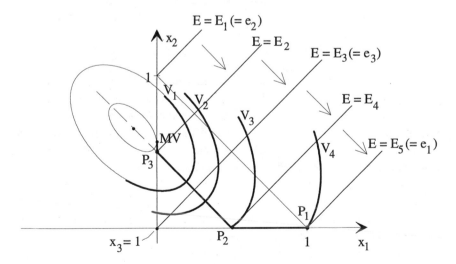

Abb. 8-6: Isovarianzellipsen, Renditeerwartungen und effiziente Portefeuilles

Es gilt: $E_5 > E_4 > E_3 > E_2 > E_1$

und: $V_4 > V_3 > V_2 > V_1 > V_m$

Alle effizienten Portefeuilles weisen bei einem gegebenen Erwartungswert der Rendite eine minimale Varianz V auf. Effiziente Portefeuilles liegen demgemäß auf der Linie P_1 - P_2 - P_3 - MV. Im graphischen Beispiel (Abbildung 8-6) wird für den Erwartungswert E_5 nur das Wertpapier 1 in das Portefeuille aufgenommen. Bei sinkenden Varianzen ergeben sich zunächst Mischungen aus x_1 und x_3. Zwischen P_2 und P_3 sind Mischungen aus drei Wertpapieren effizient, zwischen P_3 und MV werden die Variablen x_2 und x_3 berücksichtigt. Die Kombinationen der kritischen Linie P_1 - P_2 - P_3 - MV können auch in einem Rendite-Varianz- bzw. E-V-System dargestellt werden (vgl. Abbildung 8-7).

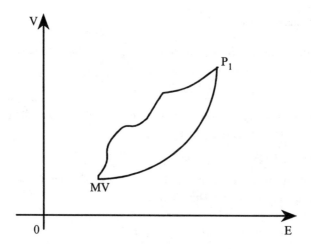

Abb. 8-7: Effiziente Portefeuilles im Rendite-Varianz-System

Bei mehr als drei Wertpapieren lassen sich effiziente Portefeuilles nur numerisch bestimmen. Dazu kann entweder E für gegebene V maximiert oder V für gegebene E minimiert werden. Es bietet sich an, Portfolio-Selection-Probleme als Modelle der Varianzminimierung und nicht der Renditemaximierung zu formulieren, da dafür mehr Algorithmen verfügbar sind. Zur Bestimmung der Optimallösung des dabei vorliegenden konvexen quadratischen Optimierungsproblems können z. B. Verfahren der quadratischen Optimierung wie die von WOLFE, BEALE, LEMKE und ROSEN eingesetzt werden.[21]

Aus den effizienten Portefeuilles läßt sich unter Berücksichtigung der Risikoeinstellung des Investors ein optimales auswählen. Dies ist möglich, indem sowohl V als auch E in eine Zielfunktion einbezogen werden und eine der beiden Größen mit

---

[21] Vgl. Fromm, A.: (Optimierungsmodelle), S. 42 ff.; Künzi, H.P.; Krelle, W.; Randow, R. von: (Programmierung).

einem Parameter (v) gewichtet wird, der angibt, in welchem Ausmaß der Investor die erwartete Rendite im Verhältnis zum Risiko präferiert. Das Optimierungsproblem kann dann in der folgenden Form als Minimierungsaufgabe formuliert werden:

Zielfunktion:

$$K(X) = V(X) - v \cdot E(X) \Rightarrow \text{Min!}$$

Nebenbedingungen:

$$\sum_{j=1}^{J} x_j = 1$$

$$x_j \geq 0 \qquad j = 1,...,J$$

Es stellt ein Problem der konvexen quadratischen Optimierung mit linearen Beschränkungen dar.

Beispiel

Bei der Zusammenstellung einer Wertpapiermischung sollen drei Aktien Berücksichtigung finden. Die zu bestimmenden (relativen) Anteile dieser Aktien am Portefeuille seien x_1, x_2 und x_3. Die erwarteten Renditen e_i sowie die Varianzen und Kovarianzen c_{ij} der Renditen sind bereits geschätzt worden. Sie lauten:

$$e_1 = 0{,}3 \qquad e_2 = 0{,}1 \qquad e_3 = 0{,}2$$

$$C = (c_{ij}) = \begin{pmatrix} 0{,}04 & 0{,}0032 & 0{,}008 \\ 0{,}0032 & 0{,}0004 & -0{,}0004 \\ 0{,}008 & -0{,}0004 & 0{,}01 \end{pmatrix}$$

Soll der Wert des Parameters v Eins betragen, ergibt sich das nachstehend aufgeführte Optimierungsproblem:

Zielfunktion:

$$K(X) = 0{,}04\,x_1^2 + 0{,}0004\,x_2^2 + 0{,}01\,x_3^2 + 0{,}0064 x_1 x_2$$
$$+ 0{,}016 x_1 x_3 - 0{,}0008 x_2 x_3 - 1 \cdot (0{,}3 x_1 + 0{,}1 x_2 + 0{,}2 x_3) \Rightarrow \text{Min!}$$

Nebenbedingungen:

$$x_1 + x_2 + x_3 = 1$$

$$x_j \geq 0, \qquad j = 1,2,3$$

Bei dieser Vorgabe des Parameters v lautet die Optimallösung:

$$x_1 = 1 \qquad x_2 = 0 \qquad x_3 = 0$$

Es wird demgemäß lediglich die Aktienart 1 angeschafft.

Modellbeurteilung

Portfolio-Selection-Modelle ermöglichen es, die Risiko-Chancen-Strukturen von Finanzinvestitionen abzubilden sowie - unter den Modellannahmen - effiziente oder optimale Portefeuilles zu bestimmen.[22]

Probleme sind allerdings sowohl bei der Datenermittlung als auch bei der Berechnung effizienter oder optimaler Portefeuilles zu sehen.[23] Im Rahmen der Datenermittlung ist die Prognose von Erwartungswerten, Varianzen und Kovarianzen für die Renditen notwendig. Die Berechnung effizienter oder optimaler Portefeuilles erfordert die Lösung nichtlinearer Optimierungsprobleme. Dies kann - vor allem bei einer großen Zahl zur Wahl stehender Wertpapierarten - Schwierigkeiten bereiten.

Außerdem ist anzumerken, daß die Portfolio-Selection-Modelle auf dem μ-σ-Kriterium basieren,[24] so daß der zu diesem Kriterium aufgeführte Kritikpunkt des Informationsverlustes auch hier zutrifft.

Die Portfolio-Selection-Theorie stellt aber nicht nur einen Ansatz zur Unterstützung der Programmplanung für Finanzinvestitionen dar. Sie bildet auch eine theoretische Basis für allgemeine Diversifikationsüberlegungen einerseits sowie weitere Modelle der Kapitalmarkttheorie andererseits und liegt unter anderem dem Capital Asset Pricing Model zugrunde.[25]

8.3 Flexible Planung

In Modellen der Flexiblen Planung werden unterschiedliche mögliche Umweltzustände und deren Eintrittswahrscheinlichkeiten, Folgeentscheidungen, die im Falle des Eintritts spezifischer Umweltzustände zu treffen sind, und damit auch erwartete Informationszugänge berücksichtigt.[26] Diesbezüglich stimmen die hier betrachteten Modelle mit denen des in Abschnitt 7.3.4 erörterten Entscheidungsbaumverfahrens überein. Beim Entscheidungsbaumverfahren werden allerdings Einzelentscheidungen analysiert, während hier von Programmentscheidungen ausgegangen wird.

Das Modellierungsprinzip der Flexiblen Planung läßt sich auf alle mehrstufigen Simultanplanungsmodelle anwenden. Im folgenden soll ein flexibles Modell auf der Grundlage des in Abschnitt 6.3.4 beschriebenen Modells zur simultanen Investitions- und Finanzierungsplanung (HAX-WEINGARTNER-Modell) formuliert und erörtert werden. Für das Modell gelten - mit Ausnahme der Sicherheit der Daten - die in dem entsprechenden Abschnitt beschriebenen Annahmen.

---

[22] Zur Übertragung des Ansatzes auf die simultane Investitions- und Produktionsprogrammplanung vgl. Peters, L.: (Investitionsplanung).
[23] Vgl. Kruschwitz, L.: (Investitionsrechnung), S. 373 ff.
[24] Zu diesem vgl. Abschnitt 7.2.
[25] Vgl. dazu Abschnitt 7.3.1.
[26] Vgl. Hax, H.; Laux, H.: (Planung), S. 318 ff.

Als Grundlage für die Konstruktion eines derartigen Modells sind zunächst die unterschiedlichen möglichen Umweltzustände und deren Eintrittswahrscheinlichkeiten zu prognostizieren. Sowohl die Umweltzustände als auch die Eintrittswahrscheinlichkeiten können in einem *Zustandsbaum* abgebildet werden.[27]

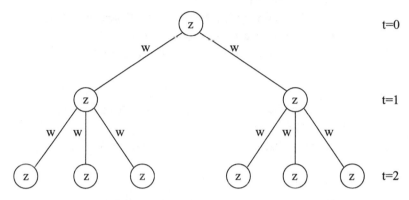

Abb. 8-8: Zustandsbaum

Im Zustandsbaum bezeichnet der Knoten z einen Umweltzustand.[28] Häufig charakterisiert er gleichzeitig ein Zufallsereignis. Die unterschiedlichen Entwicklungen, die bei einem Zufallsereignis auftreten können, werden durch Kanten dargestellt. Ihnen sind Eintrittswahrscheinlichkeiten w zuzuordnen.[29]

Nach der Bestimmung der Umweltzustände muß ermittelt werden, welche Investitions- und Finanzierungsobjekte in den verschiedenen Zuständen realisiert werden können. Anschließend sind für die entsprechenden Objekte - jeweils differenziert für alle möglichen Folgeentwicklungen - Zahlungsreihen zu bestimmen.

Im folgenden soll ein flexibles Modell zur simultanen Investitions- und Finanzierungsplanung zunächst in allgemeiner Form dargestellt werden.[30] Dabei werden die folgenden Variablen und Parameter verwendet:

---

[29] Die Darstellung eines Entscheidungsbaumes ist bei Programmentscheidungen aufgrund der hohen Zahl von Alternativen nicht sinnvoll.
[28] Die Notation weicht diesbezüglich von der beim Entscheidungsbaum verwendeten ab. Vgl. Abschnitt 7.3.4.
[29] Vgl. Laux, H.: (Investitionsplanung), S. 20 f.
[30] Zur Modellformulierung vgl. Laux, H.: (Investitionsplanung), S. 45 ff.

Variablen:
- x_j = Anzahl der Einheiten des Investitionsobjekts j (j=1,...,J-1)
- x_{Jz} = Ausmaß der Realisierung der kurzfristigen Finanzinvestition (in €) im Zustand z (z ∈ Z)
- x_{Jzv} = Ausmaß der Realisierung der kurzfristigen Finanzinvestition im Vorgängerzustand zv des Zustands z (zv, z ∈ Z)
- y_i = Umfang der Inanspruchnahme des Finanzierungsobjekts i (in €) für i=1,...,I

Parameter:
- a_{jz} = Auszahlungsüberschuß je Einheit des Investitionsobjekts j (j=1,...,J-1) im Zustand z (z ∈ Z)
- d_{iz} = Auszahlungsüberschuß je Einheit (in €) des Finanzierungsobjekts i im Zustand z
- E_z = Im Zustand z bereitgestellte Eigenmittel
- X_j = Maximal realisierbare Einheiten des Investitionsobjekts j (j=1,...,J-1)
- Y_i = Maximal realisierbarer Umfang des Finanzierungsobjekts i
- h = Zinssatz der kurzfristigen Finanzinvestition
- w_z = Eintrittswahrscheinlichkeit eines Zustandes z, der dem Ende des Planungszeitraums zugeordnet ist (z ∈ Z_T)

Indexmengen:
- Z = Menge aller Zustände z
- Z_T = Menge aller Zustände im Zeitpunkt T

Als Zielgröße eines flexiblen Modells zur simultanen Investitions- und Finanzierungsplanung kann der Erwartungswert des Vermögensendwertes (EVE) verwendet werden.[31] Dieser setzt sich als Summe der mit den Eintrittswahrscheinlichkeiten gewichteten Vermögensendwerte aller möglichen Zustände am Ende des Planungszeitraums zusammen. Der Vermögensendwert in einem Zustand z (mit z ∈ Z_T) läßt sich durch die kurzfristige Finanzinvestition x_{Jz} angeben. Die Zielfunktion lautet dann:

Zielfunktion:

$$EVE = \sum_{\forall z \in Z_T} w_z \cdot x_{Jz} \Rightarrow max!$$

In bezug auf die Liquidität des Unternehmens wird unterstellt, daß sie in allen Zuständen z (z ∈ Z) des Planungszeitraums gesichert sein soll. Dies ist der Fall, wenn die Auszahlungsüberschüsse aller Investitions- und Finanzierungsobjekte in jedem

---

[31] Diese Formulierung der Zielfunktion impliziert eine risikoneutrale Einstellung des Entscheidungsträgers.

Zustand den Eigenmitteln entsprechen und die kurzfristige Finanzinvestition stets nicht-negativ ist.

Liquiditätsnebenbedingungen:

Für den Ausgangszustand z = 1 in t = 0:

$$\sum_{j=1}^{J-1} a_{j1} \cdot x_j \quad + \quad \sum_{i=1}^{I} d_{i1} \cdot y_i$$

Auszahlungsüberschüsse der   *Auszahlungsüberschüsse der*
Investitionsobjekte   *Finanzierungsobjekte*

$$+ \; x_{J1} \quad\quad\quad\quad = \; E_1$$

kurzfristige Finanz-   *Eigenmittel*
investition

Für alle anderen z ∈ Z:

$$\sum_{j=1}^{J-1} a_{jz} \cdot x_j \quad + \quad \sum_{i=1}^{I} d_{iz} \cdot y_i$$

Auszahlungsüberschüsse der   *Auszahlungsüberschüsse der*
Investitionsobjekte   *Finanzierungsobjekte*

$$+ \; x_{Jz} \quad - \; (1 + h) \cdot x_{Jzv} \quad = \; E_z$$

kurzfristige Finanz-   *Aufgezinste kurzfristige Finanz-*   *Eigenmittel*
investition   *investition der Vorperiode*

Neben den Liquiditätsbedingungen sind die folgenden Projektbedingungen zu beachten:

Projektbedingungen:

$x_j \leq X_j$ und ganzzahlig,   für j = 1,...,J-1
$y_i \leq Y_i$,   für i = 1,...,I
$x_j \geq 0$,   für j = 1,...,J-1
$x_{Jz} \geq 0$,   für alle z ∈ Z
$y_i \geq 0$,   für i = 1,...,I

Das hier formulierte Modell ist ein lineares Modell, dessen Optimallösung sich mit Verfahren der ganzzahligen linearen Optimierung ermitteln läßt.

Beispiel

In dem folgenden Beispiel zur Flexiblen Planung bei der simultanen Bestimmung eines Investitions- und Finanzierungsprogramms wird von einem Planungszeitraum von drei Perioden ausgegangen. Des weiteren wird unterstellt, daß auf jeden Umweltzustand ein Zufallsereignis folgt, aus dem zwei Folgezustände resultieren können. Insgesamt können daher fünfzehn Umweltzustände eintreten. Diese Umweltzustände, die Eintrittswahrscheinlichkeiten der zu ihnen führenden Entwicklungen sowie die Eintrittswahrscheinlichkeiten der Zustände des letzten Zeitpunktes (Endwahrscheinlichkeiten) zeigt der folgende Zustandsbaum.

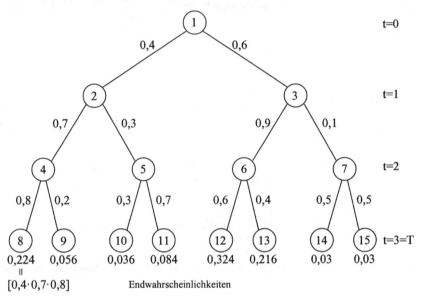

Abb. 8-9: Zustandsbaum des Beispielmodells

Zur Wahl stehen fünf verschiedene Realinvestitionsobjekte, von denen die Objekte 1, 2 und 3 zu Beginn des Planungszeitraums im Zustand 1 realisiert werden können (Variablen x_1, x_2 und x_3). Die beiden anderen Objekte lassen sich im Zeitpunkt $t = 1$ jeweils sowohl im Zustand 2 als auch im Zustand 3 verwirklichen. Da über die Realisation dieser Objekte in beiden Zuständen zu entscheiden ist, sind jeweils zwei Variablen einzuführen. Die Variable x_4 beschreibt die Anzahl der Investitionsobjekte vom Typ 4, die realisiert werden sollen, falls Zustand 2 eintritt; x_5 die Anzahl der Objekte des gleichen Typs, deren Anschaffung im Zustand 3 erfolgen soll. Die Variablen x_6 und x_7 bezeichnen die entsprechende Werte der Investitionsobjekte vom Typ 5. Für die Investitionsobjekte ist keine Obergrenze zu beachten.

Zur Finanzierung der Realinvestitionsobjekte werden drei Finanzierungsobjekte angeboten. Die Kredite 1 und 2 können zu Beginn des Planungszeitraums aufgenommen werden (Variablen y_1 und y_2); der Kredit 3 in $t = 1$ in beiden Zuständen 2 und 3

Flexible Planung

(Variablen y_3 und y_4). Der maximale Kreditbetrag ist 200 Tsd. € bei den Objekten 1 und 2 sowie 225 Tsd. € bei Objekt 3.

Die Nettozahlungen der Investitions- und Finanzierungsobjekte (in Tsd. €) in den verschiedenen Zeitpunkten und Zuständen enthält die nachfolgende Tabelle.

Nettozahlungen (in Tsd. €)															
Zeitpunkt	0	1		2				3							
Zustand	1	2	3	4	5	6	7	8	9	10	11	12	13	14	15
IO 1	-40	50	30	40	35	30	25	60	55	50	45	40	35	30	25
IO 2	-60	45	25	45	40	35	30	55	50	45	40	35	30	25	20
IO 3	-60	35	15	35	30	25	20	45	40	35	30	25	20	15	10
IO 4	-	-80	-	60	55	-	-	90	85	80	75	-	-	-	-
IO 5	-	-	-80	-	-	50	45	-	-	-	-	70	65	60	55
IO 6	-	-100	-	90	85	-	-	60	55	50	45	-	-	-	-
IO 7	-	-	-100	-	-	80	75	-	-	-	-	40	35	30	25
FO 1	100	-10	-10	-10	-10	-10	-10	-140	-140	-140	-140	-140	-140	-140	-140
FO 2	100	-	-	-	-	-	-	-180	-180	-180	-180	-180	-180	-180	-180
FO 3	-	150	-	-40	-40	-	-	-160	-160	-160	-160	-	-	-	-
FO 4	-	-	150	-	-	-40	-40	-	-	-	-	-160	-160	-160	-160

In jedem Zeitpunkt (und Zustand) kann außerdem eine kurzfristige Finanzinvestition (Variable x_{8z}, mit $z = 1,...,15$) durchgeführt werden, deren Verzinsung 5% (h = 0,05) beträgt. Für dieses Beispielproblem läßt sich das folgende flexible Modell formulieren:

Zielfunktion:

$$\begin{aligned} EVE = \; & 0{,}224 x_{8,8} + 0{,}056 x_{8,9} + 0{,}036 x_{8,10} + 0{,}084 x_{8,11} \\ & + 0{,}324 x_{8,12} + 0{,}216 x_{8,13} + 0{,}03 x_{8,14} + 0{,}03 x_{8,15} \quad \Rightarrow \max! \end{aligned}$$

Liquiditätsnebenbedingungen:[32]

z = 1:
$$40x_1 + 60x_2 + 60x_3 - 100y_1 - 100y_2 + x_{8,1} = 0$$

z = 2:
$$-50x_1 - 45x_2 - 35x_3 + 80x_4 + 100x_6 + 10y_1 - 150y_3 - 1{,}05x_{8,1} + x_{8,2} = 0$$

z = 3:
$$-30x_1 - 25x_2 - 15x_3 + 80x_5 + 100x_7 + 10y_1 - 150y_4 - 1{,}05x_{8,1} + x_{8,3} = 0$$

---

[32] Die Variablen y_i, i=1,...,4, werden im folgenden abweichend von der allgemeinen Modellformulierung als Anteile bzw. Vielfache der Werte 100 Tsd. € (y_1, y_2) und 150 Tsd. € (y_3, y_4) definiert.

z = 4:
-40x1 - 45x2 - 35x3 - 60x4 - 90x6 + 10y1 + 40y3 - 1,05x8,2 + x8,4 = 0
z = 5:
-35x1 - 40x2 - 30x3 - 55x4 - 85x6 + 10y1 + 40y3 - 1,05x8,2 + x8,5 = 0
z = 6:
-30x1 - 35x2 - 25x3 - 50x5 - 80x7 + 10y1 + 40y4 - 1,05x8,3 + x8,6 = 0
z = 7:
-25x1 - 30x2 - 20x3 - 45x5 - 75x7 + 10y1 + 40y4 - 1,05x8,3 + x8,7 = 0
z = 8:
-60x1 - 55x2 - 45x3 - 90x4 - 60x6 + 140y1 + 180y2 + 160y3 - 1,05x8,4 + x8,8 = 0
z = 9:
-55x1 - 50x2 - 40x3 - 85x4 - 55x6 + 140y1 + 180y2 + 160y3 - 1,05x8,4 + x8,9 = 0
z = 10:
-50x1 - 45x2 - 35x3 - 80x4 - 50x6 + 140y1 + 180y2 + 160y3 - 1,05x8,5 + x8,10 = 0
z = 11:
-45x1 - 40x2 - 30x3 - 75x4 - 45x6 + 140y1 + 180y2 + 160y3 - 1,05x8,5 + x8,11 = 0
z = 12:
-40x1 - 35x2 - 25x3 - 70x5 - 40x7 + 140y1 + 180y2 + 160y4 - 1,05x8,6 + x8,12 = 0
z = 13:
-35x1 - 30x2 - 20x3 - 65x5 - 35x7 + 140y1 + 180y2 + 160y4 - 1,05x8,6 + x8,13 = 0
z = 14:
-30x1 - 25x2 - 15x3 - 60x5 - 30x7 + 140y1 + 180y2 + 160y4 - 1,05x8,7 + x8,14 = 0
z = 15:
-25x1 - 20x2 - 10x3 - 55x5 - 25x7 + 140y1 + 180y2 + 160y4 - 1,05x8,7 + x8,15 = 0

Projektbedingungen:

$x_j \geq 0$ und ganzzahlig, für j = 1,...,7
$x_{8z} \geq 0$, für z = 1,...,15
$y_i \leq 2$, für i = 1,2
$y_i \leq 1,5$, für i = 3,4
$y_i \geq 0$, für i = 1,...,4

Die Optimallösung des Modells ist:

$x_1 = 10$	$x_2 = 0$	$x_3 = 0$	$x_4 = 8$	$x_5 = 6$	$x_6 = 0$	$x_7 = 0$
$x_{8,1} = 0$		$x_{8,2} = 0$		$x_{8,3} = 0$	$x_{8,4} = 817{,}33$	$x_{8,5} = 727{,}33$
$x_{8,6} = 526{,}67$		$x_{8,7} = 446{,}67$		$x_{8,8} = 1.367{,}53$	$x_{8,9} = 1.277{,}53$	$x_{8,10} = 1.093{,}03$
$x_{8,11} = 1.003{,}03$		$x_{8,12} = 519{,}67$		$x_{8,13} = 439{,}67$	$x_{8,14} = 275{,}67$	$x_{8,15} = 195{,}67$
$y_1 = 2$		$y_2 = 2$		$y_3 = 1{,}07$		$y_4 = 1{,}33$

Die aus dem Modell ableitbare Empfehlung lautet demgemäß, zu Beginn des Planungszeitraumes (t = 0) 10 Einheiten von Investitionsobjekt 1 zu realisieren. Die beiden Kredite 1 und 2 sollten im gleichen Zeitpunkt jeweils in der maximalen Höhe (2 Einheiten bzw. 200 Tsd. €) aufgenommen werden. Eine Anlage finanzieller Mittel in Form einer kurzfristigen Finanzinvestition unterbleibt in t = 0.

Im Zeitpunkt t = 1 sollten 8 Einheiten von Investitionsobjekt 4 angeschafft werden, falls Zustand 2 eintritt. Es ist dafür der Kredit 3 in Höhe von 1,07 Einheiten aufzunehmen, auf eine kurzfristige Finanzinvestition wird verzichtet. Demgegenüber sollten im Zustand 3 nur 6 Einheiten von Investitionsobjekt 4 realisiert werden. Aufgrund der geringeren Rückflüsse ist der Kredit 3 in diesem Zustand in Höhe von 1,33 Einheiten in Anspruch zu nehmen; auch hier wird keine kurzfristige Finanzinvestition empfohlen.

In den nachfolgenden Zeitpunkten und Zuständen unterscheiden sich jeweils die Werte der kurzfristigen Finanzinvestition. Die mit den Endwahrscheinlichkeiten gewichteten Werte der kurzfristigen Finanzinvestitionen im Zeitpunkt t = 3 ergeben den maximalen Erwartungswert des Vermögensendwertes. Er beträgt 778,95 Tsd. €.

Beurteilung

Flexible Planungsmodelle ermöglichen es, Programmscheidungsprobleme unter Berücksichtigung von unterschiedlichen Umweltzuständen und deren Eintrittswahrscheinlichkeiten, Folgeentscheidungen sowie erwarteten Informationszugängen zu analysieren.

Im Hinblick auf die Modellannahmen ist anzumerken, daß aufgrund der Zielfunktion "Maximierung des Erwartungswertes des Vermögensendwertes" Risikoneutralität der Entscheidungsträger unterstellt wird. Die Einbeziehung anderer Risikoeinstellungen führt zu nicht-linearen Optimierungsmodellen, deren Optimallösung unter Berücksichtigung von Ganzzahligkeitsbedingungen nur sehr schwer ermittelt werden kann.

Problematisch ist auch die Forderung, daß das finanzielle Gleichgewicht in jedem Zustand gesichert sein muß. Diese restriktive Bedingung engt den Bereich zulässiger Investitionsprogramme sehr stark ein. Zudem wäre es für den Investor eventuell akzeptabel, eine Verletzung des finanziellen Gleichgewichts in einer Situation hinzunehmen, die eine geringe Eintrittswahrscheinlichkeit aufweist. Bei den Modellen des *Chance-Constrained-Programming* kann dies durch eine modifizierte Formulierung der Liquiditätsrestriktion berücksichtigt werden.[33] Es werden dabei in der Liquiditätsrestriktion für einen Zeitpunkt t die Koeffizienten, d. h. die den Investitions- und/oder Finanzierungsvariablen zugeordneten Zahlungen, als Zufallsvariable betrachtet. Diese Koeffizienten können bestimmte Werte annehmen, denen jeweils Wahrscheinlichkeiten zugeordnet sind. Die aus den Zufallsentwicklungen resultierenden Ein- und Auszahlungen sollen mit einer vorzugebenden Mindestwahrscheinlichkeit die Einhaltung der Liquiditätsrestriktion gewährleisten. Problematisch ist bei diesem Ansatz neben der Bestimmung der Optimallösung des entstehenden Modells vor allem die Festlegung der Mindestwahrscheinlichkeiten.[34]

Generell sind bei den Modellen der Flexiblen Planung sowohl die Datenermittlung als auch die Berechnung der Optimallösung besonders schwierig und aufwendig. Es müssen für alle möglichen Zustände die relevanten Daten für die Investitions- und Finanzierungsobjekte bestimmt werden. Die Optimierung kann - je nach Anzahl der Variablen und Nebenbedingungen - aufgrund eines großen Modellumfangs und der Ganzzahligkeitsbedingungen problematisch sein. Flexible Planungsmodelle lassen sich daher nur bei einer relativ geringen Anzahl von möglichen Umweltzuständen und Alternativen analysieren.[35]

Die Bestimmung des Komplexitätsgrades stellt ein grundsätzliches Problem der Formulierung und Auswertung von Investitionsmodellen dar. Die Forderung nach Realitätsnähe spricht für die Konstruktion komplexer Modelle. Die Möglichkeiten der Datenermittlung und der damit verbundene Aufwand, das Problem der Bestimmung optimaler Lösungen und die Interpretierbarkeit hingegen lassen eine Beschränkung auf "handhabbare Modelle" ratsam erscheinen.

---

[33] Vgl. Charnes, A.; Cooper, W.W.: (Programming), S. 73 ff.; Lücke, W.: (Investitionslexikon), S. 43 f.
[34] Vgl. Blohm, H.; Lüder, K.: (Investition), S. 327.
[35] Vgl. dazu auch Blohm, H.; Lüder, K.: (Investition), S. 335.

Lösungen zu den Übungsaufgaben

3-1

a) $K_A = 68.750$ €/Jahr; $K_B = 66.000$ €/Jahr; $K_C = 60.000$ €/Jahr
  $\Rightarrow$ Alternative C ist relativ vorteilhaft.
b) $K_A = 87.083,33$ €/Jahr; $K_B = 90.000$ €/Jahr; $K_C = 100.000$ €/Jahr
  $\Rightarrow$ Alternative A ist relativ vorteilhaft.
c) und d) Vgl. Abschnitt 3.2.2.

3-2

a) $K = K_f + K_v$ mit: K_f = fixe Kosten; K_v = variable Kosten
$$K_A = 2.400 - \frac{8}{100.000} x^2 + 1{,}7x$$
$$K_B = 2.966{,}67 + 0{,}8x$$
$$K_C = 1{,}5x$$
b) b1) $K_A = 7.920$ €/Jahr; $K_B = 6.166{,}67$ €/Jahr; $K_C = 6.000$ €/Jahr
    $\Rightarrow$ Alternative C ist relativ vorteilhaft.
  b2) $K_A = 10.880$ €/Jahr; $K_B = 9.366{,}67$ €/Jahr; $K_C = 12.000$ €/Jahr
    $\Rightarrow$ Alternative B ist relativ vorteilhaft.
  b3) $K_A = 11.400$ €/Jahr $K_B = 12.366{,}67$ €/Jahr (2.000 Stück werden fremdbezogen, da die Kapazitätsgrenze bei $x = 8.000$ Stück erreicht ist.)
    $K_C = 15.000$ €/Jahr
    $\Rightarrow$ Alternative A ist relativ vorteilhaft.

3-3

a) $G_A = 160.000 - 130.580 = 29.420$ €/Jahr;
  $G_B = 192.000 - 167.930 = 24.070$ €/Jahr
  $\Rightarrow$ Alternative A ist relativ vorteilhaft.
b) $R_A = 30{,}93$ %; $R_B = 22{,}83$ %
  $\Rightarrow$ Alternative A ist relativ vorteilhaft.
c) $AZ_A = 4{,}01$ Jahre; $AZ_B = 4{,}84$ Jahre
  $\Rightarrow$ Alternative A ist relativ vorteilhaft.

3-4

a) $KW = 22.892{,}31$ €; $KW > 0$ $\Rightarrow$ Objekt ist absolut vorteilhaft.
b) $EV = 156.845{,}19$ €
c) $Ann = 5.287{,}55$ €; $Ann > 0$ $\Rightarrow$ Objekt ist absolut vorteilhaft.

3-5

a) $KW_A = 8.231,55$ €; $KW_B = 20.347,59$ €; $KW_C = 4.551,66$ €
   $KW_B > KW_A > KW_C \Rightarrow$ Objekt B ist relativ vorteilhaft.

b) $r_A \approx 11,25\%$; $r_B \approx 12,65\%$; $r_C \approx 10,50\%$

3-6

a) $KW_I = 3.641,81$ €; $KW_{II} = 5.476,84$ €;
   $Ann_I = 1.051$ €; $Ann_{II} = 1.580,57$ €
   $r_I \approx 7,46\%$; $r_{II} \approx 7,59\%$;
   $AZ_I = 3,88$ Jahre; $AZ_{II} = 3,78$ Jahre;   (AZ: dynamische Amortisationszeit)
   Kapitalwertmethode: $KW_{II} > KW_I$ $\Rightarrow$ Objekt II ist relativ vorteilhaft.
   Annuitätenmethode: $Ann_{II} > Ann_I$ $\Rightarrow$ Objekt II ist relativ vorteilhaft.
   Interner Zinssatz-Methode: $r_{II} > r_I$ $\Rightarrow$ Objekt II ist relativ vorteilhaft.
   dyn. Amortisationszeit: $AZ_{II} < AZ_I$ $\Rightarrow$ Objekt II ist relativ vorteilhaft.

b) Vgl. die Abschnitte 3.3.2 und 3.3.4.

c) Vgl. die Abschnitte 3.3.2 bis 3.3.5.

3-7

a) Kontenausgleichsgebot: (VE = Vermögensendwert)
   $VE_{7I} = 98.322,72$ €; $VE_{7II} = 124.017,86$ €;
   $VE_{7II} > VE_{7I} \Rightarrow$ Objekt II ist relativ vorteilhaft.
   Kontenausgleichsverbot:
   Objekt I: $V_{7I}^+ = 1.125.989,65$ €; $V_{7I}^- = -1.089.230,56$ €;
   $VE_{7I} = 36.759,09$ €
   Objekt II: $V_{5II}^+ = 1.146.611,50$ €; $V_{5II}^- = -1.116.689,34$ €;
   $VE_{5II} = 29.922,16$ €
   $VE_{7II} = 32.989,18$ €
   $VE_{7I} > VE_{7II} \Rightarrow$ Objekt I ist relativ vorteilhaft.

b) Kontenausgleichsgebot:
   $s_{kI} \approx 9,88\%$; $s_{kII} \approx 12,27\%$
   Kontenausgleichsverbot:
   $s_{k1} \approx 8,52\%$; $s_{kII} \approx 8,57\%$

c) Vgl. Abschnitt 3.3.6.

d)

	t = 0	t = 1	t = 2	t = 3	t = 4	t = 5
Zahlungsreihe	-760.000,00	240.000,00	320.000,00	180.000,00	120.000,00	160.000,00
Eigenkapital						
+ Einlage	152.000,00					
Kredit mit Endtilgung						
+ Aufnahme	228.000,00					
- Tilgung						-240.000,00
- Sollzinsen		-16.800,00	-16.800,00	-16.800,00	-16.800,00	-16.800,00
Kredit mit Annuitätentilgung						
+ Aufnahme	228.000,00					
- Tilgung		-38.864,07	-41.973,20	-45.331,05	-48.957,54	-52.874,14
- Sollzinsen		-18.240,00	-15.130,87	-11.773,02	-8.146,53	-4.229,93
Kontokorrentkredit						
+ Aufnahme	152.000,00					
- Tilgung		-150.895,93	1.104,07	0,00		
- Sollzinsen		-15.200,00	-110,41	0,00		
Geldanlage pauschal						
- Geldanlage			-244.881,45	-118.340,00	-64.257,00	
+ Auflösung						132.530,15
+ Habenzinsen				12.244,07	18.161,07	21.373,92
Finanzierungssaldo	0,00	0,00	0,00	0,00	0,00	0,00
Bestandsgrößen						
Kreditstand						
Endtilgung	-240.000,00	-240.000,00	-240.000,00	-240.000,00	-240.000,00	0,00
Annuitätentilgung	-228.000,00	-189.135,93	-147.162,73	-101.831,68	-52.874,14	0,00
Kontokorrentkredit	-152.000,00	-1.104,07	0,00	0,00	0,00	0,00
Guthabenstand pauschal		0,00	244.881,45	363.221,45	427.478,45	294.948,30
Bestandssaldo	-620.000,00	-430.240,00	-142.281,28	21.389,77	134.604,31	**294.948,30**

Der Endwert beträgt 294.948,30 €.

Endwert der Opportunität: $152.000 \cdot 1{,}06^5 = 203.410{,}29$ €

$\Rightarrow$ Objekt II ist absolut vorteilhaft.

e)

	t = 0	t = 1	t = 2	t = 3	t = 4	t = 5
Zahlungsreihe	-760.000,00	240.000,00	320.000,00	180.000,00	120.000,00	160.000,00
Eigenkapital						
+ Einlage	152.000,00					
- Entnahme		-52.824,87	-52.824,87	-52.824,87	-52.824,87	-52.824,87
Kredit mit Endtilgung						
+ Aufnahme	228.000,00					
- Tilgung						-240.000,00
- Sollzinsen		-16.800,00	-16.800,00	-16.800,00	-16.800,00	-16.800,00

Kredit mit Annuitätentilgung						
+ Aufnahme	228.000,00					
- Tilgung		-38.864,07	-41.973,20	-45.331,05	-48.957,54	-52.874,14
- Sollzinsen		-18.240,00	-15.130,87	-11.773,02	-8.146,53	-4.229,93
Kontokorrentkredit						
+ Aufnahme	152.000,00					
- Tilgung		-98.071,06	-53.928,94	0,00		
- Sollzinsen		-15.200,00	-5.392,89	0,00		
Geldanlage pauschal						
- Geldanlage			-133.949,23	-59.968,52	-2.966,95	
+ Auflösung						196.884,70
+ Habenzinsen				6.697,46	9.695,89	9.844,24
Finanzierungssaldo	0,00	0,00	0,00	0,00	0,00	0,00
Bestandsgrößen						
Kreditstand						
Endtilgung	-240.000,00	-240.000,00	-240.000,00	-240.000,00	-240.000,00	0,00
Annuitätentilgung	-228.000,00	-189.135,93	-147.162,73	-101.831,68	-52.874,14	0,00
Kontokorrentkredit	-152.000,00	-53.928,94	0,00	0,00	0,00	0,00
Guthabenstand pauschal		0,00	133.949,23	193.917,75	196.884,70	0,00
Bestandssaldo	-620.000,00	-483.064,87	-253.213,50	-147.913,93	-95.989,44	0,00

Jährliche Entnahme: 52.824,87 €

f) Die Finanzierungs- und Anlagepolitik läßt sich verbessern, indem die Laufzeit der langfristigen Kredite stärker dem Finanzmittelbedarf abgepaßt, d.h. verringert, wird. Damit ließe sich (weitgehend) vermeiden, daß kurzfristige Anlagen zu einem Zinssatz getätigt werden, der weit unterhalb der Sollzinssätze bei den langfristigen Krediten liegt (wie dies unter d) und e) geschieht). Inwieweit mit alternativen Finanzierungs- und Anlageprogrammen Verbesserungen erzielt werden, kann mittels spezifischer vollständiger Finanzpläne beurteilt werden.

3-8

a) $KW_I = 931,63$ €; $KW_{II} = 1.136,40$ €;
$KW_{II} > KW_I \Rightarrow$ Objekt II ist relativ vorteilhaft.
$KW_D = 204,77$ €

b) $r_I \approx 15,66\%$; $r_{II} \approx 13,86\%$; $r_D \approx 11,55\%$
$\Rightarrow$ Objekt II ist relativ vorteilhaft.
Zu den Kapitalwertkurven vgl. Abschnitt 3.3.4.

c) $AZ_I = 2,59$ Jahre; $AZ_{II} = 3,72$ Jahre

d) d1) Kontenausgleichsgebot:
$VE_{4I} = 888,54$ €; $VE_{4II} = 830,15$ €;
$VE_{4I} > VE_{4II} \Rightarrow$ Objekt I ist relativ vorteilhaft.

d2) Kontenausgleichsverbot:
Objekt I : $V_{3I}^{+} = 14.232$ €; $V_{3I}^{-} = -14.049,28$ €;

Lösungen 447

$$VE_{3I} = 182{,}72 \; €; \quad VE_{4I} = 197{,}34 \; €$$
$$\text{Objekt II:} \quad V_{4II}^{+} = 18.764{,}74 \; €; V_{4II}^{-} = -18.882{,}23 \; €;$$
$$VE_{4II} = -117{,}49 \; €$$

$VE_{4I} > VE_{4II} \Rightarrow$ Objekt I ist relativ vorteilhaft.

e) e1) Kontenausgleichsgebot:

$s_{kI} \approx 15{,}66\%; \quad s_{kII} \approx 13{,}86\%$

e2) Kontenausgleichsverbot:

$s_{kI} \approx 12{,}48\%; \quad s_{kII} \approx 11{,}83\%$

f) Objekt I

	t=0	t=1	t=2	t=3
Zahlungsreihe	-10.000	5.000	5.000	3.000
Eigenkapital				
- Entnahme				
+ Einlage	5.000			
Kredit mit Ratentilgung				
+ Aufnahme	4.000			
- Tilgung		-1.333,33	-1.333,33	-1.333,34
- Sollzinsen		-440	-293,33	-146,67
Kontokorrentkredit				
+ Aufnahme	1.000			
- Tilgung		-1.000		
- Sollzinsen		-130		
Geldanlage pauschal				
- Geldanlage		-2.096,67	-3.520,11	-1.913,16
+ Auflösung				
+ Habenzinsen			146,77	393,17
Finanzierungssaldo	0	0	0	0
Bestandsgrößen				
Kreditstand				
Ratentilgung	4.000	2.666,67	1.333,34	0
Kontokorrent	1.000	0	0	0
Guthabenstand pauschal		2.096,67	5.616,78	7.529,94
Bestandssaldo	-5.000	-570	4.283,44	**7.529,94**

Der Endwert beträgt 7.529,94 €.

Da der Endwert der Opportunität sich auf 6.475,15 € (5.000 · 1,09³) beläuft, ist Objekt I absolut vorteilhaft.

Objekt II

	t=0	t=1	t=2	t=3	t=4
Zahlungsreihe	-12.000	3.000	4.000	4.000	6.000
Eigenkapital					
- Entnahme					
+ Einlage	5.000				
Kredit mit Ratentilgung					
+ Aufnahme	4.000				
- Tilgung		-1.000	-1.000	-1.000	-1.000
- Sollzinsen		-440	-330	-220	-110

Kredit mit Endtilgung					
+ Aufnahme	2.000				
- Tilgung					-2.000
- Sollzinsen		-200	-200	-200	-200
Kontokorrentkredit					
+ Aufnahme	1.000				
- Tilgung		-1.000			
- Sollzinsen		-130			
Geldanlage pauschal					
- Geldanlage		-230	-2.486,10	-2.770,13	-3.074,04
+ Auflösung					
+ Habenzinsen			16,10	190,13	384,04
Finanzierungssaldo	0	0	0	0	0
Bestandsgrößen					
Kreditstand					
Ratentilgung	4.000	3.000	2.000	1.000	0
Endtilgung	2.000	2.000	2.000	2.000	0
Kontokorrent	1.000	0	0	0	0
Guthabenstand pauschal		230	2.716,10	5.486,23	8.560,27
Bestandssaldo	-7.000	-4.770	-1.283,90	2.486,23	**8.560,27**

Der Endwert von Objekt II beträgt 8.560,27 € und ist damit höher als der Endwert der Opportunität (7.057,91 = 5.000 · $1,09^4$) und als der - auf t = 4 bezogene - Endwert von Objekt I (8.207,63 = 7.529,94 · 1,09). Objekt II ist damit absolut und relativ vorteilhaft.

3-9

a) $KW_I^* = 575{,}51\ €,\ KW_{II}^* = 858{,}85\ €$

b) Objekt II

	t = 0	t = 1	t = 2	t = 3	t = 4
Zahlungsreihe	-12.000,00	3.000,00	4.000,00	4.000,00	6.000,00
Eigenkapital					
+ Einlage	5.000,00				
Kredit mit Ratentilgung					
+ Aufnahme	4.000,00				
- Tilgung		-1.000,00	-1.000,00	-1.000,00	-1.000,00
- Sollzinsen		-440,00	-330,00	-220,00	-110,00
Kredit mit Endtilgung					
+ Aufnahme	2.000,00				
- Tilgung					-2.000,00
- Sollzinsen		-200,00	-200,00	-200,00	-200,00
Kontokorrentkredit					
+ Aufnahme	1.000,00				
- Tilgung		-1.000,00	0,00	0,00	0,00
- Sollzinsen		-130,00	0,00	0,00	0,00

Geldanlage pauschal					
- Geldanlage		-476,39	-2.285,50	-2.462,25	-1.907,29
+ Auflösung					
+ Habenzinsen			33,35	193,33	365,69
Steuern					
- Zahlung			-217,85	-311,08	-1.148,40
+ Erstattung		246,39			
Finanzierungssaldo	0,00	0,00	0,00	0,00	0,00
Bestandsgrößen					
Kreditstand					
Ratentilgung	4.000,00	3.000,00	2.000,00	1.000,00	0,00
Endtilgung	2.000,00	2.000,00	2.000,00	2.000,00	0,00
Kontokorrentkredit	1.000,00	0,00	0,00	0,00	0,00
Guthabenstand pauschal		476,39	2.761,89	5.224,14	7.131,43
Bestandssaldo	-7.000,00	-4.523,61	-1.238,11	2.224,14	**7.131,43**

Nebenrechnungen

	t = 1	t = 2	t = 3	t = 4
Gewerbeertragsteuer				
+ Einzahlungsüberschuß	3.000,00	4.000,00	4.000,00	6.000,00
- Abschreibungen	-3.000,00	-3.000,00	-3.000,00	-3.000,00
- Zinsaufwand	-770,00	-530,00	-420,00	-310,00
+ Zinsertrag	0,00	33,35	193,33	365,69
+ 50 % Dauerschuldzinsen	320,00	265,00	210,00	155,00
= Veränderung der Bemessungsgrundlage	-450,00	768,35	983,33	3.210,69
Veränderung der Steuerzahlung	-71,85	122,68	157,00	512,63
Körperschaftsteuer				
+ Einzahlungsüberschuß	3.000,00	4.000,00	4.000,00	6.000,00
- Abschreibungen	-3.000,00	-3.000,00	-3.000,00	-3.000,00
- Zinsaufwand	-770,00	-530,00	-420,00	-310,00
+ Zinsertrag	0,00	33,35	193,33	365,69
- Gewerbeertragsteuer	71,85	-122,68	-157,00	-512,63
= Veränderung der Bemessungsgrundlage	-698,15	380,67	616,33	2.543,06
Veränderung der Steuerzahlung	-174,54	95,17	154,08	635,77
Gesamte Veränd. der Steuerzahlung	-246,39	217,85	311,08	1.148,40

Der Endwert beträgt 7.131,43 € und ist höher als der Endwert der Opportunität (6.234,68 € = 5.000 € · 1,0567226894[4]). Objekt II ist absolut vorteilhaft.

4-1

a) N(Nutzwert)$_A$ = 0,675; N_B = 0,753; $N_B > N_A$ ⇒ Kopierer B ist relativ vorteilhaft.

b) und c) Vgl. Abschnitt 4.2.

4-2

a) Gewichtungsvektor für die Zielkriterien:
   (0,2; 0,2; 0,6)
   Konsistenzwert = 0
   Gewichtungsvektor für die Alternativen bzgl. des Kriteriums "UW":
   (0,4545; 0,4545; 0,090909)
   Konsistenzwert: 0
   Gewichtungsvektor für die Alternativen bzgl. des Kriteriums "SU":
   (0,249855; 0,095337; 0,654806)
   Konsistenzwert: 0,015771
   Gewichtungsvektor für die Alternativen bzgl. des Kriteriums "LG":
   (0,209843; 0,549945; 0,240210)
   Konsistenzwert: 0,015771

b) Globale Prioritäten
   Alternative A: 0,2668
   Alternative B: 0,4399
   Alternative C: 0,2933
   $\Rightarrow$ Die Alternative B ist relativ vorteilhaft.

c) Vgl. Abschnitt 4.3.

4-3

a) $N_{MA} = 0,2 \cdot 1 + 0,4 \cdot 0,0 + 0,4 \cdot 0 = 0,2$
   $N_{MB} = 0,2 \cdot 0,5 + 0,4 \cdot 0,625 + 0,4 \cdot 1 = 0,75$
   $N_{MC} = 0,2 \cdot 0 + 0,4 \cdot 1 + 0,4 \cdot 0,25 = 0,5$
   $\Rightarrow$ Alternative B ist relativ vorteilhaft.

b) Vgl. Abschnitt 4.4.

4-4

a)
$$p_1(d_1) = \begin{cases} 0, & \text{falls } d_1 \leq 0 \\ \dfrac{d_1}{3.000}, & \text{falls } 0 < d_1 \leq 3.000 \\ 1, & \text{falls } d_1 > 3.000 \end{cases}$$

$$p_2(d_2) = \begin{cases} 0, & \text{falls } d_2 \leq 1.000.000 \\ 0,5, & \text{falls } 1.000.000 < d_2 \leq 2.000.000 \\ 1, & \text{falls } d_2 > 2.000.000 \end{cases}$$

$$p_3(d_3) = \begin{cases} 0, & \text{falls } d_3 \leq 100.000 \\ 0,5, & \text{falls } 100.000 < d_3 \leq 800.000 \\ 1, & \text{falls } d_3 > 800.000 \end{cases}$$

b) Outranking-Relation sowie Eingangsflüsse (F⁻) und Ausgangsflüsse (F⁺)

	A	B	C	F^+
A	0	0,2	0,2	0,4
B	0,8	0	0,43	1,23
C	0,5	0,1	0	0,6
F^-	1,3	0,3	0,63	

c)

	A	B	C
A	x	-	-
B	BPA	x	BPC
C	CPA	-	x

Alternative B wird den Alternativen A und C vorgezogen; Alternative C wird gegenüber A präferiert.

d) Vgl. Abschnitt 4.5.

5-1

a) KW = 63.570,69 €

b) b1) n_{opt} (optimale Nutzungsdauer) = 7; KW_{max} = 65.669,97 €
   b2) n_{1opt} = 6; $KW_{ges/max}$ = 100.173,17 €
   b3) n_{1opt} = 5; $KW_{ges/max}$ = 119.659,10 €
   b4) n_{opt} = 4; Ann_{max} = 15.188,54 €; KW_{Kette} = 151.885,37 €

c) Vgl. Abschnitt 5.2.

5-2

a) KW = 8.479,39 €

b) b1) n_{opt} = 7; KW_{max} = 9.726,24 €
   b2) n_{1opt} = 6; $KW_{ges/max}$ = 15.088,16 €
   b3) n_{opt} = 4; Ann_{max} = 2.349,41 €; KW_{Kette} = 23.494,10 €

5-3

a) a1) n_{opt} = 7; KW_{max} = 143.589,65 €
   a2) n_{opt} = 6; KW_{max} = 220.537 €
   a3) n_{opt} = 6; KW_{max} = 263.971,77 €
   a4) n_{opt} = 6; KW_{max} = 320.266,65 €

b) $n_{opt} = 1$; $KW_{max} = 330.000$ €; $Ann_{max} = 33.000$ €;
   Ersatzzeitpunkt: 31.12.2007 oder 31.12.2008
c) Die zwei Jahre alte Anlage wird drei Jahre genutzt.
   $Ann_{max} = 38.296,07$ €; $KW_{max} = 382.960,7$ €;
   Ersatzzeitpunkt: 31.12.2007

5-4

a) $n_{Bopt} = 2$, $KW_{Bmax} = 2.235,54$ Tsd. €
   $n_{Aopt} = 3$, $G_{3A} = 870 > i \cdot KW_{Bmax} = 223,55$, $G_{4A} = 110 < 223,55$
   $KW_{A3} = 1.628,85$ Tsd. €
   $KW_{Gmax} = 3.308,44$ Tsd. €
b) $KW_{1,1} = 1.553,72$ Tsd. €, $Ann_{1,1} = 895,23$ Tsd. €
   $KW_{1,2} = 2.305,04$ Tsd. €, $Ann_{1,2} = 926,89$ Tsd. € => $n_{Aopt} = 1$, $n_{Bopt} = 2$
   $KW_{2,1} = 2.139,75$ Tsd. €, $Ann_{2,1} = 860,43$ Tsd. €
   $KW_{2,2} = 2.822,76$ Tsd. €, $Ann_{2,2} = 890,50$ Tsd. €
   $KW_{3,1} = 2.687,52$ Tsd. €, $Ann_{3,1} = 847,83$ Tsd. €
   $KW_{3,2} = 3.308,44$ Tsd. €, $Ann_{3,2} = 872,76$ Tsd. €

5-5

- ohne Berücksichtigung von Zinsen:
  $n_{opt} = 4$; minimale Durchschnittskosten: $DK_{min} = 53.500$ €
- mit Berücksichtigung von Zinsen:
  $n_{opt} = 5$; $DK_{min} = 56.172,33$ € (Rundungsdifferenzen möglich)

5-6

a) $n_{Aopt} = 5$; $DK_{Amin} = 2.200$ €; $n_{Bopt} = 4$; $DK_{Bmin} = 5.625$ €;
   $DK_{Bmin} < 3 \cdot DK_{Amin}$ ⇒ Ersatz ist wirtschaftlich.
b) K_{Atges} = jährliche Betriebskosten der 3 Maschinen vom Typ A
   Ersatz falls gilt: $K_{Atges} > DK_{Bmin}$ ⇒ Ersatz zu Beginn der Periode 3
   vom Betrachtungszeitpunkt an gerechnet ($K_{A3ges} = 5.700$ €)

5-7

a) $n_{A1opt} = 6$; $DK_{A1min} = 27$ Tsd. €; $n_{A2opt} = 7$; $DK_{A2min} = 39,14$ Tsd. €;
   $n_{A3opt} = 6$; $DK_{A3min} = 39,17$ Tsd. €; $n_{N1opt} = 5$ oder 6; $DK_{N1min} = 80$ Tsd. €
   $n_{N2opt} = 6$; $DK_{N2min} = 37,5$ Tsd. €;
   $DK_{N1min} < 3 \cdot DK_{A1min}$ ⇒ Ersatz von A_1 durch N_1
   $DK_{N2min} < DK_{A2min}$ ⇒ Ersatz von A_2 durch N_2
   $2 \cdot DK_{A3min} < DK_{N1min}$ ⇒ Ersatz von A_3 durch A_3

Ersatz von A_1: 31.12.08
Ersatz von A_2: 31.12.09
Ersatz von A_3: 31.12.08
Ersatz von 6 Anlagen vom Typ A_1 durch 2 Anlagen vom Typ N_1
Ersatz von 4 Anlagen vom Typ A_2 durch 4 Anlagen vom Typ N_2
Ersatz von 3 Anlagen vom Typ A_3 durch 3 Anlagen vom Typ A_3

b) Vgl. Abschnitt 5.3.

c) Anlage A_2 - 1 Jahr alt: $DK_{A2,1min} = 37{,}33$ Tsd. €; $n_{A2,1opt} = 6$
Anlage A_2 - 2 Jahre alt: $DK_{A2,2min} = 39{,}8$ Tsd. €; $n_{A2,2opt} = 5$
Anlage A_2 - 3 Jahre alt: $DK_{A2,3min} = 43{,}5$ Tsd. €; $n_{A2,3opt} = 4$
Anlage A_3 - 1 Jahr alt: $DK_{A3,1min} = 35$ Tsd. €; $n_{A3,1opt} = 4$ oder 5
Ersatz von A_2:
$DK_{A2,1min} < DK_{N2min} \Rightarrow$ gebrauchte Anlage $A_{2,1}$ einsetzen
Ersatz von A_3:
$DK_{A3,1min} < DK_{A3min} \Rightarrow$ gebrauchte Anlage $A_{3,1}$ einsetzen
Ersatz von A_2: 31.12.09
Ersatz von A_3: 31.12.07 oder 31.12.08

d) Betrachtung der durchschnittlichen Gewinne G_{dt} bei N_1 und N_2:
$G_{N1dtmax} = 26$; $n_{N1opt} = 5$; $G_{N2dtmax} = 12{,}5$; $n_{N2opt} = 6$
$G_{N1dtmax} > 2 \cdot G_{N2dtmax} \Rightarrow N_1$ ist vorteilhafter
Ersatz falls $2 \cdot G_{A2} < G_{dtmax/neu}$; Ersatz von A_2 durch N_1: 31.12.09

5-8

a) $n_{opt} = 6$; $DK_{Amin} = 60.989{,}69$ €
Ersatz von A: 31.12.07

b) $n_{opt} = 4$; $DK_{Bmin} = 57.856{,}63$ €
Ersatz von A: 31.12.07

c) 1 Jahr alte Anlage:
$n_{opt} = 2$; $DK_{Baltmin} = 56.090{,}91$ €
2 Jahre alte Anlage:
$n_{opt} = 2$; $DK_{Baltmin} = 58.748{,}64$ €
$\Rightarrow$ Ein Jahr alte Anlage alle zwei Jahre ersetzen. Ersatz von A: 31.12.07

5-9

a) $DK_{tAmin} = 134.262{,}087$
Optimale Nutzungsdauer: 6 Jahre
Optimale Ersatzzeitpunkte: 31.12.07; 31.12.08

b) $DK_{tBmin} = 244.552{,}70$
Optimale Nutzungsdauer: 4 Jahre

Vorteilhaftigkeitsvergleich:
2 DK_{tAmin} = 268.524,17 > DK_{tBmin} = 244.552,70 $\Rightarrow$ Ersatz durch B
Ersatzzeitpunktbestimmung:
$C_{tA1} + C_{tA2}$ > DK_{tBmin}
$\Rightarrow$ am 31.12.07 (270.000 > 244.552,70)

c)
Sofortiger Ersatz der Anlagen vom Typ A:
- Nutzung einer Anlage vom Typ B über 6 Perioden:
    Kostenbarwert = 1.197.556,20
- Nutzung von zwei Anlagen vom Typ B:
    über erst 5 und dann 1 Periode(n):   Kostenbarwert = 1.196.427,25
    über erst 1 und dann 5 Periode(n):   Kostenbarwert = 1.207.232,83
    über erst 4 und dann 2 Perioden: Kostenbarwert = 1.182.710,54
    über zweimal 3 Perioden: Kostenbarwert = 1.176.394,07
- Nutzung von drei Anlagen vom Typ B:
    über erst 3, dann 2, dann 1 Periode(n): Kostenbarwert = 1.205.182,24

Ersatz der Anlagen vom Typ A nach einem Jahr:
- Nutzung einer Anlage vom Typ B über 5 Perioden:
    Kostenbarwert = 145.000 $(C_{4A1}+C_{3A2})$ + 1.025.956,124 · $1{,}1^{-1}$ = 1.077.687,385
    (1.025.956,124 ist der Kostenbarwert bei Nutzung einer Anlage über 5 Perioden.)
- Nutzung von zwei Anlagen vom Typ B:
    über erst 4 und dann 1 Periode(n):
    Kostenbarwert = 145.000 + 852.719,077 · $1{,}1^{-1}$ + 274.545,45 · $1{,}1^{-5}$ = 1.090.670,285
    über erst 3 und dann 2 Perioden: Kostenbarwert = 1.085.646,47

Ersatz der Anlagen vom Typ A nach zwei Jahren:
- Nutzung einer Anlage vom Typ B über 4 Perioden:
    Kostenbarwert = 145.000 $(C_{4A1} + C_{3A2})$ + 175.000 $(C_{5A1} + C_{4A2})$ · $1{,}1^{-1}$ +
    852.719,077 · $1{,}1^{-2}$ = 1.008.817,42

Ersatz der Anlagen vom Typ A nach drei Jahren:
- Nutzung einer Anlage vom Typ B über 3 Perioden:
    Kostenbarwert = 145.000 $(C_{4A1} + C_{3A2})$ + 175.000 $(C_{5A1} + C_{4A2})$ · $1{,}1^{-1}$ +
    215.000 $(C_{6A1} + C_{5A2})$ · $1{,}1^{-2}$ + 671.720,51 · $1{,}1^{-3}$ = **986.450,42**

Ersatz der Anlagen vom Typ A nach vier Jahren:
- Nutzung einer Anlage vom Typ B über 2 Perioden:
    Kostenbarwert = 1.014.623,32

Die optimale Strategie lautet, die Anlagen vom Typ A weitere drei Jahre bis zum 31.12.07 und eine ersetzende Anlage vom Typ B in den letzten drei Jahren zu nutzen.

5-10

a)

KW$_A$ = 4.228,54 absolut vorteilhaft

KW$_B$ = -2.786,01 nicht absolut vorteilhaft

⇒ Objekt A ist relativ vorteilhaft

b) b1) Kapitalwert der Investition B zum Zeitpunkt t=1:

$$KW_{B1} = -175.000 + \frac{50.000}{1,1} + \frac{55.000}{1,1^2} + \frac{60.000}{1,1^3} + \frac{75.000}{1,1^4} = 12.213,99$$

Kapitalwert der Investition B zum Zeitpunkt t=0:

$$KW_{B0} = KW_{B1} \cdot 1,1^{-1} = 11.103,63$$

⇒ Da KW$_{B1}$ > KW$_A$ ist, sollte in t=0 auf die Investition verzichtet und dafür in t=1 in Objekt B investiert werden.

b2) zukünftige Investitionen verzinsen sich nicht zum Kalkulationszinssatz

b3) Berechnung der Endwerte für t=5 (bei B$_1$: Anlage der Eigenmittel von t=0 bis t=1, dann Berechnung des Endwerts für t=5; Aufzinsung der Endwerte für A und B$_0$ von t=4 auf t=5; Berechnung der Opportunität; Vergleich der Alternativen)

6-1

a)

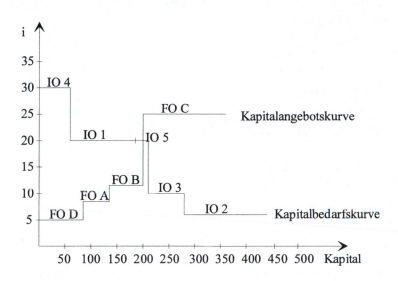

Optimales Investitions- und Finanzierungsprogramm:
Investitionsobjekte: IO 4, IO 1, 2/3 IO 5 oder IO 4, IO 5, 11/12 IO 1
oder weitere Kombinationen, bei denen IO 4 und sowohl IO 1 als auch
IO 5 in bestimmten Teilen realisiert werden
Finanzierungsobjekte: FO D, FO A, FO B
endogener Zinssatz: 20%
Maximaler Vermögensendwert: 30 Tsd. €

b) Optimales Investitions- und Finanzierungsprogramm:
Investitionsobjekte: IO 4, IO 1, IO 5
Finanzierungsobjekte: FO D, FO A, FO B, 1/16 FO C
Maximaler Vermögensendwert: 29,5 Tsd. €

c) Vgl. Abschnitt 6.3.2.

6-2

a) Zielfunktion:
$17{,}78x_1 + 7{,}95x_2 + 9{,}96x_3 + 18{,}51x_4 - 0{,}132485y_1 - 0{,}064278y_2 - 0{,}013474y_3$
$\Rightarrow$ max!

Liquiditätsrestriktionen:
t=0: $100x_1 + 50x_2 + 75x_3 + 120x_4 - y_1 - 0{,}5y_2 - 0{,}95y_3 \le 30$
t=1: $60x_1 + 35x_2 + 85x_3 + 90x_4 - 0{,}88y_1 - y_2 - 0{,}95y_3 \le 30$
t=2: $20x_1 + 15x_2 + 55x_3 + 50x_4 - 0{,}76y_1 - y_2 - 0{,}95y_3 \le 65$
t=3: $-20x_1 - 5x_2 + 15x_3 + 0x_4 - 0{,}64y_1 - y_2 - 0{,}95y_3 \le 65$
t=4: $-40x_1 - 20x_2 - 35x_3 - 50x_4 + 0{,}48y_1 + 0{,}39755y_2 + 0{,}360796y_3 \le 65$

Projektbedingungen:
$x_j \le 4, \quad j = 1,...,4$
$y_1 \le 400, y_2 \le 300, y_3 \le 100$
$x_j \ge 0, \quad j=1,...,4$
$y_i \ge 0, \quad i=1,...,3$

b) Zur Beurteilung der Zulässigkeit der Programme ist zu überprüfen, ob alle Nebenbedingungen eingehalten werden.

Programm 1:
Liquiditätsrestriktionen:
t=0: $100 \cdot 1 + 50 \cdot 2 + 75 \cdot 4 + 120 \cdot 0 - 1 \cdot 400 - 0{,}5 \cdot 0 - 0{,}95 \cdot 80 \le 30$
$24 < 30 \Rightarrow$ erfüllt
t=1: $60 \cdot 1 + 35 \cdot 2 + 85 \cdot 4 + 90 \cdot 0 - 0{,}88 \cdot 400 - 1 \cdot 0 - 0{,}95 \cdot 80 \le 30$
$42 > 30 \Rightarrow$ nicht erfüllt

$\Rightarrow$ das Programm ist unzulässig

Programm 2 erweist sich nach Überprüfung aller Nebenbedingungen als zulässig. Eine Bestätigung der Optimalität ist ohne Anwendung eines Optimierungsverfahrens nicht möglich. Es kann aber davon ausgegangen werden, daß das Pro-

Lösungen

gramm nicht optimal ist, da der Kredit mit dem höchsten negativen Kapitalwert (Kredit 1) vollständig ausgeschöpft wird, die anderen Kredite hingegen nicht.
c) Vgl. Abschnitt 6.3.3.

6-3

Zielfunktion:
$x_{43} \Rightarrow \max!$

Liquiditätsrestriktionen:
t=0: $100x_1 + 120x_3 - 100y_1 + x_{40} = 200$
t=1: $-50x_1 + 80x_2 - 60x_3 + 10y_1 - 100y_2 - (1+0,05)x_{40} + x_{41} = 100$
t=2: $-50x_1 - 55x_2 - 40x_3 + 10y_1 - (1+0,05)x_{41} + x_{42} = 100$
t=3: $-50x_1 - 55x_2 - 40x_3 + 115y_1 + 118y_2 - (1+0,05)x_{42} + x_{43} = 0$

Projektbedingungen:
$x_j \le 5$, j=1,2,3
$y_i \le 6$, i=1,2
$x_j \ge 0$ und ganzzahlig, j=1,2,3
$y_i \ge 0$, i=1,2
$x_{4t} \ge 0$, t=0,1,2

6-4

a) Zielfunktion:
$x_{53} \Rightarrow \max!$

Liquiditätsrestriktionen:
t=0: $100x_1 + 80x_2 + 50x_3 + 100x_4 - 100y_1 - 100y_2 + 100x_{50} = 0$
t=1: $-60x_1 - 50x_2 - 0x_3 - 10x_4 - 105x_{50} + 100x_{51} = 0$
t=2: $-60x_1 - 50x_2 - 0x_3 - 10x_4 - 105x_{51} + 100x_{52} = 0$
t=3: $-50x_1 - 40x_2 - 90x_3 - 120x_4 + 140y_1 + 130y_2 - 105x_{52} + 100x_{53} = 0$

Projektbedingungen:
$y_i \le 10$, i=1,2
$x_j \ge 0$, j=1,2,3,4 und ganzzahlig für j=1,2
$y_i \ge 0$, i=1,2
$x_{5t} \ge 0$, t=0,1,2

b) Programm 1:
Das Programm ist unzulässig, da
i) die Ganzzahligkeitsbedingung für das Investitionsobjekt 1 verletzt wird,
ii) die Liquiditätsbedingung in t=0 verletzt wird:
$100 \cdot 1,5 + 80 \cdot 1 + 50 \cdot 1 + 100 \cdot 0 - 100 \cdot 1 - 100 \cdot 1 + 100 \cdot x_{5,0} = 0$
$\Leftrightarrow x_{50} = -0,8$

Programm 2:
Das Programm ist zulässig, da alle Nebenbedingungen erfüllt sind.

Optimal ist das Programm nicht, da Kredit 1 in Anspruch genommen wird, obwohl der vorteilhaftere Kredit 2 nicht vollständig beansprucht wird.

c) Nach Einbeziehung der Zahlungen in t > T (abgezinst auf den Zeitpunkt T) erhält man die folgende Zielfunktion:

$x_{53} + 10 \cdot (1+0{,}1)^{-1} \cdot x_1 + 10 \cdot (1+0{,}1)^{-2} \cdot x_1 \Rightarrow$ max!

Die Nebenbedingungen verändern sich nicht.

d) $i_4^* = 0{,}1$; $i_3^* = 0{,}13$; $i_2^* = 0{,}2$; $i_1^* = 0{,}3$
KW = -5,96778 $\Rightarrow$ Zusatzprojekt ist nicht vorteilhaft.

6-5

a) a1) Optimales Programm:
Investitionsobjekte: A, B, D (70%)
Finanzierungsobjekte: 1, 2
Maximaler Vermögensendwert: 22,30 Tsd. €

a2) Optimales Programm:
Investitionsobjekte: A, D
Finanzierungsobjekte: 1, 2 (60%)
Maximaler Vermögensendwert: 20 Tsd. €

a3) Optimales Programm:
Investitionsobjekte: A, C, D
Finanzierungsobjekte: 1, 2
Maximaler Vermögensendwert: 17 Tsd. €

b) b1) Zahlungsreihen der Finanzierungsobjekte:

t	0	1	2	3	4
FO1	0,6	0,34	-0,1	-0,1	-1,1
FO2	1	-0,09	-0,09	-0,59	-0,545
FO3	1	-0,2886	-0,2886	-0,2886	-0,2886

Kapitalwert der Finanzierungsobjekte:
$KW_1 = -0{,}15825$ €; $KW_2 = -0{,}12538$ €; $KW_3 = -0{,}02333$ €

b2) Zielfunktion:
$41{,}84 x_A + 26{,}21 x_B + 8{,}65 x_C + 3{,}61 x_D - 0{,}15825 y_1 - 0{,}12538 y - 0{,}02333 y_3 \Rightarrow$ max!

Liquiditätsrestriktionen:
t=0: $100 x_A + 150 x_B + 80 x_C + 50 x_D - 0{,}6 y_1 - y_2 - y_3 \leq 0$
t=1: $60 x_A + 110 x_B + 55 x_C + 35 x_D - 0{,}94 y_1 - 0{,}91 y_2 - 0{,}7114 y_3 \leq 80$
t=2: $20 x_A + 60 x_B + 30 x_C + 15 x_D - 0{,}84 y_1 - 0{,}82 y_2 - 0{,}4228 y_3 \leq 80$
t=3: $-20 x_A + 5 x_B + 5 x_C - 0 x_D - 0{,}74 y_1 - 0{,}23 y_2 - 0{,}1342 y_3 \leq 80$
t=4: $-60 x_A - 50 x_B - 20 x_C - 10 x_D + 0{,}36 y_1 + 0{,}315 y_2 + 0{,}1544 y_3 \leq 80$

Projektbedingungen:
$x_A \leq 3, x_C \leq 3$
$y_i \leq 200, i=1,2,3$
$x_j \geq 0, j=A,B,C,D$
$y_i \geq 0, i=1,2,3$

c) Zielfunktion
$x_{G4} + 40 \cdot 1{,}05^{-1} x_E + 55 \cdot 1{,}05^{-1} x_F \Rightarrow$ max !
Liquiditätsrestriktionen:
t=0: $100 x_A + 150 x_B + 80 x_C + 50 x_D - 0{,}6 y_1 - y_2 - y_3 - y_{40} + x_{G0} = 0$
t=1: $-40 x_A - 40 x_B - 25 x_C - 15 x_D + 100 x_E + 150 x_F - 0{,}34 y_1 + 0{,}09 y_2$
$\quad + 0{,}2886 y_3 + 1{,}07 y_{40} - y_{41} - 1{,}03 x_{G0} + x_{G1} = 80$
t=2: $-40 x_A - 50 x_B - 25 x_C - 20 x_D - 40 x_E - 40 x_F + 0{,}1 y_1 + 0{,}09 y_2 + 0{,}2886 y_3$
$\quad + 1{,}07 y_{41} - y_{42} - 1{,}03 x_{G1} + x_{G2} = 0$
t=3: $-40 x_A - 55 x_B - 25 x_C - 15 x_D - 40 x_E - 50 x_F + 0{,}1 y_1 + 0{,}59 y_2 + 0{,}2886 y_3$
$\quad + 1{,}07 y_{42} - y_{43} - 1{,}03 x_{G2} + x_{G3} = 0$
t=4: $-40 x_A - 55 x_B - 25 x_C - 10 x_D - 40 x_E - 55 x_F + 1{,}1 y_1 + 0{,}545 y_2 +$
$\quad 0{,}2886 y_3 + 1{,}07 y_{43} - 1{,}03 x_{G3} + x_{G4} = 0$

Projektbedingungen:
$x_A \leq 3, \quad x_C \leq 3, \quad x_E \leq 3$
$y_i \leq 200, \quad i=1,2,3$
$x_j \geq 0, \quad j=A,B,C,D,E,F$
$y_i \geq 0, \quad i=1,2,3$
x_j ganzzahlig, $j=A,B,C,D,E,F$
$x_{Gt} \geq 0, \quad t=0,1,2,3,4$
$y_{4t} \geq 0, \quad t=0,1,2,3$
$y_{4t} \leq 200, \quad t=0,1,2,3$

d) Vgl. Abschnitte 6.3.2., 6.3.3. und 6.3.4.

6-6

a) Zielfunktion:
$x_{41} \cdot 1{,}1 + 0{,}2 \cdot 1.700 x_{10} + 0{,}2 \cdot 1.400 x_{20} + 0{,}2 \cdot 3.200 x_{30} + 0{,}6 \cdot 1.870 x_{11}$
$+ 0{,}6 \cdot 1.540 x_{21} + 0{,}6 \cdot 3.520 x_{31} + 4 z_{11} + 8 z_{21} \Rightarrow$ max!

Kapazitätsrestriktionen:
t=0: $3 z_{10} + 2 z_{20} \leq 300 + 60 x_{10}$
$\quad 4 z_{10} + 5 z_{20} \leq 400 + 80 x_{20}$
$\quad 6 z_{10} + 7 z_{20} \leq 800 + 100 x_{30}$
t=1: $3 z_{11} + 2 z_{21} \leq 60(x_{10} + x_{11})$
$\quad 4 z_{11} + 5 z_{21} \leq 80(x_{20} + x_{21})$
$\quad 6 z_{11} + 7 z_{21} \leq 100(x_{30} + x_{31})$

Absatzrestriktionen:
$z_{1t} \leq 1.000$ für t=0,1; $\qquad z_{2t} \leq 16.000$ für t=0,1

Liquiditätsnebenbedingungen:

t=0: $1.700x_{10} + 1.400x_{20} + 3.200x_{30} + x_{40} = 10.000$

t=1: $-4z_{10} - 8z_{20} + 1.870x_{11} + 1.540x_{21} + 3.520x_{31} - 1,1 \cdot x_{40}$
$-0,2 \cdot (1.700 \cdot 5 + 1.400 \cdot 5 + 3.200 \cdot 8) + x_{41} = 10.000$

Produktvariable: $z_{kt} \geq 0$ für k=1,2; t=0,1

Investitionsvariable: $x_{jt} \geq 0$ und ganzzahlig für j=1,2,3; t=0,1

$x_{4t} \geq 0$ für t=0,1

b) Vgl. Abschnitt 6.4.2.

6-7

Zielfunktion:

$1,1x_{31} + 0,8 \cdot 2000 \cdot x_{11} + 0,8 \cdot 2500 \cdot x_{21} + 0,6 \cdot 2000 \cdot x_{10} + 0,6 \cdot 2500 \cdot x_{20}$
$+ (120 - 0,2 \cdot z_{11}) \cdot z_{11} + (180 - 0,1 \cdot z_{21}) \cdot z_{21} - 55z_{11} - 110z_{21} \Rightarrow$ max!

Kapazitätsrestriktionen:

t=0: $4z_{10} + 5z_{20} \leq 360 + 90x_{10}$
$6z_{10} + 5z_{20} \leq 100x_{20}$

t=1: $4z_{11} + 5z_{21} \leq 90(x_{10} + x_{11})$
$6z_{11} + 5z_{21} \leq 100(x_{20} + x_{21})$

Liquiditätsrestriktionen:

t=0: $2000x_{10} + 2500x_{20} + x_{30} = 40.000$

t=1: $-(120 - 0,2z_{10})z_{10} + 50z_{10} - (180 - 0,1z_{20})z_{20} + 100z_{20} + 2000x_{11}$
$+ 2500x_{21} - 1600 - 1,1x_{30} + x_{31} = 0$

Marktrestriktionen:[1]

t=0: $z_{10} \leq 600; z_{20} \leq 1.800,$ t=1: $z_{11} \leq 600; z_{21} \leq 1.800$

Nichtnegativitäts- und Ganzzahligkeitsrestriktionen:

$x_{jt} \geq 0$ und ganzzahlig für j=1,2; t=0,1

$x_{30} \geq 0, x_{31} \geq 0$

$z_{kt} \geq 0$ für k=1,2; t=0,1

6-8

Zielfunktion:

$1,1 \cdot x_{D2} + 0,1 (5.000x_{A0} + 4.000x_{B0} + 6.600x_{C1}) + 0,4 (5.500x_{A1} +$
$4.400x_{B1}) + 0,7 (6.050x_{A2} + 4.840x_{B2}) + 0,55 \cdot 7.260x_{C2} +$
$32z_{12} + 35z_{22} + 32z_{32} - 0,7y_1 - 1,3y_2 - 0,9y_3 - 1,14y_{42} \Rightarrow$ max!

Liquiditätsrestriktionen:

t=0: $5.000x_{A0} + 4.000x_{B0} + 6.000x_{C0} + 900(3 + x_{A0}) + 800(1 + x_{B0}) +$
$1.200x_{C0} + x_{D0} - 0,4y_1 - 0,95y_2 - y_3 - y_{40} = 30.000$

---

[1] Auf die Marktrestriktionen kann auch verzichtet werden. Bei ihrer Verletzung würden negative Preise auftreten, dies wird durch die Optimierungsvorschrift vermieden.

t=1: $5.500x_{A1} + 4.400x_{B1} + 6.600x_{C1} + 900(3 + x_{A0} + x_{A1}) + 800(x_{B0} + x_{B1})$
$+ 1.200(x_{C0} + x_{C1}) - 1,1 \cdot x_{D0} + x_{D1} - 32z_{10} - 35z_{20} - 32z_{30} - 0,1 \cdot 4.000$
$-0,6y_1 + 1,14y_{40} - y_{41} = 15.000$

t=2: $6.050x_{A2} + 4.840x_{B2} + 7.260x_{C2} + 900(x_{A0} + x_{A1} + x_{A2}) + 800(x_{B0} +$
$x_{B1} + x_{B2}) + 1.200(x_{C1} + x_{C2}) - 1,1 \cdot x_{D1} + x_{D2} - 32z_{11} - 35z_{21} - 32z_{31} -$
$0,1 \cdot 5.000 \cdot 3 - 0,1 \cdot 6.000x_{C0} + 0,5y_1 + 0,3y_3 + 1,14y_{41} - y_{42} = 15.000$

Kapazitätsrestriktionen:

t=0: $5z_{10} + 2z_{20} + 3z_{30} \leq 900 + 300x_{A0}$
$4z_{10} + 3z_{20} + 4z_{30} \leq 400 + 400x_{B0}$
$3z_{10} + 6z_{20} + 8z_{30} \leq 600x_{C0}$

t=1: $5z_{11} + 2z_{21} + 3z_{31} \leq 900 + 300(x_{A0} + x_{A1})$
$4z_{11} + 3z_{21} + 4z_{31} \leq 400(x_{B0} + x_{B1})$
$3z_{11} + 6z_{21} + 8z_{31} \leq 600(x_{C0} + x_{C1})$

t=2: $5z_{12} + 2z_{22} + 3z_{32} \leq 300(x_{A0} + x_{A1} + x_{A2})$
$4z_{12} + 3z_{22} + 4z_{32} \leq 400(x_{B0} + x_{B1} + x_{B2})$
$3z_{12} + 6z_{22} + 8z_{32} \leq 600(x_{C1} + x_{C2})$

Absatzrestriktionen:

$z_{1t} \leq 16.000,$ für t=0,1,2
$z_{2t} \leq 8.000,$ für t=0,1,2
$z_{3t} \leq 12.000,$ für t=0,1,2

Nichtnegativitäts- und Ganzzahligkeitsrestriktionen:

$x_{jt} \geq 0$ und ganzzahlig, für j=A,B,C und t=0,1,2
$x_{Dt} \geq 0,$ für t=0,1,2
$z_{kt} \geq 0,$ für k=1,2,3 und t=0,1,2
$y_i \geq 0,$ für i=1,2,3
$y_i \leq 20.000,$ für i=2,3
$y_{4t} \geq 0,$ für t=0,1,2

7-1

a) KW = 32.437,15 €

b)

p [€]	KW [€]
60	-68.814,64
80	-18.188,74
120	83.063,04
140	133.688,94

c) Anschaffungsauszahlung: $A_{0krit} = 82.437,15$ €
Absatzpreis: $p_{krit} = 87,19$ €
Absatz- bzw. Produktionsmenge: $x_{krit} = 786,43$ Stück

mengenabhängige Auszahlungen: $a_{vkrit} = 52{,}80$ €
mengenunabhängige Auszahlungen: $\alpha_{krit} = 146{,}71\%$;
   (mit α_{krit} = kritisches Niveau der mengenunabhängigen Auszahlungen)
Liquidationserlös: $L_{krit} = -42.007{,}05$ €
Nutzungsdauer: Amortisationszeit ≈ 1,65 Jahre
Kalkulationszinssatz: Interner Zinssatz ≈ 43,95%

7-2

a)

Alternativenkombination	x_{krit} [Stück]
A - B	7.941,18
A - C	7.615,38
B - C	7.500

$0 \leq x \leq 7.500$ ⇒   Fremdbezug ist relativ vorteilhaft.
$7.501 \leq x \leq 7.941$ ⇒   Alternative B ist relativ vorteilhaft.
$7.942 \leq x \leq 12.000$ ⇒   Alternative A ist relativ vorteilhaft.

b) $K_A = 2.400 - \dfrac{8}{100.000} \cdot x^2 + 1{,}7x$ $x \leq 10.000$
$K_B = 2.966{,}67 + 0{,}8\,x$ $x \leq 8.000$
$K_C = 1{,}5\,x$ $x \leq 10.000$
$K_{BC} = -2.633{,}33 + 1{,}5\,x$ $8.000 \leq x \leq 18.000$

$K_A(x) = K_B(x)$ bei $x = 669{,}47$
$K_A(x) = K_C(x)$ bei $x = 6.868{,}05$
$K_B(x) = K_C(x)$ bei $x = 4.238{,}09$
$K_A(x) = K_{BC}(x)$ bei $x = 9.279{,}89$

$0 \leq x \leq 4.238$ Fremdbezug ist relativ vorteilhaft.
$4.239 \leq x \leq 8.000$ Alternative B ist relativ vorteilhaft.
$8.001 \leq x \leq 9.279$ 8.000 Stück werden auf Anlage B gefertigt; der Rest wird fremdbezogen.
$9.280 \leq x \leq 10.000$ Anlage A ist relativ vorteilhaft.

7-3

a) $A_{0\,krit} = 130.899{,}53$ €   f) $a_{v\,krit} = 42{,}29$ €
b) AZ ≈ 3,66 Jahre   g) $\alpha_{krit} = 0{,}9518$
c) $L_{krit} = -5.958$ €   h) $\alpha_{krit} = 1{,}1066$
d) r   ≈ 0,13827   i) $x_{krit} = 8001{,}75$ Stück
e) $p_{krit} = 47{,}71$ €

7-4

a₁) $\Delta KW_A = -1.703{,}98\,€$ $\quad\quad \Delta KW_B = -2.197{,}97$

$L_{krit_A} = 1.200 - 1.703{,}98 \cdot 1{,}1^4 \quad L_{krit_B} = 1.400 - 2.197{,}97 \cdot 1{,}1^3$

$L_{krit_A} = -1.294{,}80\,€ \quad\quad L_{krit_B} = -1.525{,}50\,€$

a₂) Niveau der jährlichen Einzahlungsüberschüsse: $\alpha_A = 78{,}39\%, \quad \alpha_B = 61{,}07\%$

b₁) $KW_{opt} = 3.308{,}44\,€$

$$3.308{,}44 = -7.000 + \frac{3.500}{1{,}1} + \frac{3.500}{1{,}1^2} + \frac{1.500}{1{,}1^3} + \frac{1.000}{1{,}1^4} + \frac{1.200\alpha}{1{,}1^4}$$
$$- \frac{4.500}{1{,}1^4} + \frac{3.500}{1{,}1^5} + \frac{1.800}{1{,}1^6} + \frac{1.300}{1{,}1^7} + \frac{1.400\alpha}{1{,}1^7}$$

$\alpha_A = 6{,}71\%$

b₂) notwendiger $KW_{techn.\,ND} = 926{,}88 : 0{,}205405499 = 4.512{,}44\,€$

$$4.512{,}44 = -7.000 + \frac{3.500}{1{,}1} + \frac{3.500}{1{,}1^2} + \frac{1.500}{1{,}1^3} + \frac{1.000}{1{,}1^4} + \frac{1.200\alpha}{1{,}1^4}$$
$$- \frac{4.500}{1{,}1^4} + \frac{3.500}{1{,}1^5} + \frac{1.800}{1{,}1^6} + \frac{1.300}{1{,}1^7} + \frac{1.400\alpha}{1{,}1^7}$$

$\alpha_B = 84{,}99\%$

7-5

a) siehe die Abbildung auf der nächsten Seite

b) Für die Entscheidungsknoten in t=1 (Knoten 2, 3) wird ermittelt:

Knoten 2: (in t=0 keine Investition und gute Nachfrage)
- in t=1 investieren:
  EKW = $-30.000 + 8 \cdot (0{,}75 \cdot 5.000 + 0{,}25 \cdot 2.000)1{,}1^{-1} = 909{,}09\,€$
- in t=1 nicht investieren:
  EKW = $0\,€$

=> in t=1 sollte investiert werden.

Knoten 3: (in t=0 keine Investition und ungünstige Nachfrage)
- in t=1 investieren:
  EKW = $-30.000 + 8 \cdot (0{,}25 \cdot 5.000 + 0{,}75 \cdot 2.000)1{,}1^{-1} = -10.000\,€$
- in t=1 nicht investieren:
  EKW = $0\,€$

=> in t=1 sollte nicht investiert werden.

zu a) Entscheidungsbaum

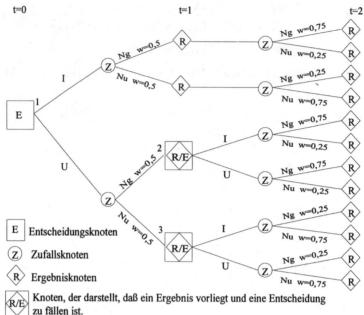

E Entscheidungsknoten
Z Zufallsknoten
R Ergebnisknoten
R/E Knoten, der darstellt, daß ein Ergebnis vorliegt und eine Entscheidung zu fällen ist.
I Investition
U Unterlassensalternative
Ng günstige Nachfrage
Nu ungünstige Nachfrage
w Wahrscheinlichkeit

b) (Fortsetzung)

Für den Entscheidungsknoten in t=0 (Knoten 1) wird ermittelt:

- in t=0 investieren:

EKW = $-40.000 + 8 \cdot (0{,}5 \cdot 5.000 + 0{,}5 \cdot 2.000) 1{,}1^{-1} + 8 \cdot (0{,}75 \cdot 0{,}5 \cdot 5.000 + 0{,}25 \cdot 0{,}5 \cdot 2.000 + 0{,}25 \cdot 0{,}5 \cdot 5.000 + 0{,}75 \cdot 0{,}5 \cdot 2.000) 1{,}1^{-2}$ = 8.595,04 €

- in t=0 nicht investieren:

EKW = $0 + 0{,}5 \cdot 909{,}09 \cdot 1{,}1^{-1} + 0$ = 413,22 €

⇒ optimale Investitionsstrategie: Investition in t=0.
Erwartungswert des Kapitalwertes: 8.595,04 €

c) Vgl. Abschnitt 7.3.4.

7-6

a) Entscheidungsbaum:

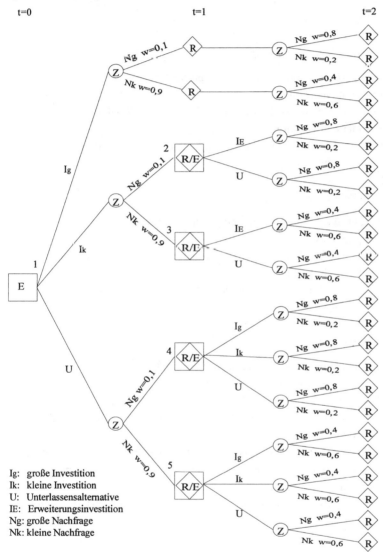

Ig: große Investition
Ik: kleine Investition
U: Unterlassensalternative
IE: Erweiterungsinvestition
Ng: große Nachfrage
Nk: kleine Nachfrage

b) Für die Entscheidungsknoten in t=1 wird ermittelt:

Knoten 2: (in t=0 kleine Investition und große Nachfrage)
- in t=1 investieren:
  EKW= $-13.000 + (0,8 \cdot 20.000 + 0,2 \cdot 0)1,1^{-1} = 1.545,45$ €
- in t=1 nicht investieren:
  EKW = 0 €
=> in t=1 sollte investiert werden.

Knoten 3: (in t=0 kleine Investition und ungünstige Nachfrage)
- in t=1 investieren:
  EKW = -13.000 + (0,4 · 20.000 + 0,6 · 0)1,1^{-1} = -5.727,27 €
- in t=1 nicht investieren:
  EKW = 0 €

=> in t=1 sollte nicht investiert werden:

Knoten 4: (in t=0 keine Investition und große Nachfrage)
- in t=1 große Investition:
  EKW = -22.000 + (0,8 · 40.000 + 0,2 · 0)1,1^{-1} = 7.090,91 €
- in t=1 kleine Investition:
  EKW = -12.000 + (0,8 · 20.000 + 0,2 · 0)1,1^{-1} = 2.545,45 €
- in t=1 keine Investition:
  EKW = 0 €

=> in t=1 sollte die große Investition getätigt werden.

Knoten 5: (in t=0 keine Investition und ungünstige Nachfrage)
- in t=1 große Investition:
  EKW = -22.000 + (0,4 · 40.000 + 0,6 · 0)1,1^{-1} = -7.454,55 €
- in t=1 kleine Investition:
  EKW = -12.000 + (0,4 · 20.000 + 0,6 · 0)1,1^{-1} = -4.727,27 €
- in t=1 keine Investition:
  EKW = 0 €

=> in t=1 sollte nicht investiert werden.

Für den Entscheidungsknoten 1 in t=0 wird ermittelt:
- in t=0 große Investition:
  EKW = -22.000 + (0,1 · 40.000 + 0,9 · 0)1,1^{-1} + (0,8 · 0,1 · 40.000 + 0,2 · 0,1 · 0 + 0,4 · 0,9 · 40.000 + 0,6 · 0,9 · 0)1,1^{-2} = -3.818,18 €
- in t=0 kleine Investition:
  EKW = -12.000 + (0,1 · 20.000 + 0,9 · 0)1,1^{-1} + (0,1 · 1.545,45 + 0,9 · 0) 1,1^{-1} + (0,1 · 0,8 · 20.000 + 0,9 · 0,4 · 20.000)1,1^{-2} = -2.768,59 €
- in t=0 keine Investition:
  EKW = 0 + (0,1 · 0 + 0,9 · 0)1,1^{-1} + (0,1 · 7.090,91 + 0,9 · 0)1,1^{-1} = 644,63 €

Optimale Investitionsstrategie:
in t=0 sollte nicht investiert werden, in t=1 sollte
- bei großer Nachfrage in t=0 die große Investition
- bei ungünstiger Nachfrage in t=0 gar keine Investition getätigt werden.

Erwartungswert des Kapitalwertes = 644,63 €

7-7

a)

Zahlungsreihen

t	A_{opt}	A_{wahr}	A_{pess}
0	-400.000	-400.000	-400.000
1	100.000	100.000	100.000
2	150.000	110.000	65.000
3	211.500	121.000	28.750
4	286.875	133.100	-8.987,50
5	478.978,75	246.410	1.531,88

t	B_{opt}	B_{wahr}	B_{pess}
0	-250.000	-250.000	-250.000
1	60.000	60.000	120.000
2	99.000	66.000	87.000
3	147.150	72.600	52.950
4	206.347,50	79.860	17.632,50
5	328.872,88	137.846	30.813,88

Kapitalwerte der einzelnen Strategie-Szenario-Kombinationen :

KW_{Aopt} = 467.126,72 €; KW_{Awahr} = 116.637,59 €; KW_{Apess} = -238.959,01 €
KW_{Bopt} = 342.061,91 €; KW_{Bwahr} = 53.773,34 €; KW_{Bpess} = 1.950,08 €

Daraus ergeben sich folgende Erwartungswerte :

EKW_A = 150.665,01 €
EKW_B = 129.895,26 €

$\Rightarrow$ A ist - bei Risikoneutralität - relativ vorteilhaft.

b) b1) Entscheidungsbaum

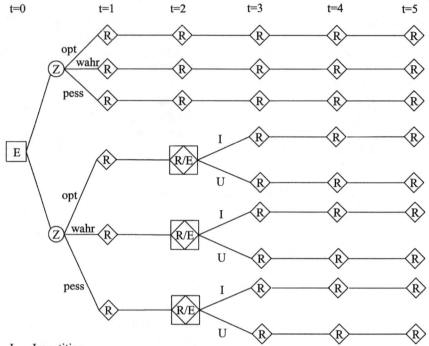

I: Investition
U: Unterlassensalternative

b2)

Für den Entscheidungsknoten 1 in t=2 wird ermittelt:
Kapitalwert in t=2:
$$KW_I = -100.000 + (86.400 - 35.000)1{,}1^{-1} + (103.680 - 36.750)1{,}1^{-2}$$
$$+ (124.416 - 38.587{,}5 + 10.000)1{,}1^{-3}$$
$$= 74.038{,}69 \text{ €}$$
$$KW_U = 0 \text{ €}$$
$\Rightarrow$ investieren!

Für den Entscheidungsknoten 2 in t=2 wird ermittelt:
Kapitalwert in t=2:
$$KW_I = -90.000 + (72.600 - 40.000)1{,}1^{-1} + (79.860 - 44.000)1{,}1^{-2}$$
$$+ (87.846 - 48.400 + 10.000)1{,}1^{-3}$$
$$= 6.422{,}24 \text{ €}$$
$\Rightarrow$ investieren!

Für den Entscheidungsknoten 3 in t=2 wird ermittelt:
Kapitalwert in t=2:
$$KW_I = -90.000 + (54.150 - 40.000)1{,}1^{-1} + (51.442{,}5 - 44.000)1{,}1^{-2}$$
$$+ (48.870{,}38 - 48.400 + 10.000)1{,}1^{-3}$$
$$= -63.118{,}98 \text{ €}$$
⇒ nicht investieren !

Erwartungswert in t=0:
$$EKW = 129.895{,}26 + 0{,}3 \cdot 74.038{,}69 \cdot 1{,}1^{-2} + 0{,}5 \cdot 6.422{,}24 \cdot 1{,}1^{-2}$$
$$+ 0{,}2 \cdot 0 \cdot 1{,}1^{-2}$$
$$= 150.905{,}78 \text{ €}$$
⇒ B ist - bei Risikoneutralität - relativ vorteilhaft.

7-8

a) a1) optimale Nutzungsdauer $n_{opt} = 5$; Kapitalwert $KW_{opt} = 105.230{,}30$
    a2) $n_{opt} = 5$; $KW_{opt} = 170.570{,}03$
    a3) $n_{opt} = 5$, $KW_{opt} = 211.140{,}85$
    a4) $n_{opt} = 5$; $KW_{opt} = 277.594{,}80$

b) Entscheidungsbaum

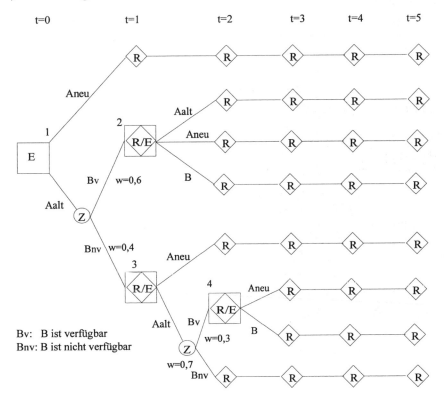

Bv: B ist verfügbar
Bnv: B ist nicht verfügbar

Kapitalwerte B				
t	1	2	3	4
KW_t	-18.181,82	52.066,21	112.171,29	163.397,29

Für den Entscheidungsknoten in t=2 (Knoten 4) läßt sich die Entscheidung anhand des Vergleiches der Kapitalwerte der Anlage A und B bei dreijähriger Nutzung fällen, die Anlage B ist zu präferieren.

In Knoten 2 in t=1 ist B ebenfalls einer neuen Anlage A vorzuziehen (höherer Kapitalwert bei vierjährigen Nutzung). Die alte Anlage A sollte sofort durch B ersetzt werden, weil ihre optimale Nutzungsdauer bereits überschritten ist und der Kapitalwert von B bei vierjähriger Nutzung höher ist als bei dreijähriger.

Knoten 3:
Alternative A neu:
    EKW = 170.000 + 86.602,66 = 256.602,66 €
             Liq.erlös   KW A_{neu}
             A_{alt} in t=1   bei t_{NA}=4
    t_{NA}:   Nutzungsdauer der Anlage A

Alternative A alt:
    EKW = (80.000 + 90.000 + 0,3 · 112.171,29 + 0,7 · 62.697,20)1,1⁻¹
             Liqu.erlös Rückfluß KW_B bei KW_{Aneu} bei t_{NA}=3
             in t=2 A_{alt} in t=2 t_{NB}=3 (w = 0,3)
       = 225.035,83 €
    t_{NB}:   Nutzungsdauer der Anlage B

$\Rightarrow$ Ersatz von A_{alt} durch A_{neu} in t=1

Entscheidung in t=0 (Knoten 1)
Alternative: A_{neu}
    EKW = 250.000 + 105.230,30 = 355.230,30 €
             Liqu.erlös KW_{Aneu}
             A_{alt} in t=0 bei t_{NA}=5

Alternative: A_{alt}
    EKW= 0,6(163.397,29 + 170.000)1,1⁻¹ + 0,4 · 256.602,66 · 1,1⁻¹
             KW_B bei t_{NB}=4   Liqu.erlös   bedingter Kapitalwert
                                A_{alt} in t=1   Knoten 3
          +100.000 · 1,1⁻¹
          Rückfluß A_{alt}
      = 366.072,25 €

$\Rightarrow$ Entscheidung: t = 0 nicht investieren
                        t = 1 A oder B je nach Zukunftsentwicklung

7-9

a) Entscheidungsbaum

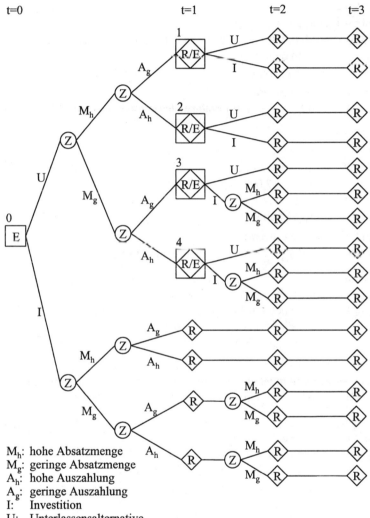

M_h: hohe Absatzmenge
M_g: geringe Absatzmenge
A_h: hohe Auszahlung
A_g: geringe Auszahlung
I: Investition
U: Unterlassensalternative

b)
Entscheidung in t=1
  Knoten 1:
  - in t = 1 investieren:
  EKW = $-300.000 + 17.000 \cdot 10 \cdot 1{,}1^{-1} + 17.000 \cdot 10 \cdot 1{,}1^{-2} + 40.000 \cdot 1{,}1^{-2}$
      = 28.099,17 €

- in t = 1 nicht investieren:
  EKW = 0 € ⇒ in t=1 sollte investiert werden.

Knoten 2:
- in t = 1 investieren:
  EKW = -300.000 + 17.000 · 8 · 1,1^{-1} + 17.000€ · 8 · 1,1^{-2}
        + 40.000 · 1,1^{-2}
      = -30.909,09 €
- in t = 1 nicht investieren:
  EKW = 0 € ⇒ in t=1 sollte nicht investiert werden.

Knoten 3:
- in t = 1 investieren:
  EKW = -300.000 + 0,5 · 17.000 · 10 · 1,1^{-1} + 0,5 · 15.000€ · 10 · 1,1^{-1}
        + 0,5 · 17.000 · 10 · 1,1^{-2} + 0,5 · 15.000 · 10 · 1,1^{-2}
        + 40.000 · 1,1^{-2}
      = 10.743,80 €
- in t = 1 nicht investieren:
  EKW = 0 € ⇒ in t=1 sollte investiert werden.

Knoten 4:
- in t = 1 investieren:
  EKW = -300.000 + 0,5 · 17.000 · 8 · 1,1^{-1} + 0,5 · 15.000€ · 8 · 1,1^{-1}
        + 0,5 · 17.000 · 8 · 1,1^{-2} + 0,5 · 15.000 · 8 · 1,1^{-2}
        + 40.000 · 1,1^{-2}
      = -44.793,39 €
- in t = 1 nicht investieren:
  EKW = 0 € ⇒ in t=1 sollte nicht investiert werden.

Entscheidung in t=0
- in t = 0 investieren:
  EKW = -350.000 + 0,5 · 10 · (0,6 · 20.000 + 0,4 · 15.000) · 1,1^{-1}
        + 0,5 · 8 · (0,6 · 20.000 + 0,4 · 15.000) · 1,1^{-1}
        + 0,5 · 10 · (0,6 · 20.000 + 0,4 · (0,5 · 18.000 + 0,5 · 15.000) ·
        (1,1^{-2} + 1,1^{-3})
        + 0,5 · 8 · (0,6 · 20.000 + 0,4 · (0,5 · 18.000 + 0,5 · 15.000) ·
        (1,1^{-2} + 1,1^{-3}) + 30.000 · 1,1^{-3}
      = 83.929,38 €
- in t = 0 nicht investieren:
  EKW = 0,6 · 0,5 · 28.099,17 · 1,1^{-1} + 0,4 · 0,5 · 10.743,80 · 1,1^{-1}
      = 9.616,83 €

⇒ in t=0 sollte investiert werden.

7-10

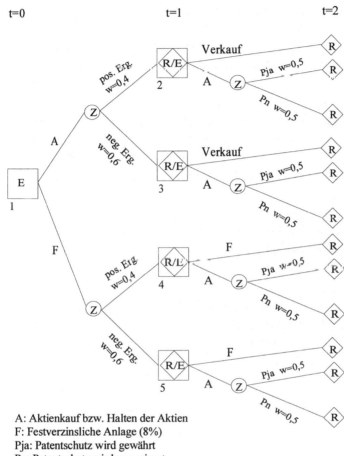

A: Aktienkauf bzw. Halten der Aktien
F: Festverzinsliche Anlage (8%)
Pja: Patentschutz wird gewährt
Pn: Patentschutz wird verweigert

Knoten 5:
  Finanz. Mittel: 510.000 · 1,08 = 550.800
  - Festverzinsliche Anlage: VE = 550.800 · 1,08 = **594.864**
  - Kauf von 1.200 Aktien à 450,- (550.800 : 459 (= 450 · 1,02) = 1.200)
    VE = 0,5 · 550 · 1.200 + 0,5 · 350 · 1.200 + 1.200 · 10 (Dividende) = 552.000
  bedingte Entscheidung: Festverzinsliche Anlage

Knoten 4:
  Finanz. Mittel: 510.000 · 1,08 = 550.800
  - Festverzinsliche Anlage: VE = 550.800 · 1,08 = 594.864
  - Kauf von 900 Aktien à 600,- (550.800 : 612 (= 600 · 1,02) = 900)
    VE = 0,5 · 850 · 900 + 0,5 · 500 · 900 + 900 · 10 = **616.500**
  bedingte Entscheidung: Kauf von Aktien

Knoten 3:
   Finanz. Mittel: 1.000 · 450 (Aktien) + 10.000 (Dividende) = 460.000
   - Aktienverkauf: VE = (460.000 - 9.000 (Verkaufskosten)) · 1,08 = **487.080**
   - Aktienbestand halten: VE = 0,5 · 550 · 1.000 + 0,5 · 350 · 1.000 +
                                           10.000 · 1,08 + 10.000 = 470.800
   bedingte Entscheidung: Aktienverkauf

Knoten 2:
   Finanz. Mittel: 1.000 · 600 (Aktien) + 10.000 (Dividende) = 610.000
   - Aktienverkauf: VE = (610.000 - 12.000 (Verkaufskosten)) · 1,08 = 645.840
   - Aktienbestand halten: VE = 0,5 · 850 · 1.000 + 0,5 · 500 · 1.000 +
                                           10.000 · 1,08 + 10.000 = **695.800**
   bedingte Entscheidung: Aktienbestand halten

Knoten 1:
   - in t = 0 kein Aktienkauf
     VE = 0,6 · 594.864 + 0,4 · 616.500 = **603.518,40**
   - in t = 0 Aktienkauf
     VE = 0,6 · 487.080 + 0,4 · 695.800 = 570.568

Optimale Investitionsstrategie:
In t = 0 sollte der zur Verfügung stehende Betrag zu 8% p.a. angelegt werden. Werden im folgenden Jahr positive Testergebnisse erzielt, sollte eine Aktienbeteiligung in t = 1 erfolgen, bei negativen Resultaten sollte hierauf verzichtet werden.

Literaturverzeichnis

Adam, D.: Das (Interdependenzproblem) in der Investitionsrechnung und die Möglichkeiten einer Zurechnung von Erträgen auf einzelne Investitionsobjekte, in: DB, 19. Jg., 1966, S. 989 - 993

Adam, D.: Die (Bedeutung) der Restwerte von Investitionsobjekten für die Investitionsplanung in Teilperioden, in: ZfB, 38. Jg., 1978, S. 391 - 408

Adam, D.: (Planung) und Entscheidung, 4. Aufl., Wiesbaden 1996

Adam, D.: (Investitionscontrolling), 3. Aufl., München, Wien 2000

Adam, D.; Hering, T.; Schlüchtermann; J.: (Marktzinsmethode), Lenkpreistheorie und klassische Investitionsrechnung, in: ZfbF, 45. Jg., 1993, S. 786 - 790

Adam, D.; Schlüchtermann, J.; Hering, T.: Zur (Verwendung) marktorientierter Kalkulationszinsfüße in der Investitionsrechnung, in: ZfB, 64. Jg., 1994, S. 115 - 119

Adam, D.; Schlüchtermann, J.; Hering, T.: Marktzinsmethode: Ein letzter (Versuch), in: ZfB, 64. Jg., 1994, S. 787 - 790

Aden, R.: (Konzeption) einer computergestützten flexiblen Investitionsprogrammplanung, Diss., Frankfurt a.M., Thun 1987

Albach, H.: (Wirtschaftlichkeitsrechnung) bei unsicheren Erwartungen, Köln, Opladen 1959

Albach, H.: (Investition) und Liquidität, Wiesbaden 1962

Albach, H.: (Informationswert), in: Grochla, E. (Hrsg.): Handwörterbuch der Organisation, Stuttgart 1969, Sp. 720 - 727

Albach, H.: (Ungewißheit) und Unsicherheit, in: Grochla, E.; Wittmann, W. (Hrsg.): Handwörterbuch der Betriebswirtschaft, Bd. 3, 4. Aufl., Stuttgart 1975, Sp. 4036 - 4041

Albach, H.: Strategische (Unternehmensplanung) bei erhöhter Unsicherheit, in: ZfB, 48. Jg., 1978, S. 702 - 715

Altrogge, G.: Zur (Diskussion) dynamischer Rentabilitätsmaße als investitionsrechnerische Vorteilskriterien. Anmerkungen zum gleichnamigen Beitrag von Raimund Schirmeister, in: ZfB, 62. Jg., 1992, S. 101 - 105

Altrogge, G.: (Fallstudien) Investition, München, Wien 1999

Angermann, A.: (Entscheidungsmodelle), Frankfurt a.M. 1963

Ansoff, H.I.: (Strategies) for Diversification, in: HBR, Vol. 35, 1957, S. 113 - 124

Arbeitskreis "Langfristige Unternehmensplanung" der Schmalenbach-Gesellschaft: Strategische (Planung), in: ZfbF, 29 Jg., 1977, S. 1 - 20

Arrow, K.J.: The (Role) of Securities in the Optimal Allocation of Risk-Bearing, in: Review of Economic Studies, Vol. 31, 1964, S. 91 - 96

Azani, H.; Khorramshahgol, R.: Analytic (Delphi) Method (ADM). A Strategic Decision Making Model Applied to Location Planning, in: Engineering Costs and Production Economics, Vol. 17, 1990, S. 23 - 28

Baer-Kemper, P.: Die (Auswirkungen) des Ketteneffektes in der Investitionstheorie auf Nutzungsdauer- und Ersatzzeitpunktplanung bei Gewinn- und Rentabilitätsmaximierung, Diss., Göttingen 1981

Baetge, J.; Fischer, T.: (Systemanalyse), in: Szyperski, N., unter Mitarbeit von Winand, U. (Hrsg.): Handwörterbuch der Planung, Stuttgart 1989, Sp. 1943 - 1952

Bäuml, J.; Lukas, B.: EDV-gestützte (Entscheidungstechniken) zur Beurteilung von Investitionsalternativen, Sindelfingen, Zürich 1992

Baldwin, R.H.: How to (Assess) Investment Proposals, in: HBR, Vol. 37, 1959, S. 98 - 104

Ballwieser, W.: (Unternehmensbewertung) und Komplexitätsreduktion, 3. Aufl., Wiesbaden 1990

Ballwieser, W.: Unternehmensbewertung und (Optionspreistheorie), in: DBW, 62. Jg., 2002, S. 184-201

Bamberg, G.: (Entscheidungsbaumverfahren), in: Wittmann, W.; Kern, W. u.a. (Hrsg.): Handwörterbuch der Betriebswirtschaftslehre, Teilband 1, A-H, 5. Aufl., Stuttgart 1993, Sp. 886 - 896

Bamberg, G.; Coenenberg, A.G.: Betriebswirtschaftliche (Entscheidungslehre), 12. Aufl., München 2004

Baranowski, K.-H.: (Besteuerung) von Auslandsbeziehungen, 2. Aufl., Herne, Berlin 1996

Baum, H.-G.; Coenenberg, A.G.; Günther, T.: Strategisches (Controlling), 3. Aufl., Stuttgart 2004

Bea, F.X.: (Entscheidungen) des Unternehmens, in: Bea, F.X.; Dichtl, E.; Schweitzer, M. (Hrsg.): Allgemeine Betriebswirtschaftslehre, Bd. 1: Grundfragen, 9. Aufl., Stuttgart 2004, S. 310 - 420

Belton, W.: A (Comparison) of the Analytic Hierarchy Process and a Simple Multi-Attribute Value Function, in: EJOR, Vol. 26, 1986, S. 7 - 21

Benner, W.: Betriebliche (Finanzwirtschaft) als monetäres System, Göttingen 1983

Bernoulli, D.: (Versuch) einer neuen Theorie der Wertbestimmung von Glücksfällen, Leipzig 1896

Betge, P.: (Investitionsplanung), Methoden, Modelle, Anwendungen, 4. Aufl., Wiesbaden 2000

Beyer, H.-T.: Die (Lehre) der Unternehmensführung. Entwurf eines Forschungsprogramms, Berlin 1970

Bieg, H.; Kußmaul, H.: Investitions- und (Finanzierungsmanagement), Band I: Investition, München 2000

Bitz, M.: (Strukturierung) ökonomischer Entscheidungsmodelle, Wiesbaden 1977

Bitz, M.: (Investition) und Finanzierung, Kurseinheit 3, Investition I: Investitionsentscheidungen bei Sicherheit, Fernuniversität Hagen, Hagen 1991

Bitz, M.; Ewert, J.; Terstege, U.: (Investition). Multimediale Einführung in finanzmathematische Entscheidungskonzepte, Wiesbaden 2002

Bitz, M.: (Investition), in: Vahlens Kompendium der Betriebswirtschaftslehre, Bd. 1, 5. Aufl., München 2005, S. 105 - 171

Black, F.; Scholes, M.: The (Pricing) of Options and Corporate Liabilities, in: Journal of Political Economy, Vol. 81, 1973, S. 637 - 654

Bloech, J.: (Untersuchung) der Aussagefähigkeit mathematisch formulierter Investitionsmodelle mit Hilfe einer Fehlerrechnung, Diss., Göttingen 1966

Bloech, J.: (Investitions-Strategien) für Fahrzeuge und andere verschleißende industrielle Anlagen, in: krp, 1969, S. 245 - 258

Bloech, J.: Optimale (Industriestandorte), Würzburg-Wien 1970

Bloech, J.: Lineare (Optimierung) für Wirtschaftswissenschaftler, Opladen 1974

Bloech, J.: (Varianten) des Ersatzproblems in der Investitionsrechnung, in: Die Fortbildung, 1978, S. 114 - 116

Bloech, J.: (Programmierung), dynamische, in: Albers, W.; Born, K.E. (Hrsg.): Handwörterbuch der Wirtschaftswissenschaften, Bd. 6, Stuttgart u.a. 1988, S. 342 - 349

Bloech, J.; Bogaschewsky, R.; Götze, U.; Roland, F.: (Einführung) in die Produktion, 5. Aufl., Berlin, Heidelberg u.a. 2004

Blohm, H.; Lüder, K.: (Investition). Schwachstellen im Investitionsbereich des Industriebetriebs und Wege zu ihrer Beseitigung, 8. Aufl., München 1995

Bockemühl, M.: (Realoptionstheorie) und die Bewertung von Produktinnovationen. Der Einfluss von Wettbewerbseffekten, Wiesbaden 2001

Bogaschewsky, R.: Dynamische (Materialdisposition) im Beschaffungsbereich - Simulation und Ergebnisanalyse -, Diss., Frankfurt a.M. 1988

Borer, D.: Innerbetriebliche (Investitionskontrolle) in Theorie und Praxis, Bern, Stuttgart 1978

Bosse, C.: (Investitionsmanagement) in divisionalen Unternehmen, Strategiebestimmung, Koordination von Investitionsentscheidungen und Anreizsysteme, Chemnitz 2000

Bosse, C.; Götze, U.: Die (Fallstudie) aus der Betriebswirtschaftslehre. Investitionsentscheidungen der "Kaffee KG" (I) und (II), in: WISU, 28. Jg., 1999, H. 11, S. 1500 - 1502 und H. 12, S. 1636 - 1638

Boulding, K.E.: (Time) and Investment, in: Economica, Vol. 3, 1936, S. 196 - 214

Bramsemann, R.: (Controlling), Wiesbaden 1978

Bramsemann, R.: (Handbuch) Controlling. Methoden und Techniken, 3. Aufl., München, Wien 1993

Brandes, W.; Budde, H.-J.: (COMPRI) - Eine computergestützte Planung risikobehafteter Investitionen, Göttinger Schriften zur Agrarökonomie, Heft 47, Institut für Agrarökonomie der Universität Göttingen, Göttingen 1980

Brandes, W.; Budde, H.-J.; Bloech, J.: Die anwendungsorientierte (Risikoabschätzung) für strategische Investitionen, in: DB, 36. Jg., 1983, S. 2697 - 2700

Brans, J.P.; Mareschal, B.: The (PROMETHEE) Methods for MCDM; The PROMCALC, GAIA and BANKADVISER Software, in: Bana e Costa, C.A. (Ed.): Readings in Multiple Criteria Decision Aid, Berlin, Heidelberg u.a. 1990, S. 216 - 252

Brans, J.P.; Vincke, P.: A (Preference) Ranking Organisation Method, in: MS, Vol. 31, 1985, S. 647 - 656

Brans, J.P.; Vincke, P.; Mareschal, B.: How to Select and How to Rank (Projects): The PROMETHEE method, in: EJOR, Vol. 24, 1986, S. 228 - 238

Braun, G.E.: Der (Beitrag) der Nutzwertanalyse zur Handhabung eines multidimensionalen Zielsystems, in: WiSt, 11. Jg., 1982, S. 49 - 54

Brealey, R.A.; Myers, S.C.: (Principles) of Corporate Finance, 7. Aufl., Boston u.a. 2003

Brede, H.: (Betriebswirtschaftslehre). Einführung für Juristen und andere Nebenfachstudenten sowie für Ökonomen, 7. Aufl., München, Wien 2001

Bretzke, W.-R.: Der (Problembezug) von Entscheidungsmodellen, Tübingen 1980

Breuer, W.: *Hirshleifer*- und (*Dean*-Modell) im Vergleich, in: WiSt, 29. Jg., 2000, S. 182 - 187

Breuer, W.: Die (Beurteilung) von Auslandsdirektinvestitionen bei Sicherheit, in: WiSt, 30. Jg., 2001, S. 578 - 582

Breuer, W.: (Investition II). Entscheidungen bei Risiko, Wiesbaden 2001

Breuer, W.: (Investition I). Entscheidungen bei Sicherheit, 2. Aufl., Wiesbaden 2002

Brink, A.; Damhorst, H.; Kramer, D.; Zwehl, W. von: Lineare und ganzzahlige (Optimierung) mit Impac, München 1991

Brockhoff, K.: (Prognoseverfahren) für die Unternehmensplanung, Wiesbaden 1977

Brühl, R.: Die (Produktlebenszyklusrechnung) zur Informationsversorgung des Zielkostenmanagements, in: ZP, Bd. 7, 1996, S. 319 - 335

Buchner, R.: (Anmerkungen) zur Darstellung des sogenannten „Ketteneffektes" im Rahmen der betriebswirtschaftlichen Investitionstheorie, in: ZfB, 50. Jg., 1980, S. 33 - 46

Büchter, D.: (Investitionsentscheidungen) unter dem Einfluß ausgewählter Methoden der Erfolgsbemessung, Köln 1990

Bühner, R.: Kapitalmarktorientierte (Unternehmenssteuerung). Aktionärsorientierte Unternehmensführung, in: WiSt, 25. Jg., 1996, S. 334 - 338

Bumba, F.: Simultane Produktions- und (Investitionsprogrammplanung) mit Hilfe der linearen Planungsrechnung - Eine empirische Untersuchung -, Erlangen, Nürnberg 1974

Bumba, F.: Ein (Modellsystem) der Produktions- und Investitionsprogrammplanung mit linearer Planungsrechnung, in: ZOR, Bd. 21, 1977, S. B177 - B196

Buscher, U.; Roland, F.: (Fuzzy-Set-Modelle) in der simultanen Investitions- und Produktionsplanung, Arbeitsbericht 1/92 des Instituts für betriebswirtschaftliche Produktions- und Investitionsforschung der Georg-August-Universität Göttingen, Göttingen 1992

Busse von Colbe, W.; Laßmann, G.: (Betriebswirtschaftstheorie), Bd. 3: Investitionstheorie, 3. Aufl., Berlin, Heidelberg u.a. 1990

Caprano, E.; Wimmer, K..: (Finanzmathematik), 6. Aufl., München 1999

Charnes, A.; Cooper, W.W.: Chance-Constrained (Programming), in: MS, Vol. 6, 1959, S. 73 - 79

Charnes, A.; Cooper, W.W.; Miller, H.M.: (Application) of Linear Programming to Financial Budgeting and the Costing of Funds, in: JoB, Vol. 32, 1959, S. 20 - 46

Churchman, C.W.; Ackoff, R.L.; Arnoff, E.L.: (Operations) Research, 4. Aufl., Wien, München 1968

Copeland, T.E.; Koller, T.; Murrin, J.: (Unternehmenswert). Methoden und Strategien für eine wertorientierte Unternehmensführung, 2. Aufl., Frankfurt/M., New York 1998

Copeland, T.E.; Weston, J.F.: Financial (Theory) and Corporate Policy, Reading u.a. 1988

Cox, J.C.; Ross, S.A.; Rubinstein, M.: (Option) Pricing: A Simplified Approach, in: Journal of Financial Economics, Vol. 7, 1979, S. 229 - 263

Crasselt, N.; Tomaszewski, C.: (Realoptionen) - Eine neue Methode der Investitionsrechnung?, in: WiSt, 28. Jg., 1999, S. 556 - 559

Däumler, K.-D.: (Grundlagen) der Investitions- und Wirtschaftlichkeitsrechnung, 11. Aufl., Herne, Berlin 2003

Dantzig, G.B.: Recent (Advances) in Linear Programming, in: Management Science, Vol. 2, 1956, S. 131 - 144

Dean, J.: (Capital) Budgeting, Top Management Policy on Plant, Equipment and Product Development, 7. Aufl., New York, London 1964

Debreu, G.: (Theory) of Value, in: Yale University Press, New Haven, Conn. 1959

Dellmann, K.; Haberstock, L.: (Nutzungsdauer) und Ersetzungszeitpunkt von Anlagen, in: DB, 24. Jg., 1971, S. 1729 - 1733

Deppe, H.-D.: Betriebswirtschaftliche (Grundlagen) der Geldwirtschaft, Bd. 1: Einführung und Zahlungsverkehr, Stuttgart 1973

Dichtl, E.: Ein (Ansatz) zur simultanen Optimierung von Produktionsprogramm und Investitionspolitik, in: Köhler, R.; Zimmermann, H.-J. (Hrsg.): Entscheidungshilfen im Marketing, Stuttgart 1976, S. 487 - 499

Dinkelbach, W.: (Sensitivitätsanalysen) und parametrische Programmierung, Berlin, Heidelberg, New York 1969

Dinkelbach, W.: (Entscheidungsmodelle), Berlin 1982

Dinkelbach, W.: Flexible (Planung), in: Szyperski, N., unter Mitarbeit von Winand, U. (Hrsg.): Handwörterbuch der Planung, Stuttgart 1989, Sp. 507 - 514

Dinkelbach, W.: (Entscheidungstheorie), in: Wittmann, W.; Kern, W. u.a. (Hrsg.): Handwörterbuch der Betriebswirtschaftslehre, 5. Aufl., Stuttgart 1993, Sp. 929 - 943

Diruf, G.: Die quantitative (Risikoanalyse). Ein OR-Verfahren zur Beurteilung von Investitionsprojekten, in: ZfB, 42. Jg., 1972, S. 821 - 832

Dixit, A.K.; Pindyck, R.S.: (Investment) under uncertainty, Princeton 1994

Domsch, M.: Simultane Personal- und (Investitionsplanung) im Produktionsbereich, Bielefeld 1970
Drexl, A.: Exakte (Methoden) zur Investitionsprogrammplanung, in: WiSt, 18. Jg., 1989, S. 106 - 111
Drexl, A.: (Nutzungsdauerentscheidungen) bei Sicherheit und Risiko, in: ZfbF, 42. Jg., 1990, S. 50 - 66
Dreyer, A.: (Nutzwertanalyse) als Entscheidungsmodell bei mehrfacher Zielsetzung. Eine Untersuchung zu Grundlagen und Durchführung der Nutzwertanalyse, Diss., Hamburg 1975
Drukarczyk, J.: (Theorie) und Politik der Finanzierung, 2. Aufl., München 1993
Drukarczyk, J.: (Unternehmensbewertung), 4. Aufl., München 2003
Dunst, K.H.: (Portfolio) Management. Konzeption für die strategische Unternehmensplanung, 2. Aufl., Berlin 1983
Dyckhoff, H.: (Zeitpräferenz), in: ZfbF, 40. Jg., 1988, S. 990 - 1008
Dyer, J.S.: (Remarks) on the Analytic Hierarchy Process, in: MS, Vol. 36, 1990, S. 249 - 258
Ecke, R.: Lineare Investitions- und (Finanzplanung) im modular strukturierten Modell, Wiesbaden 1989
Eilenberger, G.: Betriebliche (Finanzwirtschaft), 7. Aufl., München, Wien 2003
Eisenführ, F.: (Beurteilung) einzelner Investitionsprojekte bei unterschiedlichem Soll- und Habenzins, in: OR-Spektrum, 1979, S. 89 - 102
Eisenführ, F.: Entscheidungstheoretische (Planungshilfen), in: Szyperski, N., unter Mitarbeit von Winand, U. (Hrsg.): Handwörterbuch der Planung, Stuttgart 1989, Sp. 397 - 406
Eisenführ, F.; Weber, M.: Rationales (Entscheiden), 4. Aufl., Berlin, Heidelberg, New York 2003
Emde, W.B.: (Prognosetechniken), in: Szyperski, N., unter Mitarbeit von Winand, U. (Hrsg.): Handwörterbuch der Planung, Stuttgart 1989, Sp. 1645 - 1658
Engelbrecht, B.: (Grundsätze) und Technik ordnungsmäßiger Immobilienbewertung, Heidelberg 1998
Engelke, P.: (Integration) von Forschung und Entwicklung in die unternehmerische Planung und Steuerung, Heidelberg 1991
Ewert, R.; Wagenhofer, A.: Interne (Unternehmensrechnung), 6. Aufl., Berlin, Heidelberg, New York 2005
Fandel, G.: Optimale (Entscheidung) bei mehrfacher Zielsetzung, Berlin, Heidelberg, New York 1972
Fandel, G.: Optimale (Entscheidungen) in Organisationen, Berlin, Heidelberg, New York 1979
Farquhar, P.H.: A (Survey) of Multiattribute Utility Theory and Applications, in: Starr, M.H.; Zeleny, M. (Eds.): Multiple Criteria Decision Making, Amsterdam 1977, S. 59 - 89
Felzmann, H.: Ein (Modell) zur Unterstützung der strategischen Planung auf der Ebene strategischer Geschäftseinheiten, Gelsenkirchen 1982
Felzmann, H.: Quantitative (Unterstützung) der strategischen Unternehmensplanung, in: ZfB, 52. Jg., 1982, S. 834 - 845
Ferschl, F.: Nutzen- und (Entscheidungstheorie), Opladen 1975
Fischer, J.: Heuristische (Investitionsplanung). Entscheidungshilfen für die Praxis, Berlin 1981
Fischer, L.: (Besteuerung) und optimaler Ersatzzeitpunkt, in: DB, 28. Jg., 1975, S. 1572 - 1575
Fischer, L.; Warneke, P.: Internationale Betriebswirtschaftliche (Steuerlehre), 4. Aufl., Bielefeld 1998
Fischer, T.M.; Schmitz, J.: (Kapitalmarktorientierung) im Zielkostenmanagement, in: Möller, H.P.; Schmidt, F. (Hrsg.): Rechnungswesen als Instrument für Führungsentscheidungen, Stuttgart 1998, S. 203 - 230
Fischer, T.R.; Hahnenstein, L.; Heitzer, B.: Kapitalmarkttheoretische Ansätze zur (Berücksichtigung) von Handlungsspielräumen in der Unternehmensbewertung, in: ZfB, 69. Jg., 1999, S. 1207 - 1232

Fisher, I.: (Theory) of Interest, New York 1930
Förstner, K.; Henn, R.: Dynamische (Produktions-Theorie) und Lineare Programmierung, Meisenheim/Glan 1957
Franck, T.: (Konzeption) und Praktikabilität von MAPI, Frankfurt a.M. 1984
Franke, G.; Hax, H.: (Finanzwirtschaft) des Unternehmens und Kapitalmarkt, 5. Aufl., Berlin u.a. 2003
French, S.: (Decision) Theory - An Introduction to the Mathematics of Rationality, Chichester 1988
Frerichs, W.; Kübler, K.: Gesamtwirtschaftliche (Prognoseverfahren), München 1980
Friedemann, C.: Umweltorientierte (Investitionsplanung), Wiesbaden 1998
Frischmuth, G.: (Daten) als Grundlage für Investitionsentscheidungen, Berlin 1969
Fromm, A.: Nichtlineare (Optimierungsmodelle). Ausgewählte Ansätze, Kritik und Anwendung, Frankfurt a.M., Zürich 1975
Gaddis, P.O.: Analyzing Overseas (Investment), in: HBR, Vol. 44, 1966, S. 115 - 122
Gaitanides, M.: Zur (Bedeutung) von Vorentscheidungsprozessen für die Modellimplementierung, in: Pfohl, H.-C.; Rürup, B. (Hrsg.): Anwendungsprobleme moderner Planungs- und Entscheidungstechniken, Königstein/Ts. 1979, S. 129 - 141
Gal, T.: Betriebliche (Entscheidungsprobleme), Sensitivitätsanalyse und Parametrische Programmierung, Berlin, New York 1973
Gann, J.: Internationale (Investitionsentscheidungen) multinationaler Unternehmungen. Einflußfaktoren - Methoden - Bewertung, Wiesbaden 1996
Gans, B.; Looss, W.; Zickler, D.: Investitions- und (Finanzierungstheorie), 3. Aufl., München 1977
Gas, B.: (Wirtschaftlichkeitsrechnung) bei immateriellen Investitionen, Diss., Göttingen 1972
Gass, S.I.: (Decision) Making, Models and Algorithms, New York u.a. 1985
Gaugler, E.: (Information) als Führungsaufgabe, in: Kieser, A.; Reber, G.; Wunderer, R. (Hrsg.): Handwörterbuch der Führung, 2. Aufl., Stuttgart 1995, Sp. 1175 - 1185
Gebhard, J.: (Finanzierungsleasing), Steuern und Recht, Wiesbaden 1990
Gellert, W.; Küstner, H.; Hellwich, M.; Kästner, H.: Kleine (Enzyklopädie) Mathematik, Leipzig 1974
Gerpott, T.J.: Strategisches Technologie- und (Innovationsmanagement), Stuttgart 1999
Glaser, H.: (Informationswert), in: Grochla, H. (Hrsg.): Handwörterbuch der Organisation, 2. Aufl., Stuttgart 1980, Sp. 933 - 941
Götze, U.: (Szenario-Technik) in der strategischen Unternehmensplanung, 2. Aufl., Wiesbaden 1993
Götze, U.: Sensitive (Risikoanalyse) zur Vorbereitung von Investitionsentscheidungen bei Unsicherheit, in: Bloech, J.; Götze, U.; Sierke, B.R.A. (Hrsg.): Managementorientiertes Rechnungswesen. Konzepte und Analysen zur Entscheidungsvorbereitung, Wiesbaden 1993, S. 201 - 227
Götze, U.: (Standortstrukturgestaltung) internationaler Industrieunternehmen. Führungsprozesse, Entscheidungsmodelle und Controlling-Konzeption, unveröffentlichte Habilitationsschrift, Göttingen 1995
Götze, U.: (Beurteilung) von Direktinvestitionen mit der Methode der vollständigen Finanzpläne, in: Bogaschewsky, R.; Götze, U. (Hrsg.): Unternehmensplanung und Controlling, Festschrift zum 60. Geburtstag von Jürgen Bloech, Heidelberg 1998, S. 165 - 199
Götze, U.: (Kostenrechnung) und Kostenmanagement, 3. Aufl., Berlin, Heidelberg, New York 2004
Götze, U.: (Lebenszykluskosten), in: Fischer, T.M. (Hrsg.): Kosten-Controlling. Neue Methoden und Inhalte, Stuttgart 2000, S. 265 - 289
Götze, U.: (Life) Cycle Costing: Benziner oder Diesel, in: Burchert, H.; Hering, T.; Keuper, F. (Hrsg.): Controlling - Aufgaben und Lösungen, München, Wien 2001, S. 135 - 147

Götze, U.: Zur Nutzungsdauer- und (Ersatzzeitpunktbestimmung) bei Rentabilitätsstreben und bei unvollkommenen Kapitalmärkten, Arbeitsbericht 1/2005 der Professur für Unternehmensrechnung und Controlling der Technischen Universität Chemnitz, Chemnitz 2005

Götze, U.; Glaser, K.: Economic (Value) Added als Instrument einer wertorientierten Unternehmensführung, in: Männel, W. (Hrsg.): Wertorientiertes Controlling, krp-Sonderheft 1/2001, S. 31 - 38

Götze, U.; Glaser, K.; Hinkel, D.: (Risikocontrolling) aus funktionaler Perspektive - Konzeptionsspezifische Darstellung des Aufgabenspektrums, in: Götze U.; Henselmann, K.; Mikus, B. (Hrsg.). Risikomanagement, Heidelberg 2001, S. 95 - 126

Götze, U.; Hundesrügge, M.: Der (Einsatz) der Sensitivitätsanalyse im Rahmen des Entscheidungsbaumverfahrens, in: Lücke, W.; Nissen-Baudewig, G. (Hrsg.): Internationale Wettbewerbsfähigkeit, Personal, Kooperationen, Investitionen, Wiesbaden 1993, S. 55 - 80

Götze, U.; Mikus, B.: Strategisches (Management), Chemnitz 1999

Götze, U.; Mikus, B.: (Entscheidungsmodelle) als Instrumente des Risikomanagements - Möglichkeiten und Grenzen, in: Götze U.; Henselmann, K.; Mikus, B. (Hrsg.): Risikomanagement, Heidelberg 2001, S. 443 - 474

Golling, H.-J.: (Planung) unter Unsicherheit. Eine theoretische und empirische Betrachtung unter Berücksichtigung des Einsatzes quantitativer Ansätze bei der Vorbereitung strategischer Unternehmensentscheidungen, Diss., Darmstadt 1980

Grob, H.L.: Investitionsrechnung auf der Grundlage vollständiger Finanzpläne - (Vorteilhaftigkeits analyse) für ein einzelnes Investitionsobjekt, in: WISU, 13. Jg., 1984, S. 6 - 13

Grob, H.L.: (Wirtschaftlichkeitsrechnung) mit vollständigen Finanzplänen. VOFIs. Eine Fallstudiengeschichte für Anfänger, Münster 1988

Grob, H.L.: (Investitionsrechnung) mit vollständigen Finanzplänen, München 1989

Grob, H.L.: Das (System) der VOFI-Rentabilitätskennzahlen bei Investitionsentscheidungen, in: ZfB, 60. Jg., 1990, S. 179 - 192

Grob, H.L.: (Capital) Budgeting with Financial Plans: an introduction, Wiesbaden 1993

Grob, H.L.: (Einführung) in die Investitionsrechnung - Eine Fallstudiengeschichte -, 4. Aufl., München 2001

Grochla, E.: (Modelle) als Instrument der Unternehmensführung, in: ZfbF, 21. Jg., 1969, S. 382 - 397

Grochla, E.: (Führung), Führungskonzeptionen und Planung, in: Szyperski, N., unter Mitarbeit von Winand, U. (Hrsg.): Handwörterbuch der Planung, Stuttgart 1989, Sp. 542 - 554

Günther, T.: Unternehmenswertorientiertes (Controlling), München 1997

Gutenberg, E.: (Grundlagen) der Betriebswirtschaftslehre, Bd. 1: Die Produktion, 24. Aufl., Berlin, Heidelberg, New York 1983

Haberstock, L.: Zur (Integrierung) der Ertragsbesteuerung in die simultane Produktions-, Investitions- und Finanzplanung mit Hilfe der linearen Programmierung, Köln u.a. 1971

Hachmeister, D.: Der Discounted (Cash Flow) als Maß der Unternehmenswertsteigerung, 4. Aufl., Frankfurt a.M. u.a. 2000

Hacht, W. von: Internationale (Steuerpolitik), in: Schoppe, S.G. (Hrsg.): Kompendium der Internationalen Betriebswirtschaftslehre, 4. Aufl., München, Wien 1998, S. 731 - 770

Hackmann, W.: (Verrechnungspreise) für Sachleistungen im internationalen Konzern, Wiesbaden 1984

Hadi, F.A.: (Entscheidungskriterien) und Nutzenfunktionen, Frankfurt a.M. 1979

Haedrich, G.; Kuß, A.; Kreilkamp, E.: Der Analytic (Hierarchy) Process, in: WiSt, 15. Jg., 1986, S. 120 - 126

Haegert, L.: Der (Einfluß) der Steuern auf das optimale Investitions- und Finanzierungsprogramm, Wiesbaden 1971

Hähre, S.: (Stoffstrommanagement) in der Metallindustrie, Düsseldorf 2000

Häusler, J.: (Führungsstile) und Führungsverhalten, in: Grochla, E.; Wittmann, W. (Hrsg.): Handwörterbuch der Betriebswirtschaft, Bd. 1, 4. Aufl., Stuttgart 1974, Sp. 1577 - 1595

Hagedorn, A.: Modellgestützte (Planung) und Kontrolle von Produktionsstätten, Wiesbaden 1994

Hahn, D.: (Verrechnungspreisbildung) im Konzern, in: krp, o. Jg., 1992, S. 21 - 26

Hahn, D.; Hungenberg, H.: (PuK), Wertorientierte Controllingkonzepte: Planung und Kontrolle, Planungs- und Kontrollsysteme, Planungs- und Kontrollrechnung, 6. Aufl., Wiesbaden 2001

Hammer, R.M.: (Unternehmungsplanung). Lehrbuch der Planung und strategischen Unternehmensführung, 7. Aufl., München, Wien 1998

Hanf, C.-H.: (Entscheidungslehre). Einführung in Informationsbeschaffung, Planung und Entscheidung unter Unsicherheit, 2. Aufl., München, Wien 1991

Hansmann, K.W.: (Entscheidungsmodelle) zur Standortplanung der Industrieunternehmen, Wiesbaden 1974

Hanssmann, F.: (Systemforschung) am Beispiel der strategischen Unternehmensmodelle, in: WiSt, 9. Jg., 1980, S. 357 - 363

Hanssmann, F.: Strategische (Entscheidungsmodelle), in: Strategische Planung, Bd. 4, 1989, S. 157 - 180

Hanssmann, F.: Quantitative (Betriebswirtschaftslehre). Lehrbuch der modellgestützten Unternehmensplanung, 4. Aufl., München, Wien 1995

Hanusch, H.: (Nutzen-Kosten-Analyse), 2. Aufl., München 1994

Hanuscheck, R.: (Investitionsplanung) auf der Grundlage vager Daten: Formulierung und Analyse linearer Entscheidungsmodelle mit Hilfe der Theorie unscharfer Mengen, Idstein 1986

Harker, P.T.: The (Art) and Science of Decision Making: The Analytic Hierarchy Process, in: Golden, B.L.; Wasil, E.A.; Harker, P.T. (Eds.): The Analytic Hierarchy Process. Applications and Studies, Heidelberg, New York u.a. 1989, S. 3 - 36

Hartmann-Wendels, T.; Gumm-Heußen, M.: Zur (Diskussion) um die Marktzinsmethode: Viel Lärm um Nichts?, in: ZfB, 64. Jg., 1994, S. 1285 - 1301

Hauck, W.: (Optionspreise). Märkte, Preisfaktoren, Kennzahlen, Wiesabden 1991

Haugen, R.A.: Modern (Investment) Theory, 4. Aufl., London u.a. 1997

Haupt, P.; Wegener, H.: Wirtschaftlicher (Inhalt) eines ausgewählten Optimierungsverfahrens, in: WiSt, 2. Jg., 1973, S. 8 - 14

Haustein, H.-D.: (Prognoseverfahren) in der sozialistischen Wirtschaft, Berlin 1970

Hax, H.: Investitions- und (Finanzplanung) mit Hilfe der linearen Programmierung, in: ZfbF, 16. Jg., 1964, S. 430 - 446

Hax, H.: (Investitionstheorie), 5. Aufl., Würzburg, Wien 1985

Hax, H.; Laux, H.: Flexible (Planung) - Verfahrensregeln und Entscheidungsmodelle für die Planung bei Ungewißheit, in: ZfbF, 24. Jg., 1972, S. 318 - 340

Heidtmann, D.; Däumler, K.-D.: (Anwendung) von Investitionsrechenverfahren bei mittelständischen Unternehmen - eine empirische Untersuchung, in: BBK, Beilage, 2/1997, S. 1 - 23

Heigl, A.: (Unternehmensbesteuerung): Grundriß, 2. Aufl., München u. a. 1994

Heinen, E.: Zum (Begriff) und Wesen der betrieblichen Investition, in: BFuP, 9. Jg., 1957, S. 16 - 31, S. 85 - 98

Heinhold, M.: (Investitionsrechnung): Studienbuch, 8. Aufl., München, Wien 1999
Heister, M.: (Rentabilitätsanalyse) von Investitionen, Köln, Opladen 1962
Hemberger, H.: Direkte (Auslandsinvestitionen) - Elemente des Entscheidungsprozesses und Erklärungsansätze, Diss., Frankfurt a.M., Zürich 1974
Henderson, B.D.: Die (Erfahrungskurve) in der Unternehmensstrategie, 2. Aufl., Frankfurt a.M., New York 1984
Henke, M.: (Vermögensrentabilität) - ein einfaches dynamisches Investitionskalkül, in: ZfB, 25. Jg., 1973, S. 177 - 198
Henselmann, K.: (Unternehmensrechnungen) und Unternehmenswert. Ein situativer Ansatz, Aachen 1999
Henselmann, K.: Der (Restwert) in der Unternehmensbewertung - eine „Kleinigkeit", in: Finanz-Betrieb, 3/2000, S. 151 - 157
Henselmann, K.: Economic (Value) Added - Königsweg zur Integration des Rechnungswesens?, in: ZP, Bd. 12, 2001, S. 159 - 186
Henselmann, K.; Kniest, W.: (Unternehmensbewertung): Praxisfälle mit Lösungen, 3. Aufl., Herne, Berlin 2002
Hering, T.: (Investitionstheorie), 2. Aufl., München 2003
Herter, R.N.: (Berücksichtigung) von Optionen bei der Bewertung strategischer Investitionen, in: Controlling, 6/1992, S. 320 - 326
Hertz, D.B.: (Risk) Analysis in Capital Investment, in: HBR, Vol. 42, 1964, S. 95 - 106
Hertz, D.B.; Thomas, H.: (Risk) Analysis and its Applications, Chichester, New York u.a. 1983
Hespos, R.F.; Strassmann, P.A.: Stochastic (Decision) Trees for the Analysis of Investment Decisions, in: MS, Vol. 10, 1965, S. B-244 - B-259
Hettich, G.; Jüttler, H.; Luderer, B.: (Mathematik) für Wirtschaftswissenschaftler, 8. Aufl., München, Wien 2004
Heuer, M.F.: (Kontrolle) und Steuerung der Materialwirtschaft, Diss., Wiesbaden 1988
Hielscher, U.: Das optimale (Aktienportefeuille), Grundlagen der Kapitalanlageplanung, 3. Aufl., Darmstadt 1969
Hildenbrand, K.: Systemorientierte (Risikoanalyse) in der Investitionsplanung, Berlin 1988
Hill, W.: (Unternehmungsplanung), Stuttgart 1966
Hillier, F.S.: The (Derivation) of Probabilistic Information for the Evaluation of Risky Investments, in: MS, Vol. 9, 1963, S. 443 - 457
Hirshleifer, J.: On the (Theory) of Optimal Investment Decision, in: The Journal of Political Economy, Vol. 66, 1958, S. 329 - 352
Holst, J.: Zur optionspreistheoretischen Bewertung zeitlicher Flexibilität bei Investitionsentscheidungen, in: Götze, U.; Mikus, B.; Bloech, J. (Hrsg.): Management und Zeit, Heidelberg 2000, S. 343 - 370
Holst, J.; Holtkamp, W.: (Risikoquantifizierung) und Frühwarnsysteme auf Basis der Value at Risk-Konzeption, in: Betriebs-Berater, 55. Jg., 2000, H. 16, S. 815 - 820
Holst, J.; Wall, O.: (Realoptionen) - Zur kapitalmarkttheoretischen Einzelbewertung und Analyse grundsätzlicher Interaktionen, IFBG-Studien, Nr. 10, Göttingen 1998
Homburg, C.; Daum, D.: Marktorientiertes (Kostenmanagement). Kosteneffizienz und Kundennähe verbinden, Frankfurt a.M. 1997
Hommel, U.: Der (Realoptionsansatz): Das neue Standardverfahren der Investitionsrechnung, in: M&A Review, 1/1999, S. 22 - 29

Hommel, U.; Müller, J.: Realoptionsbasierte (Investitionsbewertung), in: Finanz-Betrieb, 8/1999, S. 177-188
Horst, R.: (Mathematik) für Ökonomen, Bd. 1: Lineare Algebra, 2. Aufl., München u.a. 1989
Horváth, P.: (Controlling), 9. Aufl., München 2003
Hosterbach, E.: (Investitionsrechnung) und Investitionsentscheidung, in: Kilger, W.; Scheer, A.-W. (Hrsg.): Investitions- und Finanzplanung im Wechsel der Konjunktur, S. 134 - 156
Hostettler, S.: (Economic) Value Added (EVA), 5. Aufl., Bern, Stuttgart, Wien 2002
Huch, B.: (Einführung) in die Kostenrechnung, 8. Aufl., Heidelberg 1986
Husmann, C.: (Investitions-Controlling) - Ansätze zur Überwindung von Informationsasymmetrien im Entscheidungsprozeß über Investitionen in dezentralisierten Industrieunternehmen, Bergisch Gladbach 1996
Husmann, S.; Kruschwitz, L.; Löffler, A.: Über einige (Probleme) mit DCF-Verfahren. Kritische Anmerkungen zum Beitrag von Thomas Schildbach im Heft 12/2000 der zfbf, in: ZfbF, 53. Jg., S. 277 - 283
Hwang, C.-L.; Masud, A.S.M.: Multiple (Objective) Decision Making. Methods and Applications, Berlin, Heidelberg u.a. 1979
Hwang, C.-L.; Yoon, K.: Multiple (Attribute) Decision Making. Methods and Applications, Berlin, Heidelberg, New York 1981
Jackwerth, J.C.: Dynamische (Programmierung) bei erweiterten Modellen simultaner Investitions- und Finanzierungsplanung, Diss., Frankfurt a.M. 1994
Jacob, H.: Neuere (Entwicklungen) der Investitionsrechnung, ZfB, 34. Jg., 1964, S. 487 - 507, 551 - 594, nachgedruckt in: Jacob, H.: Investitionsplanung und Investitionsentscheidung mit Hilfe der Linearprogrammierung, 2. Aufl., Wiesbaden 1971, S. 9 - 69
Jacob, H.: Die (Anwendung) der gemischt-ganzzahligen Programmierung auf Investitionsprobleme in der Erdölindustrie, in: Jacob, H.: Investitionsplanung und Investitionsentscheidung mit Hilfe der Linearprogrammierung, 3. Aufl., Wiesbaden 1976
Jacobs, O.H.: Internationale (Unternehmensbesteuerung). Deutsche Investitionen im Ausland; ausländische Investitionen im Inland, 5. Aufl., München 2002
Jacobs, O.H.; Spengel, C.: (Aspekte) der Unternehmensbesteuerung im internationalen Vergleich, in: Dichtl, E. (Hrsg.): Standort Bundesrepublik Deutschland. Die Wettbewerbsbedingungen auf dem Prüfstand, Frankfurt a.M. 1994
Jacquet-Lagréze, E.: Basic (Concepts) for Multicriteria Decision Support, in: Fandel, G.; Spronk, J. (Eds.): Multiple Criteria Decision Methods and Applications, Berlin, Heidelberg u.a. 1985, S. 11 - 26
Jääskeläinen, V.: Optimal (Financing) and Tax Policy of the Corporation, Helsinki 1966
Jaeger, A.: (Multikriteria-Analyse) im Bankenbereich: Von PROMETHEE zu BANKADVISER, in: Die Bank, 1988, S. 324 - 328
Jäger, P.K.: (Modellmethodologie) und optimale Bestellmenge, Diss., Frankfurt a.M. 1982
Jandt, J.: (Investitionseinzelentscheidungen) bei unsicheren Erwartungen mittels Risikoanalyse, in: WiSt, 15. Jg., 1986, S. 543 - 549
Jarchow, H.-J.; Rühmann, P.: Monetäre Außenwirtschaft: Internationale (Währungspolitik), Band 2, 4. Aufl., Göttingen 1997
Kah, A.: (Profitcenter-Steuerung): ein Beitrag zur theoretischen Fundierung des Controlling anhand des Principal-Agent-Ansatzes, Stuttgart 1994
Kahle, E.; Lohse, D.: (Grundkurs) Finanzmathematik, 4. Aufl., München, Wien 1997

Keeney, R.L.; Raiffa, H.: (Decisions) with Multiple Objectives, New York, Santa Barbara u.a. 1976

Kellinghusen, G.: (Investitionsanalyse) in der Praxis. Entwicklung eines Methodenkonzepts, in: BBK 1981, Fach 21, S. 1197 - 1208

Kern, W.: Die (Messung) industrieller Fertigungskapazitäten und ihrer Ausnutzung. Grundlagen und Verfahren, Köln, Opladen 1962

Kern, W.: (Investitionsrechnung), Stuttgart 1974

Kern, W.: (Grundzuge) der Investitionsrechnung, Stuttgart 1976

Kesten, R.: (Management) und Controlling von Immobilieninvestitionen, Chemnitz 2001

Kesten, R.: (Liquidationserlös) und optimale Nutzungsdauer im Rahmen des Investitions-Controlling, in: ZP, Bd. 12, 2001, S. 401 - 420

Kilger, W.: Kritische (Werte) in der Investitions- und Wirtschaftlichkeitsrechnung, in: ZfB, 35. Jg., 1965, S. 338 - 353

Kilger, W.: Zur (Kritik) am internen Zinsfuß, in: Lüder, K. (Hrsg.): Investitionsplanung, München 1977, S. 73 - 94

Kilger, W.: (Industriebetriebslehre), Bd. 1, Wiesbaden 1986

Kistner, K.-P.; Steven, M.: Optimale (Nutzungsdauer) und Ersatzinvestitionen, in: WiSt, 21. Jg., 1992, S. 327 - 333

Klausmann, W.: (Entwicklung) der Unternehmensplanung, Gießen 1983

Klein, A.: Controllinggestütztes (Produktmanagement) - Integration von Produktplanung und ergebnisbezogenem Rechnungswesen, Wiesbaden 1997

Kleinhans, A.M.: (Wissensverarbeitung) im Management: Möglichkeiten und Grenzen wissensbasierter Managementunterstützungs-, Planungs- und Simulationssysteme, Diss., Frankfurt a.M., Bern u.a. 1989

Kloster, U.: (Kapitalkosten) und Investitionsentscheidungen, Frankfurt a.M. u.a. 1988

Koch, C.: Optionsbasierte (Unternehmensbewertung): Realoptionen im Rahmen von Akquisitionen, Wiesbaden 1999

Koch, H.: Die (Problematik) der Bernoulli-Nutzen-Theorie, in: ZfbF, 29. Jg., 1977, S. 415 - 447

Koch, H.: (Aufbau) der Unternehmensplanung, Wiesbaden 1977

Koch, H.: Neuere (Beiträge) zur Unternehmensplanung, Wiesbaden 1980

Koch, H.: (Planungssysteme), in: Wittmann, W.; Kern, W. u.a. (Hrsg.): Handwörterbuch der Betriebswirtschaft, 5. Aufl., Stuttgart 1993, Sp. 3251 - 3262

Koch, H.: (Theorie) des Gewinnvorbehalts. Unternehmenssicherung durch Vorsorge für unerwartete Krisen, Wiesbaden 1996

Kolbe, C.: (Investitionsrechnungen) zur Beurteilung von Auslandsinvestitionen, Bergisch Gladbach, Köln 1989

Korndörfer, W.: (Unternehmensführungslehre), 9. Aufl., Wiesbaden 1999

Kosiol, E.: (Modellanalyse) als Grundlage unternehmerischer Entscheidungen, in: ZfhF, 13. Jg., 1961, S. 318 - 334

Kovac, J.: Die (Entscheidung) über Leasing oder Kreditkauf maschineller Anlagegüter, 3. Aufl., Hamburg 1986

Krahnen, J.P.: Integrierte (Investitionsmodelle), in: Wittmann, W. Kern, W. u.a. (Hrsg.): Handwörterbuch der Betriebswirtschaft, 5. Aufl., Stuttgart 1993, Sp. 1952 - 1965

Krause, W.: (Investitionsrechnungen) und unternehmerische Entscheidungen, Berlin 1973

Kreikebaum, H.: Strategische (Unternehmensplanung), 6. Aufl., Stuttgart, Berlin, Köln 1997

Kruschwitz, L.: Der interne (Zinsfuß) bei identischen Investitionsketten, in: ZfB, 45. Jg., 1975, S. 205 - 207

Kruschwitz, L.: Finanzmathematische Endwert- und (Zinsfußmodelle), in: ZfB, 46. Jg., 1976, S. 245 - 262

Kruschwitz, L.: (Leasing) und Steuern, in: ZfbF, 43. Jg., 1991, S. 99 - 117

Kruschwitz, L.: (Finanzmathematik), 3. Aufl., München 2001

Kruschwitz, L.: Die (Steuer) spielt bei der Investitionsberechnung eine wichtige Rolle, in: FAZ, Nr. 84, 9.4.2001, S. 30

Kruschwitz, L.: (Risikoabschläge), Risikozuschläge und Risikoprämien in der Unternehmensbewertung, in: Der Betrieb, 54. Jg., 2001, S. 2409 - 2413

Kruschwitz, L.: (Finanzierung) und Investition, 4. Aufl., München, Wien 2004

Kruschwitz, L.: (Investitionsrechnung), 10. Aufl., München, Wien 2005

Kruschwitz, L.; Decker, R.O.A.: (Effektivrenditen) bei beliebigen Zahlungsstrukturen, in: ZfB, 64. Jg., 1994, S. 619 - 628

Kruschwitz, L.; Fischer, J.: (Konflikte) zwischen Endwert- und Entnahmemaximierung, in: ZfbF, 30. Jg., 1978, S. 752 - 782

Kruschwitz, L.; Löffler, A.: Ross' (APT) ist gescheitert. Was nun?, in: ZfbF, 49. Jg., 1997, S. 644 - 651

Kruschwitz, L.; Röhrs, M.: (Debreu), Arrow und die marktzinsorientierte Investitionsrechnung, in: ZfB, 64. Jg., 1994, S. 655 - 665

Kruschwitz, L.; Schöbel, R.: Eine (Einführung) in die Optionspreistheorie, in: WISU, 13. Jg., 1984, S. 68 - 72

Krystek, U.; Müller-Stewens, G.: (Frühaufklärung) für Unternehmen. Identifikation und Handhabung zukünftiger Chancen und Bedrohungen, Stuttgart 1993

Kubicek, H.; Thom, N.: (Umsystem), betriebliches, in: Grochla, E.; Wittmann, W. (Hrsg.): Handwörterbuch der Betriebswirtschaft, Bd. 3, 4. Aufl., Stuttgart 1976, Sp. 3977 - 4017

Kühn, R.; Fuhrer, U.; Jenner, T.: Reale (Optionen), in: Die Unternehmung, 54. Jg., S. 43 - 56

Künzi, H.P.; Krelle, W.; Randow, R. von: Nichtlineare (Programmierung), 2. Aufl., Berlin, Heidelberg, New York 1979

Küpper, H.-U.: (Gegenstand), theoretische Fundierung und Instrumente des Investitions-Controllings, in: ZfB-Ergänzungsheft 3/91, S. 167 - 192

Küpper, H.-U.: (Controlling): Konzeption, Aufgaben und Instrumente, 3. Aufl., Stuttgart 2001

Küpper, H.-U.; Weber, J.; Zünd, A.: Zum (Verständnis) und Selbstverständnis des Controlling, in ZfB, 60. Jg., 1990, S. 281 - 293

Kusterer, F.: (Investitionsmanagement), Konzeption, Instrumente und Realisierung im Data Warehouse, München 2001

Laager, F.: (Entscheidungsmodelle), Köln, Zürich 1978

Landwehr, H.: (Investitionsentscheidungen) bei Unsicherheit, Diss., Göttingen 1979

Lange, B.: Die (Erfahrungskurve): Eine kritische Beurteilung, in: ZfbF, 36. Jg., 1984, S. 229 - 245

Laux, C.: (Handlungsspielräume) im Leistungsbereich des Unternehmens: Eine Anwendung der Optionspreistheorie, in: ZfbF, 45. Jg., 1993, S. 933 - 958

Laux, H.: Flexible (Investitionsplanung), Opladen 1971

Laux, H.: (Entscheidungstheorie), 6. Aufl., Berlin, Heidelberg, New York 2005

Layer, M.: Optimale (Kapazitätsausnutzung) und Kapazitätsbereitstellung. Sequentielle Produktions- und Investitionsplanung mit Hilfe der Dynamischen Programmierung, Würzburg, Wien 1967

Lehmann, I.; Weber, R.; Zimmermann, H.-J.: Fuzzy (Set) Theory. Die Theorie der unscharfen Mengen, in: OR-Spektrum, Bd. 14, 1992, S. 1 - 11

Lessard, D.R.: (Evaluating) International Projects: an Adjusted Value Approach, in: Lessard, D.R.: International Financial Management. Theory and Application, 2. Ed., New York, Chichester u.a. 1985, S. 570 - 584

Levi, M.: International (Finance): The Markets and Financial Management of Multinational Business, 2. Ed., New York, St. Louis u.a. 1990

Lewis, T.G.: (Steigerung) des Unternehmenswertes: Total-Value-Management, Landsberg/Lech 1994

Liebich, B.: (Investitionsrechnung). Von exakten Methoden zu verkürzten Verfahren, Frankfurt a.M., Bern, New York 1986

Lillich, L.: (Nutzwertverfahren), Heidelberg 1992

Lindau, G.: (Kapitalwertmethode) unter Berücksichtigung der Ertrag- und Substanzsteuern, der Finanzierung sowie der Inflation, Diss., Göttingen 1996

Linhart, H.; Zucchini, W.: (Statistik) Eins, 4. Aufl., Basel 1991

Link, J.; Hildebrand, V.: (Database) Marketing und Computer Aided Selling. Strategische Wettbewerbsvorteile durch neue informationstechnologische Systemkonzeptionen, München 1993

Lintner, J.: The (Valuation) of Risk Assets and the Selection of Risky Investment in Stock Portfolios and Capital Budgets, in: Review of Economics and Statistics, Vol. 47, 1965, S. 13 - 17

Little, J.D.C.: (Models) and Managers: The Concept of a Decision Calculus, in: MS, Vol. 16, 1970, S. B-466 - B-485

Lorie, J.H.; Savage, L.J.: Three (Problems) in Rationing Capital, in: Lüder, K. (Hrsg.): Investitionsplanung, München 1977, S. 217 - 228

Lucke, C.: (Investitionsprojekte) mit mehreren Realoptionen - Bewertung und Analyse, Diss., Karlsruhe 2001

Lücke, W.: (Investitionsrechnungen) auf der Grundlage von Ausgaben oder Kosten?, in: ZfhF, 7. Jg., 1955, S. 310 - 324

Lücke, W.: (Investitionspolitik) bei Großobjekten: wirtschaftliche Beurteilung und Kontrolle, Arbeitsbericht 1/85 des Instituts für betriebswirtschaftliche Produktions- und Investitionsforschung der Georg-August-Universität Göttingen, Göttingen 1985

Lücke, W.: Die (Ausgleichsfunktion) der kalkulatorischen Zinsen in der Investitionsrechnung, in: WISU, 16. Jg., 1987, S. 369 - 375

Lücke, W.: Quantitative, qualitative (Kapazität) und Kapazitätsharmonie, in WISU, 17. Jg., 1988, S. 43 - 47

Lücke, W.: (Fristigkeit) der Pläne, in: Szyperski, N. (Hrsg.): Handwörterbuch der Planung, Stuttgart 1989, Sp. 536 - 541

Lücke, W.: (Experience) Curves within Investment Planning, in: ZP, Bd. 1, 1990, S. 233 - 243

Lücke, W. (Hrsg.): (Investitionslexikon), 2. Aufl., München 1991

Lücke, W.: (Controlling) unter besonderer Berücksichtigung des Finanz-, Investitions- und Innovations-Controlling, Arbeitsbericht 3/91 des Instituts für betriebswirtschaftliche Produktions- und Investitionsforschung der Georg-August-Universität Göttingen, Göttingen 1991

Lüder, K.: (Investitionskontrolle), Wiesbaden 1969

Lüder, K.: Zur Investitionsplanung und (Investitionsrechnung) in der betrieblichen Praxis, in: WiSt, 5. Jg., 1976, S. 509 - 514

Lüder, K.: Die (Beurteilung) von Einzelinvestitionen unter Berücksichtigung von Ertragsteuern, in: Lüder, K. (Hrsg.): Investitionsplanung, München 1977, S. 118 - 142

Lüder, K. (Hrsg.): (Investitionsplanung), München 1977
Lüder, K.: (Risikoanalyse) bei Investitionsentscheidungen, in: Angewandte Planung, Bd. 3, Würzburg, Wien 1979, S. 224 - 233
Lüder, K.: (Standortwahl). Verfahren zur Planung betrieblicher und innerbetrieblicher Standorte, in: Jacob, H. (Hrsg.): Industriebetriebslehre, 4. Aufl., Wiesbaden 1990, S. 25 - 100
Lüder, K.: (Investitionsplanung) und -kontrolle, in: Wittmann, W.; Kern, W. u.a. (Hrsg.): Handwörterbuch der Betriebswirtschaftslehre, 5. Aufl., Stuttgart 1993, Sp. 1982 - 1999
Lütke Schwienhorst, R.: Strategische (Kontrolle): Rahmenbedingungen, Aufgaben und Methoden, Diss., Wiesbaden 1989
Lumby, S.: (Investment) Appraisal, 2. Ed., Wokingham 1984
Lutz, F.; Lutz, V.: The (Theory) of Investment of the Firm, Princeton 1951
Macharzina, K.: (Unternehmensführung), 4. Aufl., Wiesbaden 2003
Männel, W.: Die (Wahl) zwischen Eigenfertigung und Fremdbezug: Theoretische Grundlagen - Praktische Fälle, 2. Aufl., Stuttgart 1981
Männel, W.: Der (Cash) Flow Return on Investment (CFROI) als Instrument des wertorientierten Controlling, in: Männel, W. (Hrsg.): Wertorientiertes Controlling, krp-Sonderheft 1/2001, S. 39 - 51
Männel, W.: Rentabilitätsorientiertes (Investitionscontrolling) nach der Methode des internen Zinssatzes, in: krp, 44. Jg., 2000, S. 325 - 341
Magee, J.F.: How to Use Decision (Trees) in Capital Investment, in: HBR, Vol. 42, No. 5, 1964, S. 79 - 96
Magee, J.F.: (Decision) Trees for Decision Making, in: HBR, Vol. 42, No. 4, 1964, S. 126 - 138
Mandl, C.E.: (Simulationstechnik) und Simulationsmodelle in den Sozial- und Wirtschaftswissenschaften, Berlin, Heidelberg, New York 1977
Mangoldt, H. von; Knopp, K.: (Einführung) in die höhere Mathematik, 2. Bd., 15. Aufl., Stuttgart 1981
Marettek, A.: (Arbeitsschritte) zur Durchführung einer Risikoanalyse, in: Angewandte Planung, Band 2, Würzburg, Wien 1978, S. 141 - 151
Markowitz, H.M.: (Portfolio) Selection, Efficient Diversification of Investments, New York, London 1959
Massé, P.: (Investitionskriterien), München 1968
Meerkatt, H.: (Inflation) und Controlling. Inflationsgerechte Planung in multinationalen Unternehmen, Diss., Göttingen 1989
Meise, F.: (Realoptionen) als Investitionskalkül, München, Wien 1998
Mellwig, M.: (Investition) und Besteuerung: ein Lehrbuch zum Einfluß der Steuern auf die Investitionsentscheidung, Wiesbaden 1985
Menges, G.: (Grundmodelle) wirtschaftlicher Entscheidungen, Köln, Opladen 1969
Mensch, G.: (Budgetierung), in: DBW, 53. Jg., 1993, S. 819 - 827
Mentzel, K.; Scholz, M.: Integrierte Verkaufs-, Produktions- und Investitionsplanung, in: APF 12, 1971, S. 1 - 15
Merton, R.C.: An Intertemporal (Capital) Asset Pricing Model, in: Econometrica, Vol. 41, S. 867 - 887
Meyer, M.; Steinmann, H.: (Planungsmodelle) für die Grundstoffindustrie - Betriebswirtschaftliche Anwendungen der Linearprogrammierung in Gewinnbetrieben, Würzburg, Wien 1971
Meyhak, H.: Simultane (Gesamtplanung) im mehrstufigen Mehrproduktunternehmen. Ein Modell der dynamischen linearen Planungsrechnung, Diss., Mannheim 1968

Mikus, B.: (Make-or-buy-Entscheidungen), Führungsprozesse - Risikomanagement - Modellanalysen, 2. Aufl., Chemnitz 2001

Mikus, B.: (Risiken) und Risikomanagement - ein Überblick, in: Götze U.; Henselmann, K.; Mikus, B. (Hrsg.): Risikomanagement, Heidelberg 2001, S. 3 - 28

Milling, P.: Systemtheoretische (Grundlagen) zur Planung der Unternehmenspolitik, Berlin 1981

Moog, H.: (Investitionsplanung) bei Mehrfachzielsetzung, Ludwigsburg, Berlin 1993

Mossin, J.: (Equilibrium) in a Capital Asset Market, in: Econometrica, Vol. 34, 1966, S. 768 - 783

Mostowfi, M.: (Bewertung) von Unternehmensakquisitionen unter Berücksichtigung von Realoptionen, Frankfurt a.M. 2000

Mrotzek, R.: (Bewertung) direkter Auslandsinvestitionen mit Hilfe betrieblicher Investitionskalküle, Wiesbaden 1989

Müller, M.: (Planung) als Prozeß und System. Eine Typologie, Zürich 1974

Müller, W.: (Risiko) und Ungewißheit, in: Wittmann, W.; Kern, W. u.a. (Hrsg.): Handwörterbuch der Betriebswirtschaftslehre, 5. Aufl., Stuttgart 1993, Sp. 3813 - 3825

Müller-Merbach, H.: (Modellierungsstrategien), in: Szyperski, N., unter Mitarbeit von Winand, U. (Hrsg.): Handwörterbuch der Planung, Stuttgart 1989, Sp. 1162 - 1180

Myers, S.C.: (Interactions) of Corporate Financing and Investment Decisions - Implications for Capital Budgeting, in: The Journal of Finance, Vol. 29, 1974, S. 1 - 25

Neumann-Cosel, R. von: (Verfahren) zur Lösung von Problemen mit mehrfacher Zielsetzung. Zur Methodologie des Operations Research, Frankfurt a.M., New York 1983

Nippel P.: (Stellungnahme) zu: Eble, S.; Völker, R.: Die Behandlung von Optionen in der betrieblichen Investitionsrechnung, in: Die Unternehmung, 47. Jg., 1993, S. 407 - 418, in: Die Unternehmung, 48. Jg., 1994, S. 149 - 152

Nippel, P.: Der optimale (Investitionszeitpunkt) unter Berücksichtigung zukünftigen technischen Fortschritts, in: WiSt, 23. Jg., 1994, S. 594 - 596

Nippel, P.: (Investitionsplanung) bei unsicherem, zukünftigem technischen Fortschritt, in: ZP, Bd. 6, 1995, S. 371 - 388

Nippel, P.: Strategische (Investitionsplanung) und Finanzierung, Heidelberg 1997

Nitzsch, R. von: (Präferenzmodellierung) in der Nutzwertanalyse, im AHP und in der multiattributiven Nutzentheorie - Ein Vergleich, Arbeitsbericht Nr. 90-02, Institut für Wirtschaftswissenschaften, Rheinisch-Westfälische Technische Hochschule Aachen, Aachen 1990

Nitzsch, R. von: (Entscheidung) bei Zielkonflikten. Ein PC-gestütztes Verfahren, Wiesbaden 1992

Oeltjenbruns, H.; Kolarik, W.J.; Schnadt-Kirschner, P.: Strategische (Planung) von Fertigungssystemen - Absicherung von Investitionsentscheidungen, in: ZP, Bd. 5, 1994, S. 335 - 346

Oppitz, V.: Tranchierte (Investitionsfinanzierung), in: ZfB, 71. Jg., 2001, S. 931 - 950

Ossadnik, W.: Mehrzielorientiertes strategisches (Controlling), Heidelberg 1998

Ott, F.M.: Strategisches (Investitionscontrolling) in internationalen Konzernen. Konzeption und Umsetzung in der chemischen Industrie, Wiesbaden 2000

Pack, L.: (Unternehmungsführung), Lehre von der, in: Grochla, E.; Wittmann, W. (Hrsg.): Handwörterbuch der Betriebswirtschaft, Bd. 3, 4. Aufl., Stuttgart 1975, Sp. 4079 - 4093

Pack, L.: (Planung) und Führung, in: Kieser, A.; Reber, G.; Wunderer, R. (Hrsg.): Handwörterbuch der Führung, Stuttgart 1987, Sp. 1707 - 1718

Palisade Corporation: (Guide) to Using @RISK. Risk Analysis and Simulation Add-In for Microsoft® Excel, Version 4, Newfield, NY 2000

Pape, U.: Wertorientierte (Unternehmensführung) und Controlling, 2. Aufl., Sternenfels, Berlin 1999

Pastijn, H.; Leysen, J.: Constructing an (Outranking) Relation with ORESTE, in: Mathematical Computing Modelling, Vol. 12, 1989, S. 1255 - 1268

Patzak, G.: (Systemtechnik). Planung komplexer innovativer Systeme, Berlin, Heidelberg, New York 1982

Peemöller, V.H. (Hrsg.): (Praxishandbuch) der Unternehmensbewertung, Herne, Berlin 2001

Pensel, J.: Die Produktions- und (Investitionspolitik) der internationalen Unternehmung, Diss., Göttingen 1976

Perlitz, M.: Internationales (Management), 5. Aufl., Stuttgart 2004

Perridon, L.; Steiner, M.: (Finanzwirtschaft) der Unternehmung, 13. Aufl., München 2004

Peschke, M.A.: Wertorientierte (Strategiebewertung) - Modell, Konzeption und Umsetzung, Wiesbaden 1997

Peters, L.: Simultane Produktions- und (Investitionsplanung) mit Hilfe der Portfolio-Selection. Diversifikation des Produktionsprogramms industrieller Unternehmungen als Mittel zur Streuung des Risikos im Investitionsprogramm, Berlin 1971

Pfaff, D.; Bärtl, O.: Wertorientierte (Unternehmenssteuerung) - Ein kritischer Vergleich ausgewählter Konzepte, in: Gebhardt, G.; Pellens, B. (Hrsg.): Rechnungswesen und Kapitalmarkt, Sonderheft 41 der Zeitschrift für betriebswirtschaftliche Forschung 1999, S. 85 - 115

Pfeiffer, W.; Bischof, P.: (Produktlebenszyklen) als Basis der Unternehmensplanung, in: ZfB, 44. Jg., 1974, S. 635 - 666

Pfohl, H.-C.; Braun, G.E.: (Entscheidungstheorie), Landsberg am Lech 1981

Pfohl, H.-C.; Stölzle, W.: (Planung) und Kontrolle, 2. Aufl., München 1997

Pietsch, G.; Scherm, E.: Die (Präzisierung) des Controlling als Führungs- und Führungsunterstützungsfunktion, in: Die Unternehmung, 54. Jg., 2000, H. 5, S. 395 - 412

Pietsch, G.; Scherm, E.: Neue (Controlling-Konzeptionen), in: WISU, 30. Jg., 2001, H. 2, S. 206 - 213

Poerschke, G.; Götze, U.: (Beurteilung) von Investitionen in Windkraftanlagen. Prognose des Energieertrags und Anwendung ausgewählter Verfahren der Investitionsrechnung, Arbeitsbericht 3/1996 des Instituts für betriebswirtschaftliche Produktions- und Investitionsforschung der Georg-August-Universität Göttingen, Göttingen 1996

Porter, M.E.: (Wettbewerbsvorteile). Spitzenleistungen erreichen und behaupten, 6. Aufl., Frankfurt a.M., New York 2000

Preinreich, G.A.D.: The Economic (Life) of Industrial Equipment, in: Econometrica, Vol. 8, 1940, S. 12 - 44

Priewasser, E.: Betriebliche (Investitionsentscheidungen), Berlin, New York 1972

Pritsch, G.; Weber, J.: Die (Bedeutung) des Realoptionsansatzes aus Controlling-Sicht, in: Hommel, U.; Scholich, M.; Vollrath, R. (Hrsg.): Realoptionen in der Unternehmenspraxis, Berlin u.a. 2001, S. 13 - 43

Rams, A.: (Realoptionen) - ein innovativer Ansatz zur Unternehmensbewertung und wertorientierten Unternehmensführung, in: M&A Review, 10/1998, S. 416 - 424

Rappaport, A.: (Shareholder) Value, 2. Aufl., Stuttgart 1999

Rausch, K.-F.: (EDV-Unterstützung) bei der Planung von Investitionsobjekten - Der Entwurf eines Investitions-Informations-Systems, Diss., Darmstadt 1985

Reichmann, T.: (Controlling) mit Kennzahlen und Managementberichten: Grundlagen einer systemgestützten Controlling-Konzeption, 6. Aufl., München 2001

Reiß, M.: (Prognose) und Planung, in: Szyperski, N., unter Mitarbeit von Winand, U. (Hrsg.): Handwörterbuch der Planung, Stuttgart 1989, Sp. 1628 - 1637

Remmers, K.-H.: Große (Solaranlagen). Einstieg in Planung und Praxis, Berlin 1999

Riedel, H.: Die (Systemwirtschaftlichkeitsrechnung): Verfahren und Instrumente zur monetären Bewertung von Investitionen im Rahmen einer Strategie des Computer Integrated Manufacturing, Diss., Göttingen 1989

Rieper, B.: Betriebswirtschaftliche (Entscheidungsmodelle), Herne, Berlin 1992

Riezler, S.: (Lebenszyklusrechnung). Instrument des Controlling strategischer Projekte, Wiesbaden 1996

Rischmüller, G.: Ein (Entscheidungshilfeverfahren) bei mehrfacher Zielsetzung, in: ZfbF, 32. Jg., 1980, S. 498 - 518

Rodewald, B.: Die (Portfolio) Selection Theorie als Entscheidungshilfe für die Wertpapierdepotplanung, Diss., Göttingen 1974

Rösgen, K.: (Investitionscontrolling): Konzepion eines lebenszyklusorientierten Controlling von Sachanlagen, Frankfurt a.M. u.a. 2000

Rollberg, R.: Integrierte (Unternehmensplanung), Wiesbaden 2001

Rolfes, B.: Moderne (Investitionsrechnung), 3. Aufl., München, Wien 2003

Rolfes, B.: (Marktzinsorientierte Investitionsrechnung), in: ZfB, 63. Jg., 1993, S. 691 - 713

Rolfes, B.: Die (Marktzinsmethode) in der Investitionsrechnung, in: ZfB, 64. Jg., 1994, S. 667 - 671

Rommelfanger, H.: Fuzzy (Decision) Support-Systeme: Entscheiden bei Unschärfe, 2. Aufl., Berlin u.a. 1994

Rose, K.; Sauernheimer, K.: (Theorie) der Außenwirtschaft, 13. Aufl., München 1999

Rosenberg, O.: (Investitionsplanung) im Rahmen einer simultanen Gesamtplanung, Köln u.a. 1975

Roski, R.: (Einsatz) von Aggregaten - Modellierung und Planung, Berlin 1986

Ross, S.A.: The Arbitrage (Theory) of Capital Asset Pricing, in: Journal of Economic Theory, Vol. 13, 1976, S. 341 - 360

Ross, S.A.; Westerfield, R.W.: Corporate (Finance), St. Louis, Toronto, Santa Clara 1988

Roubens, M.: (Preference) Relations on Actions and Criterions in Multicriteria Decision Making, in: EJOR, Vol. 10, 1982, S. 51 - 55

Roventa, P.: (Portfolio-Analyse) und strategisches Management. Ein Beitrag zur strategischen Risikohandhabung, 2. Aufl., München 1981

Roy, B.: (Selektieren), Sortieren und Ordnen mit Hilfe von Prävalenzrelationen: Neue Ansätze auf dem Gebiet der Entscheidungshilfe für Multikriteria-Probleme, in: ZfbF, 32. Jg., 1980, S. 465 - 497

Roy, B.: The Outranking (Approach) and the Foundations of ELECTRE Methods, in: Bana e Costa, C.A. (Ed.): Readings in Multiple Criteria Decision Aid, Berlin, Heidelberg u.a. 1990, S. 155 - 183

Rudolph, B.: Neuere (Kapitalkostenkonzepte) auf der Grundlage der Kapitalmarkttheorie, in: ZfbF, 38. Jg., 1986, S. 892 - 898

Rudolph, F.: (Controlling) für Unternehmen in schrumpfenden Märkten, Diss., Wiesbaden 1994

Rückle, D.: (Investition), in: Wittmann, W.; Kern, W. u.a. (Hrsg.): Handwörterbuch der Betriebswirtschaftslehre, 5. Aufl., Stuttgart 1993, Sp. 1924 - 1936

Rürup, B.: Die (Nutzwertanalyse), in: WiSt, 11. Jg., 1982, S. 109 - 113

Runzheimer, B.: (Investitionsentscheidungen) unter besonderer Berücksichtigung des Risikos, in: Runzheimer, B.; Barkovic, D. (Hrsg.): Investitionsentscheidungen in der Praxis. Quantitative Methoden als Entscheidungshilfen, Wiesbaden 1998, S. 69 - 137

Saaty, T.L.: The Analytic (Hierarchy) Process, New York, St. Louis u.a. 1980

Saaty, T.L.; Vargas, L.G.: (Prediction), Projection and Forecasting, Boston, Dordrecht, London 1990

Sachs, C.: (Planung) und Bewertung strategischer Investitionsprojekte auf Basis stochastischer Netzpläne, Hamburg 2000

Saelzle, R.: (Investitionsentscheidungen) und Kapitalmarkttheorie, Wiesbaden 1976

Sahm, B.: Microcomputergestützte (Instrumente) zur mittelfristigen Ergebnisplanung, Diss., München 1988

Salazar, R.C.; Sen, S.K.: A (Simulation) Model of Capital Budgeting under Uncertainty, in: Lüder, K. (Hrsg.): Investitionsplanung, München 1977, S. 299 - 318

Sauter, U.: Modellgestützte langfristige (Planung) bei kleinen und mittleren Unternehmungen, Bern, Stuttgart 1987

Schaefer, S.: Datenverarbeitungsunterstütztes (Investitions-Controlling), München 1993

Schaumburg, H.: Internationales (Steuerrecht): Außensteuerrecht, Doppelbesteuerungsrecht, 2. Aufl., Köln 1998

Schildbach, T.: Zur (Diskussion) über das Bernoulli-Prinzip in Deutschland und im Ausland, in: ZfB, 59. Jg., 1989, S. 766 - 778

Schindel, V.: (Risikoanalyse): Darstellung und Bewertung von Risikorechnungen am Beispiel von Investitionsentscheidungen, München 1977

Schirmeister, R.: (Theorie) finanzmathematischer Investitionsrechnungen bei unvollkommenem Kapitalmarkt, München 1990

Schirmeister, R.: Zur (Diskussion) dynamischer Rentabilitätsmaße als investitionsrechnerische Vorteilskriterien, in: ZfB, 61. Jg., 1991, S. 803 - 812

Schirmeister, R.: Die (Rentabilität) des Initialkapitals. Replik zu den Anmerkungen von Günter Altrogge, in: ZfB, 62. Jg., 1992, S. 489 - 496

Schlicksupp, H.: (Innovation), Kreativität und Ideenfindung, 5. Aufl., Würzburg 1999

Schmidt, R.: The (Usage) of an Interactive Modeling System, in: EJOR, Vol. 22, 1985, S. 167 - 177

Schmidt, R.-B.: (Unternehmungsinvestitionen). Strukturen, Entscheidungen, Kalküle, 4. Aufl., Opladen 1984

Schmidt, R.H.; Terberger, E.: (Grundzüge) der Investitions- und Finanzierungstheorie, 4. Aufl., Wiesbaden 1997

Schneeloch, D.: (Besteuerung) und betriebliche Steuerpolitik, Bd. 2: Betriebliche Steuerpolitik, München 1994

Schneeweiß, C.: (Modellierung) industrieller Lagerhaltungssysteme. Einführung und Fallstudien, Berlin, Heidelberg 1981

Schneeweiß, C.: (Elemente) einer Theorie betriebswirtschaftlicher Modellbildung, in: ZfB, 54. Jg., 1984, S. 480 - 505

Schneeweiß, C.: (Kostenwirksamkeitsanalyse), Nutzwertanalyse und Multi-Attributive Nutzentheorie, in: WiSt, 19. Jg., 1990, S. 13 - 18

Schneeweiß, C.: (Beispiele) zum Verständnis der Nutzwertanalyse und der Multi-Attributiven Nutzentheorie, in: WiSt, 19. Jg., 1990, S. 50 - 52

Schneeweiß, C.: (Planung), Bd. 1: Systemanalytische und entscheidungstheoretische Grundlagen, Berlin u.a. 1991

Schneeweiß, H.: (Entscheidungskriterien) bei Risiko, Berlin, Heidelberg, New York 1967

Schneider, D.: Die wirtschaftliche (Nutzungsdauer) von Anlagegütern, Köln, Opladen 1961

Schneider, D.: (Investition), Finanzierung und Besteuerung, 7. Aufl., Wiesbaden 1992

Schneider, E.: (Wirtschaftlichkeitsrechnung). Theorie der Investition, 8. Aufl., Tübingen, Zürich 1973

Schober, F.: Strukturierte (Entwicklung) quantitativer Unternehmensmodelle, in: ZP, Bd. 1, 1990, S. 177 - 193

Schott, W.: Ein (Beitrag) zur Diskussion um das Verhältnis von Risikopräferenzfunktionen und Höhenpräferenzfunktionen, in: ZfB, 60. Jg., 1990, S. 587 - 593

Schreyögg, G.: Zum (Verhältnis) von Planung und Kontrolle, in: WiSt, 23. Jg., 1994, S. 345 - 351

Schröder, A.: (Investition) und Finanzierung bei Umweltschutzprojekten, Frankfurt a.M. u.a. 1996

Schulte, K.-W.: (Wirtschaftlichkeitsrechnung), 4. Aufl., Heidelberg, Wien 1986

Schulte, K.-W.; Ropeter, S. E.: Quantitative (Analyse) von Immobilieninvestitionen - moderne Methoden der Investitionsanalyse, in: Schulte, K.-W.; Bone-Winkel, S.; Thomas, M. (Hrsg.): Handbuch Immobilien-Investition, Köln 1998, S. 125 - 170

Schultmann, F.; Jochum, R.; Rentz, O.: Stoffstrombasierte (Investitionsplanung) zur Bewertung betrieblicher Emissionsminderungsmaßnahmen, in: ZP, Bd. 13, 2002, S. 1 - 26

Schultz, R.; Wienke, R.: Interner (Zins) und Annuität als subsidiäre Zielgrößen des Kapitalwerts, in: ZfB, 60. Jg., 1990, S. 1065 - 1090

Schulze, S.: (Berechnung) von Kapitalkosten. Ein Konzept für nationale und internationale Unternehmen, Wiesbaden 1994

Schweim, J.: Integrierte (Unternehmensplanung), Bielefeld 1969

Schweitzer, M.: (Planung) und Kontrolle, in: Bea, F.X.; Dichtl, E.; Schweitzer, M. (Hrsg.): Allgemeine Betriebswirtschaftslehre, Bd. 2: Führung, 8. Aufl., Stuttgart 2001, S. 16 - 126

Schweitzer, M., Friedl, B.: (Beitrag) zu einer umfassenden Controlling-Konzeption, in: Spremann, K.; Zur, E. (Hrsg.): Controlling, Wiesbaden 1992, S. 141 - 168

Schweitzer, M.; Küpper, H.-U.: (Systeme) der Kosten- und Erlösrechnung, 8. Aufl., München 2003

Seelbach, H.: (Planungsmodelle) in der Investitionsrechnung, Würzburg, Wien 1967

Seelbach, H.: (Ersatztheorie), in: ZfB, 54. Jg., 1984, S. 106 - 127

Sharpe, W.F.: (Capital) Asset Prices: A Theory of Market Equilibrium under Conditions of Risk, in: The Journal of Finance, Vol. 19, 1964, S. 425 - 442

Sibbel, R.; Luschewitz, H.: (Fuzzy-Set-Modelle)für Investitionsentscheidungen - eine Verknüpfung der Möglichkeitstheorie mit vollständigen Finanzplänen, in: ZP, Bd. 15, 2004, S. 29 - 55

Sieben, G.; Schildbach, T.: Betriebswirtschaftliche (Entscheidungstheorie), 4. Aufl., Düsseldorf 1994

Sierke, B.R.A.: (Investitions-Controlling) im Controlling-System - Darstellung eines integrierten Ansatzes mit Hilfe ausgewählter linearer Dekompositionsverfahren, Diss., Korbach 1990

Sjurts, I.: (Kontrolle), Controlling und Unternehmensführung, Wiesbaden 1995

Spielberger, M.: Betriebliche (Investitionskontrolle) - Grundprobleme und Lösungsansätze, Würzburg, Wien 1983

Spremann, K.: (Wirtschaft), Investition und Finanzierung, 5. Aufl., München u.a. 1996

Staehelin, E.: (Investitionsrechnung), 9. Aufl., Chur, Zürich 1998

Staehle, W.H.: (Management). Eine verhaltenswissenschaftliche Perspektive, 8. Aufl., überarb. v. Conrad, P.; Sydow, J., München 1999

Stehle, R.: Quantitative (Ansätze) zur Beurteilung ausländischer Investitionsprojekte, in: Lück, W.; Trommsdorff, V. (Hrsg.): Internationalisierung der Unternehmung als Problem der Betriebwirtschaftslehre, Berlin 1982, S. 475 - 491

Stein, I.: (Investitionsrechnungsmethoden) bei Auslandsdirektinvestitionen, in: Schoppe, S.G. (Hrsg.): Kompendium der Internationalen Betriebswirtschaftslehre, S. 565 - 633

Steinbach, K.: Optimales (Investitionsvolumen) divisionaler Unternehmen. Einflussfaktoren, Modelle und Vorgehenskonzeption, Chemnitz 2005

Steiner, M.: (Investitionsentscheidungen) unter Unsicherheit, in: Lück, W. (Hrsg.): Lexikon der Betriebswirtschaft, Landsberg am Lech 1983, S. 546 - 547

Stobbe, A.: Volkswirtschaftliches (Rechnungswesen), 8. Aufl., Berlin, Heidelberg u.a. 1994

Strebel, H.: (Entscheidungsbaumtechniken), in: Szyperski, N., unter Mitarbeit von Winand, U. (Hrsg.): Handwörterbuch der Planung, Stuttgart 1989, Sp. 374 - 383

Swoboda, P.: Die simultane (Planung) von Rationalisierungs- und Erweiterungsinvestitionen und von Produktionsprogrammen, in: ZfB, 35. Jg., 1965, S. 148 - 163

Swoboda, P.: (Entscheidungen) über Ersatzinvestitionen, in: Lüder, K. (Hrsg.): Investitionsplanung, München 1977, S. 106 - 118

Swoboda, P.: (Investition) und Finanzierung, 5. Aufl., Göttingen 1996

Szyperski, N.; Winand, U.: Zur (Bewertung) von Planungstechniken im Rahmen einer betriebswirtschaftlichen Unternehmungsplanung, in: Pfohl, H.-C.; Rürup, B. (Hrsg.): Anwendungsprobleme moderner Planungs- und Entscheidungstechniken, Königstein/Ts. 1979, S. 195 - 218

Szyperski, N.; Winand, U.: (Grundbegriffe) der Unternehmungsplanung, Stuttgart 1980

Teichmann, H.: Die optimale (Komplexion) des Entscheidungskalküls, in: ZfbF, 24. Jg., 1972, S. 519 - 539

Teichroew, D.; Robichek, A.A.; Montalbano, M.: An (Analysis) of Criteria for Investment and Financing Decisions under Certainty, in: MS, Vol. 12, Series A, 1966, S. 151 - 179

ter Horst, K.W.: (Investitionsplanung), Stuttgart, Berlin u.a. 1980

Terborgh, G.: Dynamic (Equipment) Policy, New York, London, Toronto 1949

Terborgh, G.: (Leitfaden) der betrieblichen Investitionspolitik, Wiesbaden 1962

Tesch, P.: Die (Bestimmungsgründe) des internationalen Handels und der Direktinvestition. Eine kritische Untersuchung der außenwirtschaftlichen Theorien und Ansatzpunkte einer standorttheoretischen Erklärung der leistungswirtschaftlichen Auslandsbeziehungen der Unternehmen, Diss., Berlin 1980

Trigeorgis, L.: Real (Options) and Interactions With Financial Flexibility, in: Financial Management, Vol. 22, 1993, S. 202 - 224

Trilling, G.: Die (Berücksichtigung) des technischen Fortschritts in der Investitionsplanung, Frankfurt a.M., Zürich 1975

Trischler, J.: (Modellkomplexität) und Ungewißheitsbewältigung. Zur Formulierung von Programmplanungsmodellen bei Ungewißheit, Diss., Frankfurt a.M. 1982

Troßmann, E.: (Investition), Stuttgart 1998

Ulrich, H.: (Unternehmungspolitik) - Instrument und Philosophie ganzheitlicher Unternehmungsführung, in: Die Unternehmung, 39. Jg., 1985, S. 389 - 405

Vetschera, R.: Entscheidungsunterstützende (Systeme) für Gruppen: ein rückkopplungsorientierter Ansatz, Heidelberg 1991

Voigt, K.-I.: (Berücksichtigung) und Wirkung des technischen Fortschritts in der Investitionsplanung, in: ZfB, 63. Jg., 1993, S. 1017 - 1046

Voigt, K.-I.: (Strategien) im Zeitwettbewerb - Optionen für Technologiemanagement und Marketing, Wiesbaden 1998

Volpert, V.: (Kapitalwert) und Ertragsteuern, Wiesbaden 1989

Wacker, W.H.: (Steuerpolitik) bei internationaler Unternehmenstätigkeit, in: Kumar, B.N.; Haussmann, H. (Hrsg.): Handbuch der internationalen Unternehmenstätigkeit, München 1992, S. 873 - 894

Wacker, W.H.: (Lexikon) der deutschen und internationalen Besteuerung, 3. Aufl., München 1994

Wagener, F.: Die partielle (Risikoanalyse) als Instrument der integrierten Unternehmensplanung, München 1978

Wagner, H.: Simultane (Planung) von Investition, Beschäftigung und Finanzierung mit Hilfe der dynamischen Programmierung, in: ZfB, 37. Jg., 1967, S. 709 - 728

Wallmeier, M.: (Kapitalkosten) und Finanzierungsprämissen, in: ZfB, 69. Jg., 1999, S. 1473 - 1490

Walz, H.; Gramlich, D.: Investitions- und (Finanzplanung), 5. Aufl., Heidelberg 1997

Warnez, P.: (Entscheidungen) bei Unsicherheit unter Verwendung qualitativer Information, Diss., Zürich 1984

Weber, H.: Die (Spannweite) des betriebswirtschaftlichen Planungsbegriffs, in: ZfbF, 16. Jg., 1964, S. 716 - 724

Weber, H.K.: Betriebswirtschaftliches (Rechnungswesen), Bd. 2: Kosten- und Leistungsrechnung, 3. Aufl., München 1991

Weber, J.: (Perspektiven) der Controlling-Entwicklung in öffentlichen Institutionen, Stuttgart 1991

Weber, J.: (Einführung) in das Controlling, 6. Aufl., Stuttgart 1995

Weber, J.: Einführung in das (Controlling), 10. Aufl., Stuttgart 2004

Weber, J.; Schäffer, U.: (Sicherstellung) der Rationalität von Führung als Aufgabe des Controlling?, in: DBW, 59. Jg., 1999, H. 6, S. 731 - 747

Weber, J.; Schäffer, U.: (Controlling) als Koordinationsfunktion?, in: krp, 44. Jg., 2000, H. 2, S. 109 -118

Weber, J.; Weißenberger, B.E.; Liekweg, A.: (Risk) Tracking and Reporting, Unternehmerisches Chancen- und Risikomanagement nach dem KonTraG, Advanced Controlling, Vallendar 1999

Weber, K.: (Prognose) und Prognoseverfahren, in: Grochla, E.; Wittmann, W. (Hrsg.): Handwörterbuch der Betriebswirtschaft, Bd. 2, 4. Aufl., Stuttgart 1975, Sp. 3188 - 3203

Weber, M.: Entscheidungen bei Mehrfachzielen - Verfahren zur Unterstützung von Individual- und Gruppenentscheidungen, Wiesbaden 1983

Weber, R.: (Entscheidungsprobleme) bei Unsicherheit und mehrfacher Zielsetzung: ein Ansatz mit Hilfe der semi-infiniten linearen Vektoroptimierung, Königstein/Ts. 1982

Wechsler, W.: (Delphi-Methode). Gestaltung und Potential für betriebliche Prognoseprozesse, München 1978

Wegener, H.: Die (Optimierung) linearer Investitions- und Finanzplanungsmodelle mit ausgewählten Verfahren der ganzzahligen Programmierung, Diss., Göttingen 1973

Weingartner, H.M.: Mathematical (Programming) and the Analysis of Capital Budgeting Problems, Englewood Cliffs 1963

Weinrich, G.; Hoffmann, U.: (Investitionsanalyse). Unter Anwendung eines Tabellenkalkulationsprogramms, München, Wien 1989

Welge, M.K.; Al-Laham, A.: Strategisches (Management). Grundlagen - Prozess - Implementierung, 4. Aufl., Wiesbaden 2003

Wild, J.: Zur (Problematik) der Nutzenbewertung von Informationen, in: ZfB, 41. Jg., 1971, S. 315 - 334

Wild, J.: (Grundlagen) der Unternehmensplanung, Reinbek bei Hamburg 1974

Wild, J.: (Einleitung), in: Wild, J. (Hrsg.): Unternehmensplanung. Reader + Abstracts, Reinbek bei Hamburg 1975, S. 10 - 20

Wilde, K.D.: (Bewertung) von Produkt-Markt-Strategien. Theorien und Methoden, Berlin 1989

Wildemann, H.: Strategische (Investitionsplanung) für neue Technologien in der Produktion, in: Strategische Investitionsplanung für neue Technologien, ZfB, Ergänzungsheft I, Wiesbaden 1986, S. 1 - 48

Wilkens, M.: (Risiko-Management) mit Zins-Futures in Banken - Ein flexibles Konzept des Risikomanagements unter besonderer Berücksichtigung des Managements von Marktzinsrisiken mit Zins-Futures, Göttingen 1994

Wilkens, M.; Völker, J.: (Value-at-Risk) - Eine anwendungsorientierte Darstellung zentraler Methoden und Techniken des modernen Risikomanagements, in: Götze U.; Henselmann, K.; Mikus, B. (Hrsg.): Risikomanagement, Heidelberg 2001, S. 413 - 442

Williamson, O.E.: The (Economic) Institutions of Capitalism, New York 1985

Wimmer, K.: (Marktzinsmethode) und klassische Investitionsrechnung - ein Vergleich, in: ZfbF, 45. Jg., 1993, S. 780 - 785

Wind, Y.; Saaty, T.L.: (Marketing) Applications of the Analytic Hierarchy Process, in: MS, Vol. 26, 1980, S. 641 - 658

Winkels, H.M.: Über einige (Weiterentwicklungen) der ELECTRE-Verfahren, in: Bühler, W.; Fleischmann, B. u.a. (Hrsg.): Operations Research Proceedings 1982, Berlin, Heidelberg u.a. 1983, S. 401 - 411

Witte, E.: (Phasen-Theorem) und Organisation komplexer Entscheidungsverläufe, in: ZfbF, 20. Jg., 1968, S. 625 - 647

Witten, P.; Zimmermann, H.-G.: Zur (Eindeutigkeit) des internen Zinssatzes und seiner numerischen Bestimmung, in: ZfB, 47. Jg., 1977, S. 99 - 114

Wittmann, W.: (Information), in: Grochla, E. (Hrsg.): Handwörterbuch der Organisation, 2. Aufl., Stuttgart 1980, Sp. 894 - 904

Wittmann, W.: (Investitionsplanung) und Steuern, in: Wittmann, W.; Kern, W. u.a. (Hrsg.): Handwörterbuch der Betriebswirtschaftslehre, 5. Aufl., Stuttgart 1993, Sp. 2000 - 2011

Wöhe, G.; Bilstein, J.: (Grundzüge) der Unternehmensfinanzierung, 9. Aufl., München 2002

Wolf, J.: Lineare (Fuzzy-Modelle) zur Unterstützung der Investitionsplanung, Frankfurt a.M., Bern, New York 1988

Zadeh, L.A.: Fuzzy (Sets), in: Information and Control, 8. Jg., 1965, S. 338 - 353

Zangemeister, C.: (Nutzwertanalyse) in der Systemtechnik, 4. Aufl., Berlin 1976

Zentes, J.: Die (Optimalkomplexion) von Entscheidungsmodellen - Ein Beitrag zur betriebswirtschaftlichen Meta-Entscheidungstheorie, Diss., Saarbrücken 1975

Zenz, A.: (Controlling): Bestandsaufnahme und konstruktive Kritik theoretischer Ansätze, in: Dyckhoff, H.; Ahn, H. (Hrsg.): Produktentstehung, Controlling und Umweltschutz, Heidelberg 1998, S. 27 - 60

Zenz, A.: Strategisches (Qualitätscontrolling): Konzeption als Metaführungsfunktion, Wiesbaden 1999

Zimmermann, H.-J.: Optimale (Entscheidungen) bei unscharfen Problembeschreibungen, in: ZfbF, 27. Jg., 1975, S. 785 - 795

Zimmermann, H.-J.: Fuzzy (Sets) in Operations Research - Eine Einführung in Theorie und Anwendung, in: Ohse, D. u.a. (Hrsg.): Operations Research Proceedings 1984, Berlin, Heidelberg, New York 1985, S. 594 - 608

Zimmermann, H.-J.; Gutsche, L.: (Multi-Criteria-Analyse), Berlin, Heidelberg u.a. 1991

Zwehl, W. von: (Programmierung), ganzzahlige, in: Albers, W.; Born, K.E. (Hrsg.): Handwörterbuch der Wirtschaftswissenschaften, Bd. 6, Stuttgart u.a. 1988, S. 349 - 360

Zwehl, W. von: (Entscheidungsregeln), in: Wittmann, W.; Kern, W. u.a. (Hrsg.): Handwörterbuch der Betriebswirtschaftslehre, 5. Aufl., Stuttgart 1993, Sp. 920 - 929

Zwehl, W. von; Schmidt-Ewig, W.: (Wirtschaftlichkeitsrechnung) bei öffentlichen Investitionen, Wiesbaden 1981

Stichwortverzeichnis

Abweichungsanalyse 29
Abzinsung 68
Abzinsungsfaktor 68
- periodenspezifischer 68
Adjusted Present Value-Ansatz 105 f., 358 ff.
Äquivalenzordnung 176
Aktionsebene 38
Albach-Modell 303 ff.
Alternativen 38
- Unvergleichbarkeit von 217, 224
Alternativensuche 21
Amortisationsrechnung
- dynamische 107 ff.
- statische 63 ff.
Amortisationszeit 50, 63 f., 107, 369
Analytischer Hierarchie Prozeß (AHP) 180, 188 ff.
Anlagezinssatz 111
Annuität 93, 248
Annuitätenmethode 93 ff.
Anschaffungsauszahlung 72, 84 f., 290, 364
Anspruchsniveau 179
Antisymmetrie 176
Anreizsysteme 28, 34, 164
Arbitragepreistheorie 357
Asymmetrie 176
Aufnahmezinssatz 111
Aufzinsung 67
Aufzinsungsfaktor 67
- modellendogener 316
- periodenspezifischer 67, 317
Ausgangsfluß 223
Auslandsinvestitionen 144 ff.
- Kapitalwertmodelle für 150 ff.
- Methode der vollständigen Finanzpläne für 157 ff.
Auszahlungen 66, 85 ff.
Auszahlungsüberschuß 72

Barwert 71
Barwertberechnung 68
Bayes-Regel 348 f.
Bernoulli-Kriterium 350 f., 395
Bernoulli-Nutzentheorie 350 f.
Beta-Faktor 355 ff.
Betriebskosten 260
Betriebsmittel 8
Betriebsphase 14
Bewertung 25, 360 ff.
Binomialmodell 399 ff.
Black/Scholes-Modell 409
Branch and Bound Verfahren 256, 292

Capital Asset Pricing Model 353 ff.
Cash Flow Return on Investment 164 f.
Chance-Constrained-Programming 421, 442
Controlling 31 ff.
Controlling-Konzeptionen 31 ff.

Datenbeschaffung 41 ff., 83 ff.
Dean-Modell 295 ff.
Desinvestitionen 271 ff.
Differenzinvestition 73, 78, 104, 372, 381
Direktinvestitionen 144 ff.
Diversifizierungsinvestition 9
Dominanz
- stochastische 380 ff.
Dominanz-Strategie 179
Dreiecksverteilung 376
Duplikationsportfolio 399 ff.
Durchschnittsgewinn 57 ff., 96, 253, 266
Durchschnittskosten 50 ff., 261 ff.
Durchschnittsmethode 63
Durchschnittsrentabilität
- langfristige 89

Economic Value Added 87, 165
Effektivverzinsung 101, 298
Eigenfinanzierung 76, 88, 129
Eigenmittel 303 ff.
Eigenvektor 192 ff.
Eigenvektormethode 191 ff.
Eigenwert 192 ff.
Eigenwertproblem 192
Eingangsdaten 83 ff., 88, 352, 372, 422
Eingangsfluß 223
Einschränkungsoptionen 396
Eintrittswahrscheinlichkeiten 348 ff., 376 ff., 383 ff., 428 ff., 434 ff.
Einzahlungen 66, 85 ff.
Einzahlungsüberschuß 72
Einzelentscheidungen 46 ff.
- bei Sicherheit 49 ff.
- bei Unsicherheit 343 ff.
Einzelnutzenfunktion 205 ff.
ELECTRE 178, 217
Endvermögen 76, 320
Endwert 120 ff.
Entnahmemaximierung 116, 123, 238, 320
Entnahmen 82, 120, 129, 313
- periodische 123, 290
Entscheidung 25
- ex-ante- 237
- ex-post- 237
Entscheidungsbaum 383 ff.
Entscheidungsbaumverfahren 352, 383 ff., 398 f., 402, 407 ff., 434
- sensitives 395
Entscheidungsknoten 383
Entscheidungskriterien
- bei Risiko 348 ff.
Entscheidungsmatrix 39 f., 345 ff.
Entscheidungsmodelle 36
- Analyse von 41
- mathematische 37
Entscheidungsregeln
- bei Risiko 348 ff.

- bei Ungewißheit 346 ff.
Entscheidungstheorie
- Grundmodell der 36 ff.
- Kriterien der 345 ff.
- Regeln der 345 ff.
Enumeration
- begrenzte 257 ff., 297
- vollständige 256, 278, 292, 297
Erfahrungskurvenkonzept 24
Ergänzungsinvestition 9, 78, 122 ff.
Ergebnisfunktion 39
Ergebnisknoten 383
Ergebniskontrolle 28
Errichtungsinvestition 8
Ersatzentscheidung 48, 237 ff.
Ersatzinvestition, 8
- Gesetz der 246
Ersatzkriterium 253 ff., 262, 265 f.
Ersatzzeitpunkt
- optimaler 252 ff.
Ersatzzeitpunktentscheidung 237 ff.
Ersatzzeitpunktmodelle 237 ff.
Erstellungsphase 14
Erwartungsnutzen 350
Erwartungswert 349 ff., 376 ff., 426 ff., 436, 441
Erwartungswert-Kriterium 348
Erwartungswert-Standardabweichungs-Kriterium 349
Erweiterungsinvestition 9, 51
Erweiterungsoptionen 396
Extrapolationsverfahren 100 ff.

Finanzierung 6, 120, 125 ff., 294 ff., 355 ff.
Finanzierungsbedingung 297 ff.
Finanzierungsentscheidungen 294
Finanzierungskosten 88 f., 97, 134, 294
Finanzierungsobjekt
- isoliert durchführbares 105

Finanzinvestition
- kurzfristige 312 ff., 326 ff.
Finanzmathematik 67
Finanzplan
- vollständiger 119 ff., 137 ff., 157 ff.
Finanz- und Tilgungspläne 75 f., 102
Fisher-Bedingung 92
- Internationale 148 ff.
Fisher-Separation 82, 127, 149
Förstner/Henn-Modell 323
- erweitertes 325 ff.
Folgeinvestitionen 78, 244 ff., 385 ff.
Formalziele 19
Fortschritt, technischer 236, 268 ff.
Fortsetzungsoptionen 396
Fremdfinanzierung 74 f., 129, 358 f.
Führung 15 ff.
Führungsprozeß 16 ff.
Fuzzy-Logik 423
Fuzzy-Set-Modelle 177, 423 ff.
Fuzzy Sets 39, 383, 423 ff.

Geldvermögenszuwachs 71
Gesamtkapitalwert 292 ff.
Gesamtnutzen 205 ff.
Gesamtnutzenfunktion
- additive 188, 205 ff.
Gewerbeertragsteuer 138 ff.
Gewichtungsfaktoren 183, 191 ff.
Gewinn 52, 58 ff.
Gewinnvergleichsrechnung 58 ff.
Grenzgewinn
- zeitlicher 240 ff.
Grenzgewinnbetrachtung 240 ff.
Grenzkosten
- zeitliche 260 ff.
Grundinvestition 244 ff.
Güter
- immaterielle 8

Habenzinssatz 110 ff., 120
Hax-Weingartner-Modell 311 ff., 434 ff.
Hedge-Portfolio 399 ff.
Hierarchie 188 ff.
Hurwicz-Regel 347 f.

Imponderabilien 45
Indifferenzgerade 209
Indifferenzordnung 176
Indifferenzurteile 208 ff.
Inflation 92 f., 146 ff.
Informationen
- kardinale 179
- ordinale 179
Informationsstände 46
Informationssystem 31 ff.
Informationszugang 268, 383, 392 ff.
Innovationsoptionen 396
Inputgröße 364 ff.
Inputgrößenkombination 370
Inputvariation 364 ff.
Interner Zinssatz-Methode 96 ff., 116 f., 120
Interpolationsformel 100 f.
Interpolationsverfahren 99 ff.
Intervallskala 174
Intervallskalierung
- direkte 182
- indirekte 182
Investitionen 5
- eigentliche 69
- einmalige 10, 239 ff.
- Erscheinungsformen von 7 ff.
- interdependente 11 f.
- Interdependenzweite von 7 ff.
- isoliert durchführbare 97 f.
- isolierte 11
- Konsequenzen von 7 ff.
- laufende 8
- mehrmalige 10, 244 ff.
- sichere 12

- strategische 13
- uneigentliche 69
- unsichere 12
- vom Typ I 69
- vom Typ II 69
- zeitlich bestimmte 13
- zeitlich unbestimmte 13
- zusammengesetzte 98 f.

Investitionsanlaß 7 ff.

Investitionsarten 7 ff.

Investitionsbegriff 5 ff.
- dispositionsbestimmter 5
- kombinationsbestimmter 5
- vermögensbestimmter 5
- zahlungsbestimmter 5, 70

Investitionsbereich 7

Investitionsbudget 33

Investitionscontrolling 31 ff.

Investitionsfeinplanung 14

Investitionskette 79, 96, 114, 237 ff.
- endliche identischer Objekte 244 ff.
- unendliche identischer Objekte 247 ff.

Investitionskontrolle 28 ff., 163 f.
- Arten der 29 ff.
- Begriff der 28
- formale 30
- Funktionen 28
- materielle 30
- Phasen der 28 f.

Investitionsmanagement 17, 163 ff.

Investitionsmodelle 25

Investitionsobjekt 7 f., 162 f.

Investitionsplanung 17 ff., 352
- Arten der 26 ff.
- Begriff der 18
- Funktionen der 18
- Phasen der 19 ff.
- strategische 26

Investitionspolitik 26

Investitionsprogramm 289
- optimales 390 ff.

Investitionsprogrammplanung 289 ff.

Investitionsprozeß 14 f., 17, 29, 33

Investitionsrechnung 1, 25

Investitions- und Finanzierungsplanung
- flexibles Modell zur 434 ff.
- simultane 294 ff.

Investitions- und Finanzierungsprogramm 289
- optimales 298 ff.

Investitions- und Produktionsprogrammplanung
- simultane 323 ff.

Investitionsvariable 292 ff.

Investitionszeitpunktentscheidungen 267 ff., 389 ff., 403 ff.

Irreflexivität 175

Jacob-Modell 323, 332

Kalkulationszinssatz 54 ff., 71 ff., 88 ff., 96 ff., 115, 128, 133 ff., 150 ff., 248, 267, 272, 291, 293 f., 300, 303, 311, 318 ff., 326
- laufzeitabhängiger 90 f.
- modellendogener 316 ff.
- risikoangepaßter 353 ff., 408 ff.

Kapazitätsbedingungen 328

Kapitalangebotsfunktion 297 ff.

Kapitalbedarfsfunktion 297 ff.

Kapitalbindung 6
- durchschnittliche 60

Kapitalbindungsdifferenzen 79, 128

Kapitalbindungsverlauf 54

Kapitalbudget 289 ff.

Kapitalbudgetrestriktion 292 ff.

Kapitalkosten 260, 355

Kapitalmarkt
- internationaler 148 f.

Stichwortverzeichnis

- vollkommener 57, 70 f., 78, 80 ff., 91 f., 115, 129, 148 ff., 294, 352, 354 ff., 399 ff.
- unvollkommener 91 f., 115 f., 119, 123, 127 ff., 152 ff., 302, 320, 352, 359

Kapitalverwendung 5 f.

Kapitalwert 71 f., 238 ff., 290 ff., 345 ff., 355 ff.
- erwarteter 386 ff.
- Verteilungsfunktionen des 379 ff.

Kapitalwertberechnung 71 f., 239 ff., 355 ff.

Kapitalwertformel 73

Kapitalwertmethode 71 ff., 120, 128 f., 269, 274, 363, 398

Kapitalwertmodell 71 ff., 131 ff., 150 ff., 239 ff., 269 ff., 352, 360, 365 ff.

Kapitalwertrate 293

Kapitalwertverlauf 98, 367, 370

Kardinalskala 175

Kaufkraftparitätentheorie 147 f.

Kaufoptionen 397

Kennzahlensysteme 35

Ketteneffekt 246

Körperschaftsteuer 138 ff.

Kompensierbarkeit 179, 217

Komplementärinvestitionen 78

Konditionenvielfalt 120 f., 129

Konsistenzindex 194

Konsistenzwert 194

Kontenausgleichsgebot 112 ff.

Kontenausgleichsverbot 111 ff.

Koordination 17 f., 27, 32 ff.

Koordinationsfunktion 32 ff.

Korrekturverfahren 352 f.

Korrelationskoeffizient 377, 429

Kosten 50 ff., 259 ff.

Kostenarten 51

Kostenmanagement 150

Kostenvergleichsrechnung 50 ff., 372 ff.

Kovarianz 354 ff., 427 ff.

Kovarianzrisiko 355 f.

Kreativitätstechniken 22

Kreditformen 121

Kriterium
- GAUß'sches 220 f.
- gewöhnliches 219 f.
- mit linearer Präferenz 219 ff.
- Quasi- 219 f.
- Stufen- 220 f.
- verallgemeinertes 218 ff.

Kumulationsmethode 66

Lageprognosen 23

Life Cycle Costing 165

LINMAP 179

Liquidationserlös 72, 87, 239 ff., 326, 364

Liquiditätsbedingungen 294, 303 ff., 311 ff., 326 ff., 437

LÜCKE-Theorem 87

MADM-Verfahren 177 ff.

MAPI-Methode 238

MAUT 180, 205 ff.

Maximax-Regel 347

Maximax-Strategie 179

Maximin-Regel 346

Maximin-Strategie 179

Medianverfahren 207 f.

Mehrproduktartenfertigung
- mehrstufige 325 ff.

Mehrzielproblem 173

Menge
- unscharfe 39, 423 ff.

Methode der vollständigen Finanzpläne 119 ff., 137 ff., 157 ff.

Methode
- disjunktive 179
- konjunktive 179

Midvalue-Splitting-Technik 207 f.

Minimum-Operator 425
Modell
- dynamisches 46 f., 66 ff., 303 ff.
- einstufiges 47, 290, 303 ff.
- flexibles 47, 383, 434 ff.
- formales 36
- kapitaltheoretisches 294 ff.
- mehrstufiges 47, 290, 311 ff.
- mentales 36
- produktionstheoretisches 323 ff.
- starres 47
- statisches 46 f., 50 ff., 290
Modellanalyse 25 ff., 41 ff.
Modellannahmen 43
Modellauswertung 41 f., 44 f.
Modellkonstruktion 25, 41 ff.
- algorithmischer Ansatz der 42
- heuristischer Ansatz der 42
Momentanverzinsung 82
Multi-Attribut-Entscheidung 173
Multi-Dimensionale Skalierung mit Idealpunkt 179 f.
Multi(ple) Attribute Decision Making 173
Multi(ple) Criteria Decision Making 173
Multi(ple) Objective Decision Making 173

Nachfolgeobjekte 237 ff.
- identische 244 ff., 259 ff.
- nicht-identische 251, 256 ff.
Nettozahlung 72
- negative 111
- positive 111
Nominalskala 174
Normalinvestition 70, 91
Normalverteilung 221, 376
Nutzenerwartungswert 351
Nutzenfunktion 39, 176 f., 205 ff.
Nutzenunabhängigkeit 181
Nutzenwerte 39, 207 ff.

Nutzungsdauer 47 f., 49 ff., 78 ff., 87, 93 ff., 108 ff., 235 ff., 295, 332, 364 ff.
- optimale 236 ff.
- technische 235
- wirtschaftliche 236
Nutzungsdauerdifferenzen 50, 78 ff., 89, 94, 103 f., 115 ff., 126 ff.
Nutzungsdauer- und Ersatzzeitpunktentscheidungen 235 ff.
- Kapitalwertmodell für 239 ff.
- Modell der Kostenminimierung für 259 ff.
Nutzungsphase 14 f.
Nutzwert 180 ff.
Nutzwertanalyse 180 ff.

Objekt
- immaterielles 6
- materielles 6
Opportunität 120 ff., 138, 160
Opportunitätskosten 89, 316
Opportunitätskostensatz 120 ff., 138, 296, 302
Optimalitätskriterium 240 ff.
Optimierung
- dynamische 256, 324, 385
- ganzzahlige lineare 292, 297, 314, 320, 437
- lineare 306
- quadratische 432
Optimierungsmodell
- lineares 323, 437
- nichtlineares 323
Optimismus-Pessimismus-Regel 347
Optionen
- amerikanische 397
- einfache 397
- europäische 397, 409
- exklusive 397
- geteilte 397

- verbundene 397
Optionspreistheorie 398 ff.
Optionswert 397 ff.
Ordinalskala 174
Ordnung
- partielle 176
- schwache 176
- starke 176
- vollständige 176
ORESTE 217
Outranking-Graph 218, 223
Outranking-Relation 217 ff.
Outranking-Verfahren 177, 217 ff.

Paarvergleichsmatrix 191 ff.
Planfortschrittskontrolle 29
Plangröße 28 f.
Planung
- flexible 27, 383, 411, 434 ff.
- starre 27
- strategische 26
- taktische 26
Planungshierarchie 26
Planungsmodell
- simultanes 35, 289 ff.
Planungsphase 14
Planungsprozeß 19 ff.
Planungssystem 25
Planungs- und Kontrollrechnungen
- integrierte 35
Planungszeitraum 87 f., 321
Planziele 20
Portefeuille 353, 426 ff.
- effizientes 426 ff.
Portfolio-Analyse 25
Portfolio-Selection-Konzept 323 f., 426 ff.
Potentiale 8
Präferenzfunktion 39, 176, 218 ff.
Präferenzindex 180, 222

Präferenz-Indifferenz-Ordnung 176
Präferenzordnung 175 ff.
- strenge (starke) 176
Präferenzrelationen 37, 175 ff.
- Art- 37
- Höhen- 37
- (Un)Sicherheits- 37
- Zeit- 37
Präferenzunabhängigkeit
- gegenseitige 206 f., 211 f., 215 f.
Präferenzwerte 219 ff.
Prämissenbildung 25
Prämissenkontrolle 29
Präordnung 218, 223
Prävalenzrelation 217 f.
Prävalenzverfahren 217
Preis
- kritischer 368 f.
Priorität 188 ff., 298
- globale 195 f.
- lokale 195
Prioritätenvektoren 188 ff.
Problemdefinition 41
Problemerkenntnis und -analyse 20
Produktionskoeffizient 325
Produktionsmenge
- kritische 371 ff.
Produktionsprogramm 289, 323
Produktionsprogrammplanung 323 ff.
- Grundmodell der 325
Produktlebenszykluskonzept 25
Prognose 23 ff.
Prognosekontrolle 29
Prognoseverfahren 24
Programmentscheidungen 46 ff., 289 ff.
- bei Unsicherheit 421 ff.
Projektplanung 27
PROMETHEE 180, 217 ff.
Pseudowahrscheinlichkeit 401 ff.

Rationalisierungsinvestition 9
Ratio-Skala 174
Realisationsphase 14 f.
Realoptionen 395 ff.
Reflexivität 175
Regeln
- heuristische 42
Reinvestition 99
Relation 175 ff.
- unscharfe 423
Rentabilität 50, 60, 102, 107, 116, 119 f.
Rentabilitätsvergleichsrechnung 50, 60 ff.
Rente
- ewige 95, 248
Rentenbarwertfaktor 68
Rentenberechnung 68
Restwert 87 f.
Risiko 343, 348 ff., 352 ff., 379
Risikoanalyse 187, 352, 376 ff.
- analytische 377
- simulative 377
Risikoeinstellung 349 f.
Risikomanagement 165
Risikomaß 349 f., 382
Risikoneutralität 349, 395
Risikonutzen 349, 361
Risiko-Nutzenfunktion 350, 361, 395
Risikopräferenzfunktion 349
Risikoprofil 377
Risikosituation 38, 343, 348 ff.
Rollback-Verfahren 385 f., 394, 402, 411
Rucksackproblem 291

Sachziele 19
Schattenpreise 316
Schließungsoptionen 396
Sensitivitätsanalyse 66, 187, 243, 363 ff., 421 f.
Shareholder Value 164

Sicherheitsäquivalent 350, 357, 360 f.
Sicherheitsäquivalenzmethode 360 ff.
Sicherheitspräferenz 382
Simplex-Methode 306
Simulation 377 ff., 421 f.
Simultanplanung
- von Investition und Finanzierung 294 ff., 434 ff.
- von Investition und Produktion 323 ff.
Simultanplanungsmodelle 81, 289 ff., 475 ff.
Singulärprognose 23
Skala 174 f.
- absolute 174
Soll-Ist-Vergleich 28 f.
Soll-Soll-Vergleich 29
Soll-Wird-Vergleich 29
Sollzinssatz 110 ff.
- kritischer 116
Sollzinssatzmethode 116 ff.
Spezifität 260 f., 268 ff.
Standardabweichung 349, 353, 376, 379 f.
Steuern 130 ff.
- im Kapitalwertmodell 131 ff.
- bei Auslandsinvestitionen 146
- bei der Methode der vollständigen Finanzpläne 137 ff.
Stichprobenauswahl 377
Stillegungsoptionen 396
Substitutionsrate 179 f., 188, 205, 209 f., 215 f.
Supplementinvestitionen 78
Symmetrie 176
System 11
Systemprognose 23

Target Costing 165
Teilkontrolle 30
Teilnutzenbestimmung 181 ff.
Teilrechnung 31

Tilgungsplan 75 f., 102
TOBIN-Separationstheorem 354
Totalmodell 289
Transformationsfunktion 183 ff.
Transitivität 175
TRM-Methode 117

Umstellungsinvestition 9
Umstellungsoptionen 397
Umweltfaktoren 38
Umweltzustand 38, 381 ff., 429 ff.
Ungewißheitssituation 38 f., 343, 346 ff.
Unschärfe 343, 423
- informationelle 423
- intrinsische 423
Unsicherheit 44 ff., 268 f., 343 ff.
Unterlassensalternative 38, 46, 49, 51, 76, 85, 163, 196, 380 ff., 386 ff.
Unternehmensführung 5, 13, 15 ff.

Varianz 349, 353 f., 389, 427 ff.
Vektormaximumproblem 173
Veränderungsinvestition 9
Veralterung
- technische 235
- wirtschaftliche 235 f.
Verbindlichkeitskonto 111 ff.
Verfahren
- analytisches 23 f.
- intuitives 24
- kompensatorisches 177
- nicht-kompensatorisches 177
Vergleichsgröße 28 f.
Verhältnisskala 174
Verkaufsoptionen 397
Verlustwahrscheinlichkeit 379 f.
Vermögensendwert 110 ff., 116 ff., 290, 296, 300 ff., 311 ff., 352, 436 ff.

Vermögensendwertmethode 92, 110 ff., 126
Vermögenskonto 111
Vermögensrentabilität 117
Verteilungsfunktion 377 ff.
Verteilungsparameter 376, 378
Verzinsung
- kontinuierliche (stetige) 82
Verzögerungsoptionen 396
VOFI-Methode 119 ff., 137 ff., 157 ff.
VOFI-Tabelle 121 ff., 141, 158 f.
Vollkontrolle 30
Vollrechnung 30 f.
Vollständigkeit 175
Vorteilhaftigkeit
- absolute 46, 49, 353, 364
- relative 46, 49, 353, 358, 364
Vorteilhaftigkeitsentscheidungen 48 ff.
- Modelle für 49 ff.
Vorteilhaftigkeitsschwelle 297, 300

Wahrscheinlichkeitsnebenbedingungen
- Programmierung unter 421
Wahrscheinlichkeitsverteilung 376 ff., 422
WALD-Regel 346
Warteoption 396 ff.
Wechselkurse 147 f.
Wert
- häufigster 376 ff.
- kritischer 364 ff.
Wertadditivitätsprinzip 358 f.
Wertestrom
- zeitlich konstanter 13
- zeitlich variierender 13
Wertfunktionen 39, 176, 205
Wertpapier
- reines 362
Wiederanlageprämisse 75 f., 99, 106
Wiedergewinnungsfaktor 94
Wird-Ist-Vergleich 29

Wird-Wird-Vergleich 29
Wirkungsprognosen 23

Zahlungsstrom 5 f., 10
Zahlungszeitpunkt 67
Zeitpräferenz 67
Zeitzentrum 69, 105
Zeit-Zustands-Präferenz-Modell 362 f.
Ziel 37
Zielbildung 19 f.
Zielebene 45
Zielkontrolle 29
Zielkriterienbestimmung 181 ff.
Zielkriteriengewichtung 181 ff.
Zielkriterium 173, 181
Zielsystem 37
Zinsen 67
Zinseszinsen 67 f.
Zinssatz
  - endogener 297, 300 f., 316 ff.
  - kritischer 107, 297, 300
  - interner 96 ff., 238, 298, 369
Zufallsknoten 383
Zufallszahlen 377
Zugehörigkeitsfunktion 423 ff.
Zusatzinvestitionen 78
Zustandsbaum 435
Zustandsraum 38